南方熊楠

複眼の学問構想

KUMAGUSU MINAKATA

松居竜五

慶應義塾大学出版会

南方熊楠——複眼の学問構想　目次

序　1

I　教養の基盤としての東アジア博物学　21

II　西洋科学との出会い　65

IX 「南方マンダラ」の形成　367

X 「十二支考」の誕生　417

序

1　南方熊楠研究の変遷

筆者が南方熊楠に関する書籍を初めて出版したのは、今から二十五年前の一九九一年七月のことである。『南方熊楠　一切智の夢』（朝日選書、以下『一切智の夢』と表記）と題するこの本は、一九八九年度に東京大学大学院総合文化研究科比較文学比較文化専修課程に提出した同題の修士論文を増補し、書き直したものであった。

この『一切智の夢』は、筆者が南方熊楠という人物に関して得た概観を、特に前半生を中心に評伝的にまとめたものである。この本はその後の筆者の個人および共同研究による南方熊楠研究の出発点となっており、本書もそうした研究上の流れの上に位置している。つまり、『一切智の夢』を前提として、これまでなしてきた仕事をまとめたものが本書である。そこで、本題に入る前に、『一切智の夢』にいたる南方熊楠の研究史、それ以降の一般的および筆者個人による研究の内容、そうした中での本書の位置づけに関して記しておきたいと思う。

まず、筆者が『一切智の夢』を上梓した一九九一年という年は、南方熊楠の没後五十周年に当たり、それを契機として一種の「南方ブーム」が起きて、彼の思想や学問的業績に、本格的な関心が持たれ始めていた頃であった。当時、関連の展覧会がおこなわれたり、雑誌などで特集が組まれたり、テレビでその生涯が紹介されたりといったことにより、南方熊楠という人物の学問的関心の幅広さや、今日に通じる国際的な視野が、ようやく評価されつつあった。

その背景としては、一九七〇年代前半に平凡社から『南方熊楠全集』全十二巻が刊行されて、熊楠の文章が平易に読めるようになっていたことが大きかっただろう。それまで断片的にしか紹介されていなかった熊楠の重要な著作、とりわけ私信の類が、平凡社版ではかなりの程度まとまって収録されており、その後の研究の基盤としての役割を果たすことになった。

この平凡社版の全集を受けて、一九七八年に鶴見和子が講談社の「日本民俗文化大系」の一冊として『南方熊楠　地球志向の比較学』を刊行したことは、実証的な研究の開始という意味で画期的なことであった。それまでは風変わりな学者として認識されていた南方熊楠を、時代に先駆けた思想家としてとらえ直した鶴見の論が、その後の研究に与えた影響は大きい。特に、青年期の熊楠が、十九歳から三十三歳のアメリカ、英国での学問的研鑽を通じて当時の西洋思想と近代科学の方法論を吸収し、それを踏まえて独自の世界観を作り出そうとしていたという鶴見の指摘は、それまでの熊楠に対する見方を転換するに十分な説得力を備えていた。

さらに研究資料の充実という意味では、平凡社版全集の編集者として活躍した長谷川興蔵が、一九八七～一九八九年に南方熊楠の前半生の日記を翻刻し、出版したことが挙げられる。長谷川はまた、平凡社全集では収録しきれなかった熊楠の書簡類や、関連の論文類を一九九〇年頃までに精力的に出版しており、資料面での熊楠の研究の土台を作り上げることに尽力した。一九九一年の「南方ブーム」が、それまでのような興味本位の取り上げ方に終わらず、熊楠の思想の理解を促進する方向を示したのは、こうした地道な努力が実を結んだからに他ならない。

しかし、南方熊楠の没年である一九四一年以降の長い間、研究がなかなか進まなかったのはなぜなのか。これに関して、まず考慮すべきなのは、四十代以降の南方熊楠が、大学などの研究機関と距離を置き、東京や近畿圏のような国内の学問的拠点と離れた場所で後半生を過ごしたことだろう。自宅のある和歌山県田辺からほとんど動くことなく、必要な研究資料を邸内の庭の土蔵に詰め込んで人文学の著述と生物学の調査に打ち込んでいた熊楠は、研究者としてはもちろん、知識人としても同時代の日本にあっては特異な活動形態を取っていた。実は、熊楠は田辺にあっても英国の民俗学雑誌に年に何本もの論文を投稿したり、関連の研究者との文通をおこなったり、植物学の標本をやりとりしたりと、当時としては珍しいほど海外との学問交流をおこなっていたのだが、そうした活動の具体的な内容については、生前にはあまり知られることはなかった。

その結果、国内の雑誌に発表された熊楠の著作を愛読していた一部の熱心な信奉者や、粘菌（変形菌）の採集と研究に協力した数人の「弟子」はいたものの、熊楠の学問を総体として継承する人間は存在しなかった。これは、生前に多くの弟子に囲まれて、没後は一学派の開祖としての扱いを受けるようになった柳田国男や折口信夫の場合とは、相当に異なった状況であったと言えるだろう。そして、真珠湾攻撃による日米開戦の直後に没した熊楠の遺品類は、戦争中の疎開を経て、妻の南方松枝や地元の協力者の手によって自宅で保管されることとなった。さらに一九五五年の松枝の死後は、その資料は娘の南方文枝とその夫で日本大学水産学部教授の岡本清造の手にゆだねられた。

この間、一九五〇年に柳田国男や澁澤敬三の肝いりによって創立されたミナカタ・ソサエティの編集によって、最初の『南方熊楠全集』全十二巻（乾元社、一九五一〜五二）が刊行されたり、生前に「御進講」を受けた昭和天皇が熊楠を懐かしんで御製の短歌を詠むなどのできごとがあった。そうした気運を受けて、一九六五年に岡本清造の尽力によって田辺の隣町の白浜町に南方熊楠記念館が設立されたことは、一般の関心を惹くという点で一定の成果があった。しかし、邸内に残された資料はあまりに膨大で多岐にわたるものであったため、その一部を記念館に移管した際にも、本格的な調査の段階に進むまでには至らなかった。

こうした状況を背景として、一九六〇年代までに書かれた熊楠に関する記述には、年中裸で暮らしたり、日に二升の酒を飲んだりという、虚実ないまぜになったその奇行に焦点を当て、面白半分に描き出しただけのものが多い。たとえば、熊楠の生前の一九二六年に書かれた中山太郎の紹介文、「私の知ってゐる南方熊楠氏」は、後に増補して

『学界偉人南方熊楠』として一九四三年に刊行されたが、熊楠本人をして「小生の名を題した小説稗史と見るものに候」[*1]と言わしめるようなものであった。乾元社版の全集の宣伝を兼ねて執筆された佐藤春夫の伝記『近代神仙譚』（乾元社、一九五二年）も、題名からわかる通り、熊楠を超俗的な偉人として描き出している。このような傾向は、形を変えて神坂次郎『縛られた巨人』（新潮社、一九八七年）、津本陽『巨人伝』（文藝春秋社、一九八九年）のように後年まで続くことになる。[*2]

そうした中で、比較的早い段階で熊楠を学者として評価すべきだと主張した知識人としては、柳田国男、桑原武夫、益田勝実が挙げられる。しかし、熊楠の思想形成にとって重要な役割を果たした海外での学問的研鑽について「人間の魂が生長してゆく一番大切な壮年期を、いはば比較的無意味な仕事に暮らされてゐた」[*3]と断ずる柳田は、熊楠の学問の全体像をとらえていたとは言いがたい。また桑原も、熊楠は単なる雑学者ではなかったと擁護しながらも、「しかし、彼のいう学識の整理には理論《セオリー》が必要ではなかろうか」と指摘し、その点が熊楠を「一流の近代的科学者と呼ぶことを妨げる」としている。[*4]

熊楠には理論がないという観点は益田にも受け継がれており、主著の「十二支考」を論じた文章の中では「南方のこの博識は浪費された知識ともいえないだろうか」[*5]と論じている。つまり、通俗的な理解としては超人的な活躍をした人物としての伝説的な熊楠像、学問的な理解としては博学ではあるが理論的な基盤を持たないディレッタントとしての熊楠像が、この頃には形作られていたわけである。その一方で、平凡社版全集の刊行に際して益田が、熊楠の思想を理解するためには「わたしたちの南方観に脱皮があり、成長もあって、はじめて読み取れるものも広くなり、深くなる」[*6]と、「こちら側の問題」にも言及したことは重要であろう。

こうした研究状況を一変させたのが、一九七八年の鶴見和子による『南方熊楠　地球志向の比較学』の登場であった。鶴見はその時刊行されたばかりの平凡社版の全集を駆使して、それまでは本流から外れた異質なものと考えられてきた熊楠の学問が、実は当時の西洋思想の流れをきちんと踏まえたものであることを説いた。その上で鶴見は、熊楠が非西洋人として、西洋の学界に対してどのような点に不満を感じ、どのようにしてそれを乗り越えようとしていたのか、一つ一つの問題点を実証的に分析していったのであった。思想家の研究方法としてはきわめてまっとうとも言えるオーソドックスな文献による理解を貫くことによって、結果的に鶴見はそれまでの熊楠像を覆すような新しい観点を打ち出した。

この『地球志向の比較学』における鶴見の論点をまとめると、まず熊楠が「問答形式の学問」によってみずからの知的活動をおこなっていたという指摘がある。熊楠は一八九三年に『ネイチャー』*Nature*、一八九九年に『ノーツ・アンド・クエリーズ』*Notes and Queries* という二つのロンドン発行の学術誌に投稿を開始し、それは帰国後も長く続いた。生涯に発表した英文論考の総数は、短いものも含めれば四〇〇本近くに達する。今日の目から見れば民俗学、比較文化、科学史、植物学などに分類されるそれらの論文は、基本的には質問と回答を繰り返すような誌上でのやりとりを踏まえた上で執筆されていた。それゆえに、そこで共有されていた問題意識を前提としなければ、熊楠の思想のあり方を正確に把握することはできないという重要な事実を、鶴見は「問答形式の学問の展開」という言葉で、初めて明確に指摘した。

鶴見はまた、熊楠が友人の土宜法龍に宛てた書簡の中で、真言密教の思想を援用しながら「予の曼陀羅」と呼ぶ世界観について語っていることに注目した。鶴見は熊楠が、近代科学の問題点を克服した方法論を模索しているとして、その学問的モデルを「南方マンダラ」と名づけたのであった。生前には発表されることのなかった熊楠のこの独自の学問構想がどの程度成功しているかについては議論の余地があるが、少なくとも桑原や益田が嘆いた「熊楠には理論がない」という批判に対して、鶴見のこの指摘が強力な反論となったことは確かである。

さらに鶴見は、一九〇九年に神社林の保護を目的として熊楠が開始した「神社合祀反対運動」を、「エコロジーの立場に立つ公害反対」として評価した。熊楠はこの運動の中で、生物同士の関連を研究する学問としての「エコロジー」に言及しながら、そうした連関する生態系を全体として保存することの重要性を訴えた。鶴見は熊楠のそのような視点の持つ先駆的な意義を積極的に取り上げつつ、その思想の中核を「地球は一つ、されど己《おの》が棲むところにおいてそれを捉えよ」[*7]と言い表している。

鶴見のこうした議論には、国際的な社会学者としての彼女が戦前から長い時間をかけて確立してきた視点が、熊楠という対象を得て実を結んだ感がある。その一方で、基礎資料の分析という意味では、『地球志向の比較学』が出版された一九七八年という時期には、まだまだ限界があったことも否定できない。鶴見がこの時対象とすることのできた資料は、ほぼ平凡社版全集に収録されたテクストに限られていた。しかし、熊楠の学問的思考の軌跡は、生前に雑誌に刊行された論考よりもむしろ膨大な私信の中に記されているものが多く、それらはこの全集では、かなりの部分が抜け落ちた状況であった。鶴見は『地球志向の比較学』の執筆過程で一度田辺市の旧邸を訪れてはいるが、ずっと後年の一九九五年までは、庭の一角にある土蔵に残された資料を直接手にとって見ることはできなかった。

平凡社版の全集の編集過程では、南方邸の資料に関しても、ある程度の調査はされていたようである。またそれ以前にも、後述するように岡本清造が熊楠の日記の翻刻をおこなうなど、一次資料の掘り起こし作業が試みられている。しかし、二階建ての土蔵を埋め尽くさんばかりに残されていた熊楠の遺品や資料はあまりに膨大であり、研究的には「宝の山」とも言うべき資料群は、木箱や段ボール箱に収められたままで、長年、その多くが人目に触れることさえなかったようである。[*8]

修士論文の執筆のために、一九八九年に初めて和歌山県田辺市の南方熊楠邸を訪れた私は、中瀬喜陽氏の紹介で熊楠の長女の文枝さんにお会いし、これらの資料を見せていただく機会を得た。そして、修士論文提出後の一九九〇年夏には、最初の邸内資料調査をおこない、中瀬氏と共同でその結果について発表することができた。[*9]特に、熊楠がロンドンにいた時期に、英国などの学者から受け取った書簡や、関連の重要文書を発掘できたことは、たいへん有意義であった。現在の目から見れば膨大な邸内資料のうちのごく一部ではあったものの、この時発見された新資料は、翌年に刊行された『一切智の夢』の中に活用されている。

2　『南方熊楠　一切智の夢』における分析

本論の内容に入る前に、この序章では現在に至る南方熊楠研究の流れと、私自身のこれまでの試みを押さえた上で、今回の研究の意図するところと、そのための方法論に関する位置づけを明確にしておきたいと考えている。そこで、過去の自著について云々することは気が引けるところもあるのだが、ここからは一九九一年に上梓した『南方熊楠　一切智の夢』の内容について、論点をまとめた上で紹介することをお許しいただきたい。

『一切智の夢』において私が試みたのは、主に熊楠の前半生における学問形成の過程について明らかにすることであった。熊楠の生涯は、一般的に次のような時期に分けて考えられることが多い。

和歌山時代　一八六七～一八八三年（〇～十五歳）
東京時代　一八八三～一八八六年（十五～十九歳）
アメリカ時代　一八八六～一八九二年（十九～二十五歳）
ロンドン時代　一八九二～一九〇〇年（二十五～三十三歳）
和歌山・那智時代　一九〇〇～一九〇四年（三十三～三十七歳）
田辺時代　一九〇四～一九四一年（三十七～七十四歳）

このうち、特に二十五歳から三十三歳までのロンドン滞在期は、熊楠がどのような経験の中でみずからの学問を作り上げていったのかを知るために、もっとも重要な時期であると私は考えていた。大英博物館にひんぱんに出入りするようになり、英国知識人との間で人脈を作り、『ネイチャー』や『ノーツ・アンド・クエリーズ』といった学術誌への投稿を始めたこの時期は、熊楠の活動の中でも、内外の資料による多角的な分析が可能な部分でもある。そこで『一切智の夢』では、この時期に熊楠が執筆した英文論考に焦点を当てることと、大英博物館を中心としたこの頃の熊楠の関連学者との交流を跡づけることを主な目的とした。

その際、鶴見が「問答形式の学問の展開」と呼んだ熊楠の著作の特徴は、調査・研究を進める上で大きな参考になった。論文であれ私信であれ、熊楠の書いたものの多くは、同じ問題を共有する国内外の知識人とのやりとりの中で生まれてきたものである。だとすれば、その文脈を再現することによってのみ、熊楠がその時々にどのような考えを持っていたのか、そしてその思想が全体としてどのような方向に向かっていたのかを知ることができるということになる。

こうした見取り図に沿って、『一切智の夢』の中でまず詳細に分析したのが、『ネイチャー』一八九三年十月五日号に掲載された熊楠の最初の投稿論文、「東洋の星座」である。ロンドンからの帰国後、熊楠は英国の学界での自分の活躍についてさまざまに語っており、二十六歳の時の処女作である「東洋の星座」に関しては、「たちまち『ネーチュール』に掲載されて、『タイムス』以下諸新紙に批評出で大いに名を挙げ[*10]」とその成功を誇っている。しかしこの論文は、後に尾ひれがついて「懸賞論文で一等を得た」と喧伝されているようなものではなく、『ネイチャー』誌の読者投稿欄に出た一般読者からの世界の星座に関する質問に答えたものであった。当時の『ネイチャー』がアマチュアにも開かれた雑誌であったことや、また東アジアの科学についての知識が、当時の西洋人にとって新鮮であったことが、熊楠の論文が受け入れられた大きな要因であった。

その一方で、実際に「東洋の星座」を分析してみると、英語の生硬さは措くとしても、熊楠の学問的な手続きが、この頃はまだ未熟であったこともわかってきた。熊楠はこの論文ではインドと中国の古代の星座体系の比較を試みているのだが、その中で両文明の間の交流がなかったことを前提としている。しかし、この当時のヨーロッパの学界ではすでにその可能性については議論されており、熊楠はそうした成果を取り入れていない。また、和漢の事典類のみを典拠としている文献面の確認の不充分さも指摘できる。こうした「東洋の星座」の分析からは、熊楠の学問がけっして最初からきちんとできあがっていたものではなく、試行錯誤の中で作り上げられたものであることを感じさせられた。

その後、熊楠は「動物の保護色に関する中国人の先駆的観察」（一八九三年）、「拇印考」（一八九四年）、「マンドレイク」（一八九五年）、「さまよえるユダヤ人」（一八九五年）などの論考を『ネイチャー』に次々に発表していく。これらの投稿に関して熊楠自身は、「東洋にも［中略］欧州に恥じざる科学が［中略］ありたることを西人に知らしむること」*11を目的としたものであったと述べている。

このような『ネイチャー』における熊楠の活動は、英国内外で東洋学の研究者の注目を惹くこととなった。ロシアの昆虫学者のオステン・サッケンは、蜂やアブに関するフォークロアについて、熊楠との文通の結果を自著に反映させた。ロンドン大学事務総長のF・V・ディキンズは一八九六年に熊楠に手紙を送り、以後何度も面会して日本文学に関する共同研究を進めることになる。また、オランダで発行されていた『通報《トンパオ》』誌や『国際民族誌報』は、「拇印考」や「マンドレイク」を転載して、熊楠の論を紹介している。その一方で、オランダの東洋学者のグスタフ・シュレーゲルは、一八九七年に熊楠と「落斯馬」という名の海の生物について激しい論争をおこなった。この時、相手を論駁することに熱中した熊楠は、老境に差し掛かっていたシュレーゲルに容赦なく感情的な書簡を送り続け、ついに全面的に誤りを認めた手紙を書かせることに成功した。

これらの英国内外の学者と熊楠とのやりとりに関しては、『一切智の夢』刊行の前年におこなった邸内資料調査で発見した海外来簡が重要な材料となった。それまでは熊楠自身の語りによってしか知ることのできなかった海外での「問答形式の学問」の実態を、相手方の資料との対照によって再現していくことが、これらの資料によって可能になったからである。また、それぞれのケースにおいて、雑誌上での「表の」やりとりと、私信による「裏の」やりとりが同時進行しているという重層的な流れについてもわかってきたことは収穫であった。

ロンドン時代の熊楠の研究拠点であった大英博物館での活動も、『一切智の夢』の中で重点的に取り上げたものの一つである。二十六歳で「東洋の星座」を書き上げたばかりの熊楠が、美術部門のトップであったウォラストン・フランクスに見出され、フランクスの助手であったチャールズ・リードや、東洋書籍部のロバート・ダグラスとの交友関係の中で、博物館の図書を自由に用いて研究ができたことに関しても、前年の資料調査の成果が役立った。また、熊楠が大英博物館の円形図書室などで一八九五年から一九〇〇年の間に作成した五十二冊の筆写ノート「ロンドン抜書」については、旅行書が多く見られることなどの簡単な報告を載せることができた。

こうした新資料の中でも、もっとも大きな示唆を与えてくれたのは、一八九八年十二月に熊楠が大英博物館を暴力行為によって追放された際の理事会宛の釈明の手紙の草稿、通称「陳状書」である。この文書からは、熊楠がハーバート・スペンサーの社会学研究を大英博物館での筆写の際のモデルとしていたことや、彼が英国内での人種差別的な雰囲気に敵意を持っていたことなど、その学問と日常生活に関する生々しい証言を読み取ることができた。フランクスに見出され、リードやダグラスの庇護を受けた熊楠の大英博物館の中での位置づけについても、この資料を当時の日記や書簡と組み合わせることで、かなり明らかになった。この時、大英博物館に関して調査した内容は、その後英国留学中に共著で出版した『達人たちの大英博物館』[*12]でも生かされている。

このように、『一切智の夢』においては、前年の南方邸調査の成果を生かして、ロンドン時代の熊楠に関して、資料に基づく実証的な議論ができたと考えている。また、全体として前半生を中心とした通年的な評伝としてまとめたことにより、熊楠を従来のような伝説的な「巨人」ではなく、等身大の人物としてとらえる鶴見の研究を引き継ぐ観点を打ち出せたと思う。明治・大正・昭和前期という転換の時代の中で、東アジアの伝統的知識と西洋の近代思想をともに踏まえた熊楠という日本人思想家の体験をこうした視点からとらえることは、同時代の文化的な流れを考える上での一つの指標にもなり得るものであるという見通しも得ることができた。

その一方で、熊楠の思想形成の解明という所期の目的に関しては、この本ではまだまだ達成できなかった面が多いことも事実である。特に、ロンドンに至るまでの十代から二十代前半にかけての熊楠が、東京およびアメリカで吸収した学問の内容については、資料に基づいた精緻な分析ができなかった。また、「ロンドン抜書」に関しては、大まかな傾向に関してはわかったものの、筆写されている書籍の中身にまで踏み込んだわけではなかった。さらに、鶴見和子以降「南方マンダラ」と呼ばれて脚光を浴びることになった熊楠の那智時代の思想や、熊楠の主著と目される「十二支考」に関しては、ほとんど触れていない。

このような点に関しては、当時の私の力量不足による面が大きいものの、一部を除いて南方邸の資料がほとんど未調査であったことや、海外のものも含めた関連資料が調えられていなかったことも大きな原因であった。そこでこうした経緯を踏まえて、『一切智の夢』以降の研究では、関連研究者との共同作業とも連動しながら、個々の資料の発掘と全体像の再構成を繰り返すことで、進めることとなった。以下、一九九〇年代から現在にかけての南方熊楠研究の動向と、私の研究内容に関して紹介してから、本研究の位置づけに関して記すこととしたい。

3 南方熊楠邸資料調査と研究の進展

『一切智の夢』を刊行した年に東京大学教養学部留学生担当講師となった私は、その翌年の一九九二年に、南方文枝氏から邸内資料の調査を依頼された。そして前述の中瀬氏などの地元の有志が中心となって結成された南方熊楠顕彰会の主導で、田辺市としてこの調査を支援していただけることとなった。そこで関連の研究者に声をかけて調査チームを作り、南方熊楠資料研究会が発足した。平凡社版全集の際に長谷川興蔵とともに編集作業に従事された東京都立大学教授（当時）の飯倉照平氏が会長となり、国文学、英文学、中国文学、西洋古典、西洋史、植物学などの専門家が、資料の整理とデータベース化を担当した。[*13]

以後、春と夏と一週間ずつの合宿調査が定例化し、一九九六年からは科学研究費補助金も受託して、研究チームは次第に規模が大きくなっていった。一九九九年から二〇〇六年にかけては、毎年度末に雑誌『熊楠研究』を刊行して、関連の論文とともにこの資料調査の成果を逐次報告するようにもなった。この雑誌には数々の重要な論考だけでなく、新たに発掘された資料も掲載されており、本書も非常に大きな恩恵を受けている。

邸内資料調査の最終的な成果は『南方熊楠邸蔵書目録』（二〇〇四年）および『南方熊楠邸資料目録』（二〇〇五年）としてまとめられた。また、この間、田辺市の南方邸だけでなく、白浜町の南方熊楠記念館の調査もおこない、一九九七年に『南方熊楠記念館資料目録』を刊行している。本書では、これらの目録の資料番号を［　］のかたちで示し、一次資料の同定のために用いた。

こうした旧邸資料の保存に関しては、二〇〇二年に南方文枝さんが亡くなった後に、田辺市が隣地を購入し、研究施設の建設が進められた。その結果、二〇〇六年に開館した南方熊楠顕彰館にすべての邸内資料が移管され、一般に公開する体制が整えられた。この顕彰館では、学術部を中心として関連の刊行物の作成や、展観、講演会の組織などもおこなわれている。

この間、資料の公刊という面でも、さまざまな進展があった。特に本研究との関連では、共同作業によって熊楠のすべての英文論考が完訳されたことが大きいだろう。まず『ネイチャー』掲載分の五十一篇と関連論文が、飯倉照平監修、松居竜五・田村義也・中西須美訳『南方熊楠英文論考［ネイチャー］誌篇』（集英社、二〇〇五年）として刊行された。そして先頃、残りの三二四篇他が、飯倉照平監修、松居竜五・田村義也・志村真幸・中西須美・南條竹則・前島志保訳『南方熊楠英文論考［ノーツ アンド クエリーズ］誌篇』（集英社、二〇一四年）として出版された。これらの翻訳には、詳細な解説と、発表の経緯（特に誌上でのやりとり）、熊楠の日本語著作との関連などが付されており、英文論考を中心とする熊楠の学問的展開の全体像が把握できるようになっている。

また、南方熊楠に関する未公刊の資料の発掘と刊行も相次いだ。熊楠がアメリカ時代に留学生仲間の廻し読みのために執筆した「新聞」である「珍事評論」と、ロンドン時代に公使館宛てに送りつけた戯文「ロンドン私記」が発見され、長谷川興蔵・武内善信校訂『南方熊楠　珍事評論』（一九九五年、平凡社）として出版された。これにより、二十代前半から三十歳前後までの熊楠の、過剰とも言える自意識に満ちた自己語りの世界が明らかにされた。

二〇〇四年には、鶴見和子の「南方マンダラ」評価以来、熊楠の思想的な根幹部分として考えられてきた土宜法龍宛の書簡が、新たに四十三通発見されるということがあった。これらは、詳細な注釈とともに奥山直司・雲藤等・神田英昭編『高山寺蔵南方熊楠書翰　土宜法龍宛 1893-1922』（藤原書店、二〇一〇年）として刊行され、既存の飯倉照平・長谷川興蔵編『南方熊楠　土宜法竜往復書簡』（八坂書房、一九九〇年）に収録された二十三通の熊楠の書簡と、三十一通の土宜の書簡と合わせて、両者のやりとりがかなりの程度わかるようになった。さらに、南方熊楠顕彰館および南方熊楠記念館から、植物学における弟子である小畔四郎、平沼大三郎、樫山嘉一に宛てた熊楠の書簡が翻刻・刊行されている。[*14]

熊楠の日記については、前述のように長谷川興蔵の手によって、従来一八八五年～一九一三年分、つまり十七歳から四十六歳の前半生の部分が八坂書房から『南方熊楠日記』全四巻として刊行されていた。これに加えて、南方邸資料調査の際に、女婿の岡本清造がその後の一九二二年、五十五歳時までの分の粗翻刻をおこなった原稿が残されていることがわかった。また、一九二三年以降の日記に関しては、東京、関西、田辺の三つの研究会で、分担して翻刻を作成することとなっており、現在作業が進行している。つまり既刊分以外の日記についても、一定程度の翻刻原稿が存在し、それ以外の未翻刻分についても、現在では南方熊楠顕彰館でスキャン画像が公開され、閲覧できるようになっている。

以上のようなかたちで、資料研究会の調査後に刊行・公開されてきたさまざまなテクストを概観し、さらに現在の研究状況についての情報を提供するために編纂されたのが、松居竜五・田村義也編『南方熊楠大事典』（勉誠出版、二〇一二年）である。この事典では、邸内資料調査に参加したメンバーを中心として、計三十八名が「思想と生涯」「人名録」「著作」「資料」「年譜」の六部構成で、研究に必要な事項を執筆した。記述のそれぞれに関してはできるかぎり詳細な典拠を付しており、南方熊楠の研究に関して、必要な情報を集大成した事典として活用できるものである。また巻末には、松居が作成した詳細な年譜が付されており、これは経年順に熊楠の事蹟をたどることができるようになっている。

こうした共同作業による基礎資料の整備とともに、個人によるさまざまな研究によっても、質量ともに多くの成果が挙げられてきている。特に、二〇〇〇年代以降は、『熊楠研究』や顕彰館の機関誌『熊楠ワークス』上を中心として多くの注目すべき研究論文が執筆され、研究書の刊行も相次いだ。これは、新たな資料がアクセス可能になることによって、より多角的な分析が可能になってきたことが大きな要因であると言えるだろう。ここでは、そうした最近の研究動向の中から、本研究に関係する主なもののみ取り上げて、簡単に紹介しておきたい。

まず、評伝としては飯倉照平による『南方熊楠　森羅万象を見つめた少年』（岩波ジュニア新書、一九九六年）、『南方熊楠　梟のごとく黙坐しおる』（ミネルヴァ書房、二〇〇六年）の二冊が挙げられる。特に後者は、資料調査の成果をバランスよく取り入れており、現時点でもっとも信頼のおける評伝と言えるだろう。飯倉はまた、『南方熊楠の説話学』（勉誠出版、二〇一三年）において、熊楠の説話研究に関する論考とともに、中国書と大蔵経の引用一覧を公開しており、これは基礎的なデータとして大いに役立つものである。

他に邸内資料を活用した書籍としては、原田健一『南方熊楠　進化論・政治・性』（平凡社、二〇〇三年）、武内善信『闘う南方熊楠　「エコロジー」の先駆者』（勉誠出版、二〇一二年）、雲藤等『南方熊楠　記憶の世界』（慧文社、二〇一三年）、唐澤太輔『南方熊楠　日本人の可能性の極限』（中公新書、二〇一五年）が挙げられる。原田の議論は、進化論の影響や性に対する考え方などに触れており、本書と対象が重なる部分も少なからずある。武内は南方熊楠という名前の由来から、アメリカ時代の自由民権論への肩入れ、さらに神社合祀反対運動の評価まで、生涯の全般にわたって論じており、参考にすべき点が多い。雲藤は、記憶の天才とされる熊楠の記憶力のメカニズムについて論じつつ、熊楠の語りと事実との懸隔についても考察している。唐澤の新書は、『南方熊楠大事典』などにおける近年のさまざまな研究成果を、手際よくまとめて紹介したものである。

この他、主な関連書としては、中沢新一『森のバロック』（せりか書房、一九九二年。講談社学術文庫、二〇〇六年）、『熊楠の星の時間』（講談社選書メチエ、二〇一六年）、千田智子『森と建築の空間史』（東信堂、二〇〇二年）、橋爪博幸『南方熊楠と「事の学」』（鳥影社、二〇〇五年）、畔上直樹『「村の鎮守」と戦前日本』（有志舎、二〇〇九年）、唐澤太輔『南方熊楠の見た夢　パサージュに立つ者』（勉誠出版、二〇一四年）などがある。また、『國文學』二〇〇五年八月号（學燈社）、『ユリイカ』二〇〇八年一月号（青土社）、『季刊民族学』一三九号（千里文化財団、二〇一二年）、『科学』二〇一三年八月号（岩波書店）において関連の特集が組まれている。他に『南方熊楠とアジア』（勉誠出版、二〇一一年）、『別冊太陽　南方熊楠　森羅万象に挑んだ巨人』（平凡社、二〇一二年）にも多くの論考が掲載されている。

4　本書『南方熊楠――複眼の学問構想』の位置づけ

以上のように、邸内調査の進展と顕彰館の設立、研究の多角化によって、現在では、南方熊楠の理解に関して、一九九一年の『一切智の夢』執筆時とはかなり異なる環境が築かれてきた。一方、筆者自身の研究としても、この間に国内だけでなく、ロンドンやアメリカ各地での調査を通じて、海外での熊楠に関する資料を収集することができた。特に、大英博物館での調査の結果として「ロンドン抜書」の内容目録をほぼ完成したことや、顕彰館や記念館において多くの一次資料を調査したことは、今回の研究の基盤として大いに役立った。

本書の目的とするところは、こうして確立されてきた資料に依拠しつつ、熊楠の学問形成の軌跡を実証的にたどること、および熊楠の思想を同時代の知的な流れの中に位置づけることにある。その際、熊楠の学問をその形成段階においてとらえるために、田辺時代の「十二支考」の開始頃までの時期を中心とすることとした。ただし、そのようにして形成された熊楠の学問が、その後の成果にどのようにつながっているかということを、明確にわかるように叙述しているつもりである。

そのために、本研究は『一切智の夢』で試みたような、南方熊楠に関する「評伝」とはやや異なる叙述方法を取っている。具体的には、熊楠の生涯における事蹟よりは、読書内容やメモから読み取れる思想・知識の受容と、ノートや論文としてのその発露、および関連する世界的な学問の流れとの照合、といった部分により重点を置いた。その際、「ロンドン抜書」を初めとする未刊行資料、蔵書への書き込みなど、これまであまり知られていなかった資料を多用して、細かい分析をおこなっている。また、熊楠が影響を受けた思想史的な文脈や、彼が置かれていた同時代の知的背景を、できるかぎり明らかにするように努めている。

こうした方法に基づいて、本書の十章はそれぞれが独立した学術論文としても読めるスタイルに整えた。とは言え、熊楠という人物が、さまざまな時代状況に対応しながら自己の学問を形作っていった過程を理解するためには、彼の内的な時間の流れをたどることが、何より重要である。個人の学問や思想を知るためには、外側から物差しを当ててはめるだけでなく、その人物の内側からの視線に寄り添いつつ、内発的な知的世界の展開を探ることが必要だからである。そのため、全十章における叙述は、なるべく時間軸に沿って配置し、熊楠にとっての主観的な時間の流れを重視するようにした。

その際、熊楠の学問と結びついた伝記的事実に関しては、まず『一切智の夢』以降に筆者が発掘・分析したもの、次に近年の研究によってわかってきたが、その意味に関してまだ十分に分析が進んでいないものの紹介を優先した。もちろん、『一切智の夢』と本書とは、それぞれ独立した著作であるが、前者で詳述した論点は後者では極力省き、前者で不足している部分を後者で重点的に論じるなどの配慮をほどこした。そのため、『一切智の夢』を言わば序説、本書を本論と想定しても、読み得るものとして構成している。

以上のように、本書『南方熊楠　複眼の学問構想』は、二十数年間にわたる筆者の研究を総合した著作である。そのため、各章で用いた資料や議論の中には、すでに一部を発表しているものが多く含まれている。終章末尾（四七五～四七七頁）には、それらを章ごとに示した。ただし、これらの既発表の論文に関しては、あくまで部分的・断片的な使い方をしており、本書ではすべての要素を再度吟味し、文脈の中に咀嚼し直した上で配置し、全十章が連関するかたちに書き改めている。

本書の執筆にあたっては、二〇一四年度に本務校である龍谷大学において一年間の国内研究を取得したことを利用した。この間に全十章の大半を執筆し、これを二〇一五年十月に東京大学大学院総合文化研究科に博士学位論文として提出、二〇一六年三月に審査を受け、四月に学位を授与された。本書は、この博士論文版をさらに改訂し、引用の誤りや誤字などについて正したものであるが、構成・内容に関しては、基本的に学位論文として提出したものをそのまま踏襲している。

本書の刊行にあたっての筆者の最大の希望は、南方熊楠の学問がその正当な価値を認められ、やがては国内外のさまざまな学問分野において、押しも押されもせぬ思想史上の基幹部分として共有されていくことである。熊楠という人物が成し遂げた知的探究の軌跡は、そのための資格を十分に有しているはずである。

凡例

1 本書で頻繁に言及している次の書籍・組織については、本文や注などで次の略号を用いた。
『南方熊楠全集』全十二巻、平凡社、一九七一～一九七五年 → 全集
『南方熊楠日記』全四巻、八坂書房、一九八七～一九八九年 → 日記
飯倉照平・長谷川興蔵編『南方熊楠 土宜法竜往復書簡』、八坂書房、一九九〇年 → 『南方熊楠・土宜法竜往復書簡』
奥山直司・雲藤等・神田英昭編『高山寺蔵南方熊楠書翰 土宜法龍宛 1893-1922』、藤原書店、二〇一〇年 → 『高山寺書翰』
飯倉照平監修、松居竜五・田村義也・中西須美訳『南方熊楠英文論考［ネイチャー］誌篇』、集英社、二〇〇五年 → 『［ネイチャー］誌篇』
飯倉照平監修、松居竜五・田村義也・志村真幸・中西須美・南條竹則・前島志保訳『南方熊楠英文論考［ノーツ アンド クエリーズ］誌篇』、集英社、二〇一四年 → 『［N&Q］誌篇』
松居竜五『南方熊楠 一切智の夢』、朝日選書、一九九一年 → 『一切智の夢』
南方熊楠顕彰館 → 顕彰館
（財）南方熊楠記念館 → 記念館

2 平凡社『南方熊楠全集』の引用に関して、左開きの縦組部分の本文は漢数字による頁数、第一〇巻および別巻の右開きの横組付録部分は算用数字による頁数を示した。

3 南方熊楠の日記に関しては、右の『南方熊楠日記』全四巻に一八八五～一九一三年分が公刊されている。この期間の引用については

基本的にこれを用いたが、日付のみを明示し、頁数などは記載していない。その他の期間の日記については、適宜、書誌や由来を記載している。

4　南方熊楠記念館資料に関しては、『南方熊楠記念館蔵品目録』（南方熊楠記念館、一九九八年）、南方熊楠顕彰館資料に関しては、『南方熊楠邸蔵書目録』（田辺市南方熊楠邸保存顕彰会、二〇〇四年）および『南方熊楠邸資料目録』（田辺市南方熊楠邸保存顕彰会、二〇〇五年）、に記載の資料番号（たとえば［A00-000］［洋 00-000］［自筆 00-000］）を、本文または注に直接示した。『南方熊楠記念館贈品目録』記載分はA（資料目録）、B（蔵書目録）、C（展示品目録）から、『南方熊楠邸蔵書目録』は洋（洋書）、中（中国書）、和古（和古書）、和（近代以降の和書）から、『南方熊楠邸資料目録』は自筆、原稿、書簡、来簡、関連、洋誌（洋雑誌）、和誌（和雑誌）、抜刷、冊子（各種冊子類）、新聞（新聞切抜）から資料番号が始まっている。

5　「ロンドン抜書」については、一件の筆写の同定のために、抜書内の開始箇所を示す記号で示している（たとえば［01A001］の場合は一巻表一頁を意味する）。巻末の「ロンドン抜書目録」の凡例を参照のこと。

6　「課余随筆」の巻数については、『南方熊楠記念館蔵品目録』の記載に従った。各巻には熊楠自身がつけた番号があり、これについても記載したが、形式は（ ）と「 」、漢数字とアラビア数字が混用されており、また番号がつけられていないものもある。本文については吉川壽洋による目録（参考文献参照）の情報の他に、和歌山県立文書館のマイクロフィルムを翻刻しており、その場合には四桁の撮影番号を記念館資料番号の後に付した（例［A1-060-0001］）。

7　西洋人名については、なるべく初出の際（ただし序文を除く）にフルネームで原綴りを記した。また重要人物については生没年を記した。

8　熊楠の英文論考に関しては、基本的に日本語訳題に続けて原題名を記した。その他の書名・論文名に関しては、特に必要なものは本文に原文を示し、その他は注に書誌を入れている。

9　欧文書籍については、なるべく初出の際に本文あるいは巻末注に原題を記している。ただし、「ロンドン抜書」に含まれる書籍に関してはこの限りではない。

10　欧文書籍について、既存の邦訳を用いた場合には注にその書誌を記し、（　）内に原著の書誌を示した。書誌として原著のみを挙げて、特に指定のない場合は筆者による翻訳を用い、かつ原文を注などに示した。書誌は原則として Oxford Referencing Style に準拠した。

11　翻刻に関して、不明文字がある場合には、〔一字不明〕などのかたちで表記した。

I　教養の基盤としての東アジア博物学

1　幼少期に親しんだ和漢の書籍

南方熊楠は一八六七年五月十八日（慶応三年四月十五日）に、和歌山城下の橋丁《はしちょう》で南方弥兵衛（一八二九〜一八九二）、すみ（一八三八〜一八九六）の子として生まれた。父の弥兵衛は日高郡入野村出身で、少年時に日高郡御坊で丁稚奉公をした後、和歌山橋丁の両替商の番頭となった。その後、南方家の入り婿となり、妻が亡くなってから後添えとして迎えたすみとともに、藤吉（一八五九〜一九二四）、くま（一八六四〜一九二四）、熊楠、常楠（一八七〇〜一九五四）、藤枝（一八七二〜一八八七）、楠次郎（一八七六〜一九二二）の四男二女の家庭をなした。他に夭逝の子があるが、戸籍上に記載されているのはこの六人で、そのうち熊楠は次男となっている。*1

弥兵衛は商売の才覚に長けた人物であり、いったんは衰えていた南方家の財政を、熊楠が生まれる頃には建て直しつつあった。そうした弥兵衛の力によって、熊楠が五歳の時に、南方家は手狭になった橋丁から南隣の寄合町に移転して店を構えることとなった。以後、十五歳で東京に出るまでの間、熊楠はそこで幼年期から少年期の十年間を過ごすことになる。寄合町は、商家の立ち並ぶ目抜き通りで、人通りも多かった。南方熊楠と言えば、熊野の森に生きた野人というイメージが強いが、武内善信が指摘するように、徳川御三家の城下町である和歌山は、当時人口九万人、全国八番目の都市であり、熊楠はその中心部で育った、いわば都会っ子である。*2

熊楠は明治十年には十歳、二十年には二十歳と、明治とともに歳をとった年まわりの人物であり、その幼少期は、いわゆる文明開化の時期にあたる。明治政府の下、あらゆる分野で西洋に学んだ近代化が進められたこの時代、教育制度も大きく改革されつつあった。一八七二（明治五）年には学制が公布され、大学区、中学区が置かれ、その下に小学区が設置されている。この学制公布の翌年、六歳の熊楠は和歌山の雄《おの》小学校に入学し、九歳の時には、その年に新設された速成高等小学校に進学。つまりできたばかりの学制に沿って教育を受けたわけで、一八七九年三月には、これも新設の和歌山中学校に第一期生として入学している。

とは言え、幼い頃の熊楠が最初に学んだのは、西洋から流入した学問と言うよりは、江戸時代から続く伝統的な知の体系であった。小学校時代にも、明治政府による公教育だけでなく、江戸期から和歌山に多く存在したそれ以外の教育機関でも同時に学んでいた。武内によれば、藩校学習館の学長の甥である遠藤徳太郎に素読を習い、儒者の武田万載の漢学塾や、陽明学者の倉田績の心学塾にも通っていたという。*[3] また、和歌山中学に入るまでは、読んでいた本もほとんどが、漢籍、和書だったことが、後年の回想や残された蔵書から推測できる。

この時期、幼少期から十代前半頃の南方熊楠の教養の源泉については、最近の研究によって、かなり細かな事情がつかめるようになってきた。たとえば、熊楠が最初に手にした本は『三花類葉集』（南方熊楠顕彰館資料［和古620.17］、同館の資料については以下記号のみで表記）だったようで、今も南方熊楠顕彰館に残された同書には、「この書は、予、四、五歳の時、和歌山橋丁川岸住宅の隣家、島作《しまさく》という荒物屋の物をもらいたるなり」*[4] という後年の熊楠による書き込みが見られる。熊楠の晩年の地元における弟子であった雑賀《さいか》貞次郎（一八八四～一九六四）は、熊楠の特性として「物を大切にすること」を挙げ、その例として「四歳の時、隣りの嶋作という荒物商から「三花類葉集、巻三」という小さな本——植物のことを図説したもの——を貰ったが、生涯これを保存していた」*[5] と記している。おそらく熊楠は、半世紀以上も保持したこの本を雑賀に見せて、その来歴を語っていたのであろう。

郷間秀夫はこの『三花類葉集』が全五巻のサツキ・ツツジの図入り品種解説書『錦繍枕』と異名同書であることを明らかにしている。郷間によれば、作者の三代伊藤伊兵衛は藤堂藩の家臣で、この書は元禄五（一六九二）年に刊行されたものということである。[*6] 熊楠は後に五代伊藤伊兵衛の代表作である園芸の本『地錦抄』を東京時代に購入している［和古 610.02/610.08/610.10］が、この『三花類葉集』に関しても、記念のために保管しておいたと考えられる。

熊楠の幼少期、南方家は寄合町の店先で金物を扱う商いをしており、家族総出で忙しく働いていたようである。父が釜を磨き、兄が店番をして、叔父が市場に行っている間に、熊楠は店で売っているブリキ板の上に、これも商売道具のベニガラと藍玉で画を描いたり、便所紙に水で文字を書いたりして学んだと述懐している。[*7] それでも、七歳の時に、反古にするため三十銭で売られていた『訓蒙図彙《きんもうずい》』を買ってもらって、手習いの手本としたことは、幼少時の熊楠にとっては大いに有用だったようである。

> 予は神童の聞えあり、かつそのころ多忙切迫の家計なりしうちにも、店先に売りしブリキ板と釜鍋などに符丁入るる鉄朱にて、紙屑買いが商売の鍋釜等包む料にとて荷ない来たりし中村惕斎先生の『訓蒙図彙』（漢字と仮名つきで、獅子、驢、牛から、一切の手近き物体を画きたるものなり、十冊あり）について、字も文も画も学びし。[*8]

中村惕斎《てきさい》（一六二九〜一七〇二）による『訓蒙図彙』は、「わが国最初の絵入り百科事典」とされるものである。「訓蒙」とは子供向けの啓蒙書であるという意味だが、勝又基は「二〇巻という分量は明らかに童蒙の知るべき事柄・文字の範囲を逸脱したもの」であり、挿絵も「まず自らの目で確認する事を重んじるなど、ある意味高度な学問レベルを保っている」とする。[*9] 寛文六（一六六六）年に初版が刊行、その後元禄八（一六九五）年と寛政元（一七八九）年の二度にわたって増補版が出版されている。ただし、杉本つとむは、元禄版の『頭書《かしらがき》増補訓蒙図彙』は「構想、構図、絵図など原本とくらべると異質」であるとして、惕斎の編纂であることを疑っている。[*10] それから百年近く経って刊行された寛政版はこの元禄版を受け継ぐものであった。

こうして増補とともに構成が変化した寛政版の『頭書増補訓蒙図彙大成』について、杉本は「ことに図は半丁あたり四分の三をしめ、上欄に解説があるという構図で、当時の自然や人為風俗がよく実現できている」[*11] と評価する。熊楠が幼少時に手にしたのはこの寛政版だったようで、南方熊楠顕彰館には全二十一巻十冊〔和古110.06〕が残されている。このうち特に畜獣、龍魚の部などには、図の上部欄外に多くの書き込みがなされていて、幼い頃の熊楠の関心の方向をよく示している。前記のように熊楠は「中村愓斎先生の『訓蒙図彙』」と呼んでいるが、厳密に言えば、彼にとっての『訓蒙図彙』は、後世の手が入った寛政版の『頭書増補訓蒙図彙大成』のことだったと考えてよいだろう。

父が三十銭で買ってくれたこの『訓蒙図彙』について、熊楠は「夜もひるもこよなくなぐさみくりかへし見て、人にも示し、自分も誦しつ。後は名物の品目字訓悉く胸におさめぬ」[*12]と記している。しかし、そのように自分に幼い頃の手習いの教本とした『訓蒙図彙』であるが、後年の熊楠は個々の記述に関して批判的な目で見直してもいる。たとえば、一九一四年から一九二三年にかけて博文館『太陽』にその年の干支について書き継いだ「十二支考」には、『訓蒙図彙』の論に対して手厳しい評価を加えた箇所がある。

まず、辰年の「田原藤太竜宮入りの譚」（一九一六年）では、中国・明代の李時珍が『本草綱目《ほんぞうこうもく》』で「竜・蛇」を「魚・虫」と別に立てたことを賞賛しつつ、「その後本邦の『訓蒙図彙』等に竜は鱗虫の長とて魚類に、蛇は字が虫偏ゆえ蝶・蠅などと一つに虫類に入れたは不明の極」[*13]とする。また、申年の「猴に関する民俗と伝説」（一九二〇年）では、オランウータンについて『訓蒙図彙大成』が「海中に棲む獣なり」と注釈しているのは、「海中に出づと書いた支那文を日本で読みかじ」[*14]った間違いであるとしているのである。

「十二支考」は、四十代後半から五十代前半の、熊楠が学者としてもっとも脂の乗った時期に書かれたもので、生涯を通しての代表作とされている。すでに一代の博物学者として名をなした熊楠にとっては、子どもの頃の愛読書である『訓蒙図彙』の記述の内容は、学問的とは考えられない部分も多かったのであろう。とは言え、この「十二支考」での言及は、熊楠が七歳の時に出会った『訓蒙図彙』について、後年になっても読み返し、考察し続けていたことを示してもいる。

さて、南方家の家計は、幼年期の熊楠が成長する頃に、急速に潤ってきたようで、明治十年にはすでに和歌山で有数の富家になっていた。そのような中で熊楠は持ち前の知的好奇心を認められたからか、漢学塾などにも通って白文の読み書きを習うようになる。その頃のエピソードとして書き留めているのが、次のような状況である。

十一歳のとき、『文選』六臣註を読書師匠が他弟子に読書教うる間にちょいちょいと窃み見し、「江の賦」、「海の賦」の諸動物の形状記載を暗記し帰り、また古道具屋の店頭に積みある『列仙伝』の像と伝を、その道具屋主人夏日昼寝する間にのぞきに行き、逃げ帰りては筆し筆したるもの、今も和歌山の宅にあり。*15

『文選』の「江賦」と「海賦」はともに中国西晋・東晋時代の文学者、郭璞《かくはく》（二七六～三二四）の作で、ヨウスコウイルカに始まり、長江に住む実在と架空の生物を列挙している。熊楠はこの二編については、「魚へんや木へんのむつかしき文字で充ちたる「江の賦」「海の賦」を、一度師匠の読むを聞いて二度めよりは師匠よりも速やかに読む*16」という説明もしており、そうした一つ一つの文字自体が図鑑の項目であるような漢字の世界を夢中になって楽しんだのだろうと想像される。

一方、『列仙伝』は前漢・劉向《りゅうきょう》（紀元前七七～六）の作とされるが、実際はもう少し後の時代に成立したもので、古代から漢代の仙人七十余名に関する物語が収録されている。もちろん荒唐無稽な話の連続であるが、それだけに空想譚としての魅力を備えたものであるとも言えるだろう。南方熊楠記念館には明代の増補版である『列仙全伝』第一巻の筆写本（南方熊楠記念館資料［A1-024］、同館の資料については以下記号のみで表記）が残されている。これには十四歳の時の「一八八一年八月三十日写畢」という言葉が書き付けられているから、かなり後まで読んでいたようである。

小学校時代以来のこれらの読書歴は、幼少期の熊楠の関心のあり方をよく示している。生物に関する図鑑的な知識や、驚異に満ちた空想の世界に対する興味は、現代に至るまで、時代を超えて世界中の子どもたちが共有しているものであろう。特に熊楠の場合、『文選』から『訓蒙図彙』まで、視覚的に拡がる和漢書の百科全書的な世界に入り込み、記憶と筆写によりそれを身体化していったことを、ここまで見てきた記述からは読み取ることができる。それが熊楠にとっての、物心つくころからの自発的な学習方法だったのである。

2 『和漢三才図会』との出会い

こうした少年時代の熊楠の百科全書的な知的好奇心を、十分に受け止めてくれた書物が『和漢三才図会』であった。京都の医師、寺島良安（生没年不詳）の編によって正徳二（一七一二）年に成立したこの江戸の百科図鑑を、熊楠は坐右の書として愛用した。今日、和歌山県白浜町の南方熊楠記念館で公開されている少年期の熊楠の細字による筆写は、この本にかけられた情熱を如実に示しており、見る者を圧倒せずにはおかない。

『和漢三才図会』との熊楠の最初の出会いについては、従来、「履歴書」と呼ばれる自伝の冒頭近くに描き出された、次のような状況がよく知られている。

> 小生は次男にて幼少より学問を好み、書籍を求めて八、九歳のころより二十町、三十町も走りありき借覧し、ことごとく記臆し帰り、反古紙に写し出し、くりかえし読みたり。『和漢三才図会』百五巻を三年かかりて写す。『本草綱目』、『諸国名所図会』、『大和本草』等の書を十二歳のときまでに写し取れり。*17

この記述からは、少年時代の熊楠が街中で『和漢三才図会』を読んで記憶した後、家に帰って筆写したという伝説が生じ、ながらく信じられてきた。五十七歳の時に書かれた「履歴書」は、熊楠が日本郵船の矢吹義夫に宛てた長文の私信であるが、それまでの自己の経歴を率直に語ろうとしたもので、公開されることを前提にしていた。世の中で奇人とばかり言いはやされる自分の逸話は「小生を通り一遍に観察せし人々の出たらめ」であり、「小生は決して左様不思議な人間に無之候。左に小生の履歴を申し上げ候」*18と宣言しており、他の文章ではしばしば見られる熊楠の誇張や法螺が、この「履歴書」では全体として、極力抑えられたものとなっている。

しかし、最近の研究からは、「履歴書」のこの部分の「ことごとく記臆し帰り、反古紙に写し出し」たという状況は、『和漢三才図会』筆写のごく一部に関してあり得たとしても、大部分の筆写の実態を正確に反映したものではないという見方が確立されつつある。たとえば、この件に関する熊楠自身の証言の変遷を詳しく検討した雲藤等は、「履歴書」の語りが意識的な誇張か、あるいは無意識的な「記憶変容」によるものである可能性を強く示唆している。[*19]

熊楠が『和漢三才図会』との出会いを、「履歴書」よりも正確に記録していると考えられるのは、一八九〇年四月十七日の日付のある「南方熊楠辞」と題された文章である。[*20] これは、顕彰館に残された『和漢三才図会』上巻〔和030.05〕の巻頭余白に四頁にわたって書き込まれており、東京翻字の会によって翻刻され、二〇〇六年に発表された。熊楠は東京時代にこれを購入し、その後、アメリカに携帯し、アナーバーにいた二十二歳の時に、弟の常楠から下巻を郵送されたのを機に書き込みをおこなったようである。

この「南方熊楠辞」によると、熊楠は七歳の時に相生町の「佐竹といふ産科医」で、『和漢三才図会』を初めて見た。他の証言では「八、九歳の頃」あるいは「九つの時」[*21]のこととしているから、満七歳、数え歳では九歳になる一八七五年初め頃のことと考えるのが妥当かもしれない。同じ頃、熊楠は山本義太郎なる知人が、「巻四十五龍蛇類、巻五十四湿生類の二つの内より幾拾の名目を写しとり半紙にしるして」くれたものをもらっており、特に「野槌蛇、黄頷蛇、蜮、蟾」などに心を奪われていた。

そこで、佐竹の家の二階で、夕方まで「巻三天象、巻十三異国人物、巻十四外夷人物の名を悉くかきとどめた」という。ここで項目として挙げられた「野槌蛇」はいわゆるツチノコのことであり、「外夷人物」は奇怪な姿の人々が住む空想上の国が列挙された巻である。その少年らしい好奇心の持ち方は、ほほえましくもあるだろう。

その後、十歳の時に本屋の子どもと友人になり、『和漢三才図会』の一部が七円[*22]で売りに出されていたので、母にせびったところ、父から強く戒められてその時は諦めた。しかし、十三歳の正月に、友人の津村多賀三郎から「首巻より六、七巻迄のほどをねんごろに借り受て本文画図ともに写しはじめ」た。そして借りては写し、借りては写しを繰り返し、一八八一(明治十四)年の春末に「一百五巻悉く細字にて写し畢りし」と記している。

ただし、千本英史らの調査によると、実際には、同年夏頃まで筆写は続けられたようであり、現在残された写本から確認できるのは全一〇五巻中の四十三巻分、メモから書写が推定できる分を合わせても四十八巻分であるという。

さらに内容的には、「天・人・器具類・動植物に集中しており、中国や日本の地理部はまったく写されていない」ということである。*23

その後、熊楠は和歌山中学を卒業。東京に出た一八八三年の冬の初め、中近堂の『和漢三才図会』新版の広告を見て、親友の羽山繁樹（繁太郎　一八六八〜一八八八）の名で予約し、翌年夏に購入した。羽山が病に倒れて地元に戻っている間、熊楠はこの本が順次出版されるのに従って、「常に之を読で知識をやしなひ」という状況であったという。そのため、熊楠にとって『和漢三才図会』は、この後、若くして亡くなった莫逆の友との思い出の書でもあったということになる。

熊楠はあまりに筆写に熱中したことで、当時起きていた家族間の葛藤も相まって、精神的な病（おそらく癲癇《てんかん》）を感じるようにもなったという。そのあたりの事情も踏まえて、この「南方熊楠辞」は、次のように締めくくられている。

> 此書の我に於る則ち其伝記の半ばをなしつくれり。吾れを苦しめしものも吾をうれへしめしものも此書なり。吾をしていんじを思ふて涙おとさしむるも亦是〔破損〕なり。吾はこれによりて不治の病をも獲つ、そこばくの智識をも受たるなり。又は莫逆の友えこれによりて心たのしみしときのおもかげをも今にとどめ得たるなり。嗚呼吾がせむる所のものも吾がほむる所のものもそれただ『倭漢三才図会』なる歟。吾は信に此書の知己なり。此書吾れ無くんば思ふに安んずること能はざるならん。*24

つまり『和漢三才図会』は熊楠にとって、「自分を苦しめるもの」、そして「自分を憂えさせるもの」であった。と同時に「自分はこの本の本当の知己」であり、「この本もまた自分がいなければ安心することができない」ものでもあった。そうした喜怒哀楽を共にする一種の運命の書として、熊楠が『和漢三才図会』をとらえていたことが、この結びの文章には表されている。故に、この本は、物心ついてからの「其伝記の半ばをな」す、つまり二十二歳の熊楠が人生の半分を共有してきた書だと言うのである。

従来のように「履歴書」を参照するだけでは、熊楠にとっての『和漢三才図会』は、数え年の八、九歳から三年間の間に筆写した、少年時代の愛読書という扱いになる。しかし、「南方熊楠辞」の記述を総合的に考えると、満七歳の時に出会い、十歳で再会、十三歳から本格的に筆写して、十四歳頃に特に興味のある三分の一ほどの部分の抜書を完了。十六歳で中近堂版を予約して十九歳まで順次刊行に従って読み返し、渡米に際して上巻を携帯、二十二歳の時米国で下巻を受け取った、という長い関係の経緯が見えてくる。

物心ついてから十数年という長期間に亘って、熊楠はこの本の情報を吸収し、己のものとしていった。青年期の熊楠が、『和漢三才図会』は自分のこれまでの人生の「半ばをなしつくれり」とまで言い切っているのは、そうした事情を反映してのことであろう。

3　『和漢三才図会』と東アジアの博物学

では『和漢三才図会』の何が、幼少期から青年期の熊楠をしてこのように夢中にさせたのだろうか。ここからは、江戸期の日本を代表する百科全書である『和漢三才図会』の内容に踏み込んで、熊楠への影響を論じていきたい。

まず『和漢三才図会』という名前の由来であるが、「和漢」は当然ながら日本と中国、「三才」は天・地・人のことを指しており、「図会」であるから挿図を入れた「図鑑」であるということになる。つまり「日本と中国の天・地・人のできごとを解説した図鑑」である。実はこの名前は、もともと中国の類書（百科事典）である明の王圻による『三才図会』を模したものであった。ただし、『三才図会』が天・地・人の順で配列されているのに対して、『和漢三才図会』は天・人・地の順になっているといった変更点もある。*25 また内容的にも、それまでの中国の類書の記事を編纂した『三才図会』と、和漢のさまざまな先行文献を比較した上で、作者自身の見解を述べている『和漢三才図会』では、かなり異なっている。

この点で興味深いのは、杉本つとむが『訓蒙図彙』と『和漢三才図会』の類似を指摘していることである。杉本は、中国の『三才図会』の影響を独自のかたちで取り込んだ『訓蒙図彙』を経由することで、『和漢三才図会』の挿図や記述が成り立っているとする。そして「従来ともすれば、『和漢三才図会』について、同書と中国の『三才図会』との関連を強調して、この『訓蒙図彙』を排除あるいは無視しているのは、史的観点からも訂正さるべきである」[*26]という見解を示している。杉本のこの指摘は、『頭書増補訓蒙図彙大成』から『和漢三才図会』という近世日本の知的成果を読み継いでいった少年期の熊楠の読書遍歴を考える上でも興味深い。

『和漢三才図会』の編纂に関して、寺島良安は序文の冒頭で次のように説明している。

わが師、和気法眼仲安先生は、わたしにこう言われたことがある。劉完素の言葉に、医を業としようとするならば、上は天文を知り、下は地理を知り、中は人事を知らねばならない。この三つを倶に明らかにしてのち、はじめて人の疾病について語ることができる。さもなければ目が見えなくて夜遊び、足がなくて山野を登渉しようとするようなものだとある、と。[*27]

この言葉からわかるように、良安は自分の本業である医学の修行の一環として、この一〇五巻の大著を企図したようである。とは言え、全体として『和漢三才図会』は医学との関係は希薄であり、天文や動植物から世俗の出来事にいたるまで、純粋に百科全書的な知識を追い求めたという印象を与える。平凡社東洋文庫版『和漢三才図会』の訳注をおこなった島田勇雄は解説において、この書物が従来の医学史においては扱われてこなかったことを述べている。[*28]

また島田が指摘するように、良安については「本邦大百科辞典の編著者の嚆矢として喧伝されるに比しては、古来その経歴等について明らかにされるところが少ない」人物である。大阪の医師、伊藤良玄の弟子となったとされるが、序文にある和気仲安との関係は不明で、島田は良玄の「良」と仲安の「安」から「良安」と号した可能性を示唆している。

町人出自の知識人として、自らについてはほとんど何も語らなかった良安であるが、『和漢三才図会』を子細に読むと、世俗の出来事に注目し、常に人間の見方に焦点を合わせる視線からは、その人物像が垣間見えるところもある。和歌山の城下町の学校では、往々にして士族の子弟の同級生から商売人の息子として見下されていたという南方熊楠が共感を覚えたのは、そのようなところにもあったのかもしれない。

いずれにしても、寺島良安がその生涯の中で、和漢のさまざまな分野の学問を好み、古今の書籍を収集していたことは明らかである。『和漢三才図会』の多くの項目では、冒頭に挿絵と一般的な読みや異名が掲げられた後に、中国や日本の古今の文献が次々と引用される構成となっている。中でも特に多く引用されているのは、前述の『三才図会』の他、『酉陽雑俎《ゆうようざっそ》』『本草綱目』『五雑組《ござっそ》』などである。いずれも中国の博物学の達成を示す書籍と言うことができるものであり、少年期の熊楠は『和漢三才図会』と並行してこれらの書籍の読書・筆写もおこなっている。

ここで、中国における博物学の形成について、特に『和漢三才図会』および熊楠に関わる文献に注目しつつ、少し紹介しておきたいと思う。

中国における博物学の発展を考える上で中核となる要素として、数千年前から続く「本草学《ほんぞうがく》」と呼ばれる薬草に関する学問がある。今日に伝わる最古の本草書である『神農《じんのう》本草経』（紀元三世紀頃までに成立）には、三六五種の草花が挙げられており、その後の本草学の流れを形作った。薬として用いることを目的としていただけあって、『神農本草経』やこれを補完した南北朝期の陶弘景（四五六～五三六）の『神農本草経集注』（五〇〇年頃）では、これらの草花を、養命のための上薬、養生のための中薬、治病のための下薬の三つに分けている。[*29] こうした「三品分類」は後々まで受け継がれ、扱う薬物の項目が一七〇〇以上と飛躍的に増えた宋代の『大観本草』（一一〇八年）や『政和本草』（一一一六年）でも踏襲されている。

しかし、明代に入ると「三品分類」はようやく放棄され、自然分類学としての博物学が確立されていった。その集大成となったのが、李時珍（一五一八～一五九三）が長い歳月をかけて編述し、その没後、一五九六年に金陵（南京）で刊行された『本草綱目』である。この『本草綱目』は、世界の事物を「水」「火」「土」「金石」「草」「穀」「菜」「果」

「木」「服器」「虫」「鱗」「介」「禽」「獣」「人」の綱に分け、さらにその下に目としての分類をほどこしている。それまでのような先人の踏襲に終わるのではなく、綱目ごとの特徴に合わせて、体系的な説明を重視した『本草綱目』は、これ以降の本草学の規範となった。

『本草綱目』は、江戸初期の日本にも輸入され、その後の本草学・博物学の発展の基盤を提供した。儒者の林羅山（一五八三～一六五七）はその博識で知られる人物であったが、長崎で『本草綱目』を入手し、家康に献上している。羅山は『本草綱目』の知識を応用した農学全書である『多識編』（一六三〇年）や、注釈書である『本草綱目序註』（一六六六年）を著し、以後の江戸の博物学隆盛のさきがけをなした。そうして多くの版本が輸入されるとともに、日本国内で版木を起こした和刻本が大量に流布するようになった。

そのような中で、貝原益軒（一六三〇～一七一四）は一七〇九年に、『本草綱目』に記載された動植物を日本の実態と比較しながら検討した『大和本草』を著した。この本の中で益軒は「本草綱目ニ品類ヲ分ツニ疑フ可キ事多シ[*30]」と宣言し、新たな分類を提案している。西村三郎は、この益軒の試みを「それまでのわが江戸期の本草家・医師が『本草綱目』の権威にほとんど全幅的に追従していたのに対し、益軒のこの著作は、李時珍になお大きく拠っているとはいえ、それに盲従することなく、独自の視点、独特の分類法にもとづいて、日本固有の本草書をめざしたという意味で、画期的なものだった[*31]」と評価している。

こうして日本へと展開していった本草学の流れの他に、中国では古くから類書と呼ばれる事典の編纂も行われていた。春秋・戦国時代から漢代初期に成立した『爾雅《じが》』は、詩経を解読するための辞書であったが、博物学的な側面も色濃く有していた。戦国時代から前漢期にかけて作成された『山海経《せんがいきょう》』は、奇怪な姿をした辺境の怪物や人々の姿を描いていて荒唐無稽な内容のものだが、その知識は長く和漢の書籍の中に残ることとなった。その後、類書は知識の源泉としてさまざまなものが刊行されるようになり、仏教関係の事物をまとめた『法苑珠林《ほうおんじゅりん》』（六六八年）のような書籍も出現している。清代になると、百科全書としての知識の蓄積は膨大な量に達し、勅命により編纂された『淵鑑《えんかん》類函《るいかん》』（一七一〇年完成）は四五〇巻、『古今図書集成』（一七二五年完成）にいたっては一万巻の大部となっている。

これらの中国および日本における博物学は、今日の目から見てどのようにとらえられるべきものなのだろうか。これに関しては、『本草綱目』における革新や『大和本草』による独自分類のようないくつかの例外はあるものの、全体としては知識の蓄積にとどまり、近代科学としての合理性に欠けていたという批判がある。たとえば、西村三郎はルネサンス期以降の西洋科学と比較して、東アジアの科学には先行する著作を尊重するあまり、それらの羅列に終わる傾向があり、そうした姿勢が学問的な発展を妨げたとしている。

本草学の分野では、李時珍の『本草綱目』が――この書物自体は、中国本草学の歴史においては珍しく、一種のパラダイム・シフトを敢行した異色の著作だったにもかかわらず――わが国ではいわば〝聖典化〟されて、繰り返し版を改めて刊行され、校定され、翻訳され、そして多くの本草家によって講読・注釈された。江戸期の博物学は主として本書を中軸に展開したといっても過言ではない。〔中略〕人文科学系の分野はともかく、自然科学分野において二世紀も前の書物が現役のテキストとして読まれ、かつ注釈され続けるというのは、学問が停滞し、あるいは退行さえした中世はいざ知らず、近世以降においては考えにくいことである。だが、わが国（および中国）ではそれがじつに十九世紀の半ばまでおこなわれた。[*32]

その一方で、東アジアの博物学の世界では、人間との関係が重視されており、そのことは自然科学というよりは人文学的な観点から評価すべきであるという見方も根強く存在している。平凡社東洋文庫版『和漢三才図会』の編集者である竹島淳夫は、同書に引用された東アジア博物学の諸著作に見られる動物観に関して、次のように擁護している。

こうした東洋世界の博物学にみられる動物観は、現在の動物学・生物学からみれば価値のない一篇の読み物でしかないかも知れない。確かに自然科学体系による客観的な動物観察に比べて、これは著しく科学的正確さを欠いていることは否めないのであるが、しかしここにはわれわれの先祖がその動物たちとどのように係わってき、どのような関心をそれらの動物に付与していたか、どのような眼で動物たちを眺めてきたかという歴史的・民俗学的な、いわば人文科学的な関心を提供してくれるものがあるといい得よう。[*33]

こうした近代科学になりきれなかった停滞の部分と、西洋科学とは異なり人間と連続したものとして自然を記述する面白さと豊かさは、今日の目から見た際に東アジア博物学の二つの側面として浮かび上がってくる。『和漢三才図会』の中にも、紀元前の中国に由来するような古い荒唐無稽な知識を含む部分と、豊かな可能性を感じさせる自然観察の部分の両方が混在している。南方熊楠の東アジア博物学受容とその活用の例を考える場合にも、この二つの側面を常に考慮しておく必要があるだろう。

4　フォークロアとしての東アジア博物学

少年時代以降の南方熊楠の関心は、『和漢三才図会』を中心としながら、東アジア博物学のさまざまな面へと伸びていった。ここまで十数種の和漢の本草書や類書を取り上げてきたが、実はそのほとんどが、熊楠の学問と何らかのかたちで関わりを持つものであったと言うことができる。それでは熊楠は、西洋科学との比較の中で、東アジアの博物学に関してどのように考えていたのだろうか。少年時代の筆写から青年期以降の活用例までを概観しながら、そのことに関して少し考えてみたい。

まず、「履歴書」にも記されていたとおり、熊楠は『和漢三才図会』と同じ頃に、李時珍の『本草綱目』と貝原益軒の『大和本草』の筆写もおこなっていた。顕彰館には、『大和本草抜記』『和漢三才図会抜記』『本草綱目抜記』の三つが合冊になった帳面〔自筆013〕が残されており、一八七九年十一月八日から一八八二年二月一日、つまり十二歳から十四歳までの筆写と記されている。また、記念館に残された『本草綱目』〔A1-015〕には「一八八〇年六月写」、

『大和本草』［A1-013］の合冊には甲号「一八八〇年十二月三日」乙号「一八八〇年十二月二十二日」丁号「一八八二年一月十五日」と記されており、これらの本草書の筆写がほとんど併行しておこなわれていたものであったことを証している。

このうち、『本草綱目』の内容に関して、後年の熊楠は一九一三年に執筆した文章の中で、次のように述懐している。

そもそも『綱目』の一著たる、今日科学大いに闢《ひら》け、古今東西の観察について、砂を汰《こ》し金を萃《あつ》めたる時代より見れば、実に謬説僻論その多部分を占むとはいえ、［中略］当時欧州名家の博物大著述諸篇に比していささかの遜色なく、採摭の広博たる、排列の整然たる、まことに東洋の一大業を做し遂げたるものにて、李時珍これがために二十六年の長月日を費やし、その心血を注いで全璧としたるなれば、吾輩八、九歳より四十七歳の今日まで、旦暮その余光に浴する[*34]

八、九歳から四十七歳までの人生のうちで、朝夕にその「余光に浴」してきたというのだから、最大限の賛辞と考えてよいだろう。このように『和漢三才図会』に始まり、『本草綱目』『大和本草』へと展開していった筆写作業は、熊楠の学問の出発点として、大きな影響を生涯にわたって及ぼし続けた。

さらに熊楠が独自に注目した漢籍としては、唐代の段成式（八〇三頃～八六三頃）による『酉陽雑俎』（八六〇年頃成立）が挙げられる。『酉陽雑俎』は「道教や仏教から天文や年中行事、説話の考証から動植物の記述にいたるまでの広い視野」を持った書であり、「唐代の知的パノラマ」と呼びうるものであると、飯倉照平は評している。[*35] しかし、当時この『酉陽雑俎』の内容は荒唐無稽なものであるとされて、正統的な漢学者からはあまり評価されていなかった。そこで熊楠は「『酉陽雑俎』というもの、従来、百虚一実なしとのことで、『山海経』と併べて法螺の大村長のごとく漢学者がいい、［中略］誰かれも今は見る人なきが、小生少しくおかしく思う[*36]」とこれを擁護した。

特に熊楠が注目したのは、地方の役人であった段成式が幅広い読書と交流を介して集めた説話を、合理的に整理している点で、「なるほど段氏の記述に怪異のこと多きも、これかえって、当時唐土に行なわれたる迷信、錯誤の実況を直筆せるものなれば、そのころ支那における一汎人智の程度を察するに最も便益あること」[*37]と述べている。さらに「その続集巻四、特に貶誤部を設け、多く旧伝古話の起源と変遷を述べたるは、西人に先立ちて、比較古話の学に着鞭せしものとして、東洋のために誇るに足れり」と、比較説話学の先駆者としての面を賞賛しているのである。[*38]

熊楠はこの『酉陽雑俎』の和刻本を、十六歳の時、一八八三年十二月二十六日に東京で購入したことが、旧蔵書［中140.31］の書き込みからはわかる。説話研究の部分を熊楠が評価し始めたのは、ロンドン時代あたりからのようで、その当時作成していたノート、「課余随筆」の巻之五（一八九三年五月〜一八九四年一月）の「四十四」という番号のある記事には、次のような覚書が見られることを飯倉が指摘している。[*39]

フヲークロールノ学西洋ニハアマリ古カラズ漢士ニハ酉陽雑俎ニ多ク昔話ヲ集タルノミナラズ別ニ貶語ノ部有テ正セルコト多シ、韓晋公滉潤州ニ在テ婦人ノ哭ヲ聞シコト　続斉諧記ノ綏安山ニテ許彦ガ遇ル書生ノ話、道士顧玄績ガ壮士ヲ傭テ金丹ヲ焼クヲ守シメシ語等一一其出所ヲ示セリ言フヘシ古話ノ伝説ヲ記スルコトミユレル氏モ一顧ヲ著スル遠シト、馬琴モ燕石雑誌等ニ於テ昔話ヲ論セルコト少ナカラズ　サレド此人牽強シテ博聞ニ衒ヒ奇僻ノ説多シ[*40]

この時、二十六歳の熊楠はロンドンでの学問活動を始めたばかりであったが、早くも研究対象としてのフォークロアに目をつけていたようである。「西洋ニハアマリ古カラズ」という評価はもっともなところで、グリム兄弟（Jacob Grimm 一七八五〜一八六三、Wilhelm Grimm 一七八六〜一八五九）が体系的な方法によって昔話を収集したのが十九世紀初め、そして英国でトムズ（William Thoms 一八〇三〜一八八五）がグリム兄弟にならって民間伝承を扱う学問を提唱し、これをFolklore と名づけたのが一八四六年のことである。[*41]熊楠は英語圏でもまだ五十年足らずしか歴史を持たない「フヲークロール」という言葉を使って、『酉陽雑俎』を再評価しようとしたのである。

ロンドン時代以降に熊楠が旺盛に発表した英文論考を読むと、『酉陽雑俎』だけではなく、さまざまな東アジア博物学の著作がフォークロアとして読み直され、比較民俗学的な文脈で論じられていることが目につく。熊楠はこれらの著作を自然科学あるいは科学史だけでなく、同時に人文学の文脈でもとらえ、特に民俗学資料としても活用することで、新たな光を当てていると言うことができるだろう。

さて、熊楠の少年時代に話を戻すと、『和漢三才図会』『本草綱目』『大和本草』の他に筆写した書籍としては、『徒然草』［自筆 023］［A1-012］や『西遊記』［自筆 023］がある。また次章で取り上げるように、和歌山中学時代の一八八一年から一八八二年頃にかけては、爆発的な勢いで、他の和漢書を筆写し続けた。そこには、博物学から始まって歴史書や地誌へと伸びていく熊楠の関心のあり方を見ることができる。

さらに十六歳で東京に出てからは、抜書だけではなく書籍の購入も増えているが、この時期にもやはり大量の本草学・博物学書を入手していることが目につく。たとえば、東京時代の末期に熊楠が作成した蔵書目録［自筆 062］[*42]を見ると、後の著作で多く引用されている謝肇淛《しゃちょうせい》（一五六七～一六二四）の『五雑組』を一八八四年三月、張華（二三二～三〇〇）の『博物志』を一八八四年五月に購入している。その他に、近代以前の日本の本草学・博物学書を購入時期の順に記すと、次のようになっている。

武井周作『魚鑑』（一八八四年六月二十一日）、松岡成章『怡顔斎菌品』（一八八五年二月十一日）、小野蘭山『本草綱目啓蒙』（一八八五年三月三十一日）、奥倉魚仙『水族写真』（一八八五年四月一日）、『象志』『駱駝考』（一八八五年五月九日）、畔田翠嶽『水族志』（一八八五年五月十七日）、大沼宏平撰『十新考』（一八八五年七月三日）、小原桃洞『桃洞遺筆』（一八八五年八月三日）、坂本浩然『菌譜』（一八八五年十月四日）、木内重暁『雲根志』（一八八五年十月十五日）、木村俊篤撰『橘品類考』、伊藤伊兵衛『広益地錦抄』『地錦抄附録』『増補地錦抄』（一八八五年十月十九日）、貝原益軒『花譜』（一八八五年十月二十一日）

東京での遊学生活という地の利を生かして、この時期の熊楠が江戸の本草学の成果を網羅的に購入していることが見て取れる。『和漢三才図会』『本草綱目』『大和本草』などとともに、これらの本草書の中のいくつかは、後に熊楠がアメリカから英国で長い海外生活を送る際に、トランクの中に入れられて海を越えることになったようである。

こうした近世以前の博物学に対する熊楠の愛着の念は、「履歴書」の中の次のような文章に集約されていると言えるだろう。友人の植物学者、田中長三郎（一八八五～一九七六）の言葉を引きながら、熊楠は徳川時代の学問を同時代（大正末）の生物学と比較しながら、前者に軍配を上げているのである。

この人の言に、日本今日の生物学は徳川時代の本草学、物産学よりも質が劣る、と。これは強語《きょうご》のごときが実に真実語《しんじつご》に候。むかし、かかる学問をせし人はみな本心よりこれを好めり。しかるに、今のはこれをもって卒業また糊口《ここう》の方便とせんとのみ心がけるゆえ、おちついて実地を観察することに力《つと》めず、ただただ洋書を翻読して聞きかじり学問に誇るのみなり。それでは、何たる創見も実用も挙がらぬはずなり。*43

この言葉には、英国から帰国して後も研究機関に居場所を得ることができず、日本の中央の学界ではなかなか認められなかった熊楠の一種のやっかみのようなものも籠められていることは事実である。しかし、そうした部分を差し引いても、「おちついて実地を観察する」という江戸時代の日本、および中国を中心とする東アジアの博物学の伝統に対する、熊楠の敬慕の念は明らかであろう。物心つく頃に初めて出会った和漢の書籍は、その後の熊楠の生涯を通じて、教養の基盤となったのであった。

5　アメリカ・英国時代の熊楠と和漢書

では、その後の南方熊楠は、こうした東アジアの博物学書や百科全書から得た知識をどのように活用していったのだろうか。熊楠の学問形成の過程の説明としては少し先回りすることになるが、青年期以降の学問活動と著作の中に、その跡をたどってみることにしたい。

前述のように、熊楠はアナーバーにいた一八九〇年以降、海外生活の中で中近堂版の『和漢三才図会』を携行した。『酉陽雑俎』『五雑組』『本草綱目』なども海外における熊楠の蔵書の中には含まれており、おそらく何度も読み返していたと考えられる。これらの書籍は一八九一年九月のフロリダ、キューバ行きから一八九二年九月にロンドンに移り住んだ後も、下宿の部屋に置かれていたはずである。そうした状況にあって注目されるのは、熊楠がロンドンで精力的に発表した英文論考の中に、『和漢三才図会』を始めとする東アジア博物学書の受容の跡がくっきりと刻印されていることである。

まず、一八九三年十月五日号の『ネイチャー』*Nature* に掲載された最初の英文論考「東洋の星座」（The Constellations of the Far East）で、熊楠は中国における「宿」「座」と呼ばれる星のグループ化の方法と、インドと中国に共通する二十八宿について説明している。この論文の内容については本書のVI章で考察するが、この時、熊楠が参考文献として用いたのは、もっぱら中国星座に関しては『和漢三才図会』の巻第一「天部」および巻第二「天文」、インド星座に関しては『酉陽雑俎』巻三「貝編」であったことが判明している。多くの和漢の博物学書と同様に、熊楠の学問的著作もまた「天」に関する著作から始まったことは象徴的である。

この「東洋の星座」発表の次週の『ネイチャー』に掲載された第二作の「動物の保護色に関する中国人の先駆的観察」（Early Chinese Observations of Colour Adaptaions 一八九三年十月十二日）では、ふたたび『酉陽雑俎』が取り上げられている。「中国人段成式が九世紀に、動物の保護色に関する進化論的な発見をしていたと、この短編で熊楠は報告している。「中国人たちは、現代科学の諸分野には無関心なようだが、九世紀という早い時期に、動物の保護色についてのダーウィン的な見解をもっていたことをここで報告しておくのは、有意義であると思う」[*44]と熊楠は段成式の観察眼に関して高く評価する。

『酉陽雑俎』は翌年の「コムソウダケに関する最古の記述」(The Earliest Mention of Dictyophora 一八九四年五月一七日)でも用いられている。こちらでは、熊楠は「簡文帝が所有する延香園」に生えた「不思議なキノコ」が、コムソウダケに関する世界最古の記述であった可能性があると指摘している。[*45]熊楠にとって『酉陽雑俎』は、九世紀という、ヨーロッパの学問がまだ中世の闇に閉ざされていた時代において、中国人がいかに自由な精神で科学的な自然観察をおこなっていたかを証明する記録としてとらえられていたのである。

さらに翌週の五月二十四日号掲載の「蛙の知能」(An Intelligence of the Frog)では『和漢三才図会』が活躍し、「蛙という名前の由来についての寺島良安の説明を信ずる限り、中国や日本では、このことは早くから知られていたようである」[*46]として、「蛙=帰る」という帰巣本能に着目した解説が紹介されている。他にも、王充『論衡』を取り上げた「宵の明星と暁の明星」(Hesper and Phosphor 一八九五年二月二十八日)や、『淵鑑類函』を取り上げた「網の発明」(The Invention of the Net 一八九五年六月二十七日)のように、古代から近世までの東アジアの伝統的学問の紹介という姿勢は、熊楠の初期の英文論考において顕著である。

東アジア博物学をどのように読むかという点で、こうした熊楠の初期英文著作の中でも特に興味深いのが、一八九四年五月十日号の『ネイチャー』に掲載された第三作の「蜂に関する東洋の俗信」に始まる、昆虫学者オステン・サッケン(Carl Robert Osten-Sacken 一八二八~一九〇六)との共同研究である。熊楠はこの論文の冒頭で、ミツバチとブンブン(ハナアブ)を混同する『旧約聖書』などの俗信に関連した世界中の文化における情報を求めたオステン・サッケンに応えて、「自分のわずかな東洋文献の蔵書を調べてみた」[*47]として、陶弘景、李時珍、段成式、謝肇淛、菅茶山(一七四八~一八二七)の著作を挙げている。

この「蜂に関する東洋の俗信」に関して、「課余随筆」巻六上(29)には、英文に訳す前の下書きと見られる記述がある。漢文の引用をつなげた情報集のようなメモであり、通読するのは骨が折れるが、熊楠がどのように東洋の博物学を英文論考の中で生かそうとしていたかがよくわかる資料なので、以下に翻刻を掲載しておきたい。

オステンサツケン男爵ハ千八百九十三年 Bugonia 論ヲ著シ、屍ニ蜜蜂ヲ生スルトハブン〴〵ヲ誤認セルナルヘシトイヘリ、案ズルニ謝氏ノ五雑組和板巻之九、四十五葉ニ余在楚長沙見蜜蜂皆無刺玩之掌上不能螫人与蠅無異又可怪也、牛屎ヨリ蜂ヲ生スルコトハ聞ズ又馬屎ヨリ蜜蜂ヲ生スルコトモ聞ズ、但シ東洋ニテ蜜蜂及其他ノ蜜蜂ニ関スル訛伝ヲ数フレハ(1)蠮螉ガ桑虫ノ子ヲトリテ観スルコト酉陽雑俎続集巻之八、六葉、和漢三才図会第五十二（新板、四百七十一葉）又五雑組和版九巻四十五葉ニ見ユ、(2)独脚蜂　在嶺南似小蜂黒色一足連樹根不得去不能動揺（本草綱目、和三、第四十五巻四百七十一葉）コレハナニカセルビア茸ノ菌ヲ樹根ト誤タルナラン、(3)本草ニ蜜蜂采無毒之花醸以小便而成蜜、段成式ノ酉陽雑俎巻十七、八葉ニ有蜂如蠟蜂稍大飛勁疾好円裁樹葉巻入木竅及壁罅中作窠成式常発壁尋之毎葉巻中実以不潔或云将化為蜜也、貝原氏ハ蜂ガ小便ニテ蜜ヲ作ルコト虚ナルヲイヘリ、熊楠謂フニ酉陽雑俎ノ如蠟蜂稍大ク蜂ノ如シ蜂稍大ニト句点セルハワロシ蠟蜂ノ如クニシテ稍大トスベシ、尋常ノ蜜蜂ヲ蠟蜂トイヘルナラン、ソレヨリ稍大ニシテ飛勁疾トハブン〴〵ナドノコトニヤ、(4)酉陽雑俎同巻、九葉ニ嶺南有毒菌夜明経雨而腐化為巨蜂黒色喙如鋸、長三分余夜入人耳鼻耳[中]断人心繋、(5)馬尾蜂ハ馬ノ尾ガ蜂ニナリシトイフ俗伝、菅茶山ガ筆のすさび（百家説林巻之一明治廿三年板二二葉）ニ備前[後]田房ニ考安ガ外家アリ、其家ニ冬薪ヲ多ク買テ積タリシガ其中ニカシワノ半朽タルニ多ク蜂アリ、前ノ形ノゴトクシテ数個珠数ノゴトク一条ノ馬尾ニ蜂ヲ貫キテアリ　カクノゴトキモノ数十条ナリシ、考安モ一条ニ三四箇モツラヌキテアリシヲトリテ帰リ紙ニツツミオキシガ後ニハ尾己レトキレハナレ其包タル紙ヲ食タリ、朽木ニ馬尾ノカヽリタルガ化生シタルニヤト言シ、コヽニ其頃トイヘルハ文化ノ末トアリ、コレハ馬尾蜂ナリ、先年紀州ニテ得タルニカクノ如シ、又ミチガン州アナバニテモ得タルニヤハリ尾朽木ニハサマリ動キ去ルヲ得ズニ居リシ、（其品現ニ今予ガ室中ニアリ）(6)蜂ニテ琥珀ヲ作ルトイフコト酉陽雑俎巻之十一、七葉ニ南蛮記寧州沙中有折腰蜂岸崩則蜂出土人焼治以為琥珀、コレハ琥珀中ニ蜂ノ砕片アルヲ見テ、蜂ヲ以テ琥珀ヲ作ルト思ヘルナラン

明治二十七年四月十二日稿龍動ニテ南方熊楠[*48]

この下書きの末尾には、「此事ハ今年五月十日ノネーチユールニ出　男爵十五日及廿三日ニ状礼言ヲ受ク」という文章が付けられている。日記にはこれに対応するものとして、五月十六日の「夕ハイデルベルヒのバロン・オステン・サッケンより来書。予がネーチュールに出せるブンぐ虫の事を謝し、並に謝在杭の事実等を問はる」と二十五日の「バロン・オステン・サッケン、又状して、予の手紙によりブンぐの事に智識の益をとり礼謝せらる」という記事がある。[*49]その後、オステン・サッケン男爵は、八月三十一日にロンドンの熊楠の下宿を直接に訪問してさえいる。熊楠は後に、馬車で到着した男爵に対して近所で借りてきた茶器でお茶を淹れて出したのだが、「小生の生活あまりきたないから茶を呑めば頭痛すとて呑まずに去られし珍談あり」[*50]とおもしろおかしく語っている。

この「蜂に関する東洋の俗信」の下書きに限らず、ロンドン時代の初期、特に一八九五年四月の大英博物館での筆写作業開始以前の「課余随筆」には、東アジアの博物学書からのさまざまな引用が記されている。この頃の熊楠はロンドンで日本や中国の文化を紹介する機会を伺っており、そのためにこうした博物学書からネタを探していたのではないかと思われる。『ネイチャー』に立て続けに論文を載せることができたのは、その賜物だったと考えてよいだろう。

6　東アジアの科学に向ける視線

注目されるのは、これらの書籍を英文で紹介する際に、熊楠が往々にして東アジア博物学の成果を誇示するような形容詞をつけていることである。たとえば、貝原益軒に関しては、「文芸復興期以降の近世日本における博物学者の先駆け」[*51]とする。段成式については「博覧強記の人物で、詩も嗜んだ。［中略］十七世紀の傑出した百科全書家謝在杭

［肇淛］は、『酉陽雑俎』を高く評価し、「諸家の冠」の二書のうちの一つとして挙げている」[*52]と、『五雑組』の著者、謝肇淛の言葉を引用しながら、段成式に対する賞賛の言葉を書き付けている。『和漢三才図会』に関しても、熊楠は日本語の著作や書簡ではそれほど大仰に褒めたりはしないが、英文では「おそらく日本における最高の百科全書」(probably the greatest Cyclopedia Japan has ever produced) とするのである。[*53]

熊楠自身、「履歴書」の中で「小生はそのころ、たびたび『ネーチュール』に投書致し、東洋にも（西人一汎の思うところに反して、近古までは欧州に恥じざる科学が、今日より見れば幼稚未熟ながらも）ありたることを西人に知らしむることに勖《つと》めたり」[*54]と語っており、青年期の長い英米生活の中で、「東洋の科学」を西洋人に対して示したいという姿勢が強かったことがわかる。さらにその内容に関しては、一九一三年の「平家蟹の話」の中で次のようにも語っている。

> 指南針、火薬の発明は申すに及ばず、海潮の原理、地震の観測、弾性護謨の応用、色摺の板行、その他東洋人が西洋人に先鞭を著けて成功したものも多くある。今月十五日の『日本及日本人』に雪嶺が論じたごとく、顕微鏡の発明前の生物学は、東西とも似たりはったりの愚説で充溢しおった。このことは僕も『ネーチュール』その他の欧米雑誌で年来発表するところあり、わずか数百年東洋が西洋に後れおるが、その前にはさまで西洋に劣らなんだ次第を述べて、いささか東洋のために気を吐いたつもりだが[*55]

『ネイチャー』への最初の英文論考である「東洋の星座」を発表した際に、熊楠は二十六歳であった。日本からアメリカを経てロンドンで生活を始めた二年目にあたり、初めて西洋に対して一矢報いたという感慨を持っていたことだろう。ヨーロッパの学問が絶対的なものであると感じられていた十九世紀末にあって、熊楠が中国および日本の博物学をこのようなかたちで英語圏に紹介したことの意義は大きい。

こうした熊楠の発言の背景としては、ヨーロッパの人々の間で、特に漢字文化圏の独自の学問に対する認識度が低かったという事情がある。熊楠は自身の処女作である「東洋の星座」の成功の重要性について述べた際に、「此一事にて西洋の人、口にかれこれいへど、中々印度以東のことに通じおらぬこと察すべし」[*56]として、東アジアの事情に対する無知を指摘している。たしかに、一般の西洋人はもとより、知識人のレベルでも漢字を読みこなせる人物がほとんどいなかったことは事実であり、この熊楠の指摘はある程度正しかったと言うことができるだろう。

その一方で、当時のヨーロッパにおける東洋学の水準を、一概に過小評価すべきでないことも事実である。二十世紀半ば以降にニーダム（Joseph Needham 一九〇〇～一九九五）が『中国の科学と文明』シリーズの中で集大成したような総合的な研究ほどではないものの、十九世紀期の段階でも、すでにヨーロッパの何人かの東洋研究者は、中国語原典を用いて後世に残る仕事を成し遂げていた。

熊楠も、ロンドンでの学問研鑽を通じて、個々の研究者のレベルでは、ヨーロッパの東洋学の成果にも見るべきところがあることを発見していったようである。たとえば、柳田国男（一八七五～一九六二）に宛てた書簡の中では、「日本人が日本で発明のごとく思ううちに、欧米人が先を着けたことははなはだ多し」として、『元史』に現れる「孛羅」という人物がマルコ・ポーロ（Marco Polo 一二五四～一三二四）であるという三宅米吉（一八六〇～一九二九）の説は、すでにフランスのポーティエ（Guillaume Pauthier 一八〇一～一八七三）が数十年前に見出していたことを挙げている。[*57]

また、中国本草学の研究者としても、たとえばエストニア出身のドイツ人東洋学者ブレットシュナイダー（Emil Bretschneider 一八三三～一九〇一）を高く評価していた。ブレットシュナイダーは北京に滞在して中国の地理書や本草学書などの資料を丹念に研究した人物である。実は、前出の李時珍『本草綱目』に対する熊楠の賛辞も、ブレットシュナイダーを賞賛した次の文章に続けて書かれたものである。

ブ氏は宿徳好学、一昨年まで北京にありしは予これを知る。往年故伊東錦窠先生が、始めて大島圭介氏に托して『植物名実図考』を本邦に入れしも、ブ氏の著に依りてかの書あるを知るに及ばれしほどなれば、ブ氏の支那学に精通せるは、なかなか今日道に聴き道に講ずる本邦の「でも」学者輩の倫にあらず。中央アジア諸国の名号、古今の沿革、支那欧州往来の変遷等、ブ氏の諸著を俟って初めて明らかなりしもの多く、碩学伊藤篤太郎博士ごとき、本草累代の名家をもって、なお時にブ氏に諮詢さるる由、博士が書きし物で見たり。なかんずく上引『ボタニコン・シニクム』は、ブ氏が十五年の苦辛研究を積んでようやくその初篇を出だせしもの、予のごとき貧生すら、百方費を節して三篇までを購い蔵せり。およそ今日の植物学に照らして、支那の草木を調査せんとする輩の一日も座右に欠くべからざる大著たり。*58

熊楠は一八九五年から一九〇〇年の間に、大英博物館などで「ロンドン抜書」と呼ばれる五十二冊の抜き書きノートを作成しているが、その中にはポーティエとブレットシュナイダーの著作が筆写されている。うちわけは、ポーティエが『マルコ・ポーロの書』[10A043][17B002]、*59 ブレットシュナイダーが『中国植物学の学的価値の研究』[08B018]、『古代中国人によるアラブ人およびアラブ圏の知識』[08B019][15A156]、『中世中国の西洋への旅行家についての報告』[15A157a]および『中国植物誌《ボタニコン・シニクム》』[38B048][41A029a]である。

ポーティエもブレットシュナイダーも一八九六年の筆写がほとんどで、『中国植物誌』のみが一八九九年頃の筆写になっている。*60 また、中国の本草学に関する西洋の研究としては、他に英国の宣教師スミス（Frederick Porter Smith 一八三三～一八八八）による『中国の本草学と博物学に関する論考』も、「ロンドン抜書」の中にさかんに筆写されている[01A017][06A051a][08B001a][21B083a]。

Ⅶ章で述べるように、この間、二十八歳から三十三歳の熊楠は、『ネイチャー』に英文論考を発表するとともに、大英博物館などで膨大な文献を読み込み、自分の学問を作り上げていた。英国内外の東洋学者との接触も多くなっていった時期でもある。熊楠は自分が幼少期から自家薬籠中のものとして親しんできた漢籍を英語で説明しているうちに、逆に西洋の側からもそれらを読み込んでいる研究者がいることに気付き、その成果を「ロンドン抜書」の中に取り込んでいったのであろう。

7 英文論考における『和漢三才図会』の活用

さて、ここからは、本章の中心的な話題である『和漢三才図会』に話を戻したいと思う。熊楠が一八九四年以降におこなったオステン・サッケンとの共同研究は、古代以降の博物学者が形状の似ているハナアブとミツバチを混同していることに関するものであったが、この中で熊楠は、十八世紀初頭の寺島良安が、中国の本草学者の通説とはちがって、いちはやくこの二つを分類していたことを示している。オステン・サッケンの著書『牛から生まれた蜂の古説(ブーゴニア)とハナアブの関係』には、熊楠の手紙をそのまま紹介したと見られる部分があり、そこには『五雑組』と『和漢三才図会』に関する次のような熊楠の分析が含まれている。

一七世紀の中国の著述家謝在杭は『五雑組』(和刻本、一六六一年、九巻四三丁)で、「楚の長沙で、針のないミツバチを見た。掌にのせて弄んでも、まったく無害であった。蝿と変わるところがなく、なんとも不思議な話である」と言っている。ここにもやはり、ハナアブとミツバチとの明らかな混同がみられるのだ! しかし、これより後の別の著作、一七一三年に編まれた寺島良安の『和漢三才図会』(新版、一八八四年、五三巻五四〇頁)では、すでに区別がなされており、ハナアブは次のように描写されている。

「蝿の一種で、ミツバチのような姿だがミツバチより大きい。丸く太った体で色は黄と黒である。幼虫は糞尿を食料とし、脱皮後、変態して成虫となる。カブラの花が咲く頃多く見られる。草本類の花の蜜を吸う。人を刺したり噛んだりする危害はない。ブンブンという羽音を立てながら飛ぶ。(この「ブンブン」がこの虫の日本名である)」[*61]

さらにオステン・サッケンが一八九五年にこの論文の追補として出版した小冊子には、「寺島良安の『和漢三才図会』(全一〇五巻、一七一三年)は、おそらく日本における最高の百科全書であるが、ハナアブの説明(新版、一八八四年、五三巻五四〇頁)だけではなく、その幼虫についても非常に詳細な描写と図版がある」という文章が見られる。そして、

「オナガクソムシ」と呼ばれるこのハナアブの幼虫に関する寺島良安の説明が引用されている。[*62] 言うまでもなく、これもオステン・サッケンが熊楠の手紙をそのまま紹介している部分である。つまり、熊楠は『和漢三才図会』の中でも、特に科学的観察としてすぐれていると考えたものに関して、西洋の読者に伝えようとしているのである。

しかし、英文論考における『和漢三才図会』の利用例として圧倒的に多いのは、ここまで論じてきたように、フォークロアなどの民俗学的研究の材料としてこれを用いようとする姿勢である。たとえば、一八九四年十一月八日号『ネイチャー』に掲載された「北方に関する中国人の俗信について」(On Chinese Beliefs about the North)では、「死者に語りかけながら着衣をきつく締めると、霊魂が去るのを防ぐことができる」[*63]という日本の俗信が『和漢三才図会』「人魂火《ひとだま》」の項から紹介されている。また、同年十二月二十七日号の「「指紋」法の古さについて」(拇印考)では、「かつて日本では、掌による押印は非常に普及していたので、文書類のことを一般に「手形」あるいは「押手」と呼ぶようになったほどである」[*64]という風習が「券《てがた》」の項から引用される、といった具合である。さらに、一九〇三年に完成したものの未刊行に終わった長文の英文論考「燕石考」(The Origin of the Swallow-Stone Myth)の中にも、燕石を記載した日本の文献の一つとして『和漢三才図会』が挙げられている。

だが、何と言っても『和漢三才図会』からの引用が大量に用いられているのは、自然科学系の雑誌『ネイチャー』よりは、フォークロア研究の専門誌であった『ノーツ・アンド・クエリーズ』*Notes and Queries* に投稿された論文である。これは前述の「フォークロア」という英単語を発明したトムズが一八四九年に創刊した雑誌で、俗信に関する読者間の情報交換を目的としたものであった。熊楠はこの雑誌に一八九九年から投稿を始めて晩年に至るまで継続し、計三四八篇が掲載されている。その中で、『和漢三才図会』を紹介しているものは、実に次の三十五篇に上る。[*65]

「さまよえるユダヤ人」The Wandering Jew 一八九九年八月十二日
「神跡考(神々の足跡など)」① Footprints of Gods, &c. 一九〇〇年九月一日
「神跡考(神々の足跡など)」② Footprints of Gods, &c. 一九〇〇年九月二十二日

「参考文献を求む」Reference Wanted 一九〇三年十一月十四日
「嫉妬の水」Water of Jealousy 一九〇四年二月二十日
「ウナギのフォークロア」Eel Folk-lore 一九〇四年九月十七日
「求愛のための棒」Wooing Staff 一九〇四年十二月二十四日
「月の暈と雨」Lunar Halo and Rain 一九〇七年三月九日
「「命の星」のフォークロア」①"Life-Star" Folk-lore 一九〇七年七月十三日
「海藻には雨が必要か」Seaweed needing Rain 一九〇八年三月七日
「カラスが「雨に抗して鳴く」」Crows "Crying against the Rain" 一九〇八年十一月二十一日
「東洋の飛行機械」①Flying Machines of the Far East 一九〇九年五月二十九日
「子どもが自分の運命を占う」Child telling its own Fate 一九一〇年四月十六日
「飛行伝説」Legends of Flying 一九一二年十月十二日
「入れかわった魂」Human Souls Interchanged 一九一二年十一月三十日
「土を食べること」①Earth-eating 一九一二年十二月二十八日
「植物学」①Botany 一九一三年一月二十五日
「蛇を穴から引き抜く」Extracting Snakes from Holes 一九一三年八月二日
「「アゴンダ」と「阿古陀瓜」」"Agonda" and "Akoda" 一九一三年八月二十三日
「燐光を発する鳥」Phosphorescent Birds 一九一五年九月十八日
「燐光を放つ蜘蛛」Phosphorescent Spiders 一九一六年四月一日
「鳥が捕まってしまったひなを毒で殺す」Birds Poisoning Captive Young 一九二〇年二月
「貧者の落ち穂拾い」Gleaning by the Poor 一九二一年十一月十九日
「アジアのオルフェウス」②An Asiatic Orpheus 一九二二年十二月三十日

「鷲石考（鷲石）」④ The Eagle Stone 一九二三年八月十一日
「日本における植物のシンボリズム」 Plant-Symbolism in Japan 一九二四年一月十二日
「動物のフォークロア」 Animal Folk-lore 一九二四年十月四日
「口笛の術」 The Art of Whistling 一九二五年五月九日
「車輪」 Wheels 一九二五年五月九日
「いぼのまじない」 ① Charming of Warts 一九二五年六月二十日
「ろうそくの手紙」 ① Letters at the Candle 一九二五年六月二十七日
「鳥が火事をおこす」 Birds causing Fire 一九二五年十一月七日
「ゴマフアザラシの毛」 Sea-Calf's Hair 一九二五年十二月五日
「コウモリ」 The Bat 一九二六年七月三日
「日本におけるヨーロッパからの外来語」 Japanese Borrowing of European Words 一九二九年十月十九日

ざっと見て、長い期間にわたって、さまざまなテーマに関して『和漢三才図会』を活用している様子がよくわかる。熊楠は時には、『和漢三才図会』の題とともに、the Japanese Cyclopaedia という形容詞を付しており、「日本の百科事典」と言えばこの本だと言わんばかりである。このうち最後の論文が書かれたのは、熊楠六十二歳の時のことで、ほぼ晩年と言ってもよい時期にあたる。そのように、熊楠は『和漢三才図会』を、もっとも信頼できる東アジアの百科全書的知識として、生涯にわたって使い続けたのである。

8 『和漢三才図会』から「十二支考」へ

このような英文論考における傾向と異なり、ロンドンから帰国後、四十代になって本格的に執筆され始めた日本語の著作では、『和漢三才図会』に直接言及するような記述は少な目である。おそらくそれは、外国と異なり日本では『和漢三才図会』があまりにも一般的な情報源であり、引用の出典としてやや低く見られることを熊楠が懸念したという理由もあったのかもしれない。

しかし、そのことは、日本語の著作を執筆する際に、熊楠が『和漢三才図会』を使わなかったり、念頭に置いたりしなかったことを意味するわけではないと筆者は考えている。むしろ、後年の熊楠にとって『和漢三才図会』の知識はあまりにも自らの思考の中に溶け込み、血肉と化していたために、わざわざ言及する必要さえなくなっていたと思われるのである。

そうした状況を考察してみるために、ここでは『和漢三才図会』巻第三八の「虎」の項目を例にとって話を進めてみたい。『和漢三才図会』の叙述の実態に関して検討するという意味もあるので、まずこの「虎」の項目の本文に関して、全文を読んでいただきたいと思う。なお、引用に関しては、平凡社東洋文庫『和漢三才図会』第六巻四八～五〇頁の読み下し文を用いることとした。A～Jの記号は筆者によるもので、その意味については後述する。

『和漢三才図会』巻第 38
「虎」の冒頭部

虎　音　[G]［虍＋烏］䖘於菟　一名[B]李耳　和名は止良《とら》　　[A]フウ

『本草綱目』に次のようにいう。[C]虎は山獣の君主である。状《かたち》は猫に似ており、大きさは牛ぐらい、黄質に黒い模様があり、鋸牙、鉤爪をもっている。鬚はすこやかで尖《とが》り、舌は掌《てのひら》ぐらいもあって刺《とげ》がさかさまに生えている。項《うなじ》は短く鼻はひらたく、夜みると一目は光を放ち、一目は物を看《み》ている、と。猟人がうかがって虎を射、矢が当ると目の光はおちて地に入って白石のようなものとなる。これを虎魄《こはく》という。人は虎の頭頂のあった場所を記しとどめておき、暗夜にそこの地を掘ると、一尺余りでこれを得ることができる。ちょうど人が縊死《いし》すると魄は地に入り、つづいてそこを掘ると麩炭《けしずみ》のような形のものを見出す、というのと同じことであろう。虎の吼える声は雷のようで、その声に従って風が吹き百獣は震い恐れる。立秋になって虎ははじめて嘯《うそぶ》き、仲冬（陰暦の十一月）になって始めて交尾する。あるいは、虎は月に暈《かさ》のかかった夜に交尾するともいい、また虎は一度しか交尾せず、孕《はら》むと七ヵ月で子は産まれる、ともいう。また虎は衝破を知りよく地に画をかくことができ、奇数偶数を観てそれで食を卜う、ともいう。虎は物を食べるに月の上旬下旬に従って得物の首、尾を嚙《かじ》る。動物を襲うとき、三たびとびかかって相手を搏《う》つことができなければ諦める。[E]虎は犬を食えば酔う。犬は虎の酒なのである。羊角の烟《けむり》を嗅げば逃げる。その臭を悪《い》むのである。虎は五百歳になれば白虎に変じる。虎には威骨というのがある。乙の字のようになっていて長さ一寸、脇の両傍にある。肉を裂き破ってこれを取る。人に威厳を与えるもので、これを身に帯びて官職に臨めば佳《よ》い。官に就いていないとき、これを身に帯びていると人に憎まれる事態がおこる。虎は人獣を害するが、蝟鼠《はりねずみ》によって制圧される。智恵は身体の大小に関係がないのである。獅子・騶虞《すうぐ》・駮《はく》・黄腰・渠搜は虎を食う。勢に強弱はないのである、と。[D]『爾雅』に、浅毛の虎を虦《さん》〔音は桟〕猫《びょう》という。白虎を甝《かん》〔音は寒〕という。黒虎を虪《いく》〔音は育〕という。虎に似ていて角のあるものを虒《し》〔音は嘶〕という、とある。

[F]『五雑組』に、「山民が虎を防ぐには、虎が常に躍《おど》り入るような崖《がけ》口の欠けたところへ巨《おお》きな綱を縦横に組んで宙に懸けておく。虎が躍り入って下ると胸綱の上に引っかかり、四足は空《くう》をつかんで勢をつけることができず、

終に網網から脱出することはできない。また黐《とりもち》を地面にしきひろげ更に横に道側《はし》にもこれを施しておくという方法もある。虎の頭がこれに触れると粘《ねばり》に気付き、爪を立てるがそこから逃れ下りることができない。そこで地の上に坐るがすると忽ち身体全体が汚れるので、虎は怒号し跳《おど》り撲《なぐ》りついには死に至る」と。また H「そもそも虎が地に拠って一吼《く》すれば家屋の瓦はみな震う」J「中華の馬は虎を見れば尿を垂れ流し前へ進むことができなくなる。ただ胡馬《こば》は虎を懼《おそ》れない。猟犬もまた虎を懼れない」I「胡人が虎を射るには、ただ二人の壮士が弓をもって両頭から射る。虎を射るにはその毛に逆らえば矢は身体に入るが、毛にそい従えば入らない。前のものが馬を引き走って虎を避け、後のものが虎を射る。虎が身を回《めぐ》らせば後者がこんどは走って避け、前者が後者となって虎を射る。こうすれば虎多しといえども立ちどころに射つくすことができる」（物部一）とある。
〔六状《ママ》（帖）〕から国の虎ふすといふ山にだに旅にはやどるものとこそきけ

以上が『和漢三才図会』巻第三八の「虎」の項目の全文である。この後に「虎骨」と「虎胆」という二つの付随的な小項目があり、さらに『日本書紀』中の五四五年に欽明天皇の使いが百済の浜で虎に出くわした記録と、文禄の役の際に朝鮮で大虎を撃った武士の記録が補足として記されている。

この「虎」の項目の本文を子細に読んで、南方熊楠の著作に詳しい方ならば、すでに何となくお気付きになっているかもしれない。実は、生涯の代表作である「十二支考」の嚆矢として熊楠が一九一四年に発表した「虎に関する史話と伝説、民俗」の中には、この項目の要素が解体されたかたちで、ほとんどすべて収録されているのである。比較検討すると、『和漢三才図会』「虎」の項目の本文のほぼ端から端までの全記述に関する言及があるという徹底ぶりである。

もちろん、「十二支考」虎の回は、ヨーロッパと和漢の膨大な文献を駆使したもので、平凡社版全集で六十頁に達する長編であるから、『和漢三才図会』経由の情報だけが目立っているというわけではない。それでも、最初の二十頁ほどの部分に、十箇所にわたってこれらの情報が配置されていることから、両者を見比べればその影響の跡は一目瞭然と言ってよいだろう。

9 「十二支考」における博物学思考

具体的な分析は後に回すとして、まずここで平凡社版全集第一巻の冒頭に掲載された「十二支考」の虎の回から、『和漢三才図会』「虎」の項目と一致する部分を書き出してみることにしたい。A～Jの記号は前記の『和漢三才図会』引用中の記号と対応しており、文末の頁数は全集第一巻中のものである。『和漢三才図会』と記述内容が重なる部分について傍線を付してみたが、逆に言えば、傍線のない部分は熊楠のオリジナルな説明か、独自に他の文献から引いてきたものと見ることができる。こうした引用以外の部分を読むことで、熊楠が原文をいかに換骨奪胎して自らの文脈の中に取り入れたかという軌跡を跡付けることができるだろう。

A　李時珍いう、虎はその声に象《かたど》ると。虎、唐音フウ、虎がフウと吼《ほ》えるその声をそのまま名としたというんだ。これは然るべき説で、すべてどこでもオノマトープとて、動物の声をその物の名としたのがすこぶる多い。（六頁）

B　また支那で虎を李耳《りじ》と称う。晋の郭璞《かくはく》は「虎は物を食らうに、耳に値《あ》えばすなわち止む。ゆえに李耳と呼ぶ。その諱《いみな》に触るればなり」、漢の応劭《おうしょう》は南郡の李翁が虎に化けたゆえ李耳と名づくと言ったが、明の李時珍これを妄とし、李耳は狸児を訛《なま》ったので、今も南支那人なお虎を呼んで猫となす、と言った。（六頁）

C　虎の記載を学術上七面倒に書くより、『本草綱目』に引いた『格物論』（唐代のものという）を又引《またびき》するが一番手軽うて解りやすい。いわく、虎は山獣の君なり、状《かたち》猫のごとくにて、大きさ牛のごとく、黄の質《したじ》、黒き章《すじ》、鋸《のこぎりば》牙、鉤《かぎ》の爪《つめ》、鬚健にして尖《とが》り、舌大きさ掌《てのひら》のごとくさかさまに刺《はり》を生ず、項《うなじ》短く鼻齆《ふさが》る。これまではまことに文簡にして写生の妙をきわめておる。さてそれからおいおい支那人流の法螺《ほら》を吹き出していわく、夜視るに一目は光を放ち、一目は物を看る、声吼ゆること雷のごとく、風従って生じ百獣震え恐る、とある。しかし全くの虚譚でもないらしく思わるるは、予闇室に猫を閉じ籠めて毎度験《ため》すと、こちらの見ようと、またあちらの向きようで、一目強く光を放ち、他の目はなきがごとく暗いことがしばしばあった。また虎嘯《うそぶ》けば風生ずとか風は虎に従うとか言うは、支那の暦に立秋虎始めて嘯くとあるごとく、秋風吹く頃よりもっぱら嘯くゆえ、虎が鳴くのと風が吹くのと同時に起こる例が至って多いのだろう。（七頁）

D

『爾雅』に、虎の浅毛なるを虦猫《さんみょう》、白いのを甝《かん》、黒きを虪《いく》、虎に似て五指のを貙《ちゅ》、虎に似て真でないのを彪《ひょう》、虎に似て角あるを虒《し》というと言って、むつかしい文字ばかり列べおる。（九頁）

E

『本草』に、虎が狗《いぬ》を食えば酔う、狗は虎の酒だ。また虎は羊の角を焼いた煙を忌み、その臭《かざ》を悪んで逃げ走る。また、人や諸獣に勝つが蝟《はりねずみ》に制せらる、とある。滕［佐藤］成裕の『中陵漫録』二に、虎狗を好み、狗赤小豆《あずき》を好み、猫天蓼《またたび》を好み、狐焼鼠を好み　猩《しょうじょう》桃を好み、鼠蕎麦を好み、雉子胡麻を好み、虎狗を食して淫を起こし、狗赤小豆を食いて百疾を癒し、猫天蓼を噉《くら》いてしきりに接《まじわ》る、狐焼鼠を見て命を失う、猩桃を得て空に擲つ、鼠蕎麦に就いて去ることを知らず、雉子胡麻を食して毎朝来る、と見ゆ。みなまで啌《うそ》でなかろう。虎が蝟に制せらるるは昨今聞かぬが、豪猪《やまあらし》を搏《う》つとてその刺《はり》に犯され致命傷を受けることは近年も聞くところだ。（一〇頁）

F

虎を狩る法は種々あり、虎自身が触れ動かして捕わるる弾弓や、落ちたら出ることならぬ穽《おとしあな》や、木葉に

黐《もち》塗りて虎に粘《つ》き狂うてついに眼が見えぬに至らしむる設計《しかけ》等ある（一二頁）

G1　わが国で寅年に生まれた男女に於菟《おと》という名をつける例がしばしばある。その由来は『左伝』に、楚の若敖《じゃくごう》、䢵《うん》より妻を娶り、闘伯比を生む。若敖卒して後、母と共に䢵に畜《やしな》わるるあいだ䢵子の女に淫し、令尹子文を生んだ、䢵の夫人これを夢中《ぼうちゅう》に棄てしむると、虎が自分の乳で子文を育てた、䢵子田《かり》して見つけ惧《おそ》れ帰ると、夫人実をもって告げ、ついに収めて育てた。楚人乳を穀《こう》、虎を於菟という。よって子文の幼名を闘穀《とうこう》於菟、すなわち闘氏の子で虎の乳で育った者と言った、と見ゆ。（二〇～二一頁）

G2　玄奘の『大唐西域記』巻三に、北インド呾叉始羅《たつしやしら》国の北界より信度《しんど》河を渡り東南に行くこと二百余里、大石門を度《わた》る、むかし摩訶薩埵《まかさった》王子ここにて身を投げて餓えたる烏菟《おと》に飼えり、とある。仏国のジュリアン別に理由を挙げずに烏菟を虎と訳したが、これは猫の梵名オツを音訳したんだろ、とビールは言われた。さりながら前節に述べた通り、虎を『左伝』に於菟とし、ほかにも烏檡《おと》（『漢書』）、𧇾䖘（揚雄『方言』）など作りあれば、烏菟は疑いなく虎のことで、その音たまたま猫の梵名によく似たのだ。（三〇頁）

H　『五雑俎』巻九に、虎地によって一たび吼ゆれば屋瓦みな震う。予黄山の雪峰にあって常に虎の声を聞く。黄山やや近し。時に坐客数人まさに満を引く。虓然《こうぜん》の声左右にあるごとく、酒、几《き》上に傾かざるものなし。とあって、虎の声はずいぶん大きいが獅に劣ること遠しだ。（二四頁）

I　またいわく、胡人虎を射るにただ二壮士をもって弓を彀《ひ》き、両頭より射る。虎を射るに、毛に逆らえば入り、毛に順《したが》えば入らず。前なる者馬を引き走り避けて後なる者射る。虎回れば後なる者また然《しか》す。虎多しといえども立ちどころに尽すべしとは、虎を相手に鬼事するようであまりに容易な言いようだが、とにかくその

法をさえ用ゆれば虎を殺すは至難のことでないらしい。（二四頁）

J　またいわく、支那の馬は虎を見れば便尿下って行くあたわず。胡地の馬も犬も然ることなし。これに似た話、ラヤードの『波斯《ペルシア》スシヤナおよび巴比崙《バビロン》初探検記』（一八八七年板）に、クジスタンで馬が獅を怖るることはなはだしく、獅近処に来れば眼これを見ざるにたちまち鼻鳴らして絆を切り逃げんとす。この辺の諸酋長獅の皮を剝製して馬に示し、その貌と臭に狎《な》れて惧るるなからしむ、と見ゆ。（二四頁）

以上のように、「虎に関する史話と伝説、民俗」には、十箇所にわたって『和漢三才図会』「虎」の項目の本文と同じ内容や話題に関する言及が見られる。ほとんどの部分は『本草綱目』『爾雅』『五雑組』からの引用であるから、出典としても原本の方が挙げられており、『和漢三才図会』の書名は記されてはいないが、ここまで見てきたような経緯から、熊楠が『和漢三才図会』経由で最初にこれらの知識を得たことは間違いないだろう。ちなみに、この「十二支考」虎の回には、『和漢三才図会』を出典として挙げた記述も四箇所あるが、それぞれ巻第四〇「水虎」、巻第九二「石蒜」、巻第三八「狐」、巻第四四「治鳥」の項目からのもので、巻第三八の「虎」およびその付随項目とは別の部分である。

「十二支考」虎の回に関して、熊楠が『和漢三才図会』から転用したと考えられる材料は、これだけではない。付随項目の一つの「虎骨」に関しては、やや内容は異なるものの「安南の俗信に、虎に骨あって時候に従い場処を変える」（五六頁）という関連の記述がある。また、最後に付け足されている日本人と虎との遭遇例に関しても、「本邦にはあいにく虎がないから、外国に渡った勇士でなければ虎で腕試しした者がない」（二五頁）として、膳臣巴提便《かしわでのおみはすひ》『日本紀』、壱岐守宗于《いきのかみむねゆき》の郎等（『宇治拾遺』）、加藤清正（『常山紀談』）の例が挙げられている。このうち、『日本書紀』は『和漢三才図会』に出典が明示されているが、『常山紀談』は「秀吉の軍」と漠然と示された記述から熊楠が独自に見つけてきたものであろう。

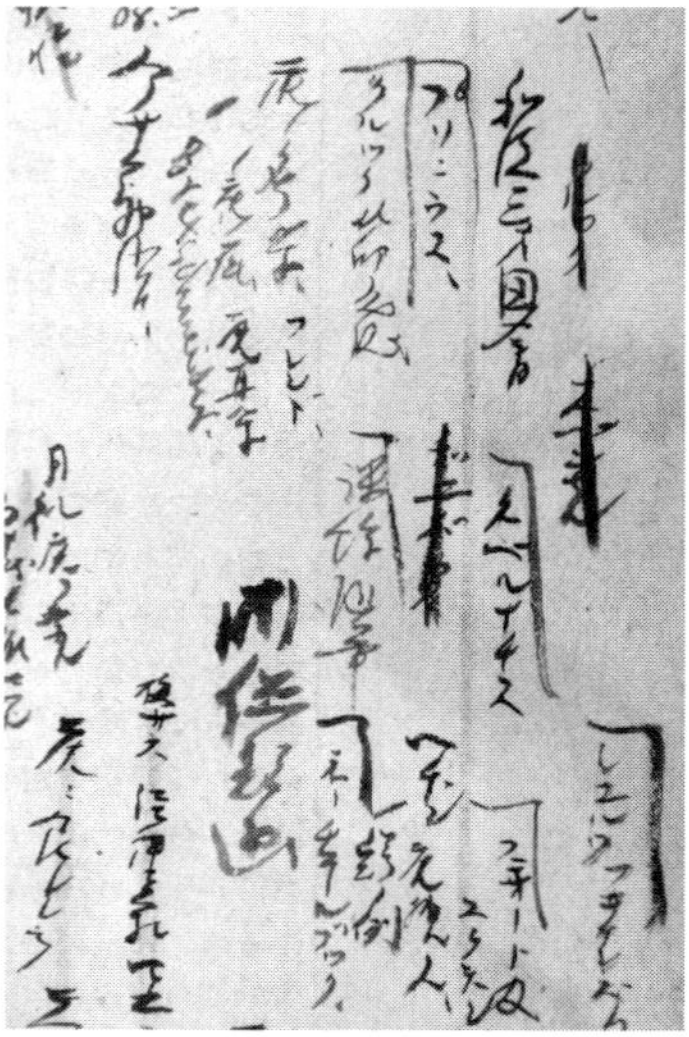
右上端に「和漢三才図会」と書かれた「十二支考」虎の回の腹稿［自筆 316］

さらに、この「十二支考」虎の回の、言わば炊き余しとして、同時期、一九一四年一月号の『日本及日本人』に掲載された「虎に関する俚伝と迷信」でも、『和漢三才図会』「虎」の内容が用いられている。死んだ虎の魂が地中に落ちて琥珀のような白い玉になるという『本草綱目』の逸話[*66]、および「虎骨」の小項目にある虎の骨を枕として用いるという例[*67]である。後者は『和漢三才図会』では特に出典を引かずに説明されているのだが、熊楠は「虎の頭骨にて枕を作れば、悪夢に魘《うな》さるるを辟《さ》け、戸上に置けば鬼《ゆうれい》を辟く」という陶弘景の言葉を引用、さらにこの虎の骨で枕を作る風習に関して、『格致鏡原』『西京雑記』から『紫式部日記』までさまざまな例を挙げている。

こうしたことまで含めて、熊楠が「十二支考」虎の回およびそのスピンオフ作品を書くに当たって、『和漢三才図会』を全面的に活用したことは明らかである。虎だけに、ほぼ頭から尻尾まで料理して食べ尽くした、というところだろうか。おそらく熊楠は、『太陽』という当時の日本の大手メディアに長編の連載を始めるという自身にとって初めての試みに着手するにあたって、一種の先導役として『和漢三才図会』を用いたのだろう。

博文館から「十二支考」の虎に関する随筆の執筆を依頼された熊楠は、かなり早くから準備を始めていたようである。このことを反映して、一九一三年十一月八日の熊楠の日記には「太陽へ出すべき虎のこと調査にかゝる。先づ引用あらまし、書名かき付く」と、早くも構想を練り始めていたことが記されている。おそらく、この最初の調査の際に、『和漢三才図会』虎の項が参照された可能性は高い。と言うのは、熊楠が「十二支考」虎の回を執筆するにあたって作成した「腹稿」と呼ばれる独自のメモのほぼ最初の部分に、「和漢三才図会」の文字が見えるからである。

新聞紙の裏面を使ったこの腹案は、広いスペースを縦横無尽に用いており、しばしば「熊楠的思考」のあり方を伝えるものとして考えられてきた。中でも「十二支考」虎の回については、七枚の異なる腹稿［自筆 312〜318］が残されており、執筆の経緯を記録した一次資料としてきわめて興味深いものである。これらの腹稿に関して、本書のX章でさらに紹介したいと考えているが、とりあえずここでは、その中の一枚［自筆 316］の右上端、つまり書き出しの部分に「和漢三才図会」と書き付けられていることを指摘しておきたい。このことは、「十二支考」虎の回を構想した際に、和漢書に関する知識のモデルとしたのが『和漢三才図会』虎の項だったことを物語っている。

10　東アジア博物学と「十二支考」

いずれにしても、「十二支考」虎の回の記述を通して見ると、熊楠が『和漢三才図会』および同書に引用された原典をどのように読解し、展開したのかという経緯がよく見えてくる。そこで、「十二支考」の文脈に沿って、そうした活用の跡について少し細かく分析してみたいと思う。

まずAの部分について、『和漢三才図会』では虎の唐音として「フウ」が挙げられているだけであるが、熊楠の「十二支考」では、この呼称の由来として虎の鳴き声に似ているからであるという『本草綱目』の説が持ち出されている。*68 そしてこの例に関して、一般に動物の呼称は、世界中どこでも「オノマトープ」、擬音語として名づけられることが多いという見解が示されている。つまり、『和漢三才図会』中の「フウ」という語から、李時珍、そして自説という展開が見られるわけである。以下、「十二支考」においては、このような、他の関連文献の指摘と、熊楠の自説の開陳という二つのパターンが多く見られる。

そのうち関連文献の指摘においては、いくつかの資料を挙げて、それらを比較検討した上で、正しい説を抽出しようとする例も多い。たとえばBでは、虎の別名が「李耳」であるということの理由として、晋の郭璞、漢の応劭の解釈を挙げた上で、李時珍がこれを論破したことを肯定的に紹介する。また同じく虎の別名として『和漢三才図会』の項目の冒頭に示された「䖪䖘」または「於菟」という呼称に関して説明したG2のように、フランスの東洋学者ジュリアン（Stanislas Julien 一七九七～一八七三）の『大唐西域記』仏訳における訳語について注釈した英訳者のビール（Samuel Beal 一八二五～一八八九）の説を、『春秋左氏伝』などの中国の古典によって退けているような例もある。*69

一方、熊楠自身の意見を述べたものとして興味深いのはCである。ここで熊楠は、自分で暗い部屋に猫を閉じ込めて観察したところ、角度によって一つの目だけが強く光り、もう一方が暗くなっている場合があったことを報告し、「夜視るに一目は光を放ち、一目は物を看る」という虎に関する伝承にも、ある程度の根拠があるはずだとしている。虎と猫とは生物学的に近親種であることを考えれば、『本草綱目』の記述を猫による実験で確かめようとした熊楠の着眼はなかなか面白いものだと言えるだろう。

さらにスピンオフ作品の「虎に関する俚伝と迷信」では、虎の一目が放つ光というこの伝承について、陳藏器が『本草拾遺』の中で記した「猟人候《うかが》うて射れば、弩箭わずかに目に及んで、光すなわち堕ちて地に入る。これを得れば白石のごとし」*70という説を取り上げている。つまり虎が死んだ際には、その目が放つ光は地中に落ちて石となると言うのである。もちろん、この説は和漢書の中でも荒唐無稽な謬説として取り扱われることが多いのだが、熊楠はヨーロッパである種の藻類が隕石の落ちた跡に生じると信じられ、「星腐り」と呼ばれていることを比較として紹介する。そして、「虎が死んだ地下に琥珀様の石を見出でたりして、人魄とか虎精とか思うたのも、間違うてはおるものの、所由は正しく存すと言うべし」*71としている。このように、一見荒唐無稽な俗信の形成に何らかの科学的なすじみちを読み取ろうとすることは、青年期以降の熊楠が自らの最大のテーマとした問題であった。

ここまで虎の回について見てきたが、ではそれ以降の「十二支考」の他の動物に関する記述の中で、『和漢三才図会』はどのように使われているだろうか。実は、巻第三七「畜類」、巻第三八「獣類」、巻第三九「鼠類」、巻第四〇「寓類」と並ぶ『和漢三才図会』の動物に関する項目では、『本草綱目』の引用が目立っている。虎に続いて、兎、竜、蛇、馬、羊、猿、鶏、犬、猪、鼠と展開していく熊楠の「十二支考」の中でも、こうした『和漢三才図会』に引用された『本草綱目』の知識が多く用いられている。

また興味深いのは、熊楠が一九一七年、四十九歳の時の「蛇に関する民俗と伝説」において『和漢三才図会』の「野槌蛇」の項を紹介していることである。内容は、「『和漢三才図会』には、これを蛇の属とし、いわく、「深山、木の竅《あな》の中にこれあり。大なるもの径五寸、長さ三尺。頭尾均等にして尾尖らず。槌の柯《え》なきものに似たり。故に俗に呼びて野槌と名づく。和州吉野山中の菜摘川、清明の滝のあたりに往々これを見る。その口大にして人の脚を噬《か》む。坂より走り下ることはなはだ速く、人を逐《お》う。ただし、登行はきわめて遅し。故にもしこれに逢えば、すなわち急に高き処に登るべし。逐い著《つ》くことあたわず[*72]」」というもので、日本の伝承に基づいて寺島良安が書いた文章を引き写している。

もちろんこれは、本章の前半で見てきたように、七歳の時に、知人の家で見て最初に夢中になったあのツチノコの項に他ならない。実に物心ついたばかりの頃に読んだ『和漢三才図会』の記事が四十数年を経てここで活用されたわけで、驚嘆すべき知的関心の持続と言えよう。とは言え、「十二支考」の蛇の回ではその後の熊楠の研鑽を誇示するかのように、『和漢三才図会』の記述とともに、『沙石集』『紀伊続風土記』『嶺南雑記』『古事記』『日本紀』『文選』『新撰字鏡』『延喜式神名帳』『古事記伝』に現れるツチノコの例が、これでもかとばかりに列挙されている。実は熊楠は、一九一〇年七月号の『東京人類学会雑誌』に掲載した「本邦における動物崇拝」の中でも、野槌蛇に関して一項を立てて、日本国内での伝承を海外の類例と比較しながら詳しく論述しており[*73]、「十二支考」での議論はこれを補うものでもあった。

こうした日本の諸書と並んで、「十二支考」における漢籍の出典を探す参照資料として、熊楠は、主に『淵鑑類函』を用いている。『淵鑑類函』は清の張英らが編集して康熙帝に献上した四五〇巻の類書で、成立は一七一〇年であるから、『和漢三才図会』とほぼ同時期である。飯倉照平によれば、『淵鑑類函』のような類書は、さまざまな書籍からキーワード別に内容を書き抜いて配列しており、現代的な意味からは、百科事典というよりも、むしろ資料集成か叢書と呼ぶべきものであるという。現代におけるGoogleやYahooのような検索サイトのさきがけと言ってもよいかもしれない。飯倉は、熊楠が『淵鑑類函』をロンドン時代の一八九五年五月に購入し、以降下宿で座右の書として利用していたとしている。*74

柳田国男宛の書簡（一九一一年十月十五〜十六日付）でも「『淵鑑類函』だけは、貴下の手許に一本を備えおき、事あるごとに目録で見出だし、類似のことを見出だされたく候。まことによき書に候」*75と助言している。「十二支考」虎の回を執筆する際に『淵鑑類函』を利用したことは、本書X章で詳述する執筆の構想のための腹稿に「淵」または「函」という略語で、この類書からの情報が多く含まれていることから明らかである。特に、『淵鑑類函』四二九巻の虎の項目は、「虎に関する史話と伝説、民俗」の和漢洋の知識のうちの「漢」の部分を支える強力な基盤となっていると言うことができる。

その一方で、『淵鑑類函』に収録された漢籍の記事の多くは、『和漢三才図会』にも共有されているものであった。結局、中国において十六世紀末の『本草綱目』や十八世紀初めの『淵鑑類函』といったかたちで完成された本草学・博物学の流れが江戸期の日本にも支流としてもたらされ、十八世紀初めの『大和本草』や『和漢三才図会』に結実していった。その中でもっとも身近な存在であった『和漢三才図会』を入り口として、熊楠は東アジアの伝統的知識の膨大な蓄積を探索していったのである。

このように見てくると、南方熊楠という人物の知性のあり方においては、幼少の頃に出会った知識がそのまま生涯にわたって連続的に展開していったことがよくわかる。十八世紀に成立した『和漢三才図会』に代表されるような東アジアの伝統的な学問は、熊楠の中では十数年にわたる海外生活を通じて西洋の科学や思想を対照として検証され、鍛え直されていったのである。その結果が、大正期の日本において「十二支考」のような作品のかたちで発表されたということになる。

しかしこのことは、近代日本における知の枠組みの展開という観点から見た場合、驚くべき現象であると言うことができる。幕末から明治、大正という時間の流れの中で、日本国内においては、熊楠のような近世から連続した学問の展開とは、まったく異なる風景が繰り広げられていたからである。明治初年頃までは日本人の規範であった東アジアの伝統的な科学知識は、その後の西洋科学の全面的な流入によって、学問の表舞台からは急速に後退していった。熊楠が『和漢三才図会』を筆写していた明治初期と、「十二支考」を執筆し始めた大正中期とでは、少なくとも自然科学に関する日本人の知識の枠組みは大きく様変わりしていた。

明治の国是であった富国強兵は、一九〇四～五年の日露戦争の勝利によって、一定の達成を見ていた。北里柴三郎（一八五三～一九三一）や野口英世（一八七六～一九二八）のように、自然科学において西洋に伍する研究成果を挙げ、ノーベル賞候補に名が上がるような人物も現われていた。その一方で、夏目漱石（一八六七～一九一六）は一九一一年の「現代日本の開化」と題する講演の中で、日本の開化が「外発的」に成し遂げられてしまったことへの絶望感を吐露している。そのような時代のことである。『太陽』の誌上で「十二支考」を読んだ読者の多くは、そこに滔々と繰り広げられた前世紀の知識を前にして、数十年どころか数百年の時間が逆流してしまったかのような感覚を覚えたのではないだろうか。

では、すでに一定の近代化がなされた後の日本において、熊楠が「十二支考」やその他の日本語・英語の論文の中で、『和漢三才図会』を含む東アジアの博物学をふんだんに用いたことは、単なる時代遅れの衒学であったと見なした方がよいのだろうか。それとも、熊楠自身が「質が劣る」と一喝したような、「聞きかじり学問に誇るのみ」の同時代の知性のあり方に対する挑戦的な試みとして、百年後の今からでも再評価すべきものなのだろうか。

その判定を今ここで下すのは、まだ少し早すぎるだろう。十九歳でアメリカにわたり、直接に西洋の学問と渡り合い、帰国した熊楠がどのように自分の学問を作り上げていったのか、という検証を経た後に、あらためてこの点に関して再考しても遅くはないはずである。本書の以下の章では、東アジアの博物学を教養の基盤として身につけた南方熊楠が、和歌山、東京での学生生活、そしてアメリカ、英国での海外放浪において、当時の近代科学や西洋思想と、どのように対峙していったかという状況について詳しく追って行くことにしたい。

II　西洋科学との出会い

1　鳥山啓の影響

一八七九（明治十二）年三月、南方熊楠は開校したばかりの和歌山中学校に入学した。和歌山城の南に位置する師範学校に併設しており、教師も師範学校と兼任であった。熊楠の実家の寄合町からは、歩いて二十分程度のところである。十七人の同級生の多くは、士族の子弟であった。

この和歌山中学の時期に、熊楠に大きな影響を与えたのが、博物学の教授であった鳥山啓《ひらく》（一八三七〜一九一四）である。後に熊楠は、一九二三年、五十六歳の時に書いた「鼠に関する民俗と信念」で、鳥山を回顧して次のように語っている。

予は天文のことはあんまりな方だが、幼年のころ就いて学んだ鳥山啓先生、この人は後に東京へ出て、華族女学校に教務を操り、八、九年前歿せられたが、和漢蘭の学に通じ、田中芳男男もつねに推称された博識だった。この先生、予輩に『論語』に北辰のその所におって衆星これに向かうがごとし、とあるを講ずるついでに、孔子の時は北辰が天の真中にあったからこう言われた、只今は北辰の位置がすべって句陳という星が天の真中に坐りおる、と説かれた。*1

短い記述であるが、孔子（紀元前五五二〜四七九）の言葉について教えながら、天文学的な知識へと展開する鳥山先生の授業での語りの巧みさが見て取れる。孔子の時代から二千数百年を経て、地球の歳差運動によって北極星の位置が変わったという科学的知識[*2]は、県下の秀才を集めた当時の中学生たちにとっても新鮮なものであったに違いない。『論語』為政篇の「衆星これに向かうがごとし」の文句は、Ⅰ章で詳述した『和漢三才図会』「天部」の「北極星」の項目でも引用されているものだが、句陳がこれにとって代わっているという事実は、当然ながら記されていない。

このような、孔子の見ていた北辰（こぐま座β、別名コカブ）と現在の北極星（こぐま座α、別名ポラリス）が違う星だという事実は、日本でも長きに亘って学問の正典とされてきた『論語』の世界に対する見方を、一気に相対化する力を持っていたことだろう。鳥山の授業が、まさに新時代にふさわしい知的興奮を感じさせるものだったことを、熊楠は四十年後に思い返して書き記したのだと考えられる。飯倉照平は、中国古典の内容を西洋から入った知識で解釈することは、「後年の熊楠が意図して用いた方法でもあった[*3]」として、こうした鳥山の教えが熊楠に与えた影響について指摘している。

鳥山啓は天保八年（一八三七年）に紀伊藩の付家老安藤氏が支藩として治めていた紀伊田辺藩の旧家、田所家に生まれた。幼名は象二郎、通称為助。十九歳の時に安藤氏の家臣、鳥山家の婿養子となり、藩主から啓という名を下賜されている。天保六年生まれの福澤諭吉（一八三五〜一九〇一）とは二つ違いということになるが、開国によって急激に知識人たちの視野に入ってきた西洋の学問への道を、同じように試行錯誤の中で切り開いていった世代に属している。また一つ年上の土佐藩の坂本龍馬（一八三六〜一八六七）や、二つ年下の長州藩の高杉晋作（一八三九〜一八六七）が活躍するような、幕末の志士の時代を生きた人でもあった。

鳥山啓の生家の田所家は代々学問への志向が高く、父の顕周は地理学を好んだという。まだ鎖国体制の下にある一八五一年五月に、顕周は長崎に漫遊した医師坂本秀二から世界地図を得て、息子の啓とともに地球儀を製作した。そしてその一つを藩主に献上、一つを自宅に保存したというから、当時十四歳の啓が置かれていた開明的な雰囲気がよくわかる。また、啓は本草学の師である石田三郎の教えにより、九歳の頃から貝類の採集をおこない、小原桃洞『南海介譜』を模写したりもしていたようである。

一八五三年、啓が十六歳の時に、アメリカのペリー艦隊が浦賀湾に現れて幕府に開国を迫る、いわゆる黒船来航が起きた。一八五八年、二十一歳の時には安政の五か国条約により、横浜、神戸、長崎などの開港が決まり、治外法権の下で外国人居留地が形成された。これに対して、外国人を排斥する攘夷運動もさかんになり、やがて薩長など雄藩による倒幕活動が本格化していく。そのような時代の情勢の中で、田辺藩でも、一八六三年に十四名の藩士が脱走し、江戸の藩主の屋敷に出向いて海防の必要などに関して、直接陳情をおこなうという事件が起きている。この中に、二十六歳の鳥山啓も含まれていた。「我が思ふことしとげずば東路の首途は冥路《ヨミ》の首途ならまし」と鳥山青年が記したこの決死の陳情は、結果的に功を奏し、脱藩した藩士たちは藩主とともに田辺に戻っている。[*4]

こうした状況の中で、鳥山啓は洋学を志し、一八六四年に英語の自修を始めたという。当時、学習手段が限られた中で、国元で努力を続けたことが、息子の鳥山嶺男による父の伝記には記されている。

> 当時にありては田辺には一人として英語を解するものもなく、習得には自修するより外に道がない。そこで父の選んだ方法は辞書の暗記だったらしい。人の話によれば父は記憶力が強く辞書は一度引いた字は二度と引く事がなかったといふ事だが、辞書の暗記なんて中々生やさしいものではない。然し他の事と違ひ語学の自修では発音といふものが一番厄介なもので、父の発音も御多分に洩れず誠に変なものだった。[*5]

嶺男によれば、啓の英語の発音は、たとえばVirtueがヴィルチュー、Heavenがヒーブヌ、Quickがクイッキ、Churchがチュルチ、Fatigueがフワチギューという具合だった。そこで、「之では実際には外人に通ずる筈がないから、外人と応接の時は筆談によるより外なかった」[*6]ということである。

しかし、鳥山啓は、一八六九年には田辺藩学校開校準備のために、大阪に出て幕府の通訳官の何礼之《がれいし》（一八四〇～一九二三)について英語を学ぶことができた。また、一八七二年には神戸に出て、英国領事館に勤めてもいる。この時には、キリスト教の宣教師に英語を習い、「古事記」の英訳を試みたという。その後、鳥山はまず藩校、次に田辺小学校の教諭となるのだが、一八七六年からは田辺を離れて、和歌山師範学校に勤務するようになった。そして一八七九年、和歌山中学が開校した際、四十二歳の鳥山は師範学校と兼任で教授に就任し、迎えた第一期生の中に、南方熊楠がいたということになる。

では、実際に熊楠が薫陶を受けた際の、鳥山の授業はどのように進められたのだろうか。その詳しい実態についてはなかなかわからないのだが、当時の鳥山が十冊以上刊行していた初学者向けの教科書は、彼の発想の一端を伝えてくれるものとして貴重である。たとえば、一八七三年に刊行された『西洋雑誌』は、鳥山が田辺小学校の教諭になった時に、教科書として執筆したものである。小学校の高学年ぐらいの子どもを対象にして書かれており、もしかしたら和歌山中学入学以前の熊楠も使っていたかもしれない。

『西洋雑誌』という名前ではあるが、ここでの「雑誌」とは「雑学」というような意味である。つまり、西洋のさまざまなことを寄せ集め、子供向けにわかりやすく解説したものということになる。その通り、内容は一見すると雑然としているのだが、最初の項目が「天体の名義」であることは、天の部から始まる『和漢三才図会』などの辞書の構成を踏襲しているのかもしれない。西洋の事物を表した絵が多用されていて、今読んでもなかなか楽しい本となっている。

「英語にて日をソンといふはラテン語のソルといふ詞より転れるものにて、太陽系統をソラルシステムといひ」と鳥山は「天体の名義」の項を始める。英語の sun からラテン語の sol、さらに solar system へと導入しているわけである。「夏日載く帽子をソラルハツトといふなどソルといふ詞を働らかせたるものにて即ちソラルはソルのといふこゝろなり　さてソルといふはアポロといふギリシヤ教の神の一名なり此神は日を司どる神にてジユピタルといふ神の子なりといふ」というように話は展開していく。つまり、ギリシャ神話からラテン語、英語へと続く文化的な展開を簡単に説き明かすことによって、鳥山は日本の子どもたちに、西洋とは何かという概念を、極力わかりやすく示そうとしているわけである。こうした方法は次の項目の「西洋十二月の名義」でも用いられ、ゼニュラリー（January）とかフェベリュエリー（February）などの名がギリシア・ローマの古典から来ていると説かれている。*7

さらに『西洋雑誌』の項目をたどっていくと、「ユーニコルンの事」では、海の生物のイッカクの長い角が、伝説の一角獣のものと考えられていたことが説明されている。「人幼稚より絶て人間に交らざれば智力少しも増さざる事」というのは、狼に育てられた子どもの実例の話である。変わった話題も入っていて、「西洋の女子胸部細小なる事」などというものもある。「萬国言語の事」「西洋文字の事」という言語に関する項目が続き、「西洋にて唖者或は聾者に文字を智らする手様の事」は手話のことだろう。「紙書物等の名義」ではパピルスということばが出てきて、話が古代エジプト文明にまで及んでいる。「雑誌」というだけあって、全体として雑然とした印象もあるが、西洋の事物を初学者にわかりやすく解説しようという意図は明確である。また、全体として見ていくと、鳥山がつねに科学的な事象と西洋文化をつなげて理解しようとしていることを見て取ることができる。

さらに、熊楠との関わりという意味では、人類学的な話題に触れた「各国の古伝弁に土人未来想像の事」の項も興味深い。「開闢の初めは慥に知べからざるを以て、万国の歴史大抵自国を世界の宗国として他国を以て後に開けたるものとするものなり」として、フィジーでは島を釣り上げたという話が、自分たちの住む島ができた由来としてあることを、鳥山は紹介する。そして大洪水の際のノアの箱舟の話になって、「万国の人は太抵善と不善と常に相争ひて終に善は不善に打勝べきものと思へり、また死後の観楽を願ふこと万国も大かた然り」とする。つまり、世界のどこの国も、似たような発想から天地創造の神話を作っていると説くのである。*8

これらの記述からわかるように、鳥山は西洋の事物に関する知識を、初学者に面白く伝えることに長けていたと考えられる。当時の日本人にとって未知の世界であった西洋を理解させようという教育的配慮には、並々ならぬものがあるだろう。こうした鳥山の教育者としてのセンスのよさは、和歌山中学の授業の中でも十分に生かされたはずである。和歌山中学時代の鳥山啓の写真として、和装に二本差しというサムライの格好に英語の辞書を右手に抱えた恰幅のよい姿が残されており、教壇に立った時に放っていたであろう威厳を今に伝えている。

さらに嶺男の回想によれば、鳥山啓は絵もうまく、植物、魚類、鳥類、動物のスケッチを多数おこなっていたようである。

父は前述の如く自然科学の殆んど凡ての分野にわたって首を突っこんで居たが、其の内最も力を入れたものは動植物学、殊に植物学であった。夫れで実際目に触れ、手に入れたものは片っ端から之を写生した。其の数は可なりの多数にのぼり、纏めて製本してあるが三十余冊の多きになって居る。和歌山に居た頃は主として魚類及び鳥類、之に次いでは獣類をも写生した。*9

こうした、学者としても教育者としても幅広い素養を持つ鳥山啓のような人物に薫陶を受けたことは、中学校時代の南方熊楠にとって大きな幸運だったと言えるだろう。熊楠は後に、娘の文枝に対して、ミミズが嫌いだった自分に対して、鳥山啓が「これから自然科学の道を歩もうとしている君が蚯蚓を恐ろしがって如何するか」と叱責されたことを語っている。その後、努力の甲斐あってミミズを手づかみできるようになった熊楠は、「あの瞬間の嬉しさは、いくつになっても忘れる事が出来ない。と、同時に鳥山先生の温顔が目に浮ぶのだ」と話したと言う。*10

また、熊楠晩年の弟子雑賀貞次郎は「氏〔引用者注、鳥山のこと〕は先生〔熊楠のこと〕の資質を知り、熱心に指導に力《つと》め、ことに物の（実地の）観察の重要性を説き、その実行を勧めた。先生はこれに多大の感化をうけ、その生涯を決定的にした*11」と書いている。ここで鳥山の影響が「その生涯を決定的にした」とまで雑賀が断定しているのは、おそらく熊楠自身がそのように雑賀に語っていた言葉を受けてのことであろう。

一方、鳥山の方が熊楠のことをどう思っていたかと言うと、嶺男の証言によれば、「同人が博物学に趣味を持つ様になったのは、全く父の感化によるものだと、本人がいって居た*12」ということで、雑賀の証言と一致している。ただし鳥山に出会う前の熊楠が、すでに『訓蒙図彙』や『和漢三才図会』のような博物学の世界に心を奪われていたことを考えれば、「全く父の感化による」とまでは言えないだろう。しかし、鳥山もまた、熊楠の自然科学に対する並々ならぬ向学心に気づいて指導したことに関して、後に教育者としての自分の業績と自負していたことは間違いないと思われる。

嶺男によれば、鳥山は大津絵節という都々逸のような戯れ歌をよく作っており、その中には次のような歌詞のものがあったという。


横浜を立ち出でて、蒸汽の煙、雲か山か、富士の高根をあとにして、二十日余りは陸も見ず、サンドウィッチの潮がかり、夫れから再び乗り出だし、見るめゆかしきサンフランシスコの山の眉　之より三千余里の鉄道過ぐれば、ニューヨークじきじきボストン[*13]

同時代の日本の洋学におけるトップランナーであった福澤諭吉や、後述する博物学者の田中芳男（一八三八〜一九一六）と違い、鳥山啓は、英語を学び西洋の文化を紹介しながらも、自らは一度も日本を出ることがなかった。横浜から船出し、アメリカを横断して、西洋の学問の世界に実地に踏み込むという鳥山の夢は、一世代下の教え子である熊楠によって実現されることとなるのである。

2　自作の教科書「動物学」

鳥山啓に薫陶を受けていた頃の南方熊楠の学問的成長を物語るものとして、十三歳の時に作成した自作の教科書がある。「動物学」と題されたこのノートは四つのバージョンが作成されて、その度に内容が変わっている。現在、南方熊楠顕彰館に三冊、南方熊楠記念館に一冊が保管されていて、前者が第一〜第三稿、後者が第四稿と考えられる。

このうち、第一稿［自筆 001］と第二稿［自筆 002］には明治十三（一八八〇）年九月十七日の日付があり、第四稿［A1-

001］には明治十四（一八八一）年一月三日の日付がある。第三稿［自筆003］には日付がないが、内容的に第四稿と似ており、おそらく第四稿の少し前、一八八〇年十二月頃に作成されたものではないかと考えられる。つまり、これらのノートの作成は、熊楠が中学二年生の九月から始められ、翌年一月頃まで続けられたということになる。この間、連続して作成された四つのバージョンの内容の変遷は、十三歳の時の熊楠の博物学に対する理解の進展や変化を示しており、非常に興味深い資料である。

まず、第一稿の最初に置かれた「動物学自序」において、熊楠は次のように高らかに博物学の重要性を謳い上げている。

> 宇宙間物体森羅万象ニシテ之ヲ見ルニ弥多ク之ヲ求ムレハ益蕃ク其理ヲ窮ムレハ弥深ク其性ヲ扣ケバ益繁ク実ニ涯限アル可ラズ苟クモ之ガ性ヲ知リ質ヲ分チ類ヲ拆キ属ヲ別ツニ非ンバ焉ンゾ以テ之ヲ了スルヲ得ンヤ方今維新文明開運ノ時ニ当リ学術ノ進歩芸能ノ精微古今其比ナク各国ソノ類ヲ見ス然リ而シテ庠序ヲ設ケ諸学ヲ備ヘ百科ヲ具ヘ以テ人民ヲ教育ス此レ我文明ノ遽カニ此ニ至ル所以ナリ而シテ博物学ノ如キモ亦盛ンニ世上ニ行ハレ人民心志ヲ誘導シテ博学開智ノ域ニ進入セシム其人民世上ニ欠ク可カラズシテ学業上ニ有益ナル実ニ開達智識ノ先

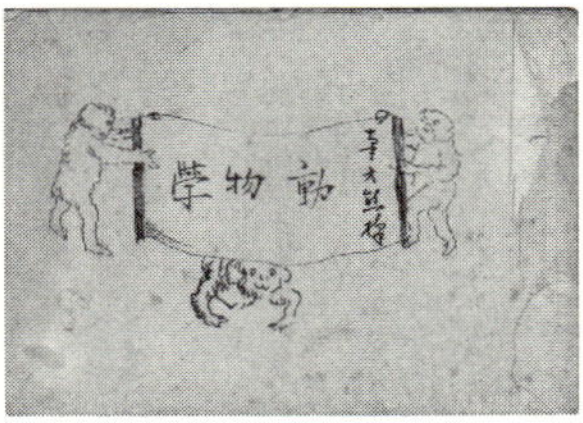

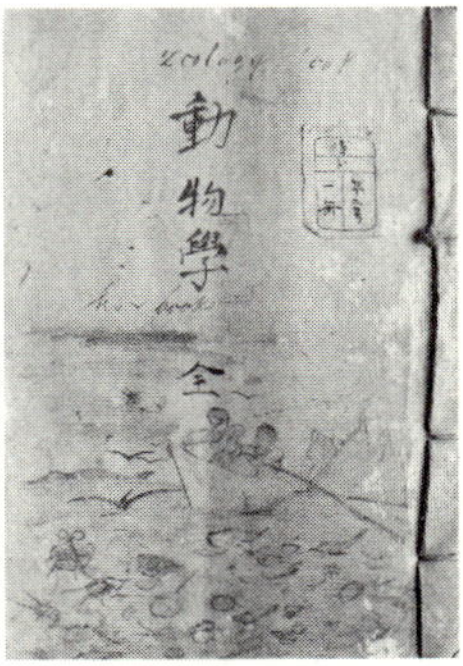

動物学第１稿～第４稿の表紙

導ト云フベシ余性素ヨリ博物学ヲ好ミ特ニ動物学ノ人世ニ有益ナルヲ喜ブ因テ之ヲ書ニ約セント欲シ英国諸書ヲ参校シ漢書倭書ヲ以テ之ヲ裨ケ以テ此書ヲ篇輯セリ其志一ニ諸ノ初学ノ徒ヲシテ此学ノ要用ヲ知ラシメントスルニアリ読者幸ヒニ其論弁ノ拙陋文章ノ賤野ヲ咎ムルナカレ

明治十三年九月十七日

南紀　後学　南方熊楠　識

第二稿の「序」は最初の文章が「宇宙間諸体森羅万象ニシテ之ヲ見ルニ益多ク之ヲ求ムレハ弥蕃ク実ニ涯限アラザルナリ」で第一稿とよく似ており、これに続く部分も多少の語句の違いはあるがほぼ同文である。これに対して第三稿と第四稿には序文はなく、やや異なる構成となっている。

それにしても、第一稿・第二稿に見られるような、「宇宙に存在するものごとは森羅万象であり、限りなく拡がっている」という認識は、中学時代の熊楠少年の博物学にかける意気込みを感じさせるものである。このノートの作成の過程について、熊楠は第一稿で「英国諸書ヲ参校シ漢書倭書ヲ比テ之ヲ裨ケ以テ此書ヲ篇輯セリ」としており、これを信ずるならば、イギリス（あるいは英語）の書籍と和漢の書籍を参照して編集したということになる。こうした宣言に始まる「動物学」の四つの稿は、全体として中学校時代の熊楠の知的早熟を伝えるとともに、西洋科学を導入し始めたばかりの明治期の若い学問の息吹を今に伝えている。

ただし、これらの「動物学」の序文の冒頭は熊楠の独創ではなく、当時の博物学・動物学の既存の教科書の影響を受けたものであろう。その候補として考えられるのが、明治八年に刊行された田中芳男閲・田中義廉編集の『小学読本』巻五である。この本の冒頭は「凡ソ天地間ニ、現ハル、物体ハ、森羅万象ニシテ、其数際限ナシト雖モ、之ヲ大別シテ、有機体、無機体ノ二種トス、而シテ之ヲ講究スル学ヲ、博物学ト謂フ」という言葉で始まっている。[*14] また明治十年に刊行された田中芳男監修・遠藤省吾編による『小学博物問答』でも、序文において、「博物トハ如何ナル学科ナルヤ」という問いに対して、「博物ト八天地間ノ物体森羅万象無数ニシテ際限ナシ之ヲ大別シテ有機体或ハ無機体ノ二種ニ区別スル学問ヲ博物学ト云フナリ」という答えが書かれている。[*15]

こうした表現は、熊楠の「動物学」第一稿および第二稿の序文冒頭「宇宙間物体〔諸体〕森羅万象ニシテ」に酷似している。「森羅万象」が「涯限」なく拡がっており、これを「探究」する学問が「博物学」であるという論述の進め方は、意味の上でも、また語句の選択の上でも、ほぼ同じと言えるだろう。実際に熊楠が『小学読本』巻五や『小学博物問答』を読んでいたかどうか、また典拠になったかどうかまでは、現時点では確定できないものの、「動物学」の序文の冒頭が、こうした当時の日本の小学教育の現場における博物学の一般的な理解や表現に沿ったものとして書かれていることは明白である。

博物学の大意について述べる際に「森羅万象」という言葉を用いることについては、明治八年刊行の田中芳男訳纂・プロムメ著『動物学初篇哺乳類』でも、冒頭に「天造物ヲ大別シテ有機体、無機体ノ二個ト為ス。森羅万象皆此ノ両機体ヨリ成ル」[*16]とあるから、田中の好んだ用法だったと考えてよいかもしれない。さらに「宇宙間」という言葉も、須川賢久訳・田中芳男校閲『具氏博物学』(明治九〜十二年)の冒頭に「夫レ人ハ万物中ノ最霊ナル者ナレハ宇宙間ノ万物ヲ究察スルコトヲ能クスヘシ」というようなかたちで使われている。[*17]後者の『具氏博物学』に関しては、熊楠は「動物学」作成後に購入して旧蔵書中に残されているが、内容に関しては当時から知っていたかもしれない。

これらの教科書を監修あるいは編纂した田中芳男は、明治初期の日本における博物学の確立に貢献した学者であり、晩年には男爵を授けられた。鳥山啓と一つ違いの一八三八年生まれの田中は、鳥山とともに熊楠よりも一つ前の世代に属している。伊藤圭介(一八〇三〜一九〇一)の弟子となり、学究肌の師に代わって博物学の行政的な側面で辣腕を振るった。フランス語を習得して、一八六六年のパリでの万国博覧会に代表団として参加し、知見を広めている。十三歳の時の熊楠が自作の教科書に用いた「動物学」という言葉自体も、実は zoology の訳語として田中が創作したものであった。

田中芳男と鳥山啓の関係については未詳だが、前掲の熊楠の文章[*18]の中には、田中が鳥山のことを常に「博識」として推称していたという証言がある。当然、鳥山は田中が執筆したり監修したりした教科書を熟知していたと思われ、熊楠が図書館や鳥山個人の蔵書から、それらの本を借りて読んでいたことは想像に難くない。つまり、田中、鳥山とつながる黎明期の近代日本博物学の流れの末端に、熊楠自作の教科書である「動物学」も位置していた。

さらに、鳥山啓自身が直接に西洋から得ていた知識についても考慮する必要がある。鳥山はおそらく英語などによる博物学の原書を購入し、個人あるいは和歌山中学の蔵書として活用していたことだろう。熊楠の「英国諸書ヲ参校シ」という言葉にしても、自分で原書を読んでいたというよりは、鳥山に指導されて英語などの原書の情報を取り入れたという意味で解釈した方がよい。中学校に入ってまだ一年半程度というこの時の熊楠の能力を考えれば、それほど英語を読みこなせたとは思われないからである。

3 「動物学」の四つの稿の比較

では、「動物学」の内容に関して、詳しく分析していくことにしよう。

まず第一稿の本文は十三頁から成り、残りの頁は関係のないメモに使われている。内容は次のようになっている。

(一) 博物学ノ大意幷ニ動物学ノ大意、(二) 有機無機二体ノ差別、(三) 植物動物ノ差別並ヒニ食虫石虫石草、(四) 植物動物ノ区別法、(五) 動物分類法、(六) 動物ノ蕃殖幷化生湿生、(七) 動物ノ界境、(八) 有脊髄動物略論幷ヒニ有脊無脊動物ノ別、(九) 哺乳動物略論、(十) 哺乳動物分類法、(十一) 二掌類、(十二) 四掌類

これに対して第二稿は大部で、本文は四十四頁にわたっており、三十の章に分けて種々雑多な動物が分類に従って記述されている。本文の見出しをたどっていくと次のようになる。

（一）博物学、（二）有機体無機体ノ区別、（三）植物動物ノ差別、（四）動物分類法、（五）有脊動物無脊動物ノ別、（六）有脊動物、（七）哺乳動物、（八）二掌類、（九）四掌類、（十）獼猴、豦、玃、（十一）木狗、猨、獨、狒々、「ゴリラ」、（十二）果然、蒙頌、狨、猩々、（十三）啖肉類及獺鼬族、（十四）水獺、ラッコ、鼠狼、黄鼠、貂鼠、マルテン、フアレット、（十五）虎獅族及ビ獅、豹、虎、猫類、（十六）熊羆族、熊、羆、魋、貛、淡色熊、（十七）狐犬族、狐、狸、貉、貒、豺、狼、シワウ、（十八）犬、犴、（十九）新世界諸族、（二十）錯歯類、兎、豪豬、天竺ネヅミ、（二十一）山ネヅミ、鼨鼠、香鼠、鼷鼠、鼠、マヒネヅミ、馴鼠、田鼠、（二十二）栗鼠、シマネヅミ、鸓鼠、猬、（二十三）無歯類、及ヒ鯪鯉、食蟻獣、懶獣、（二十四）双蹄類、（二十五）駱駝族ノ諸獣則チ駱駝、「ラマ」、（二十六）牛族諸獣則チ牛、水牛、野牛、犛牛、（二十七）白牛、牛牯、獅牛、亜墨理加獅牛、犀牛、（二十八）羊族諸獣即羚羊、山羊、綿羊、「アルパカ」、（二十九）鹿族諸獣即鹿、麋、「レンダール」、「ムースヂール」、麞、麒麟、麂、麝、（三十）単蹄類、馬、驢、騾、「ゼブラ」、果下馬、山馬

第三稿は八十六頁からなる大作である。第二稿に比べて分類はやや整理されて、内容は以下のようになっている。

（1）有機体無機体ノ差別、（2）動物植物ノ区別、（3）動物分類法、（4）有脊髄動物無脊髄動物ノ区別、（5）有脊髄動物略論、（6）哺乳動物略論、（6）《ママ》哺乳動物分類法、（7）両掌類幷人心霊妙論、（8）四掌類、（9）猿猴類、（10）真猴類、（11）西大州真猴類、（12）転猴類、（13）跳猴類、（14）斑猴類、（15）東大陸諸猴類、（16）狒々類諸猴、（17）殺生類幷食虫類、（18）食肉類幷鼠狼族、（19）猫族

第四稿も八十八頁に及ぶもので、文字も整い、凝った図を多用しており、決定版であることを思わせる。目次がないが、見出しを書き出してみると以下のようになる。

○動物学

○無機体及有機体ノ区別

○動物植物ノ差別：第一「化学上ノ構造」、第二「感覚」、第三「移動」、第四「消食機」、第五「食物性質」

○分類法

○第一大部「有脊髄動物」

○第一小界「有脊動物」：第一綱「哺乳動物《マンマリア》」、第二綱「禽類《アヴス》」、第三綱「爬虫類《レプダイリア》」、第四綱「水陸両生類《アンヒビア》」*19、第五綱「魚類《フイシュ》」

○第二大部「無脊髄動物」

○第二小界「環状動物」

○第一小部「節脚動物」：第一綱「分体類」、第二綱「多足類」、第三綱「蟠蜍類《アラクニダ》」、第四綱「介甲類」

○第二小部「無脚動物」：第一綱「毛鰓類」、第二綱「鐶体類」、第三綱「橋状類」

○第三小界「鐶体類似動物」：第一綱「裸体類《スコレシダ》」、第二綱「猬状類《イキノダルマタ》」

○第四小界「柔軟動物《モラスコイダ》」：第一綱「頭脚類《エルロポタ》」、第二綱「翅脚類《テロポタ》」、第三綱「腹脚類」、第四綱「平　鰓　類《ラメリブランキヤタ》」

○第五小界「柔軟様動物」：第一綱「腕脚類」、第二綱「外套類《チユニカタ》」、第三綱「多虫類《ポリゾア》」

○第六小界「空腸動物《セトニテラタ》」：第一綱「多肢類」、第二綱「水蛇類《ハイドロゾア》」

○第七小界「原虫《プトロゾア》」：第一綱「湿生類《イニシユソリア》」、第二綱「根脚類」、第三綱「群生類」

こうした四つの稿の内容の違いに関して、簡単に比較対照したのが次の表である。

	第一稿	第二稿	第三稿	第四稿
序文日付	一八八〇年九月十七日	一八八〇年九月十七日	（一八八〇年十二月頃）	一八八一年一月三日
頁数	十三頁	四十四頁	八十六頁	八十八頁
範囲	二掌類、四掌類	哺乳類総て	両掌類、四掌類、殺生類	有脊椎動物・無脊椎動物総て
哺乳類の分類	十二目	十三目	十二目	なし

第一稿から第四稿まで全体として見ると、前半の部分の記述の方法は似通っていると言うことができるだろう。基本的にはまず有機体と無機体を分け、動物と植物を分け、有脊髄動物と無脊髄動物を分け、その間に動物の個々の種の分類について説明する、という手順を踏んでいるのである。これらの記述の元ネタとなった日本語あるいは外国語の書籍は現在のところ特定できていないのだが、当時の博物学・動物学の教科書にはこのような形式を持ったものもいくつかあり、一般的な知識だったと考えられる。

たとえば、明治初期に流布した教科書として、金沢医学校の御雇教師であったオランダ人スロイス（Jacob Adrian Pieter Sluys 一八三三〜一九一三）による動物学講義の筆記録を太田美農里《みのり》が翻訳した『斯魯斯氏講義動物学』（一八七四年）がある。これは「総論」として「有機体無機体ノ区別」「動物植物ノ区別」「動物学ノ区別」「動物ノ区別」が語られ、次に第一篇「脊髄動物」の概説、「第一種　哺乳動物」「第二種　禽類」「第三種　匍匐動物」「第四種　魚類」と分かれている。こうした叙述は、他の教科書にも見られるところで、プロムメ・田中の『動物学初篇哺乳類』（一八七五年）でも、最初の「総論」において有機体、無機体の別から話を説き起こしている。この本は、いつ頃購入されたかはわからないものの、顕彰館に残された熊楠の旧蔵書の中に含まれている［和古620.26］。

さて、表を見ればわかるように、「動物学」の第一稿から第四稿までは、全体の長さと扱う範囲に大きな異同が見られる。第一稿が人間とサル、第二稿は哺乳類全体が対象となっていて、かつ記述の内容が、後述するように『博物新編』という書物に大いに依拠している。第三稿では人間、サル、肉食獣となっていて第二稿より範囲は狭いが、それぞれの内容に関してはかなり詳しく論じられている。第四稿は、哺乳類から原始動物までまんべんなく扱っており、特に他の稿にはない無脊椎動物が詳しく記述されている点に特徴がある。

　哺乳類を中心とする第一稿から第三稿まででは、哺乳類の分類表が含まれているのだが、その内容は以下のように少しずつ異なっている。

第一稿：「第一目」から「第十二目」に分類
「二掌類」「四掌類」「鈎手類」「啖肉類」「錯歯類」「無歯類」「双蹄類」「単蹄類」「厚皮類」「多油類」「袋鼠類」「鳥嘴類」

第二稿：「第一目」から「第十四目」に分類（ただし「第四目が欠で実際には計十三目」）
「二掌類」「四掌類」「啖肉類」「錯歯類」「無歯類」「双蹄類」「単蹄類」「厚皮類」「多油類」「鈎手類」「土鼠類」「袋獣類」「鳥嘴類」

第三稿：「第一目」から「第十二目」に分類
「両掌類《ビマナ》」「四掌類《クワドリュマナ》」「殺生類《カルナリア》」「アムヒヾヤ類」「マルシュビアリア類」「錯歯類《ロデンチア》」「無歯類《イデンタ》」「厚皮類《パチジルマタ》」「齝獣類《リユミナンチア》」「鯨鯢類《セタシア》」「鳥類似類」「翅手類《タイロプテラ》」

こうした哺乳類の分類方法の原型は、後述するようにフランスの動物学者キュヴィエ（Georges Cuvier 一七六九～一八三二）が確立したものである。キュヴィエは一八一七年に出版した『動物界』*Le règne animal distribué d'après son organisation*

キュヴィエ	第一稿	第二稿	第三稿	プロムメ・田中	後の用語
Bimana	二掌類	二掌類	両掌類《ビマナ》	二手類	
Quadrumana	四掌類	四掌類	四掌類《クワドリュマナ》	四手類	
Carnaria	啖肉類	啖肉類	殺生類《カルナリア》	殺生類	
Amphibia			アムヒベヤ類		鰭脚類
Marsupialia	袋鼠類	袋獣類	マルシュビアリア類	袋獣類	有袋類
Rodentia	錯歯類	錯歯類	錯歯類《ロデンチア》	齧歯類	齧歯類
Edentata	無歯類	無歯類	無歯類《イデンタ》	無歯類	貧歯類
Pachydermata	厚皮類	厚皮類	厚皮類《パチジルマタ》	多蹄類	厚皮類
Ruminantia	双蹄類 単蹄類	双蹄類 単蹄類	齝獣類《リユミナンチア》	双蹄類 単蹄類	反芻類
Cetacea	多油類	多油類	鯨鯢類《セタシア》	游水類	鯨類
(Tyroptera)	鈎手類	鈎手類	翅手類《タイロプテラ》	翅手類	
(Ornithorhynchus)	鳥嘴類	鳥嘴類	鳥類似類	鳥嘴類	土鼠類

の中で、哺乳類MAMALIAを次のような十の区分に分類している。

Bimana, Quadrumana, Carnaria, Amphibia,
Marsupialia, Rodentia, Edentata,
Pachydermata, Ruminantia, Cetacea

熊楠がこのキュヴィエの流れを汲んだ分類を用いていることは明らかである。問題は、「動物学」でこの分類がやや修正されていることと、どのようにして日本語の訳語が作られたかということなのだが、これに関してはプロムメ・田中の『動物学初篇哺乳類』などがヒントになるだろう。ここでプロムメが分けた十二の区分と、田中による訳語は次のようなものであり、熊楠の分類と、ある程度相似している。

「二手類」「四手類」「翅手類」「殺生類」
「齧歯類」「無歯類」「双蹄類」「単蹄類」
「多蹄類」「游水類」「袋獣類」「鳥嘴類」

この訳語は、当時の日本の動物学における主流となっていたと考えてよいだろう。これに対して、たとえば前述の『斯魯斯氏講義動物学』は「二手動物」「四手動物」「手翼動物」「裂噛動物」「嚼触動物」「無歯動物」「反芻動物」「一爪動物」「多爪動物」「鯨状動物」「懸嚢動物」「鳥嘴動物」という訳語を用いており、田中・熊楠系の訳語とはやや異なることがわかる。

全体にわかりやすく比較するために、キュヴィエの分類、熊楠「動物学」第一〜第三稿の分類、プロムメ・田中の分類をまとめたものが前頁の表である。キュヴィエの分類に見られないものは、( )で想定される原語を補った。

これを見ると、特に熊楠の「動物学」第一・第二稿と、プロムメ・田中の分類が相似していることがわかる。ただし、「殺生類」を「啖肉類」、「齧歯類」を「錯歯類」、「游水類」を「多油類」、「翅手類」を「鈎手類」とするなど、訳語の違いはあり、この訳語の選択についてはさらに調査が必要である。また、第三稿では、有袋類の意味である「マルシュピアリア」の例に鼠を挙げており、やや混乱が見られるようであるが、その経緯については未詳である。

4　動物の分類法に関して

ではもう少し大きな文脈で、熊楠の「動物学」が当時の学問状況の中で置かれていた位置について考えてみよう。まず、熊楠がここで用いている分類体系が西洋でどのようにして形成されてきたかという経緯については、第一稿から第四稿まで一貫して記載されている分類法の章項目を読めばよくわかる。次の引用は第四稿のものである。

分類法
分類法ハ博物学士ノ異ナルニ従フテ自ラ変ス　ラマールクハ動物界ヲ大別シテ脊髄動物無脊髄動物ノ二部トナセ

リ　就中有脊髄動物ノ名ハ猶ホ存スト雖トモ無脊髄動物ノ名ハ諸種ノ動物ヲ包括セルヲ以テ更ラニ之ヲ再別セサル可ラス　依テキュービヤルハ之ヲ分ツテ柔軟動物多節動物多肢動物ノ三部トス　然レトモ顕微鏡ノ発明已後数多ノ小動物ヲ発見セシニヨリ之ヲ包括セル一部ヲ更ラニ設ケサルヲ得ス　之ヲ称シテ原始動物ト云フ　キュービヤルノ分類法中多肢動物ハ神経系ヲ有セルモノト之ヲ有セサルモノトヲ包括セルノミナラス尚且動物固有ノ造構ニ関セサルカ故ニ此類ヲ再別シテ更ニ数多ノ小界ヲナサヾル可ラス　今此ニ記スル分類法ハハックスリー氏ノ創造セル者ニシテ更ニ動物界ヲ分チテ七小界トス　且ツ小界毎ニ若干ノ綱ヲ具備セリ

ここで列挙されている動物学者のうち、フランスのラマルク（Jean-Baptiste de Lamarck 一七四四〜一八二九）は、ダーウィン（Charles Robert Darwin 一八〇九〜一八八二）以前の進化論者として知られる人物である。ラマルクは、当時、生物界に見られると考えられていた「存在の連鎖」に基づいて、さまざまな種を連続した体系に分類することを企図した。特に初期の頃はそれまであまり注目されていなかった無脊椎動物に関して研究し、『無脊椎動物の体系』*Système des animaux sans vertèbres* を一八〇一年に出版している。

しかし前述したように、十九世紀の動物の分類学において決定的な役割を果たしたのはキュヴィエであった。キュヴィエは解剖学的な見地から動物のそれぞれの種を比較し、一八一七年の『動物界』でその詳細な分類体系を確立した。熊楠の「動物学」のうちの哺乳類の分類がこのキュヴィエの体系化を源としていることについてはすでにここまで論じてきたところである。それ以外にもキュヴィエは、有脊椎動物を「哺乳類」「爬虫類」「鳥類」「魚類」の四つに分類したり、無脊椎動物を「軟動物」「多節動物」「多肢動物」に分類したりするなど、十九世紀以降の動物分類の規範となった体系を作り上げている。「動物学」第四稿に見られるような無脊椎動物の区分に関しても、基本的には熊楠はキュヴィエの分類に倣っている。

西洋科学を導入し始めたばかりの明治初期に、日本の動物学がもっとも影響を受けたのも、やはりキュヴィエによる分類法であった。田中芳男はキュヴィエとその修正版によって、前述のような数々の動物学の教科書を作成し、その分類体系の普及に大きな役割を果たした。ここまで見てきたように、スロイスなど田中以外のルートで明治期の日本に導入された分類方法もまた、おおむねキュヴィエのそれに則ったものである。

その一方で、熊楠が「分類法」での記述において、最後に「今此ニ記スル分類法ハハックスリー氏ノ創造セル者ニシテ」と、英国のハクスリー（Thomas Huxley 一八二五〜一八九五）の名を挙げていることは注目に値する。ダーウィンによる進化論の登場後、これを強烈に擁護し、自他共に認める「ダーウィンのブルドッグ」という異称によってよく知られるハクスリーだが、初期の頃は動物の分類の研究に心血を注いでいた。ハクスリーはキュヴィエを「近代博物学の王子」と呼んで、注意深くその成果を研究したという。[*20] そうした分類学者としてのハクスリーの研究成果は、一八六九年にロンドンで出版された『動物分類序説』*An introduction to the classification of animals* にまとめられている。

一方、明治期の日本におけるハクスリーの著書の翻訳例としては、一八七九（明治十二）年十二月に出版された『生種原始論』がある。これはハクスリーがダーウィンの『種の起源』に関して講義した内容を一八六三年に出版した書籍[*21]の最初の二章を伊澤修二が翻訳したもので、日本における最初の進化論紹介書として知られているが、特に生物の分類学に関して詳しく述べたものではない。また、古生物学に関して論じた部分について、熊楠は「動物学」では触れておらず、当時は読んでいなかったものと思われる。

おそらくもっとも可能性が高いのは、ハクスリーの『動物分類序説』あるいはその概要に関する間接的な情報を、鳥山啓が何らかのルートで入手して、それが熊楠に伝わったということであろう。熊楠が「動物学」を作成した一八八〇年と言えば、五十代前半のハクスリーはまだまだ現役で活躍していた時代であり、そうした同時代の最先端の学問を中学校レベルで受け入れていることは驚嘆に値する。もちろん当時の中学校の教員は、数から言っても現在の大学教授に匹敵する知識人であるが、その中でも博物学者としての鳥山啓の優秀さには留意しておく必要があるだろう。

とは言え、ハクスリーによるキュヴィエ分類学の修正版について、これを是とするかどうかを熊楠自身も迷っていたようである。両生類に関して、第一稿の脊椎動物の「第三綱爬虫類」に書き込まれた次のような意見は、そうした状況をよく示している。

此一綱ハックスリー氏ハ爬虫類水陸両生動物ノ二綱ニ分チタリ　然レトモ爬虫中或ハ水中ニ住ムモノアリ両生類中或ハ陸ニノミ住スルモノアリ　是レ余カ心未ダ解セザル処ナリ　故ヲ以テ今二綱ヲ合シテ第三綱トナス

キュヴィエは脊椎動物を分類した際に、「哺乳類」「爬虫類」「鳥類」「魚類」の四つに分けており、「両生類」は「爬虫類」の一部と見なしていた。これに対して、ハクスリーは「両生類」を含めた五つの分け方を提唱したのだが、この最新の知識に関して、熊楠はここで「余カ心未ダ解セザル処ナリ」、つまり自分としてはまだはっきりと判断がつけられない、として留保した訳である。

しかし、第二稿では熊楠は「鰓肺両備動物」という名でこれを受け入れて五つの分類を採用している。そして第三稿では「水陸両棲動物」、第四稿では「水陸両生類」と微妙に名前を調整しながら爬虫類と別立てにする分類を踏襲することになる。このうち、第二稿における「鰓肺両備動物」という名前は象徴的であろう。つまり、第一稿の時点では「水中に住むか」「陸上に住むか」ということを判断基準にしていたところを、第二稿では生息場所ではなく、両生類が幼生期は鰓呼吸で成体期は肺呼吸であるという点を判断基準として、爬虫類との決定的な差異を受け入れたということになるからである。

もちろんこのあたりは、熊楠だけではなく鳥山啓の動物学受容の進度という点を考慮に入れなければならない問題である。「余カ心未ダ解セザル」という第一稿の言葉の解釈としては、鳥山先生から両生類のことを教えられたけれども熊楠は納得しなかった、という場合も考えられるし、鳥山自身が両生類についてまだ判断できてないと熊楠や他の学生に伝えた、という場合も考え得る。その一方で、鳥山は両生類について何も言っていないが、熊楠が独自にこの問題について考察した、という可能性もないわけではない。あるいは、ほとんど総ての記述について熊楠が依拠したような日本語あるいは英語の元ネタの本があるのかもしれないが、現在のところ発見できておらず、また両生類に関する見解の揺れを見ると、そうした書物を丸写ししたとは考えにくいところもある。

いずれにしても、現在の目から見れば常識であるものの、当時としてはこの両生類に関する知見がかなり目新しいものであったことは事実であるようだ。たとえば、プロムメ・田中による『動物学初篇哺乳類』（一八七五年）や、グードリッチによる『具氏博物学』（一八七六年）では、脊椎動物の分類の中に両生類を含めていない。それどころか、熊楠の「動物学」と同時期またはそれより後に編纂された永田健助『百科全書・動物綱目』（一八八〇年）や練木喜三・滝田鐘四郎『応用動物学』（一八八三年）でさえ、キュヴィエの分類を踏襲するのみで、両生類については無視しているありさまである。

こうしたことを考えると、十三歳の時に南方熊楠が編集していた「動物学」の先駆性を、かなりの程度認めてもよいのではないだろうか。そして、そこに鳥山啓が大きく関わっていたことも、状況から考えて可能性が高い。キュヴィエやハクスリーが活躍した十九世紀は、西洋においても生物の分類学がダイナミックに日進月歩していた時代であった。その西洋の知識が一気に流入してきた明治初期の日本では、そのスピード感はなおさら驚異的に感じられたことだろう。

そうした現在進行形で姿を変えつつある知の体系を手探りで学んでいく楽しみを、教師である鳥山や生徒である熊楠は感じていたのではなかっただろうか。十三歳の熊楠少年が「動物学」の作成にそれほどに熱中し、現在の目から見ても驚くような達成度を示し得た最大の要因は、そのような新たな知識を切り開いていく悦びにあったと考えられるのである。

5 「動物学」における博物誌的記述について

ここまで見てきたように、熊楠が作成した「動物学」は、当時西洋から輸入されていた最先端の知識を用いた試みとして注目されるものである。その近代自然科学を目指す試みとしての記述の完成度は、稿を重ねる度に増しており、最後の第四稿で最高潮に達していることは疑いがない。

とは言え、個々の動物に関する記述の内容には、近代的な動物学と言うよりは、近世以前の東アジア博物学を踏襲している部分があることも見逃せない。たとえば、第二稿の「熊」の冒頭の部分を見てみると、「熊　音雄　唐音ヒヨン　李時珍云熊者雄也　熊字篆文象形　和名クマ　英吉利語　牡熊「ビヤー」　牝熊「シー、ビヤー」」となっており、『和漢三才図会』の「熊」の項目の見出し部分とほとんど変わりがない。「獅」の冒頭でも、「獅　一名狻猊一名狻麑一名虓（許交切）　本草綱目李時珍云獅為百獣之長故謂之獅　虓象其聲也　梵書謂之僧伽彼　和名シ、　英吉利語牡獅「ライヲン」牝獅「ライヲネス」」となっていて、和漢の博物書的記述に英語の呼称が挿入されただけと言ってよいのである。

その後に続く記述も、東アジア博物学的な要素を多分に含むものである。ここでは、第二稿の「虎」の項目の全文を翻刻して引用することとしたい。「虎」に関しては、I章で『和漢三才図会』から「十二支考」への展開を紹介したので、比較してみるとその東アジア的な特徴がよくわかると思われる。

> 虎、音〔一字抹消〕乎　唐音フウ　一名　䖘䖙於菟　一名李耳　象形字　和名トラ　英吉利語牡虎「タイガー」牝虎「タイグレッス」　爾雅云虎浅毛曰虦貓音桟　白虎曰甝音含　黒虎曰虪音育　似虎而五指曰貙音傴　似虎而非真曰彪　似虎而有角虒音嘶
>
> 虎ハ山獣ノ君也　亜細亜ニ産ス　スマタラ島印度シンカポールノ三所ヲ以テ最多シトス身ノ高サ三尺首尾ノ長大約七尺黄背黒紋肚色正白尾毛黄黒相雑ル　歯牙光鋭爪牙鑽ノ如ク性黠ニシテ残喜デ禽獣ヲ殺生ス声能ク物ヲ振シ人ヲ驚カス　力能ク牛ヲ負テ走ル　一胎四五子孕ムコト四月即生ル牝虎甚タ其子ヲ愛ス牡虎置テ顧ズ　スマタラ島獼猴最多シ　一タビ虎ノ来ルヲ見レハ即チ奔走木ニ上ル　虎樹下ニ至テ目ヲ睜シ咆哮スレハ衆猴驚キ落ツルコト果ノ如シ　印度国虎ヲ擒ルノ法式ハ木膠ヲ以テ落葉ヲ濃糊シ密ニ草地ノ上ニ列シ中ニ小狗ヲ置ク　虎狗声ヲ聞キ即チ来リ攫ミ食フ　膠葉触ルニ遇フ　即チ着ス虎糊口眯目愈動ケバ随テ多シ　竟ニ脱スル能ハズ猟人従テ之ヲ

刺ス　又竹ヲ以テ一疎籠ヲ作リ人其内ニ臥シ又一犬ヲ携フ　虎来テ探索ス即チ鋭矛ヲ以テ檽ヲ通シテ之ヲ刺ス

つまり、冒頭部分はそのまま『和漢三才図会』虎の項目を引用したものであり、そこに『爾雅』の説明が続いている。「虎は山獣の君也」は、西暦一〇〇年頃に成立した『説文解字』に見られる文句で、『本草綱目』にも登場しており、いわば東アジア博物誌における虎の代名詞とも言えるような文句である。問題はその後の記述で、虎の大きさや性質、繁殖の実態が記述された後、いくつかの博物誌的な逸話が語られている。

スマトラ島ではサルが非常に多いのだが、虎が来るのを見ると樹上に避難する。しかし、虎が咆哮するとサルは驚き懼れて木から落ちてしまう。また、インドで虎を捕らえるためには、子犬をおとりにして、膠を使ったわなをしかける。あるいは、籠の中に人が入ってやはり子犬をおとりに待ち伏せし、鋭い矛で虎を突くのだというのである。虎を膠で捕らえる方法については、『和漢三才図会』に登場した『本草綱目』にも出て来ており、西洋というよりは中国での伝承を基にしているように思われる。

実は、「身ノ高サ三尺」以降の記述の出典は、一八五五年に清国で出版された合信による『博物新編』である。著者の合信とは、英国人の宣教師および医師として長くマカオや上海に滞在したホブソン（Benjamin Hobson 一八一六〜一八七三）のことに他ならない。漢文によるホブソンの著書は、幕末から明治の日本に大いに輸入されて、西洋医学の教科書として用いられた。さまざまな動物に関して論じた『博物新編』も、明治期に入ってもいくつかの版が出版され続けている。ただし、その描写が常に同時代の西洋科学に基づくものかと言えば、それは怪しいように思われる。

ホブソンの『博物新編』のうちの哺乳類の部分は、「猴論」「象論」「犀論」「虎類論内載獅子」「虎論」「豹論」「犬類」「熊羆論」「馬論」「駱駝論」「豁獣論」「胎生魚論鯨魚」に分けて論じられている。今回調査したところ、熊楠はこのうちの「猴論」「虎類論内載獅子」「虎論」「豹論」「犬類」「熊羆論」「馬論」「駱駝論」に関しては、「動物学」第二稿にほぼそのままか、一部引用のかたちで用いていることがわかった。使われなかったのは「象論」「犀論」「豁獣論」「胎生魚論鯨魚」の四つであるが、このうち牛類を総合的に記述した「豁獣論」以外は、第二稿では書かれずに終わった部分に属している。結局、『博物新編』の哺乳類の各種について書かれた文章は、そのほぼすべてが採用されていると言うことができるのである。

こうした『博物新編』からの引用は、第三稿にも部分的に残っており、「虎論」「豹論」は第二稿と同じくほぼそのまま踏襲されている。ただし、その他の『博物新編』からの引用は見られないようである。その一方で、たとえば「四掌類《クワドリュマナ》」の部分で、「猿猴類《エープ》」「真猴類《フユブル・モンキー》」「狒々類《バーグウン》*22」の三族に分けてさまざまなサルの種類をていねいに解説するなど、第三稿ではより詳しい記述がなされている。これらの記述の原典については、現時点ではわかっていない。

ホブソンの『博物新編』に関しては、熊楠の旧蔵書中に、一八六四年刊の清本翻刻の第三版（一八七四年）三巻一冊［中 640.02］と一八七一年刊の和刻本三巻三冊［中 640.03］の二種類が含まれている。いずれも購入年はわからないが、後年の「十二支考」猴の回で、「明治十年ごろまで大流行だった西国合信氏の『博物新編』*23」としているので、幼少時から読んでいたことが推測される。また、柳田国男に対して十九歳以降の海外放浪時代のことを語った次の回顧談（一九一一年五月十八日付書簡）からは、この本の記述を実際の動物の観察と比較して考証しようとしていたことがわかる。

> 狒々は、合信氏の『博物新編』には、たしか英語の baboon をもってこれに宛ており候と記臆候。しかし、baboon 類は支那近くに存せず、また形状も漢書に記すところとかわり申し候。須川賢久氏の『具氏博物書訳』には、たしかに狒々をバブーンに宛ており候。小生も従来この説を至当と存じおり候ところ、在欧中毎度諸処の動物園で生きたる諸獣を観察候より、狒々は baboon（猴の類）には無之、全く熊の類と思いつき申し候。*24

熊楠は二十五歳の時、ニューヨークに二週間滞在しており、その際には動物園を訪れて「此日所見、象、犀、河馬、象狗等、予生来始て熟視を得たる所とす」（一八九二年八月二十八日付日記）と、珍しい動物の観察を満喫したようである。さらに、ロンドン、シンガポールでも動物園を訪れていたことが、いくつかの資料には記されている。そうした当時としては恵まれた状況の中で、『博物新編』や『具氏博物学』のような一昔前の博物誌における記述の真偽を、自分で確かめることができたのである。

さて、こうした英国人合信を含む和漢の書籍の記述を並べた「動物学」第二稿の博物誌を、西洋近代科学に基づいて編集された第四稿と比べると、その違いは明らかである。第一稿が書かれた一八八〇年九月頃から、第四稿が書かれた一八八一年一月頃にかけての数か月のうちに、近代自然科学としての動物学に対する熊楠の理解は、急速に深まったと言うことができるだろう。

その一方で、熊楠は第二稿に見られるような和漢の博物誌の世界への興味を捨てたわけではなかった。その関心が十代から二十代へ、そして四十代、五十代の「十二支考」にかけて大きく展開していったことは、I章で見たとおりである。何よりも、「動物学」の四つの稿を作成している間にも、熊楠が『和漢三才図会』や『本草綱目』などの和漢書の抄写を続けていたという事実が、そのことを如実に物語っている。

つまり、「動物学」第二稿と第四稿に見られる差異は、近世以前の東アジアの博物学から、近代西洋の自然科学へと熊楠の知的関心が移行したことを意味しているわけではない。むしろ、この二つの関心は熊楠の中では常に内在しているものであり、この時期の「動物学」に見られる記述の揺れは、その最初の分化の過程を示すものだったと考えた方が妥当であろう。前者は英文論考などでのフォークロアの研究から「十二支考」へと展開していくものであり、後者はアメリカ・キューバなどでのフィールドワークを経て、熊野での隠花植物採集へとつながっていくことになるのである。十三歳の時の「動物学」は、そうした東アジアの伝統的知識と西洋の最先端の知識が常に共存する熊楠の学問的関心のあり方を早くも示している点でも、たいへん興味深い。

6　和歌山中学卒業から東京遊学へ

一八八三年三月に南方熊楠は和歌山中学を卒業するが、入学時に十七人だった同級生は、この時には七人になっていた。ここまでの経緯からは、十三歳でこれだけの作業を成し遂げた熊楠は、さぞ学校の成績もよかっただろうとつい考えてしまいそうだが、実はそうではない。

記念館に展示されている和歌山中学明治十六年三月定期試験出席一覧表［A2-096］によれば、同級生七人のうちで熊楠の成績は、五番目である。毎期の平均でも七人中四番目であり、どの科目も平均点程度かそれ以下となっている。英語の成績も一〇〇点満点の七十五点で五番目であり、一番の学生が九十五点、二番が九十四点を取っていることを考えれば、あまりよいとは言えない。和漢文も七十五点満点の四十八点で、七人中六番でビリに近い。また特に修身（六番）と幾何（七番）の成績が悪いのは、熊楠らしいと言うべきだろう。

武内善信は、後に熊楠が昭和天皇にご進講することになった際に、和歌山中学時代の同級生の一人による「同学のころ誰人か熊楠ごときものがかかることあるべしと思わんや」との談話記事が新聞に掲載されたという興味深い逸話を紹介している。[*25] つまり、熊楠は同級生の間では、それほどできのよい生徒とは思われていなかったのである。

とは言え、武内も言うように、熊楠の成績が悪かったのは、主に自己流の学問に打ち込んでいたためと見ることができるだろう。熊楠自身は、後に「中学校にあって、僚友が血を吐くまで勉むるを見て、そんなにして一番になったところで天下が取れるでなし、われはただ落第せず無事に卒業して見すべしと公言したが、果たして左様だった」[*26]と嘯いている。一八八一年、十四歳の頃の熊楠の日記を見ると、時折学校を欠席していることが記されており、中には「風寒きを以て欠校す」[*27]というような不謹慎な理由の日もある。

実際、中学校に入ってからの熊楠は、「動物学」の作成の他にも、前章で見たような『和漢三才図会』などの筆写を本格化させ、本草学・博物学を中心としてさまざまな書物に及んでいた。特に、一八八一年から一八八二年、つまり十三歳から十五歳頃にかけては、ほとんどの自由時間は本を書き写すのに費やしていたのではないかと思われるくらいに、大量の写本が残されている。今日、和歌山県白浜町の南方熊楠記念館と田辺市の南方熊楠顕彰館に保管されている写本の中で、前章で述べた以外の主なものを並べてみると以下のようになる。ただし、この時期のものには熊楠以外の第三者の筆写によると思われるものや、単なる教科書の筆写もあり、そうしたものは除いている。

『前太平記』一～四［A1-020］、一八八一年二月～
『古今妖魅考』三［A1-021］、一八八一年三月
『北窓瑣談』前篇一～四［A1-022］は一八八一年七月、後篇巻之一［A1-023］は一八八二年三月～
『西国立志編』第一篇［A1-025］、一八八一年八月十二日
『十三朝紀聞』巻一～巻七［A1-027］、一八八一年九月四日（第一巻）～九月十八日（第六巻）、第七巻作成時期不明
『経済録』巻之一総論／巻第二～第四［A1-029］、一八八一年十月
『山海経』六～九［A1-028］、一八八一年十月三十一日
『百科全書・動物綱目』巻一～三［A1-032］、一八八二年三月～七月
『百科全書・植物生理学』［A1-033］、一八八二年八月
『健全学』上篇［A1-030］は一八八二年七月、中篇［A1-031］は一八八二年九月
『西京雑記』乾・坤［A1-034］、一八八二年九月～十一月
『北越奇談』『北越雪譜』［A1-035］、筆写時期不詳
『雲根志』巻之一・巻之二［A1-036］、筆写時期不詳

このうち永田健助による『百科全書・動物綱目』は、当時の熊楠が手に入れることのできた動物学書としては、もっとも詳細なものの一つであっただろう。他の初等教科書とは異なり、この本では「第一門　射形動物論」から「第二門　軟肉動物論」「第三門　多節動物論」「第四門　有脊動物論」と、下等な生物から高等な生物へと論が進められ

ている。また、それぞれの学名を記すなど、記述の内容も学術的に高度なものとなっている。さまざまな書籍から寄せ集めた知識を、出典を特定せずに列挙する中学二年生の時の「動物学」の形式から、こうしたしっかりとした内容の書籍を筆写する形式への変化は、すでに最終学年の中学校四年生になっていた熊楠の学術的素養のレベルに対応したものであったと言えるだろう。

それにしても、こうした十三歳から十五歳頃の中学生時代の熊楠の知識欲の広がりには、目を見張らされるものがある。博物学だけではなく、文学の世界、社会認識の世界へも、熊楠の関心が向かっていることを、これらの筆写の内容からは見て取ることができる。和歌山中学には、鳥山啓の他にも、画学教師の中村玄晴や和漢文教師の古賀直吉のような、熊楠が一目置く教師がいた。熊楠は古賀に触れた一九三一年の文章の中で、「其頃の中学教師は、只今のとかわり、何れも景地に遊び［中略］今日の文学博士連よりは遥かに上手《ウハテ》に有レ之候いき[28]」と、その文才に関して高く評価している。

和歌山中学にはこの他にも、湯川秀樹（一九〇七〜一九八一）の祖父にあたる書道教師の浅井篤や、鳥山と並ぶ博物学教師の小杉轍三郎がいたことを、武内善信は指摘している[29]。江戸時代から学問が盛んであった紀州藩の城下町に設立された和歌山中学が、全国的に見ても高い水準の教師陣を有していたことは想像に難くないところである。そうした恵まれた教育環境の中で、学校の成績とは別に、この頃の熊楠の知識の世界は、爆発的とも言えるような膨張を遂げていったのであった。

III　進化論と同時代の国際情勢

1　東京での生活

和歌山中学校を一八八三年三月に卒業した南方熊楠は、親元を離れ、東京での一人暮らしを始めることになる。満十五歳から十六歳になろうとする頃のことであった。南方家の記録帳である「ひかゑ」には、「三月一八日東京江熊楠出立する」と、次男の門出が記されている。[*1] 上京した熊楠は、五月にまず神田共立《きょうりゅう》学校に入り、翌年九月には十七歳で東京大学予備門に入学し、一八八六年二月まで三年足らずの間、東京での学生生活を送ることになる。

熊楠は上京当初、共立学校の規則に従って寄宿舎に入ったのではないかと思われる。その後の下宿の変遷については、「備忘録」〔自筆 229〕を調査した石丸耕一が、一八八四年一月十五日に「小川町一番地六　西村作馬方」、同年三月一日に「本郷東竹町三十三番地　鈴木重茲方」に転居したという記録があることを発見している。[*2] また、熊楠の日記によると、この後一八八五年十二月十七日には、「神田区三崎町一番地高橋利助方」に転居している。これらを総合すると、最初の住居（おそらく共立学校の寄宿舎）に十か月、西村方にひと月半、鈴木方に一年九か月半、高橋方に二か月と、あちこちを転々としていたことになる。とは言え、いずれも神田から本郷にかけての狭い範囲の移動であった。

当時の神田界隈は、熊楠の通った共立学校や東京大学予備門の他に、東京外国語学校（現在の東京外国語大学）、華族学校（一八七七年開校、現在の学習院大学）、明治法律学校（一八八一年開校、現在の明治大学）もあり、すでに学生街の雰囲気を漂わせていたはずである。熊楠が予備門在学中だった一八八五年には、英吉利法律学校（現在の中央大学）が開校し、東京商業学校（現在の一橋大学）、専修学校（現在の専修大学）も神田に移転してきている。現在に至る本屋街も形成されつつあったようで、熊楠にとっては便利な場所であっただろう。

熊楠が最初に学んだ共立学校は、佐野鼎《かなえ》（一八三一〜一八七七）によって一八七一年に神田相生橋（現神田淡路町）に設立された学校であった。佐野の没後、一八七八年に東京大学予備門教授の高橋是清《これきよ》（一八五四〜一九三六）が校長に就任し、予備門進学者のための受験予備校として立て直した。以降、予備門とその後身の一高への有力進学校として発展し、戦後の学制改革によって現在の開成中学校・高等学校となった。

熊楠はこの学校に一年半在学した。校長の高橋是清には、「ナンポウ君」や「ランポウ君」と呼ばれながら、英語を教えてもらっていたという。*3 同級生には、正岡常規（子規、一八六七〜一九〇二）、秋山真之（一八六八〜一九一八）、芳賀矢一（一八六七〜一九二七）、水野錬太郎（一八六八〜一九四九）、薗田宗恵《そのだしゅうえ》（一八六二〜一九二二）らがいた。この学校での思い出として、熊楠は食堂で大食して困らせる「賄征伐」という風習のことを語っている。「共立学校の寄宿舎で賄征伐をやったとき、予は飯二十八椀食い最高点を博し、井林氏は次点で二十六椀を食いしが、二人ともこれがため胃病となり大いに苦しんだ」*4 というから、十代半ばの若さに任せて無茶をする様子が目に浮かぶ。

この頃からは酒も飲み始めたようで、ビールを嗜んだという。後に、河東碧梧桐《かわひがしへきごとう》（一八七三〜一九三七）が熊楠を尋ねた際には、子規の話となり、「当時正岡は煎餅党、僕はビール党だった」と語っている。そして、秋山真之は最初煎餅党だったが、そのうちビール党に転向してきたと、熊楠は面白おかしく話す。「もっとも書生でビールを飲むなどの贅沢を知っておるものは少なかった」とも言うのだが、実際に当時は日本酒に比べてビールはかなり高価であり、国元から熊楠への仕送りの潤沢さを窺わせる証言である。*5 この頃、父の弥兵衛は酒造業で大もうけをしており、和歌山で有数の富豪となっていた。

学生時代の自由な雰囲気を謳歌した熊楠は、仲間とともにしばしば寄席に出かけたりしていたようである。神田万世橋の近くの白梅亭という寄席で、立花屋橘之助という若い女芸人が「紀伊の国入りの都々逸というのをよい声で唄うを、自分生国に縁あるゆえしばしば傾聴した」[*6]と記している。また当時人気があった落語家の初代柳家つばめ（一八五七〜一九一二）に関しても「柳家つばめという人、諸処の寄席で奥州仙台節を唄い、予と同級生だった秋山真之氏や故正岡子規など、夢中になって稽古しおった」[*7]と書いている。杉山和也の指摘によれば、この柳家つばめに関しては、子規および漱石も当時のことを回想した文章の中で言及している。[*8]

松山出身の正岡子規や秋山真之とも交流があったことはこの逸話からもわかるが、基本的には東京時代の熊楠の友人関係の多くは、和歌山中学の同級生などの同郷の人物のつながりから構築されていたと考えられる。たとえば、一八八六年一月三日には、熊楠の居室に和歌山出身の友人が集まって「和歌山倶楽部」の発足の相談をし、翌々日の五日の第一回には三十二名が参集している。熊楠はこうした東京における同世代の和歌山県人の中心人物の一人だったと言ってもよいだろう。

現存する熊楠の日記は、一八八五年一月一日から開始され、以後、没年にいたるまでほぼ毎日欠かさずつけられることになった。その冒頭には、朝六時に起き夜十一時に就寝することや、毎日欠かさずに体操をすること、節約すること、大食しないことなどとともに、勉学の上で心がけるべきことが記されている。「正課を修めて後余科に及《およぼ》すべし」といった言葉からは、当初は学校での授業に打ち込もうとしていた様子も読み取れる。また「土曜、日曜及其の他休日には図書館へ行く」という言葉もあり、その通りに休日などには上野に出かけ、博物館や動物園、さらに図書館によく通った。現在、南方熊楠記念館に残されたノートには、東京図書館で明治十七（一八八五）年に作成したブラウン（Thomas Brown 一七八五〜一八六二）の『剥製法の手引き　博物学標本の収集・作成・保存の方法』[*9]の英語による筆写があり、その状況を偲ばせている。

中学時代と変わらず、熊楠は東京でも旺盛に筆写をおこなっており、一八八四年十二月からは「課余随筆」、一八八五年一月からは「南方熊楠叢書」という名前での書き抜きノートのシリーズを開始した。この二つのシリーズについて調査した吉川壽洋によれば、「南方熊楠叢書」は一八八五年にほぼ一年間続けられたもので、巻之七までが残されている。一方、「課余随筆」は一八八六年十二月のアメリカ渡航後も続けられ、一八九九年頃に終了した巻之九までが確認されている。[*10]

このように、この頃から熊楠の筆写は、中学校時代のように一冊を丸ごと写すやり方ではなく、関連部分を抄写する方法が多く用いられるようになっている。これは一つには、中学校時代とは違って自由に使える手持ちの金銭があり、欲しい書籍に関しては購入することができるようになったことが理由であろう。東京時代の熊楠が江戸の本草学書を体系的に揃えていたことはⅠ章で論じたが、当時の蔵書目録［自筆062］からは、その他にも各種の百科全書から同時代の文学書まで、さまざまな書籍を有していたことがわかる。

その一方で、「南方熊楠叢書」や「課余随筆」のような、重要部分をノートに書き抜いていく方法は、その後の学問情報収集の根幹をなすことになる。そして、二十代後半から三十代前半にかけてロンドンの大英博物館などで作成された五十二冊の「ロンドン抜書」（一八九五～一九〇〇年）や、四十歳以降の田辺定住後に作成された六十一冊の「田辺抜書」（一九〇七～一九三四年）などに受け継がれていくことになるのである。

2　東京大学予備門での学修

熊楠の属した神田共立学校は、東京大学予備門、そして東京大学への進学校として有力な教育機関であった。熊楠の学年の百余人のうち、なんと七十二人が予備門に入学しているから、その効率の高さがよくわかる。[*11]現在、東京大学の駒場博物館の第一高等学校資料に保管されている明治十八年版の『校中諸達並雑件』[*12]によれば、この年の予備門の入学者数は一〇六〇人が受験して一七二人が合格しているから、おそらく共立学校は合格実績ナンバーワンだったはずである。

熊楠も、この共立学校組の一人として、一八八四年九月に大学予備門の入学試験に合格した。この時、正岡子規、水野錬太郎、薗田宗恵らも、ともに予備門に進むこととなった。[*13] 同じ年、塩原金之助（夏目漱石）はこれも神田にある別の進学校である成立学舎、山田美妙（一八六八〜一九一〇）は日比谷の東京府中学（後の日比谷高校）から入学して熊楠たちと同期生になった。入学者の平均年齢は十二月末時点で満十七歳三か月であったというから、この時満十七歳八か月の熊楠はほぼ平均的な部類に属している。上田萬年（一八六七〜一九三七）のように、熊楠と同い年ながら、繰り上げ入学してすでに三年先輩のような者もいた。

東京大学予備門は、一八七七年に法理文医の四学部から成る東京大学が発足した際に、その母体となった開成学校普通科が再編されて、学部への進学課程として四年間を修業年限として設立された学校である。一八九七年に京都帝国大学が設立されるまでは、東京大学（一八八六年より帝国大学）が日本における唯一の大学であり、予備門はその準備教育の場としての機能を受け持った。入学した学生はまず四級から入り、一年ごとに三級、二級、一級と昇級するシステムであった。

熊楠等が入学した当時の校長は、英国留学帰りでまだ二十九歳の杉浦重剛（一八五五〜一九二四）であった。学期は三学期制で、第一学期は九月十一日から十二月二十四日、第二学期は一月八日から三月三十一日、第三学期は四月十日から七月十日であった。『校中諸達並雑件』によれば、熊楠等が入学した後の一八八四年十二月三十一日現在で、教諭十五人、助教諭十人、教員十人、兼勤教員十二人、外国教員六人の合計五十三人の体制であった。前年度より五人増員されていたという。

東京大学の駒場博物館には当時の予備門の『例規類集』[*14] も残されているが、それによれば、一八八四〜五年度の四級、つまり一年生の授業科目は次のようなものであった。

科目	内容	第一期	第二期	第三期
修身学	論語により修身の道を教誨す	一時間	一時間	一時間
和漢文	読書・作文	三時間	三時間	三時間
独逸語或英語	訳解・作文・及び文法	十二時間	十二時間	十二時間

数学	代数・幾何	四時間	四時間	四時間
地理学	地文	二時間	二時間	
史学	日本歴史・支那歴史	三時間	三時間	三時間
記簿学	大意			二時間
体操	軽運動・歩兵操練	四時間	四時間	四時間

現代風に言えば、道徳、国語・漢文、外国語（英語またはドイツ語）、数学、地理、歴史、簿記、体育といったところであるが、何と言っても外国語が週十二時間で、全体の授業の半分近くを占めていることが目を引く。独逸語生と英語生のクラスに分かれており、後者に属していた熊楠は、もっぱら英語を学習させられたはずである。

この『例規類集』には教科書についての記述もあるのだが、残念ながら熊楠の年の一八八四～五年度ではこの部分が欠けている。しかしその前の一八八三～四年度の分には次のように記載されているので、ある程度はこれらが引き続き用いられていたのではないかと推測することができる。

修身学：『論語』
和漢文：『通鑑挙要正編』（資治通鑑挙要暦正編）
英語学（読法）：サンダル氏第四読本
英語学（釈解）：サンダル氏第四読本、チャンブル氏第五読本
英語学（作文、文法及書取）：スウヰントン氏作文新書、コックス氏英文法書
数学（代数）：トヾハンタル氏小代数学
数学（幾何）：ライト氏平面幾何学
史学（本朝歴史）：国史挙要
史学（万国歴史）：スーイントン氏万萬国史

実は、この一八八三～四年度の一年生は「生物学」を一週間に三時間受講し、その教科書は「ハックスレー氏ユーマン氏合撰生理学附健全学」であった。また、「景色、草木、花菓、人体及動物」を「自在画法」で描くという画学の時間も一週間に二時間取られていた。いずれも熊楠が好きな科目だったはずで、これらがなくなってしまったことに対して、おそらく入学後残念に感じたことであろう。また、一八八四年一月には、後年、神社合祀反対運動などで熊楠と浅からぬ関係を持つことになる当時東京大学助教授の植物学者、松村任三（一八五六～一九二八）が予備門の兼勤教員となっているのだが、植物学の授業は二級（三年生）から始まるので、熊楠が習う機会はなかっただろう。

3　進化論への傾倒

熊楠が予備門に在学した一八八四年から一八八五年頃は、一八七七年に開学した東京大学が、その制度を整えつつあった時期にあたる。このうち、特に自然科学の分野においては、開学の年に来日して教授に就任したE・S・モース（Edward Sylvester Morse 一八三八～一九二五）の残した影響が大きかったと考えられる。

鳥山啓や田中芳男と同世代にあたるモースは、アメリカ東海岸のポートランドに生まれた。少年の頃、学校を嫌って野原をさまよう性癖があり、問題児とされてさまざまな学校から三回も放校処分を受けたという。しかし、博物学を好み、スケッチが巧みなモースは、貝類のコレクションを作るなど、才能の片鱗を見せ始める。そして、ハーヴァード大学教授であったアガシー（Jean Louis Agassiz 一八〇七～一八七三）に見出されて、二十一歳で学生助手として彼の研究室に迎えられることになる。

一方、モースがアガシーの門下に入った一八五九年に英国のダーウィンが『種の起源』*Origin of Species* を発表した。これによって、進化論を受け入れるかどうかという大論争が生物学界に巻き起こり、アガシーとその弟子たちもその渦中に置かれることとなった。このあたりの事情に関しては、従来、進化論を受け入れないアガシーに対して、弟子たちが学問的な理由から離反したという説が唱えられてきた。しかし、当時の資料を詳細に検討した磯野直秀は、弟子たちの反抗は、採集した標本コレクションを、対価を払わずに博物館に寄贈しようとしたアガシーに対する不満が理由であったとしている。[*15] モースも、最初の頃はダーウィン進化論を否定するアガシーを応援していたようだ。

しかし、アガシーの下を去ってから、生物学者として頭角を現したモースは、徐々にダーウィン進化論の優位を認め、これを信奉するようになった。そして一八七七年に、専門の腕足類の収集のために日本を訪れることになる。アメリカ在留中にモースの講演を聞いて評価していた東京大学教授の外山正一（一八四八〜一九〇〇）は、この時、理学部数学教授のH・E・ウィルソンとともにモースを訪れ、東京大学で講義をしてほしいと頼んだ。そして、モースは東京大学の動物学教授として二年間の契約で雇用されることとなったのであった。

この東京大学在任中のモースが、初めて本格的に日本でダーウィン進化論を講義したこと、また大森貝塚を発掘して縄文時代の日本の文化を知る糸口を作ったことはよく知られている。結局、モースは一八七七年六月〜十一月、一八七八年四月〜一八七九年九月、一八八二年六月〜一八八三年二月の三回にわたって日本に滞在している。モースが最終的に離日したのは、南方熊楠が和歌山から東京に出てくる前月のことであった。

モースの東京大学での進化論の講義録は、彼の通訳を務め、この後二十三歳で東京大学助教授に抜擢されることになる石川千代松（一八六〇〜一九三五）がまとめて、一八八三年四月二十八日に『動物進化論』として出版された。そして、この時すでに東京の共立学校で学んでいた十五歳の熊楠は、さっそくこの本を購入することになる。東京時代の蔵書目録には、「明治十六年五月八日購収」と記されているから、実に発売の一週間ほど後には手に入れていたことがわかる。

熊楠がこの時購入したと見られる『動物進化論』の初版［和450.14］は、顕彰館資料としても残されており、こちらには「明治十六年五月購収」と書き込まれている。この後、一八八五年三月三十一日の日記には「午後野尻貞一君来訪、先日貸す所動物進化論をかえさる」と、友人に貸していたこの本を返却されたことが記されているから、その頃までにはかなり読み込んでいたと見てよいだろう。また、この旧蔵書には、動物の保護色を論じた部分に貼り紙があり、コノハムシのスケッチが描かれている。このスケッチは、熊楠が一九〇七年十二月二十六日号の『ネイチャー』に発表した英文論考「コノハムシに関する中国人の先駆的記述」(Early Chinese Description of the Leaf-Insects) の発想の源となったと考えられる。

では、「米国博士　エドワルド、エス、モールス口述　理学士　石川千代松筆記」による『動物進化論』は、どのような内容のものなのだろうか。第一回の「事物ノ真理ヲ講究シ宗教ノ説ヲ準トスベカラズ」と題された冒頭の文章を読むと、「森羅万象無数ノ事物ヲ講究スル」ためには、論理を重んじて真理を吟味し、事実と比較した上でその結果と照合しなければならない。それなのに「宗教家ノ如ク事物ノ解シ難キモノニ逢ヘバ、是天帝ノ所為ナリ、是天神ノ賞罰ナリト言做テ、其理ヲ考究セズ、単ニ神力ノ不思議ニ托委シテ、空説ヲ主唱スルノ理アランヤ」[*16]とあり、のっけから宗教、特にキリスト教に対して批判的に挑発している。

ダーウィンによる『種の起源』の発表以降、天地創造により作られた生物が不変のものであるとするキリスト教の教義と、生物種は長い期間にわたって自然に変化し、それが現在の種を作ってきたとする進化論者との間の激しい論争が起こった。キリスト教に対する一般的な反発も根強かった日本では、こうした論争は西洋の文化が必ずしも常に優位にあるわけではないことを示す格好の材料としてとらえられた。モースはそのような日本人の反応も見越して、進化論導入のための方便として、キリスト教などの宗教の頑迷なことを話の枕としていたようである。本書V章で後述するように、熊楠もまたこの進化論対キリスト教の論争には関心を持ち、後年の宗教論などではさかんに話題として用いている。

第二回の「動物種類変化ノ原因」では、モースの話は佳境に入ってくる。それまで自分が得てきた動物分類の知識が進化論の立場から整理し直されているのを見て、熊楠が食い入るように読んだことは間違いないだろう。モースはまず、「有脊動物」「関節動物」「軟体動物」「射線動物」に分ける従来の分類法について紹介する。その上で、「是レ則チ有名ナル「キウビエ」氏ノ動物分科ノ概略ナリ。氏ガ斯ノ如ク分チタル動物ハ、各自瞭然タル置位ヲ有スルモノト思考スレバ、有脊、関節、軟体、射線ノ四小会ハ皆併行スルモノトナセリ」[*17]とする。つまり、キュヴィエの分け方ではこの四つの分類（現在の日本語では「門」）は、高等・下等の別はあっても、同時に並列的に存在するものとして想定されていると言うのである。

しかし、とモースは論を続ける。このような四つの枠組みに全動物を分けることは不可能である。そこでその後の生物学者はさらに細かく生物の分類をおこなう作業を続けていった。その結果発見したこととして、「方今ニ至リテハ動物有中幾何ノ小会、綱目類属等ヲ建ツルト雖ドモ、皆併行セズシテ相互ニ輻湊スルノ傾向アルモノトス、即左図ノ如シ」[*18]、つまりそれぞれの分野は「併行」しているのではなく、一点に集まる「輻湊」の傾向がある、として図を提示するのである。

もちろんモースが言いたいことは、こうした分化が長い時間の中で生物種の進化として起きてきたという点である。その原理についてはこの後「形質遺伝ノ説」「動物ノ数大変易ナキノ理」などとして説明されるが、この表を見ただけでもその論理の道筋は何となく感得することができる。

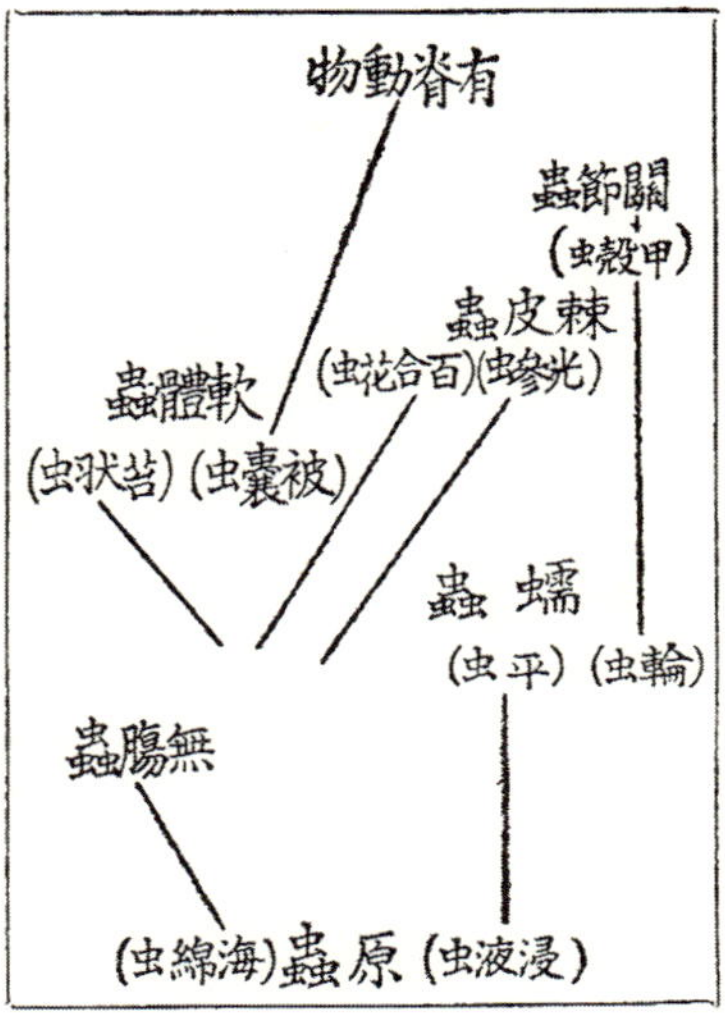

十五歳の熊楠がこれを見てあっと叫んだかどうか、まではわからない。しかし、「動物学」の中で、あれほど細かく生物の分類法を書き込んでいた熊楠にとって、このモースによる進化論の説明が衝撃を与えたことは想像に難くない。「動物学」第四稿で何百もの無脊椎動物の種類を、それこそ次から次へと平面的に「併行」して書き並べていた熊楠は、それらの生物が一気に時間軸の変化のダイナミズムの中に、立体的に配置し直される光景を、この図の中に見て取ったことだろう。

実は、ダーウィン自身も、キュヴィエの研究を丹念に読み込み、その解剖学的な分類の確かさを自身の進化論の基盤としたという。

キュヴィエの研究がなければ、ダーウィン進化論は生まれ得なかった。その意味から言えば、少年ながらも「動物学」において十九世紀前半の西洋の生物分類学の体系を懸命に取り入れようとしていた熊楠こそ、ダーウィン進化論によってその体系が新たに再編されたことの重要性をもっとも身近に体感する資格を有していたと言うこともできるだろう。熊楠にとって、十九世紀における近代生物学の最大の転換点であったダーウィン革命は、自身が十三歳から十五歳の数年間のうちに、自分の目の前でリアルタイムで起きた事件だったのである。

熊楠にとって、少年期に体験したこの進化論によるパラダイム転換は、生涯を通じて学問的探求の核となり続けた。そのことは、青年期以降の熊楠が「今日泰西の学が世界の正学にして、進化論が泰西の学論の根底[19]」であるという認識をことある毎に示していることからも明らかであろう。

小生考には、科学の原則はわずかに三十年前後ダーウィンが自然淘汰の実証を挙げ、それよりスペンセル輩が天地間の事物ことごとく輪廻に従いて変化消長することを述べたるにより、大いに定まれるなりと存じ候。[20]

この言葉は、熊楠がロンドンにいた一八九三年十二月二十四日付の土宜法龍宛書簡に記されたものであるから、「三十年前後」というのは、一八五九年の『種の起源』刊行とその後の論争を指すと考えてよいだろう。明治期の日本において西洋の学問は絶対的な規範となったが、実は西洋においても科学的な理論はダーウィン革命以降に確立された部分が大きいというのが熊楠の認識であった。なお、この記述からは熊楠がハーバート・スペンサーを高く評価していたこともわかるが、こちらについては、V章で詳しく論じることにしたい。

さらに熊楠は、ロンドンから帰国後、田辺に定住した時期にも、ダーウィン進化論の影響について語っている。一九一一年十月二十五日付の柳田国男宛書簡では、次のように自分の学問の根底にはダーウィンによって変革された生物学の考え方があるのだと述べている。

ダーウィン出てより学問という学問みな生物学の心得、科学の心得あるを要する世となりて、科学の心得なきものは議論いかにうまきも、土台は他人の説を受売りせざるべからず。小生幸いに多少生物学に身を入れ、科学のことも心得たれば、西人の大家の説なりとて、むやみに受売りかいかぶらざるほどの心得を積み得たり。［中略］根底すでに自前のものなる上は、西人と理を争うも不都合なしと思い、常に西人と理を争うことを力《つと》めおるなり。[*21]

この時、四十四歳の熊楠はすでに『ネイチャー』や『ノーツ・アンド・クエリーズ』といった雑誌に英文論考を数多く発表していた。また、土宜法龍宛の書簡の中などで、自らの新たな学問構想を語っていた。さらに、神社合祀反対運動の中で、生態系という概念を導入した自然保護活動を繰り広げてもいた。

そうした中で「西人と理を争う」、つまりヨーロッパの学問と正面から取り組んで自説を主張してきたという思いを柳田に伝えるために、熊楠は進化論を持ち出してきたのである。熊楠はここで、自分の言説を支える学問的な出発点として、ダーウィン革命を位置づけている。そのように熊楠がダーウィン革命を生物学だけでなく近代学問の全体を変えたものとして認識し続けた基盤には、和歌山中学から東京大学予備門へと進学した中で、自分が体験した科学的叙述のめまぐるしい変化から受けた衝撃があったと考えてよいだろう。

4　モースの跡を追って

さて、進化論に関する熊楠の理解に関して少し先走って述べたが、話を予備門時代のモースから受けた影響に戻したい。日本に進化論を伝えたモースに関して、熊楠は多くを語っているわけではない。しかし、予備門時代の行動からは、十代後半の熊楠がモースを相当に意識していたことがわかると、筆者は考えている。たとえば、この時期の熊楠は、モースが発掘した大森貝塚に関心を持ち、たびたび現地まで私的な発掘に行っていたことが、次の文章には記されている。

大隈伯が諸家に作らせし『日本開化史』とかに、菊池大麓氏か箕作佳吉氏が、坪井正五郎氏、大森介墟をそのころ黙して毎度検しに行き人類学に志を起こせり、とあり。「徳孤ならず、必ず隣あり」でもあらんか、実は小生もその後大森介墟をひそかに学校休んでまでも見に行き、いろいろの土器、石器、また人骨ごとき骨も拾い、今に和歌山県に置き蔵す、二十八年ばかりになる。*22

坪井正五郎（一八六三〜一九一三）は熊楠よりも四つ年上で、熊楠が予備門の新入生だった時には、すでに六年ほど上級の東京大学理学部三年生となっていた。熊楠が言うように、坪井がモースに強い影響を受けたことは、本人の「モールス佐々木氏の動物学者なりとの事実が余を此学科に導きし」*23という言葉からも確かめることができる。坪井は一八八二年にはモースの講演に刺激を受けて、友人の福家《ふけ》梅太郎が発見した荏原郡上目黒村の土器塚を、福家や白井光太郎（一八六三〜一九三二）とともに発掘して、モースとその弟子である佐々木忠次郎（一八五七〜一九三八）に鑑定を依頼している。その結果、大森貝塚と同種のものであることがわかり、『東洋学芸雑誌』に報告を載せた。*24

当時、モースによる大森貝塚の発見以降、こうした日本人による貝塚の発掘もおこなわれるようになっており、一八七九年には佐々木忠次郎が陸平貝塚を発見、一級下の飯島魁《いさお》（一八六一〜一九二一）とともに発掘した。彼等の後輩とは言え、まだまだ予備門の学生に過ぎなかった熊楠の場合は、こうした新たな貝塚発掘とまではいかなかったが、大森貝塚を訪れて発掘の際に見残された土器、石器、人骨を集めていたということになる。

モースらの発掘した貝殻、土器、石器、骨角器、獣骨、人骨などの出土品は、一九七五年にはすべて重要文化財に指定されているが、それは後の世のことで、この頃はまだ私的な採集がおこなわれていたのであろう。熊楠の収集からさらに後の一九〇八年になっても、作家の江見水蔭（一八六九〜一九三四）が珍品収集を目的として乱掘をおこない、著書『地中の秘密』の中に「大森貝塚の発掘」と題した顛末を記録しているくらいである。[*25]
熊楠が、いつから大森貝塚を訪問するようになったのかはわからないが、大学予備門の一年生だった一八八五年の日記には、次のようにこの年、二度にわたって訪れたことが記録されている。

二月一日［日］晴
午前十時過、十川氏とつれて高縄［輪］え行き、それよりひとり大森介墟をたづぬ。バイ一つ土器片二つ及鈴カ森にて顱骨二片ひろふ。
五月十二日［火］快晴
午前十一時新橋発汽車にて大森に趣く。午後大森より汽車に乗り神奈川に至り横浜に遊ぶ。［中略］此日大森にて介墟の土器二十片、骨片一個を得たり。

二月一日は日曜日だが、五月十二日は火曜日だから、予備門の三学期中の授業日のはずであり、「ひそかに学校休んでまでも見に行き」という状況だったと考えられる。この時に採集した品々は、現在、南方熊楠記念館に収蔵されている（［A2-017］（一部）および［A2-025〜030］）。同館にはまた、同じ一八八五年に上野の寛永寺および西ヶ原村（現東京都北区）の山林学校で採集した土器・破片もある。一方、南方熊楠顕彰館に残された縄文土器［関連 1911〜1915］もこの時のものである可能性が高いだろう。
熊楠はまた、夏休みに小石川の東京大学附属植物園を訪れているが、ここにはモースが発見した二番目の貝塚が存在していた。熊楠がモースの指摘を頼りに、この貝塚で土器片の採集をおこなっていることが、次の日記の記述からはわかる。

八月三日［月］晴

朝松下氏を訪ふ。谷氏と共に小石川大学植物園を見る。焉《ここ》に介墟あり（大森介墟編に見えたり）。古土器片四個を得たり。

ここで熊楠が参照している『大森介墟古物編』は、東京大学理学部紀要の第一巻第一冊として出版されたモースの報告書 *Shell Mounds of Omori* を矢田部良吉（一八五一〜一八九九）が翻訳して、『理科会枠』第一帙上冊として刊行したものである。熊楠は、小石川植物園だけでなく、大森貝塚を訪れる際にも、このモースの報告書を読んで参考にしていたのであろう。熊楠は英国時代の後半から那智時代にかけて未公刊の「日本の記録にみえる食人の形跡」（The Traces of Cannibalism in the Japanese Records）と題する論文を執筆しているのだが、これは大森貝塚に人肉食の跡が見られるという、『大森介墟古物編』におけるモースの説を後押しするものであった。*[26]

さらに、東京時代の熊楠がモースの跡を追いかけていたのではないかと考えられるもう一つの理由が、一八八五年四月の江ノ島旅行である。熊楠は四月二日の日記に「予豫て江島行に志あり」と、以前からこの旅行を計画していたことを述べている。江ノ島はモースが来日の本来の目的である腕足類の一種シャミセンガイの調査のために、自ら「太平洋岸唯一の動物学研究所」と呼んだ臨海実験所を構えたところである。来日直後の一八七七年七月二十一日から八月三十日まで、モースはここで精力的に採集をおこなった。

この時モースはドレッジ（底曳き）をおこなってシャミセンガイを大量に集める傍ら、他にもさまざまな日本の海産生物の収集を試みている。時には、地元の土産物屋や漁師からそうした生物を購入することもあった。モースや、その助手として働いた松村任三の記録からは、イモガイ、ヒトデ、シジミ、シオサザナミガイ、タカラガイ、フルヤガイ、トコブシ、カニ類、ウミシダ、ウミウシ・アメフラシ類、蠕虫類、ヒザラガイ、ニオガイ、キヌマトガイ、イシマテ、クダボラなどを集めたことがわかる。*[27]

熊楠の当初の計画は、予備門の学年暦で二学期と三学期の間の春休みにあたる四月一日から四月九日あたりの期間に江ノ島に出かけようというものだった。顕彰館にはこの時の記録をつづった「江島記行」という紀行文［自筆 065］

が残されており、全集一〇巻に収録されている。その冒頭には「予東京に来てより越二年、塵に吸い埃に噎し、足いまだ一たび市外に出でざるなり。今年四月、大学、例により十数日の休業あり。予すなわちこの間をもって江島に一過せんと欲し、俄然行李を治す」[*28]と、予備門の休みの時期に合わせての旅行だったことが記されている。

まず休暇が始まった頃、四月二日の日記には「近日来雨雪のため妨らる。今夜はる」とあり、三日には「本日朝当地出立江島辺へ行く」とまで記しているのだが、実際には四日の条にあるように「昨日江島へ行くところ雨にてゆかず」ということになってしまった。結局、「不幸にして曇天雨天続いて止まざるもの十数日、十六日に至り天ようやく晴る」（「江島記行」）となって、ようやく決行することになった。この間も、十三日の日記には「昨日幸ひに快晴、もはや天気定るならんと思ひ居しに、又本日陰れり」とあり、天気のことをずいぶん気にしていたことがわかる。よほど、江ノ島行きを心待ちにしていたのではないだろうか。

江ノ島旅行初日の十六日、熊楠は新橋から神奈川まで列車に乗り、歩いて日野に至った。そこから化石を採集したり、円覚寺に立ち寄ったりしながら歩き続け、午後五時頃に鎌倉に近い長谷村の三橋与八の旅宿に着いた。近くの由井浜で魚の歯や貝殻を採集した後、宿に戻って酒三合を「立ちどころに尽」して眠った。翌十七日には、鎌倉市内で、大仏、鶴岡八幡宮、頼朝の墓などを見学している。

十八日に宿を出て七里ヶ浜から江ノ島に渡った熊楠は、恵比須屋茂八方に宿し、島の見学とともに採集をおこなった。まず午前中は、辺津社、中津社を見学、奥津宮から窟道に入って小祠をめぐった後、「この島の本神」である弁天祠に参っている。午後は、島の西岸に出て、「歩して崖岸を探れば蟹螺立ちどころに拾うべし」とあり、採集に精を出した様子がわかる。そこから弁天窟の前に出た熊楠は、岩礁の生物を次のように観察している。

この辺処々にショウジンガニを見る。アカムシより少しく大にして、沙中に群生し、捲曲動揺してその餌を資るあり。海菟葵《いそぎんちゃく》多し。その一種腕形あたかも羽毛のごとく褐色にしてはなはだ美なるものあり。また雨虎《あめふらし》多し。カッタイガニ多く、みな背上に青苔を生じて、青苔の中に棲む。これを識ることはなはだ難し。しかして多くはその足一、二本を欠けり。ここにおいて百方探索、その足の全きものを取れり。[*29]

長雨の後晴れ渡った江ノ島の、きらきらと光る岩場の海水の中に生息する生物の様子を嬉々として観察した様子がよくわかる文章である。さらに熊楠はこのあたりの海産物を売る店先で、「魚蝦蟹貝の属数十品を買う」「諸種の介蝌数十個を購収せり」「介類二十種ばかりを購収す」と数多くの品を購入している。磯野直秀によれば、当時から江ノ島では「さまざまな貝殻や、珍しい海産動物を乾燥して細工した品々」を売る店が三十八軒もあり、「北は北海道から南は小笠原や琉球八重山の貝まで取り寄せ、毎年三万円の売上げがあった」[*30]という。

何日も晴天を待ち続けた甲斐があって、熊楠はわずか二日の江ノ島滞在で、数多くの海産生物を手に入れて東京に戻ることができた。これらの生物に関して、熊楠はこの後何日もかけて、学名を丁寧に記載して学術報告のような記録を作成している。その内容を見ると、ヒトデ、カニ、貝類など熊楠が集めた標本の多くが、六年前にモースが同じ場所で採集したり購入したものと重なっている。

言うまでもなく江ノ島は江戸時代から続く景勝地であり、東京で学ぶ学生が休暇中にここを訪れるのは珍しいことではなかっただろう。しかし、熊楠は江ノ島行きに際して、標本保存のためのアルコールと小瓶、小刀、腊葉板を用意して、万全の体制で海の生きものの採集に臨んでいる。こうした熊楠の江ノ島行きの動機の背景として、日本における海洋生物研究のさきがけであるモースの臨海実験場の試みがなかったと考えることは難しい。

博物学への情熱をどのように伸ばしていくべきかについて迷っていただろう東京時代の熊楠にとって、自分の学問を導いてくれる先達としてのモースの存在は大きかったはずである。そう考えると、この後、熊楠が予備門を退学して十九歳でアメリカに向かったことに関しても、モースの影響を指摘することは可能である。横浜から船出する際の熊楠には、自分は日本に本当の科学思想を伝えた生物学者モースを生んだ国に赴くのだ、という意識があったと考えてよいのではないだろうか。

5　東アジア情勢を見る目

こうした幼少時以来の博物学への傾倒と併行して、東京大学予備門時代の熊楠は、同時代の国内外の社会情勢にも関心を向け始めている。この頃から付け始めた日記を見てまず目につくのは、一八八五年の初頭に熊楠が甲申事変とその後の朝鮮情勢を注視していることである。一月分の日記の中からこの事件に関連する記述を抜き出してみよう。

一月九日　朝鮮の事変起りてより、西郷（従道）伯、しばしば奏聞するところあり、かつ故隆盛の著わす一書を叡覧に呈す。
一月十一日　今般朝鮮の変、我邦人死者総四十人。
一月十二日　韓地にて難死者の葬式あり。井上、竹添等臨む。竹添公使文をよむ。
一月二十日　井上特命全権大使入内、大臣参議列席、奏上韓地談判模様。
一月二十一日　朝鮮国と我邦との結約を告示せらる。
一月二十九日　本日韓地にて磯林氏を殺せる罪人を刑せり。

一八八四年十二月に起きた甲申事変は、清への事大政策を取る朝鮮の閔妃（一八五一〜一八九五）周辺に対して、金玉均《キム・オッキュン》（一八五一〜一八九四）、朴泳孝《パク・ヨンヒョ》（一八六一〜一九三九）らの開化派が起こしたクーデタである。この時、開化派はソウル駐在の日本公使館付きの軍隊を動かし、その力を借りて清国の影響力を排除し、大院君を奉じて立憲君主制を確立しようとした。しかし、いったん王宮を占拠したものの、清国軍の反撃によって日本軍は撤退し、金は日本に逃れた。

熊楠は当時の朝鮮情勢にかなり注目していたようで、「課余随筆」巻一の五十五［A1-038-0418］には、「朝鮮事件」という題で次のように始まる文章を記している。なお橋爪博幸は、この抜き書きは『今日新聞』に一月十四日から二十三日まで連載された記事であることを明らかにしている。*[31]

明治十七年十二月四日朝鮮京城ニ於テ郵政局開業ノ宴会有リ　会主ハ総辦洪英植氏ニシテ当日来会セシ賓客ハ米国公使フート同書記官スカッダー英国総領事清国総辦陳樹棠同幇辦賓賓堯朝鮮貴紳ハ閔泳翌金宏集韓主稷李祖淵朴泳孝金玉均徐光範尹致昊等ノ諸氏ニシテ朝鮮雇独逸人倶麟徳氏モ加ハリ居タリ

しかし、こうして宴会がおこなわれているさなかに、軍隊による騒乱が始まる。熊楠が書き抜いた記事では、「祝宴ヲ催シ居タリシカ午後九時頃晩餐方ニ終ルノ際ニ至テ俄然トシテ物騒シク火事ナリト叫フ声ノ聞エケレハ座客ハ皆驚キ起チテ表裏ノ屋外ニ出タリ」となっている。この後、熊楠の「課余随筆」では七頁を使ってこの記事の書き込みが続けられており、最後は日本人四十人の犠牲者が出たこと、そしてその氏名が列挙されて終わっている。*[32]

こうした報道は、日本側から見たこの事変の記述という域を出ないもので、清国軍によって日本の居留民に多くの犠牲が出たことが中心になっている。しかし、そうした中にあって、一月八日の日記中の記事は興味深いものである。そこには、某氏が勝海舟（一八二三～一八九九）を訪れた際の逸話が同日付の『今日新聞』から書き付けられていて、「今回の朝鮮の変、先生の考思如何と」という問いが記されている。勝海舟は直接には答えずに、次の二歌を詠んだという。

こまひとはいかにうたてくすごすらむ　我いにしへにおもひくらべて
こゝろしてまかぢとりてよ風はやき　くだらの海に立したかなみ

最初の歌は、幕末から明治維新に至る動乱期の日本と比較しながら、朝鮮の人々の憂いに思いを馳せたもの、後の歌は朝鮮での事態に対する日本側の慎重な対応を促すものと解釈できる。明治期を通して東アジアの隣邦に対して穏健な姿勢を保ち、朝鮮、中国の発展を促しながら、これと協力するという立場を取った勝らしい発言である。

二月から三月にかけての熊楠の日記には、朝鮮の正使が日本を訪れたことや、その正使が大学にも来たことが記されているが、朝鮮情勢に関する記事自体はない。十一月には大井憲太郎らの民権派が、開化派を支援するための行動を朝鮮で起こそうとして失敗する大阪事件が起こるが、この事件に関する言及も見あたらない。アメリカを目指して船出する翌一八八六年の日記にも、特に朝鮮関係の記述は見られないようである。

しかし、この後紹介するように熊楠が影響を受けた『佳人之奇遇』巻二の末尾には、甲申事変の首謀者である金玉均の漢文の推薦文が付されている。「書佳人之奇遇後」と題されたこの文章には、著者の柴四朗が金の宿所を訪れて『佳人之奇遇』を見せ、一文を乞うたことが記されている。[*33] 柴は金と近い関係にあったようで、一八九一年に刊行された『佳人之奇遇』巻一〇では、金玉均は主人公として登場し、朝鮮問題を語る設定になっている。

熊楠が、実はこの金玉均に強い関心を抱いていたことがわかるのが、この後ロンドンに滞在していた一八九四年五月十二日、二十七歳の時の日記である。この時、金の暗殺について知った熊楠は、「金玉均氏暗殺の事を聞き、終日夜不快」と、簡潔ながら明確に不快感について記しているのである。

さらに、「課余随筆」の巻六上の(51)には、三月二十八日に金玉均が上海において閔妃の刺客である洪鐘宇《ホン・ジョンウ》に殺された記事が書き抜きされ、金の長詩を載せた新聞の切り抜きが付されている。このうち、熊楠の自筆の部分は、三月二十九日から四月五日までの『時事新報』の記事の梗概を二頁にわたって書き抜いたもので、一方「長編ノ詩」の方は四月十日同紙に掲載された「除夜見月有感寄示崎陽諸弟」と題した三十八行からなる詩である。また、「課余随筆」の同巻中には、金玉均の死体が切り刻まれて諸所に曝された模様のスケッチが切り抜きされているが、これも四月二十八日付の『時事新報』紙面から取られたものである。[*34]

ここで用いられている新聞が『時事新報』であることは重要である。『時事新報』は福澤諭吉が創刊し、門下生の手によって発行されていたが、一八八一年の最初の訪日の際に面会して以来、金玉均にとって福澤は師として仰ぐ存在であった。福澤にとっても、金は朝鮮の開化を進めることができる人物として期待をかけていた。福澤は暗殺の引き金になった金の上海行きについては最後まで反対し、洪鐘宇による暗殺計画を直前に察知して電報を打ったが間に合わなかったという。[*35]

『時事新報』はこうした福澤と金との個人的に親密な関係を反映して、金の死を身内の不幸のような思い入れをもって悼む内容となっている。熊楠が「終夜不快」を感じた背景には、金の動向についてこれまでも報じてきて、暗殺については東アジアにとっての損失として論ずる『時事新報』の記事の一連の文脈を読んでいたことがあったと考えてよいだろう。熊楠は『時事新報』をアメリカ時代から好んで読んでおり、金玉均という人物に対するイメージはおそらく福澤の視点に沿ったかたちで形成されていたのであろう。[*36]

笠井清は「おそらく同時代の日本人で、彼が最も尊敬した人は福澤ではなかったかと思われる[*37]」と述べ、熊楠の渡米も福澤への傾倒が背景としてあったと断じた。これに対して武内善信は根拠を挙げながらこの笠井の説を退け、福澤の熊楠に対する影響は「同時代の他の人々と同等の感化」程度のものであったとしている。[*38] 武内の駁論はおおむね妥当だが、自分が「無学位の学者」を目指したのは「福澤先生」の影響であるという「履歴書」の言葉[*39]や、「この人心底から名節を軽視せざりしを知るに足れり[*40]」という福澤に対する人物評などからは、やはり熊楠が一定程度以上の敬意を抱いていたことも否定できない。

6　『佳人之奇遇』に受けた影響

こうした予備門時代の社会的な関心の芽生えの中、同時代の国際情勢の把握という点で熊楠に決定的な影響を与えたのが、一八八五年十月に初編が出版された東海散士（柴四朗、一八五三〜一九二二）の『佳人之奇遇』であった。熊楠の日記には、初編出版から三か月後の翌一八八六年一月二十九日に、早くも坪内逍遙（一八五九〜一九三五）の『当世書生気質』、滝沢馬琴（一七六七〜一八四八）の『里見八犬伝』とともに、『佳人之奇遇』四冊[*41]を購入したことが記されている。

後年の上松蓊宛書簡に見られる次のような述懐からは、この後、海外生活における熊楠の態度を規定したのがこの本における東海散士の言葉であったと読み取ることができる。

> 若き時柴四朗君の『佳人之奇遇』という書に、一尺の我威を日本内に奮うよりは一寸の国権を外国人に向けて振るえとありしを見て感激し、非常に苦辛して外国文を練るに、一字を下すとて血を吐くことあり。*42

『佳人之奇遇』は、徳冨蘆花（一八六八～一九二七）が「其頃佳人之奇遇という小説が出て文字を読む程の者は皆よんだ」*43というように、熊楠だけではなく、当時、青年層を中心に多くの読者を獲得した一大ベストセラーである。著者の東海散士、本名柴四朗は、当時アメリカに留学して六年間のうちに学位を取得して、帰朝したばかりの新進気鋭の論客であった。

流麗な漢文訓読体で書かれた『佳人之奇遇』は今となってはかなり読みにくい政治小説だが、当時の青年たちを熱狂させた理由は、何と言ってもそのスケールの大きさにあるだろう。まず巻一の冒頭は、東海散士がフィラデルフィアの自由の鐘の楼上にあって、アメリカ合衆国の独立と世界の現状に思いを馳せるところから始まる。

> 東海散士一日費府《ヒラデルヒヤ》ノ独立閣《インデペンデント、ホール》ニ登リ、仰テ自由ノ破鐘ヲ観、俯テ独立ノ遺文ヲ読ミ、当時米人ノ義旗ヲ挙テ英王ノ虐政ヲ除キ、卒《つひ》ニ能ク独立自主ノ民タルノ高風ヲ追懐シ、俯仰感慨ニ堪ヘズ。*44

この時、見知らぬ外国の女性二人と出会った散士は、数日後彼女たちと再会する。その一人はアイルランド人のコーレン（紅蓮）で、「年二十三四緑眸皓歯《りょくぼうかうし》黄金ノ髪ヲ垂レ、細腰氷肌遊散ノ文履ヲ踏ミ、織手ヲ揚ゲテ楊柳一枝ヲ折ル。其態度風采梨花ノ露ヲ含ミ紅蓮ノ緑池ニ浴スルガ如シ」、もう一人はスペイン人のユーラン（幽蘭）で「年歯二十許、盛粧濃飾セズト雖モ冷艶全ク雪ヲ欺キ、眉ハ遠山ノ翠ヲ画キテ鳳鬟雲ヨリ緑ニ、秋波情ヲ凝セドモ炯炯《けいけい》人ヲ射テ暗ニ威儀ヲ備へ、紅頬咲ヲ含ミテ皓歯微《かすか》ニ露《あら》ハレ」[*45]というように二人ともたいへんな美人である。

この二人の女性が、散士に向かって「郎君ハ扶桑日出《ふそうにっしゅつ》ノ帝都ヨリ来ルカ」と驚き、「妾《せふ》固《も》ト日本男児ノ心肝《しんかん》ヲ知ル」[*46]と胸の内を明かすのであるから、のっけから日本のナイーヴな若い読者たちを惹きつけるに十分な展開であったことは確かであろう。散士は、自らがアメリカ留学中に感じていた日本人としての愛国意識の高まりを、文章としてたくみにアピールしていく力に長けている。

この後、ユーランは父が現帝政に反対するカルリスタ運動の支持者であること、コーレンは父が大英帝国からのアイルランド独立運動を展開していることを、それぞれ散士に明かす。これを聞いて散士は、自らも会津落城という亡国の悲哀を味わう身であると述べて、ここに歴史の中での不遇に甘んずる者たちの精神的な連帯が生ずることになる。

そこに、第四の登場人物として、五十がらみの中国人、范卿があらわれる。范卿は明の遺臣で、満州族という異民族の王朝である清の支配によって活気を奪われた国家が、英国とのアヘン戦争敗北などによって西洋列強の食い物となりつつある現状に心を痛めている。そして、アメリカで嘲弄の対象となる中国人の様子を嘆き、東海散士に亡国の危機を切々と訴える。この時、范卿が東洋の興隆を日本に託して述べるのが次の言葉である。

> 方今東洋大ニ為スベキノ秋ニ当リ、牛耳ヲ執テ亜細亜ノ盟主ト為リ、〔中略〕欧州諸邦ガ東洋ヲ蔑視シ内治ニ干渉シ遂ニ之ヲ内属ト為サントスルノ政略ヲ拒ギ、彼億兆ノ蒼生ヲシテ初テ自主独立ノ真味ヲ嘗メ文物典章ノ光輝ヲ発セシムル者ハ、貴国ニ非ズシテ其レ誰カ之ニ当ラン。[*47]

欧州諸国の東洋に対する横暴に対抗し、非抑圧勢力の自主独立のための指導的役割を果たすことができるのは、日本を置いて他にはない。このあたりが、東海散士がこの小説においてナショナリズムに訴えるための決め台詞として用いたところで、強者に蹂躙されるか弱い西洋の「佳人」との交流というロマンチシズムとともに、当時の青年を熱狂させた要素でもあるだろう。

この范卿の言葉に対して、東海散士は明治新政府下の日本が欧米支配の世界秩序に組み込まれ、このままではやはり弱肉強食の現実に蹂躪されるのではないかという危機感を訴え、「日本固有ノ国権ハ欧人ノ為メニ奪ハレ、吾人幸福ノ利ハ外商ノ為メニ殺ガル、」[*48]と嘆ずるのである。この後に続くのが、前掲の熊楠書簡が引用している部分で、『佳人之奇遇』の原文では「散士ヲ以テ之ヲ見レバ、方今焦眉ノ急務ハ、十尺ノ自由ヲ内ニ伸バサンヨリ寧ロ一尺ノ国権ヲ外ニ暢ブルニ在リ」となっている。

こうした范卿と東海散士のやりとりは、民権と国権が不可分なかたちで交錯しながら、青年たちのナショナリズムを刺激し、対外的な国権の拡張という大目標へと収斂していく『佳人之奇遇』という小説の特徴をよく表している。もちろん、ここに見られるような、「亜細亜ノ盟主」という考え方が、後の東アジアにおける日本の覇権主義につながる芽となっていくことには注意を払わなければならない。実際、『佳人之奇遇』自体、一八八五年の巻一から一八九七年の最終巻一六にいたるまで、内容を徐々に変質させ、清国、ロシアに対する敵視、朝鮮半島情勢への介入といった露骨な「国権」を訴えるようになる。

しかし、明治十八年という段階にあって、英仏を中心とする西洋の帝国主義に対して真っ向から批判を投げかけ、非抑圧勢力の連帯を訴えた『佳人之奇遇』に、当時の青年たちが熱中したことには無理からぬところがある。アイルランドの他、エジプト、インドにおける大英帝国からの独立運動を活写し、それらの運動の中心人物たちと柴四朗本人の現実の会談の模様なども記録した『佳人之奇遇』は、彼らの目を海外に見開かせるに十分なものがあった。十八歳の予備門生、南方熊楠がこの書をみずからの海外雄飛の際の心得とした、と述懐していることも、あながち誇張ではないと考えられる。

この時の熊楠の心境をさらに理解するためには、東海散士こと柴四朗が、同時代の若者たちにとってどのような存在であったかということを考える必要があるだろう。実は、柴四朗が時代のオピニオン・リーダーたり得たのは、『佳人之奇遇』の内容もさることながら、その劇的な前半生が当時の青年たちにとって目指すべきモデルだったからである。

柴四朗（幼名茂四郎）は、嘉永五年十二月二日（一八五三年一月十一日）に、会津藩士柴佐多蔵の四男として生まれている。父は三百石取りの馬術・砲術師範であり、四朗も幼いころから藩校日新館で学んだという。だが、薩長による討幕運動とその後の明治維新は、会津藩、そして一族の運命に大きな蹉跌をもたらす。一八六八年、十五歳の四朗は鳥羽伏見の戦いに参戦したが敗走して会津に戻る。そこで彼は、落城の際の、次兄戦死、祖母、母、妹、兄嫁自刃という悲惨な有様を目の当たりにすることになったのである。

柴四朗本人はからくも生き残って降伏人として拘置された後、会津、横浜、北海道などを転々とした。この間、亡国の悲哀を味わった四朗は英国人の書生や通訳をしながら苦学を重ねたという。西南戦争の際に文才を買われて新聞記者となり、政治家谷干城《たにかんじょう》（一八三七〜一九一一）らの知遇を得る。そして、一八七九年、岩崎家の援助を得て、二十六歳にしてアメリカ留学というまたとない機会をつかむにいたるのである。

そして柴四朗はハーヴァード大学を経て、フィラデルフィアのペンシルヴァニア大学で経済学士号を受け、帰国したのが一八八五年一月。その年の十月、三十二歳にして東海散士の筆名で発表したのが『佳人之奇遇』であった。前述のように、この処女作の中で、柴四朗は世界各国の情勢を踏まえて、同時代の日本人が主体的に行動すべきことを、実にさっそうと論じた。

こうした経歴は、柴四朗という人物に対する当時の青年の好奇心を否が応にも高めたことであろう。とりわけ、徳川御三家の城下に生まれ、幕府への親近感と薩長による明治政府に対する反感を共有していたであろう熊楠のような青年にとってはなおさらのことである。アメリカで学士号を取得して帰国し、自らの政治的主張を真っ向から説く元会津藩士、柴四朗の存在は、熊楠にとっても、やはり範とするに足るものと見えたのではないだろうか。

たとえば、渡米した熊楠が上陸したサンフランシスコで、すぐにパシフィック・ビジネス・カレッジに入学していることは、『佳人之奇遇』との関連で考える必要があるかもしれない。なぜならば、熊楠に先んじること八年前に太平洋を越えてサンフランシスコに到着した柴四朗が、やはりまずこのパシフィック・ビジネス・カレッジに入学することから、彼のアメリカ留学生活をスタートさせているからである。柴の渡米も、熊楠と同じ一月のことであったとされているから[*49]、熊楠は同校入学だけでなく、その時期も柴の例に倣って決定していた可能性がある。『佳人之奇遇』に対する共感とアメリカ時代の自分の研鑽を結びつけて語った後年の熊楠の文章は、そうした背景を持っていることが推測されるのである。

7　予備門の退学と和歌山での静養

さて、熊楠は東京大学予備門一年目の一学期、二学期は無難に過ごしたようであるが、中学時代に引き続き、成績は振るわなかった。ここまで見てきたように、自分の興味のために図書館に通い、採集のために学校を休むような状況では、むしろそれは当然のことだったと言ってよいかもしれない。またこの頃の予備門の定期試験は厳しいものであり、毎年大量の落第者が出ていた。

それでも熊楠は一八八五年三月の二学期の試験では、全一一三名中の五十九番で、かろうじて六十六名の及第者中に入っている。しかし、同年七月におこなわれた三学期の試験は眼病を理由として一部を欠席。おそらくいくつかの科目は、二年次に再履修となったはずで、進級に向けてはかなり追い込まれた状況となっていただろう。それにもかかわらず、二年生一学期の十月、十一月には、学校を休んだという記録が目立っている。

そして、この年の十二月の試験で、熊楠は不合格になってしまう。結果の発表日である十二月二十九日の日記には、「朝試験点見にゆき敗走す。723.3 に 65 なれども代数 29.4 なるにより不合格なり。小林堅好を誅せんことを謀る」とあり、全体の成績はそれほど悪くないが、一科目でも合格できない場合は落第という当時の予備門の厳しい規則にひっかかったことがわかる。ちなみに、代数の教授小林堅好には、後に『新撰幾何学』（一八九七年）、『平面三角法講本』（一九〇二年）の著書がある。熊楠は数学がよほど苦手だったようで、記念館に残された当時の幾何学のノートには、「absurd（馬鹿げている）, absurd, absurd」という落書きが見られる。

当時の予備門では、何度か落第しても時間をかけて卒業する者が多く、熊楠もそうした方法を取ることもできたはずである。しかし、一八八六年三月には学制改革により、予備門の修業年限が四年から五年に変更されるということもあり、おそらく熊楠の場合は、順調に行っても卒業するのは二十二歳か三歳の時のことになったであろう。そこから東京大学に入り、学士になるのはさらに三年後という長い道のりである。まだまだ人生五十年というようなこの時代、二十代の半ばまで学校に束縛されてはかなわない、と熊楠が考えたとしても無理からぬところがある。

この時十八歳の熊楠にはまた、心身の健康上の問題もあった。一八八五年四月二十九日の日記には「余一昨日より頭痛始まり今日なほ已まず」という記録が見られる。そして、試験での落第直後の翌年一月十七日に「夕より頭痛、殆ど困瞶す」という異常を感じた熊楠は、二月八日に親元に電信を打つ。これを受けて三日後上京してきた父弥兵衛と相談の結果、「疾を脳漿に感ずるをもって東京大学予備門を退」くことに決し、二月二十五日に和歌山に帰っている。

さらに、帰郷後の十月二十三日にも「本日病気に付、会を延引す」とあり、これだけでは何の病気かわからないが、この後、アメリカ時代の一八八九年四月二十七日の日記に「夜癲癇発症。十九年十月以後初てなり」とあり、てんかんの発作であったことがわかる。こうしたことから、牧田健史は「日記によるてんかん発作は、日本とアメリカの一回づつの二度」としている。[*50]

一方、予備門退学直前の熊楠の日記には、二月五日の条にも「昨日小川昌八郎教室にて癲癇起る。井上十吉、為に授業を廃すること半時間と云」という記述がある。小川は同級生、井上は教員であるから、字義通りに取ればてんかんを起こしたのは小川であるが、この記述に着目した原田健一は、これを熊楠自身の発作と解釈している。[*51]この原田の推論は、熊楠がこの後すぐに国元に電信を送っているなどの状況証拠から導かれたものであろうが、真偽は不明である。

いずれにせよ、十代から二十代にかけての熊楠が、「頭痛」やてんかんの発作に悩まされていたことは確かである。

その最初の兆候は、おそらくⅠ章で紹介した『和漢三才図会』への書き込み「南方熊楠辞」に見られるもので、「其積る所終に発して病となり、今に全くは癒ざるぞうき」「吾はこれによりて不治の病をも獲つ」と記されているから、十四、五歳の頃かと思われる。『和漢三才図会』の筆写により病が高じたわけだから、このてんかんの症状は、熊楠の人並み外れた集中力や記憶力と表裏一体のものだったのだろうと考えられる。その一方で、こうした病の自覚への対処法として注目されるのは、後年の熊楠が、自分にとっての「あそび」である植物採集によって病に対処しようとしたと述懐していることである。

小生は元来はなはだしき疳積持ちにて、狂人になることを人々患えたり。自分このことに気がつき、他人が病質を治せんとて種々遊戯に身を入るるもつまらず、宜しく遊戯同様の面白き学問より始むべしと思い、博物標本をみずから集むることにかかれり。これはなかなか面白く、また疳積など少しも起こさば、解剖等微細の研究は一つも成らず、この方法にて疳積をおさうるになれて今日まで狂人にならざりし。[*52]

「狂人」に至るほどの「疳積」とは、ここまで見てきたような青年期のてんかんの発作と関連している可能性が高いだろう。熊楠は、そうした自分自身の精神状態に対する不安を抱えており、それを植物採集に没頭することで抑えようとしていた。たしかに熊楠のこの後の行動を考えると、二十五歳の時にフロリダ・キューバを放浪したり、三十四歳で那智山中に向かったりと、人生の転換期には自然の中で植物採集に没頭しようとする傾向が目立っている。こうした、あえて辺境への道を選ぶ熊楠の選択は、てんかんの症状を克服しようとしていたためと考えると、説明がつく部分も多い。

東京大学予備門から退学した際にも、和歌山で静養することになった熊楠は、山里の日高郡、さらには南紀へと足を伸ばしている。この日高郡への旅行は、入野村の父の親戚の向畑家と、塩屋村の友人、羽山繁太郎を訪ねてのものであった。その最初の旅行について、熊楠は「日高郡記行」という名で数日間のみ記録をつけているが、冒頭には次のように書かれている。

明治十九年春二月、予、疾を脳漿に感ずるをもって東京大学予備門を退き、帰省もっぱら修養を事とす。羽山繁太郎君は倶に白頭を吟ずるの友なり。親しく書を寄せて日高郡に遊ぶを促すもの五回。しかして日高郡入野村は実にわが父出生の地なり。余、遊意ここにおいて決す。*53

日記から行程を跡づけると、まず四月六日から五月四日にかけて向畑家と羽山家に滞在し、このうち一週間は繁太郎とともに白浜まで出かけている。また、五月二十五日から六月十七日にかけて二度目の旅行をおこなって両家に滞在した。さらに八月六日から三十日にかけても断続的に羽山家を訪れていることがわかる。つまり渡米前の半年間のうち、ほぼ半分近くは、日高郡で過ごしたわけである。

熊楠にとって、故郷和歌山から日高郡、そして南紀で過ごしたこの十九歳の半年間は、その後十数年続く海外生活を前にした、日本での最後の日々であった。それから十四年経って三十三歳で失意のうちに帰国した熊楠が、弟の実家から那智での隠棲、そして田辺での生活を選ぶことになった背景には、この時の体験がある程度作用していると考えられる。つまり、この時の和歌山以南での日々は、熊野という出自を深く自覚し、みずから心に刻みつけるために、大きな役割を果たしたと言えるだろう。

さらに、この時の旅行が熊楠にとって大きな意味を持ったのは、羽山繁太郎とその弟の蕃次郎（一八七一～一八九六）が、十九歳の熊楠にとって、「恋愛」の対象だったためでもある。当時の日本の書生の間では、ホモセクシュアルな関係を持つことは珍しくはなかった。たとえば森鷗外（一八六二～一九二二）の「ヰタ・セクスアリス」（一九〇九年）は主人公の金井湛が東京の寄宿舎生活で少年愛の対象として襲われる場面を二度描いている。この小説の設定によれば、金井は熊楠よりも二つ年上で、寄宿舎は一つは本郷のドイツ語を教える学校、一つは神田の東京英語学校と、熊楠の場合と非常に似通った環境下にあった。

「ヰタ・セクスアリス」に触発されて書かれた河岡潮風の文には「学生として中学を卒業する迄には、如何にしても全く男色を知らずに過ぎる訳には行かぬ」*54 とあり、熊楠はそうした明治の少年愛の文化にどっぷりとつかっていたと考えて間違いない。当時、熊楠も愛読していた『当世書生気質』には、書生間の男色がもたらす利点として「互《たが》いに智力《ちりよく》を交換《かうくわん》すること」「大志《アムビシヨン》を養成《やうせい》するといふ利益《りえき》」*55 を挙げる論も紹介されている。さらに、熊楠の東京時代のノート［A1-044］には、当時の男色の教科書と言うべき『賤《しず》のおたまき』上下巻も筆写されている。青年期の熊楠の男色に関する意見を見ると、これらの書籍に説かれているような、智力や気力を相互に高め合う関係として、同年輩の男性間の恋愛を見ていたと考えられる部分が多い。

熊楠の性的な志向がその学問にもたらした影響に関しては、主にⅦ章で述べることになるが、ここでは東京大学予備門退学後に、何人かの友人と添い寝し、性交およびそれに類する関係を持っていたことを記しておきたい。その中でも、羽山繁太郎・蕃次郎に対する思いには特別なものがあり、この後の海外放浪の中でもしばしば回想されることになる。そこには、この二人の兄弟が熊楠の渡米後に、相次いで早世したという事情も大きいだろう。

特に羽山繁太郎は、熊楠がアナーバーに滞在していた一八八八年十一月二十五日に二十二歳で逝去した。熊楠はこのことを翌年一月十七日に杉村広太郎からの手紙で知り、日記に書き付けている。四月二十四日には「昨朝亡羽山繁［太］次郎氏を夢み、予、君死たるはうそなりやと問ふに答へず。今朝羽山蕃次郎子を夢む」と羽山兄弟の夢を連続して見ている。この後、熊楠は土宜法龍宛の書簡の中で繁太郎のことをベアトリーチェに例えるなど、心象世界の中での一種の聖化の傾向が見られる。そうした思いは、孤独な日々の多かった海外生活の中で、熊楠を支える役割を果たしたと言えるだろう。

8　アメリカ行きの決断

結局、東京大学予備門を退学した熊楠は、アメリカへの留学を決意する。ここまで述べてきたような、進化論に代表される同時代の西洋の学問へのあこがれと、明治期の日本人としてのナショナリズムの高揚、さらに病の自覚から来る焦燥感、などがないまぜになった気持ちが、この決断へと至った要因であろう。

これに加えて、従来の研究の中では結論が出ていないものとして、徴兵忌避の問題がある。長谷川興蔵は、在米時代の日記帳に、一八九〇年一月の徴兵令改正の官報の切抜きがはさまれていることについて、「何かを暗示するようである」としている。[*56] また仁科悟朗は「徴兵への恐怖は、一般に今の時代では考えられぬような、いろいろな流言飛語などとも結びついて、想像以上のものがあった」[*57]という観点から、兵役が免除される長男ではない熊楠は、これを逃れるためにアメリカに渡ったと指摘した。たしかに何らかの影響があったと考える方が自然ではあるのだが、どの程度決定的であったかということに関しては、本人の証言がない以上は、推測の域を出ないところがある。[*58]

いずれにせよ和歌山への帰郷直後からアメリカ行きを考え始めた熊楠は、父弥兵衛と何度も話し合って、許可を請うたようである。その甲斐あって、結局、十月十三日に「父兄より米国行を允許さる」ということになる。熊楠にとって幸いなことに、父のおかげで和歌山有数の富家となった南方家には、次男の海外遊学を支えるだけの資金があった。

熊楠は、羽山繁太郎に渡した自分の写真の裏に、アメリカ行きに際しての次のような抱負を記している。

> 僕も是から勉強をつんで／洋行すました其後は／ふるあめりかを跡に見て／晴る日の本立帰り／一大事業をなした後／天下の男といはれたい[*59]

十月十三日に父と兄に渡米を許可されてから和歌山を発つまでの間、熊楠は郷里の友人たちとの最後の別れにいそしんだ。直後の十月十四日から十七日にかけては、向畑・羽山の両家に挨拶するために日高郡に出かけてもいる。十月二十日からは、杉村広太郎、東義太郎、坂井卯三郎、田中竜涓、志村亀之丞、須藤丑彦、太田富丸、清原彰甫を発起人として、二十三日に松寿亭でおこなわれる熊楠の送別会の案内が『和歌山新聞』に四日間連続で掲載された。

前述の「病気」により延期されたこの送別会は、結局二十六日に十六人が参加して開催されている。この時の熊楠の演説草稿の冒頭には、(1)序辞、(2)社会の変遷、(3)学問の必要、(4)全力の必要、洋行の主意、(5)和歌山今日の景況をもって後葉を推す、(6)ラジカル主義、(7)人生の目的、諸氏への忠告、(8)謝辞、(9)唄、からなる目次が付けられており、熊楠がかなり本格的にこの演説を準備しようとしたことがわかる。ただし、この目次のうちの(5)(6)は長文のため省略されたのか、本文には対応する部分が見あたらない。また(9)の唄の内容も不明である。

この原稿通りに演説がおこなわれたとすれば、発起人などの演説を受けて立ち上がった熊楠は、石器時代の斧と矢尻を手にしていたはずである。斧の方は、東京の山林学校でみずから掘り出したものであり、矢尻は美濃の出土品を購入したものであった。熊楠はこの斧と矢尻をたくみに話の枕にしながら、世界の文明が、石器時代から、銅器時代、鉄器時代と進化してきたこと。その中で激しい人種間の生存競争があり、弱い人種は淘汰されていったこと。現在はそれが日本人と欧米人との間の競争となっていることを述べる。そして以下のように、そのような情況こそが自分の渡米を促した主たる理由であると結論づけている。

されば今日、日本人が欧米に入りて、その土をふみ、その物をみ、その人間の内情を探り、資るべきはすなわちとり、倣うべきはすなわち倣い、もってみずから勖むることははなはだ要用なりとす。これ余の今回米国行を思い立ちし故にして、時期もあらばなおまた欧州へも渡らんことを欲しおれり。*60

この言葉は、前述した『佳人之奇遇』に感銘を受けて、「国権を外に延ばす」ために渡米を決意したという回想とも符合しており、少なくとも友人に対しては、熊楠が憂国の志を抱いて海外雄飛を試みるという説明をしていたことは明確である。ただし、「いずれ遠からず帰朝の上、御目にかかるが」[*61]とも言っており、さすがに海外生活が十数年に及ぶとは本人も考えていなかったようである。

演説の内容そのものには、当時日本に取りいれられていた社会進化論の論調が色濃く見られる。社会進化論を国家間の競争としてとらえた加藤弘之（一八三六〜一九一六）の『人権新説』（一八八二年）はこの頃の熊楠の蔵書の中にあり、こうした熊楠の発想に影響を与えたと考えられる。この東京大学総理の論を取り入れつつ、自分が発掘してきた石器時代の斧などを実際に見せて、生存競争の中で滅んでいった人種に思いをはせる熊楠の論の構成は、理路整然としたものである。大学予備門を中退したばかりの十九歳の熊楠青年が、なかなかの学校秀才であったことを思わせる演説草稿と言えるだろう。

この演説の後、熊楠は東京に発ち、友人たちと別れを惜しみ、十二月にシティ・オブ・ペキン号に乗船して太平洋を越えて、アメリカ西海岸のサンフランシスコ港に向かった。船中ではさっそく広東から来た中国人の船客と筆談して、広東語での動植物の呼び方や彼らの信仰に関しての情報を集めようとしている。そのようにして、若き日の熊楠の直接の異文化体験は開始されたのであった。

Ⅳ　アメリカにおける一東洋人として

1　サンフランシスコ到着とビジネス・カレッジ入学

サンフランシスコの歴史は、十八世紀後半にスペイン人がカリフォルニア一帯に建設した「ミッション」と呼ばれる二十一の植民拠点の一つとして始まる。一八四六年に金鉱が見つかったために、一攫千金を狙う者たちが押し寄せ、十九世紀後半には一大都市に成長することとなった。特に、熊楠が訪れた一八八〇年代から九〇年代にかけては、人口が増加し、産業が急速に発展した時期にあたる。

中国人移民も全米で八万人中の二万五千人がサンフランシスコに居住し、中国語圏以外では最大と言われるチャイナ・タウンもすでに存在していた。大陸間の移動が船によってのみおこなわれていたこの当時、サンフランシスコはアメリカの中のアジアに開いた窓として、現在以上に重要な機能を果たしていたと言えるだろう。しかし、その後一九〇六年に大地震に襲われ、その際の大火のために街の多くの部分が壊滅することになる。したがって、通りの名などは変わらないものの、二十世紀に入ってからの都市の景観は十九世紀末とは大きく異なっているはずである。

南方熊楠が乗ったシティ・オブ・ペキン号は、二週間かけて太平洋を横断した後、一八八七年一月八日にサンフランシスコの港に着いた。そこから熊楠ら日本人十三人は馬車に相乗りして、コスモポリタンホテル Cosmopolitan Hotel に到着している。このコスモポリタンホテルは、五番街一〇〇〜一〇二番地に位置し、エレベーター付きの地

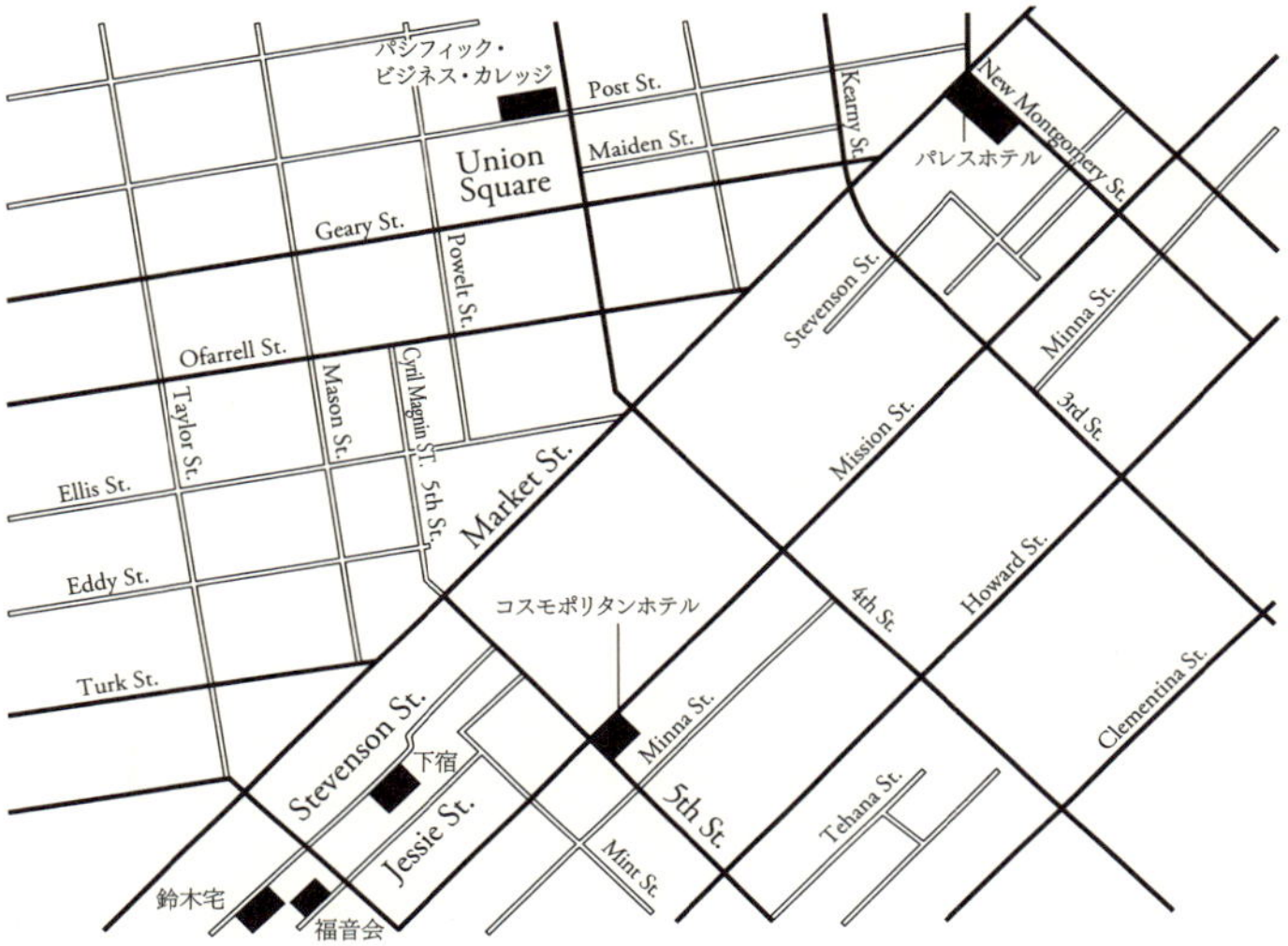

当時のサンフランシスコの地図上に関係の場所の表示を加えて松居が作成

上四階地下二階建てであった。熊楠がこの後下宿する旧日本人街や、通うことになる学校にもほど近い場所である。地図を見ると、熊楠は、基本的にはこの到着の日から八月はじめにサンフランシスコを去るまで、約二キロ四方の狭い界隈で生活していたことがわかる。

コスモポリタンホテルは、太平洋を越えてやって来た日本人の多くが上陸後に向かう定宿だったようで、波止場には客引きが船を待ち、また英語の不自由な客のために日本人のスタッフも雇っていたという。一八八六年に書かれた旅行案内書『来れ日本人』[*1]によると、代金は一日賄い付きで一ドルから一ドル五十セントまでであった。しかし、このあたりは一九〇六年の大地震でもっとも被害の大きかった地域であり、その際にホテルも焼失したようである。熊楠日記にはもう一つ、「夜久野芳三郎氏とパレイスホテルを見る」（一月十日）と記されたニューモンゴメリー通り二番地のパレスホテル Palace Hotel が登場しているが、こちらは一八七五年に作られた宮殿風の華麗な建築物で、大地震にも耐えて、現在もシェラトン・グループの傘下で営業を続けている。

その後、熊楠は一月十三日には一か月十ドルの約束で、スティーヴンソン通り四二九番地（429 Stevenson Street）に下宿をすることになる。ここは一本隣のジェシー通り（Jessie Street）とともに日本人が多く住んでいたいわゆる日本人街であった。この時、熊楠の泊まったのは、一八八六年発行の日本人向けの旅行書『米国今不審議』[*2]に「LODGING HOUSE なる物あり是れ東京の安宿と同様なる物にて一夜二拾五銭以上三四拾銭なり」と記されているロッジング・ハウスと呼ばれていた宿で、日本人街には多く見られたと言う。熊楠は六月十日には同じ通りの五三三番地の鈴木兼治の家に移っているが、これも日本人街の中での移動であった。

しかし、この旧日本人街もまた、一九〇六年の大地震の際に瓦礫の山と化し、日系人の多くはそれ以降、三キロほど離れた高台にある今日のジャパンタウンへと移り住むことになった。ちなみに現在のスティーヴンソン通りは、高層ビルの立ち並ぶ目抜き通りのマーケット・ストリートから一本離れただけとは思えないようなうら寂れた工場街になっているが、当時の写真から見て、熊楠のいた頃も狭い路地裏といった雰囲気の界隈だったようである。後に「予サンフランシスコへ着いて、下宿のかたわらに鶏を多く畜《か》う家の鶏が、毎夜規律なく啼き通すに呆《あき》れた」[*3]と述懐しているのは、この通りのことであろう。

熊楠は、サンフランシスコ到着後十日ほど経った一月十九日に、パシフィック・ビジネス・カレッジに入学している。この学校は一八六四年に創設され、一八七〇年代からは、サンフランシスコ・シティ・カレッジの一部として、ユニヴァーシティー・カレッジ University College とも呼ばれていたようである。その後、一八九五年までは Pacific Business College の名前でたしかに住所録にも記載されているのだが、一八九六年からは見あたらなくなってしまう。結局、組織としても現存のどの教育機関にも後継されていないようであり、また校舎や文書類も一九〇六年の大地震の際に焼失したと思われる。

しかし、学校の教科や雰囲気などは、残されたわずかな資料である『ユニヴァーシティー・カレッジ・マンスリー』(一八七二年分)[*4]や『実践商業部要項』(一八七四年)[*5]、『パシフィック・ビジネス・カレッジ案内』(一八八四年、以下『案内』[*6])などからうかがうことができる。それによると、熊楠が通った頃の校舎は、ポスト通り三二〇番地(320 Post Street)のレッドメンズ・ホールと呼ばれる四階建ての建物の二階から上階部分を占めていた。場所的には、今も昔もサンフランシスコの繁華街の中心部にあたるユニオン・スクエアに面する一等地にあり、「市内と郊外を一望、主要な大通りに近く、しかも喧噪からは十分に離れている」[*7]という『案内』の宣伝文句も誇張ではないだろう。

カリキュラムの内容は、ビジネス・コース、アカデミック・コース、コンバインド・コース、書き方コース、現代言語コース、電信コースの五つに分かれていた。熊楠は一月十九日の日記に「今朝パシフィク・ビジネス・カレッジえ入学す。八十一弗五十仙渡し、コンバインドコース（ブクキーピング、外、文法、読方、算数）を取る」と記しており、ビジネス・コースとアカデミック・コースの両方を受講できるコンバインド・コースを選んだことがわかる。授業科目は、ビジネス・コースが単式および複式簿記、商業計算、商業用手紙、商法、ビジネス・パートナーの作り方、商業記帳、商業実践、講義などからなり、アカデミック・コースがスペリング、リーディング、算数、書き方、英文法、手紙の書き方、レトリックとなっている。コンバインドとは言っても、中心はあくまでビジネス・コースで、アカデミック・コースは基礎学力をつけるための選択科目という扱いであった。

このコンバインド・コースの学費は、一八八四年版の『案内』では、一年間一二五ドル、六か月七十ドル、三か月四十ドル、一か月十五ドルとなっている。熊楠が八十一ドル五十セント払った、と書いているのが、値上げによるものなのか、それとも教科書代などを含めたことによるものなのかはわからないが、おそらくこれは、六か月分の学費にあたると考えられる。『案内』には「休暇はなく、学生はいつでも学習を開始できる」[*8]と書いてあるので、一月十九日に入学の手続きをした熊楠は七月十九日前後までの受講の権利を得たのだろう。そう考えれば、熊楠が七月十九日付の杉村広太郎宛の書簡で「小生近ごろまで Pacific Business College に在学罷り在り候ところ、［中略］来八月より Bayant and Strutton's Business College, Chicago, Ill に入学仕る目的に御座候」[*9]と書いていること、また実際に八月八日にアメリカ中部に向けて旅立ったことも

パシフィック・ビジネス・カレッジの広告

よく理解できる。

さて、この学校の授業時間は、午前が九時から十二時まで、午後は一時三十分から四時までで、他に夜間の午後七時から九時まで教室が開放されていた。当時の教室の風景を描いた図を見ると、四人掛けの机が二十余り並び、講義室と言うよりは、図書館の自習室のようなつくりになっている。右側には、銀行員としての訓練のために、模擬カウンターのようなものが設けられていることも目を引く。授業科目の一つとしてわざわざ「講義」が挙げられているところを見ると、おそらくほとんどの授業は、学生が与えられた課題をそれぞれにこなし、それを教師やアシスタントが補助するような形式ではなかったかと想像される。[*10] レベルの違う学生が「いつでも入学」して来るのだから、その方がずっと効果のあるやり方だと言えるだろう。

熊楠は一月十九日に入学するものの、二月に入ると「学校休む」、あるいは「午後欠席す」というような日が多くなってくる。オークランドやナパなどの近隣の街に遊びに行くことも多かったようである。もちろん、熊楠のこの学校に対する評価は「小生今までおり候商業学校はまず日本の商業学校くらいのもの」[*11] という程度だったし、後に「商業学校に入りしが、一向商業を好まず」[*12] と公言しているくらいだから、仕方がないと言えば仕方がない。しかし、授業のあり方も、特に継続的な出席を要求するものではなかったと想像されるのである。

また卒業に関しても、「いつでも卒業できる」と『案内』には書いてあって、かなり自由なものであった。ただ、商業実践クラスの教科書には「最終試験にパスすれば、優秀で忠実な学生に与えられる証明書に値したものとして、これを受け取ることができる」[*13] とあり、それぞれの科目の試験に合格する必要はあったようである。そして一定数の科目の単位を取れば卒業証書も発行されていたのであろう。しかし、案の定と言うべきか、熊楠の日記からは試験を受けた形跡も、卒業した形跡も見ることができない。

外国人留学生、特に日本人学生がどのくらいこの学校に在籍していたかは定かではない。ただし、熊楠の日記には「今日、日本人みな欠席す」という記述があるから、少なくとも複数の日本人が勉強していたことは間違いない。アメリカにやってきた日本人の留学生は、英語の勉強のための語学学校代わりに、ビジネス・カレッジに通うことが多かったようである。

しかし、前述の旅行案内書にも「前段既に陳言するが如く桑港は商業一方とも云ふべき所にして学事は兎角不完全の譏なきにあらざれば充分の資金を有する者は東部諸州の大学校に入学するかた善良の教育を受くる事を得べし」*14と書かれているくらいで、学問的にはサンフランシスコはたいしたところではない、という評価は一般的なものだったようである。結局、他の日本人留学生と同じく、熊楠にとってもパシフィック・ビジネス・カレッジは、渡米後の一時的な所属先、という域を出なかったと考えてよいだろう。

2　日本人福音会

サンフランシスコにおいて日本人学生が中心となって運営していたキリスト教団体、福音会Gospel Societyについて、熊楠は日記の中でたびたび触れている。まず、三月六日（日）の日記に英語で"In the evening Mr. Kiga & I went to Gospel society in Jessy St. & supped the Japanese style dishes. Dishes as follows. Boiled Rice, "Sole" with Yam & Neganbium Root, Radish with fowl, Misoshiru."（夕〔鈴木〕気賀氏とともにジェシー通りの福音会に行き、日本料理で夕食をする。料理は、炊いた飯、ヒラメとサツマイモとneganbium〔不詳〕の根、鶏と大根、みそ汁）とある。おそらく、日本食が恋しくなった熊楠が、夕食目当てで日曜日の集会に出かけたものと思われる。

三月十一日（金）には「夜ジェッシ街福音会日本人親睦会あり。余不往」とあり、その後福音会とは接触はなかったようであるが、六月に入り、二週連続で講演会を聞きに行っている。つまり、六月三日（金）の「夜福音会（ジェッシ街）にて、谷大臣来り演説す」と、六月十日（金）の「渡部昇氏ジェッシ街福音会に来り演舌あり」である。

この福音会という組織は、美山貫一（一八四七〜一九三六）らによって一八七七年に創設されたもので、数度の分裂を経た後も大きく勢力を広げ、一八八六年の集計によれば「当カリフォルニア州現在会員百十二名、日本ヨリ新ニ渡航シ来リ当会ニ寄宿シタル人数五十六名、本会員ニテ洗礼ヲ受ケタル者二十八名、入会者三十六名」[*15]という活況であった。創立以来、ワシントン通りの中国人の伝道館の階下にあったのだが、一八八六年にいたって、一旦隣家に移動した後、十一月にジェシー通り五三一番地に引っ越していた。

熊楠がサンフランシスコに着いたのは福音会のジェシー通りへの移転から二か月後のことである。福音会はむろん在米日本人へのキリスト教の普及を目的にする団体であるが、当時は渡米してきたばかりで金のない日本人の若者たちのたまり場としての役割が大きかったようである。たとえば『米国今不審議』には「福音会員等は日本より船着けば出張して書生抔の途方に暮れ居るを能く世話する故日本人の為には桑港にて福音会は最も要用なり」[*16]と記されている。格安料金での宿泊から、仕事の斡旋までさまざまなかたちで日本人苦学生をサポートする役目を果たしていたという。

そして、そうした日本人の集会場としての性格から、熊楠が日記に記しているように日本人向けや日本関係の演説会などもしばしば開かれていた。ジェシー通りはスティーヴンソン通り同様、路地裏といった感じのところだが、それでも六月三日の農商務大臣の谷干城による演説の際には四百人の聴衆が集まったという。この演説の内容は、福音会の記録では「我同胞兄弟ノ外国ニアル間ハ殊ニ品行ヲ正フシテ勉強セラルベシ又タ我々外国ニアル間ハ一人恥ヲ侵シテモ日本人ノ体面ニ関スル事ナレバ殊ニ注意ヲ希望ス」[*17]となっており、熊楠が当日の日記に「演説大意は徳義を研て日本人の恥を招かざれとにあり」と要約していることに符合する。

この時、現職の農商務相として一年間の海外視察の最後にあった谷干城は、外務大臣の井上馨（一八三六〜一九一五）が進めていた欧化政策に対する批判的な態度を強めていた。六月二十三日に帰国してからは、閣議に反対の意見書を提出して、井上と対決する論陣を張ったが、結局、七月二十六日には大臣を辞任させられることになる。熊楠が谷の講演を聞いたのは、そうした一連の事件が起きる直前であった。後述するように、熊楠もまた井上の欧化政策に対しては批判的な意見を持っており、そのような意味でも、この講演に注目していたのであろう。さらに熊楠の愛読書である『佳人之奇遇』の著者柴四朗は、谷大臣の秘書としてこの講演に同席しており、熊楠は政治的には彼等に対してかなり共感と期待を持っていたはずである。

さて、福音会は創設時の規則、また一八九一年頃の記録を見ても、毎土曜日に集会を開いて「聖書の講義及演説をなすこと」を定めているが、熊楠が日記に記している日本人親睦会、谷大臣演説、渡部昇演説はすべて金曜日夜の出来事であった。あるいは、金曜日は一般の集会、土曜日はキリスト教的な集会という区分を設けていたかとも考えられるところである。しかし、キリスト教の儀式を行った際にも「祈とうにて開会し聖書朗読」の後は、「落語、剣舞、奇術、さまざまな出し物が飛び出した。すしが配られ、レモネードで乾杯」というような状況であったというから、この福音会が日本人の交流の場としての役割に大きな比重を置いていたことがよくわかる。

サンフランシスコに滞在する日本人の人口は、一八八〇年が一〇〇人、一八八四年末に三〇〇人、そして一八八七年には八〇〇人に達していたと言い、熊楠が訪れた際はその急速な増加期であった。到着の日のコスモポリタン・ホテル宿泊から、日本人街への下宿、そしてビジネス・カレッジでの勉強に、福音会での会合参加という熊楠のたどったコースは、そうした時期のサンフランシスコにおける若い日本人留学生の典型的な生活だったと言うことができるだろう。

3　ランシングでの農学校時代

一八八七年八月八日、熊楠は友人の村田源三とともに、汽車でサンフランシスコを発った。前述のようなパシフィック・ビジネス・カレッジの学費制度から言っても、また当時のアメリカの大学における新学期が八月末から始まることから言っても、この時期にサンフランシスコを出ることが適切だったのだろう。

熊楠と村田が最初に向かったのはネブラスカ州の州都リンカーンで、汽車を乗り継いで八月十二日にようやく到着した。ここでネブラスカ州立大学を見学に行って規則書をもらったりしているのだが、学校は修繕中とのことであった。そこで、切符を買い直して、今度はランシングを目指し、シカゴを経由して八月十五日に到着した。そして、翌日ランシングのミシガン州立農学校 State Agricultural College of Michigan の寮に入り、一週間後の二十二日に入学試験を受け、村田とともに同郷の津田道太郎を保証人として入学することになる。[*18]

実は、熊楠は出国直前に農学校の卒業生である津田に東京で面会して、いろいろと教えられていた。この時、同時に入学に際しての保証人になることを了解してもらったのではないかと、武内善信は推測している。[*19] 一八六一年生まれの津田は、一八八〇年から一八八四年の間同校に学び、帰国後、熊楠に会った頃は農商務省に勤め始めたばかりであったから、留学成功組のロールモデルとしては適当だったのだろう。[*20] このあたりの事情は、農学校の校長であったウィリッツ（Edwin Willits 一八三〇〜一八九六）に宛てて書いた一八八八年四月二十五日付書簡で、熊楠自身が次のように証言している。

一年前、私が東京を出ようとしておりました時に、津田氏に何度か会いまして、本校が農業科学の学校の中で一番良い学校であると話して頂きました。私は最初ネブラスカ州、リンカンにあるネブラスカ州立大学の農学部に行ってみました。そこで、その農学校はきちんと完成していないと気づきましたので、そこはやめました。その後こちらに参り、あらゆるものが津田氏がおっしゃっていた通り立派だと思いましたので、本校の学生になることに致しました。（吉川史子による訳文[*21]）

この手紙からは、津田からランシングの農学校が一番よいと聞かされていたことがわかる。とは言え、途中立ち寄ったリンカーンも、行く前には「この行はネブラスカ州首府リンコルン府州立大学校に入らんと心ざせしにて」[*22] と意図していたと語っており、また汽車の切符は最初にここを終着点として買っているようだから、真剣に入学を考えていたのだろう。またサンフランシスコ在住時には、近隣のナパのカレッジを見学に行ったり、シカゴのビジネス・カレッジへの入学を計画していることを友人宛の書簡で述べたりもしており、熊楠はアメリカで自分が学ぶ学校に関して、留学前にも留学中にも結構こまめに調べて選択している。

そのような中で、熊楠がランシングの農学校を選択したのは、主に二つの理由があったと思われる。一つは、津田道太郎の成功例に見るように、農学の勉強の場所としてよい場所であったこと。もう一つはやや消極的であるが、ランシングがミシガン大学のあるアナーバーに近く、そこには日本人留学生が数多く留学していたことである。

おそらく、留学前の熊楠はアメリカで実学を学ぶことを父と約束していたから、商業でなければ農学を学ぶというのが、たぶんぎりぎりの選択であった。農学ならば、南方家の家業である酒造業の役にも立つ。[*23] その点で、実学の強化のために州政府に高等教育機関の設置を促したモリル・ランドグラント法を適用されて開学したミシガン州立農学校は格好の場所であっただろう。

その一方で熊楠には、西洋の思想や自然科学を自由に学びたいという希望もあったはずである。その意味では、アメリカ中部の中心的な学問都市であるアナーバーに近いことも、ランシングが魅力的に感じられた理由だったのではないだろうか。アナーバーには、熊楠がサンフランシスコで出会った小倉松夫などの知り合いも、何人か留学中であった。

入学を許された熊楠は構内のウィリアムズ・ホールという建物に部屋をあてがわれ、別の日本人三島桂と同室になった。日本人学生は彼等を含めて全部で五人だったという。当時の農学校の様子については、吉川史子によって構内地図が再現されており、たいへん参考になる。[*24] それによると、熊楠たちの寄宿舎は構内の中央部にあり、東隣に図書館兼博物館、西隣に講義棟がある便利な位置であった。広い構内には、教授陣の宿舎の他に、園芸学実習棟、農場家屋、牛舎、馬舎、羊舎、獣医学実験棟、機械実験棟、温室、化学実験棟、植物学実験棟、天文台、軍事訓練棟があり、幅広い実習施設を備えていたと言えるだろう。

こうして入学したランシングの農学校であったが、前述のような折衷的な動機もあってか、なかなか熊楠にはなじめなかった。キリスト教の影響の強い雰囲気にも反発していたことが、「履歴書」中の次の文章からはわかる。

二十年にミシガン州の州立農学に入りしが、耶蘇教をきらいて耶蘇教義の雑りたる倫理学等の諸学課の教場へ出でず、欠席すること多く、ただただ林野を歩んで、実物を採りまた観察し、学校の図書館にのみつめきって図書を写し抄す。[*25]

中西須美によれば、一年生が一学期目の秋に履修する科目は、代数、歴史、英語、演説法であった。平日は午前七時四十五分から八時まで、日曜日は午前八時三十分から正午まで「チャペル実習」があったという。[*26] また中西は、熊楠がここで言及している「耶蘇教義の雑りたる倫理学」について、二年生秋学期の履修科目である Moral Philosophy ではないかと推測している。[*27] 全体として、校内ではかなりキリスト教の影響の強かったことが伺えるだろう。

結果として、ランシングでの熊楠は、学校での授業はサボりがちだったようである。初めて授業に出た八月二十九日の週末には、土曜日よりアナーバーからナイアガラの滝に小旅行し、火曜日に宿舎に帰っているが、翌日の水曜日も「教場を休む」という状況であった。熊楠の楽しみはと言えば、農学校の構内を散策することで、アンモナイトの化石を拾ったりしている。また後には石斧などアメリカ先住民の遺物を拾うこともあったようで、予備門時代の大森以来の考古学的収集癖を思わせる。

結局、熊楠は定期試験を受けた後、十一月十二日にランシングを離れてアナーバーに赴き、友人らと交流しながら翌年の三月二十六日まで戻らなかった。この時、わずか一か月滞在しただけで、四月二十七日に猩紅熱患者発生のために農学校は休業、ふたたびアナーバーに向かい、四か月後の八月二十七日にランシングに戻った。つまり、一八八七年八月末から一八八八年八月末までの一年間、熊楠は農学校の学生でありながら、実に九か月半ほどはアナーバーにおり、ランシングの寄宿舎には二か月半ほどしか滞在していなかったことになる。

この間、四月二十一日には、農学校の宿舎で日本人学生とアメリカ人学生の間の抗争事件が勃発し、熊楠はこれに巻き込まれている。「履歴書」によれば、アメリカの学校社会にヘイズ haze という習慣があり、上級生が下級生をいじめることがよくあった。この日の夜、熊楠は三島、村田とともに、村田の居室で幾何学の勉強中であったが、そこに「洋人数名乱入せるに付、之を禦ぐ」という状況になった。

二人と話しおる日本語が聒《やかま》しいとて、学校の悪少年ら四、五輩室の戸を釘付けにし、外へ出るを得ざらしめたる上、ポンプのホースを戸の上の窓より通し、水を室内へ澆《そそ》ぎしなり。その時村田剛力にて戸を破り、三島はピストルを向けて敵を脅かせり。小生はさしたる働きもせざりしがこのこと大評判となり、校長の裁判にて学生三人ばかり一年間の停学を命ぜらる。*28

翌日、熊楠が訴状を書き、日本人学生たちは校内のウィリッツ校長の宿舎を訪れてこの件に関して報告をした。これを受けて、四月二十三日に臨時教授会が開かれ、事件に関わったアメリカ人学生と日本人学生を呼び出して尋問し、その日のうちに処分を決定した。翌日の熊楠の日記によれば、その結果は「朝八時前十五分よりチャペルに全校生徒三百五十人斗り集り、校長昨日予輩よりの訴状を読みたる末、Warren、Pokes、Oxford、McArthur 四人を一年間禁学に処せり」というものであった。

この時の臨時教授会の議事録を調査した吉川史子によれば、事件の概要はだいたい熊楠の書いている通りで、ただし三島がピストルを用いたとしているのは、おそらくジャック・ナイフで脅したのをやや脚色したのであろうということである。吉川はまた、この時の事件はウィダーによる農学校の歴史の中で、「外国人留学生への偏見を表す例」として挙げられていることを紹介している。*29 日本人学生を不意打ちしたように見えるこの事件に関して、そうした人種的な偏見もあったことは想像に難くない。

しかし、新入生に対する言わば通過儀礼としてのヘイズは、英米の学校社会では人種と関係なくおこなわれている面もある。また、何よりもこの事件を受けてウィリッツ校長と教授会がおこなった措置は驚くほど迅速で、結果もまた可能な限り公平なものであったように思われる。「履歴書」は、熊楠が日本人の読み手に対して書いたものであるから、アメリカで自分が受けた人種差別を訴えるという文脈であってもよかったはずである。それにもかかわらず、熊楠がこの事件の要因を「上級の学生が下級の学生を苦しむるを例とする悪風あり」[30]と、単なるアメリカの学校社会の問題としていることは示唆的であろう。

農学校の校長であったウィリッツは、一八八五年から八九年まで在職した人物である。在職中、当時蔓延していたヘイズ問題に取り組み、大きな成果を挙げたと評価されたことを、中西は紹介している。ウィリッツに対する卒業生の追悼文には、「われわれが彼を慕ったのは、騒乱の被害者たちに極めて同情的であり、悪事を犯す者たちを嫌悪した人だからである」という言葉もあるという。[31]

熊楠が「履歴書」の中でウィリッツの名前をわざわざ挙げて「後に農務大臣次官で終わられし」と敬語を用いていることからは、一定の敬慕の念も感じられる。おそらく、この事件を通じて、規則に基づいて公平な裁きを下そうとする英米社会の原則重視の姿勢に対する熊楠の信頼は、むしろ高まったのではないかと私には思われる。

4 「人種」に対する視線

人種という意味で熊楠をいらだたせたのは、こうした若者の行動と言うよりは、欧米の一般社会、そして知識人の中に内在化された白人中心の階層意識であったのではないだろうか。たとえば、農学校時代に熊楠が読んでいた書籍の中には、その一端を伺うことができる。

前出の「履歴書」に書いているように、熊楠は入学直後の一八八七年九月半ばから、農学校の図書館に足繁く通うようになった。そのような中、九月二十八日の日記には「ライブラリーにてスタンダード・ナチュラル・ヒストリー中、日本人の条を訳す」という記述が見られる。これは一八八四年に刊行されたキングズリー編の「標準博物誌」の第六巻『人類の博物誌』[32]を指していると考えて間違いないだろう。

この本では、序文の後、「オーストラリア人（筆者注、アボリジニのこと）」「タスマニア人」「パプア人」「メラネシア人」「ミクロネシア人」「ポリネシア人」「南北アメリカ先住民」「アフリカ人」「アジア人」の順に、人種と文化の特徴を記載している。「日本人」は当然ながらこのうち「アジア人」の中の一つとして扱われており、他の人種よりはやや長めの文章で紹介されている。おそらく熊楠はこの「日本人」の項目を翻訳するとともに、他の項目にも目を通したと考えられるが、二十歳の時のこの読書はヨーロッパの人類学に対する関心としては、もっとも初期の頃のものにあたる。

それにしても、現在の視点から驚かされるのは、この本の構成があからさまな人種の序列化を前提としていることである。目次には「ヨーロッパ人」が入っていないので、最後まで読んでみると、実は「結論」という章が設けられており、冒頭に次のような文章が掲げられている。

我々の旅は、オーストラリアと南太平洋諸島から始まり、両アメリカ大陸へと展開、次に暗黒大陸を通って最後にアジアを押さえ、ついにヨーロッパにたどり着いた。もっとも文化の進んだ人々の故郷であるこのヨーロッパまで来たところで、我々の旅は終わる。ここで終わるのは、考察すべき興味深い事実に欠けているからではない。それは、我々が扱っているのが文化の歴史ではなく、人類の博物誌だからである。ヨーロッパに関しては、すでに多くのことが、その地域、歴史、習慣、古物などに関して語られており、ここでそれらを要約することは屋上屋を重ねることになってしまうだろう。[*33]

つまり「下等」な民族から始めて、もっとも「高等」なヨーロッパ人にたどり着いた、そこからは「文化」cultureの話になるから書かない、と著者は明言しているのである。おそらくこの本の著者は、ヨーロッパ人以外の人間が、これを読むことを想定はしていなかったことであろう。しかし、前年に「われわれの先祖が蝦夷などの人種に向かいてなせる競争は、今日転じて、わが日本人と欧米人との競争となれり」[*34]と豪語して日本を後にしてきた熊楠には、聞き捨てならない論法だったはずである。

一八九四年七月十六日に土宜法龍に宛てた書簡では、「おかしきは人類学者と自ら称しながら、欧州人は世界中の人の最上なり、英人は欧州中の最上なり、故に英人は世界中人の最々上々なりといふものあり」[*35]とこうした偏見を皮肉っている。また、帰国後の一九一一年に柳田国男に宛てた書簡では、さらに具体的にアメリカ時代に感じた人種的な階層意識に関して述べている。

当時（今も）白人ら東洋人を人間とし視ず、開化民は白人、不開化民は白人外と相場を決めたるとき、米国にあって一論を出だし、そのとき誰なりしか『ポピュラル・サイエンス・モンスリー』に一書を投じ、学問上の迷誤が覚め来たれる順序を説き、最初地が宇宙の中心と思いし迷いがさめ、次に人が万物の中心と思いし迷いがさめ、耶蘇教が真理の中心と思いし迷いがさめたというようなことありしに乗じ、それほどさめたに、なぜ白人が人間の中心という迷いがさめぬかと問いしことあり。[*36]

V章で論じるように『ポピュラー・サイエンス・マンスリー』は、アメリカ時代の熊楠が集中的に読み込んでいた雑誌で、進化論を中心とした啓蒙的な科学論文を載せていた。[*37] このような西洋を文明の規範として絶対視する傾向に対して、熊楠が反抗心を燃やしていたことは疑いがないだろう。しかし、一方では、熊楠自身もまた、同時代の日本人と同じように、こうした社会進化論的な文明の進歩という概念から逃れていたわけではない。

そうした熊楠の試行錯誤の跡として、アメリカ時代のノート（5）［自筆075］の中には、世界の各文明の進展に関して書かれた六頁にわたる英文の論文草稿が残されている。おそらくアメリカ時代の後期、二十三、四歳頃と推定されるもので、確認される限りでは、熊楠が英語で書いた最初の論文である。習作だけあってやや文脈が乱れているが、冒頭では次のように、文明には進化だけではなく、退化もあるのではないかという問題が論じられていて、たいへん興味深い。

ご存じのとおり、近代の科学者によれば、進化はすべての生物を不断に変化させてきた。物質的および知的な発展を遂げた人類もまたその例外ではない。しかし、いにしえの〔無垢な悦びに満ちた〕黄金時代あるいは土星紀から、進歩ではなく退化してきたと主張し、進化論に敵対する者もいることは事実である。西洋だけでなく東洋の伝統においても、このような議論を信奉する者たちがいたことは論を俟たない。[*38]

この草稿の中で熊楠は、基本的には文明の進歩を肯定的に見る視点を捨ててはいない。そして、現在の文明が停滞気味である国として、中国、インド、アラブ、ペルシア、そして明らかに後退してしまった国として、エジプト、バビロニア、ジャワ、カンボジアを挙げている。

その上で熊楠は、歴史上、文明がもっとも開化した例として、古代アテネ、エリザベス朝英国、ルイ十四世治世下のフランスを挙げる。これに加えて、この草稿では「我が国は半世紀にわたって輝きを放った。皇紀二三五〇〜二四〇〇年の間、すなわち元禄、宝永、正徳、享保を含む期間で、アテネの全盛期よりははるかに遅れるが、実は、イギリスとフランスのそれよりはさほど下らない」[*39]として、江戸中期、西暦で言えば一六九〇〜一七四〇年の日本が取り上げられている。そして後半では、政治、学問、文学、芸術などの面で、この時期の日本で活躍した人物を紹介していくという構成になっている。

ノートに残されたこの草稿が、前掲の柳田宛書簡で「米国にあって一論を出だし、〔中略〕問いしことあり」とした文章と関連しているのかどうかはさだかではない。しかし、往々にして「開化民は白人、不開化民は白人外と相場を決めたる」状況がまかり通る当時の欧米の言説に対して、熊楠が感じていた強い不満感に基づいて書かれたものであることは間違いないだろう。そして青年期の熊楠のそのような思いは、近世以前の東洋には西洋に負けないような科学思想があったという、ロンドン時代以降の英文論考での主張へとつながっていくのである。

5 「予はのち日本の民たるの意なし」

その一方で、この時期の熊楠は同時代の日本、とりわけ明治政府による欧化政策に対して、強い反発の念と危機感を抱いていた。ランシングに着いたばかりの一八八七年九月九日に杉村広太郎に宛てて認めた書簡の中には、次のような批判が見られる。その中には、「予はのち日本の民たるの意なし」という激しい口調での宣言が含まれている。

顧みて日本現状を見れば、世の溷濁《こんだく》もまたはなはだし。置酒長宴して婬褻《いんせつ》を厭わざるは、これ煬帝の政をなすなり。庫究して位階を売るは為作一に桓・霊に同じ。蟬翼を重しとなし、鐘を軽しとし、讒人高張、賢士跡を潜む。堂上の人万歳と呼んで、堂下また呼び、一国もまた万歳と呼ぶ。暴政何ぞ一に宋の康王の時に等しきや。故に、予はのち日本の民たるの意なし。[*40]

このように熊楠は、煬帝、桓王、霊王[*41]の暴政について挙げた後、『楚辞』「卜居」の「世溷濁而不清。蟬翼為重、千鈞為軽。黄鐘毀棄、瓦釜雷鳴。讒人高張、賢士無名」（世は乱れ濁っていて　蟬の羽根を重いといい　千鈞の重さを軽いという　黄鐘の楽器を棄てて　土の釜を鳴らし立てる　讒人はのさばり　賢士は隠れて知る人もない）[*42]と、『呂氏春秋』「過理」の「宋王大説、飲酒。室中有呼万歳者、堂上尽応。堂上已応、堂下尽応。門外庭中聞之、莫敢不応」（宋王は大喜びし、酒を飲んだ。その室中に万歳と叫ぶ者がおり、これに堂上の者が尽く応じた。堂上の者たちが応ずると、堂下の者たちまでが尽く応じ、さらに門外、庭中にいた者たちまでこの声を聞いて、我も我もと応じた）[*43]を引いている。前者は世に入れられぬ不遇を嘆いた詩で、屈原作とされてきたが後世の仮託のようである。また後者の宋の康王の例は、斉・魏・楚の三つの大国に囲まれながら、酒をくらって万歳を強制させるだけの無策によって、ついに滅亡して三分割されたことを、西洋の列強に取り囲まれた当時の日本の国内外の情勢に比したと考えられる。

熊楠がここで批判している「置酒長宴」とは、具体的に言えば、一八八三年に始まる総理大臣の伊藤博文（一八四一～一九〇九）と外務大臣の井上馨による、いわゆる「鹿鳴館外交」のことであろう。この一八八七年、日本国内では四月二十日に欧化政策の一環として伊藤総理夫妻の名義で主催した官邸での仮装舞踏会、ファンシー・ボールが、亡国の催しとして激しい批判を浴びていた。熊楠は、アメリカにあっても英国にあっても、新聞記事や国内からの書簡などによって、日本の政治・社会情勢に関しては一定の情報を得続けていたと考えられる。

さらに熊楠は、十一月十日に『速記法要訣』という表題のある本を弟の常楠から送られているが、これは谷干城、板垣退助、勝海舟、林有造、ボアソナードの意見書を集めて印刷した秘密出版書であった。内容としては、井上馨が条約改正の代わりに日本国内における裁判官の半分を外国人に任せるという、列強に対する妥協を軸に外交交渉をおこなっていたことへの反対を、それぞれに論じたものである。結局、井上馨は九月十九日に辞任し、鹿鳴館外交は終わりを告げることになるのだが、熊楠はそうした国内における批判の高まりを、米国にあって感じていたということになる。

熊楠の旧蔵書からこの印刷物［和 310.03］を発見した武内善信は、余白に長文の書き込みがあり、反対意見を述べた五氏に対する賞賛が記されていることを指摘している。このうち「谷大臣其先起ツ者、尽言憚ラズ其位ニ尸セズ、是此三千七百万黎民ノ生仏」という谷干城への高い評価は、六月にサンフランシスコで講演を聞いたことと併せて、この時期の谷の政治的立場に対する熊楠の共感を思わせるものである。さらに、「勝氏ノ上書ハ是レ東方生諷諭ノ一流」とする勝海舟の論への信頼感も、Ⅲ章で紹介した日記の記事から見られるように、予備門時代から続くものであったと考えられる。[*44] 熊楠は、後に土宜法龍宛の一八九四年三月三日付の書簡において、この建白書を配布した学生を東京大学が退学処分にしたことに関して、「いずれもみな幇間ごときばか野郎」と口を極めて罵っている。[*45]

武内はまた、オークランドで発行されていた自由民権派による『新日本』を熊楠が購読しており、寄稿も依頼されていたことを、一八八七年十一月二十一日付と十二月二十六日付の同紙から熊楠への手紙［来簡 2391～2392］に基づいて指摘している。山口熊野（一八六四～一九五〇）、石坂公歴（一八六八～一九四四）らによって創刊された『新日本』は、政府への鋭い批判から日本国内では発禁処分を受けており、彼らと同世代にあたる熊楠もそうした状況をよく知っていた。熊楠と『新日本』を結びつけたと武内が推測する志賀信三郎や、中学校時代からの友人である有地芳太郎（小笠原誉志夫、一八六八〜一九四五）も、この時期、自由民権運動が理由で逮捕されており、明治政府による弾圧を熊楠は十分に認識していたはずである。このことから、自由民権思想が、青年期の熊楠に与えた影響には重要なものがあったと武内は結論づけている。[*46]

ただし、たとえ熊楠の寄稿文が『新日本』に掲載されていたとしても、それ以上に実質的に自由民権運動に関与していたとは、この前後の動向から見て考えにくい。結局、飯倉照平の表現を借りると、熊楠は「シンパサイザー（支持者）の立場にとどまった」[*47]のであり、また武内も言うように、熊楠の関心は自由民権運動よりも条約改正問題にあったと考える方が妥当である。[*48]『佳人之奇遇』に魅了されていたことからもわかるように、熊楠には自主、独立の思想への憧憬があり、井上馨による列強への屈従的な態度に我慢できなかったことは疑いない。

また、この後熊楠がアナーバーで留学生仲間の回覧新聞として『珍事評論』を執筆した際には、徳川将軍に最後まで付き従った江戸の義人、新門辰五郎（一八〇〇？〜一八七五）をペンネームとして用いており、薩長とその政権に対する反発意識も強かったことが窺える。こうした日本の政治に対する不満感が、「日本の民たるの意なし」という発言につながったと考えてよいだろう。

その一方で、この章でここまで見てきたように、アメリカにおける熊楠が、西洋中心主義から来る偏見に反発し、日本人、東洋人としてのアイデンティティを強く感じていたことも確かである。この後長く続いた海外生活にあって、熊楠は「小生ほど愛国心の厚き者はなからん」[*49]と後に柳田国男に述懐するように、時に過剰なほどの愛国的な言動を憚からなかった。ロンドンでの学問的な活躍に関しては、「小生はそのころ日本人がわずかに清国に勝ちしのみで、概して洋人より劣等視せらるるを遺憾に思い、議論文章に動作に、しばしば洋人と闘って打ち勝てり」[*50]とまで記している。

このように、熊楠の海外での言動の中には、日本に対する愛国的な心情と、明治政府に対する距離感の両極端な態度を見ることができる。この後、ロンドン時代には、日清戦争の勃発に際して公使館に駆けつけて真っ先に募金しているが、一方でみずからのチベット行きの計画に関しては「日本人を除き」他の友人達から醵金を集めると豪語している。[*51] ハイドパークで街頭演説者の発言に対して「日本人のこといふをきゝとがめ」（一九〇〇年八月二十九日）て立ち向かおうとしていると同時に、帰国の間際まで英国で就職して骨を埋めることにもこだわり続けた。海外生活を続ける熊楠の中には、常に二つの「日本」が存在していたのである。

6　アナーバーでの学問生活

さて、一八八八年八月二十七日にランシングに戻った熊楠は、いったんは農学校での勉学を再開しようとしたようである。しかし、十一月に入って、友人と大酔して室外で寝ていたところを校長のウィリッツに見とがめられた。そして、それを機に農学校を退学して、十一月十七日にアナーバーに向かい、以降ランシングに戻ることはなかった。

アナーバーはミシガン大学という全米有数の大学を擁する学問都市で、熊楠は「支那の魯のごとく学問一偏の地にて、人家は過半学生の下宿をして活計しおり」[*52] と評している。また、ミシガン大学については、「わが帝国大学ほどどころか、幾増倍も大きな大厦十二、三有之」としてその建物の壮大さに驚いている。日本人の学生も多く、熊楠が滞在した頃にはすでに三十人近くが学んでいたという。[*53]

ランシングとアナーバーを往復していたこの時期、熊楠はてんかんの影響と思われる頭痛に苦しめられていた。そのことを故郷の弟、常楠には吐露していたようで、常楠からランシングの熊楠に送られた一八八七年十一月二日付の手紙には「兄脳充血の為病まるる由、嘸かし御困りと奉推察候」という気遣いの文章が見られる。[*54] また十一月二十二日、アナーバー滞在中の熊楠の日記には「夜六時迄連臥、頭痛による」と記されている。そして、ランシングからアナーバーに本格的に移った後の一八八九年四月二十七日には、和歌山静養中以来のてんかんの発作を起こしている。

こうした中で、自分には時間がないという焦燥感が、熊楠にはあったのではないだろうか。この頃から、寝食を忘れて学問に没頭するようになったことが、一八九二年の中松盛雄宛書簡の中には記されている。

しかして洋行後大いにわが行路を過たしめたるものは、一日、コンラード・フォン・ゲスネルの伝を読みしにあり。［中略］次いでライプニッツの伝に感ぜられ、さらにスペンセル、ラボックのことに波動せらる。それからむちゃくちゃに衣食を薄くして、病気を生ずるもかまわず、多く書を買うて、神学もかじれば生物学も覗い、希《ギリシア》拉《ラテン》もやりかくれば、梵文にも志し、流るる水ののどにもあらましの万葉風より、稽固《けいこ》返りのささもつれ髪と甚句体までも研究せしが、わが思うことは涯なく命に涯あり。[*55]

この言葉の通り、アナーバーでの熊楠は、大学街の古書店を利用して多く本を買い集めた。川島昭夫によれば、熊楠の旧蔵書には、一八八八年に購入した書籍が八十一冊、一八八九年に購入した書籍が六十六冊残されており、この時期が洋書購入の一つのピークをなしているという。[*56] また、一八八八年の日記の末尾には、合計一三一冊の書籍のリストがあり、合計金額が一五一ドルと記されている。この中には現在残されている蔵書中には見られない書も多いために、飯倉照平が推測するように「可能であれば購入したいと考えた書目」[*57]と考えられるが、内容的には進化論、動物学、植物学、昆虫学、西洋古典の多岐にわたっており、前述の熊楠の言葉を裏付けるものである。

進化論については次章で論ずることとして、中松宛書簡において、最初にスイスの博物学者ゲスナー（Conrad Gesner 一五一六～一五六五）の名前が挙げられていることは注目に値する。ゲスナーについては、一八八九年十月二十一日の二十二歳の時の日記にも「夜感有り、コンラード・ゲスネルの伝を読む。吾れ欲《ねがわ》くは日本のゲスネルとならん」と記しており、大きな感銘を受けたことがわかる。

熊楠が読んだゲスナーの「伝」とは、当時の熊楠が西洋の知識を得るための便覧として用いていた『エンサイクロペディア・ブリタニカ』（以下、『E・B』と表記）の中の項目であることが、従来の研究では指摘されてきた。[*58] 後に土宜法龍に宛てた書簡の中で「『エンサイクロペヂア・ブリタンニカ』は実に大有用の書也」[*59]と記しているように、アメリカ時代以降の熊楠は『E・B』を知識の規範として大いに利用している。[*60]『E・B』におけるゲスナーの項目は、無署名の短いものだが、事典編纂者としての先達に敬意を表したのか、非常に共感のこもったものとなっている。ゲスナーが貧しい境遇の中で「科学に対する熱烈な愛好心を生涯持ち続けた」ことや、彼の生涯が「純粋で無垢なものであった」こと、論争に対して真摯な態度で臨んだことなど、賞賛の言葉が並んでおり、そうした共感が熊楠の心を動かしたのだろう。さらに、主著である『動物誌』*Historiae animalium* 全五巻の執筆の際に、ゲスナーがヨーロッパ中を旅して廻り、学識者ばかりでなく「猟師や牧童の言葉もさげすまずに[*61]」記録したことが述べられているが、これは後年に熊楠が書いたゲスナーの紹介に次のように反映されている。

近代生物学の中興と言わるるスイスのゲスネルは、ドイツのプリニウスと呼ばれた大博学の人で、生物諸類の譜を大成するに苦辛し、乞食ごとき態で諸国を走せ廻り、牧童の話、漁婦の言をすら蔑まずに記し留めて実否を試したという。[*62]

熊楠がここまでゲスナーを高く評価したのは、その学問が自然科学だけではなく、人文学まで含めた知識を追究するものだったからだろう。おそらく熊楠は、『E・B』の中の「既知のすべての動物の名に関して古代および近代の諸言語で記し、それぞれについて重要な特徴の記述とともに膨大な文献的情報を掲載し、事実と伝説の両方を包括した[*63]」というゲスナーの著作の紹介に着目したと推測される。I章で述べたように、動物に関する客観的な記載だけでなく、人間との関わりにも注目するこうした特徴は、熊楠が幼時から親しんだ東アジアの博物学と共通するものだからである。博物誌の持つフォークロア的側面に着目する手法は、この頃から熊楠の視野に入りつつあったのではないだろうか。

熊楠にとって、一八九一年まで三年間ほど続けられたアナーバーでの生活は、こうした独学による西洋の科学・思想書の読破とともに、植物の採集に明け暮れるという日々であった。大学には通わないものの、構内の図書館や博物館に入り浸っており、熊楠は自学自習のために、学問都市としてのアナーバーを十分に活用していることがわかる。その一方で、アナーバーはまた、北米大陸の自然に囲まれた場所でもあった。

ことに冬の寒さは厳しく、友人と一緒に野原の一軒家を借りた際には、「予一人二階の火も焚かざる寒室に臥せおると、吹雪しきりに窓を撲って限りなくすさまじ」*64という情況であった。吹き込む寒風がカーテンに当たって作り出す像から、熊楠は幽霊の幻影を見たりしている。郊外で採集中に大吹雪に遭い、まとわりついてくる子猫を牧場の雪の中に投げ捨てて、ほうほうの体で走り帰ったといったこともあった。

しかし、アナーバーは五月になると、周辺の森に花々が咲き乱れ、草木が繁茂する。その頃の熊楠の日記には、毎日のように採集に出かけたことが記されている。慣れない異国の環境での採集ゆえに、「沼沢中に迷ひ入り、ヅボン及靴に水入り、困難少々ならず」(一八八九年六月十二日)というような悪戦苦闘の様子も伺われる。この頃はまた天気が変わりやすい季節でもあり、快晴の中で採集に出かけた熊楠は、突然の驟雨に打たれながら帰ったりもしている。「採集中微雨始りしも拘はず進み行く中大雨と成りしに、なほ拘はず一タマラッグ森中に採集する中闇天となりしかば帰る。此道(鉄路をつたふ)凡そ二哩斗り、履に水入り、こまること甚し」(同六月一日)。

とりわけ、熊楠にとって絶好のフィールドとなったのは、街を取り巻くように東から北、西へと流れるヒューロン川の河畔である。ここで熊楠は、草花やキノコ、さらに昆虫の採集をさかんにおこなった。時には、友人とともに川での船遊びに興じたりもしている。夏のある日、友人の飯島善太郎から、ヒューロン川に黄金のハスの花が咲いていると聞かされた熊楠は、そんなものは浄土を流れる阿弥陀川くらいにしかない、と決めつける。しかし、飯島から再度うながされてともに川の上流に向かい、そこでこの世のものとは思われないような光景を目にすることになった。

三マイルばかり上ると、ヒューロン河は湖水ほど広くなる。その岸に近い緩流中に、淡黄金《うすこがね》色の蓮花おびただしくさき並び、現世にありつつ極楽のあみだ川を眼前に眺めた。*65

キバナハスと呼ばれる美しい黄色をしたこのアメリカ原産のハスは、今でこそ日本にも入っているものの、熊楠にとっては初めて目にするものであった。しかし、浄土を眼前に見る思いに心を奪われながらも、日本と違って川に生えるこのハスには立ち葉ばかりで浮き葉がないと、若き植物学者の目に戻って観察し直してもいる。

7 ミシガン大学博物館とスティア

アナーバー滞在期の熊楠が、街の中心部にあったミシガン大学の博物館に足繁く通っていることの重要性は従来の研究でも指摘されてきた。たとえば飯倉照平は『南方熊楠　森羅万象を見つめた少年』において「ミシガン大学の博物館に通う」という小見出しをつけた文章でこの件に関して特記し、当時の熊楠の「興奮」を再現している。*66 実際、熊楠の日記には、大学博物館を訪れたという記録が、確認できるだけでも十七回登場し、その並々ならぬ関心を窺うことができる。

ミシガン大学博物館の原型は、一八三七年に構内に博物学陳列室が設けられたことに溯る。その後、この博物学コレクションは、さまざまなかたちでの個人からの寄贈やスミソニアン博物館からの寄贈などを通して拡張されることになった。しかし、熊楠が訪れた頃の博物館の展示内容の骨格が形作られることになったのは、何と言っても一八七〇年代以降のスティア（Joseph Beal Steere 一八四二〜一九四〇）の探検旅行に負うところが大きい。*67

スティアはミシガン大学を卒業し、その後ロー・スクールで学んだ。ところが、二十八歳の時、一大博物学探検旅行に出かけることを計画する。この大旅行の動機としては、ベイツ（Henry Walter Bates 一八二五〜一八九二）の『アマゾン河の博物学者』*The Naturalist o the River Amazons*（一八六三年）に影響を受けたこと*68 や、ダーウィンがビーグル号で訪れた地での標本採集を目的としたことなどが指摘されている。さいわいこの計画には、アナーバーの週刊紙『クーリアー・アンド・ヴィジタント』*Courier and Visitant* の社主であった親戚のライス・A・スティア（Rice A. Steere）が旅行記の寄稿を条件に資金面での援助を買って出ることとなり、実現にこぎ着けた。

そして、スティアは一八七〇年九月二十日にニューヨーク港から南への大旅行に船出し、四十日かけて十月三十日にブラジルのマランハオに到着する。十一月末から翌年一月初めまでは、アマゾン河口のパラ（ベレン）に滞在するが、ここは一八四八年に若き日のベイツとウォレス（Alfred Russel Wallace 一八二三〜一九一三）が共同作業の中で生物学者としての最初の研鑽を積んだ土地である。当時はまだ二十代半ばであったベイツとウォレスは、その後ダーウィンの進化論発表と前後して熱帯での昆虫などの観察記録を報告し続け、十九世紀を代表するフィールドワーカーとなっていった。おそらく、パラでのスティアは二人の旅行記をなぞるようにして、自らの探検の最初の成果を挙げていったのであろう。

その後も、スティアの旅は、二人の先達を追いかけるようにアマゾン川をさかのぼり、サンタレン、オビドスに滞在した後マナオスに到着。そこからリオ・ネグロ川を探検した後、上アマゾン川を一気にさかのぼってペルー側のイキトスを経て陸路南下し、さらにアンデス山脈を越えて太平洋岸のリマまでたどり着いている。その後も休むことなく、彼はペルーからエクアドル（含ガラパゴス諸島）を経て太平洋を横断し、一八七四年から五年にかけて、台湾、フィリピン、東インド諸島へと探検旅行の足を伸ばしている。結局、アナーバーに帰るのは一八七五年十月のことで、ちょうど五年間に及ぶ大旅行であった。

この探検旅行の間、スティアはさまざまな困難の中で、集めた標本の多くをアナーバーに送ったり持ち帰ったりしている。彼の興味の中心は鳥類であったが、その他にも哺乳類、軟体動物や植物の標本、さらに古生物化石、地質学資料などが収集の対象となっていた。生物学者としてだけでなく、アマゾン流域では原住民の中で生活し、ペルーでは遺跡を巡るなどの人類学者的な側面も、彼の活動の中で注目されるところであろう。

こうして収集した標本類を持って、スティアは一八七六年にはロンドンの大英博物館を訪れている。ここでは、後に南方熊楠とも面識を持つことになる鳥類学者のシャープ（Richard Bowdler Sharpe 一八四七〜一九〇九）と親交を結ぶなどして、さかんにコレクションの交換や買い入れを行った。また、この頃からロンドンの科学雑誌に論文を投稿し、数多く掲載されている。

一方、アナーバーのミシガン大学博物館は、このようにしてスティアが探検旅行を通して収集した一大コレクションを基礎として、飛躍的な発展を遂げていった。帰国後間もない一八七七年には、彼はミシガン大学博物学教授就任とともに博物館キュレーターとなって、実質的に館の指揮をとることとなる。一八七九年には、学生を率いてふたたびアマゾン流域での調査旅行をおこない、一八八二年にはこうした急激な収蔵品の増加に合わせて新しい博物館の建物が建設されている。

そして、スティアがふたたび海外での採集をおこなっていた留守中の一八八七年に、この博物館を訪れたのが、南方熊楠であった。ランシングから九月三日にアナーバーにやって来た熊楠は、午前十一時に汽車で到着した後、サンフランシスコで旧知であった小倉松夫を訪れ、「共に大学校に詣り、博物館を見」た。さらに、十一月十二日に今度は長期の滞在のためにアナーバーに来てからは、熊楠の日記には「博物館を見る」という記事が連日並ぶようになる。十一月に四回、十二月に八回、さすがにその後ペースは落ちるものの、一月から三月にかけて四回といった調子である。

熊楠はまた、この博物館について一八八七年九月九日付の杉村広太郎宛書簡において詳述している。それによると、当時の博物館は三層構造で、下層が古生物、中層が動植物、上層が人類学と分かれていた。そのうちまず古生物部門は、「アムモナイト（鸚鵡貝《おうむがい》の異属の化石）三、四百種あり。またマストドン（旧世界大象）の下顎骨あり、偉大奇とすべし」という状況であったという。続いて、中層は次のように紹介されている。

中層には動物、植物を安置す。動物の数は、十一万個あり。内に就いて小生かつて聞きて始めて見しものは、クラミフォルスおよび飛狐猴なり。クラミフォルスは、ムグラモチほどの小獣にして、鼻より背は亀のごとく、ちと軟らかそうなり。腹および手足は甲なくして、絹白の毛これを蓋い、はなはだ可愛らしきものなり。また飛狐猴、フライング・レムールは、猿類の極下等、狐猴と蝙蝠のあいだに立てる獣にして、その形はレムールと蝙蝠とを折衷せるがごとく、はなはだ奇なり。前者はブラジルの産にして、後者はマダガスカルの産という。[*69]

ここで「クラミフォルス」と記されているのはヒメアルマジロ *Chlamyphorus truncatus* のことであろう。「ブラジル産」とあるから、スティアがアマゾン川流域で捕らえた採集品と考えてほぼまちがいないと思われる。もう一つの「フライング・レムール」は樹間を滑空するサルの一種フィリピンヒヨケザル *Cynocephalus volans* で、フィリピンとマレー半島に生息しているから、おそらく太平洋を越えたスティアが極東旅行中に採集したものだろう。熊楠は、「十二支考」の中でこのヒヨケザルについて、英名のコルゴ（Colugo）として紹介しており、『本草綱目』などの記述からヒヨケザルが中国南部にも生息していたのではないかと推測している。[*70]

さらに、上層の人類学部門について、熊楠は「インジアンおよびアフリカ土人、太平洋諸島土人」の民俗学資料とともに、中国の品が多かったことを記録している。熊楠はこれについて、当時の学長エンジェル（James Burrill Angell 一八二九～一九一六）が北京駐在公使だったために、清国政府から送られたものであることを記す。しかし、おそらくここにも、南米から太平洋諸島、中国南部、東南アジアを周遊したスティアの採集した民具が多く展示されていたことであろう。

スティアは終生敬虔なキリスト教徒であったが、何らかのかたちで神の関与があったことを条件として進化論を認め、観察に基づいて個々の生物の環境への適応を丹念に説いている。[*71] 熊楠が見た際の博物館も、そうしたスティアの生物観を反映した展示がなされていたはずである。アナーバー時代の熊楠は何度も博物館を訪れ、友人を案内して講釈をおこなってもいる。このことから、この博物館で長い時間をかけて、展示内容について彼なりに分析をおこなって頭の中に入れていたことがわかる。

このミシガン大学博物館は、博物館の展示と大学の研究が一体となった施設としては、全米で最初の本格的な総合大学博物館であった。そこにアナーバー時代の熊楠が惹きつけられたのはある種の必然であったと言うことができる。さらに、その博物館コレクションが、スティアという博物学のフィールドワーカーの手によって形成されたものであったことは重要である。ダーウィン、ベイツ、ウォレスといった進化論者たちを意識しながら、彼らの跡を追うようにして採集された熱帯の動植物標本が熊楠に与えた影響は、生物学・生態学への目を大きく開かせることにつながったであろう。

博物館をひんぱんに利用した熊楠であるが、その展示を作り上げたスティアについて言及したことはない。しかし、アナーバー以降の熊楠がフィールドワーカーとしてフロリダ、キューバという熱帯に赴き、その後ロンドンの大英博物館へ出るという当時の日本人としてはかなり例外的な道筋をたどったことには、スティアの探検旅行と博物学者としての活動の間接的な影響を見てもよいだろう。学問都市アナーバーにはそのような道筋が可能であることを教えるような「教育効果」もあったのである。

8　アマチュア植物学者カルキンスとの交流

南方熊楠と、シカゴのアマチュア植物学者のカルキンス（William Wirt Calkins 一八四二〜一九一四）との間で交流が始まったのは、アナーバー滞在期の終わり頃の一八九〇年のことだったようである。カルキンスは南北戦争期に法律を学んで弁護士となった人物で、シカゴに事務所を構えて年金の問題や行政訴訟を専門に活動していた。[*72] 少年時代から自然科学を愛好して岩石や化石を集め始め、貝類を研究していくつかの論文を執筆している。顕花植物、菌類なども多くの採集を残したが、後年はもっぱら地衣類の研究をしていた。[*73]

熊楠の日記にカルキンスの名前が初めて登場するのは十二月十四日で、「夜遅く迄前日カルキンス氏より所着の菌耳類分類目録を作る（今夜にて凡そ五連夜）」と記されている。この記述から見ると、この時、すでに五四四種のカルキンスの菌類コレクションを送られていたようである。また翌年一月三十一日の条には「チカゴ府コロネル・カルキンス氏より地衣科六十種一箱到着」という記述があり、今度は地衣類の標本が送られたことがわかる。

熊楠と交流した頃、カルキンスは五十歳前後で、しばしば冬の保養も兼ねて、テキサスやフロリダに採集旅行に出かけていた。熊楠は一八九一年にアナーバーを去ってフロリダに向かうことを決意するのだが、「地衣類を集むるカルキンス大佐と文通上の知人となり、フロリダには当時米国学者の知らざる植物多きをたしかめたる上、明治二十三年〔二十四年の誤り〕フロリダにゆき」*74という後年の述懐からは、カルキンスとの関わりがその大きな理由であったことが示されている。

カルキンスから送られた書簡の中で、現存する最初のものは、熊楠がアナーバーを出発する直前の一八九一年四月二十一日付〔来簡 0020〕である。その冒頭でカルキンスは次のように書いている。

あなたからの手紙をたった今受け取り、事故により計画を変更せざるを得なくなったことを理解しました。あなたがすでにすっかり良くなって、旅行を再開できるようになっていることを祈ります。フロリダにいる間にあなたと会えないことはたいへん残念でしたが、旅程の中で私に会いに当地に立ち寄ってください。*75

この文章からは、カルキンスがフロリダにいた間に、熊楠が彼を訪れに行くという計画があったことを示している。ここでカルキンスが言う、熊楠の「事故（accident）」が何を指しているかははっきりとはわからない。この手紙で、カルキンスはまた、シカゴの自宅への道順を記しており、熊楠の来訪を期待していたようである。カルキンスから熊楠への書簡は計八通が残されているが、年下の友人に対するあたたかい感情にあふれたものである。熊楠のフロリダ・キューバ旅行に際しては、物心両面で協力を惜しまず、送られた標本を整理したり、資金を貸したりしていた。

しかし、熊楠はカルキンスに会いにシカゴに立ち寄ることはなかった。一八九一年四月二十九日午後九時四十五分にアナーバーの駅を出発し、乗換駅のトレドで一泊した後に、西にあるシカゴには向かわずに、そのままオハイオ州を南下し、夕方にシンシナティに着いている。そこから、五月一日にはテネシー州に入り、ナッシュヴィル、モンゴメリーを経由。五月二日にようやくジャクソンヴィルに着いた。三日がかりの旅行であった。

ジャクソンヴィルはフロリダ州の北西の隅にあり、セント・ジェイムズ川の河口に沿ってできた町である。当時の人口は二万五千人で、フロリダ州の商業の拠点として繁栄していた。熊楠は着いた日の日記に「朝九時頃ウェイクロックにて換車、午後一時頃ジャクソンヴォルに着、ヂューヴァルハウスに宿」と書いている。このデューヴァル・ハウス（Duval House）とは、このあたりの地区の呼称であるデューヴァル・カウンティから名前を取ったホテルで、フォーサイス **Forsyth** とホーガン **Hogan** の二つの大通りの交差点にあった。駅からほど近い場所であったことも、熊楠がここに宿泊した理由であろう。

しかし、翌日には熊楠は「ヂューヴァルハウス今日限り閉館（これは毎年五月になれば来客少くなる故なり、十月に至れば開くことの由）」と書いており、「ウェスト・アヴェニュー第四百七番」[*76]に移動することになった。熊楠滞在後の一八九二年にデューヴァル・ハウスは火事で焼け、翌年立て替えられてニュー・デューヴァル・ホテルとして営業を再開した。[*77]

この頃のアメリカの都市はどこもそうだが、ジャクソンヴィルは火事の多い街であった。熊楠が滞在している間にもよく起きており、一八九一年五月二十日には「今朝飯後郵便局に行ば、局及其比屋の高廈八棟ほど焼失、局員は其後の牛肉店の内にて事務取扱ひおれり。一昨夜焼失とのこと、火は未だ燃おれり」というような状況であったという。さらに大火事だったのは同じ年の八月十七日に起きたもので、熊楠は「此夜十一時過より市中に火事あり。三時間斗り焼中ダイナマイト破裂、景色殊にすさまじ。暁に至て火なお消ず、所焼五街、市中諸処の硝子、右ダイナマイトの為に震裂せり」と記録している。『フロリダ州ジャクソンヴィルの歴史』[*78]によれば、この時の火事は「午前〇時五分前にベイ・ストリートの陶器会社から出火した」もので、メイン・ストリート沿いに一気に広がった。一時四十五分にスミス・ビルに達した際に、蓄えてあったダイナマイトに引火したという。

実は、熊楠が街を去った八年後の一九〇一年八月に、ジャクソンヴィルでは決定的な大火災が起きている。この時の火事後の街を写真で見ると、まるで大空襲の後のように焼け野原になっており、中心部のほとんどの建物がなくなっている。現在のジャクソンヴィルはこの大火災の後に再建されたものであり、したがって街の雰囲気は熊楠の頃とは一変していると考えられる。街に関するさまざまな資料もこの時に焼失していて、熊楠の時代の調査にはそうした困難が伴っている。逆に言えば、かなり詳細につけられた熊楠の日記は、ある意味では、ジャクソンヴィルの歴史を知る上でも貴重な残存資料の一つと言えるかもしれない。

9　ジャクソンヴィルの中国人社会とのつきあい

一八九一年四月から一八九二年八月までフロリダ・キューバに滞在した熊楠を、学問の面で支えたのがカルキンスであったとすれば、生活面で大きな恩恵を与えたのは、ジャクソンヴィルの中国人たちであった。熊楠はすでに日本からアメリカに渡る船の中でも中国人と交流し、サンフランシスコ、アナーバーでも中国人の料理店などにしばしば立ち寄っていた。しかし、アメリカ在住の中国人社会にどっぷりと浸ることになったのは、ジャクソンヴィル滞在中のことである。

まず、ジャクソンヴィル到着後一月が経過した六月三日の日記には「夜支那人梅彬廼方にて酒のむ。水滸伝二冊借て帰り読み、暁に徹す」とあり、これが同地の中国人について記述した初めてである。この後、「終日支那人梅彬廼方に在り、夜宿る。米飯にて饗せらる」（六月十九日）、「夜支那人方に火酒をもらふ」（六月二十四日）、「夜支那梅彬廼方に鼓弓三絃の合奏を聞く」（六月二十五日）、「夜支那人劉炎方に飯を饗せらる。香羹、石決明有り」（六月二十七日）、「夜梅彬廼及仏国女と麦酒九本のむ。梅方に宿す」（六月二十九日）と急速に馴染みになっていることがわかる。

熊楠が最初に知り合ったこの梅彬廼《ばい・ひんだい》という男は、ジャクソンヴィルの中国人社会の顔役だったようである。八月九日には「夜支那人梅彬廼方に博徒釁至《きんし》、余酒をふれまふ。彼輩、楊楽、楊牛、司徒麟、陳開葉、江聖聡、凌□、趙炎、趙宇、趙針等凡十五人」と、梅が主催する賭博会が開かれている。また、「支那人梅彬廼より、五連発ピストル一個及弾丸十余個五弗にて購収」（八月十二日）と、キューバに向かう熊楠にピストルを調達することもできた。「夜梅彬廼及仏国女と麦酒九本のむ」（六月二十九日）とあるフランス女性は梅と何らかの関係を持つ娼婦であったかもしれない。

この頃のアメリカにおける中国人たちの中には、洪門会や天地会、三合会などと呼ばれた秘密結社と関わりを持っていた者が多い。こうした秘密結社は、反清復明運動に端を発するもので、殺人、麻薬、売春、賭博などを請け負う犯罪組織としての面もあるが、海外での中国人の生活を支える互助会的な側面も持っていたと考えられる。これらの秘密結社では入会における誓約が重んじられ、構成員同士が義兄弟としてのつよいきずなで結びついていることが大きな特徴であった。

その一方で、洪門会のような大きな組織に属さない貧困層の中国コミュニティでは、「堂 tong」と呼ばれる小組織が作られ、互いに抗争するような傾向もあったと言われている。*79 つまり、この頃のアメリカの中国人社会には、三合会のような大きな勢力を持つ本格的な組織から、そのやり方をまねた地方の自前の組織である堂まで、さまざまな秘密結社のネットワークがあったと考えられる。大陸横断鉄道の建設などのために大量の中国人が移民労働者として渡米したものの、西海岸では白人優先の当時のアメリカ社会からたいへんな迫害を受け、一八八二年には中国人移民禁止法が成立していた時期のことである。中国人たちは、自衛のためにも家族的なつながりをいっそう強める必要があったのだろう。

こうした在米中国人の秘密結社化という社会的背景は、熊楠がつきあったジャクソンヴィルの中国人社会を考える上で重要な要素である。熊楠が「博徒」と呼ぶこれらの中国人は、ニワトリの頭を断って、それを投げつけて誓言をすることもあったという。また、彼らの愛読書が『水滸伝』であったということも、反清復明のための梁山泊という自己認識を持っていた秘密結社の方向性と合致するものであったと思われる。

熊楠は七月三十一日の日記に「此日チャーレストンより鄧姓の支那人一人来る。シカゴ府に在し後、十三ケ月前チャーレストンに転じたるが、猶子を尋ね来れる也」と書いている。この「猶子」とは、明治以前には日本にもあった習慣で、血縁関係のない者が擬制的に親子関係を誓うやり方のことである。これなども、家族関係を擬した中国人秘密結社のネットワークのあり方を思わせるような記録であると言えるだろう。

一方、ジャクソンヴィルの移民に関してまとめたコーエンによれば、この時期、中国人の排斥運動が激しかった西海岸と異なり、南部では中国人は黒人に代わる労働力として期待されていた。そして、一般的に南部ではチャイナ・タウンを形成せずに、拡散して住む傾向があったと言う。[*80] コーエンは「親族集団や、言語的なつながり、秘密結社、寺院は南部にはなかった。これらの組織は北部や西部では隆盛であったが、中国人がばらばらにちらばっている南部では盛んではなかった」としている。ただし、熊楠のいた頃のジャクソンヴィルの中国人に関して、上記のように秘密結社と似た方向性が見られることは事実であろう。

コーエンは国勢調査などを基に、一八八〇年にはフロリダ全土でも十八人、デューヴァルには一人だった中国人が、一八八六年にジャクソンヴィルだけで七人になったと割り出している。[*81] この七人は、すべて洗濯屋 laundry であり、この後も中国人は洗濯を職業にすることが多い。

実は、この時期のアメリカの国勢調査や住所録については、家系図の作成を目的にしたアンセストリー・コム Ancestry.com というサイトからほとんどのものをオンラインで見ることができる。このサイトで熊楠が滞在した一八九一〜二年前後のジャクソンヴィルの住所録[*82]に見える中国人と思われる人物を抽出してリストにしたのが、次頁の表である。

これによると、一八九一年が十三人、一八九二年が十人ということになる。一八九一年の十三人という数字は、熊楠が同年八月九日の日記に「博徒麕至《きんし》［中略］凡そ十五人」と記した数とほぼ一致していて興味深く、これがその時の市中の中国人のだいたいの総数だったと考えてよいのではないだろうか。

ただし、リストにある名前のほとんどは、熊楠が日記に記しているものとは一致しない。リストには、熊楠が挙げていない Lee つまり「李」姓が多く見られるが、これは白人から見た場合にもっとも呼びやすい中国名であることから、そのように登録しているのかもしれない。熊楠の日記に出てくる中国人の中で、この住所録ではっきりと特定できそうなのは、この後詳述する江聖聡のみである。

氏名	住所	職業	記載年	備考
Han Lee	107 W Bay	restaurant	1888-91	
Hop Yeck	22 Laura/24 Laura	laundry	1888-91	
Toe(Joe) Lee	42 E Forsyth	laundry	1888-92	
Yit Sing	29 Newnan	laundry	1888-93	
Way Lee	20 E Bay	restaurant	1889-92	
Wo Kee	21 Main	laundry	1889-93	江聖聡の手紙にWo Shee とあり
Sam Lee	W Adams n Julia	laundry	1891	
Wah Ling	21 Main	laundry	1891	
Heap Wan	109 W Beaver	laundry	1891	
Quong Sing	101 Main	laundry	1891	
Sam Wo	33 Hogan & 35 Ocean	laundry/Chinese laundry	1891-93	
Chong Yee	138 Main	laundry	1891-92	
Sam Lee	301 Clay	laundry	1891-93	
Tong Gong	300 W Church	groceries	1892	江聖聡と推定
Kong Wah	24 Cedar	laundry/Chinese laundry	1892-93	
Soon Lee		laundry	1892-93	江聖聡の手紙にSoon Lee とあり
Charlie Lee	140 Main	Chinese laundry	1893	

さて、日記によれば、七月以降、キューバに渡航するまでに、熊楠は梅彬廼の他に、江聖聡、趙炎、楊牛などと仲良くなっている。七月三十日には、ベイ通り七十一½番地のバーガード写真館で和服と洋服の二枚の写真を撮ったが、中国人の友人たちのためにまず和服の分ばかり四枚を配り、それからカルキンスや日本の友人たち宛てに十五枚を郵送している。八月九日には、梅彬廼方に集まった「博徒」たちに酒を振る舞っているから、兄弟意識を大事にする中国人社会の食客として、ある程度認められていたと考えられるだろう。

彼らの気風に影響されたのか、熊楠は「予米国フロリダ州に流寓し、到る処、支那人に寄食し、毎夜彼らが博奕する傍で『水滸伝』を借覧してみずから娯しんだ」[*83]と『水滸伝』を読みふけっている。日記にも、キューバから戻ってからは「梅彬方より水滸伝欠本十一冊受」（一八九二年一月二十日）と、本格的に読み始めた跡が見られる。さらには、欠本に物足りなかったのか、「紐育支那人店より所購、西廂記六冊、水滸伝十二冊、三国志廿冊着」（五月十三日）と、わざわざニューヨークから完本を取り寄せたりもしていた。
故国からやって来てアメリカに骨を埋めることになった移民労働者たちと、植物採集に訪れた学生という立場の違いこそあれ、ジャクソンヴィルは中国人たちと熊楠の双方にとっての梁山泊だったのである。

10　フロリダ南部・キューバへの旅

熊楠は、この後、一八九一年八月十八日にジャクソンヴィルを発ち、南のキーウェスト、キューバを目指して旅を続けている。さらなる隠花植物の採集を目指したこの旅行に関して、「小生ことこの度とほうとつもなきを思い立ち」と喜多幅武三郎宛書簡で告げている。ジャクソンヴィルの中国人、梅彬廼から購入した五連発式のピストル一挺と顕微鏡二台をたずさえて、日本人にとって未踏の地に単身乗り込む気分だったのであろう。「日本の学者、口ばかり達者で足が動かぬを笑い、みずから突先して隠花植物を探索することに御座候て」[*84]と熊楠はみずからの高揚を語っている。

フロリダ半島を汽車で南下した熊楠はまずタンパでプラント・ホテルに一泊。ここから船旅に入り、次の日出航して船上で一夜を明かしてから八月二十一日にキーウェストに到着し、ヴィクトリア・ホテルに宿を取った。この後、キーウェストには九月十五日まで一月近く滞在することになる。後年の記録では「明治二十四年冬、予米国最南端のキイ・ウェスト島へ往き、かねてフロリダ州ジャクソンヴィルの支那洗濯屋主人から、渡りを付けられた支那人の侠客方に厄介になった」[*85]とあり、ここでもまた熊楠が中国人コミュニティの恩恵を受けたことがわかる。

そして、熊楠は九月十六日にキューバのハバナに移り、一月七日まで滞在した。日記を見るかぎりでは、熊楠は前半の二か月はローマグランドコンチネンタルホテル、後半の二か月はホテル・カブレラに泊まっており、この間ずっと市内にいたようである。現地を調査した斎藤清明によれば、前者は波止場からまっすぐ西にブラジル通りを一キロほど入った世界遺産になっている旧市街の中にあり、現在も建物は廃墟のまま残されているという。[*86] 熊楠はジャクソンヴィル滞在からキューバ旅行にかけて、精力的に植物採集を続け、地衣類だけでなく、藻類、シダ、コケ、菌類などの他の隠花植物から、顕花植物やさまざまな小動物、昆虫も集めた。

このフロリダ半島を南下し、キューバへの旅を往復する植物採集旅行の中で、熊楠はカルキンスに手紙を送り続けている。ジャクソンヴィル到着後三日目の一八九一年五月五日には、早くもカルキンスに手紙を書いており、三か月間の滞在中に何度かやりとりがなされていた。また、熊楠がキーウェストで八月二十五日にカルキンス宛に書こうとした手紙の下書き［書簡 0003］が残されているが、そこにはフロリダの植物の種類が多いことに対する驚きが記されている。

親愛なる貴兄へ

無事当地に到着しました。いつも通り、林や海岸で採集をおこなっています。地衣類は本当に豊富で種類も多く、二・三時間歩くだけで、六十種類も集めることができましたし、キノコやたくさんの昆虫も採集しました。外見上の違いから適切な区分に整理していくことは、少なくとも私のような初心者にとっては、たいへん難しい仕事だということもわかりました。[*87]

この手紙の後半では、カルキンスに標本を送るので整理してほしいと依頼している。その言葉の通り、熊楠はキーウェストからシカゴのカルキンスに宛てて、自分が採集した標本を送っているようである。その中には、背の高い柱サボテンの茎についた地衣があり、これはカルキンスにも正体がわからなかった。[*88] そこで、地衣類の権威であるニランデル（William Nylander 一八二二〜一八九九）に標本を送ったことが、一八九一年十月九日付のカルキンスからの来簡［来簡 0021］から読み取れる。

ニランデルは地衣類を専門とするフィンランド人の植物学者で、ヘルシンキ大学で教えた後、一八六三年からはパりに住んでいた。一八九〇年には日本産地衣類に関する本も書いている。カルキンスはこの本をニランデルに直接もらっており、熊楠はそれを借り受けて、フロリダの旅先で読んでいた。

カルキンスはまた、熊楠のキューバ滞在の最後の月にあたる十二月には金を用立ててくれてもいる。この前後には、熊楠は友人の小手川と蓑田からも金を受け取っており、キューバからジャクソンヴィルまで帰る費用を工面していたのかもしれない。ジャクソンヴィルに戻った一月十九日には、二十ドルをカルキンスに返却しているが、これに対してカルキンスは、「残額は急がなくともよい」［来簡 0022］という返事を出しており、まだ借金が残っていたようである。

カルキンスと熊楠との植物学上の交友関係のハイライトは、新種の地衣の発見である。熊楠がキューバで採集した地衣を、カルキンスはニランデルに送り、これは新種と同定された。ニランデルはこの標本にギアレクタ・クバーナ *Gyalecta cubana* Nyl. と名前をつけている。一八九二年四月十八日消印のカルキンスからの手紙［来簡 0025］は、第一報を以下のように伝えている。

親愛なる南方様へ。私はたった今、ニランデル博士から手紙を受け取りました。あなたが私にキューバから送ってくれた2の標本を新種のギアレクタ・クバーナと名付けたそうです。私は、発見者はあなたであり、その正式な権利はあなたにあると書いておきました。[*89]

さらに、一八九三年三月二十一日付の手紙［来簡 0026］で、カルキンスは「あなたが2と番号を振ったピンク色の子実体を持つ石灰質の地衣がギアレクタ・クバーナです」と確認している。これは熊楠が後に「履歴書」において「キュバにて小生発見せし地衣に、仏国のニイランデーがギアレクタ・クバナと命名せしものあり。これ東洋人が白人領地内において最初の植物発見なり」[*90]と誇ることになるものであった。さらに、ロンドン到着後の一八九二年十一月二十四日の熊楠の日記には「n.7 *Lecanaetis floridensis* Nyl. n.12 *Stigmatidium nigro-cinctulum* Nyl. 此二種予キイウェストにてとる所ろ新種也。米国カルキンス氏より通知さる」とあり、キーウェストで採集した二種もまた新種と同定されたことがわかる。

実は、カルキンスは、ギアレクタ・クバーナを含むフロリダからキューバ産の地衣類数種について、一八九二年十月七日号の『サイエンス』*Science* 誌に報告をおこなっている。現在でも『ネイチャー』と並ぶ科学誌とされる『サイエンス』は、ワシントンDCで一八八〇年に創刊されていた。しかし奇妙なことに、カルキンスはこの報告では熊楠のことには何も触れず、「私の発見」とのみ記している。

> 以下の観察は、私が集めたあまり知られていない珍しい種のいくつかに過ぎない。そして新種として記録された私の発見も含まれている。ギアレクタ・クバーナ。これはフロリダのキー地方と本土、さらにキューバの石灰岩の上に産する。同定者はニランデル博士である。*91

前出の手紙［来簡 0025］で「発見者はあなたであり、その正式な権利はあなたにある」と書いているにもかかわらず、カルキンスがこのような発表のしかたをしていることは少々不可解である。可能性としては、ギアレクタ・クバーナについてキューバ以外の産地も挙げていることから、カルキンスが以前発見していたものと同種と鑑定されたのかもしれない。また、現存しない手紙のやりとりの中で、熊楠が発見者としての権利を放棄したということも考えられる。前述のカルキンスに対する借金の問題を考えれば、対価を受けて珍しい植物を集めるような、まさにプラントハンターとしての仕事を熊楠が請け負ったという推測も成り立つだろう。

いずれにせよ、この新種の地衣類の発見は、ヨーロッパの植物学における自分の位置に関して、熊楠に教訓を与えてくれたと言えるだろう。植物学において命名者となるのはあくまでヨーロッパの学会に籍を置く植物学者であって、発見者ではない。熊楠がいくら熱帯で新たな地衣類を独力で発見したからと言っても、それは現地の人足に多少付加価値がついただけの存在に過ぎない。

ギアレクタ・クバーナについて「履歴書」の中で「東洋人が白人領地内において最初の発見」と誇る熊楠であるが、そうした西洋の植物学の世界の厳然たるヒエラルキーについては、よくわかっていたことだろう。キーウェストで書かれた前出のカルキンス宛の書簡の下書き［書簡0003］には、すでにヨーロッパに向かう意思が明言されている。その後、一八九二年八月の中松盛雄宛書簡に記した「空しくフロリダ泥砂の中に埋もるも千歳後まで歴史上の一大遺憾ともなるべく存じ*92」という言葉は、ヨーロッパに行かなければ学問の本流には参加できないという熊楠の認識を物語っている。

むしろ、新種の発見以上に重要なことは、このフロリダ・キューバ旅行を通じて、熊楠が熱帯の自然にじかに触れる機会を持ったことであろう。キーウェストでは、ヤシの枯葉上でのナナフシの交尾を熱心に観察しすぎて、その精液が目に入って七転八倒したりした（一八九一年八月二十八日）。キューバでは、美しい貝殻のコレクション*93を採集したりもしている。昆虫については多足類、蜘蛛類、両翅類、半翅類、直翅類、鱗翅類、羅翅類、網翅類、甲翅類（同十一月二十六日）を八十六個採ったと記述されており、それぞれムカデ、クモ、ハエやアブ、カメムシ、コオロギやバッタ、蝶、トンボ、カマキリやゴキブリ、甲虫、の仲間に相当すると考えられる。その他、トカゲや両生類まで採集品目の中には含まれており、日記には「動物総計九十三種」（同）という数字が記されている。

さらにこの頃、熊楠は、当時隠花植物の一種とされていた粘菌（変形菌）という生物に特別な関心を持ち始めている。これはアメーバ様の変形体から小さな無数のキノコのような子実体にまで変化するきわめて特異なライフサイクルを持つもので、熊楠はそのダイナミックな生命形態に惹かれていった。「レイ・ランケストルの説には、最古の世の生物はこのようのものなるべしという*94」と、熊楠は友人宛の手紙の中で、粘菌が生物進化の中で重要な位置を占めるという考え方に言及している。一八九二年の熊楠の日記の欄外（［自筆238］未刊行部分）には当時の採集数が記録されており、そこからは、他の菌類とともに粘菌十九種を集めていたことがわかる。

さまざまな生物を実地に観察することは、後に熊楠が生態系という概念の重要性を把握することにつながっていった。また、粘菌の中に生命の不思議を解く鍵があるという考え方を、この後、熊楠は晩年にいたるまで、長い期間をかけて追究することになる。そうした独自の自然観を養う上で、フロリダ・キューバという熱帯での体験は、大きな飛躍のための踏み台を提供してくれたのである。

11　江聖聡との友情

このキューバ旅行の前後に、ジャクソンヴィルの中国人たちの中で、熊楠が急速に仲良くなったのが江聖聡《こう・せいそう》である。日記には、七月一日の条に「午支那人江聖聡方に飯、夜支那人梅彬廼方に臥す」と初めて登場する。その後もしばしば江聖聡の名前はあらわれ、熊楠がキューバに向かう八月十七日には、「江聖聡に、書籍、標品入一箱あづける」と、一月半の間によほど信頼できる関係になっていたことがわかる。

そして、その五か月後、キューバからジャクソンヴィルに戻ってきた熊楠を温かく迎えてくれたのは江聖聡であった。この日、午後八時に街に着いた熊楠は、まず趙炎のところに行くが、「趙炎を訪、甚冷遇也。土板上に臥す」（一八九二年一月九日）という扱いを受けた。しかし、次の日に江聖聡のところを訪れると、「江聖聡方に之く。大に厚遇さる」（一月十日）という歓待を受ける。そこで「今日より江方に宿る」ということになったのである。[*95]

この頃の友人宛の手紙の中で、熊楠は自分の状況について、「さて当地ではやや久しく支那公の棒組になり、八百屋を営業中なるが」と描写している。[*96] また、南方熊楠記念館の資料の中には、地衣標本に付けたメモとして「此品は江聖聡とて余零落してフロリダにありし日、厄介してくれたる八百屋主人が一日持来り与へられしなり。Presented by Gong Tong」という記述がある。[*97]

しかし、江聖聡の人柄をもっともよく伝えていると思われるのは、「履歴書」の中の次のような言葉である。

ジャクソンヴィル市で支那人の牛肉店に寄食し、昼は少しく商売を手伝い、夜は顕微鏡を使って生物を研究す。

その支那人おとなしき人にて、小生の学事を妨げざらんため毎夜不在となり、外泊し暁に帰り来たる。[*98]

日記にも、「今朝よりクロスミー（黒女。江の家の持主也）病に臥し、江外出のおり見世の方手なきにより、余全く見世番となる」（一八九二年三月三十日）という記録があり、熊楠が江聖聡の店の店番をしていたことがわかる。この期間も植物学上の記述が多く、「夜は［中略］生物を研究」というのも、その通りだったのであろう。ただし、顕微鏡については、六月二十一付の三好太郎宛の手紙の中に「御存知の顕微鏡も一番肝心なレンズを破ってしまい、ようやく毎朝菌を集むるのみ」[*99]と書いており、後半は使うことができなかったようである。

さて、この江聖聡の店については、一八九二年の住所録から所在を確かめることができる。前掲のジャクソンヴィル在住中国人のリスト中に Tong Gong とあるのは、先ほどのメモにあったように江聖聡のことで、Gong は江の広東語読みと考えられるのである。顕彰館資料には、他にも Gong Tong 名のメモ［関連 0006］が残されている。職業は groceries、つまり食糧雑貨店とあるから、熊楠が「八百屋」あるいは「牛肉店」と書いていることと符合する。住所は、300 W Church とあり、自宅で営業していたこともわかる。この 300 W Church つまり、西チャーチ通り三〇〇番地は市の中心部からは少し逸れた地区に位置し、現地で確認したところでは交差点の南西角にあたっていた。

この頃の町並みを知るための資料としては、一八九三年のジャクソンヴィル市全体の精密な鳥瞰図があるが、その中のこの住所の部分を拡大したのが次頁の上図である。この地図上で左右に走っているのが西チャーチ通りで、斜めに上下に走っているのがジュリア通りである。西チャーチ通り三〇〇番地はこの交差点の左手前の角であるから、ここまでの考証が正しいとするならば、江聖聡の店があったのは、交差点の左手前に見える街路樹に囲まれたひときわ小さな家屋であったということになる。[*100] 江聖聡が熊楠の研究を妨げないために毎晩外泊して朝に帰ってきたという記述からは、相当に狭い家だったことがうかがわれるので、この図と合致することになる。

さらにこの上図を、その十七年前の一八七六年に描かれた下図の鳥瞰図と比べると、短期間のうちにかなり街並みが変わっていることもうかがえる。おそらく、熊楠の頃には、この界隈には比較的新しい建物が多かったということになるだろう。江聖聡の店と推測される三〇〇番地の建物については、建物の形と大きさがやや変わっていることからこの十七年間の間に建て直されていた可能性もないわけではないが、古い方のものもやはり平屋であるように見えることから、同じ建物であると考えてよいのではないだろうか。いずれにせよ、航空写真のなかった時代に作られたこれらの鳥瞰図は、細部に関しては正確とは考えにくく、実際の江聖聡の店の姿は、上図を基にしながら、ある程度の幅を持って想像する他はないであろう。

もちろん、前述のように上図の鳥瞰図から八年後の一九〇一年に起きた大火災によって、このあたり一帯は焦土と化しており、その後の街並みは一変しているはずである。筆者が二〇〇八年三月に現地を調査した際の西チャーチ通り三〇〇番地には、六階建てのビルが建っており、休業中のホテルとなっていた。

結局、一月に江聖聡の家に転がり込んでから、八月に英国に向けて船出するまで、熊楠はずっとこの場所にいたようである。別れに先立ち、八月十九日にはベイ通りのバーガード写真館で写真を撮っている。熊楠の日記には「江は清国服、予は日本服にて写真とる」と記されている。八月二十二日に江は港まで熊楠を送りに来ており、九時に熊楠が乗船するのを見届けている。そして、翌日の午前四時に、船は熊楠にとっての中継点であるニューヨークに向けて出航する。チャールストンを経て八月二十六日にニューヨークに着いている。

上図　1893年のジャクソンヴィル鳥瞰地図に描かれた西チャーチ通り300番地（交差点左手前の家屋）。下図　1876年のジャクソンヴィル鳥瞰図に描かれた西チャーチ通り300番地。

当時のニューヨークは人口約一五〇万人で、ヨーロッパからの移民が流れ込み、急速に人口が増えていた頃にあたる。熊楠はこの全米一の都市で街中を見聞したようで、セントラル・パーク動物園 Central Park Zoo やアメリカ自然史博物館 American Museum of Natural History を訪れている。宿はハバナで紹介されたスペイン人経営のホテル・アメリカというところだったようである。

バーガード写真館で撮影された熊楠（左）と江聖聡（右）の写真

熊楠が立ち寄る六年前の一八八六年には、有名な自由の女神がフランスからニューヨークに寄贈されていた。熊楠は九月六日の午後にはリバティ島（熊楠はBartholdi Isl.と表記）に渡って、藻類を採集するとともに、据え付けられたばかりの自由の女神像に上ったことが日記に記されており、その時の入場券も顕彰館に残されている［冊子051］。[*101] ニューヨークでの二週間の滞在については、その後あまり語られることがなかったが、こうしたさまざまな文化施設に通い、それなりに見聞を広めたようである。

12　その後の江聖聡

さて、このように熊楠が友情をはぐくんだ中国人移民の江聖聡とはどのような人物で、熊楠と離れた後、どのような人生を送ったのであろうか。熊楠が一八九三年三月十日の日記に書き残したメモによれば「広東省広州府新寧県土名湍芬山太洋義村　江世平之子」とあり、広州の生まれであったことがわかる。

熊楠は、一八九二年八月二十二日の日記に「江聖聡今日より閉店す」と記しているから、この時に江は、いったん店をたたんでいる。そしてその後、ロンドンで熊楠が受け取ったと思われる江聖聡からのメモ［関連0006］には「Gong Tong, 27 Drayton St. Savannah, Ga.　若有書回将字無怪矣」とある。この住所にあるSavannah Ga. つまりジョージア州サヴァンナは、ジャクソンヴィルから約二〇〇キロ北に位置しており、アメリカの感覚から言えばほぼ隣町と言える。おそらく、熊楠が去ってからまもなく、江聖聡はこのサヴァンナに移り住んだのであろう。

江聖聡は一八九四年にいたるまで、六通の手紙を熊楠に出しているが、これらの手紙を翻刻した譚璐美は「江聖聡の書簡はどれも代書された可能性が高い」[*102]としている。それにしても、一八九四年六月二十三日付来簡における「あなたとお別れした時のことを振り返ると、励ましの言葉を多々賜ったことを、弟（私）は心に深く銘記しています。友兄（南方熊楠）の深い思いやりは、真摯な兄弟の情義です。ただ、遠く山川を隔てて、親しく語り合うことができないのが無念です」[*103]という言葉には、江聖聡の性格の真摯なことと熊楠への敬愛の念が示されている。また同来簡からは「四方を流浪して、住む場所もない故です。運命は多難で、収入を得る能力も無く、行き詰まり、資金を貯めることもままなりません」[*104]（以上、譚璐美による現代日本語訳）という異国での江聖聡の苦境もうかがえる。

熊楠と江聖聡の接点はそのあたりでまったく切れることになるのだが、さらにその後の江聖聡の足取りを追うと、興味深い事実が浮かんできた。

まず、前出のコーエンは『フロリダ・タイムズ・ユニオン』*Florida Times Union* 紙の記事から、ジャクソンヴィルの中国人がらみの二つの事件を紹介している。一九〇〇年に移民局から連邦法執行官宛に、キューバ及びプエルトリコからジャクソンヴィルに中国人が密入国しているという噂があり、捜査せよとの命令が下った。ただちに三十二名の中国人が逮捕され、一八八二年の中国移民の禁止以前に入国していたという証明を出せない場合には拘留するということになった。結局、このうちの四名が証明書を提出できずに、国外追放処分を受けたというものである。[*105]

おそらくこうしたことから、中国人に対する取り締まりが強化されたのであろう。一九〇一年十二月三十一日には、ジュリア通り一一八のジョージ・ゴン George Gong の店で賭博をしていた十一人の中国人が警察に逮捕されている。このジョージ・ゴンは、一九〇〇年、一九一〇年、一九二〇年の三回の国勢調査に名前が載っているが、一九一〇年のものには、George Tong Gong と記されている。また、それぞれの国勢調査の情報をつなぎ合わせると、この人物は一八六三年十月生まれで[*106]、一八八〇年にアメリカに移民。一八九九年に、フロリダ生まれの十七歳ほど年下（一八八〇年頃生）の白人女性エマ Emma と結婚。ジョージ George（一九〇三年頃生）、マミー Mammie（一九〇八年頃生）という一男一女をもうけている。

これらの情報から推測して、このジョージ・ゴンこそ江聖聡である可能性が非常に高いと私には思われる。まず、George Tong Gong という名前は、かつて Tong Gong であった中国人が、英語式の名前をつけたということで間違いないだろう。また、一八六三年という生年は熊楠よりも四歳年上ということになる。前掲の写真の時期には、二十九歳だったはずで、写真の見た目とぴたりと一致する。熊楠の日記によれば、一八九一年に梅彬廼の家でおこなわれ、江聖聡も参加していた賭博会は十五人ほどが集まっており、十一人が逮捕されたという一九〇一年の事件とほぼ同じ規模のものと思われる。さらに、ジュリア通り一一八はかつて江聖聡の店のあったところから三ブロック南に行った場所である。

おそらく、江聖聡は一八九三年頃にサヴァンナに移り住んだが、その後ジャクソンヴィルに戻ってエマと結婚したのではないだろうか。ジョージア州では白人とすべての非白人の結婚を禁じていたが、フロリダ州では白人と黒人の組み合わせのみを禁じており、白人と中国人の組み合わせは許可されていた。あるいは江聖聡は、ジョージア州から舞い戻ったことを期に、ジョージという英語名を付けたのかもしれない。

賭博で逮捕されたとはいうものの、国勢調査からうかがえるその後の生活は順調で、一九一〇年には家族とともに、ジュリア通り一一八で中国茶と雑貨屋、また一九二〇年には同じ住所でレストランを経営していたことがわかる。フロリダの死亡目録によれば、ジョージ・ゴンは一九三九年にデューヴァル（ジャクソンヴィル）で七十六歳で死去。妻のエマ・R・ゴン Emma R Gong は長生きして、一九七二年三月三日に九十二歳で同地で死去している。

ジョージ・ゴンが江聖聡であるという前提に立つと、一男一女をもうけたことや、七十代の半ばまで生きたこと、また自分より十七歳年下と、かなり若い妻をもらったこと（熊楠の場合は十二歳年下）など、後半生でも熊楠との共通点が見られて興味深いところである。熊楠が滞在した時期は、ちょうどアメリカにおける中国人移民の波が押しとどめられ、日本人移民がさかんになる前の端境期にあたる。そうした中で、同じ東洋人として異邦に生きる友人を見つけ得たことは、熊楠にとって幸運なことであったと言えるだろう。それは、ロンドンでの孫文との出会いや、世界の文化を比較論的に見ていく熊楠の学問の展開につながる貴重な体験であったはずである。

V　ハーバート・スペンサーと若き日の学問構想

1　アメリカ時代の進化論受容

前章では、南方熊楠の十九歳から二十五歳までのアメリカでの生活について、近年の発見による新しい資料を中心として概観した。多感な青年期にサンフランシスコからランシング、アナーバー、フロリダ、キューバ、ニューヨークを転々とする生活の中でさまざまな異文化を体験したことは、若い熊楠の視野を大いに広げたと考えられる。さらに、ランシングでの農学校を退学したのを期に、学校制度から離れて独学の道を歩んだことは、その後の学問人生を決定づけたと言ってよい。

こうしたアメリカでの軌跡を踏まえた上で、この章では青年期の熊楠の学問形成について、主にこの時期の読書体験に基づきながら論ずることにしたい。特に、東京時代から熊楠がもっとも関心を持っていた同時代の思想としての進化論と、その中での最重要の要素として考えられるハーバート・スペンサーからの影響に着目しながら、熊楠がどのような学問構想を描いたのかという点を掘り下げてみたいと考えている。

アメリカ滞在の初期に熊楠が西洋の学問を効果的に学習するために利用したのが、『ポピュラー・サイエンス・マンスリー』*Popular Science Monthly*（以下『ＰＳＭ』と表記）、『フンボルト叢書』*The Humboldt Library* などに掲載された、進化論を初めとする一般向けの科学知識であったことは、従来の研究においてしばしば指摘されてきた。[*1]『ＰＳＭ』

は一八七二年にニューヨークで創刊され、現在も続く科学啓蒙雑誌である。『フンボルト叢書』もやはりニューヨークで刊行されていたもので、自然科学から人文学にいたる著作を軽装版で廉価で提供するシリーズであった。

このうち、『フンボルト叢書』に関しては、熊楠は「米国ニウヨルクのハンボールト出板会社にてハンボールト文庫と題する月次刊行物あり。スペンセル、ダーウヰン、チンダル以下、此四五十年間の哲学科学の書は大抵網羅せり。軽冊にて臥して見るにも便也」と記している。[*2] 熊楠が購入した『フンボルト叢書』には、ここで挙げられているスペンサー、ダーウィン、ティンダル（John Tyndall 一八二〇〜一八九三）だけでなく、哲学者のミル（John Stuart Mill 一八〇六〜一八七三）、心理学者のリボー（Théodule-Armand Ribot 一八三九〜一九一六）のような当時の思想を考える上で重要な人物の著作も含まれている。

一方、『PSM』に関して、熊楠はこれより以前、東京大学予備門時代から知っていたと考えられる。当時、できたばかりの東京大学では、教授から学生までが、法文理学部の共同の紀要である『学芸志林』に『PSM』の論文を翻訳することで、さまざまな西洋の科学知識を導入しようとしていた。たとえば、『学芸志林』第一巻・第二巻に掲載された三十一本の論文のうちの、実に十二本が『PSM』からの翻訳・抄訳である。熊楠は一八七七年の創刊号から一八八五年の第一七巻一〇〇冊最終号までの九年間分の『学芸志林』をほぼすべて購入しており［和 080.001〜012］、そこに多数掲載された『PSM』の論考に関して題目などを書き込んでいる。

そうした事情を反映してか、サンフランシスコに到着してからひと月も経たない一月二十二日の日記には、すでに『PSM』を買ったという記録が見られ、その後も継続して購入していた。さらに熊楠は、一八八八年四月一日から十六日にかけて「サイエンティフィック・メモワール」The Scientific Memoirs［A1-053〜055］と題した英文の抜書をおこなっているのだが、その内容を分析した武上真理子によれば、二十数件の抜書のほとんどが、一八八五年から六年にかけて『PSM』に掲載された論文であった。[*3]

このサンフランシスコ時代の熊楠による抜書「サイエンティフィック・メモワール」の中で、特に注目されるのは、グラッドストン（William Ewart Gladstone 一八〇九〜一八九八）とハクスリーの、キリスト教と進化論の対立をめぐる論争であろう。グラッドストンはヴィクトリア時代の英国で四度まで首相を務めた人物であるが、敬虔な英国国教徒として『聖書』の記述が地質学と矛盾しないことを説こうとした。これに対してハクスリーは、その主張は科学的には全く根拠がないとして反論したのである。

ハクスリーは、ここでは「ダーウィンのブルドッグ」の異名通りに生物進化論を繰り返し説いて、キリスト教的な生物の創造説の誤りを指摘している。この両者のやりとりは一八八五年十一月から翌年にかけて『十九世紀』*Nineteenth Century* 誌上でおこなわれ、それを『PSM』誌が転載したものであった。『PSM』誌は進化論を推進する立場の雑誌であり、この論争に関しても、進化論派の勝利の一例として転載したと考えられる。この論争について詳しく分析した橋爪博幸が指摘するように、一八八六年四月号では、編集部としてハクスリーの論点を支持する論評も出している。[*4]

「サイエンティフィック・メモワール」の中で、熊楠はハクスリー、グラッドストン、ハクスリーと続く一連の論争をそのまま写し取っている。II章で見たように、熊楠は「動物学」を編纂した十三歳の時からハクスリーのことを知っており、この論争に関しても興味深く読んだのだろう。前述の『学芸志林』六巻三〇冊にはハクスリーの「生物学要略」、一三巻七五冊には「古生物学の進歩」が掲載されているから、渡米前からその学問活動に関してある程度の知識は得ていたものと思われる。他にも熊楠の蔵書中には、ハクスリーがカンタベリー大聖堂の首席司祭であるウェイス（Henry Wace 一八三六〜一九二四）などとの間で一八八九年におこなった論争「キリスト教と不可知論」の『フンボルト叢書』版［洋 190.10］[*5]がある。この中でハクスリーは、人知によって知り得ぬことには言及しないという「不可知論 agnosticism」の立場を表明して、信仰の問題と実証的な科学の問題を明確に切り分けようとしている。

この後、アナーバー滞在期の熊楠が進化論について本格的に学んでいることは、一八八八年五月九日の日記の「終日家居、オリジン・オフ・スペシイスを読む」や、五月二十四日の「夜大坪氏室にてハックスレー氏オリジン・オフ・スペシースを読む」という記述から覗うことができる。このうちの後者は熊楠の旧蔵書中にあるハクスリーの著書の『フンボルト叢書』版[*6]を指していると考えられる。これはII章で触れた日本初の進化論紹介書『生種原始論』の原著で、ハクスリーが勤労者大学で一八六〇年におこなった六回の講義をまとめており、題目通り、ダーウィンの『種の起源』の正しさを論証しようとしたものである。

前者の五月九日の日記に記載された「オリジン・オフ・スペシイス」もこのハクスリー論文のことである可能性があるが、熊楠の旧蔵書中には、一八八四年の『フンボルト叢書』版のダーウィン『種の起源』[*7]もあり、おそらく進化論の本家本元であるこの書を指していると見てよいだろう。七月四日の日記には「此朝近傍森中にて山梗菜科（歟）草根浅くして花梗高きもの四を得たり。其一、花梗やゝ蔓生の状に近し。ダルウヰンの書に、鬣の尾時として巻纒することをのせたり。并せ考ふ可し」と記されており、さっそく実地観察の結果をダーウィン説と引き合わせて考察している。いずれにせよ、この頃の熊楠が、ダーウィンやハクスリーの進化論に関する著作を熟読していたことは確かである。

注目されるのは、この頃の熊楠がダーウィン進化論とキリスト教の折衷点を見出そうとした植物学者のグレイ（Asa Gray 一八一〇～一八八八）による『ダーウィニアーナ』[*8]や、生物学者のミヴァート（St. George Jackson Mivart 一八二七～一九〇〇）による『種の創世』[*9]も読んでいたことである。ミヴァートについて熊楠は、後に「学者一汎に猴類を哺乳動物中最高度に発達したるものと断定しおるは、人と猴類と体格すこぶる近く、その人が自分免許で万物の長とうぬぼるる縁について猴が獣中の最高位を占めたに過ぎぬが、人も猴も体格の完備した点から言うと、遠く猫属すなわち猫や虎、豹、獅、米獅《ピューマ》等の輩に及ばぬ」という説を紹介している。[*10]ミヴァートの論点は、人間の精神は進化論が適用できない神の領域にあるという主張にあり、この点において、彼はハクスリーやダーウィンと激しく対立することになる。

創造主による生物の創世神話が絶対的なものとされてきた西洋の一般社会においては、それを根源から覆してしまう進化論を受け入れるのは困難なことであった。この時期の生物学者にしても、ハクスリーのように「不可知論」を前面に掲げてキリスト教と訣別する論者だけではなく、進化論を部分的に取り入れつつも、何とかキリスト教の教義を全面的に否定することは避けようとする反応も多く見られた。こうした読書の内容からは、熊楠が、ダーウィン進化論が西洋の知識人の間に巻き起こした論争を注視することで、西洋の学問がどのような力学で動いているのかを知ろうとしていたことがわかるのである。

2　ウォレスをめぐる議論

こうした状況を踏まえた時に興味深いのが、ダーウィンによる自然淘汰説の同時発見者として知られるウォレスに対する熊楠の態度である。熊楠はこの時期、ウォレスに関しても、一八八八年八月十日に主著の『マレー諸島』[*11]を購入するなど、熱心に読み込んでいる。土宜法龍宛の書簡には「この人は世にいわゆる大斬新の自然淘汰説を出し、諸学問に大影響を及ぼせし人なり」[*12]とも記しており、進化論に関してダーウィンと同時発見した人物として高く評価していたことがわかる。若き日に熱帯の生態系に徒手空拳で挑み、貧しい生活の中で大発見を成し遂げたウォレスに対して、同じような境遇にある熊楠が親近感を抱いていたとしても不思議はない。[*13]

しかし、ダーウィンが常に人間を含めた生物の進化をすべて科学の範疇で解決しようという立場を崩さなかったのに対して、ウォレスは人間の精神については、ミヴァートと同じく進化論的な原則が立ち入れない領域であり、別の説明が必要だという見解を示すようになる。自然淘汰説の発見以降のウォレスは、心霊術（スピリチュアリズム）の研究に没頭し、精神的存在としての人間の発達が自然淘汰の結果ではあり得ないことを、力説するようになる。この点で、ウォレスは学問的にダーウィンや他の進化論者とは異なる方向に足を踏み出すこととなった。[*14]

熊楠はそうしたウォレスの論点に関して、一八九二年八月の中松盛雄宛の書簡の中で自論も併せて長い評釈をおこなっているので、以下この書簡に沿って検討することにしたい。まず熊楠は、「Wallace いわく、進化論をもって到底解釈するを得べからざる件三あり。何ぞや。物体に活力を生出せること一、生物に心性を生出せること一、動物に霊智を生ぜること一なりとて、デカーツの物力論などを駁し、夥く論ぜるが、一向拙者には分かり申さず」[*15]としている。冒頭に示されたこの見解からは、基本的にはウォレスの論点に関しては距離を取る姿勢を持っていたと考えることができるだろう。

さらに熊楠は一八八九年に出版されたウォレスの『ダーウィニズム』[*16]に言及しているが、この本については一八九〇年一月二十三日の日記に和歌山の常楠に送ったという記録があるので、刊行直後にさっそく購入して読んでいたと考えられる。このウォレスの著書に関して、熊楠は次のように論点を紹介している。

しかして一昨々年、その大著 Darwinism 出づるに及び、氏は特に篇末に人間発達論一篇を加え、力を尽して前説を主張していわく、人間の四肢等は構造上より見るに、他の哺乳動物に比してはなはだ不完全、頼み少なきものなり。背部のごときはもっとも毛を要すること、いかなる蛮人たりとも皮などにてこれを被うを常とするにて知るべし。しかるに、人間には背中に毛なし。また脳量ごとき、なるほど他の動物に比して、大はすなわち大なりといえども、その隔たりさして非常ならぬに、智能の発達せること、月と鼈ときているは、実に不可思議なり。これをもってこれを考うるに、宇宙さらに人間より大なる物ありて、あらかじめ今日人世発達の日あるを期し、ことさらにその発達を奪わすべきため、わざとこれをして四肢不全に、背の毛乏しからしめ、しかして、別に脳の大きさを加うることはよい加減にして、握り屁をすかしこむごとき方法をもって、一種無形無体の霊智を吹き込みたるに相違なし。[*17]

熊楠が指摘している「人間発達論」一篇とは、『ダーウィニズム』第十五章の「人間に適用された進化論」の章のことである。ここでウォレスは人間の身体的特徴が、脳の大きさや体毛をほとんど持たない点などで他の霊長類と大きく異なることを述べている。ただし、それは人類が他の霊長類とは進化のかなり早い段階で別れたために生ずる現象であって、基本的には人類もまた哺乳類の一種としての特徴を十分に備えている、とウォレスは言う。このあたりは、熊楠が人間と他の生物は「その隔たりさして非常ならぬ」と要約している部分に対応しているだろう。

しかし、数学的な能力や、音楽やその他の芸術的能力の発達ということを考えると、自然淘汰ではとうてい説明することができない、とウォレスは論を進める。そして、「我々が検討してきたこれらの特殊な能力は、人間には祖先である動物から発生してきたのではない何か別のものが存在していることを示している。それは、精神的な要素か性質とでも呼ぶべきものであり、条件さえ整えば進歩し、向上していくことが可能な何かなのだ[*18]」と結論づけるのである。このあたりは、熊楠が「宇宙さらに人間より大なる物ありて」以下で要約している部分に相当する。

人間の精神の働きに対するナイーブな驚きを率直に表現しようとしたウォレスの「宇宙さらに人間より大なる物」による作用という概念は、キリスト教的な文脈では当然の事ながら創造主の御業を指すと理解されることになる。そして「進化論者」、と言うよりは「進化論の〔共同〕創始者」であるウォレスその人が自然科学から宗教の側に踏み出してしまったことは、たとえそれがほんのわずか一歩であったとしても、キリスト教の教義の側の勝利としてどこまでも拡大解釈されていくことにつながってしまう。熊楠が「耶蘇坊主一どこの説の出づるに遇うて、何ぞ喜悦せざらん。〔中略〕ワレス氏は、えらいやっちゃ、えらいやっちゃ、えーらいやっちゃと、天満の沙持ちを興行せり[*19]」と面白おかしく指摘しているのは、そのような西洋社会におけるウォレスの置かれた立場であった。

これに対して、科学界の方からは、ウォレスの変節をなじる声も出てくる。さらにウォレスの方が反論して、という状況を熊楠は次のように茶化しながら紹介している。

しかるに、いかなる嗚呼の者なりけん、かかる好事を妬む岡焼きもありと見えて、仏国にそれをうつものあり。いわく、按ずるに Wallace 氏なにか鼻薬を啗わされて宗教の御肩をかつぐものならん、と。ここにおいて氏大いに怒り、昨年新刊の essay に、執念くも註を入れてこのことを論じていわく[*20]

この「新刊の essay」とはウォレスが一八九一年に刊行した『自然淘汰と熱帯の自然　記述・理論生物学に関するエッセイ　増補改訂新版[*21]』のことである。熊楠はこの本をキューバから戻った一八九二年一月二十九日に購入したことが「ワリス氏エッセイス、トロピカル・ネーチュール一冊　マクミランより着」という日記の記述からわかる。これは、もともと一八七〇年に刊行した『自然淘汰』と一八七八年に刊行した『熱帯の自然』を合冊にしたものであったが、「増補改訂新版」という但し書きからもわかるように、ウォレスは初版刊行時にはなかった文章をいくつか書き加えている。

熊楠が指摘しているのはそのうちの二〇五頁から次の頁にかけての長文の注釈のことと考えられる。これを読むと、「仏国にそれをうつもの」というウォレスの批判者が、スイス人の博物学者クラパレード（René-Édouard Claparède 一八三二～一八七一）であることが記されている。おそらく、これは一八七〇年の『自然淘汰』刊行直後に発表されたクラパレードの論文「自然淘汰に関するウォレス氏の著作についての評釈」*22を指しているのだが、その批判に関して、ウォレスは注釈の中で次のように噛みついている。

> 私を批評した人の中には、この部分の議論について、私が意味するところをまったく誤解した人もいるようである。彼らは、私が難題を乗り越えるために「根源的要因 first cause」という不必要で非学術的な言葉を用いたことで、「我々の内臓は進化により形成され、脳は神によって造られた」と言っていると信じ込み、要するに「人は神の家畜のようなもの」と主張していると非難する。［中略］こうした誤解は、近代的な教養を持つ人が、自分自身と神の他に何らかのより高い知的存在を想定することができないということから生じているのである。*23

ここで用いられている「根源的要因」とは、西洋の伝統的な文脈で言えば、創造主としての神の御業のことであり、これを無条件に認めてしまうとキリスト教への全面降伏ということになるので、ウォレスもそうした議論を避けて極力問題を限定しようと努めている。熊楠はこのあたりについては「わがいわゆる一大主宰とは、教義のような糸瓜なことに関するにあらず」とウォレスに成り代わって要約している。とは言え、ウォレスがいくら自分は「世界の創造主」としての神の存在ではなく「人間の精神の起源」としての高位の知性の存在のことを論じているのだと強調しても、その論調は現在の目から見ると十分に科学者としての実証主義を放棄するものであるように感じられてしまう。

人類の起源とその決定的な要因に関して、私はここで「何らかの別の力」「何らかの知的な力」「より上位の知性」「支配的な知性」という言葉を用いた。そして宇宙にあるそうした力と法則の起源という意味でのみ、「至高の知性」による意志という話をした。これらは人間の例に関してのみ働く力を例えるために用いた表現であり、私が宇宙のすべての特別な現象に対する「根源的要因」という仮説には反対であることを示すためにわざと選んでいるものである。「根源的要因」とは、人間やその他の知的存在の行為という意味でのみ使われるべきなのだ。このような用語を使うことで、私はただ、人類の特に人間的な形質や知性は、より高位の知性的存在が、自然界や宇宙の法則を通して働きかけることで発達したのではないかという可能性を考えてみただけである。こうした性質に対する信念に根拠があるかないかはわからないが、それは理解可能な理論であり、その性質上、証明が不可能ではないものである。この信念は、地上に栽培植物や家畜が実在するというのとまったく同じ事実と議論に依拠しており、十分な知性さえあれば、それ自体よりも高位の存在があるという推論に達するのである。[*24]（引用者注、原文のイタリック部分を傍線で示している）

この最後の部分でウォレスは、生物界の自然選択（自然淘汰）とは別に、栽培植物や家畜に関しては人間の都合によって生物界への介入がおこなわれているという、いわゆる人為選択（人為淘汰）の例を挙げて、それを人間と人間より上位の知的存在の関係に敷衍しようとしている。これは一八七〇年に初版を刊行した際にウォレスが導入した議論で、「ウォレスとダーウィンの思想の最初の理論的分岐点[*25]」と評される重要な論点であった。熊楠はこの点について、「されば自然淘汰の及ばぬところに人為淘汰あり、人為淘汰の及ばぬところに、さらにこれより大なる淘汰ありといったって、それがなんで、いけすかないんですよと、さらにくだくだしく音楽、算数等の智識は決して自然淘汰で生ずることにあらざるを極論せり」と説明している。[*26]

この中松盛雄宛の書簡で、熊楠は旗色の悪いウォレスへの援軍として、人間社会には自然選択だけでは説明できない現象があることを論じようとする。その例として熊楠が挙げるのは、人間の男女の性交が、他の多くの哺乳類の交尾とはちがって、一般に正面からおこなわれることである。そうやって性交時に顔と顔とを向き合わせることから夫婦間の情愛が生まれ、ひいては人と人との人情の機微が発達するのだという試論を熊楠は展開している。

原田健一が指摘しているように、人間の性交が「正常位」でおこなわれることが人間の文化の発展を促したというこの議論は、一九一一年十月二十五日付の柳田国男宛書簡でも繰り返されることになる。[*27] また、一九一二年五月三十日付の高木敏雄宛書簡では、知人の岡部次郎（一八六四〜一九二五）と福本日南（一八五七〜一九二一）を大英博物館（おそらく自然史博物館のこと）に連れて行った際に、ウォレスの説を用いて展示品を一つ一つ解説したと書いている。これは、人間の身体の構造の「不利益不便利」であるために「言語交通が非常に早く開けた」という論が、その中心だったようである。[*28] ただし、一九一四年の「虎に関する史話と伝説、民俗」の中では、この時の大英博物館での解説は、先述のミヴァートの説を用いたように書かれている。[*29]

こうした議論も含めて、全体として熊楠のウォレスに対する評価は、批判一辺倒ではなく、ある程度の共感を含んでいると言うことができるだろう。たとえば、一八九四年三月四日付の土宜法龍宛書簡では、次のように書いており、「心性上の開化」と「物形上の開化」を分ける論法を受け入れていることがわかる。

> されば、ダーウィンと同日、自然淘汰説を学士会院へ持ちこみたるワリス氏（現存）は、今日開化開化と誇れども、それは、前人がしたことを段々つみかさねて得たるほどのことにて、別に何の特色もなし。ただ年代多く経たるだけが幸いとなるなり。史を案ずるに、心性上の開化は、物形上の開化とは大いに違い、一盛一衰一盛一衰するが、決して今のものが昔にまされりといいがたし。反って昔の方が今よりまされり、といえり。これは、仁者の言によく似ていて、科学上の証も挙げたなり。[*30]

とは言え、熊楠は人間の精神上の「進化」について、キリスト教的な「高位の知的存在」を認めてしまうウォレスの理論自体については、強い反発を感じていたと考えられる。一九〇四年一月四日に土宜に向けてウォレスについて再論した際には、「英国のワリス氏の耶蘇教心酔の強語」という言葉に続けて、次のようにしたたかな批判を投げかけている。

この世界は天河の中心にあり、これ上帝特に人間を発達せしめんとのことに出づるとの説。ワリスは有名なる科学者にして、ダーウィンと同時に自然淘汰説を言い出だせし人ながら、年もより死も近いから、俗にいう引かれ者の小唄とて、［中略］科学ばかりでは安心ができぬからというて大乗仏法などは知らず、例の西洋人の生かじりでほめる、身死して虚無ばかりでは大乗仏法などにはとても落ち着けぬから、相変わらず生れ生国の耶蘇説で、かかる説を出だすなり。*31

ここで熊楠が、ウォレスは科学に安住できないが、さりとて大乗仏教のような思想を知らないからキリスト教に向かった、という論点を持ち出していることには注目する必要があるだろう。この手紙が書かれた時期、熊楠は土宜に対して、大乗仏教を基にして近代科学を包摂する哲学を構築することを説いた、いわゆる「南方マンダラ」に関する議論を展開していた。

熊楠が言おうとしているのは、ウォレスは生物の進化論と人間の精神に関する論をキリスト教に基づいておこなおうとしたから間違っている、しかし、大乗仏教であればそうした方向での学問を無理なく切り開いていくことができる、ということであろう。熊楠がこのようなかたちで仏教に傾倒した議論をするようになった背景としては、一八九三年十月に真言僧の土宜《どぎ》法龍《ほうりゅう》（一八五四～一九二三）と出会ったことが大きい。土宜との書簡のやりとりに見られる、仏教と科学を接合しようとする熊楠の「南方マンダラ」論に関しては本書Ⅸ章で論じることとして、ここでは次に、アメリカ時代以降の熊楠がハーバート・スペンサーから受けた影響に関して論を進めていくことにしたい。

3 ハーバート・スペンサーの影響

アメリカ時代の熊楠の読書体験の中で、その後の学問活動にもっとも大きな影響を及ぼしたのはスペンサーの著作群であろう。この頃の日記などを見ると、一八八八年一月に『フンボルト叢書』版の『三つの試論』と『習俗とファッション』を買ったことを皮切りに、八月に『社会学研究』、十一月に『第一原理』、そして一八九〇年には一月に『生物学原理』、五月と六月に『社会学原理』と、立て続けに購入したことがわかる。旧蔵書中に残されたこれらの本にはかなりの量の書き込みがあるものもあり、熊楠が熱心に読み込んでいた跡を今に伝えている。

熊楠がスペンサーから受けた影響は、著作を通してだけではなく、学問への姿勢という点にも及んでいた。鉄道技師から一念発起して学者になったスペンサーが、生涯、学位と関わらずに自己の力で学問活動をおこなっていたことに対する敬慕の念を、熊楠は次のように記している。

> 小生在米五年ばかり、一向学校へ往かず、ただ書を読み又植物採集のみし居り、学位を一向望まず。これは日本等にあまり学士とか博士とかいふてきばる風あるを妙なことと思ひ、何とぞ一生そんな号称なしに、英国のハーバート・スペンセル如く真の学者となりたしとの若気より出しなり。[*32]

こうした学問や人となりへの傾倒を背景として、一八九三年十一月に始まる土宜法龍との書簡の中には、スペンサーへの言及があちこちに見られる。また、『ネイチャー』に投稿されたロンドン時代の英文論考には、理論的な根拠としてスペンサーの『社会学原理』の中の未開人の心性に関する考察が用いられている。一八九八年五月十六日付の大英博物館員のリード（Charles Hercules Read 一八五七〜一九二九）から民俗学者のゴンム（George Laurence Gomme 一八五三〜一九一六）への紹介状［来簡 0252］には、熊楠が「ハーバート・スペンサーおよびその学問の研究者 Student of Herbert Spencer and his studies」であるという文句さえ書かれている。

その一方で、土宜法龍宛の書簡では、熊楠はさまざまな角度からスペンサーに対する批判をおこなってもいる。また『ネイチャー』への投稿に関しては、後に「故ハーバート・スペンセルに一本（ちょっとしたことながら、なかなか他の日本人にそんな勇気なかりし）試みし」[*33]という気概を持っていたことを回想したりもしている。アメリカ時代から英国時代にかけての熊楠にとって、スペンサーは、自分が目指す学問のモデルであり、また乗り越えるべき対象であったと言っても過言ではないだろう。

熊楠にとってスペンサーという存在が持った意味を考える上でまず重要なのは、十九世紀後半の英語圏、ひいては世界の学問におけるその影響力の巨大さである。英国に生まれたスペンサーは、独学によってみずからの思想を作り上げ、十九世紀の後半には絶大な名声を博していた。一八六二年の『第一原理』*First Principles* に始まる「総合哲学大系」Synthetic Philosophy のシリーズは、『生物学原理』*Principles of Biology*、『心理学原理』*Principles of Psychology*、『社会学原理』*Principles of Sociology*、『倫理学原理』*Principles of Ethics* と続き、一八九六年に完結している。自然、生物、人間社会を貫く原理としての進化を掲げたスペンサーの思想は、同時代の学問のさまざまな側面に大きな影響を与えた。

しかし、今日の目から見てスペンサーの思想の全体を評価するためには、いくつかの困難をくぐり抜けなければならない。二十世紀以降の細分化された学問から回顧するとき、スペンサーの思想はあまりにも広範囲にわたっている。また、独学により長い年月をかけて構築されたスペンサーの著作群は、同時代の他の思想家から屹立した独自性を有しており、安易な思想的位置づけを許さないところがある。

たとえば、スペンサーの思想はしばしば「社会ダーウィニズム」という名で呼ばれるが、これをダーウィン進化論の社会学への派生と見なすことはミスリーディングである。スペンサーが独自の進化思想に基づく哲学体系の概要を示したのは、ダーウィンおよびウォレスが生物の自然淘汰説を発表した一八五九年より前のことであった。スペンサー自身もそうした事情に関しては一八八〇年刊行の『第一原理』第四版の序文において、「ダーウィン氏の『種の起源』に含まれる理論から本書とこれに続く著作群が生み出されたという通念」には根拠がないとして、次のように述べている。

本書第二部十五、十六、十七、二十章における理論と同じ内容の拙論「進歩、その法則と動因」は、『ウェストミンスター・レヴュー』*Westminster Review* 誌一八五七年四月号に掲載された。十九章にまとめられた一般的な真理に簡単に触れた論文は「生理学の究極的原理」という題で『ナショナル・レヴュー』*National Review* 誌一八五七年十月号に出ている。さらに、一八五五年七月に初版を刊行した『心理学原理』において、精神の現象はすべて進化論的観点から説明していることも指摘しておきたい。いくつかの章の題とした用語は、それらが後に同題の論文としてもっと広く用いられた考え方が、すでにその時に存在していたことを意味している。『種の起源』が世に出たのは一八五九年十月のことであるから、本書とこれに続く著作群にまとめられた理論の起源がそれに先立つ独立したものであり、端緒となったものであることは明らかである。[*34]

このように、スペンサーの進化理論はダーウィンに先立って独自に構想されたものであり、彼自身そのことを誇っていた。前述のようにウォレスが進化思想の解説書の題を『ダーウィニズム』とした際には、「この表題によって、ほとんど世界的に広まっている誤った考えがいっそう定着してしまう」として、進化論がダーウィンの名前のみで呼ばれてしまうことに憤ってさえいる。[*35]

さらに、スペンサーの進化理論は、ダーウィンの説く生物界における自然淘汰とは根本的に異なるという側面も持っている。こうした面について、デレク・フリーマンは以下のように解説する。

スペンサーとダーウィンの進化理論をひとまとめにするのは、実証的な目から見れば不当なことである。両者はその起源からして無関係であり、その論理構造からしても明らかに異種のものである。また、ラマルク的な形質遺伝の仕組みに対する依拠することや、「進歩」を「不可避」なものと認識することの度合いにおいて、決定的に異なっている。[*36]

進化思想の歴史をまとめたピーター・ボウラーも、スペンサーの思想を「社会ダーウィニズムというよりも、社会ラマルキズムの一種のように見える」[*37]と評している。スペンサーは、『第一原理』の中で、進化に関するみずからの考え方について「物事は継続的な分化と統合の結果として、一貫性のない不明瞭な同質性が一貫性のある明瞭な多様性へと変化する」[*38]と定義しており、進化を全体として一定の方向性を持つものと措定する考え方は、たしかにダーウィンの自然淘汰説とは異なる論理によって導かれていると言うことができるだろう。

さらに、今日においてスペンサーの理解を妨げているのは、彼が扱った分野の幅広さである。スペンサーは近代社会学の父として、現在ではその社会学研究の側面が強調される傾向がある。しかし、実際に『社会学原理』などを読んでみると、世界各地の未開人の文化を総合した結果として語られるその内容の多くが、それ以降の学問分野では社会学というよりは、むしろ宗教学や文化人類学という名で呼ばれているものに近いことを感じずにはいられない。「人類学者としてのスペンサー」を論じたロバート・カルネイロは、スペンサーはみずからの学問を人類学と呼ばなかったが、これは当時人類学と言えば、第一に自然人類学を意味する傾向が強かったこと、第二にこの言葉が古物学的な方向性を有していたこと、が理由であるとしている。[*39]

十九世紀の後半には大きな影響力を持ったスペンサーの思想は、二十世紀に入ると急速に忘れられていった。また、スペンサーの持つ多面性も、二十世紀的な専門化された学問からの容易な理解を許さない結果につながった。そこで、スペンサーに関しては「死後百年以上経っても、その評価は両極端の間を振れている」[*40]という状況が長らく続いてきたのである。こうした経緯から、熊楠のスペンサー受容を考える際にも、まずスペンサー自体をどのようにとらえるべきかという難問がつきまとってきた。[*41]

さいわい、近年の英米圏では、スペンサーに対する研究が一定程度進展し、その学問的な広がりを踏まえた評価が可能となってきている。たとえば、二〇〇〇年にジョン・オファーの編纂による従来のスペンサー評価の集成『ハーバート・スペンサーの批判的評価』全四巻[*42]が出版されたことは、見通しをかなり明瞭にしてくれていると言えるだろう。オファーはまた、そうした蓄積に基づいて二〇一〇年に『ハーバート・スペンサーと社会理論』[*43]を出版し、研究史における論点をまとめている。一九九三年に刊行された『ハーバート・スペンサー、一次・二次資料の書誌』[*44]も、刊行の過程をたどるためには役に立つ書籍である。また、日本への影響に関しては一九八三年刊行の山下重一『スペンサーと日本近代』[*45]のような優れた概説書もある。本章ではこうした研究を援用しつつ、熊楠への影響に関して論じていくこととしたい。

4　日本におけるスペンサー受容と熊楠

南方熊楠がスペンサーのことを最初に知ったのは、おそらく東京大学予備門時代のことであっただろう。東京大学が開設された際に教授として招かれたE・S・モースは、哲学教授として自分と同郷でハーヴァード大学を卒業したばかりのフェノロサ（Ernest Fenollosa 一八五三〜一九〇八）を推薦した。フェノロサは一八七八年に来日し、哲学、政治学、経済学を教えることになった。

この時、フェノロサが講義のために主に用いたのが、スペンサーの著作である。フェノロサは、大学時代にはハーバート・スペンサー・クラブの設立に尽力するなど、その思想の信奉者であった[*46]。山下重一は、来日直後におこなわれたフェノロサの講演の内容について、次のように紹介している。

フェノロサの「宗教論」は、「野蛮人種ノ心ハ如何ナル性質ナリシヤヲ考ル」ことに始まり、未開人が「万物ハミナ二形ヲ有シ、ヨク一ノ形体ヨリ他ノ形体ニ変遷」するという信仰が特に夢の解釈によって促進され、やがて死者蘇生の信仰に発展したことを詳説しているが、その論法は、スペンサー『社会学原理』第一巻第一部第十章および第十二章（書誌略）と全く軌を一つにしている。[*47]

この講演でフェノロサが依拠した『社会学原理』第一巻は、全体として宗教・人類学的な観点から未開社会における信仰の発生について説いているが、後述するように熊楠が一八九四年に『ネイチャー』に発表した二つの英文論考で参照したのもこの部分であった。熊楠が東京大学予備門に入学した一八八五年は、フェノロサが東京大学で講義をおこなった最後の年にあたり、この年のフェノロサは大学の一年生に「論理学」、二年生に「哲学史」、三・四年生に「哲学」を教えていた。

もちろん、この時予備門の新入生だった熊楠は、フェノロサの授業を受けることはできなかったはずである。しかし、東京時代に熊楠が購入していた『学芸志林』には、しばしばスペンサーの著作の断片的な翻訳や紹介が載せられていたから、目を通していた可能性は高いだろう。たとえば熊楠の旧蔵書中に含まれる『学芸志林』のうち、スペンサーの著作としては第五巻二八・二九冊に「婦女の権利」（上下連載）、第一〇巻五五冊に「気候と文明の関係」が掲載されている。

『学芸志林』におけるさらに重要なフェノロサの論文は、第七巻第三六、三七、三九冊に連載された「世態開進論」である。これは、文学部四年生井上哲次郎、文学士和田垣謙三、文学士木場貞長が翻訳を担当しており、フェノロサの東京大学での講義を筆記したと考えられるものである。山下は、このフェノロサの講義もまたスペンサーの『社会学原理』第一部・第二部に基づくものであったことを指摘している。[*48]

ところが、不思議なことに一八七七年の第一巻創刊号から一八八五年の第一七巻最終冊まで揃っている熊楠の旧蔵書中の『学芸志林』［和 080.001~012］のうち、第四巻・第七巻・第八巻だけが欠本となっている。資料がない以上、確定的なことは何も言えないが、十七巻のうちの三巻のみの欠本はやや不自然であり、私はむしろこれは、熊楠がこれらの巻を他の巻以上に熟読していたことを意味するのではないかと推測している。

他に予備門時代の熊楠のスペンサーとの接点として挙げられるのは、『東洋学芸雑誌』『中央学術雑誌』である。[*49] 前者は熊楠の旧蔵書中に一八八一～一八八六年分が残されており［和誌 154］、この期間についてはやはりほぼ全巻を購入している。後者に関しては、一八八五〜一八八六年分が残されている［和誌136］。これらの雑誌には、スペンサーの思想が断片的にではあるがしばしば紹介されており、*50 熊楠がそうした記事に目を通していたことはほぼ確実であろう。*51

当時の日本の言論界にあっては、スペンサーは民権派にも国権派にも、自説を裏付けるものとして利用されていた。佐藤直由は、スペンサーには「自由主義」と「社会進化の思想」の二面があり、「スペンサーが日本に受入された時、自由民権論を唱えた人々は、その理論的根拠としてスペンサーの自由主義をとり、東京大学を根城した《ママ》官学アカデミズムは、社会進化論の側面をとり入れた」*52と指摘している。このうち後者の「官学アカデミズム」を代表する存在が、当時の東京大学文理学部総理、加藤弘之である。

一八八二年に出版された加藤の『人権新説』は、第一章「天賦人権ノ妄想ニ出ル所以ヲ論ス」に始まり、進化論を根拠として自由民権思想を徹底して批判する立場から書かれたものであった。この加藤の一方的な議論に対しては、当時からさまざまな反論がなされているが、『東洋学芸雑誌』の誌上では一八八三年一月から三月にかけての外山正一と加藤の論争が目を引く。この論争は一月号の外山の「人権新説の著者に質し併せて新聞記者の無学を賀す」、二月号の加藤の反論「外山大先生の駁撃を復駁す」、三月号の外山の再批判「再び人権新説の著者に質し併せてスペンセル氏の為に冤を解く」と続くものである。熊楠は一八八五年十二月五日に『人権新説』第三版を購入しており、*53 こうした論争に関しても興味を持って読んでいたことが推測される。前章末尾で紹介した渡米に際しての演説において、熊楠が示した「人種間の競争」という論点も、ある程度、優勝劣敗を強調する加藤の議論に沿うものであろう。

ただし、特に渡米以降の熊楠は、加藤に対してかなり批判的であったと考えられる。たとえば、加藤は中江兆民（一八四七〜一九〇二）らの民権論者に対抗するためか、『人権新説』でルソー（Jean-Jacques Rousseau 一七一二〜一七七八）を「古来未曽有の妄想論者」*54とこき下ろしているが、『珍事評論』第一号において熊楠は自らをルソーに例え、*55その後もフランス語の原文を熱心に読み込んでいる。また、一八九四年一月十九日付の土宜法龍宛書簡では、次のように加藤の批判をおこなっている。

加藤弘之などは進化論聞きかぢり、社会の事はみな自然の勢なりなどいふ。いかにも形外のことは左様なるべし。されど人間には霊魂の作用、甚だはたらけば、道義の一事は子を生む数や、生死の概算のやうに行くまじ。熊楠を以て見れば、人間の開化は自然の進化に放任せざるに依て成るものと思ふ。今自然のままなりとて、見あたり次第盗み、婬し、殺害するときは何の開化か有之ん。礼節といひ忠義といひ、無用の人々も捨殺さず、必要ならぬことにも飾文を施すは、みな自然に放任せず、自然に抗すべき為なり。*56

後半部分が、加藤に対する論評と言うよりは、自然淘汰の働かない「霊魂の作用」の重要性を説く論調になっていることには留意すべきであろう。とは言え、アメリカでの豊富な読書体験を基に、少なくとも進化論に関しては加藤よりも自分の方がずっときちんと理解しているという認識を、この時期の熊楠が持っていたことは明らかにわかる。実際、加藤の『人権新説』は、進化論の社会への応用としては、当時の水準から見ても粗雑な論旨が目立つものである。もちろん、加藤のような人物が総理を務めていることに対する不信感が、熊楠をして東京大学予備門からの退学と後年の距離を置く立場を選択させた、とまでは言うことはできない。しかし、日本における大学教育の世界から離れて、十九歳からアメリカにおいて自学自習で本格的にスペンサーを読み込むという熊楠の人生選択が、結果的に自由な批判精神を培うことにつながったことは確かであろう。

5　トーテミズムに関する書き込み

では、アメリカ滞在期の熊楠は、上達した英語の読解力を背景として、スペンサーの著作の一つ一つを原著でどのように読み込んで行ったのであろうか。現在、顕彰館には十一件のスペンサー著作が旧蔵書として残されており、そのほとんどがアメリカ時代に購入されたものであると考えられる（注にすべての書誌を記した）。[*57] その中に記された書き込みは、熊楠のスペンサー読解を考える上での基礎的な情報を提供してくれる。さらに、英文論考におけるスペンサー理論の扱いや、土宜法龍宛などの書簡に記された評釈は、受容の成果を伝えてくれる貴重な証拠でもある。

熊楠のスペンサーに対する態度は肯定・否定の両面があり、そのすじみちは錯綜していて一筋縄では行かないところがある。また前述のように、スペンサー自身が多面的な思想家であり、熊楠が彼のどの部分に刺激を受けているのかについては、細かい対応関係を踏まえて多角的に判断していく必要があるだろう。

こうした観点から、まず検討すべきなのは、熊楠の旧蔵書中に見られる書き込みである。書き込みには、熊楠がその本を読んだ際に感じたことが直接その場で記されているため、読書体験をもっとも生々しく伝えてくれる資料である。筆者は旧蔵書中のスペンサー著作の書き込みをすべて調査しており、その結果として作成した一覧を本書の参考資料として付しておいた。[*58] 以下の論考では、これらの書き込みの中から、特に重要と思われるものを紹介しながら、熊楠のスペンサー読解の跡をたどることにしたい。

熊楠のスペンサーへの傾倒の過程を示すものとして興味深いのが、旧蔵書中の一八八五年刊行の『フンボルト叢書』版の「三つの試論」［洋 320.04］である。これは、「法則とその発見の順番」Laws, and the order of their discovery、「動物崇拝の起源」Origin Of Animal Worship、「政治的フェティシズム」Political Fetichism という、それぞれ別個に発表されたスペンサーの三つの論文を一つの小冊子に綴じたものである。最初の頁に記された書き込みからは一八八八年一月二十四日、つまり二十歳の時にアナーバーで購入したことがわかる。

この小冊子における実質的な書き込みは一箇所のみなのだが、かなり長文のもので、熊楠の思想形成を考える上でたいへん注目される内容を含んでいる。この文章が書き入れられているのは、三つの論文のうちの二つ目の「動物崇拝の起源」の一四頁目で、これはもともとスペンサーが一八七〇年に『フォートナイトリー・レヴュー』*The Fortnightly Review* に発表した文章であった。

スペンサーはこの論の中で、「未開人」savage あるいは「文明化されていない種族」uncivilised races の間に見られる

it not happen that a chief, remarkable for his great bulk, would be nicknamed after the highest mountain within sight, because he towered above other men as this did above surrounding hills? Such an occurrence is not simply possible, but probable. And, if so, the confusion of metaphor with fact would originate this surprising genealogy. A notion perhaps yet more grotesque, thus receives a satisfactory interpretation. What could have put it into the imagination of any one that he was descended from the dawn? Given the extremest credulity, joined with the wildest fancy, it would still seem requisite that the ancestor should be conceived as an entity; and the dawn is entirely without that definiteness and comparative constancy which enter into the conception of an entity. But when we remember that "the Dawn" is a natural complimentary name for a beautiful girl opening into womanhood, the genesis of the idea becomes, on the above hypothesis, quite obvious.

not primary but secondary. What has been said above almost of itself shows this. Let us, however, follow out the steps of its genesis. Respecting the Tasmanians, Dr. Milligan says: "The names of men and women were taken from natural objects and occurrences around, as, for instance, a kangaroo, a gum-tree, snow, hail, thunder, the wind, flowers in blossom, etc." Surrounding objects, then, giving origin to names of persons, and being, in the way shown, eventually mistaken for the actual progenitors of those who descend from persons nicknamed after them, it results that these surrounding objects come to be regarded as in some manner possessed of personalities like the human. He whose family tradition is that his ancestor was "the Crab," will conceive the crab as having a disguised inner power like his own; and alleged descent from "the palm-tree" will entail belief in some kind of consciousness dwelling in the palm-tree. Hence, in proportion as the animals, plants, and inanimate objects

「三つの試論」［洋 320.04］に見られる書き込み

トーテミズムに関して分析し、「ある部族が崇拝の対象物の子孫である」という「奇妙な信仰」がどのようにして生じたのかを推測しようとしている。このうち、熊楠の書き込みが見られるのは、ニュージーランドの原住民のある部族が近隣にあるトンガリロ山を父祖としていることに関する記述のあたりである。

熊楠曰紀州海部郡藤白嶺腹に樟神祠有り、大なる樟樹を石垣もて囲めり、和歌山辺人の或る種族は児女の生るゝ毎に詣てゝ之を祭り祠人に請て名を付る事也但し其名に用らるゝ字樟及藤の二字甚多く其他種々有之、予の名も此祠人より賜はれり、五六歳の時病有りしかば人に負はれて参詣せし事今たに記臆す、藤白の藤は詠歌にも出甚名高し二字の外用ひらるゝ字どもは当初此族の人らが右二字とくみ合して用られしためしなるべし[*59]

熊楠はこのトーテミズムに関する議論を読んで、故郷和歌山の風習として「樟《くすのき》」と「藤」の字を名前につけることを思いついて、この長文の書き込みをおこなったようである。ふつうに考えれば、一八八八年一月の購入後、すぐに書き込みをおこなったと推測するのが自然だが、日にちが特定できない以上、ずっと後で読んだという可能性も否定しきれないところがある。

この書き込み時期の問題を考察するためには、帰国後の熊楠が、一九〇九年五月の『東京人類学会雑誌』に発表した「小児と魔除」（原題は「出口君の『小児と魔除』を読む」）の中の、自分の一族の名とトーテムを結びつける論を参照する必要があるだろう。ここで熊楠は、藤白王子神社と「楠」や「藤」を持つ名の関係に関してほとんど同じ内容について記してから、「予思うに、こは本邦上世トテミズム行なわれし遺址の残存せるにあらざるか」[60]としている。

> 今日は知らず、二十年ばかり前まで、紀伊藤白王子社畔に、楠神と号し、いと古き楠の木に、注連《しめ》結びたるが立てりき。当国、ことに海草郡、なかんずく予が氏とする南方苗字の民など、子産まるるごとにこれに詣で祈り、祠官より名の一字を受く。楠、藤、熊などこれなり。[61]

当然のことながら、自分の手控えとしての書き込みである「三つの試論」への書き込みと比べて、学術誌とはいえ一般向けに発表された「小児と魔除」の方が、文章的にこなれていることが指摘できるだろう。また、祠官から与えられる名前について、前者では「藤」「樟」のみとしているのに対して、後者では「楠」「楠」に「熊」を加えていたり、大楠の状況に関して前者では「石垣で囲めり」に注目しているのに対して、後者では「注連《しめ》結びたる」に注目していたりするといった、記述内容のちがいもある。

後者の文章を発表した後に前者の書き込みをおこなう必然性はないので、前者の書き込みが一九〇九年以前のものであることはほぼ確実と考えられる。ではどのくらい早い時期のものであるか、という問題については、確定はできないのだが、前者と後者の文体や内容のちがい、また肉筆字体の特徴[62]から見て、少なくとも一九〇〇年の帰国の前、おそらく一八八八年一月二十四日の購入にかなり近い時期と、ここでは推定しておきたい。もしこの推定が正しければ、この書き込みは、熊楠が二十歳頃のきわめて早い時期から、自分自身のアイデンティティと人類学的関心を結びつけて考える方向性を有していたという根拠になるだろう。

その際に重要なことは、熊楠がみずからの父祖が代々伝えてきた習俗を、スペンサーという近代的な学問の眼を通して見る二重性を、必然的に背負わざるを得なかったことである。スペンサーを始め、西洋の人類学はアフリカや新大陸における「未開」の人類社会を、自分たちと離れた対象として分析するという側面を強く有してきた。スペンサー自身はこうした傾向についてはある程度自覚的であり、「動物崇拝の起源」においても、なるべく現代英国社会との比較を持ちこもうとしているのだが、それでもやはりその枠組みにおける文明と未開との対立には確固としたものがある。

それに対して、熊楠がみずからの親族のことを「和歌山辺人の或る種族」と呼んでいることは象徴的である。この時、熊楠は、自分は人類学の方に立つ観察者であるとともに、観察される対象でもあるという意識を持っていたはずである。そうした「和歌山辺人の或る種族」の一員としての主体性と、「未開民族」の「奇妙な習俗」としてそれを分析する近代西洋の視線のもたらす二重性は、熊楠の学問全体の位置づけを考える上でも、大きな鍵となる部分であると言えるだろう。

6 『社会学研究』への書き込み

熊楠のスペンサー本への書き込みの中でも、質量ともに最大なのが、『社会学研究』に対するものである。『社会学研究』はもともと『コンテンポラリー・レヴュー』*The Contemporary Review* 誌と『ＰＳＭ』誌に連載された論考を、一八七三年にニューヨークとロンドンで同時出版した書物であった。現在、南方熊楠の蔵書中には、一八八八年にニューヨークで出版された版と一八九二年にロンドンで刊行された版の二つが残されているのだが、興味深いことに、この二つの版のそれぞれに異なる種類の書き込みがなされている。

まず、最初の一八八八年版に関しては、熊楠は「八月八日」にアナーバーで購入したと書き込みをしている。ここには月日のみあって年が示されていないのだが、熊楠が八月にアナーバーにいたのは一八八八年から一八九〇年までだから、この中のいずれかということになる。それぞれ該当の日を見ると、一八八八年八月八日の条に「アップルトンより書籍二種着」と記されているので、おそらく購入したのはこの日と見てよいだろう。さらに一八九〇年六月五日の日記には「徹夜スペンセル氏スタヂイ・オヴ・ソシオロジーを読む」と書かれているので、熊楠がこの本を集中的に読んだのは、アナーバーにいた二十三歳頃のことであったと考えられる。

全体としてこの『社会学研究』は、当時のスペンサーの社会学に関する基本姿勢を著述したものである。この中で、スペンサーは学問としての社会学の妨げとなる状況に関して説明しており、特に八章から十二章にかけて、「教育による偏見」「愛国主義による偏見」「階級による偏見」「政治的な偏見」「宗教的な偏見」という題で、偏見 Bias のもたらす弊害について述べている。熊楠の書き込みが集中しているのは、このうちの「愛国主義 Patriotism による偏見」[*63]の部分である。

この章でスペンサーは、まず愛国主義に関して、「正しかろうが間違っていようが自分の国なのだから」という十九世紀初めのアメリカ海軍士官の有名な言葉を引く。[*64]そして、「そのような感情を抱く者は、社会現象を科学的に扱うために必要な公平さを備えているとは言えない」とする。「個人や国家の利益という視点を離れて物事を見ることは、社会学を構成する人間の行動のみちすじに対するバランスの取れた判断をする際には不可欠なこと」[*65]だからである。そのため、学者は愛国主義から自分自身を解き放たなければならないのだが、一方でそれはなかなか困難なことだというのが、この章でスペンサーが主張していることの中核である。

こうした前提の上で、スペンサーは愛国主義による偏見のために、各国・各民族によって異なる歴史記述が生じていることについて述べていく。たとえば、お互いを戯画化する英国とフランスの例に始まり、スコットランドでは英雄、イングランドではごろつきとして描き出される十三世紀の抵抗活動家ウィリアム・ウォレスの例が挙げられる。さらに、ローマカソリックはプロテスタントの残虐性、プロテスタントはローマカトリックの残虐性のみを言い募ることや、スペインとフランス、ロシアとカフカスの間にある同様の状況が次々と列挙されている。そして、フランスがアルジェリアでアラブ人避難民のいる洞窟に火を放った事件を非難しながら、同時期にインドでセポイの乱の際に反乱者や反乱者側の家屋に火を放った英国の仕打ちを見過ごすなど、自分が当事者になると公平性を失ってしまうことに対する警告を発しているのである。

熊楠が集中的に書き込みをしているのは上記の議論がなされている頁で、左右下の欄外にびっしりと文章が記されている。まず「日本外史足利氏新田氏ノ両條ニ記セル尊氏ノ位置相異ナルコト別人ノ如キヲ参考スヘシ」とあるのは南北朝の対立、「我朝ニテハ秀頼ノ滅亡ト家康ノ勃興トノ記其尤モヨキ的例ナリト考フ」は徳川と豊臣の対立による歴史記述の違いに関する指摘である。また「明朝ノ書ト我朝ノ書ニ見タル秀吉ノ事伝亦然リ」のように、秀吉の朝鮮出兵に関わる中国と日本での評価の違いについても記している。いずれも、スペンサーの文脈にぴったり当てはまる、やや教科書的と言ってもよいような例であろう。さらに熊楠は、「支那歴代輯彙ノコトヲ記セルモ亦然リ」、「一代ノ終リニ記セル次代ノ祖宗ノ行ヒハ甚極悪ナルニ其次代祖宗ノ記ニ則テハ寛仁英秀ノ風ノミ見ユ」と、歴史を書く主体の重要性に関しても言及している。

「愛国主義」による偏見はなかなか抜きがたく、特に宗教が絡むと強固になるとスペンサーは言う。とは言え、そうした偏見を離れた記述も存在しうると、スペンサーは続けるのだが、その部分に熊楠がつけたコメントが「或亜米利加人ノ眷属ニ亡国内乱ノ時印度パーシー宗ノ人ヨリ寄附金ヲ得タルコトヲ記シ其宗旨ヲ称賛セルモノアルガ如キ此例トスヘシ」である。熊楠がこの例をどこで読んだかはわからないが、ここまでの書き込みからは、「愛国主義」の危険に対して警告を続けるスペンサーに対して、熊楠が一定の同感を持って読んでいることがわかるだろう。

実際、クック（James Cook 一七二八～一七七九）の艦隊に対するサンドウィッチ諸島の未開人の暴動を、ヨーロッパ人側が先に手を出したとして擁護し、未開社会の人々が残虐だという固定観念は、往々にして文明社会の人々が「劣等な人種」に対しておこなっているひどい仕打ちを無視したところから起こるものであることを説くなど、スペンサーはこの頃の言説としては、かなり寛容で自制的と言うべき態度を取っている。

さらにスペンサーは、サン・ドミンゴでのフランスによる原住民の虐殺や、フィジーのサウスシー島での英国による原住民の奴隷売買を例に挙げているのだが、これに対する熊楠の書き込みは「黒奴ノ事ヲ止シヲ誇称スル民ニシテ阿片ノ累ヲ止サルハ如何」である。つまり熊楠は、スペンサーがヨーロッパによる奴隷貿易を非難していることに共感を示しながらも、英国が中国などで行っているアヘン輸出の問題を取り上げている訳である。

前述のように、スペンサーの論は当時の西洋知識人として最大限の公平性を打ち出そうとしたものであるが、それでもやはり十九世紀的な「文明人」と「劣等民族」との線引きを、おそらく本人も無意識のうちにおこなっているところがある。スペンサー自身はアヘン輸出を擁護しているわけではないが、当時の英国人が有していた偏見の核心には迫っていない観は否めない。そのあたりが、熊楠のようなアジア人として西洋中心主義から阻害された者の目には、物足りないと見えたのであろう。

次に、一八九二年ロンドン刊行の『社会学研究』への熊楠の書き込みを見てみよう。この書籍を熊楠が再度購入することになったいきさつや、年代については、現在の資料からはほとんどわからない。ただし、冒頭に「K. Minakata, Wakayama, Japan」という書き込みが見られるので、おそらく一八九二年の刊行年から一九〇〇年の帰国までの間、ロンドン滞在期に購入したものと考えられる。書き込みの時期も帰国以前と思われるが確定はできない。

この版の最初の書き込みは、社会学を研究する上での「客観的な難しさ Objective difficulties」について述べた章に見られるものである。スペンサーはここで「事実をひどく曲解することにより、観察と推測を無意識のうちに混同してしまうこと」[*66]に対する弊害について論じている。これに関連して、熊楠は「予在米ノ時」と、アメリカに居た頃の話として「カプチン・ジェーンズ」という知人[*67]の対話のことを記す。この時ジェーンズは熊楠に、日本の近代化が儒教によって阻害されていると論じたようである。これに対して、熊楠は、同じことを最近東京大学の某も唱えたようだが、キリスト教による近代化の弊害は儒教どころのものではなく、この論法は彗星が現れれば凶作になると信じている「土百姓」のような謬説だとしている。

次は、社会学の「主観的な難しさ Subjective difficulties」に関する章に見られるもので、スペンサーの本文を直接に批判しているという意味で注目される。熊楠がここで言う「スペンサー観察ト観察ノ結果ヲ誤リ合スルコトヲ喋々シナガラ、此所ヨリ自分アマリ博識ヲ示サントテ不当ノ例ヲ出セリ」は、前述の「観察と推測の混同」に対する批判のことを述べた部分に対応するのであろう。スペンサーはここで、世界の民族の婚姻に見られるさまざまな「奇妙な」事例の一つとしてタタール人に言及し、夫が自分を鞭打たないのは愛していないからだ、と証言したある妻のことを取り上げている。

これに対して、熊楠は「世ニ夫ニ打ル、ヲ喜フモノアランヤ、打タサルヲ憤ルニ非ズ愛ヲ失ヲ懼レタル也」という人情の機微を説明し、スペンサーが自分の博識を誇ろうとして「不当ノ例」を出しているとするのである。愛する男のために女郎として売られた稲川次郎吉の妻や、夫の女遊びを肯定した明智十郎の妻を引き合いに出すことで、熊楠は西洋的な婚姻の価値観に拘泥し、それに合わないものを「奇妙な風習」と断ずるスペンサーの分析のかたくなさを批判しようとしている。さらに熊楠は「シエクスピヤールニポールシアガ夫ノ難ヲ己レニ告サルヲ恨ムナド西洋ニモ多キ事也」と『ヴェニスの商人』における例を最後に持ち出しているのだが、そこからは西洋文明と非西洋文明をどこかで区別してしまうスペンサーに反論したいという意図を読み取ることができる。

総じて、熊楠はこの『社会学研究』に見られるような、必ずしも西洋のみを絶対視しないスペンサーの態度を肯定的にとらえていたのだろう。一八八九年八月十七日発行の『珍事評論』第一号には「人が人自らをスタンダードとして万事万界を計り量ることの非は、ケプラール、コペルニクスが天文上の発見より、近来スペンセルに至て大に世に闡明せられたりといふべし」[*68]という言葉も書き付けられていて、こうしたスペンサーの文化相対主義を評価していることがわかる。しかし、その一方で、こうしたスペンサーの公平さには、やはり西洋から見る限りにおいてという一定の限界があることを熊楠が感じ取っていたことも、これらの書き込みからは読み取ることができるのである。

7 『社会学原理』の読解と英文論考への応用

このように、熊楠はおそらくスペンサーの中期の代表作『社会学研究』を複数回読んでおり、自身の社会学の学修のための一種の教科書として用いていたことが推測される。これに対して、熊楠がより実践的に論文の中で参照したり、後の学問構想の基盤としたりしたのが、スペンサー後期の代表作『社会学原理』である。一八八三年から一八九六年にかけて断続的に出版された『社会学原理』は、「総合哲学大系」の最後にスペンサーが満を持して執筆した著作である。熊楠にとっては、アメリカからロンドンに滞在していたちょうどその頃刊行されていた、同時代の書籍ということになる。

この『社会学原理』に関して、日記によれば熊楠は、一八九〇年五月一日に「スペンセル氏プリンシプルス・オヴ・ソシオロジー二冊」、同年六月九日に「Spencer's Principles of Sociology, vol.II, Part VI」を、ともにフィラデルフィアのフット書店から購入している。後者は、『宗教制度』*Ecclesiastic Institution* という題で別に独立して出版された後、『社会学原理』の第二巻第六部として組み入れられた書籍である。

このうち、熊楠の書き込みが多く見られるのは、『社会学原理』一巻十三章九八節の「霊魂、幽霊、精霊、鬼神などの概念」の部分で、ここでスペンサーはバストス人（南アフリカ原住民）の俗信として、岸辺を通りがかる人の影を川の中に引きずり込んでしまうワニの例を挙げている。これに対して熊楠は、中国のハサミムシや「蜮」という伝説上の生物について記し、この「蜮」がアリジゴクのことではないかと書き付けている。さらにこの節の注釈部分にも書き込みが見られるが、これは「ある人物の姿はその人物の魂と一体である」という俗信に対応するものである。ここでは、魂が身体を離れて存在し得るという、未開人の思考に関する事例についての見出し的な書き込みとなっている。

熊楠がこれらの書き込みをおこなった時期についてはわからないのだが、一九〇〇年九月以降に『ノーツ・アンド・クエリーズ』誌に発表した「神跡考」(Footprints of Gods, &c.) との関わりは指摘しておく必要があるだろう。超自然的なものの足跡を世界各地の俗信に探ったこの論考の中で、熊楠は「人間や動物がみずからの身体の存在に不変性を与えるとしたら、足跡に勝るものはなく、足跡に匹敵する身体以外の属性では、影や鏡に映る姿、部分的には声や鳴き声くらいのものである。ゆえに、未開の人々は足跡を、身体そのものには劣るものの、命ある肉体の神秘的な分身と見なしたのであった」という見解を示している。そして『社会学原理』一巻八章「未開の思考」の一一四頁以降を出典として挙げているのである。[*69]

「神跡考」はアメリカ時代からロンドン時代の熊楠の学問的関心の集大成として位置づけられる著作であり、その論旨のもっとも重要な根幹となる部分でスペンサーの理論が応用されていることの意味は大きいだろう。他にも、『ノーツ・アンド・クエリーズ』誌への投稿としては、「コウモリと人間の魂を結びつけるような迷信」について記した一九〇七年七月六日号掲載の「コウモリによる略奪」(“Bat Bearaway”)でも『社会学原理』の一巻二二章「動物崇拝」を参照している。[*70]

『社会学原理』第一巻は、未開人の心性から宗教観念が発生してくる状況について論じたものであるが、そうしたスペンサーの壮大な試みを、熊楠は他の英文論考でも理論的な背景として用いている。まず、一八九四年十一月八日号の『ネイチャー』に発表された「北方に関する中国人の俗信について」[*71](On Chinese Beliefs about the North)では、『社会学原理』一巻一二章「死と再生に関する観念」の八三節と、一巻一五章「他界に関する観念」の一一二節と一一五節の記述が参照されている。

このうち「死と再生に関する観念」からの引用は、「死者の霊魂が呼ばれれば戻ることがありうる」という俗信に言及したものである。しかし、中心となるのはもう一つの「他界に関する観念」の方で、ここでスペンサーは森林や山と洞窟といった未開人の持つ死後の国のイメージを示した上で、「移住した民族は、父祖が居住していた地域を、死後に向かうべき他界と見なす」[*72]という仮説を提示する。つまり、ある民族が移動すると、元いた場所に対する憧憬の念が起こり、それが他界観念に発展するという説である。未開人においては夢や死は現実や生と未分明であるため、新しい居住地で元いた場所のことを夢見た際には、そこが死者が行く国であると理解されたのではないかと、スペンサーは推論する。

これを受けて熊楠は、多くの中国文献で北方が死者の国とされていることを取り上げ、この事実は古代中国人が北方から南方に移動したことを示すとしている。論文の着想自体は、シムコックスの『原始文明』という近著[73]の『ネイチャー』での書評を受けたかたちをとっていて、そこには当時高名であった東洋学者のラクーペリ（Albert Étienne Terien de Lacouperie 一八四五?～一八九四）による、中国語では「北」が「後方」の意味で用いられているという議論を踏まえて、中国人が北から入ってきたという説が紹介されていた。そこで、熊楠はスペンサーの民族移動による他界観念の発生説と中国文献にあらわれる北方他界観を結びつけて、この中国民族北方起源説の正当性を訴えたのであった[74]。

この「北方に関する中国人の俗信について」に関して、「課余随筆」巻之七には、一八九四年八月末頃に書かれたと思われる「支那人北方ヨリ入リシトイフコトハ」に始まる下書きが見られる[75]。熊楠はここで、「スペンセルノ社会進化論（$1^{\text{vol.}}$ chap.XV§115）ニ彼民其先人ノ住セル方ニ死後ノ旅ヲナストナスヲ、§112 ニ印加族死スルトキハ東面セシムルコトヲイヘリ」としている。この部分にはまた、「班固の白虎通」、「荀子二十八篇」、「五雑俎〔組〕。演義三国志（金聖歎〔嘆〕本、1734）、説苑十九巻二十二葉、孔子語北者殺伐之域。熊沢蕃山の葬祭辨論。酉陽雑俎、巻之二、一葉」[76]が抜書されており、すでにほぼ英文論考執筆のための論旨が固まっていたことが見て取れる。

さらに関連する論文として、翌週十一月十五日の『ネイチャー』に掲載された「洞窟に関する中国人の俗信」（Chinese Beliefs about Caves）[77]でも、熊楠は『社会学原理』一巻一四章「他界に関する観念」の一一二節を参照している。こちらで取り上げられているのは、穴居人の子孫たちは地下または洞窟に他界があるという信仰を持つようになるという説である。熊楠はそれに対して、自分たちの祖先が洞窟で生まれたとする少数民族の例、および極楽を「洞天」と呼ぶ道教の例を挙げる。

熊楠は一九〇〇年四月十二日号の『ネイチャー』に掲載された「幽霊に関する論理的矛盾」（Illogicality concerning Ghosts）[78]でも、『社会学原理』一巻八章「未開の思考」の五二節から引用している。こちらでは、現代人が抱く非科学的な考えを「幽霊が服を着ているはずがない」という例で一蹴するスペンサーに対して、『論衡』の著者王充（二七～

一〇〇頃）はすでに千九百年も前に同じ事を考えていたと応酬したものである。熊楠は後に「故ハーバート・スペンセルに一本（ちょっとしたことながら、なかなか他の日本人にそんな勇気なかりし）試みし」[*79]と述懐しているが、ここで紹介している「一本試みし」とは、この幽霊に関する論考のことかもしれない。ただし、そうだとすると、大昔の中国で同じレトリックが使われていたという程度の難癖は、本人も認めるようにスペンサーに対する挑戦としては、まことに「ちょっとしたこと」であろう。

全体としては、これらの熊楠の英文論考が、『社会学原理』第一巻でスペンサーが論じる未開人における宗教観念の発生の議論の大きな影響下にあったことは明白である。一九一四年二月号の『太陽』に発表した「支那民族北方より南下せること」においても、これらの英文論考における自説を紹介した際にも、熊楠は「スペンサー博蒐せる材料を考覈《こうかく》して結論すらく（一一五章）、他国に移り入りし諸民族は、その祖先が住みし地をもって自分らの楽土とし、身死してのち魂その地に赴くと信ずるが通例なり」[*80]と、この部分のスペンサーの論が幅広い資料収集に基づき、よく考察されたものであることを認める表現を用いている。[*81]

8　記述社会学から「ロンドン抜書」へ

熊楠の蔵書中の『社会学原理』には、世界の諸民族の民俗・風習をデータ的に列挙した注釈部分に「reference lost!」や「ref. lost」といった書き込みが見られる。これらの語は、実際に『社会学原理』の中でスペンサーが記しているもので、参照文献を失念したという意味であろう。実は、『社会学原理』の基となったこうしたデータはスペンサーが雇った複数の研究者の手によって収集されており、そのために起きた混乱であると考えられる。こうした書き込みからは、熊楠がスペンサーの社会学をそのデータ収集の段階から丸ごと理解し、解析しようとしていたことがわかる。

スペンサーは『社会学原理』の執筆に先立って、膨大なデータ収集を計画し、これを『記述社会学』*Descriptive*

Sociology という名のシリーズで刊行していた。こうしたデータ集について、スペンサー自身は「生物学者の議論のために異なる種類の動物の機能や構造に関する研究が必要であるように」、社会学の議論の基礎となるものであるとしている。[*82] この資料収集は、スペンサーの指示によってダンカン (David Duncan) が開始し、シェッピング (Richard Shepping)、コリア (James Collier) と受け継がれて作成されていった。

一八六七年に開始されたこのシリーズの構成を出版年順に挙げると次のようになる。「1 英国人」「2 古代メキシコ人、中央アメリカ人、チブチャ族、古代ペルー人」「3 最下等人種、ネグリト、マレー・ポリネシア人」「4 アフリカ人」「5 アジア人」「6 南北アメリカ人」「7 ヘブライ人・フェニキア人」「8 フランス人」、ここまでが一八七三年から一八八一年の間に刊行された。その後、スペンサーの没後に「9 中国人」「10 古代ギリシア人」「11 古代エジプト人」「12 現代ギリシア人」「13 メソポタミア人」「14 アフリカ人 (4の増補新版)」「15 古代ローマ人」「16 イスラム社会学序論」「17 ソロモンの遺産」が追加され、最終刊が刊行されたのは一九三四年のことであった。刊行年が長期間にわたったこともあって、各巻における人種の分類法はややいびつではあるが、「高等」で「文明的」なものから「下等」で「未開」のものまで、人類社会のすべての情報を総合しようとした意図は理解できるだろう。

後に熊楠が購入して書き込みをしているのは、このうちの一八七四年に初版が刊行された「3 最下等人種、ネグリト、マレー・ポリネシア人」の巻である。ここで示されたような「最下等人種」という言い方は、現在の目から見ればかなり不穏当なものであるが、当時の人類学では常識とされていた。スペンサーはここで未開民族を以下のような三つのカテゴリーに分けている。

最下等人種：フエゴ人 (ヤーガン)、アンダマン諸島人、ヴェッダ人、オーストラリア人 (アボリジニ)

ネグリト：タスマニア人、ニューカレドニア人、ニューギニア人、フィジー人、パプア・ニューギニア諸島人、トンガ人、サモア人

マレー・ポリネシア人：サンドウィッチ諸島人 (ハワイ)、タヒチ人、トンガ人、サモア人、ニュージーランド人

〈マオリ〉、ダヤク人、ジャワ人、スマトラ人、マダガスカル人

このあたりは、社会進化論ならではの、下等から文明にいたる当時の人種観がはっきりと表れているところである。こうした未開民族の社会におけるさまざまな要素を総合的に比較し、対照表とすることで、人類文化の全体像とその進化の過程を探ることができるというのが、スペンサーの見取り図であった。そのためにスペンサーは、それぞれの社会の要素を以下の区分に分類して、収集されたデータを記述している。

肉体的特性、感情的特性、知的特性、労働区分、労働規範、家族・婚姻、政治、軍事、宗教、職業、身体変形、葬送儀礼、交接法、習慣と風習、美的感覚、倫理感覚、俗信、知識、言語、流通、交換方法、物産、芸術、飼育、陸上作業、住居、食、衣服、用具、武器、工芸品

このような分類に基づいて、前述のさまざまな未開諸民族の要素を情報収集して、巨大な対照表に当てはめたのが、『記述社会学』という書物なのである。その結果できあがったのは、まさに十九世紀的な人類文化の総合大系と呼ぶべき図面集で、一頁が地図のように広いこの書物をめくる行為は、それ自体が壮観な一大作業である。スペンサーはこの試みを記述社会学と呼ぶが、今日的な意味では社会学・人類学・民俗学情報の体系的収集と呼んだ方が適切であろう。

熊楠は一八九八年十二月に大英博物館を追放された際の理事会宛の釈明〈通称「陳状書」〉の中で、自らの研究がスペンサーによって動機づけられたことを明確に記している。

私はロンドンに着く直前に、日本の新聞によって、あるイギリスの偉大な哲学者〈ハーバート・スペンサー氏との書込あり〉が、日本人の学者〈金子氏との書込あり〉に、日本にこれまで社会学の歴史がなかったのはたいへん残念

なことだと述べたことを知りました。この記事は私に大きな刺激を与え、私をしてこの重大な仕事を成し遂げようと決意させたのでした。[*83]

熊楠がここで言及している新聞記事については未詳だが、ハーヴァード大学出身の金子堅太郎（一八五三〜一九四二）が、一八九〇年三月にロンドンでスペンサー宅を訪れて会談したことは事実である。スペンサーは、一八九二年八月には、憲法の制定に関して問うた金子に三通の手紙を送っているから、熊楠が読んだ記事はこれに関連して報道されたものかもしれない。金子が後に「［スペンサー］氏は車中に於ても憲法制定及條約改正と共に日本の歴史を外國語に反譯して歐米の人士に通讀せしむるの必要を切論せられたり」[*84]と述懐していることからも、スペンサーが日本の社会構造に関心を抱いていたことは確かだろう。

他にも、熊楠はこの英文の陳状書の中で「日本における記述社会学 descriptive sociology の完成に向けての道程を歩んでいこうと考えた」として、そのために「比較の対象として、いくつかの別の民族について知識を得ることが不可欠だと思った」[*85]とも書いている。ここで熊楠が「記述社会学」という言葉を用いているのは、やはりスペンサーの『記述社会学』シリーズの出版に刺激を受けたものと考えて間違いないだろう。

このことは、一九一二年二月二十三日付の高木敏雄宛書簡に、「Waitz und Gerland, "Anthropologie der Naturvölker"」とともに「Herbert Spencer, "Descriptive Sociology"」を挙げ、「小生は七冊斗り見たり。スペンサー八年ばかり前死するとき遺言して、又続刊中と聞く」としている部分からも確かめられる。[*86]「七冊斗見たり」ということであるから、熊楠のロンドン時代に既刊であった八巻分、つまり「1 英国人」「2 古代メキシコ人、中央アメリカ人、チブチャ族、古代ペルー人」「3 最下等人種、ネグリト、マレー・ポリネシア人」「4 アフリカ人」「5 アジア人」「6 南北アメリカ人」「7 ヘブライ・フェニキア人」「8 フランス人」のほぼすべてに目を通したということになるだろう。

これに続けて熊楠は、ヴァイツとゲルラントの『未開民族の人類学』とスペンサーの『記述社会学』の二書が人類学の研究の際に真っ先に参照すべきものであることを述べる。さらに「小生は大英博物館で五十二巻斗り色々書抜せし」と続けており、自身の大英博物館での「ロンドン抜書」の試みにつながるものであることを示唆している。「ロンドン抜書」の構想に関してはⅦ章で詳述するが、その人類学や民族誌に関する情報収集の一つのモデルが、スペンサーの記述社会学シリーズであったことは、注目すべきことと考えられる。

ただし、現在、顕彰館に所蔵されている熊楠旧蔵書中の『記述社会学』第三巻に関して言えば、ロンドン時代ではなくかなり後年に購入したものであろう。と言うのは熊楠の日記の一九二三年八月二十一日の条[*87]に「フランシス・エドワルヅ一スペンセル編記載社会学発送報知」という記録が残されており、これが顕彰館に残された書籍であることはほぼ確実だからである。この本は限定二〇〇部の中の一冊であることから、かなり高価な書物だったはずで、熊楠がロンドン時代ではなくずっと後年になってからこれを手に入れたのは、そうした事情も関係していたのではないかと推測される。

旧蔵書中の『記述社会学』第三巻における熊楠の書き込みは実に五十七箇所に及ぶが、いずれも見出しのようになっており、熊楠の関心の方向性がよくわかる。うちわけとしては、前記のスペンサーの分類のうちの「俗信」が二八件と際だって多く、次いで「道徳感覚」の九件、「知識」の七件、「家族・婚姻」「習慣・風習」「身体変形」が三件、「美的感覚」が二件、「軍事」一件となっている。中には、「近親相姦」に関するもの、「食人」に関するもの、「涅歯」に関するものといったように、熊楠が論考としてまとめている題材が目立っている。

熊楠にとって一九二三年と言えば、すでに大著の「十二支考」がほぼ完結していた頃で、これらの情報を論文の素材として用いるためにはやや遅すぎたのかもしれない。とは言え、晩年に至るまで熊楠の学問的関心が、ハーバート・スペンサーのそれと呼応するかたちで展開されていたことを示すものとして、貴重な資料であることは間違いないだろう。

9　『第一原理』とその問題点

熊楠のスペンサー著作の読解の中で、他に注目すべきは「総合哲学体系」全体の理論的背景をなす『第一原理』（熊楠は『第一原則』と訳す）である。[*88] 熊楠はこの本を一八八八年十一月二十六日にアナーバーで購入していることが、旧蔵書［洋 130.16］の書き込みから確かめられる。また、『第一原理』の進化に関して述べた章の基となった先行する論文、「進歩、その法則と動因、及びその他の論考」の『フンボルト叢書』版［洋 080.15］も旧蔵書中に含まれており、おそらくこの前後に購入していたと考えられる。

まず熊楠は一八九三年十二月二十四日付の土宜法龍宛書簡において次のように述べて、『第一原理』に影響を受けたことを明らかにしている。

英国のスペンセル氏の『第一原則』に、天地間の波動説を挙げたり。波濤が凹凸して動くより、物体の顫動、光線、音響の波動等より、病人に熱のさしひきあり、学生が試験前に勉強して、またなまけ、また勉学し、またなまけ出す等のことまで出せり。取りも直さず、易の満つれば欠く、亢竜悔いありなどいう理が、月盈つればかけ始め、潮満つれば引き始め、府庫充ちて弊事起こり、また鉄砲の玉が一番高きに達せるは落つるの始めなり、それから人間があまりいばり過ぎると零落の端を開く等の、物の力にも人の事にも通じて一大原則となりおるがごとし。すなわち、小生はかくのごとき大原則を事の中より見出だしたきなり。[*89]

この部分は、『第一原理』の中では主に第十章の「運動の律動性 The Rhythm of Motion」に見られる説である。ここでスペンサーは、船舶のペナントに吹きつける風の律動性から話を始め、宇宙の全体に行き渡る「波動 undulation」について語っている。巻末の「まとめ」でスペンサーはこの部分について「軌道を回る惑星の運動やエーテル粒子の波動であれ、演説の抑揚や物価の高下であれ」運動の律動性が見られると要約する。[*90] 熊楠の紹介する例は、スペンサーの説に触発されて即興的に思いついたもののようであり、それだけこの書を読み込んでいたことを示しているだろう。

さらにこの部分では、熊楠が「易の満つれば欠く、亢竜悔いあり（引用者注、上り詰めれば下るだけという意）などいう理」という言葉で、スペンサーの考え方を『易経』のような東洋思想と結びつけている点も注目される。また最後の「小生はかくのごとき大原則を事の中より見出だしたきなり」という言葉からは、「事の学」と呼ばれるこの時期の熊楠の試論の背景として、スペンサーの学問体系があったことが見て取れる。こうした試みは、土宜法龍書簡の中では主に仏教思想と関係づけられて深化し、帰国後の「南方マンダラ」の考え方につながっていくものであるが、この点に関しては本書Ⅸ章で詳しく論じることにしたい。

『第一原理』に話を戻すと、この論の中で特に注目されるのは、熊楠も言うように、スペンサーが自然界だけではなく、人間の精神活動にまでこの波動の律動性を見ようとしていることであろう。物体、光線、音響などの自然世界の「波動」について語った後、スペンサーは次のように人間の精神について言及している。

> 意識の変化が何らかの意味で律動的であるということは、はっきりとはわからないかもしれない。しかし、ここでもまた、精神状態はどの瞬間を取っても均一ではなく、素早い微動によって成り立っていることが、分析によって証明されている。さらに精神状態は長い周期で強まったり弱まったりもする。[*91]

自然界から人間の社会、精神までが大小の「波動」に支配されているという壮大な理論が、青年期の熊楠を魅了していたことは興味深い。しかし、スペンサーが対象に対する細かな分析なしに、『第一原理』においてこのようなイメージとしての理論を振りかざしていることの是非に関しては、批判的に見るべき部分が多いこともまた確かである。たとえば、ジョン・オファーはこのような「運動の律動性」という考え方が、スペンサーの思想の中では大きな位置を占めていたとしながらも、そのことによって、生物や社会における個々の変化の分析自体は、第一義的な問題ではなくなり、理論に従属する二義的なものとなってしまっていると指摘している。「この点でのダーウィンとの違いは、いくら強調しても、し過ぎることはない」とオファーは言う。[*92] その上でオファーは、スペンサーの同時代人で親友でもあった実業家のリチャード・ポッター（Richard Potter 一八一七〜一八九二）が、スペンサーの説について次のように批判的に述べていたという興味深い逸話を、娘の社会学者ベアトリス・ウェブ（Beatrice Webb 一八五八〜一九四三）の回想から拾い出している。

言葉、単なる言葉だよ。経験から言って、ビジネスの中には、どんどん多様化して複雑になるものもあれば、どんどん単純化して均一になってしまうものもあるし、最後は破産裁判行き、なんてこともあるからね。長い目で広い分野を見れば、ある方向に進んで別の方には行かないと考える理由は一つもないよ。スペンサーの知性は生の現実なしに突っ走る機械みたいだな。かわいそうなスペンサー。彼には直感というものが足りないんだよ。直感がね。[*93]

『第一原理』に対するこうした批判は、この本におけるスペンサーの主張が「生産性のない宇宙論の繰り返し」[*94]であるというロバート・ヤングの見方などに受け継がれている。オファーが指摘するように、たしかに「運動の律動性」という考え方には、一直線の電車道のような進化ではなく、ある程度の「退化」も含めた幅を持った変化のモデルを示しているという面もある。また、スペンサー自身、理論だけではなく、実際の現象に当てはめながら考えていくことの重要性については自覚しており、そうした姿勢について、熊楠も「スペンセル氏の語に、論理学は必用なれど、論理に用る語々を語とせずに其物自身として見解せぬ人には益なしといへり」[*95]という言葉で評価している。

しかし、それでも、現実の対象を分析する前の段階で、進化とは何かを定義づけてしまうスペンサーの演繹的な方法は、やはり批判を免れ得ないものと言うべきだろう。スペンサーが一八六二年に刊行した『第一原理』の成功によって名声を得たことで、その後の「総合哲学大系」を書き継ぐことができたことは事実であるが、最初に提示した定理を敷衍して行かざるを得なかったという状況は、逆に彼を学問的な方法論の面で追い詰めてしまったという側面を有している。

ここまで見てきたように、南方熊楠はスペンサーに傾倒し、その学問をモデルとしながらも、一方では私信などにおいて、さまざまなかたちで批判をおこなっている。注意深く読むと、その批判の根拠は多様であって、決して一面的な見方をしていないことがわかる。こうした熊楠のスペンサー評については、時期と文脈を考慮した上で、その内容を吟味する必要があるため、以下、なるべく全文を引用する形で、その変遷に関して見ていくことにしたい。

10　熊楠によるスペンサー批判の変遷

熊楠の土宜法龍宛書簡におけるスペンサーに対する批判は、まず『第一原理』に対する懐疑から始まる。スペンサーの波動説を初めて紹介した一八九三年十二月二十四日付の書簡には、すでにスペンサーが「今日の政をなすものは、ただただ目に見えた悪をおさえて目に見えぬ悪とするの外に、化育の法なき」と、波動説を機械的に社会に当てはめて道徳を論じていることに疑問を呈している部分がある。[*96] そして一八九四年二月五日の書簡の中では、もっと明瞭に、次のように『第一原理』の波動説が、「形而上のこと」については成り立たないことを示している。

スペンセルの『ファルスト・プリンシプルス』など、かかること（小生の誤解かしらぬが）いいて、万事は波動をなすといえり。いかにも一通り左様なるべし。されど、形而上のことに至りては、全くそれのみにあらざるなり。すなわち、一時間つとめ、それを面白くつとむれば、次の一時間は一層面白くつとめらるる。正直に智徳を立つれば、今月富みたる上に来月は一層富むなり。故に、音楽が必ず一上一下せねば聞こえぬとか、蔓が左右に揺らがねば巻き得ずとかいうとは、事情異なり。[*97]

これに続けて、わずか四日後に書かれた一八九四年二月九日の書簡でも、波動説に対する批判を繰り返している。

前書小生は、因果といふことは決して欧州人が思ふやうな物力の波動一上下といふやうなことと異なることを弁じたるなり。［中略］小生いふ所は、欧州人の因果説によれば一張一弛といふやうなことなれど、小生の信ずる所は冀くは非を去り、悪を去ることをつとむれば、其つとめし力が因となりて、終には非も悪も絶滅すべしといふなり。故にスペンセルなどのいへる如き、社会の事は決して純善となすこと能はず、目にみえる悪事をかくして目に見えぬ悪事となすべし、といふ如きと大異なりといふなり。*98

この文章の後半は、「因果」を道徳の問題と考える仏教の影響が現れているが、熊楠が強調しているのは、スペンサーの波動説は形而上つまり精神の領域においては成り立たないという点である。このことは、一八九四年三月四日の書簡における、次のようなよく知られている批判へと受け継がれることになる。

ワリス氏（現存）は、［中略］心性上の開化は、物形上の開化とは大いに違い、一盛一衰一盛一衰するが、決して今のものが昔にまされりといいがたし。反って昔の方が今よりまされり、といえり。これは、仁者の言によく似ていて、科学上の証も挙げたなり。ハーバート・スペンセルなど、何ごとも進化進化というて、宗教も昔より今の方が進んだようなことといえど、受け取りがたし。寺の作り方や塔の焼失保険が昔より行き届き、また坊主の衣食がすすんだとか、説教の印符多くくばるようになったとかいうて、それは寺制僧事の進化とでもいうべきのみ、別に宗教が進みしにはあらず。*99

この部分で熊楠は、ウォレスとの比較において、スペンサーの宗教観を論難している。熊楠が指摘しているのはおそらく『社会学原理』第六部「宗教制度」Ecclesiastical Institutions における議論であり、この中でスペンサーは「社会的な現象の中でも、宗教制度の現れ方は、非常に明確に一般的な進化の法則を示す」[*100]としている。そのように宗教の問題を、典型的な社会進化の例として扱うスペンサーに対して、熊楠は大きな違和感を持ったのであろう。

この点に関しては、帰国後の一九〇一年八月十六日付の土宜宛書簡でも次のように再論されており、こちらでは批判の対象がより鮮明になっている。

例のハーバート・スペンセルの進化説に、社会の万事みな進化なりとて、宗教進化を説く。その説を名に驚かずして熟読するに、まるでむちゃなり。すなわち最初一条一様の袈裟をきしが、おいおいいろいろに染めわけ、幼長の外の別なかりしが今は大和尚、大僧正、大僧都より味噌摺り乃至隠亡に至る分別生ぜり、というようなたわけ言なり。これは宗旨の進化よりむしろ退化を示すものにして、単に宗教外形式上の進化というまでのことなり。宗旨の進化は数珠の顆数や経巻の数で分かるものにあらず。また、もっともおかしきは、長くて整うて前後の関係ついたものを進化というと、長崎から強飯のようなことをいうが、洋人のくせなり。[*101]

「長く整うて前後の関係ついたものを進化という」とは、スペンサーの『第一原理』で示された、「進化とは、継続的な分化と統合の結果として、一貫性のない不明瞭な同質性が一貫性のある明瞭な多様性へと変化することである」という進化の一般定理に相当するものだろう。『社会学原理』第六部においては、この原則が、次のように宗教制度に明確に見られると、スペンサーは論じている。

宗教制度の発展は、一般社会をより多様性をより明確なものとするとともに、宗教機関の内部でも多様性を促進することになる。それは、宗派の増加によってさらに複雑化していく。宗派はそれぞれ成長し、自己組織化し、宗教の運営と宗教的統制の実行のための方法をさらに多彩なものとしていく[*102]

熊楠の批判にある「長崎から強飯」とは突拍子もないことを言う例えで、言葉づかいはくだけたものであるが、批判の対象は明確である。つまり、熊楠はスペンサーの言う進化の一般定理そのものを否定しているのであり、その姿勢は確固としたものであると言うことができる。事物の個々の分析ではなく、理論から演繹的に個別の事象の理解を導き出す方法論への批判という点において、熊楠はリチャード・ポッターやジョン・オファーと軌を一にしているのである。

これらの熊楠の批判はまた、スペンサーが西洋におけるキリスト教を無意識のうちに「宗教」のあるべき規範と見ていることに対する反発という面もあるだろう。スペンサーは、キリスト教に対して科学者の立場から中立的に発言しているように見えながら、その世界観についてはそのまま受け入れている面も多々見うけられる。たとえば、『第一原理』の前半では、宗教（主にキリスト教）と科学の対比をおこないながら、究極のところでは両者が「和解」することが論じられている。これはスペンサーが西洋の読書界で名声を勝ち得るためには無理からぬところでもあるのだが、こうした部分も熊楠にとっては苛立たしかったようで、一九〇三年八月二十日付の土宜宛書簡では「スペンセルごとき上帝を攻撃しながら不可知的を賛するを真の宗教という」[*103]という言葉で非難している。

こうしたスペンサーの宗教観に対する論評と併行して、その学問観に対しても、熊楠はしばしば懐疑的に論じている。具体的には、前述の『社会学研究』の書き込みに見られるような、西洋的な学問の規範意識に対する反発に基づくものである。「社会学」というものが、近代西洋の特権的な学であるように語ることに対して、熊楠は一八九四年七月十六日付の土宜宛書簡で次のような反論をおこなっている。

> 漸く近代に至り、Comte 仏国に出でて社会学といふことをとなへ、スペンセル之を述べ、又同時に人類学などいふことも出来れり。而してスペンセルは、政治するものを始め人間の人間として処世するには社会の学が一番必要ぢやといへり。又西洋古来の史はなにかえて勝手な推量で勝負盛衰を論じたものなれば、一向社会学に非ず

といへり。有賀などのベラボウ全く之に模倣して、其社会進化論に、支那日本には古来社会変遷を見るべきものなしと喋々す。洋人がなんといひたりとて、是非は洋人の私することに非ず。又支那日本の事は洋人の知ることに非ず。『史記』を始め『漢書』以後『大日本史』に至る迄「志」といふものがある。[*104]

ここで熊楠は、『史記』『漢書』から『大日本史』にいたる東アジアの歴史書を挙げて、学問は西洋の独占物ではないと説く。特に、東アジアの「紀伝体」と呼ばれる歴史記述に見られる「志」という分野について指摘していることは、熊楠の卓見であると言えるだろう。中国や日本の史書においては、本紀（皇帝の伝記）、列伝（臣下の伝記）などの他に、その時々の社会世相史をまとめた「志」と呼ばれる部門が付されている。そこでは、楽志、祭祀志、天文志、五行志、地理志、輿服志、暦志、刑法志などに分けて、社会のさまざまなできごとの変遷が記録されており、これは西洋における社会学に匹敵するものであると、熊楠は述べているのである。

これに続けて熊楠は、『文献通考』序を引用して、「ここにいへるは、歴代の史はなんでもなき一人の英略等のほばなしなれば、外に制度の遷りかわりを見るものあるを要すとのことなり。すなはち社会学ぢや」としている。そして『通典』の序を引用した後、「これ実に社会組織の原則をよく序せるものといふべし。スペンセルの序する所と先後のかはりあるは、東西の社会もとより先後する所あればなり。楽といふを美術、戎狄を外邦民といふやうに少しづつ意味を弘むれば、万国に通じ得べきなり。されば社会の学といふこと少しも珍しき儀に非ず。日本、支那には十分ありしなり」と結論づける。

また熊楠は一八九四年二月九日の土宜宛書簡では「スペンセルなど従来の史書は無用といへど、それは科学に取て無用なるのみ」[*105]とも書いている。そこには、「従来の史書」に記された一見非科学的な記述を、フォークロアとして読み替えていくという熊楠の独自の方法論から見た、東アジアの歴史文献の有用性が語られていると見ることができるだろう。そのような観点から、熊楠はスペンサーの学問観が狭いことに対して批判を向けているのである。

これらを総合すると、社会学やフォークロア研究に相当するような学問は、日本や中国にも伝統的に存在しており、この面で西洋を絶対視する風潮は認められないというのが、熊楠の論点と言うことになる。これは、ここまでのいくつかの章で述べてきたような、東洋にも西洋に負けないだけの科学があったという熊楠の持論を、社会科学・人文学の分野に関しても、敷衍する主張であると言えよう。

しかし、熊楠のスペンサー批判のうちで、「ロンドン抜書」以降に展開される人類学との関連でもっとも重要なのは、一九一二年四月十日の柳田国男宛書簡に見られる次の言葉であろう。ここで熊楠は、スペンサーがその人類学の対象として、古代の人々と現在の未開民族とを混同する傾向があることを指摘している。

ハーバート・スペンセルなど、さしも議論を正議するようにみずから信じ人も信ぜし人ながら、太古原始の民と今日の辺夷裔俗を同視して、事あるごとに上古民と今日の未開人を区別せず、勝手次第に引き用いたり。さて、その辺夷裔俗の風俗伝話は過半は開化民の創製を伝えたるもので、いわゆる「礼失われてこれを野に求む」なり。このことの不当なるは独人ボースドールフという人前年論じたり。[*106]

熊楠がここで言及しているボルスドルフ（Alfred Theodore Wilhelm Borsdorf）は、一九〇三年の「ハーバート・スペンサーの進化理論と文学[*107]」において、スペンサーが文学の歴史にも進化論を当てはめたことを批判している。熊楠が柳田宛書簡で指摘している問題は必ずしもこの論文の中心的な論点ではないが、次のような箇所に認めることができる。

長い間、未開民族の文学作品は、原始時代のものに相当するという考えから、その詩や創作が援用されてきた。アボリジニやエスキモーの文学を研究すると、非常に発達しているものの、未開の要素が明らかに見られることから、これはたいへん妥当なことのように思われる。しかし、近年、私たちはこうした未開状態の詩という考え方にかなり懐疑的になってきた。今日では、こうした未開人の創作にはあまりにも近代的な要素が見られるため、いまだ暗闇の中にあった詩の実際の原初形態を知るという目的には使えないと考えつつある。[*108]

ボルスドルフが「近年〔中略〕懐疑的になってきた」としているように、「太古原始の民と今日の辺夷裔俗を同視」することへの批判は、スペンサーの死去の年であり、この論文が書かれた一九〇三年頃には大勢となりつつあった。こうした批判は、現在でもスペンサーのような進化主義人類学の問題点として、しばしば言及されるものである。この論点をさらに進めるならば、時代性の異なる民族・文化集団を並列的に比較対照しようとするスペンサーの「記述社会学」の試み自体に対する否定的な見解へとたどりつくはずである。

以上のように、熊楠のスペンサー批判はいくつかのレベルにわたるものであり、その内容は現在の目から見ても、かなりの程度、的確であるように思われる。しかし、だとすれば、熊楠自身の学問はどうなのか、という問いが最後に残されることになるだろう。

アメリカ時代以降、スペンサーを模範として研鑽した熊楠が、スペンサーを乗り越えられたのかどうかという問いは、現在における熊楠の評価と直結する問題である。スペンサーに投げかけられてきた多くの課題は、実は熊楠の学問を考える上でも同じように向けられるべきもののはずである。そうした課題の一つ一つに関しては、「ロンドン抜書」や英文・邦文での論考、さらに「南方マンダラ」と呼ばれる思想モデルなど、熊楠の学問のさまざまな側面を分析していく上で、常に意識されなければならないことであろう。

VI 「東洋の星座」と英文論考の発表

1　ロンドンでの生活環境

一八九二年九月十四日にニューヨークから船で大西洋を渡った南方熊楠は、リヴァプールを経由して鉄道で九月二十六日にロンドンに到着した。翌日、さっそく横浜正金銀行を訪れ、和歌山出身の中井芳楠支店長（一八五三～一九〇三）を訪ねた熊楠は、国元からの手紙を渡された。そこに記されていたのは、八月八日に父、弥兵衛が死去したという知らせであった。弥兵衛は、当時はごくわずかな若者にしか許されなかったアメリカ遊学を許可するなど、次男の熊楠の学問のためにわがままを聞いてくれた。そうした父に対する感謝の念が強かったことは、弥兵衛の死から一年半後にも「毎夜亡父を夢に見ぬことゝて無之候」[*1]と記していることからもわかる。父の死後、和歌山の実家からロンドンの熊楠への仕送りは、弟の常楠の手にゆだねられることになった。

熊楠は、一八九四年一月十九日付の土宜法龍宛書簡で亡父に言及し、「父死する前一年小生に書をおくり、何卒、多少学問の功を見えるやうして老身を楽ませくれとのことに候ひき」[*2]という言葉を書き付けている。父の墓前に学問の成果を届けたいという気持ちは、ロンドンでの窮乏した生活の中で、熊楠の心の中にはとりわけ強くすり込まれていたと考えられるのである。

アメリカと英国で計十四年に達した熊楠の海外での滞在費は、もっぱら国元からの仕送りに頼っていた。武内善信が紹介した一八九八年の常楠から熊楠への手紙の中には、実家からの仕送りの詳細が記されている。[*3] それによると、年ごとの総額は次のようなものであった。

東京・サンフランシスコ・ランシング滞在期
一八八六～一八八八年、三〇一二円七四銭（一年間平均一〇〇四円二五銭）
アナーバー滞在期
一八八九年、一〇〇〇円六六銭／一八九〇年、一〇〇〇円九九銭／一八九一年、一一九〇円／一八九二年、六八八円
ロンドン滞在期
一八九三年、一〇六七円二六銭／一八九四年、一一九〇円／一八九五年、一五二〇円／一八九六年、一三一〇円／一八九七年、九〇〇円／一八九八年、九一九円
総計　一〇七八五円九一銭

これを見ると、海外での熊楠が受け取っていた仕送りは、基本は年間千円強であったことがわかる。この年間千円という額は、当時の日本では大金であったが、アメリカや英国では日本との物価の差により、一年間の生活費としてはギリギリのものであった。特にロンドンの物価高は、熊楠に相当の負担を強いたようである。熊楠自身もまた、一シリングの価値について「日本の五十銭、当地の十二銭斗り」という表現で、ロンドンの物価が日本の四倍くらいの感覚であることを記している。こうした事情から、武内は「熊楠がイギリスに着いて生活に困るようになったのは、父の死後送金が少なくなったからではなく、ロンドンの物価高が原因だったのである」[*4] と結論づけている。

この武内の結論自体にはまったく異論はないのだが、実はもう一つ考えなければならない大きな要素がある。それは、通貨の交換レートの変更の問題である。つまり一八七八年頃から一八九二年までの円・ポンド換算レートは、ほ

ぼ一円が三シリングの水準で推移しているのだが、熊楠がロンドンに到着した一八九二年末に切り下げがおこなわれ、一気に一円が二シリングの水準になっているのである。[*5]

この円の切り下げによる影響は、当時の熊楠の日記や銀行の換算表に記された日本からの送金記録からも確認できる。たとえば一八九二年九月十四日の日記には「米貨二十弗を英貨四磅二シルリングに換」とあり、これは当時のドル・円レート（一〇〇円＝六五・五〜七五ドル）から見てほぼ一円＝三シリングである。同十二月十七日には、「常楠より書留着。金百五十円（二十一磅八志二片）正金銀行証封入」とあり、これは一円＝二・八五四シリング、さらに一八九三年七月十四日には「常楠より状来り九十円（十二磅一志十一片）」とあり、一円＝二・六八八シリングと徐々に下がっている。

その後、一八九六年四月二十五日発行の横浜正銀神戸支店の換算表［関連1829］には、「為換相場」として「我銀貨壱円に付英貨弐志弐片十六分の九銭」とあり一円＝二・二二四シリング、同じく一八九七年六月二日発行の換算表［関連1830］では「壱志拾壱片十六分十五」で、ついに一円＝一・九九五シリングとなっている。つまり、通貨の切り下げに伴って、熊楠が実際に交換する際にも、ロンドン到着直後には三シリングに近かった一円は、後期には二シリング前後に値下がりしているということになる。おおざっぱに言って、一八九三年には一五〇ポンドほどあった熊楠の年間の送金は、一八九八年には一〇〇ポンドほどに目減りしているのである。

もちろんこれは、熊楠だけの問題ではなく、熊楠と同じ頃、一八九三年に渡英してエディンバラ大学に留学した友人の福田令寿（一八七三〜一九七三）は、自伝の中で「それから私が向こうへ行った直後に、円の値打ちが大幅に下がりましたもんな。日本をたつ時に円をポンドに両替えした換算率に比べて、その数カ月後家から送金してきた時には、四、五割も値下がりしとりました」[*6]と述懐している。実は、日本政府はこの時期、金本位制の導入を模索しており、この切り下げは円の価値を実情に近づけることにあった。

このことは、ロンドン生活開始時の熊楠にとっては大きな負担であったにちがいない。実家からの仕送りに頼って暮らしている熊楠にとっては、物価が軒並み一・五倍になったようなものである。熊楠はロンドン時代の初期に、しきりに倹約の必要性を日記に書いているが、その背景には円安による生活の予想以上の窮乏という問題があった。現代でも観光客や留学生が感じる自国通貨と滞在国通貨のレートの変化による生活感覚の上がり下がりを、熊楠もまた痛感していたということになる。

こうした中で、一八九二年九月二十六日にリヴァプールを経てロンドンにやって来た熊楠は、まず到着地であるユーストン駅の前にあるライトストーン Lightstone のホテルに宿を取り、そのまま滞在した。十二月二十二日には食事付き週十三シリングの三階の部屋、翌年二月二十一日には週五シリングの四階の部屋に移っているから、何とか生活費を工面するようなやりくりをしていたのだろう。この頃は食事代などの家計簿も毎日きちんとつけている。

その後、熊楠は一八九三年五月九日にサウスケンジントンのブリスフィールド一五番地 15 Blithfield Street の二階の部屋を週六シリングで借りて、一八九七年十二月十四日に引っ越すまで四年半の間、そこで生活することとなった。*7 この下宿に関しては、熊楠の伝記などでしばしば「馬小屋の二階」と描写されており、それだけを聞くとあばら屋のように思われるかもしれないが、実際には煉瓦造りの立派な家屋である。自動車の代わりに馬車が主要な交通機関であった当時のロンドンでは、一階に車庫のように馬を入れ、二階より上に人が住む形式の家屋はごくありふれたものであった。*8 ミューズ Mews と呼ばれるそうした家屋の連なる細い通りは、二十世紀に入って馬車が不要になると、表通りの喧噪を離れた閑静な雰囲気からかえって人気となり、熊楠が住んでいたブリスフィールド界隈なども、皮肉なことに現在では一棟が数億円という高級住宅地となっている。

2　一八九三年秋の二つの出会い

熊楠がこのロンドン市南西部のブリスフィールドに下宿したのは、おそらく歩いて十五分ほどのところにサウスケンジントン博物館 South Kensington Museum や自然史博物館 Natural History Museum があり、そうした便を考えてのことだったのだろう。しかし、実際には熊楠は、中心部からやや北にある大英博物館の本館まで、片道一時間以上かけて足繁く通うことになる。そのきっかけとなったのは、一八九三年の秋に、博物館の美術部門の責任者であるフランクス（Augustus Wollaston Franks 一八二六〜一八九七）の知遇を得たことにあった。

この頃、ロンドンで軽業の一座をなしていた美津田滝次郎（一八四九〜？）という足芸人と知り合った熊楠は、その自宅で片岡政行（一八六三〜？）、通称プリンス片岡という人物と出会った。片岡はロンドンで富裕層に日本の浮世絵などを売りつけていた関係で、大英博物館にも出入りしており、熊楠をフランクスに紹介することとなった。実は、この片岡は日本と英国を往復しながら、詐欺、女衒などの裏の商売もおこなっており、後に日本で捕縛されることになるのだが、当時は熊楠もそこまでは知らなかったようである。*9

こうして、九月二十二日に熊楠は片岡に連れられて大英博物館に赴き、フランクスとその助手のリードに迎えられることになった。この時六十七歳のフランクスは、長年古美術部の名物館員として勤務しており、博物館規定の定年退職の歳を過ぎて、留任の形で最後の勤めを果たしているところであった。当時のフランクスの地位は、英国中世古美術および民族学部部長であるが、実質的には博物館長のトムソン（Edward Maunde Thompson 一八四〇〜一九二九）に次ぐ、いわば副館長格の存在と言ってよい。ロンドンの上流階級に幅広いつきあいのあった晩年の大コレクターを前にして、熊楠は非常に緊張したことであろう。

だがこの日、二人の日本人は、フランクスに予想外の歓待を受けることになった。その様子は、「履歴書」に次のように記されている。

> 乞食もあきるるような垢じみたるフロックコートでフランクスを訪ねしに〔中略〕少しも小生の服装などを気にかける体なく、件の印刷文を校正しくれたる上、大いなる銀器に鵝を全煮にしたるを出して前に据え、みずから庖丁してその肝をとり出し、小生を饗せられし。英国学士会員の耆宿にして諸大学の大博士号をいやが上に持ちたるこの七十近き老人が、生処も知れず、たとい知れたところが、和歌山の小さき鍋屋の悴と生まれたものが、

何たる資金も学校席位も持たぬ、まるで孤児院出の小僧ごとき当時二十六歳の小生を、かくまで好遇されたるは全く異数のことで、今日始めて学問の尊きを知ると小生思い申し候。*10

「今日始めて学問の尊きを知る」という言葉からは、この時の熊楠の感慨が十分に伝わってくる。フランクスがメインディッシュの鵞鳥を自ら取り分けて振る舞っているところから見て、おそらく官舎の食堂での午餐だったのであろう。この後、熊楠と片岡は博物館内の別室に案内され、仏像、神具等についての質問を受けた。紅潮した面もちで語る熊楠の一言一句を、助手のリードはラベルに筆記した。さらに、もう一度フランクスの官舎に帰って歓談した後、夕方になって二人の日本人はようやく博物館を去ることになる。このように、「フランクス先生」、「リード先生」との初めての面会は、熊楠にとって夢のような厚遇ぶりであった。

フランクスは富裕な家庭に生まれ、イートン校からケンブリッジ大学トリニティー・カレッジに進んだ。在学中の彼は、専門となる古美術学、考古学の他、建築学、系譜学、歴史学などに関心を持ったようである。一八四九年には、ガラスはめ込み技術についての最初の著作を出版し、ロンドンに移って考古学協会で活躍した後、一八五一年に大英博物館の英国・中世古美術部の助手として採用されている。

しかし、当時の大英博物館では図書館部門と博物館部門の対立があり、博物館の古美術部に集められた骨董品に対して、図書館長のパニッツィ（Antonio Panizzi 一七九七〜一八七九）は合理的改革派の立場からこれを軽視。ついには地下の倉庫にかなりの量を放り込んでしまった。結局、古美術関係の部門は、東洋古美術部、ギリシア・ローマ部、及びコイン・メダル部へと解体された。その残りは英国・中世古美術及び民族学部 Department of British and Medieval Antiquities and Ethnography という大まかな区分に入れられたのだが、予算不足からこれは東洋古美術部 Department of Oriental Antiquities と一緒にされてしまった。こうした館内事情の結果、フランクスは英国・中世古美術及び民族学部長、兼東洋古美術部長という、かなり無理のある役職を担うこととなった。

しかし、このことはフランクスのようなもともと多様な関心を持つ人物にとっては、むしろ好都合だったかもしれない。これによって、フランクスは自らが相続したり英国内やヨーロッパ各地で集めたりした骨董美術品のコレクションを生かし、さらに東洋美術という新たな分野への探求心を自由に伸ばす機会を得たからである。以後彼は、ブックプレート、メダルを中心とした西洋の骨董美術とともに、中国・日本などの陶磁器の収集とカタログ作りに晩年まで没頭し、博物館の豊富なコレクションの形成に大いに貢献することになるのである。

フランクスは上流階級に多く知り合いを有していたから、決して非社交的な人物ではなかったのだろうが、どちらかと言えば物静かで、孤独を愛する性格だったようである。弟子のリードによれば、フランクスは公の場で注目を浴びたり、人前で話をすることを非常に嫌ったという。また、もっとも親しかった友人ジョン・エヴァンズ卿の娘のジョアンは、フランクスについて次のような印象を語っている。

彼は白髪混じりの夢見るような人物で、皮肉っぽいユーモアのセンスを持ち、チョッキの上部のボタンを弄ぶ癖がありました。これは実は、彼の熱中度を計る物差しだったのです。本当に気に入った美術品を見ているときには、一番上のボタンを指で触ります。まずまず気に入った場合には二番目のを、そして並の物の場合には三番目で、さらにどんどん下がって行くわけです。反応を引き起こさない対象はごくまれで、これは彼の知識が信じられないくらい広かったからなのです。[*11]

チョッキのボタンの高低で美術品への評価を示すという態度には、育ちのよいヴィクトリア朝一英国紳士の典型を見るようである。熊楠の「フランクス氏小生の志を愍み、常々厚遇さる。実に知己といふべし。故に小生は此人の外には何のはたらきもせぬなり[*12]」という言葉からは、フランクスに恩義を感じ、心酔していたことがよくわかる。

こうして熊楠はフランクスとリードを頼って大英博物館に出入りするようになった。最初の頃は、一週間おきにフランクスを官舎に訪ね、主に仏像部をめぐりながら質問に答えたり、日本の宗教文化についての小論を認めてフランクスに手渡したりしている。この後、一八九五年四月には博物館中央部にある当時世界最大の図書館への利用証を発行され、東洋書籍部にも出入りするようになるなど、熊楠は大英博物館を拠点としてロンドンでの学問活動をおこなうようになるのである。

さらに、フランクスに出会ってから一か月後の十月三十日に、熊楠は生涯の中で重要な役割を果たすもう一人の人物、土宜法龍にめぐり会っている。土宜は高野山の僧侶で、九月にシカゴでおこなわれた万国宗教会議に真言密教の代表として出席した後、ロンドンに立ち寄っていた。その際、中井芳楠宅のパーティにおいて紹介された二人は意気投合し、その場で話し込むこととなった。京都の高山寺に残された土宜の欧米での旅行日誌には、「南方某は種々に該博の談を為せり。彼は諸方変転の人物なり」[*13]という初対面の印象が残されている。

翌日から熊楠は、土宜の宿所であったヴィクトリア・ホテル Hotel Victoria を訪れ、泊まり込んでさまざまな問題に関する対話を交わした。ロンドンにやって来る直前に土宜が参加したシカゴの万国宗教会議では、世界のさまざまな宗派の指導者たちが顔を揃えて議論がおこなわれた。一方、アメリカから英国へと海外生活を続けてきた熊楠には、キリスト教のように近代科学と決定的に矛盾することのない、大乗仏教の哲学に大きな可能性を見ていた。そうした土宜と熊楠の仏教と学問に関する情熱がかみ合ったことが、後々まで続く両者の密度の濃い書簡でのやりとりにつながっていくことになったのである。

熊楠と土宜のロンドンでの直接の対話はわずか四日間のできごとであったが、この間、十一月一日には連れだって大英博物館にフランクスに会いに行ってもいる。熊楠の日記によれば、「朝九時過より土宜師と（二人共僧帽僧衣）ブリチッシュ博物館に之き、部長フランクス氏案内にて、宗教部及書庫を見る」となっている。一方、土宜の米欧日記には、この日のできごとに関して、「午前十時頃よりブリチスミューヂヤムに到たりて仏像等の陳列を見たり。此の行南方氏に案内を請へり。氏は頻りに予に法衣を貸し呉れと云へり依て予は褊衫を彼れに貸し与へり」[*14]と記されている。

二人の記録を見くらべると、熊楠がフランクスたち大英博物館の館員に、「僧帽僧衣」の仏教徒としての自分たちの姿を見せようとはりきっていたことがよくわかる。それは、長い間の海外生活で熊楠が東洋人としての自分のアイデンティティを模索していたことを示しているのだろう。熊楠はこの後、土宜から袈裟をもらい受けて、大英博物館に寄贈している。

この訪問の際に一行が交わした会話の内容の全貌を知ることはできないが、熊楠の手紙によれば、土宜はフランクスに対して、ヒンドゥー教のエロスの神であるカーマデーヴァと真言宗の愛染明王の類似について熱心に語ったようであり、かなり学問的に活発な議論があったことが想像される。土宜のフランクスに対する印象はよほど深かったようで、この後パリに行ってからも、熊楠宛の書簡の中でさかんに彼の消息を訪ねている。

この一八九三年秋の二つの出会いは、ロンドン時代とそれ以降の熊楠の人生を変えたと言ってもよいものであった。この後、本書Ⅶ章で論じるように、大英博物館での筆写は熊楠の学問の基盤を形作ることになった。また、Ⅸ章で論じるように、土宜法龍との書簡のやりとりとは、帰国後に「南方マンダラ」と呼ばれる哲学に結実していくことになる。時に、熊楠二十六歳のことであった。

3 「東洋の星座」の執筆過程

これらの二つの出会いと前後して、熊楠は学者としても最初の大きな成功を成し遂げている。英国の科学雑誌『ネイチャー』の一八九三年十月五日号の読者投稿欄に掲載された「東洋の星座」(The Constellations of the Far East) は、熊楠にとって実質的な処女論文であり、ロンドンの学問社会で活躍する道を切り開くきっかけとなったものであった。アメリカ時代からほぼ毎号目を通してきた一流の学術誌『ネイチャー』に長編の論文が掲載されたことは、自学自習を貫いてきた熊楠にとって、大きな喜びとなったことだろう。

当時の『ネイチャー』誌は、巻頭から数本にわたって依頼原稿と思われる高名な科学者の論文があり、そのあとに読者欄つまり編集部への投稿論文 (Letters to the Editor) が続き、巻末にかけて書評・学界短信などが配されるという構成であった。しかし、読者投稿欄にも毎号長文の力作が並び、目次でも著者名が明記されるなど、寄稿論文と扱いの上での差はあまりない。E・S・モースのように熊楠が尊敬した科学者の文章がこの投稿欄に掲載されることもあった。そうした誰にでも開かれた十九世紀の英国の学術雑誌の透明度の高さが、無名の東洋人青年にも活躍の場を提供することになったのである。

さらに熊楠の「東洋の星座」が掲載されるに至った理由としては、『ネイチャー』誌の創刊者であり、当時の編集長であったロッキャー（Norman Lockyer 一八三六〜一九二〇）の存在が影響していたという側面もあるだろう。ロッキャーは天文学者として太陽のスペクトルからヘリウムを検出したことで知られるが、古代遺跡と天体観測の関係などにも興味を抱いていた人物である。細馬宏通は、当時の『ネイチャー』にはロッキャーの好みを反映して天文学上の話題が多いこと、そして熊楠がそうした編集長の趣味を熟知しており、「投稿にあたっては、用意周到にその話題を選んだに違いない」ことを指摘している。[*15]

実際、熊楠はアメリカ時代にはすでに英語で論文を書くことを志しており、特に自分が得意な和漢の知識を紹介しようと考えていた。そこで、飯倉照平が指摘するように、一八八九年十二月二十八日には「来年より漢書を洋訳する」という計画を日記に記している。そして『哲学字彙』に付された「清国音符」の四千を超える漢字とそのアルファベット表記を、その直後に二日間で書写した。[*16] さらに、この頃から英国時代の初めにかけての「課余随筆」には和漢書の短い抜粋が目立つのだが、これは英語圏の論点に合わせた素材を吟味するためのものだったと考えてよいだろう。ロンドン到着後一年という時期に発表した「東洋の星座」は、決して偶然思いついて書いてみたら載った、という性質のものではなく、実はアメリカ時代から数年間の期間をかけて準備されていたのである。

本書の序文にも記したように、この「東洋の星座」の内容に関して、筆者はすでに一九九一年の『南方熊楠　一切智の夢』六五〜九六頁において「処女論文「極東の星座構成」について」と題した章を設けて論じている。そこでは、「東洋の星座」が東アジアの科学思想について西洋に伝えたいという若き日の熊楠の抱負を実現するものであったこと。ただし、古代インドと中国の星座を比較して、それぞれが独立に発生したにもかかわらず共通した発想が見られると論じた部分では、主に文献操作の甘さから議論の正確性を欠いていること、の二点を中心にしてこの論文を読解した。

私としては、今日にいたるまで、この論旨自体に関しては、大きな変更の必要はないと考えている。その一方で、この間、新たな資料の発見などもあり、さらに詳細な事情がわかってきていることも事実である。そこで、そうした『一切智の夢』以後の新しい知見の紹介と検討を中心とするかたちで、この論文に関する再論を試みることとしたい。

なお、『一切智の夢』執筆の際には、題の中にあるFar Eastを「極東」と訳したのだが、この言葉は近東を表すNear East、中東を表すMiddle Eastに対応して用いられているため、日本、中国から東南アジアを含む幅広い範囲を指すものとなっている。一方、従来からの訳である「東洋の星座」の「東洋」はあいまいな概念であるが、日本語としての汎用性の低い「極東」よりもこの場合においてはむしろ適切であると考えたため、「東洋の星座」の訳題を採用することとした。

「東洋の星座」においてまず注目されるのは、この論考が、八月十七日の同じ欄に掲載されたロンドン西方のハイ・ウィカムHigh Wycombe在住のM・A・Bという人物の「星をグループ化して星座とすること」[*17]という質問に答えるかたちをとっていることである。M・A・B氏の質問は、基本的にはアッシリアからギリシアにいたる星座の異同を問うたものであるが、最後の部分は、その他の民族が固有の星座を持っているか否かという問いかけと、そうした星座の異同をそれぞれの民族の近親関係の判断のために利用できないかという提案から成っていた。

この質問を読んだ熊楠は、八月十七日付の日記に「本日のネーチュールにM.A.B.なる人、星宿構成のことに付五条の問を出す。予、其最後二条に答んと起稿す」と記し、回答を試みようとした。この時の経緯は、後年の自伝「履歴書」中でも「誰も答うるものなかりしを小生一見して」執筆したと書かれており、『ネイチャー』を見たその日に執筆を決意したとする日記の記述と対応している。その後、八月二十二日の条に「ネーチュールへノ答文ヲ訳ス　此朝投函ス」といったん書いて抹消された跡がある。[*18]また八月二十八日の条に「ネーチュールへの答弁稿成」とあり、その脇に「これは二日後のこと」と注記されているから、この間、何度も推敲を重ねて、結局八月三十日に投稿されたようである。土宜宛の書簡では、次のように「十一日夜かかり」とあるので、十一日間、昼も夜も書き続けて二十八日にはほぼ仕上がっていたというのが、もっとも実情に近いだろう。

毎度申す通り、去年八月当地の雑誌（『ネーチユール』、世界中え行渡る当国第一の科学雑誌）え天文の疑問出で、小生第一着鞭して之に答へたり。十一日夜かかり、自流のこと故文法上の誤り一ケ処此頃見当れり。誰の紹介とか依頼とかなしに、全く採るべき所あればこそ全文（少し長い）出たり。[*19]

実は、この頃熊楠がノート代わりに用いていた「課余随筆」巻之五の「九十八」には、九頁にわたって日本語および漢文で記された「東洋の星座」の下書きが含まれている。[*20] この下書きの七頁目の上部欄外には、おそらく後年に加えられたと思われる「此篇多少改良ノ上ネーチユール明治二十六年十月五日ノ号ニ出」との書き込みがあり、これがThe Constellations of the Far Eastとして英語に直して投稿される前の段階のものであることがわかる。おそらく「日記」や「履歴書」にあるように八月十七日に書き始められ、数日かけて日本語版としてある程度完成された後、英語への翻訳が開始されたのであろう。

この「課余随筆」の下書きでは、約五頁分を書いたところでいったん「未完」と記されて、「九十九」「百」として別の話題が二件入ってから、「九十八（二）」として再開されて、約四頁分が追加されている。前半部の「九十八」と後半部の「九十八（二）」は内容的に連続しているが、前半に見られるメモ的な話題を後半で整理して文章化しているような部分も見られる。

この「課余随筆」中の下書きは、「東洋の星座」の執筆状況をその場で書き記したと考えられるきわめて興味深い一次資料であるため、ここでは重要部分の翻刻を掲載しながら、これに沿って論文の内容について解説することにしたい。

まず、『ネイチャー』を読んだ直後に書かれたと思われる最初の部分には、執筆を企図した経緯として、M・A・

Bの質問の翻訳が次のように記されている。

八月十七日出ネーチユール巻四十八第三百七十葉ニM.A.B.（High Wycombe住）トイヘル人左ノ問ヲ発セリ、汝若クハ汝ノ読者中左ノ疑ニ答ルコトヲ能スルアリヤ（1）アツシリア人埃及人希臘人及波斯人ハ同一ノ方法ヲ以テ星ヲ宿ニ集成セシヤ、若シ然ラハ其列宿ハ各国人ノ同一ノ獣ニ就テ名ヲ命セシモノカ、（2）吾輩ガ希臘風ニ呼ブ列宿名ハアツシリア人ト埃及人之ヲ何ト名シカ、（3）今日支那人多島海島人印度人黒人銅色人等ノ諸異種ハ各固有ノ列宿ヲ有スルヤ、（4）若シ各人種各々特異ノ列宿法アラバ此特性ヲ以テ諸人種諸国民ノ近似ヲ証スルニ足ルカ、予ハ右ノ問題四条（ト余勘定ス）ニ就テ第一第二ニ答ル能ハズ第三ニハ少ク答ルモ能ニシ第四ニハ全ク答ヘ得ベシ

「日記」ではM・A・Bの質問を「五条の問」としているが、ここでは「問題四条」と自分では「勘定」したとなっている。これは、（1）の質問中の「若シ然ラハ」以前と以後を二つの問いと見るかどうかという点の違いによる。その際、一度分けたものを元に戻すということは考えにくいので、下書きのこの部分は、「日記」の記述よりも、むしろ時間的に先に執筆され始めた可能性が高いということになる。想像をたくましくすれば、この日の熊楠の行動は、午前中に当日付の『ネイチャー』を入手し、それから夜までかけて下宿に籠って下書きの最初の部分を作成し、一日の終わりに日記を記す、というような流れだったかもしれない。

また、「日記」では「最後二条に答え」るとのみしているが、下書きを見ると「第三ニハ少ク答ルモ能ニシ第四ニハ全ク答ヘ得ベシ」と、（3）の質問には部分的に、（4）の質問には全面的に答えるという差異を意識していたことがわかる。たしかに「東洋の星座」において、熊楠が（3）の質問の中で実際に答えているのは中国の星座と、中国文献に引用されたインドの星座の例だけだが、（4）の星座を人種間の近親度の判定のために使えるかという議論に関しては、この二つの比較を使って正面から論じようとしている。

4　中国・インドの星座比較

興味深いことに、この（3）と（4）の質問に対する姿勢の違いは、完成版の「東洋の星座」と「課余随筆」版の下書きの議論の順番にも反映されているようである。完成版では、まず前半に中国の星座に関する一般的な紹介、つまり（3）に対する回答があり、後半に中国とインドの星座の比較、つまり（4）に対する回答が示されるという順序で論が展開されるのだが、「課余随筆」版では最初に（4）の中国とインドの二十八宿のことから話が始まる。つまり、熊楠はM・A・Bの（4）の問いを見て、真っ先にインドと中国の比較を思いついた、そして次に前提として中国の星座の特殊性に関して述べる必要に気付いたということが推測されるのである。その部分を翻刻したのが次の文章と表である。

支那ニ二十八宿アリ、コレハ印度交通（主トシテ仏経渡来ト共ニ）ヨリハルカ上古ニオコリシコトハ宋ノ景公ノ時熒惑嘗以其時守心〔一字不明〕ニハ黄帝占参応七将等ノ論アルニテ知ルヘシ　而シテ印度ニモ亦二十八宿アルニヤ、唐朝ノ段成式（字柯古文昌之子会昌時人博学強記多奇篇秘籍酉陽雑俎書数十編官終太常少卿）ガ酉陽雑俎巻三ニ二十八宿ノ印度ニテノ短キ記載（姓、形、祭ニ用ル品）ヲ挙タルヲ和漢三才図会ノ記スル支那ノ記載ニ比スルニ

酉陽雑俎（仏経ヨリ抜筆セルヘシ）		和漢三才図会（登壇必究ノ抜筆カ）
○ 牛如牛頭	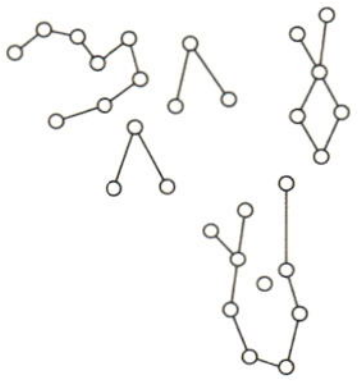	似牛有両角
尾形如蠍尾		（支那ニモナニカノ尾ニ比セル名ナラン）
胃形如鼎足		状似鼎足天之厨

□
觜形如鹿頭　（觜ハ毛角〔木兎等ノ〕也、嘴ニ非ズ）
柳形如蛇　状曲頭垂似柳
星形如河岸　形如鈎
軫形如人手　形似張翼（車ノ後ノ横木也）
畢形如笠　如爪叉（畢ハ長柄ノ網也）
井形如足跡　（井ハ并ニ似タル也）

△
鬼形如仏胸　似木櫃（因テ案ニ又所司ヲ考ルニ方形ノ内ニ積尸気トイヘル一星アリ主死亡疾病トアリ木櫃ハ棺ノコトナルヘシ）
箕如牛角　（箕ハ簸箕也）
斗形如人拓石　形似北斗

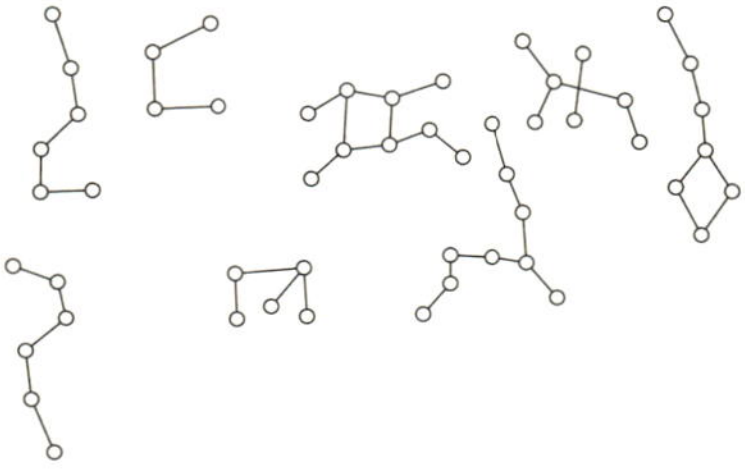

この部分の記述からは、熊楠がインドの星座については『酉陽雑俎』、中国の星座については『和漢三才図会』によって解説していることが見て取れる。熊楠が「東洋の星座」執筆の際にこれらの坐右の書に基づいていたことは、以前から状況証拠によって推測されてきたが、この下書きによってはっきりと証明されることになったわけである。

さらに熊楠はここで、『酉陽雑俎』は仏典から、『和漢三才図会』は中国の『登壇必究』からの抜き書きであることも指摘している。『酉陽雑俎』の元となった仏典は、後述するように隋代にまとめられた『大方等大集経』、およびその記述を収録した唐代の『法苑珠林』などのようである。一方『登壇必究』は一五九九年に明の王鳴鶴が刊行した兵学書で、冒頭の「天文門」には中国での星座の知識が豊富に収録されている。ただし『和漢三才図会』「天文」の三垣二十八宿について、竹島淳夫は「良安のこの項の記述はほとんど『三才図会』の引きうつし」[*21]としており、『登壇必究』を直接の引用元とする熊楠の見方が正しいかどうかについては、検討の余地があるだろう。

さて、熊楠は次のようにこの表を解説しながら、インドの星座と中国の星座の類似に関して一気に独自の結論を出している。

而シテ角亢氐房以下ノ二十八宿ノ名ハ前ニモイヘル如ク印度交通ノ前ニアリ、（晋書ニ至順帝時張衡又制渾象具内外規南北極黄赤道列廿四気廿八宿中外星官及日月五緯云々トアリ、順帝ハ西洋紀元百二十六年ヨリ百四十四年ニ至ル間治世ナリ、二十八宿ハ此前古クアリシナリ。）而シテ右ノ十二宿（酉陽雑俎及和漢三才図会共々ニ見ユ若クハ漢名ニテ意味知レヤスキモノ）ノ内支那印度共ニ同一ノ記載ナルモノハ三ニシテ相異ナレル記載アルハ九ナリ、因テ考ルニ列宿ノ命名見様ニハ、星ノ位置宿ノ形状単ニシテ分明ナルモノハ二国同一ノ物ノ名○又ハ相似タモノ、名ヲ命ジ□、星ノ数多ク混雑シヤスキモノニハ全ク異様ノ物ノ名ヲ命セシナラン、（印度人酉陽雑俎ニ挙タル記載ノ通リノ物ニ頼テ名ヲ命セシトスレハ）星軫ノ如キハ支那ニテモ後代ノ人最初何ニヨリテ名シヤヲ解セザルニ及ヘルナランカ、

この部分で熊楠が主張していることを整理してみよう。まず熊楠は、インドと中国では共に星々を二十八宿に分けていたとする。しかし、これらの二十八宿が形成されたのは、「印度交通ノ前」、つまり中国とインドの両文明が交流を始めた頃よりもずっと前に遡る。この点は、『晋書』中の順帝の治世に張衡によって二十八宿がまとめられたという引用でも補強されている。だから、インドと中国の二十八宿はお互いの影響を受けることなく独立に発生したのだというのが、熊楠の議論の大前提である。

その上で熊楠は、二十八宿の中からインドと中国の対応関係がはっきりしている十二宿を選び、それらについて比較した。そして、○をつけた三つ（牛、尾、胃）に関しては同じ記述、□をつけた二つ（觜、柳）については似たような記述がされていること、△をつけたその他の星宿は異なる記述であることを指摘する。もちろんここで熊楠が意図しているのは、中国とインドの例を用いて「もしそれぞれの民族が独自のグループ化による星座を用いているのならば、それらを各民族や国々の近親性を判断するために使えないものだろうか」というM・A・Bの質問に答えることである。

つまり熊楠が言いたいことはこうである。たとえば、「胃」という星宿は、中国でも「鼎の足に似」、インドでも「鼎の足のごとし」と同じように形容されているし、中国では「柳」と名付けられた星宿は、インドでも「蛇」という似た形のものにたとえられている。「牛」という星宿も両国に共通しているし、「觜」という星宿にしても、「みみずくの毛角」とする中国と「鹿の角」とするインドは同じ発想から星座を作っている。このように、中国とインドのように異なる民族が偶然に同様の星座を作り出すことがあるのだから、星座が似ているからといって民族が近い関係にあるなどとは言えない。したがってM・A・B氏の提案は実用性のないものである、と。

5 「東洋の星座」の立論の甘さとその自覚

しかし、筆者が『一切智の夢』ですでに論じたように、この熊楠の指摘は、学問的には問題点を抱えていると言わざるを得ない。たとえば「東洋の星座」の五年前の一八八八年に出た『エンサイクロペディア・ブリタニカ』第九版の「黄道帯 zodiac」の項目[*22]には、インド、中国を含む世界の星宿に関する解説が付けられている。この項目を書いたクラーク（Agnes Mary Clerke 一八四二〜一九〇七）は初期の女性学者として活躍し、『十九世紀天文学史』[*23]などの著書がある。この項目におけるインドの星座（ナクシャトラ）についての解説は一頁半にわたるたいへんていねいなものであり、文献的にも内容的にも「東洋の星座」よりずっと学術的と言えるだろう。

クラークも中国とインドの星宿がそれぞれ独立に発生したことは認めており、そのかぎりでは「東洋の星座」の結論を決定的に否定するものではない。しかし、クラークが論じる次のような事情は、インドと中国の星宿のいくつかが「独立発生なのに似ている」、という「東洋の星座」における熊楠の論点を限りなく怪しくさせるに十分なものである。

インドの黄道上の星座は、今日知られているような中国の「星宿」よりも、前の時期に属している。しかし、後者は独立して成立したものであり、それだけでなく、新たな編成の中でのナクシャトラが、可能な限りこれに似せられたこともほぼ確かである。基準となる星が「宿」をまねたものであることは疑いない。紀元六世紀のインドの天文学者たちは、かなり異なる意図で作成された中国の星宿の表を見て、簡単にまどわされてしまったのである。[*24]

そして、クラークはフランスの天文学者ビオ（Jean-Baptiste Biot 一七七四〜一八六二）のインドと中国の天文学に関する研究[*25]を参照しつつ、「中国の宿を決める星と比べると、八つの基準星がかなり近いもので、七つが一致する」としている。つまり、クラークによれば、熊楠が独立して発展したと考えた二つの地域の星座は、実はある時代以降は直接の影響関係を持ったものであったということになる。熊楠は一九〇〇年九月二十二日に発表した「神跡考」の中で、「天体と足跡を結びつけて宇宙のなりたちを説く神話[*26]」の例を挙げるためにこのクラークによる「黄道帯」の項目を使っており、その頃までに読んでいたことは確実である。それがいつの時点かはわからないが、自らの立論に対して、一気に自信をなくしたことだろう。

さらに、「東洋の星座」で問題なのは、熊楠がインド星宿の説明としては明らかに間接的な情報である『酉陽雑俎』を、原典を知らずに使っていることである。熊楠が、そうした文献的な問題について、執筆後にかなり気にしていたことは、土宜宛の書簡から読み取ることができる。まず、一八九三年十二月上旬に書かれたと推測される手紙では、「前日、当地にて、ある学者、列宿のことにつき問い五条を雑誌に出し、小生第一鞭を著けてその二条を答え、ちょっと長文を出し、すなわち印板になりて世に公布し[*27]」たとして、「東洋の星座」の内容を紹介する。その一方で、十二月十一日付書簡では「されど今日迄其証とすべきことはただ右の段成式の一書のみで、それもたしかなることに非ず[*28]」としており、インドの星宿に関して『酉陽雑俎』のみを出典としたことに対する不安感が窺える。

熊楠はまた、「東洋の星座」の発表後に『ネイチャー』に寄せられた「印度にある一士官よりの書牘[*29]」から、現在のインドでは天を二十八ではなく、二十七に分割するということを知らされていた。このことを土宜に確認しようとして、次のように問いを発している。

> 仁者先日の話には、二十八宿ということはインドにもありしが、天を二十八天に割るということはなきようなり。しかし、大乗仏経に二十八天ということ多く見ゆ。この二十八天ということは、支那の二十八宿の分野をもって天を分かつことにならって作りしものにや、あるいは支那に入らぬ前よりインドに二十八天とありしことか*30

前出のクラークの解説によれば、この質問への明確な回答としては、「支那に入らぬ前よりインドに二十八天とありしこと」は事実であるが、ある時期以降は「支那の二十八宿の分野をもって天を分かつことにならって」作り替えられた、ということになるだろう。熊楠は、十二月十一日付の土宜宛書簡に「但し右の文中、〔中略〕少くとも一時は支那と同く天を二十八に分ち、一分野毎に一宿ありて、之に隷属せる諸星群ありしことは保証すべし」と記せしは、仁者の言に拠て考るに、多分ちと吹き過たるかとも思ふ。何にしろ今一度しらべて、正誤すべければ正誤を出すべし*31」と書いており、土宜にも教えられてこの頃には自説の怪しさについて自覚していたようである。

さらに熊楠は、『ネイチャー』宛のインドからの通信によって、インドの星座を二十八ではなく二十七に分けた仏典『宿曜経《すくようきょう》』*32を参照する必要性を感じたようで、土宜に「『宿曜経』は〔中略〕一般にインドにありしを漢訳せるものというか、あるいは支那で偽作せるものというか、御一答を乞う*33」と聞いている。これに対して土宜は「インド二十八宿のことは、『宿曜経』に説けり*34」と記すのだが、この『宿曜経』におけるインド星座の記述は『酉陽雑俎』と相当に異なるものであり*35、熊楠の説にこれまた一つの打撃を加えただろう。

結局、『酉陽雑俎』の原典については、土宜が『法苑珠林』から決定的な証拠を見つけてくれた。そのことを土宜は、一八九四年一月二十七日着の書簡で「『法苑珠林』第四巻星宿部に出す」という見出しで、「第一に『大集経』を引き、驢脣仙人が二十八宿を説くことを明かす。二十八宿の形も説けり*36」と熊楠に教示している。『大集経』とは

『大方等大集経』のことで、『酉陽雑俎』のインド星宿の情報は、元をたどるとここから引用されたものであった。熊楠は、一月二十七日付書簡で「星宿の儀は甚難有候。これはなほ次便に述べし」[*37]といったん回答を保留した後、三月四日付書簡で「仁者が書き抜かれたる驢脣仙人の星宿のこと、全く『酉陽雑俎』と同文、一字たがえず」[*38]と、全面的に認めることになる。

このことを受けて、熊楠は五月十日号の『ネイチャー』に「蜂に関する東洋の俗信」(Some Oriental Beliefs about Bees and Wasps)を掲載した際に、「付記」として「東洋の星座」に関する文献的な補足情報を次のように載せることになる。

「東洋の星座」についての拙文(『ネイチャー』四八巻、五四二頁)のなかで私は、星座の類似に関連して、インド人の想像していた事物の一覧を、段成式の『酉陽雑俎』から引用した。この三月に尊敬する友人のアチャーリア・ダルマナーガ〔土宜法龍師〕が親切にもパリから送付してくれた『大集経』に記された驢脣《ろしん》仙人の星座についての講義の抜粋を参照したところ、いくつかの異伝を除いて、ほぼ両者の記述は一致していた。したがって、中国人の手になる『酉陽雑俎』の一覧は、上記のインドの仏典に依拠したものと考えられる。[*39]

この付記の掲載について土宜本人に報告した五月十四日付の手紙の中で、熊楠は「ただ小生は印度の事を支那の雑家の書のみ引たるばかりでは他日疑ふ人もあるべしと思ひ、其真に出処正きことを示したるばかり」[*40]と書いている。土宜もまた、インドと中国の二十八宿の歴史的な関係についてはわからなかったようで、「二十八宿の配当の違うには、少々迷惑致し候。ただしこの二十八宿も実はその説小説同様なり。支那の説といずれが古きか、御参照ものと察せられ候」[*41]とするばかりである。しかし熊楠は、そうした問題はあるとしても、自説の正しさは「大体に於ては」変わらないと考えていたようである。

小生の論文は此支那の二十八宿を印度の二十八宿と比較せるにて、二国の二十八分野と二十八分野とをせるにも非ず、又一国の宿と他の一国の宿及隷属の諸星の総計を比較せるにも非れば、大体に於ては動きなし。[*42]

さらに熊楠は、自分の立論は確かに甘いが、それを西洋人が指摘できないのは、東洋のことをまったく知らないからだとも言い放っている。

> 但しこれほどのことすら一人の弁駁するもの今日迄出ざるは、ただ小生の文中「大乗徒の経典に見る如く云々」の法螺に驚き、そんなもの見たものなければなり。此一事にて西洋の人、口にかれこれいへど、中々印度以東のことに通じおらぬこと察すべし。[*43]

しかしこの文章、特にその後半は単なる強がりとしか言えない。後に『エンサイクロペディア・ブリタニカ』のクラークによる「黄道帯」を読んだ際には、このような強弁は粉砕されてしまったことだろう。自慢癖のある熊楠が、自分の出世作であるはずの「東洋の星座」の内容について、後半生においてほとんど語らなかったことは、こうした事情によるものだと推測される。

さて、熊楠は和歌山中学四年の一八八二年春に家族とともに高野山を訪れているが、その際に「星曼陀羅」を見たようで、土宜に対して「然れども二十八宿といふことは印度にもありしと見えて、其星像を高野にて見たることあり」[*44]と書いている。奥山直司が指摘するように、[*45]『ネイチャー』誌上でM・A・Bの質問を見た際、熊楠がすぐさま中国とインドの星座比較という発想を思いついたのは、この体験に遠因があったという可能性が高いだろう。しかし、一方ではその拙速さこそが、「東洋の星座」の立論の甘さにつながったとも考えられるのである。

とは言え、「東洋の星座」に語られているのは、中国とインドの星座比較という問題だけではない。「課余随筆」の下書きでは、中国を中心とする非西洋圏の星座を詳しく解説することで、欧米とは異なる発想法が存在することについて紹介しようとする強い意図も見ることができる。まず、この下書きの前半部分の上部欄外には、執筆の初期の発想として書き付けたと考えられる次のようなアイデアが見られる。

鬼ハ蠍カヘルキユールス宿タリ
Delphinus, Cancer, Cetus 等海辺ノモノ見エズ
吾国多少ノ固有名ヲ星ニ附スルハ牽牛イヌカヒボシ昴スバルボシ参カラスキボシノ如シ、サレハ同時ニ織女タナバタツメ、牽牛ヒコボシ等ハ支那伝来也、

これらの三つの発見のうち、最初のものについては、ヘラクレス座に当たるのは「鬼」宿ではなく「危」宿であると判断したようで、完成版ではこれらの星座がともにひざまずいた人をかたどっているとして、発想の類似を示唆している。しかし、実際には「鬼」宿も「危」宿もヘラクレス座とは関係のない位置にあるようで、[*46] この類似性の指摘はいずれにしても成り立たない。

二番目は「いるか座」「くじら座」「かに座」という西洋式の星座で用いられている海に関連する呼称が、中国では見られないことを指摘したものである。[*47] このことは、下書きの後半部分で、「蟹、鯨類、海豚等海産物ノ名ナシ是レ支那ノ開化海ニ遠キ地ニ起リシヲ証スルニ足ル」として、中国の古代文明は北方の内陸部で誕生し、その後南方に移動・展開して海にたどりついたとする説に結びつけられている。本書V章で紹介したように、熊楠はこの中国文明北方起源説について、一八九四年十一月八日の『ネイチャー』に発表した「北方に関する中国人の俗信について」にお

いて、スペンサーの『社会学原理』を援用して本格的に論じることになる。

田村義也の発見によると、「東洋の星座」におけるこの熊楠の説は、二十世紀半ばになってジョゼフ・ニーダムによって取り上げられ、評価されている。周知のようにニーダムの『中国の科学と文明』は、中国における科学史の一大発掘作業として歴史に残る大著であるが、その第三巻「天と地の科学」で、中国の星座には海に関係するものがないという熊楠の指摘について、「要点をついていた」と記されている。田村が言うように、「南方の論考が、半世紀後になってニーダムらによる先行研究調査に拾い上げられたのは、それが他ならぬ『*Nature*』誌上に公刊されたものだったから」[*48]であろう。

三番目は日本における星座名について、「いぬかいぼし」「すばるぼし」「からすきぼし」の三つを挙げたものである。熊楠はこの記念すべき最初の投稿で、中国とインドの比較だけでなく、日本の例も挙げたかったようである。この部分については、下書きの後半に「日本輩是也、今日ニ至ルモ尤多クノ星名ハ支那ノ跡ヲ襲ヒテ、古書中ニ自国名アル星ハ僅カニ過ズ　外ニ固有ノモノト見ユ、タトエハ昴、参ノ如シ、思フニ只星宿命名不十分ナル内ニ他国ノ名ヲ輸入セシナラン」という指摘がなされている。これは完成版では「日本人は、はるかな祖先とのつながりを神話に託しているが、そうした独特の神話に満ちている国でありながら、固有の星座をほとんどもたないことは奇妙である」[*49]というような、やや愛国的な説明になっている。

「課余随筆」における下書きは、この後「支那ノ星学ハ特異ノ風アルベシ、其故ハ$\alpha\beta$等ヲ用テ星ヲ記セズ一星若クハ数星ヨリ成レル小宿ニ各々名ヲ命ジ更ニ之ヲシテ二十八宿ニ属セシメタリ　二十八宿ハ最初ニ知ラレタルモノニテ其後追々知レ来ルニ及ヒ名ヲ命セシナルヘシ」として、中国の星座の詳しい解説に入る。

さらに熊楠は『和漢三才図会』を基に、中国の星座を「他ノ天象」「神ノ名」「気候学上ノ事」「建物」「官職」「徳行」「人体」「地理」「国名」「人ノ所作」「人倫」「動物」「具」「人名」「植物」に分類していく。これはこの後推敲されて、「天文」「天象」「地文」「地理」「動物」「農産物」「人体」「親族」「職業」「建築」「器具」「宮制及官位」「英雄上人名」「道義法理上ノ性質及動作」「古宗教ノ神名」という十五の範疇に分けられることになる。こうした分類方法は、完成版でもほぼ踏襲されている。

次に熊楠は、「一星ニ名アル場合」、「集合群ニ名アル場合」、「集合群ニモ名アリ但シ星ニモ亦名アル場合」といった違いがあることを指摘し、星座の中に含まれる星の数による分類していくなど、中国式星座の特徴を手際よくまとめて行く。さらに「星宿体生於地而精成於天」という『五雑組』の言葉が引かれているが、これは完成版では「星は精である」(Sing (the star) is Tsing (the spirit)) という、中国人の星というものに関する根本的な考え方として紹介されることになる。ここまでが「課余随筆」巻之五「九十八」の「東洋の星座」の下書きの前半で、ここでいったん「未完」と書かれてから、「九十九」「百」の記事を挟んで、後日書かれたと思われる後半の「九十八（二）」に続いている。

この後半部で熊楠は、中国の星座に見られる重要な特徴についてまとめている。そして結論として、まず「彼等ニ固有ナル宗教道義法理上ノ無形ノ事ノ名アリ」とする。つまり、中国の星座が宗教や道徳などの概念までも星座にしているという指摘で、これは西洋の星座と比べれば違いは明らかであろう。次に「古代帝国ノ政治構造ニ合セル但シ周末列国ノ名及周漢ノ間ノ官名朝制多ケレハ漢迄ニ大成セシナルヘシ」という、中国の古代王朝の政治に対応する星座が多いことから、そうした政治体制が続いていた漢代までに完成したという指摘がなされている。

そして、下書きにおける結論として、熊楠は次のように記す。

因テ余ハ言ントス　各国ノ列宿語ト人類学上ノ事ヲ論スルニ当リ多少ノ力ハ出ルヘシ、タトエバ女ノ宿箕ト同形ナル故箕箒ノ例ニヨリ女ト名シ如シ　サレトモ之ヲ人種近遠ノ判断ニ用ルニハ余程ノ用心ヲ要ス　何トナレハ前文イヘル如ク印度支那ホト相異ナル民スラ同一ノ観察ヲ生シ偶合スルノミナラズ時トシテハ一個ノ民他ノ一国ノ民ヨリ星ノ名若クハ意味ヲ伝ルコトアリ　是レ日本ノ民ニ於テ見ル所ニシテ支那ノ牽牛星ヲ犬飼ヒ星ト古クイヘルハ自国製ナルヘキモ同ク古クヨリ彦星トイヘルハ其星ガ七月七日ニ織女ト銀河ニ相逢フトイヘル小説ノ意味ヲトリテ作出セル名ニ過サル也、この部分では、中国とインドの星座が、独立発生にもかかわらず「偶合スル」という点のみではなく、むしろ中国から日本への例のように、星座という知識が伝播しやすいものであるという点が、星座を「人種近遠ノ判断ニ用ルニハ余程ノ用心ヲ要ス」という結論のための根拠として用いられている。古来日本人が、牽牛星（アルタイル、わし座α）を「犬飼い星」という固有名で呼んでいながら、織女星と出会うという中国の七夕神話に引きずられて「彦星」という名をあらためて付けたという経緯の紹介は、完成版では用いられていないが、星座における伝播の一例として秀逸なものであると言えるだろう。

第Ⅷ章で論じるように、異なる地域において同じ文化現象や説話が見られるとき、それを独立して発生した「偶合」と見なすか、それとも一方から他方に「伝播」したものと見なすかは、この後の熊楠の英文論考における大きな関心事となっていく。その背景としては、「伝播」の可能性を考えるべきところで安易に「偶合」と判断してしまった「東洋の星座」の失敗に対する反省も、幾分かはあったと考えてもよいかもしれない。

以上見てきたように、この「課余随筆」における下書きはかなりの量に達するもので、記述としても理路整然としている。おそらく熊楠は、この後に英文に翻訳することを意識しながら、この下書きを執筆していたのであろう。結果として、叙述の順番はやや異なるものの、完成版の英文「東洋の星座」と比べてみると、ほぼその内容をすべて尽くしたものとなっている。こうした事情は、Ⅰ章で紹介した『ネイチャー』への第三作「蜂に関する東洋の俗信」の場合でも同様であった。

しかし、このような日本語下書きから英文の完成版へという執筆のプロセスについては、この後、英文論考を書き慣れていくうちに、徐々に変わっていったことが推測される。たとえば、一八九八年に英国科学振興協会での発表のために書かれた「日本におけるタブー体系」（The Taboo-System in Japan）に関しては、まず日本語でメモ的な草稿［自筆382］が作成された後、二種類の英語の草稿［原稿 0055〜0056］が執筆された跡が残されている。また、一九〇三年の「燕石考」（The Origin of Swallow-Stone Myth）においては、A本からC本の三種の英文草稿［原稿 0038〜0042］が残されており、熊楠が英文から英文へと推敲しながら稿を改めていったことが明確にわかる。

つまり、二十六歳の時の「東洋の星座」や翌年の「蜂に関する東洋の俗信」では、まず日本語で完成形に近い論文をまとめてから、それをほぼそのまま英文に訳していった。それに対して、後の英文論考の場合、熊楠は簡単な日本語のメモを用いるか、場合によっては最初から直接に、英文で論を書き始め、しかる後に英文での推敲を重ねていったことが推測されるのである。このことは、英語で文章を書く際の熊楠の上達を示すものだと言って差し支えないだろう。こうした英文執筆力の研鑽という点については英国人の友人の手助けも大きいのだが、その点に関しては、本章の最後にもう一度触れることにしたい。

7 「東洋の星座」の反響

本章では「東洋の星座」の学問的な出来映えについていろいろと指摘してきたのだが、この処女作が熊楠にとって、英国の学界に参入する機会を提供したことは疑いのないところである。熊楠自身は、後に「履歴書」の中で、次のようにこの成功に関して劇的に描き出している。

その時ちょうど、『ネーチュール』（御承知通り英国で第一の週間科学雑誌）に天文学上の問題を出せし者ありしが、誰も答うるものなかりしを小生一見して、［中略］答文を草し、編輯人に送りしに、たちまち『ネーチュール』に掲載されて、『タイムス』以下諸新紙に批評出で大いに名を挙げ[*50]

まるで「一朝目覚むればわが名天下に高し」と綴った英国の詩人バイロン（George Gordon Byron 一七八八〜一八二四）を彷彿とさせる記述である。この述懐が有名なために、一般向けの伝記などでは、熊楠のデビュー作が『タイムズ』などに取り上げられたことがかならず喧伝されている。とは言え、実はそうした報道については、本人の証言以外には、これまで事実としては確認されていなかった。自己の経歴を語る熊楠の手法は多少芝居がかったところがあるため、この逸話もある程度の誇張を伴うものではないかという類推もなされてきた。

しかし最近、英国の過去の新聞に関しては、大英図書館によるデジタル・アーカイヴ化の作業が進み、検索が容易になってきた。その結果として、熊楠の論文の反響に関しても、いくつかの記事を見つけることができた。このうち「東洋の星座」に関しては、『ネイチャー』への発表から四日後の十月九日付『ペルメル・ギャゼット』*Pall Mall Gazette*「科学短報」Science Notes 欄に掲載されたものが挙げられる。あまり長くない記事なので、「東洋の星座」に関する部分の全文を引用しておきたい。

『ネイチャー』誌に南方熊楠氏による古代中国と日本の天体神話学《アストロノミカル・ミソロジー》に関する長文の論文が掲載されている。中国式の星座名の付け方はまったく風変わりなもので、好事家が喜びそうな種類のものである。星のグループは「座」と呼ばれる。北極星を中心として、天球は放射状に二十八の「宿」に分けられる。それぞれの宿に代表的な星座があり、その名が宿の名ともなっている。「星」は「精」と同一視される。「体は地上で育ち、精は天上で完成される」。こうして、皇帝、皇后、そして宮廷社会の全体が星座の中にはっきりと写し取られることになる。それだけでなく、農耕、建築、職業、行政・地形上の区分から、哲学・神学上の概念にいたる人間生活に関わる事象も含まれる。「積極性、美徳、驚異、宿命、運勢、不正など」といった概念まで、天空における配置と名前を与えられているのである。[*51]

この記事により、「履歴書」における熊楠の証言が、一部ではあるが、状況証拠ではなく直接的なかたちで検証されたと言うことができるだろう。『ペルメル・ギャゼット』は一八六五年に創刊されたロンドンの保守系の夕刊紙で、一九二三年に『イヴニング・スタンダード』*Evening Standard* に吸収されるまで続いた。若き日のバーナード・ショー（George Bernard Shaw 一八五六～一九五〇）が初めて記者として仕事を得たことで知られ、ラドヤード・キップリング

(Joseph Rudyard Kipling 一八六五〜一九三六)やオスカー・ワイルド(Oscar Wilde 一八五四〜一九〇〇)なども寄稿していた。コナン・ドイル(Arthur Conan Doyle 一八五九〜一九三〇)によるシャーロック・ホームズの作品中にも名前が言及されるなど、ロンドンで一定の認知度を得た新聞であったと見てよいだろう。Pall Mall はロンドン中心部の社交クラブが建ち並ぶ通りの名称で、もともとは十七世紀に流行したスポーツから来ており、現地では「ペルメル」に近いやや変則的な発音で呼ばれている。

「東洋の星座」が紹介された「科学短報」欄は『ペルメル・ギャゼット』の常設欄で、この日は四面に掲載されている。内容は、王立外科学校の学長であったスペンサー・ウェルズの講演録から始まり、バクテリアに関する新たな発見、パリ自然史博物館がドクトカゲ二体を購入したこと、「さまよえるユダヤ人」の説話に関する新しい研究書、*52 キノコの「栽培」をおこなうアリの一種および太陽の表面温度に関する『ナレッジ』*Knowledge* 誌の二つの記事、天気予報の精度に関する『新評論』*New Review* 誌の記事、そして『ネイチャー』誌の熊楠論文、酸・塩基・塩が電解質として働くのではないかという発見、となっている。熊楠の「東洋の星座」は全九段落のうちの八本目であるが、分量的には他の記事とまったく遜色ない。

『ペルメル・ギャゼット』誌が熊楠の論文に着目した理由、そして紹介が紙面に載った経緯については不明である。「中国式の星座名の付け方はまったく風変わりなもので」あると強調しているから、読者の関心を引く内容であるという判断が大きかったのではないかと考えられる。しかし、他の記事が『ナレッジ』や『新評論』といった雑誌からの情報であることを考慮すれば、自然科学の専門誌としての『ネイチャー』からおもしろい論文を紹介するという趣向には、何ら不思議な点はないだろう。

この記事ではまた、「東洋の星座」のことを天体神話学《アストロノミカル・ミソロジー》の論文であると評していることも注目される。天体神話学《アストロノミカル・ミソロジー》は、天体現象を神話と結びつける方法論で、後に熊楠は「燕石考」や土宜法龍宛書簡の中で、これを厳しく批判することになる。この記事自体は、中国とインドの比較を中心とする「東洋の星座」について、「古代中国と日本」に関するものとするなど、論旨をきちんと把握していたかどうか疑わしいところもある。しかし、「東洋の星座」を天体神話学《アストロノミカル・ミソロジー》ととらえていたことは明らかで、熊楠がこの頃からこうした方法論の存在を意識し始めたことを示唆していると考えられる。

8　『マンチェスター・タイムズ』での熊楠紹介

さらに熊楠は「東洋の星座」の翌週、十月十二日の『ネイチャー』にも第二作「動物の保護色に関する中国人の先駆的観察」(Early Chinese Observations on Colour Adaptations) を投稿し、掲載されているのだが、こちらに関しても英国内の新聞で報道されている。この論文は、『酉陽雑俎』の中で段成式が、ツチグモやウサギが周囲の環境に溶け込むような、いわゆる保護色を持っていることを紹介したものであった。これに関して、『マンチェスター・タイムズ』*Manchester Times* は、一八九三年十月二十日金曜日号の「ファーム・アンド・フィールド」Farm and Field 欄に掲載された「動物の保護色と中国人博物学者」という記事で次のように紹介した。

> 動物の保護色などに関するダーウィンの説が、千年も前の中国人によって完全に理解され、記述されていたなどということを聞くのは、何たる驚きだろうか！　このほどケンジントンのブリスフィールド一五番地に住む南方熊楠は、『ネイチャー』誌にたいへん興味深い記事を送った。それによると、次の文章は「博覧強記の人物」である中国の段成式の作品からの引用であり、なんと西暦八九〇年に書かれたものだというのである。一般に鳥や獣は、自分の姿や影を隠そうとして、さまざまな対象に同化する。そのため、蛇の色は地面に似ているし、茅の中にいる兎はうっかり見逃してしまいやすい。また、鷹は樹木と同じ色をしているものである。[*53]

『マンチェスター・タイムズ』は工業都市のマンチェスターを中心とするイングランド北西部に流通していた地方紙

である。『タイムズ』とは言っても、しばしば『ロンドン・タイムズ』と呼ばれる一七八五年創刊の世界最古の一級紙で現在まで続いている、あの『タイムズ』ではない。こちらの方は、一八二八年に創刊され、一九二二年まで続いた週刊の新聞であった。それでも、この記事の扱いは、英国における日本人学者の業績としては異例の成功である。熊楠の「履歴書」での「『タイムス』以下諸新紙に批評出で」という言葉が、実際にはこの新聞に紹介されたことに多少色を付けて日本人向けに語っていたという事情だったとしても、それほど責められるものではないだろう。

『マンチェスター・タイムズ』上の熊楠関連の記事は、この他にも二件ある。一つは一八九六年十一月二日号の「科学短報」欄に載った以下のような内容のものである。

『ネイチャー』誌の通信欄は、つねに活発な議論の陳列所の役割を果たしている。南方熊楠氏による中国の謎もあれば、世界のさまざまな地域からの驚くべき記録もある。後者の中には、放射線技師が「レントゲン機器を数か月操作した結果として、指の爪がほとんどなくなり、片方の手の皮が三度もむけてしまった」というものもある。[*54]

ここでは熊楠の論文の紹介と言うよりは、『ネイチャー』の誌面が好奇心をそそるものであることを示す例として、名前が挙げられている。しかし、だからこそ、この時期の熊楠の同誌での活躍が特筆すべきものであったことを傍証していると言えるだろう。

『マンチェスター・タイムズ』の熊楠関連の三番目の記事は、一九〇〇年十二月二十八日号に掲載されたものである。熊楠は同年九月一日にロンドンを発ち、十二月にはすでに和歌山の実家近くの理智院に居住していた。そうした意味で、この記事はロンドン時代のまさに最後の学問的足跡と言えるものであろう。

記事の題は「不死の人々」(Deathless Men)で、「伝説――空飛ぶオランダ人とさまよえるユダヤ人」「故クラレンス公爵」「不思議な体験」の三つの小見出しからなっている。熊楠の紹介があるのは、「不思議な体験」の後半、全体の文章の最後の部分である。

日本の学者が最近、〔さまよえるユダヤ人に関する〕これらのヨーロッパの昔話と古代インドの仏教説話の間にはっきりとした類似があることを発表した。もちろん異なる点も少なくないのだが、あまりによく似ていることに驚かされる。この南方熊楠氏という学者はまた、中国の伝説にはインドの仏教説話よりもさらにヨーロッパの話に似たものがあることを明らかにしている。膨大な文献を駆使した不思議な、そして興味深い題材である。*55

この記事においては、熊楠の『ノーツ・アンド・クエリーズ』誌一八九九年八月十二日号掲載論文である「さまよえるユダヤ人」(The Wandering Jew)が取り上げられている。この論文については第Ⅷ章で詳述するが、ロンドンで発表された熊楠の英文論考の中でも、もっとも長文のものの一つであり、比較説話学に関する代表作と言ってよい。記事の全体の流れは、「空飛ぶオランダ人」や「さまよえるユダヤ人」のような不死の人の伝説についておもしろおかしく取り上げたものであるが、その中で東洋の説話との類似点を説いた熊楠の論文を一種の権威として持ち上げている観がある。

このように見てくると、最初期の英文論考から熊楠に注目してきた『マンチェスター・タイムズ』紙は、最後までこの東洋人の若い学者の仕事をフォローしていたことがわかる。ただし、同紙がこれほど熊楠に入れ込んでいた理由は、現在のところ不明である。政治的には、『マンチェスター・タイムズ』はリベラルな主張を繰り返しているから、このことが外国人の英国での活躍を応援しようという態度につながっているのかもしれない。

9 「拇印考」とその反響

こうして、熊楠は「東洋の星座」「動物の保護色に関する中国人の先駆的観察」「蜂に関する東洋の俗信」と、立て続けに『ネイチャー』に論文を発表していく。その後、これらに続いて一八九四年十二月に掲載された「拇印考」も、初期の頃の成功を収めた論文の一つである。ここで、熊楠は「拇印」、つまり親指の指紋を身分証明に用いる制度の歴史という問題に取り組むことになる。

シャーロック・ホームズ・シリーズを注意深く読むとわかることだが、名探偵は現在の捜査法のようにせかせかと現場の指紋を採ったりしない。それもそのはずで、一八九〇年代の前半にシリーズが精力的に書かれていた頃は、ちょうど英国内で指紋が身分証明に役立つことが議論され始めていた段階で、スコットランド・ヤードはまだこれを採用していなかったのである。本格的な実用化は二十世紀に入ってからのことであり、一九〇六年の『イヴニング・ポスト』*Evening Post* 紙には「警察、インドから学ぶ」と題された指紋による国際犯罪摘発の初期の例が記されている。

ここでインドが登場していることは、西洋における指紋制度の歴史と深く関わってくる問題である。拇印制度はハーシェル卿（William James Herschel 一八三三～一九一七、高名な天文学者ハーシェルの孫）によってインドで初めて身分証明のために用いられたというのが、現在でも通用している定説だからである。だが、その植民地執政官としての卓見はさておき、制度そのものは本当にハーシェルが初めて発明したものなのかどうか。これが、熊楠が関わった拇印制度に関する論争の中心点であった。

ハーシェルはまず、一八八〇年十一月二十五日号の『ネイチャー』に報告を送り、署名に信頼性のない現地人の身分証明のために、自分は拇印制度を取り入れてきたとした。彼は一八五八年以来、個人識別のための指紋を研究してきたのだが、この年同じ着想を得たフォールズ（Henry Faulds 一八四三～一九三〇）が、十月二十八日号の『ネイチャー』でこれを報告したため、実践例の紹介として投稿したのであった。また、これに先だってフォールズから手紙をもらっていたゴールトン卿（Francis Galton 一八二二～一九一一）は、指紋はそれぞれの個人に特有のものであり、また一生を通じて不変であるという観察・実験の結果を後に『指紋』*Finger Prints*（一八九二年）と題する著書にまとめ、指紋法を世に広く知らしめることとなった。

しかし、こうした英国内での先陣争いとは別に、この制度は東洋では普通に用いられてきたのだ、とする意見も出始めていた。一八九四年九月の『十九世紀』*Nineteenth Century* 誌に掲載されたスピアマン（Edmund R. Spearman）の論は、「もともと拇印制度は中国人が発明したものである」という興味深い説を掲げた。そこでハーシェル卿はその二か月後の『ネイチャー』十一月二十二日号において、次のようにこれを言下に否定したのである。

この機会に、最近の人体測定学の論文（『十九世紀』一八九四年九月号三六五頁）に記された「拇印はもともと中国で発明された」とする主張を、私の知る限りではまったく根拠のないものとして批判しておきたい。私は、このことを裏付けるどんな証拠にも、いまだかつて出会ったことがない。実を言えば、私はこのやり方を、P&O社の蒸気船モンゴリア号がインド洋から外洋に向けて航海している際に、乗客と乗組員の前で披露したことがある。今でも船長以下、その船にいあわせたすべての人々の指紋が、それぞれの名前とともに取ってある。乗客の間でまたたく間にひろまったこのアイデアが、このルートを通じて中国のどこかの港に落ち着き先を見つけ、実行されるようになったというのはあり得ることである。しかし、これが真相であろうがなかろうが、拇印が古くからあるということに関する満足のいく証拠が提出されないかぎりは、中国人の肩を持つあいまいな主張に対して、私は抗議をしなくてはなるまい。*56

ここで、熊楠が登場してくる。拇印は日本では古くから用いられてきた身分証明の方法であり、それは中国に由来するはずである。そうした当時の日本人にとってはごく常識に近いような知識が、この論争では求められていた。「東洋の科学」を喧伝したい熊楠としては、まさにもってこいの話題であったに違いない。「課余随筆」巻之七に、熊楠は次のような下書きを記している。

十一月二十二日ノ「ネーチユール」ニ Sir W. J. Herschel 一書ヲ投ジテ其内ニ支那人ガ拇印ノ発明者ナリトノコトヲ疑フ由ヲイヘリ、按ニ桂林漫録（新刊十七葉戸令云凡弃妻須有七出之状略皆夫子手書弃之若不解書尽指為記」東涯本頭書云古記云夫不解写書、貸他人合作牒状年月日下、夫姓名注付、食指点署」トアリ、是ゾ爪判ノ始トハイフベキ、唐山ニテハ手摸印トテ休書ニ五指ノ頭ヲ印スルコト水滸伝元曲選ナドニ出タリ木熀卿ガ撈海一得ニ詳カナリ」按スルニ水滸伝巻之十二、四葉ニ林冲ガ妻張氏ヲ去ル処ニ林冲当下看人写了借過筆来去年月下押箇花字打箇手模 又巻之卅、武松ガ王婆ト潘金蓮ニ兄ヲハ殺セシコトヲ白状セシメ、胡正卿ニ之ヲ写シメ、叫他両箇都点指〔一字不明〕了字就叫四家鄰舎書了名也画了字、案スルニ韓非子、巻之十七ニト筮視手理狐蠱為順辞於前者、日賜、視手ハ手ノ筋見ル者ナリ

此事、予ネーチユールニ投書シ明治二十七年十二月二十七日ノ分ニ出タリ、*57

最後の文章にあるように、この熊楠の「「指紋」法の古さについて」（The antiquity of the "finger-print" method）は、『ネイチャー』一八九四年十二月二十七日号に掲載されることとなった。また、それから一年あまり後の一八九六年二月六日に、熊楠はこの論文についての第二信を送り、そちらでは九世紀に中国を旅行したアラビア人スレイマンが、指紋による署名と見られる現地の風習を記録していることを報告する。これらの論文は、後に一九一〇年十一月の『牟婁新報』に「拇印の話」という題で日本語に直して連載されることになるが、そちらではこの第二信の内容は次のように記されている。

然るに其後、九世紀に支那に商客たりし「アラビヤ」人「スライマン」の記行を見しに、支那人の利発を賞せる中に「支那人の法律は甚正し、人に金借る時貸手其由を記し、借手に渡し借手又一劵を書し、食指拇指と連ねて之に記し、貸手に渡す、後日訴訟起り、借り手借りた覚えなし、貸手より受けた証文無しといへば、判官貸手

に、借手の指印ある証文を出さしめ、重く罰を借手に課し、又二十鞭を其背に加ふ。[*58]

そして熊楠は「拇印の話」の中では、この九世紀の例と、古代の中国における手相占いの例を根拠として次のように結論を出している。

右にて支那人が、唐朝已に拇印を箇人鑑別に用る事が知れる、又拇印も手印も、一生不変の性あるを知居し証拠は、凡そ二千二百年前に成りし韓非子巻十七に、手理を見て占ふを業とする者の事を言り、人の一代を占ふに用ひたんだから、無論手紋は一代不変の物と認めての事なり[*59]

こうして『ネイチャー』において日本や中国における伝統的な拇印制度が西洋に先立つものであることを指摘した熊楠であるが、実は、熊楠の論文以前にもこのことについて言及していた東洋学者がいる。オランダ、ライデン大学教授のシュレーゲル（Gustaf Schlegel 一八四〇〜一九〇三）である。二年後の落斯馬論争で決定的に対立することになるシュレーゲルだが、この時点ではむしろこの若い日本人学者に好意的で、自ら率いる『通報』*T'oung Pao* 誌において、熊楠がハーシェルの「奇妙な主張」を見事に論駁したとの賞賛を送っている。[*60] この短評の中で、彼は自分もかつて『オランダ語・中国語辞典』*Nederlandsch-Chineesch Woordenboek*（一八九〇年）において、「手掌為記」、「打手印」という中国の拇印の習慣について述べたと語っているが、その正誤はさておき、こうした指摘をすること自体は学者としてまったく自然な行為であろう。

だが、オランダ国立博物館を拠点としたドイツ人民族学者シュメルツ（Johannes Dietrich Eduard Schmeltz 一八三九〜一九〇九）が、ライデン発行の『国際民族誌報』*Internationales Archiv für Ethnographie* に載せた論評は、シュレーゲルの指摘に基づきながらも、熊楠論文に対する批判を含んでいる。

東洋人が古くから拇印という習慣を用いてきたとする点では、南方氏の指摘は確かに正しい。しかし、同じ形が別人にもあらわれうる手相見の際の印と、一個人に一つしかないことから身分証明用として書類に押される拇印という二つの違ったものを混同している点で、氏は誤りを犯している。[*61]

日記によれば、熊楠は一八九九年四月十三日になってこのシュメルツの批判に対して、論駁しようという意図で書簡を送っている。「状一、オランダ国シュメルツに出す。千八百九十四年予の拇印論を氏がアーキブに出せしを駁せんとする故、其後なにも異論なきか否を聞んとす也」。ただし、これに対する反応は特にないまま、熊楠は英国を離れることになったようである。

しかし、熊楠がどう反論したかはわからないものの、私には熊楠の「拇印考」に対するシュメルツの批判は正当であるように思われる。拇印に関しては東洋が先んじているという主張を押し通すためにやや性急になっている熊楠の論は、身分証明の科学的手段としての指先の模様の活用、という拇印制度の厳密な定義からは逸れる傾向がある。

このあいまいさは、実はシュレーゲルの指摘についてはより強く非難されるべきものでもある。「手掌為記」、「打手印」について記した彼の辞典の報告は、手形のことを言っているのか拇印のことなのかはっきりしない。「同僚」とも言うべきシュレーゲルをかばうシュメルツの論はこの点をぼかしてしまっているが、一九一二年のアメリカの中国学者ラウファー（Berthold Laufer 一八七四～一九三四）の「拇印制度の歴史」はそこをしっかりと突いている。

ハーシェルが無造作に投げつけた挑戦の手袋は、すぐに二人の学者の拾うところとなった。日本の南方熊楠氏と、ライデンのお馴染みの論客シュレーゲル教授である。ともに中国と日本における拇印制度の古さを証明せんと情熱を傾けたこの二人の学者は、しかしともに拇印制度の何たるかをとらえ損ねたことからこれに失敗している。つまり、彼らは拇印を、掌に走る手相のことである手印と混同してしまっているのである。この二つはまったく別のものであり[*62]［後略］

このラウファー論文は、中国、日本だけではなく、満州、チベット、インドまで含めた東洋の拇印制度について、実物の写真などを交えて証明したもので、現在にいたるまでこの問題に関してもっとも信頼するに足る文献の一つとされている。ここでラウファーは、ハーシェルもまた、むしろインド現地での拇印の習慣を見てそれに示唆されたのではないかという仮説を述べている。もう一人の発見者、フォールズが実は長年医師として日本に滞在しており、その際に拇印による身分証明のヒントを得ていたことを考えれば、大きな流れとしては、拇印制度は東洋での実践にヒントを得た西洋人が、十九世紀末にこれを科学的に証明して導入していったものと考えてよいだろう。

さて、これとは別に、熊楠論文の瑕瑾をもう一つ挙げておきたい。第二信での論拠とされるスレイマンの中国見聞記に関して、熊楠が用いたアラビア語からのレノーの仏訳には誤訳があり、ここで記されているのは実際には拇印のことではなく、画指とよばれる中国式署名の一方法のことなのである。[*63] 熊楠がもう一つの翻訳として挙げているルノードの方が実は正しく、したがって第二信の論点はまったく成立しない。この点では、ラウファーも熊楠の論を踏襲してしまっている。

熊楠論文の曖昧な部分を的確に指摘したラウファー論文は、しかし全体としては熊楠の提供した資料をかなり用いたものでもあった。熊楠の論文を骨格として、その曖昧な部分を他の文献で補い、さらに豊富な資料で学問的に裏付けた、というような言い方をしてもよいだろう。熊楠自身は、「「拇印考」などは、今に列国で拇印指紋に関する書が出るごとに、オーソリチーとして引かるるものなり」(履歴書)と誇っていて、これはこの字義通りに取れば多少誇張であるが、学問的な流れから言えば現在でも通用する言葉である。結局、西洋近代社会における拇印制度の導入を、ハーシェル＝ゴールトンの功績に帰するのと同じように、その東洋起源の証明は、熊楠＝ラウファーによるものとされるべきだと私には思われる。ラウファー論文の抜刷は、おそらく著者自身の寄贈によって熊楠の手にもたらされ、今も書庫蔵書の中に残されている［抜刷 100］。

10　熊楠の英文執筆とアーサー・モリスン

さて、「拇印考」について熊楠がシュメルツに再反論の手紙を送ろうとした際に、強力にサポートしてくれたのが、友人で作家のアーサー・モリスン（Arthur George Morrison 一八六三〜一九四五）である。一八九九年六月十三日にモリスンから来た次の手紙［来簡 0214］は熊楠の拇印考と、シュメルツの批判に関してモリスンが書いたものと思われるが、熊楠の英文を称賛する一方、相手の意見は英語の能力不足による誤解から来ていると明言している。

親愛なる南方氏へ

(1)　拇印に関するあなたの『ネイチャー』宛の論文は、知的な英国人であれば誰でも完全に明瞭に理解できるものです。

(2)　貴書簡に添付された梗概はあまりよくできていません。多くの面で重要な考察がなされておらず、またいくつかの箇所で意味が間違っています。ここで付け加えておきますと、こうしたミスが起こる理由は想像がつきます。これは、貴兄の文章に明瞭さが欠けているために起こるものでも、また相手の側に悪意があるから起こることでもありません。私にはこれは単に、相手の人物が外国人、それもおそらくドイツ人で、英語の意味の正確さにおいて貴兄に及ばないというのが実際のところだと思われます。*64

このようにモリスンは、論争のやりとりに関して一貫して熊楠の肩を持ち、英語がわかっていないのはむしろドイツ人のシュメルツの方だと断言する。ここまで見てきた文脈から、熊楠の「拇印考」には欠陥がない訳ではなく、モリスンの援護はやや一方的な気もするが、友人からの心強いサポートとして熊楠には感じられたことだろう。モリスンは次のように、この手紙を続けている。

(3)　貴兄の論文中には、特に二つのものを混同した部分はないように思います。手相の問題が取り上げられているのは、中国人が非常に古い時期に指紋に注意を払っていたこと、そしてそうした模様が一生変わらないと考えたり、実際に確かめたりしたということを示すためとわかります。もちろん貴兄は、手相に関連して、指紋の価値についてなど何も言っていません。そうした混同は、注釈者の方の問題です。おそらく、貴兄は「手相はここで問題になっているものとは何の関係もないが、それでも事実としては」などとやることで、性急な誤解を防ぐべきだったかもしれない。しかし、さっき書いたように、貴兄の意味するところは教育のある英国人には完全に平易なものなのですから、そんなことはまったく必要ないのです。"perceive"と"conceive"についての貴兄の使い分けは正確で、たいへんわかりやすいです。[*65]

もともとモリスンは、特に学歴を持つわけでもない一市民であったが、一八九四年に出版した『貧民街の物語』*Tales of Mean Streets* や一八九六年の『ジェイゴーの子供』*A Child of the Jago* でロンドンの下層社会を描いて好評を得、作家として認められるようになった。一八九四年から始めたマーチン・ヒューイットを主人公とする探偵小説は人気を博し、当時はシャーロック・ホームズのライバルと呼ばれたほどであった。また日本美術のコレクターでもあり、熊楠とはそうした縁で知り合ったのではないかと思われる。

モリスンは一八六三年生まれだから熊楠よりは四歳年上で、さまざまな面でたいへんよく面倒を見てくれる兄貴分であった。気取らない人柄で、熊楠は日本に帰国するまでモリスンが有名作家であることに気づかなかったくらいである。熊楠の英語の文章を丁寧に添削してくれたようで、上記の手紙にもそうした心遣いがはっきりとあらわれている。熊楠の英文を高く評価していたことが、次の述懐からもわかるところである。

この人、平生小生の英文を見、ロンドンにある外人中、貴公ごとく苦辛して英文を書くものはあるまじ（これは小生一文作るに、必ず字書をしばしば見、なるべく同意味の語に異文字を多くつかうなり。かくせざれば長文は人が見あくなり）、今十年も修煉せば大文章家となるべし、マクス・ミュラルなど学問はえらいが、英文は軽忽にかくゆえ、熊楠の文ほど煉れおらずとて、その例を示されし長文の状、今も保存す。これはお世辞として半分に聞かれんことを望む[*66]

熊楠が「今も保存す」とここで書いているモリスンの手紙とは、前記の一八八九年六月十三日付書簡を指すように思われる。ただし、マックス・ミュラー(Friedrich Max Müller 一八二三〜一九〇〇)のことは書かれていないので、これは熊楠がいくつかの話を組み合わせたものかもしれない。いずれにせよ、熊楠のロンドン時代の英文論考執筆を考える場合に、こうした名文家を添削者として得たという幸運も、考慮に入れる必要があるだろう。一九〇〇年九月一日の帰国の船に乗る日の『ノーツ・アンド・クエリーズ』に掲載された「神跡考」を、後に柳田国男のために邦訳した際、熊楠は冒頭に「原英文は、今も有名なる小説家アーサー・モリスンの校正を経たり[*67]」と書き付けている。

Ⅶ 「ロンドン抜書」の世界

1　大英博物館図書室での抜書開始

一八九二年から一九〇〇年の南方熊楠のロンドン滞在にあって、対外的な意味でもっとも大きな成果として考えられるのは、前章で論じたような「東洋の星座」に始まる英文論考の発表であろう。一方、その後の学問展開に向けての蓄積として、それ以上に大きな意味を持ったのが、大英博物館などにおける筆写ノート、通称「ロンドン抜書」の作成である。

熊楠自身、生涯のさまざまな機会に、自らの英国滞在の最大の仕事として、「ロンドン抜書」について語っている。たとえば、抜書が作成されていた最中にあたる一八九八年には、自分が英国に滞在している目的は、ひとえに大英博物館での学問研究を成し遂げることにあると述べている。[*1] また、帰国後には「抄出また全文を写しとりし、日本などでは見られぬ珍書五百部ばかりあり[*2]」、「小生、欧州で毎々やり合うに、この写本より稀覯の書を全文訳出して引くに、驚かざるものなし[*3]」と誇っているのである。実際「ロンドン抜書」は、南方熊楠の膨大な知識の根幹を形作る中核として、彼の学問生活を通してさまざまに活用されたものであった。

では、この抜書はいつ、どのような意図で始められたのだろうか。このことは、ロンドン時代の南方熊楠の学問構想の中におけるこの抜書群の位置づけと絡んでくるため、あらためて考え直してみる価値のある問題であろう。実は、熊楠が大英博物館の本丸とも言うべき中央の大円形図書室の入室許可書を得たのは、一八九三年九月にフランクスと初めて面会してから一年半後の、一八九五年四月のことである。

博物館の有力者に知己を得たにもかかわらず、図書館を利用するのにこれだけの時間がかかっていることは不思議であるとも言える。前述のように、フランクスの属する博物館部門と、館長が管轄する図書館部門は伝統的に対立関係にあったため、ある程度はそうした事情も影響していたのかもしれない。いずれにせよ、すでに大英博物館の常連となっていた南方熊楠も、この一八九五年四月の図書室への入館許可証取得以前は、中央部を占める円形閲覧室部分からはほとんど閉め出されているに近い状態であったことだろう。

そのため、この一年半のあいだ、熊楠が自らの研究のために手にできた文献はかなり限られたものだったようである。前章で述べたように、この時期に筆写がおこなわれた「課余随筆」巻六上および巻之七を見ると、和漢の博物学書や歴史書をあらためて読み直しながら、それらを英語で発表する機会を覗っていたことがわかる。この頃の蔵書については、一八九五年三月十四日の日記に、「博九、古物四、社会五、文学三四、宗教・道学一一、史伝一九、類・雑書五、日本文学全書等二八一、百家説林一〇。〔計〕三七八」とある。「日本文学全書等」とは、常楠から送ってもらっていた博文館の二十四巻本〔和910.278~308〕などのことであるらしいが、もしこれが蔵書のすべてであるとすると、意外に日本語・漢文の書籍が多かったことが見て取れる。これに関しては、一八九四年五月十日号『ネイチャー』に掲載された英文論考「蜂に関する東洋の俗信」の中でも、関連のフォークロアを探るために"my small library of Oriental literature"つまり「自分のわずかな東洋文献の蔵書」を参照したと書いている。[*4] また、この論文以外でも、一八九五年四月以前の熊楠の英文論考には、ほとんど洋書の専門書からの引用はなく、手持ちの和漢書を主な参考文献として援用している。

さらに、他人から借りた本としても、一八九三年から九四年にかけて主に筆写をおこなっているのは内藤耻叟『徳川十五代史』〔自筆082~093〕であり、この時期の熊楠が、英国滞在によるメリットを少なくとも読書面では生かし切っていない様子がうかがわれる。本人もそのことを自覚していたようで、一八九四年八月十二日の日記には「日曜、日本書見るも可なり」、九月十二日には「いかなる事あるも日曜の外、日本、支那の書を不見」とあり、裏を返せばそうした和漢書を読みがちであった自分に対する戒めという面が見えてくる。

そうした熊楠の文献に関する環境は、一八九五年に閲覧室入館資格を得てから一変する。ロンドン時代後期の英文論考から帰国後の日本語論文にいたるまで貫かれている、古今東西のさまざまな言語の書籍をパッチワークのようにつなぎ合わせるその博学ぶりは、大英博物館での筆写を通じて生まれたものなのである。たとえば後年の代表作「十二支考」に記された洋書引用文献のかなりの部分が、「ロンドン抜書」から転用されたもので成り立っている。一八九五年から一九〇〇年までの大英博物館閲覧室を中心とする読書・抜書期がなかったならば、今日我々が知っている意味での南方熊楠という学者は存在しなかった、と言っても大げさではないだろう。

晩年の南方熊楠が長女の文枝さんによく語っていたという次のような言葉は、熊楠自身がそのことをよく認識していたことを伝えてくれる。以下は、筆者による文枝さんへのインタヴュー[*5]の中での発言である。

——ロンドンについてなにか説明なさったですか。

あの図書館のこと、よく言ってましたですよ。円形の。「あそこ行った時は、自分のいちばん望んでいたところに来たと思って嬉しかった」って言ってました。〔中略〕「学校にも入ってみたけど。自分ののぞむ所は、ここなんだと思った」って言ってました。

若き日の熊楠の、目の前で広い世界が開けていくような感慨がよく伝わる言葉である。一八五七年にオープンしたこの大円形ドーム型閲覧室は、当時世界最大の蔵書・規模を備えており、マルクス（Karl Heinrich Marx 一八一八〜一八八三）が最晩年まで『資本論』の執筆を進めた場所としても有名である。熊楠が訪れた際も、おそらく当代の英国内外の著名な知識人が五百人収容の放射状の閲覧席のあちこちで、思い思いに書籍を開いていたことであろう。

前述したように、この「学問の殿堂」とも言うべき大英博物館閲覧室は、事前に許可を得た入館証保持者のみに門戸が開かれていた。ということは、熊楠が文枝さんに「あそこ行った時」と語ったのは、入館許可を得た一八九五年四月のことだったはずである。博物館に残された熊楠の許可申請書は四月十日付となっており、[*6]実際にその日の日記には、「博物館に之《ゆき》、リード氏と読書室に之く」という状況が記されている。

さらに日記を続けて見ていくと、四月十七日の項に「今日より毎日大英博物館書籍室へ入る」と書き付けた後、「今日」を「明日」に変えてから、線を引いて抹消している。しかし翌十八日は木曜日であるにもかかわらず、福田令寿の家に遊びに行って博物館には立ち寄らなかったように見えるから、結局この記述が実行されたわけではないことは確かなようである。実際に「博物館書籍室に之く」という記述が見られるのは四月二十四日のことである。いずれにしてもこの頃に、毎日博物館書籍室に入って勉強することを決意した、ということは見て取ることができる。

一方、一八九五年の日記には、冒頭部分に時期不詳ながら「学問と決死すべし」などのつよい決意を示す言葉が並んでいる。これについては、ロンドン到着直後に訃報を聞いた父に対する報恩の気持ちがあったのではないかという中瀬喜陽の指摘[*7]がおそらく的を射ているであろう。このことは父の死を知った後の、日記中の次のような記述からも確かめることができる。

一八九三年十月二十六日「懦事之賊也（事に懦なるはこれ賊なり）」「右は亡父の志を成ん為、父の神に誓ふ也」
同　十二月二十一日「今日より毎朝、昼時、夕に父を念ず」
一八九四年六月二十六日「茶と烟草厳禁す。父の志を継ぐ也」

「勉強積んで」「一大事業をなして」と宣言して海外に出てから、すでに八年が経過している。『ネイチャー』誌上での「東洋の星座」以来の活躍や、ロンドンでの学問的交流を生かしながら、自分はさらに高い学問的目標に進まなければ、海外に送り出してくれた父に申し訳がない。この時二十七歳の熊楠は、そのように考えながら大英博物館閲覧室へと許可書を手に入って行き、そこに初めて思う存分学問探究に没頭することのできる「自分ののぞむ所」を見つけたのである。

2 「ロンドン抜書」の体裁

こうして一八九五年四月に大英博物館閲覧室で開始された「ロンドン抜書」は、一九〇〇年九月の熊楠の帰国まで続けられ、合計で五十二巻が作成された。これらはすべて大きさが九インチ×七インチのかなりしっかりとしたつくりの、表紙がマーブル模様、背表紙が革製のハードカヴァーからなる二五〇〜二八〇頁のノートに書き込まれている。ほとんどの巻は表と裏の両側から始まり、五十二冊すべてにびっしりと書き込まれているから、総計で一万頁に達する。

「ロンドン抜書」は五十二巻すべてにわたって、基本的に同じ様式で見出しや目次、各書籍の書誌などがつけられていて、熊楠自身がこれらをひとまとまりの仕事として位置づけようとしていたことを物語っている。日記の記述からは、五年間の間、連日、七〜八時間を費やしたことが推測される。完成させた抜書の数をざっと見ると、一八九五年八巻分、一八九六年十三巻分、一八九七年六巻分、一八九八年十一巻分、一八九九年七巻分、一九〇〇年七巻分となっている。

この間熊楠は、一八九七年十一月八日にダニエルズ（G. St. Leger Daniels）という利用者を殴打し、一か月の利用資格停止処分を受けた。また一八九八年十二月七日にはふたたび閲覧室で監督官と口論して騒ぎを起こし、結局、翌年の一月に事実上の追放の処分を下されている。*8 この時「ロンドン抜書」は三十九巻目に入ったばかりで、その後の残りの十数巻については、サウスケンジントン博物館と自然史博物館の図書室で筆写が続けられることとなった。

では「ロンドン抜書」の概要を知るために、第一巻を例にとって見てみたい。重量感のあるノートを手にとって開くと、まず見返しの部分に、次のように毛筆で書き付けられているのを見ることができる。

八

明治二十五年四月至六月五日

ブリチッシュ博物館書籍室　巻之一

抜書

南方熊楠

こうした見返し部分のタイトルはこの後五十二巻すべてに記されており、日付の有無など細かい異同はあるもののほぼ同じ体裁である。ただ、一八九八年十二月の二度目の閲覧室での騒ぎによって熊楠が大英博物館を追放された時期にあたる第三九巻以降は、「ブリチッシュ博物館ナチュラルヒストリー部」あるいは、「南ケンジントン博物館書籍室」「ヴィクトリアアルバート博物館書籍室」という文字が見え、心ならずも仕事場を移動せざるを得なかった当時の熊楠の事情を物語っている。

第一巻においては、見返し左上部に、頁数を付した目次が付けられている。この目次の場所は、第二巻以降は見返しではなく、その次の一頁目に来るようになっているが、書き方などは全五十二巻を通してほとんど変わっていない。記されている内容は、著者名、書籍あるいは記事名、抜書内での頁数であり、中には日本語で簡単にメモを付けているものもある。この第一巻の目次を翻刻すると、次のようになる（便宜上番号を振った）[*9]。

Vol.1 Contents　Page

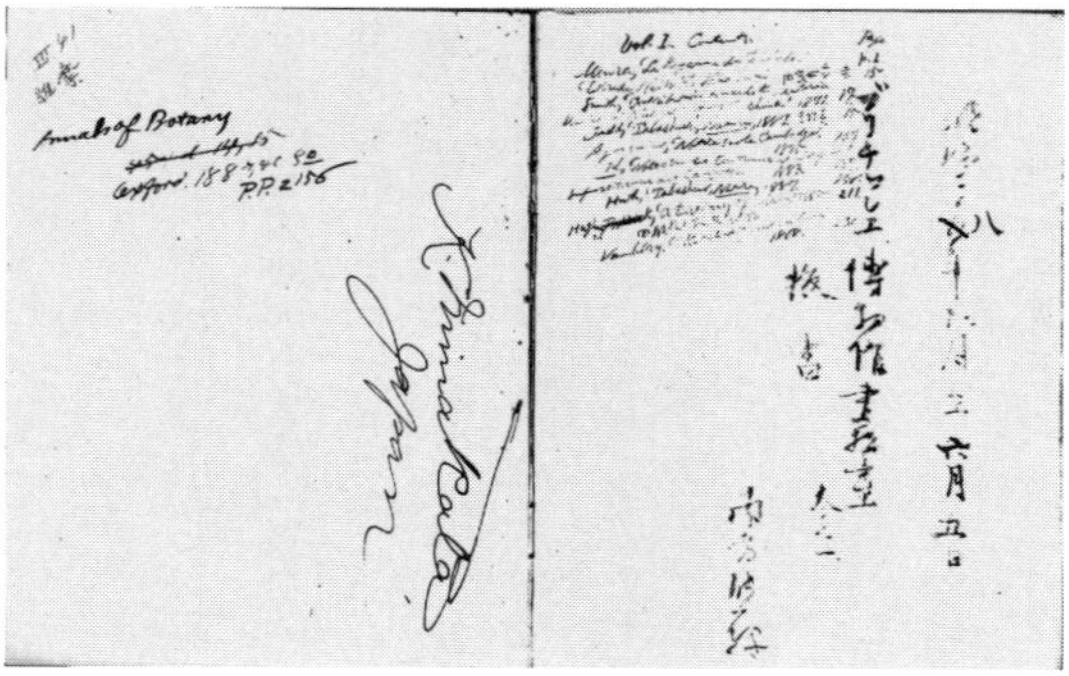

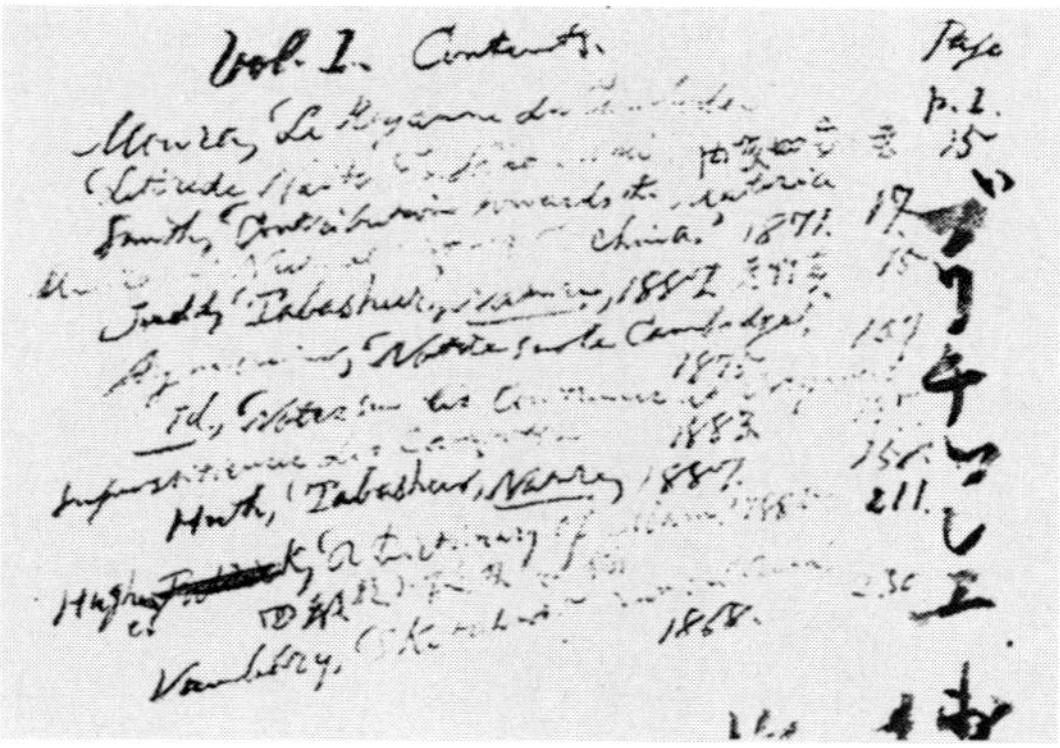

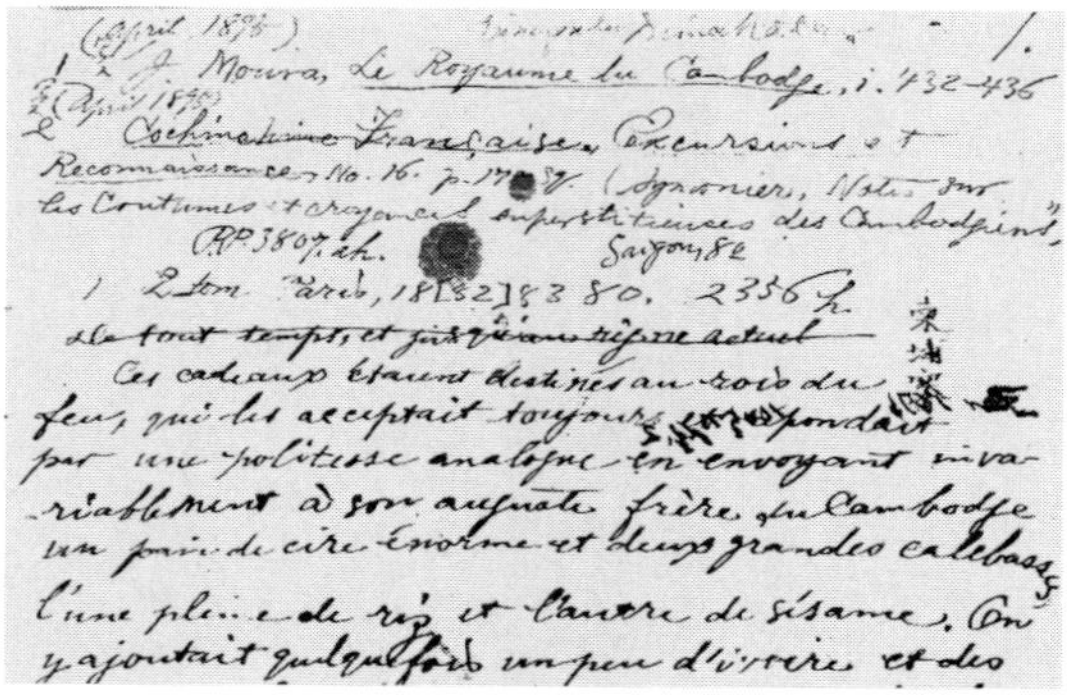

「ロンドン抜書」第1巻見返し（上）、同目次部分の拡大（中）、および本文1頁冒頭（下）

④Judd, 'Tabasheer,' Nature, 1887　天竹黄　75
⑤Aymonier, 'Notice sur le Cambodge' 1875　107
⑥Id, 'Notes sur les Coutumes et Croyances Superstitieuse des Cambodgiens,' 1883　137
⑦Huth, 'Tabasheer,' Nature, 1887　151
⑧Hughes, 'A Dictionary of Islam'　回教徒ト男色及ビ猫　211
⑨Vámbéry, 'Sketches of Central Asia' 1868　250

　第一巻筆写分の内容に関する分析はこの後でおこなうが、書籍から雑誌中の記事まで、さまざまな長さの文献からなっている。全体的には、一冊丸ごとの筆写はかなり少なく、部分的な抄写や、特定のテーマだけを書き抜いたものが大半を占める。たとえば第一巻では、①のみがほぼ毎頁ごとの書き抜きで、②、③、⑤、⑨が単行本からの特定テーマの筆写、④、⑥、⑦が雑誌論文の筆写、⑧が事典からの項目の筆写となっている。言語としては、①、②、⑤、⑥がフランス語、③、④、⑦、⑧、⑨が英語である。②、④、⑧については、日本語で簡単にメモが記されている。

　こうした構成については、他の巻もだいたい同じで、一冊から数冊の中核となる書籍の全体の筆写あるいは抄写があり、そこに時折、数行から長くても十数頁程度の特定の記事についての筆写が挿入される、というのがもっともよく見られるパターンである。もっとも、挿入される記事の数は巻によってかなりのばらつきがあり、その結果として各巻中の筆写文献の件数も、数件から数十件まで（筆者のまとめたところでは、第一三巻と第五一巻が三件で最少、第一五巻が三十四件で最多）となっている。

　さて、第一巻の表題であるが、「明治二十八年」であるべき所を、当初「明治二十五年」と三年も誤記していたことが目を引く。実は、この誤記は同じ年の十・十一月に抜書された第四巻まで続いていて（第四巻は「二十四年」と誤記）、それぞれ熊楠自身によって五（四）が八に訂正されている。明治二十八年は西暦一八九五年に当たるので、アメリカ・英国生活の長い熊楠がそちらと混同したという推測がもっとも妥当だろうが、それにしても自分の満年齢と一致するために覚えやすいはずの元号を、記憶力のよい熊楠がこれほど間違えていることは驚きである。

ともかく、「ロンドン抜書」が、図書館の入館許可証申請の一八九五年四月十日以降に始まったことは確かである。問題は四月何日だったかということであるが、これに関しては抜書本文冒頭にも「April,1895」とあるのみではっきりしない。ただ、七頁目に「May 3」の文字が見え、一三頁目に「May 4」、その後ほぼ毎日数頁から十数頁が規則的に抜書されている。こうしたことから考えると、「ロンドン抜書」第一巻一～七頁はおそらく四月末に開始されたと考えてよいだろう。

そこで、日記を参照してみると、この頃の博物館閲覧室関連の記述としては四月三十日（火）に「書籍館、二時半より七時過迄」、五月三日（金）に「博物館三時より七時迄。**J.Moura, Le Royaume du Cambodge** をよむ。」とある。ただし、前述のようにその前週の四月二十四日（水）にも「博物館書籍室に之く」という記述が見えるので、後述する拇印に関する筆写のみはこの日におこなわれたのかもしれない。とりあえずの結論としては、「ロンドン抜書」は一八九五年四月二十四日水曜日か三十日火曜日に開始され、五月三日金曜日に続きが写された後、翌日からほぼ毎日続けられたとしておきたい。

3　筆写文献の言語別・内容別分類

では、これだけの時間と精力を注ぎ込んだ「ロンドン抜書」において、熊楠はいったい何を成し遂げようとしていたのだろうか。この問題を考えるために、ここではまず抜書全巻の内容を概観するところから始めることにしたい。本書の参考資料として「ロンドン抜書目録」を添付しており、以下、適宜これを参照しながら分析を進めることとする。なお、この「目録」の読み方については、「目録」冒頭に掲載した「凡例」を参照していただきたいが、抜書内での箇所を特定するために［01A001］（第一巻表一頁）のような記号を用いており、本文でもこれを踏襲する。

目録全体の件数は、七五六件であるが、同じものの重複もあり、出典数はこれよりもかなり少ない。うちわけとしては、書籍、雑誌論文、新聞記事となっている。洋書が中心であるが、東洋書籍部で閲覧したと思われる和漢書もある程度、含まれている。

実は、抜書第二六巻以降、多くの巻の見返しには、その時点までの抜き書きを言語別および種類別に分類したメモが書き記されている。これはロンドン時代に最後に完成した第五一巻（第五二巻は途中で中断）まで続いており、第五一巻では、集計された四八七件に、後で追加された六件を加えて合計四九三件となっている。この表は全体の傾向を知るために、たいへん参考になるので、以下第五一巻の分類に沿って分析してみたい。

まず言語について、熊楠は次のように記録している。


「和」三十三（追加三）、「漢」三十二、「英」二〇〇（追加三）、「仏」一三三、「独」二十六、「伊」二十九、「西」八、「羅」二十五、「葡」一　計四八七（追加六）

この熊楠のメモを、多い順に並べ替えてわかりやすく記載し、件数とともに全体の中での割合も表記すると次頁の表のようになる。

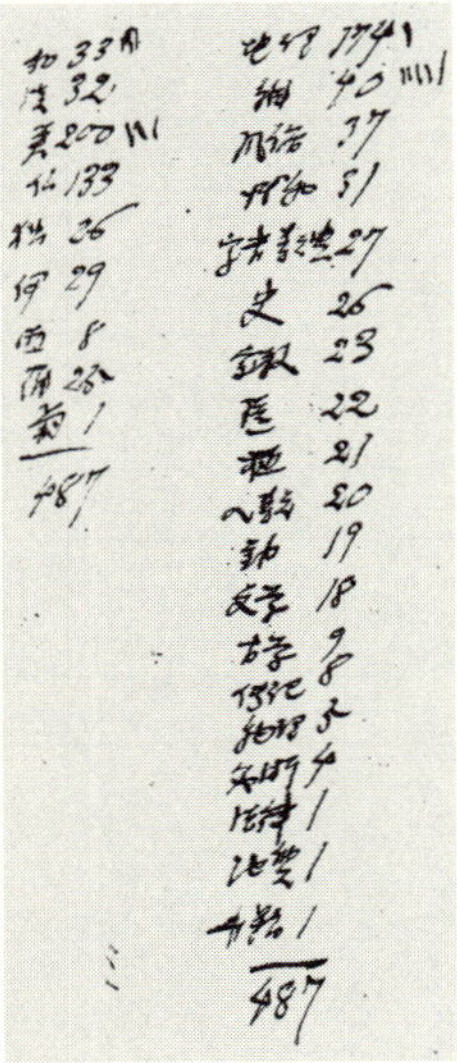
「ロンドン抜書」第51巻見返しに見られる言語（左）と内容（右）による分類メモ

ただし、これはあくまで筆写された文献の数であり、その実質的な内容を加味すると割合はかなり変わって来るはずである。筆者の印象では、長い筆写が多いイタリア語は、分量から言えば一五％くらいは占めており、逆に短い筆写の多い和文、漢文、ラテン語の分量は、上の表の割合ほどではない。また、初期の頃はフ

言語	件数	全体に占める割合
英語	203 件	41.2%
フランス語	133 件	27.0%
和文	36 件	7.3%
漢文	32 件	6.5%
イタリア語	29 件	5.9%
ドイツ語	26 件	5.3%
ラテン語	25 件	5.1%
スペイン語	8 件	1.6%
ポルトガル語	1 件	0.2%

ランス語が目立ち、中期ではイタリア語が増え、後期、特に大英博物館を追放されてからは英語がほとんどになるなどの時期による変化も見られる。

ともあれ、「ロンドン抜書」全体は、この表にある九か国語からなっていると考えて問題はないだろう。一件しかないポルトガル語に関しては、確実に読めたという証拠が他の資料からは得ることができないので、きちんと理解できたのではスペイン語まではないだろうか。熊楠の語学力については、十数か国語から二十二か国語を理解したという伝説が流布されてきたが、おそらくこの「ロンドン抜書」に見られる文献数が、そのまま彼の語学力を反映していると考えるのが順当である。筆写の中にはギリシア語、サンスクリットの文字を書き写した部分も見られるのだが、それは内容を読み進めるためというよりは、文字の視覚イメージを得るための断片的な書写と言うべきものである。ヨーロッパの言語に関しては、英語の他は、フランス語を中心としたロマンス語系統に優れた読解能力を持っていたことが見て取れる。[*10]

4　「ロンドン抜書」見返しに見られる文献の分類

また、この言語別分類の左には、同じ四九三件の文献の内容分類が、次のようになされている。

「地理」一七四（追加二）、「雑」四十（追加五）、「風俗」三十七、「博物」三十一、「字書類典」二十七、「史」二十六、「宗教」二十三、「医」二十二、「植」二十一、「人類」二十、「動」十九、「文学」十八、「古学」九、「伝記」八、「物理」五、「美術」四、「法律」一、「地質」一、「書籍」一　計四八七（追加六）

この後考察するように、抜書の中でもっとも重要な位置を占めている「地理」は、現代風に言えば「地誌・旅行記」、「風俗」は「民俗学」と言い換えた方がわかりやすいのではないかと思われる。その他の部分も現代風に記述し直して、表にまとめてみると次のようになる。

ただし、これもやはり文献数を基準としており、もし頁数で計算したとすれば、長い筆写の多い「地誌・旅行記」「民俗学」「人類学」「医学」の割合はさらに高くなるだろう。それに比して、短い記事の筆写がほとんどである「博物学」「植物学」「動物学」「事典・類書」の割合は低くなるはずである。ここに記されたような分野の設定は、「ロンドン抜書目録」と照らし合わせてみても、個々の文献の分類としてある程度合理的なものだと言えるだろう。

分類	熊楠の表記	件数	全体に占める割合
地誌・旅行記	地理	175 件	35.5%
民俗学	風俗	37 件	7.5%
博物学	博物	31 件	6.3%
事典・類書	字書類典	27 件	5.5%
歴史学	史	26 件	5.3%
宗教学	宗教	23 件	4.7%
医学	医	22 件	4.5%
植物学	植	21 件	4.3%
人類学	人類	20 件	4.1%
動物学	動	19 件	3.9%
文学	文学	18 件	3.7%
古物学	古学	9 件	1.8%
伝記	伝記	8 件	1.6%
物理学	物理	5 件	1.0%
美術	美術	4 件	0.8%
法学	法律	1 件	0.2%
地質学	地質	1 件	0.2%
書誌学	書籍	1 件	0.2%
雑	雑	45 件	9.1%

しかし、後述するように「ロンドン抜書」の各筆写文献は、さまざまなレヴェルで相互に関連し合っており、こうした表面的な分類だけでは内容を正確に反映できないことは熊楠自身も十分に意識していたはずである。たとえば、この表では一見あまり関係しそうにないように思われる「風俗」と「医学」の文献の大半は、いわゆる「セクソロジー」に関するものであり、内容的には非常に近接している。あるいは「伝記」として記載されている人名録からの筆写の大半は、実際には「地誌」を書いた探検家や旅行に関

するものである。そうした実際の内容に即した分析については、この後できるだけ詳細に試みていくこととしたい。

5　「ロンドン抜書」における人類学構想

では全体的な方向性としては、熊楠は「ロンドン抜書」の作成中に、どのような意図で筆写する文献を選んでいたのだろうか。

これに関しては、熊楠自身が一八九八年の「陳状書」で述べているように、スペンサーに触発された「記述社会学Descriptive Sociology」の資料収集ということが、一つの回答として考えられる。すでにV章で論じたように、一八九五年に「ロンドン抜書」が開始される頃まで、アメリカ時代からロンドン時代の初期にかけての熊楠は、スペンサーの学問に傾倒していた。その膨大な社会学、と言うよりは人類学の情報の源泉としての「記述社会学」の試みをまねて、熊楠が大英博物館の膨大な文献を用いて自分の学問の基盤を築こうとしたことには蓋然性があった。

この意味で、「ロンドン抜書」の中に多く見られる地誌・旅行記は、そうした人類学情報としての意味を持っていたと考えることができる。第一巻における東南アジアの地誌に始まる関連の抜書は、インド、南北アメリカ、中央アジア、東アジア、オセアニア、ロシア、アフリカと展開されており、意図的に地球上の各地域をカヴァーしようとしていた跡が見て取れる。後に英文論考や「十二支考」などにおいて、比較民俗学の資料として用いられることになるこれらの情報は、熊楠版「記述社会学」の試みという側面を持っているとも言えるだろう。*11

ただし、熊楠が「ロンドン抜書」の筆写を始めた一八九五年には、すでにスペンサーの学問的な評価が全盛期を過ぎつつあったことも事実である。また、熊楠自身もスペンサーに大きな影響を受けながら、その学説に懐疑を抱いていたことは、V章で論じたとおりである。「ロンドン抜書」の中で、実際にスペンサーが「記述社会学」のために用いたものと同じ文献が筆写されている例としては、エリス（Ellis）『ポリネシア探索』（一八三一）［40A043］［45B099］

[46B093]、エルスキン(Erskine)『西太平洋諸島の船旅日記』(一八五三)[46B036]、ドリュー(Drew)『ジャンムー・カシミール地方』(一八七五)[37A029]、スミス(Smyth)『ヴィクトリア地方のアボリジニ』(一八七八)[40A082b]などがあるが、全体の割合としてそれほど多いとは言えない。

その一方で、この当時、英国においてはヴァイツ(Theodor Waitz 一八二一〜一八六四)、バスティアン(Adolf Bastian、一八二六〜一九〇五)、ラッツェル(Friedrich Ratzel 一八四四〜一九〇四)といったドイツ語圏の民族学・人類学が導入されるとともに、タイラー(Edward Burnett Tylor 一八三二〜一九一七)、フレイザー(James George Frazer 一八五四〜一九四一)、ハッドン(Alfred Cort Haddon 一八五五〜一九四〇)などの新しい世代の学者たちが精力的に活動し始めていた。また、英国やアメリカで人類学会や民俗学会が設立されるなど、学問分野としての「人類学 anthropology」や「民俗学 folklore studies」も勃興しつつあった。

こうした観点から見て興味深いのが、顕彰館に残されたリードからの一八九五年七月三十日付の空封筒[来簡0250]の裏の余白に残されたメモ書きである。これは、一八九七年十一月の殴打事件か一八九八年十二月の騒動のどちらかの際に、博物館理事会への釈明のための下書きとして利用したものと推測される。ここで熊楠は自分の博物館での仕事の重要性を訴えようとして、何度も線を引きながら推敲しているのだが、その消された文章の中に「人類学的研究 Anthropological researches」という言葉を判読することができる。

As the ~~Anthropological~~ scientific researches in the Reading-Room, which is the sole object of my ~~stay in London from Japan~~ ~~coming over here~~ stay in England, are not ~~completed~~ ~~finished~~ accomplished yet, I ~~beg~~ .... me by the renewal of the ticket.

(閲覧室での~~人類~~学的学問的調査は、私が~~日本からロンドンに来て滞在している~~ ~~こちらにやって来ている~~英国に滞在している唯一の目的であり、それがまだ~~完了していない終わっていない~~完成していないため、私への入館証の再発行を~~お願いしたい~~……。)

「Anthropological」の語を消したのが、「ロンドン抜書」の内容としてそぐわないと考えたからなのか、あるいは博物

リードからの空封筒裏面に記されたメモ

館の理事会では理解されにくいと考えたからなのかはわからない。そもそも熊楠の入館申請書には、利用目的として「Scientific Research」と書かれているから、それを思い出して書き直したのかもしれない。しかし、いずれにせよ「ロンドン抜書」の作成が、「人類学的研究」という方向性を持っていると、いったんは熊楠が考えたことはこのメモから明らかであろう。

　こうした状況を踏まえると、大英博物館を追放されてからの「ロンドン抜書」第四〇巻以降、つまり一八九九年〜一九〇〇年の筆写に、十九世紀半ばから後半にかけての人類学書が増えてくることは特に注目される。この後論ずるように、大英博物館図書室にはルネサンス期以降、十六〜十八世紀のヨーロッパ各地で刊行された古書が大量に所蔵されていた。そこで、いきおい熊楠も、日本では決して見ることができないそうした稀覯書の筆写を集中的におこなうこととなった。

　この書物の楽園のような図書館から追放されたことは、熊楠にとっては大きな不幸だったのだが、一方では十九世紀の新しい学問に目を向けるチャンスとなったという意味合いもある。そこで、「ロンドン抜書」第四〇巻にはヴァイツ『未開民族の人類学』（一八五九〜七二）[40A001]、タイラー『黎明期の人類の研究』（一八六五）[40A079]、『原始文化』（一八七一）[40A115]、バスティアン『東アジアの民族』（一八六六）[40A125]、第四四巻にはラッツェル『人類の歴史』（一八八五）の英訳本（一八九六〜九八）[44A064]、第四九巻にはハッドン『人類の研究』（一八九八）[49A018]が登場することになるのである。

　このうち、二十世紀の人類学につながる存在として重要なのは、オクスフォード大学人類学部初代教授のタイラーであろう。熊楠はアナーバーにいた一八九〇年五月一日に「タイロル氏プリミチィヴ・カルチュール二冊」を購入していた。本書Ⅳ章で紹介したアメリカ時代のノート（5）［自筆075］でも引用しているので、その頃から読んでいたことは確実である。第四〇巻の目次を見ると、『黎明期の人類の研究』には「足跡ノ事」、『原始文化』には「灰ニ蹟ヲ印スル事」という見出しがついており、一九〇〇年に書かれた「神跡考」の事例として用いるためのものだったことがわかる。

熊楠は、一八九四年九月二日の土宜宛書簡で「前月当国のオクスフヲルドで英国科学奨励会ありし。人類学部にて有名なる人類学元祖タイラル先生演舌有し」[*12]として、タイラーの学会発表に言及している。『ネイチャー』一八九四年八月三十日号には、同月九日におこなわれたこの発表の短報が掲載されているので[*13]、熊楠はそれを見たのだろう。熊楠が「其言に米国の旧開化は亜細亜開化の風化を受たること多し」[*14]というこの時のタイラーの指摘にある程度感化されたことは、後にトウモロコシが中国原産であり、中国からアメリカ大陸に伝わったのではないかという議論をおこなっていることからもわかる。[*15]

ただし「ロンドン抜書」を見る限りでは、当時の熊楠が学問的に注目していたのは、むしろヴァイツ、ラッツェルといったドイツ語圏の人類学者による十九世紀中頃の著作であった。第四〇巻から第五二巻にかけての「ロンドン抜書」には、ヴァイツ『未開民族の人類学』のドイツ語原書、およびラッツェルの『人類の歴史』の英訳本全三巻がほぼ全巻にわたって書き抜かれている。ラッツェルの本は挿絵も多く、そのうちの主なものに関しては丹念な模写も付されている。

さらに、この頃の熊楠が影響を受けた同時代の重要な人類学者としてはフレイザーが挙げられる。フレイザーに関して、熊楠は一八九四年七月十六日付の土宜宛書簡で「二年計り前に当国で『金条篇』*Golden Rod*《ママ》といふ書出たり。これは迷蒙頑冥の連中の、いやはや蟲蠡《ばった》崇拝とか人玉まとか牛の明土いりとか身代りとか山婆とかいふやうなことばかり、すなわち原初の諸族の所信を比較纂彙せるなり」[*16]、また九月二日付書簡には「『金枝篇』とて二冊、比較宗教学の傑作一昨昨春出たり」[*17]と記しているから、早くから注目していたようである。

この年の暮れ頃から翌年初め頃の筆写と思われる「課余随筆」巻之七には、「フレザールのゴルドンバウ巻一、四十六葉に、西阿弗利加の人雨を祈る為王に物を献じて得ざるときは王を縛して前王の墓の前につれ行き、又インデアンスも雨少なきとき王を縛る事見え、支那にも雨を祈るに之に似たる事あり」という覚書が見られるので、この頃までには読んでいたことは確かである。「ロンドン抜書」には『金枝篇』は登場しないが、おそらくそれは抜書開始以前の段階でこの本を購入していたためであろう。[*18]

この後、熊楠は、一八九八年に英国科学振興協会で発表（代読）した「日本におけるタブー体系」（Taboo-System in Japan）において、「王の身体の神聖視が、かつて、いかに広い範囲に及んでいたかについては、フレイザー氏の『金枝篇』のさまざまな箇所に活写されているので、私が今さらながながと説明する必要はないだろう」[*19]と言及している。また、この時の報告を日本語で紹介した一九〇八年の「涅歯について」では、「フレザー氏いわく、斎忌の制はポリネシア（ハワイとニュージーランドの間）その発達を極むといえども、その痕跡は他の諸多の地にも見るを得べし」[*20]として、『エンサイクロペディア・ブリタニカ』第九版中のフレイザーによる「タブー」の項目を使っている。

さらに熊楠は、こうした禁忌の問題以外でも、フレイザーを論文の中に援用している。Ⅷ章で論じるように、ロンドン時代後期から帰国後にかけての熊楠の英文論考の代表作の一つとされる「燕石考」（一九〇三年成稿）には、フレイザーの「共感呪術」が重要な理論的背景として登場する。一九一九年の「羊に関する民俗と伝説」では、田畑に侵入した種々の動物が穀物神と見なされるという『金枝篇』中のよく知られた議論を紹介している。熊楠は「この説に対して予全く異論なきにあらざれど」[*21]としているのだが、その批判の内容に関しては結局論じていないようである。

これ以外にも、ロンドン時代の後期以降の熊楠の論文では、英語・日本語を問わずに、同時代の人類学者の学説が多用されている。特に、帰国後の比較的早い時期（一九〇八〜一九一二年頃）に熊楠が『東洋学芸雑誌』や『東京人類学会雑誌』に寄稿した論文には、「ロンドン抜書」で筆写した地誌・旅行記からの引用に雑じって、ヴァイツ、ラッツェル、タイラー、フレイザーといった名前が散見される。そこには、「ロンドン抜書」などにおける同時代のヨーロッパの人類学に関する自らの研鑽を、日本の学者に対して示したいという意図を覗うことができるだろう。

6　ムーラ『カンボジア王国』の筆写

こうした熊楠の学問の流れから考えると、「ロンドン抜書」において彼が目指していたのが、方向性としては、「人類学」と呼べるものであったことは確かである。大英博物館において世界のさまざまな地域における地誌・旅行記から抜書をおこなったことは、熊楠にとっては人類学的情報収集のための一大プロジェクトとしての意味を有していた。

しかし、今日の目から見た「ロンドン抜書」の意義が、そうした人類学情報の基盤造りという面にのみ限定できるかと言えば、それは疑問である。「ロンドン抜書」を実際に分析していくと、「人類学」という範疇からは逸脱するような例が多いことに気付かされる。また、五十二冊におよぶ抜書のそれぞれの巻は、全体としての統一性よりは、その時々における熊楠の関心の変遷を映し出しているという面も大きい。そうした「ロンドン抜書」の実態に迫るためには、具体的にどのような文献がどのような関心から筆写されているかを、一つ一つ確認していく必要がある。

ここでは、まず第一巻の内容を分析することで、その筆写の傾向を見てみることにしたい。第一巻の構造については、本章においてすでに解説し、目次の翻刻を掲載したが、体裁を整えたかたちであらためて邦訳すると次のようになる。

①ムーラ『カンボジア王国』、一八八三年、仏語
②「内藤飛騨守の手紙」（パジェス『日本切支丹宗門史』）、一八六九年、仏語
③スミス『中国の本草学と博物学に関する論考』、一八七一年、英語
④ジャッド「タバシーアと鉱物の関係」『ネイチャー』、一八八七年、英語
⑤エモニエ『カンボジア報告』、一八七五年、仏語
⑥エモニエ「カンボジアの習慣と俗信に関する覚書」『仏領コーチシナ』、一八八三年、仏語
⑦ハス「タバシーア」『ネイチャー』、一八八七年、英語

⑧ ヒューズ『イスラム事典』「獣姦」、一八八五年、英語
⑨ ヴァーンベーリ『中央アジア点描』、一八六八年、英語

このうち、①⑤⑥はカンボジアに関する地誌、②はヨーロッパにおける戦国時代の日本の記録、⑧⑨はセクソロジー、③④⑦はタバシーアという物質に関するノートとなっている。最後のものは結局論文としては断念されたテーマに関する覚書なので省くが、地誌、日本に関する記録、セクソロジーは、いずれも「ロンドン抜書」と熊楠の学問構想全体を考える上で非常に重要な要素となっているので、以下、詳しく解説していきたいと思う。

まず、第一巻の冒頭、つまり記念すべき最初の抜書［01A001］として選ばれているのは、ムーラ（Jean Moura 一八二七〜一八七五）の『カンボジア王国』全二巻（熊楠自身の書き込みでは『柬埔寨誌』あるいは『柬埔寨王国誌』と訳されている）である。ムーラは一八六八年から一八七九年の間、途中二度の帰国期間をはさんで、当時の宗主国であったフランスからカンボジア総督として派遣されていた人物である。最初の頁で筆写されているのは、この本の第一巻四三五頁の一文で、「火の王」と呼ばれるカンボジアの一地方の実力者が、自分に対する贈り物（子象や絹）に対する答礼を送る場面である。この部分は比較的短いひとまとまりのものとして筆写されているので、原文をそのまま翻訳してみよう。

これらの贈り物は、火の王に対するものである。彼は常にそれを受け取り、同様の礼儀で、返答として、自分の兄であるカンボジア王に対して、ろうの塊と、米と胡麻がいっぱいに詰まった二つの瓶をかならず送る。これに少々の象牙と犀の角が加わることもある。ろうの真ん中には、火の王の中指の跡が押されることになっている。これは、もともとインドの風習であるが、カンボジアでは今日まで伝えられている。自分がもっとも大事に思う人の手足の押印を、注意を払って留めようとするのである。未開人たちは、ろうの上にこのような指印を残す。そして、この聖なる人格の跡である指印は、火の王にとってみれば、そのままそれが届けられる相手に対するはっきりとした自己証明にもなっているのである。[*22]

一八九五年四月という時点で熊楠がこの文章を筆写したのは、明確な意図を持ってのことであった。つまり、文章中に現れるカンボジアの拇印に関する風習を英文論考の「拇印考」の資料として用いるためである。前章で見たように、熊楠は一八九四年十二月二十七日付の『ネイチャー』に「拇印考」第一回分、一八九五年一月十七日には第二回分を掲載しており、「ロンドン抜書」の開始時にもそうした関心を継続させていたと考えられる。実際、この引用の末尾には、日本語で「火王ニ物オクリ拇印受ルコト」という表題が書き付けられており、「拇印」に対する関心がこの部分の抜書の動機の一つであったことを物語っているだろう。

実は、「課余随筆」巻之七のうち、「ロンドン抜書」開始前になされたと思われる箇所には、前述のフレイザーに関する覚書に添えて、「柬埔寨山中の火王贈物を国王におくるに中指を印する事、同書五十五葉に出」[*23]という文章が見られる。たしかに、この部分に相当する『金枝篇』には、「〈火と水の王〉からカンボジアの王に送られる贈り物」という見出しとともに、このことが紹介されている。[*24] そして、脚注にはムーラの『カンボジア王国』が出典として頁数とともに挙げられているのである。

つまり熊楠は、フレイザーの『金枝篇』を読んでカンボジアで拇印の習慣があったという情報を入手した。それから数か月後に大英博物館図書室に入館した際、出典として記されていたムーラの『カンボジア王国』を注文して当該箇所を見つけ、まだ真っ白であった「ロンドン抜書」第一巻にさっそく書き込んだ、ということになる。

このカンボジアの火の王の例は、結局、英文論考としては用いられることがなかったが、邦文の「拇印の話」では、次のように紹介されている。

またハーシェル男は、明治十年にインド洋航行中、始めて拇印を個人鑑別に用いたと自慢するが、仏人ムラの『カンボジア志』によれば、其より二十五年前、嘉永二年にカンボジア王「アン・ヅオン」貸借法を定め、官人は彫印、人民は左手の食指を押さしむ、この国人苗字なく、同名すこぶる多きに、幸いに国人指紋を鑑別することすこぶる精しければ、この改革もっとも有益なりしと見え、この国に古くより拇印行われしは、この国と安南の界の蛮族中に火王あり、人に面会せず、三種の奇宝を蔵し、国に福を与うと信ぜらる。毎年カンボジア王厚く贈り物する礼に、蝋燭一本進上す。その上に火王の中指を印し、年々同じ指紋なるより、火王の生存を認め得しなり、まずは是きり左様。*[25]

こうした拇印に関する調査はこの後も引き続いておこなわれており、玄奘やピンカートン編集の旅行記、さらに拇印に関する学術書が資料として多く筆写されている。拇印に対する熊楠の関心はこの後、人間のつけた物質的な痕跡一般に拡がり、最終的には一九〇〇年の「神跡考」(Footprints of Gods, &c.) へと集大成されることになる。

さて、こうして「拇印考」関連の資料筆写から始まった「ロンドン抜書」第一巻であるが、火の王に関する文章の後、熊楠はムーラの『カンボジア王国』をあらためて冒頭から抄写し始めている。つまり、「古代クメール王朝は、その最盛時には北緯九度から十五度の範囲を支配し」に始まる第一巻第二頁から順々に、一頁から数行を抽出するかたちで抄写がおこなわれていくのである。この後、第一巻の他の項目はすべて数行から数頁の断片的なものであり、第二巻の一五〇頁までは『カンボジア王国』第一巻の筆写が続くことになる。つまり総頁数としては四百頁近い分量が費やされており、そこにA４判五一四頁になる原著の要点が書き抜かれている。

『カンボジア王国』第二巻に関しては、それから少し間を置いて、二年後の第二四巻［24A026b］と第二九巻［29B001］にも筆写がなされている。こちらでは原書二〇〇頁以降のカンボジアの最近の動向に関する記述がほぼカットされているが、ともかく熊楠は、この千頁におよぶ二巻本のムーラ『カンボジア王国』の最初から最後までに目を通し、筆写を行ったことになるわけである。時期の点から言うと、第一巻が一八九五年四月三十日から六月二十二日まで、第二巻が一八九七年四月十二～十九日のいずれかに始まり、他の文献の筆写を多く挟みながら九月二十一日頃に終了していることがわかる。

この間、一八九七年九月十五日の日記には、「此J.Mouraの柬埔寨国第二巻より、拇印千八百五十二年に柬埔寨に公行されしこと見出す」という記述があり、筆写の終わり頃になってふたたび拇印に関する発見をしたことが記されている。ムーラの『カンボジア王国』二巻一二八頁には、たしかに当時のカンボジア国王アン・ドゥオン（Ang-duong 一七九六～一八六〇）が一八五二年に借金の際の借用証書の作成法について定めたことが記録されており、人差し指を用いた署名法の詳細が書かれている。[*26] この部分に相当する九月十五日筆写分の「ロンドン抜書」第二四巻には、「拇印ノ効用」、「拇印ノコト」（一三三頁）、「拇印大ニ訟ヲハブクコト」（一三四頁）という書き込みも見られる。

また、同じ時期の「ロンドン抜書」には、こうしたムーラ『カンボジア王国』の筆写と並行して、他のカンボジア研究書も折りに触れて挿入されている。たとえば、第一巻の⑥は、ムーラの後任のカンボジア総督エモニエ（Étienne Aymonier 一八四四～一九二九）の論文で、熊楠はこれらを補完的な情報源として抄出している。実は、この論文は『金枝篇』脚注にムーラとともに参考文献として挙げられていたものであった。

さらに、「ロンドン抜書」第一巻には、実際には筆写されていないものの、次のような書籍のメモが見え、熊楠が実に念入りにカンボジアおよびインドシナ情報のチェックをおこなっていたことを窺わせる。

ムオ『シャム、カンボジア、ラオスなどへの旅』、パリ、一八六八年
ルロ『アンナン国』、パリ、一八七八年
トムソン「カンボジアとその民族」『ロンドン民族学会報』、一八六八年
トムソン『カンボジアの古美術』、エジンバラ、一八六七年
コルタンベール『コーチシナ地図』、パリ、一八六二年
ガルニエ『ヒンドスタンとインドシナなどへの旅』、トゥール、一八五七年[*27]

このようにして、ムーラ『カンボジア王国』を筆写しながら、熊楠はそれを軸としたインドシナ地誌の研究を、「ロンドン抜書」の最初の課題として持ってきたことになる。「ロンドン抜書」はこの後、インド、南北アメリカ、中

央アジア、東アジア、オセアニア、ロシア、アフリカという順でカヴァーする地域の範囲を世界中に広げて行くが、その中にあってインドシナ研究はいわば一種のモデルケースのような役割を果たしたのであろう。

ではなぜ、最初にインドシナが選ばれたのだろうか。これに関しては、とっかかりはどこでもよかったので、たまたま「拇印考」関連の調べ物から、そのままムーラ『カンボジア王国』の全巻筆写という作業に流れていった、と見ることは可能である。しかし、インドシナという地域の特性も何らかのかたちで関与していると考えた方がより合理的であろう。

その直接の理由として考えられるのが、一八九四年二月に、土宜法龍との間でカンボジアの仏教が「大乗」かそれとも「小乗」かという議論をしていることである。熊楠は最初南方にも大乗が伝わったという証拠として「カンボジアごときは大乗なり」[*28]とするのだが、法龍に「願わくはカンボジアの大乗なる実説を教えよ」[*29]と聞かれ、「カンボジア大乗のことも、小生この地にて調べ候に、何分にもアンナン、サイゴン、カンボジア、真臘等は、一般に大乗の教えと存じ候」[*30]とやや自信なげに答えている。しかし、帰国後一九〇一年八月十六日の書簡では、「その翌年小生とくとしらべしに、柬国は小乗にして中乗を混ず」[*31]と訂正しているのである。「とくとしらべし」というのが、大英博物館での調査を指していることは明白である。

さらに、もう少し大局的な観点から、カンボジアや東南アジアが持つ文化的な位置づけを考えてもよいかもしれない。この点から見て、『カンボジア王国』の筆写をしていた頃の熊楠が、下宿に戻って「課余随筆」に書き留めているメモの内容は示唆的である。

まず「課余随筆」巻之八［A1-064-108］には「J. Moura の柬埔寨王国誌第 166 葉に、柬埔寨太古に神代、其次に百姓の王を撰挙にて出し事を認［?］めらる。駁して弁論せり。これ支那の舜禹等の事を訛伝附会せしに非るか」[*32]という記録が見られる。「ロンドン抜書」第一巻を見ると、『カンボジア王国』一巻一六六頁を筆写していたのは五月二十三日のことのようで、この日は午後一時四十五分に開始して、十四頁分の抜書が作成されている。

また、「課余随筆」の次頁には「明治二十八年六月六日、大英博物館書籍室より帰り後記す」という注記とともに、

「柬埔寨人、羅刹は陰影なしと堅く信ず。Mohosが此事にて女に化たる羅刹を識りし事J. Moura, Le Royaume du Cambodge, 1883, Vol.I, p.314に見ゆ。支那には老人の子に□されといふ」という覚書が記されている。六月六日は「ロンドン抜書」第二巻を開始した日であり、午後三時から十一頁分が筆写されている。

つまり、この頃の熊楠はブルームズベリーにある大英博物館閲覧室に午後中こもって、おそらく閉館時間の午後八時までフランス語で抜書をおこない、それから一時間かけて歩いてサウスケンジントンの下宿に帰って夜中にその中の興味深い部分に関して日本語で「課余随筆」に書き留める、という日々だったことになる。ともあれ、内容的に興味深いのは、これらの「課余随筆」の覚書において、熊楠が『カンボジア王国』における記録を中国の例と対比していることである。

カンボジアは、十九世紀半ば以降はフランスの植民地として編入されるが、それ以前には中国の周辺国としてその影響を受けてきた経緯がある。また周達観(一二六四頃～一三四六)が十三世紀末に元の使節団に伴ってカンボジアを訪れて記録した『真臘風土記』のような漢籍もあり、熊楠も後の論文で何度も使用している。つまり、東西の二つの方向からの視線による記述が交錯している土地であり、お互いの記録をクロスチェックできるという利点を、熊楠は認めていたのではないだろうか。こうした複眼的な文献の読み方は、「ロンドン抜書」のさまざまな箇所で指摘できるように思われる。[*33]

7　ヨーロッパと日本の文化衝突・交流

こうした東西の視線の交錯、という点から興味深いのは、第一巻②［01A015］に見られるような西洋人による日本に関する記述である。これは、十九世紀中頃のフランスの日本研究者パジェス(Léon Pagès 一八一四～一八八六)による『日本切支丹宗門史』[*34]の附録に収録された、内藤如安(一五五〇?～一六二六)よりイエズス会副管区長宛ての手紙の一部である。内藤如安は丹波国八木の城主であったが、キリスト教弾圧のため所領を捨て、小西行長らに仕えた後、一六一四年の禁教令に際して高山右近とともにマニラに追放されて、同地で没した人物である。いわば、秀吉や徳川幕府による弾圧の中でもっとも忠実に、最後まで信仰を守ったキリシタンの一人と言ってよいであろう。「ロンドン抜書」に筆写されたこの内藤如安の書簡は、一六〇二年に書かれたもので、特にパセティックな決意に満ちている。

私は、いま、祈りと聖なる犠牲の中で神に召されるように、副管区長様が私にご慈愛を与えて下さるようにお願いしたいと存じます。そのことによって、私は死の瞬間まで、よき望みの中で固く信仰心を持ち続けることができるのです。かつて何人が、この日本という国において殉教者に出会うことができると想像したでしょうか。そして、その殉教が、みじめな罪人である我々によって開始されるなどと。このことが、ふと私の考えの中に立ち現れるとき、私は喜びの涙を禁じ得ないのです。*35

「ロンドン抜書」の第一巻の二番目の記事として、熊楠がこのようなキリスト教における殉教の哲学と、それを日本で実践しようとした人物について抜書していることは興味深いところである。熊楠のように、西洋と日本（あるいは東洋）のいわば「文明の衝突」に関して本格的に考えざるを得なかった人物にとって、キリスト教とその異教圏への布教の問題は避けて通れないものと感じられたはずである。後年の熊楠は自ら「耶蘇嫌い」と称してそこに立ち入ることを意図的に避けているように見えるが、この若き日の「ロンドン抜書」における内藤如安の書簡の筆写などは、当時の熊楠がかなり敏感にこの問題を考えていたことを窺わせる。

こうした日本とヨーロッパの初期の文化接触の例として興味深いのが、抜書第二巻および第五巻に筆写された、十六世紀の大航海時代におけるファースト・コンタクトに関する歴史資料である。これらはラムージオ（Giovanni Battista Ramusio 一四八五〜一五五七）の『航海と旅行』*Navigationi et viaggi* に収録されたもので、インドのゴアにあったイエズス会の聖パウロ学院長ランチロット（Nicolau Lancilotto）がまとめた書簡［02A204］と、日本に初めて布教した人物として知られる聖人フランシスコ・ザヴィエル（Francisco de Xavier 一五〇六～一五五二）の二通の書簡［02A210］［05A001］からなっている。

後述するようにラムージオの『航海と旅行』は、ヴェネチアで一五五〇年に初版三巻本が刊行され、その後増補されていったもので、十五世紀に始まった大航海時代の、初々しい成果を集めている。「ロンドン抜書」第二巻と第五巻に見られる筆写は、そのラムージオ編集による日本関連の記事なのだが、一五五〇年代と言えば、まさに日本という島が「発見」されたばかりの時期である。

周知のように、記録に残るヨーロッパ人と日本人の最初の遭遇は、一五四三年にポルトガル人が種子島に漂着した時のこととされている。その後、薩摩の貿易商人と考えられるアンジロー（またはヤジロウ、一五一一？～一五五〇？）が、人を殺害したため役人に追われて海外に逃れ、ポルトガル商人のアルヴァレス（Jorge Alvares 生没年未詳）に助けられて、一五四七年十二月にマラッカで宣教師をしていたザヴィエルと運命的な出会いを果たす。アンジローはゴアのイエズス会の教会で洗礼を受け、日本に関するさまざまな情報をもたらした。そしてザヴィエルはアンジローの手引きで、一五四九年四月に初めて宣教師として鹿児島への上陸を成し遂げる。

そうした新着情報をいちはやく取り入れ、イタリア語によってヨーロッパ世界に伝えたのが、ラムージオの集成であった。この日本に関する記事などは、一五五〇年の初版出版時には「間に合わず」、一五五四年版、つまりザヴィエルの日本上陸の五年後の再版に初めて登場している。ラムージオの集成においては、ランチロット、ザヴィエルに他のイエズス会士の書簡を加えて「日本に関する五通の書簡」（Cinque lettere sull'Isola del Giapan）という章としてまとめられている。

熊楠が筆写している三通のうち、ランチロットの書簡［02A204］はアンジローの語る日本に関する情報をまとめた最新情報の報告書と呼ぶべきもので、「北方に新たに発見された日本という島に関する短報」（Informatione breve dell'isola allhora scoperta nella parte di settentrione chiamata Giapan）という表題が付けられている。この報告書は現在では「日本情報」として知られているので、以下この名前を用いることとしたい。
ザヴィエル書簡の方は、一五四九年一月十四日付コーチン発〔02A210〕、一五四九年十月五日付鹿児島発〔05A001〕の二通である。熊楠は一八五五年のパジェスによる仏訳〔05A010〕を用いて、ラムージオによるイタリア語版を補っている。「ロンドン抜書」の時期までに、すでに日本では浅井乕八郎による英語からの重訳[*36]が出版されていたが、熊楠はおそらくそのことは知らなかったであろう。いずれにせよ、原典に近い資料からの引用という意味では、熊楠の筆写は現在の研究レヴェルから見ても評価に値するものと思われる。

そのイタリア語版の筆写を行う際、熊楠は途中ところどころに注釈や意見を書き入れている。それらの部分には、熊楠の読み方がよくあらわれていて興味深いので、この書き込みについて紹介してみたい。熊楠の書き込みのうち、特定の単語に付けられているものは▼、文章全体にかかっているものは●で示した。なお、ランチロット「日本情報」の翻訳には岸野久『西欧人の日本発見』（一九八九年、吉川弘文館）、ザヴィエル書簡の翻訳には河野純徳訳『聖フランシスコ・ザビエル全書簡』第二巻（一九九四年、平凡社東洋文庫）を用い、（　）内に両書における頁数を記した。なお、〔　〕は原著者による補足、【　】は筆者による原語の補足である。

ランチロット「日本情報」

A　最初に、彼〔アンジロウ〕は次のように述べている。日本【Giapan】の島の全長は、上述したように、六〇〇レガあり、全土は一人の王 Re〔将軍〕によって統治されている。彼の下には公爵 duchi や伯爵 conte のような領主たちがおり、日本全土で一▼四名【quattordeci】になるであろう。（一二七頁）
▼四十トハ何ヲアテシメイヒシカ、

B　別の種類の宗教家がおり、黒色の衣服をつけ、よい身なりをしており、多くの苦行を行う。彼らは朝、午後、真夜中と一日三回の祈りを行う。これらすべての宗教家の祈りの家はいずれも同じ様式である。彼らは金色の木像を持ち、ある者は壁に描いた画像を持っている。みな唯一の神を崇拝する。それは彼らの言葉で▼1デニチ Deniche と呼ばれている。彼が述べるところではこのデニチはしばしば一つの身体に三つの頭を持って描かれ、それで▼2コヂ cogi と呼ばれている。この人〔アンジロウ〕は三つの頭の意味がわからなかったが、デニチもコヂも、私たちの神と三位一体のように、すべて一つであることを知っていた。（一三〇頁）

▼1　大日、カヽル俗人迄是頃大日ノ名ヲ識シヲ見レバ真言天台ノ盛ナリシコト知ラル

▼2　居士トイフコトニヤ

C　これらの宗教家たちはバルコニー perguli で人々に説教すると、多くの聴衆が集まる。説教者たちは泣き、人々を泣かせる。彼らは、唯一の神、万物の創造者が存在すること、そして▼煉獄【purgatorio】、天国【paradiso】、地獄【inferno】について説く。（一二九頁）

▼此 purgatorio トハ何ヲ言シカ

D　これらの宗教家たちはとても貞潔な生活をしているが、修道院内にいる教理教育を施さるべき多くの子供たちとの間で、あの忌まわしい罪〔男色〕が認められる。（一三〇頁）

●コレハ寺ニ小姓オキテ婬セシコトカ、

E　小麦が十分にあり、人々はそれで▼めん類【vermicelli】やパイの皮【coperte de pasticci】を作る。（一三五頁）

▼ソウメンノコトカ

F　この島のある山には、五、〇〇〇人の、非常に富裕な宗教家がいる。そこには多くの召使いがおり、豪華な

家屋や衣服にあふれている。彼らは貞潔を守っているので、女性や〔動物の〕雌は一レガ以内には近づけない。

（一三六頁）

●高野山カ

G　女性は子供を生むと一五日間他人に触れないし、四〇日間彼らの寺院へ入らない。（一三六頁）

●産忌ノコト也

H　この土地では次のようなある種の苦行が行われている。人々は断食して、一〇〇日間貞潔を守り、その後、非常に大きな森に入る。そこには隠棲所 **heremitori** のような、多くのお堂 **pagodi** があり、非常に厳しい生活をしている行者が幾人かいる。この山中ではさまざまな声や叫び声が聞え、多くの火が見える。（一三二～一三三頁）

●立山ノコトカ

I　彼らには祈りや苦行を指導する師匠がおり、もしある者が休息中に居眠りすると、師匠は杖でその人を叩く。

（一三三頁）

●先達ノコトカ

ザヴィエル書簡

J　日本語のアルファベットをあなたに送ります。日本人は他国人とはたいへんに違って、上から始まって下へ書きおろします。私がパウロ（引用者注、アンジローのこと）になぜ私たちと同じように〔左から右へ〕書かないのかと尋ねますと、彼はあなたがたはなぜ私たちと同じように書かないのかと問い返します。なぜなら、人間は頭が

上にあり、足が下にあるので、書く時も上から下へ書かねばならないと言うのです。（二二七頁）
●此男中々ノ豪傑ト見エタリ

この他、「日本情報」「ザヴィエル書簡」には、「Goxo 御所」、「Cegnico 天竺西域共カ」、「Iampon 浄飯」、「Craganor クラガノ」、「Bandu 板東カ」などの部分に熊楠の訳語が記されている。書き込みの量としてはそう多くはないが、内容的には、熊楠がこのアンジロー＝ランチロットの「日本情報」とザヴィエル書簡をイタリア語でどのように読み込んでいたかがうかがえるものである。

主なものを検討していくと、まずAは日本の諸侯がquattordeciいるという記述に対して「四十ト八何ヲアテシメイヒシカ」としている。ただし、このquattordeci（現在の綴りではquattrodici）は「四十」ではなく、「十四」を意味しており、熊楠はここでは勘違いをしていることになる。ともかく、ここで言う諸侯とはおそらく戦国大名のことであろうが、それを四十（十四）と数えた根拠に対して疑問を持った、ということであろう。

次にBでは、「大日」に関する問題が扱われている。熊楠の実家はもともと真言宗徒であるが、一八九三年に高野山の僧侶土宜法龍と出会ってからは特に傾斜をつよめていた。この時の関心も、十六世紀当時の真言宗がいかに隆盛だったかという点にあったようである。実はランチロット「日本情報」のこの箇所はキリスト教の神（デウス）の訳語として真言密教の「大日」を当てた、来日当初のザヴィエルの宣教の問題とも絡んでいる思想史上きわめて重要な部分なのだが、これに関しては岸野久の前掲書が見事な分析をしている。

岸野は、アンジローから話を聞いたランチロットは、日本にはすでにキリスト教が渡来していたという先入観を持っており、そのためこの「三つの頭を持つ」大日如来について、三位一体のキリスト教神学の痕跡として考えたのだと言うのである。Cの「煉獄」についても、岸野は同様の観点から、アンジローの地獄に関する説明を受けたランチロットが、キリスト教の文脈でこれを解釈してつけ加えた部分としている。ちなみに熊楠が「居士」といささかこじつけめいた注をつけたBの二つ目の疑問cogiについては、「五智如来」とする既説があるが、岸野の「荒神（三宝荒神)」の方が、おそらく可能性は高いだろう。

DからIに関しては、熊楠の説で特に問題はないように見受けられる。特にHは山岳修験道を指していることはまちがいないが、「立山」と特定する熊楠の説は一考に値するだろう。

さらに、Jのザヴィエル書簡筆写中の書き込みでは、上から下に書く日本語の表記法が不自然と考える宣教師たちに対して、左から右に書くヨーロッパ語の表記こそ不自然であると即座に切り返したアンジローの知恵への感嘆が記されている。実際、日本人として初めてイエズス会士に対面したこの薩摩人の聡明さは、ザヴィエル、ランチロットともに大いに賞賛したところであり、そのことが日本布教へのイエズス会側の大きな期待を誘ったことは多くの論者が認めている。Bの書き込みでは「カヽル俗人」というだけの認識だったアンジローに対して、筆写を続けるうちに「此男中々ノ豪傑」と記すにいたった熊楠も、十六世紀のイエズス会士の記録に意外にも不敵な日本人の姿を見つけて思わず感嘆の言葉を漏らしたのであろう。

他にこの時期の日本関係の記事としては、第五一巻に十七世紀前半に平戸のオランダ商館長であったカロン(François Caron 一六〇〇～一六七三)が残した日記(ピンカートン『新航海旅行記集成』に収録)の筆写[51A196]がある。こちらにもキリシタンの処刑や初期のオランダと幕府の交渉についての部分に多くの書き込みが見られる。

8　航海・旅行記集成の活用

こうした熊楠による地誌・旅行記の抜書の中で注目されるのは、いくつかの旅行集成のシリーズがその骨格を形作っていることである。その一つは、ここまで日本発見史の情報源として紹介したラムージオ『航海と旅行』である。ちなみに日本語ではあまり区別しないが、多くのヨーロッパ系言語では海上の航海(英 voyages 古伊 navigationi)と陸上の旅行(英 travels 古伊 viaggi)とを明確に分けて考えるため、この後述べる旅行集成の表題は、すべて「航海・旅行」

と対で示されている。

ヴェネチアの名家に生まれ、貴族院書記を勤めていたラムージオは、幅広い人脈を生かして『航海と旅行』を編纂した。当時のヴェネチアは、衰えつつあったとはいえ、中世以降、長い間ヨーロッパにおけるオリエントへの唯一の窓口としての役割を保っていた都市である。そうした海外情報に目ざとい土地柄を利用して旅行記を収集しようというラムージオの試みは、ヨーロッパにおける地誌学をかつてない精密さに高めたとされている。集められた資料は現在にいたるまで研究の基礎となるものが多く、とりわけマルコ・ポーロの旅行記を刊本として広く流布させたことや、原本の失われていたピガフェッタ（Antonio Pigafetta 一四九一～一五三一）によるマゼラン（Fernão de Magalhães 一四八〇～一五二一、マガリャンイスとも表記）の世界周航記録を含んでいることで知られる。

「ロンドン抜書」の中の旅行記のうち、時代の古い本の筆写には、このラムージオ『航海と旅行』経由で情報を得て探り当てたものが多い。ラムージオからの直接の筆写も前述の「日本情報」を含めて二十二の旅行記に及び、すべて挙げると次のようになる。

［02A204］「日本情報」
［02A210］［05A001］「ザヴィエル書簡」
［05A013］「レオ・アフリカヌスによるアフリカ記」「カダモストによるポルトガル人のピエトロ・ディ・シントラ船長の航海」「ヴァスコ・ダ・ガマの航海」「ペドロ・アルヴァレスの航海」「アメリゴ・ヴェスプッチ概略」
［06A002］「アメリゴ・ヴェスプッチ概略」「ジョヴァンニ・ダ・エンポーリによるインドへの旅行」「ルドヴィコ・ヴァルテマの行程」
［07A026a］「ジョアン・デ・バロス小史」「アルメニアのハイトン小史第二部」
［07A091］「ドン・ピエトロ・マルティレ・ミラネーゼによる東インド史概略」

[08A015]「フランシスコ・デ・ウロアの報告」「マルコ・デ・ニザ師の報告」「フェルディナンド・アラルコーネ船長のノヴァ・スパーニャ港のコリマ報告」「スパニョーロ船長のペルー征服の報告」「フェルディナンド・ピサロ船長の航海報告」「ノヴァ・フランシアと名づけられた西インド諸島の未踏の地に関するフランチェーゼ・ルオゴ船長の記録」「ジャック・カルティエの新大陸ノヴァ・フランシアの第一報告」「チェザーレ・デ・フェドリチの東インドへの航海」

[08B001b][09A090][11B027]「マルコ・ポーロの旅行記」

こうした著作はいずれも「ロンドン抜書」中の旅行記筆写の根幹となる部分であり、これを見ると、熊楠はラムージオの旅行集成を出発点として、世界地誌情報の関心を展開していったように見える。だがそれは、熊楠というよりは、むしろヨーロッパにおける地誌情報の歴史がたどった道のりであったと言うべきであろう。十六世紀以降、ラムージオ『航海と旅行』を原型としつつ、ヨーロッパ世界においてさまざまな旅行誌が出版されたのであり、熊楠の「ロンドン抜書」も大きく言えばその末裔なのである。

そうした旅行記による世界情報の出版に関して、この後もっとも重要な役割を果たしたのが、スペイン無敵艦隊を破った一五八八年以降、急速に海外での勢力範囲を広げていった西の島国、英国であった。英国の海外進出に向けての転換点となったエリザベス一世（Elizabeth I 一五三三〜一六〇三）の時代に、ラムージオの著作をオクスフォードで読んでいたハクルート（Richard Hakluyt 一五五三〜一六一六）は、『イングランド国民の主要航海』*The Principal Navigations, Voyages, Traffiques and Discoveries of the English Nation*（一五八九年）によって、英国での旅行記集編纂の開祖となった。ハクルートはアーサー王の伝説上の遠征から、一五八八年に世界の海を制したスペイン無敵艦隊を「煙のように消滅」（前掲書の一文）させた同時代のエリザベス一世の自国艦隊の物語にいたるまで、海洋国家イングランドがいかに多くの海外雄飛を成し遂げてきたかという歴史を、さまざまな資料を駆使して編纂したのである。

ハクルートの死後、彼の収集した資料はパーチャス（Samuel Purchas 一五七七?〜一六二六）に引き継がれ、彼の校閲と増補によって『ハクルート遺稿集』*Hakluytus Posthumus*（一六二五年完成）という名前で出版される。『パーチャスの旅行記』*Purchas His Pilgrimes* という名でも呼ばれるこのシリーズは、イングランドだけでなく、広くヨーロッパ人の大航海時代初期の地誌記述を集大成したものであった。

さらに、英国における航海・旅行集成の伝統は、パーチャス以降、チャーチル（Awnsham Churchill 一六五八〜一七二八）、アストレー（Thomas Astley 一七五九年没）、ピンカートン（John Pinkerton 一七五八〜一八二六）と続く。つまり、これらの航海・旅行集成の編纂作業は、大航海時代には後発国であった英国が、世界各地に植民地を建設し、ついには新大陸からアフリカ、アジアに巨大な貿易システムを作り上げる過程に沿って、引きつがれていったのである。

驚くべきことと言えばよいか、当然のこととするべきなのか判断がつかないが、実は南方熊楠の「ロンドン抜書」には、ここまでに挙げた英国の主要な旅行集成がすべて登場する。以下、抜書にあらわれる箇所を拾ってみよう。

ハクルート　計四カ所
［10B098］［15B035］［24A032b］［50A184］

パーチャス　計八カ所
［02A082］［05B002］［09B001］［10B103］［22B009］［22B011］［22B037］［24A041］

チャーチル　計六カ所
［21A063］［21B010b］［22B032］［40A147］［48B003］［49B003c］

アストレー　計三カ所
［06A001］［08B017］［14B107］

ピンカートン　計七カ所
［05B004b］［09B044］［22A061］［23B007］［28A100a］［49A075］［51A196］

このうち、ピンカートンとアストレーに関しては、熊楠は帰国後全巻を購入し、今も顕彰館に残されている。さらにこの後述べるように、「ロンドン抜書」は、同時代の旅行書の総集成であったハクルート叢書に関しても広くカヴァーしている。また、こうした旅行集成中ではイタリア語訳あるいは英訳として編纂された文献の原典や、他の言語への翻訳を資料として取っている場合もある。

民族誌と旅行誌によって世界を網羅しようとする熊楠の学問構想から考えれば、こうした旅行書の時代ごとの代表的な集成を押さえることは、必然的な道筋であったとも言えよう。しかし、十六世紀のラムージオから同時代の書籍にいたる西欧人による地誌学の成果を、熊楠がピンポイントで次々と収集していることは、やはり驚嘆せずにはいられないのである。日本では、こうした旅行記については、一九六五年に始まった岩波書店の「大航海時代叢書」「十八・十九世紀大旅行叢書」がやっとある程度のまとまった紹介を成し遂げたが、熊楠の「ロンドン抜書」はその七十年前に、すでに構想としてはずっと先を歩んでいたと言ってよい。[*37] 熊楠の学問に関してはとかくその参照の量的な膨大さが喧伝されるが、文献探索の道筋のきわめて的確なことも評価されてしかるべきであろう。

このような熊楠の文献探索を支えている要素として、一つにはレファレンスの使い方のうまさが挙げられる。ウフェール（Hoefer）、ミショー（Michaud）の二つのフランス語人名録や、『ラルース十九世紀大百科事典』、『エンサイクロペディア・ブリタニカ』などを、熊楠はことある度に細かく参照している。たとえば、タタールを旅したアルメニア人の僧侶ハイトン（Hayton of Corycus 一三〇八年以降没）[07A035]、アフリカ西部への航海で知られるカダモスト（Alvise Cadamosto 一四三二～一四八三）[05A130]、インド・マラッカへの航海を成し遂げたヴァルテマ（Ludovico di Varthema 一四七〇～一五一七）[06A009a] [06A009b]、最初の世界周航艦隊を率いたマゼラン [07A008] [07A011]、スペインのドメニコ派宣教師で中国で布教したナヴァレッテ（Domingo Fernández Navarrete 一六一〇～一六八九）[21B010a] などに関して、こうした事典類を参照した跡が見える。この他、抜書に写されていない場合でも、熊楠はこれらのレファレンスを何度も活用しているはずである。

このことは、大英博物館の円形閲覧室が、その斬新な設計の成果として事典類への非常に高いアクセシビリティを提供していた結果に他ならない。閲覧室には、円形ドームの内壁に沿って事典類が分野ごとにびっしりと配置されており、ちょっとした調べものをするのに実に便利にできている。この時期の熊楠は、不明な点が出るたびに、放射状に配置された閲覧席から外側の参考図書にまっすぐに向かうことで、書庫に配置された知の大鉱脈を効果的に掘り出す術を学んでいったのであろう。

9　ハクルート叢書

ヨーロッパによる世界の発見の記録を詰め込んだこれらの航海・旅行記集成の中でも、「ロンドン抜書」の内容ともっとも関連しているのが、熊楠の同時代に精力的に編纂が進められていたハクルート協会（Hakluyt Sociery）による叢書である。前述の英国旅行集成の祖であるハクルートの名前を冠したこの協会は、一八四六年に地質学者のマーチソン（Roderick Impey Murchison 一七九二〜一八七一）を初代会長としてロンドン図書館で創立され、一八四七年から一八九八年にかけて第一シリーズ全百巻の叢書を刊行した。[*38]

初期の規約では三度の世界一周を成し遂げたウィリアム・ダンピア（William Dampier 一六五一〜一七一五）の時代までを扱うとされており、必然的に十六世紀と十七世紀前半の資料が多くを占めることとなった。その後、十八世紀以降の資料も扱う第二シリーズが一八九九年から一九九八年、第三シリーズが一九九九年から刊行され、現在の累計巻数は三百を超えている。

第一シリーズ百巻は熊楠がロンドンに滞在中の一八九八年に完結したわけであるが、そのタイトルのうち「ロンドン抜書」に筆写されているものは以下の通りである。冒頭の数字はハクルート叢書中での番号で、複数巻にわたるものもある。ただし、ここに掲げた熊楠の筆写はハクルート叢書版からのものとは限らず、その他の版や、仏・伊・西語による原典版を使っている場合も多い。

3　ローリー（Raleigh）『ギアナの発見』［39A030］
8　ランドール（Rundall）『十六・十七世紀日本帝国年代記』［17A066］
10・12　ヘルベルシュタイン（Herberstein）『ロシア覚書』［18A114］［19A072］
14・15　ゴンサーレス・デ・メンドーサ（González de Mendoza）『シナ大王国誌』［41A092］［44A001］
17　ドルレアン（D'Orléans）『中国を征服した二人のタタール人の歴史』［41A065］
19　ミドルトン（Middleton）『バンタムとモルッカ諸島への航海』［41A064］
21　ベンゾーニ（Benzoni）『新大陸の歴史』［39A012］
22　メージャー編（Major）『十五世紀のインド』［42A101］
23　シャンプラン（Champlain）『西インド諸島およびメキシコ航海記』［40B103］
24　マーカム編（Markham）『アマゾン渓谷探検』［39A101］
26　クラヴィーホ（Clavijo）『サマルカンドのティムール宮廷への公使の記録』［41B001］
31　ユール編（Yule）『東方の驚異』［47B018］
32　ヴァルテマ（Varthema）『ルドヴィコ・ディ・ヴァルテマの旅行』［06A016］
36・37　ユール編（Yule）『カタイ（中国）およびそこに至る道』［14A001］
39　モルガ（Morga）『フィリピン諸島誌』［15B001a］［15B001b］［26B060］
41・45　ベーガ（Vega）『インカ皇統記』［04B099］
42　コレイア（Correia）『ヴァスコ・ダ・ガマの三つの航海』［41A046］
49a　バルバロ（Barbaro）『タナおよびペルシアへの旅』［07A044］
50　ゼノ（Zeno）『十四世紀におけるヴェネチアの兄弟、N・ゼノとA・ゼノの北海への航海』［42A024］
51　スターデン（Staden）『ブラジル抑留記』［39A084］

52　ピガフェッタ（Pigafetta）『マゼランによる最初の世界周遊』［06A139］［07A001］

56　ランカスター（Lancaster）『東インド紀行』［41A059］

64　アルヴァレス（Alvares）『エチオピア史』［06A051b］

66・67　コックス（Cocks）『日記』［16A149］［17A001］

70・71　リンスホーテン（Linschoten）『東方案内記』［15A120a］［15A120b］

76・77・80　ピラール・ド・ラヴァル（Pyrard de Laval）『東インド、モルディブ、モルッカ、ブラジル航海記』［15A050］［15A051］

81　シュミデル（Schmidel）『ラプラタ川の征服』［42B016］

82・83　ルガ（Leguat）『ロドリゲス島、モーリシャス諸島、ジャワ島および喜望峰への航海』［42B082］

84　ヴァーレ（Valle）『トルコ、ペルシア、インド紀行』［12A123］［12B081a］［12B081b］［13B001］

92　レオ・アフリカヌス（Leo Africanus）『アフリカ誌』［05A013］［05A136］

99　レイヴェンシュタイン編（Ravenstein）『ヴァスコ・ダ・ガマ処女航海記』［41A056］

以上、実にハクルート叢書第一シリーズ百巻のうちの四十巻が「ロンドン抜書」に含まれていることになる。逆に「ロンドン抜書」の全書籍件数は五百件程度であるから、その中でもハクルート叢書に含まれる書籍は六％程度（複数巻を除く）を占めている。

いずれにせよ、熊楠の旅行記に対する関心が、ハクルート協会と同じ方向性を持っていたということは明らかであろう。実は、もともとハクルート協会自体、一八四六年の創設時の八人のメンバーの中に、当時の大英博物館長（図書館長）のエリス（Henry Ellis 一七七七～一八六九）と動物学部長のグレイ（John Edward Gray 一八〇〇～一八七五）を含んでいた。エリスは自分より四十一歳も若く、ラテン語、スペイン語、ロシア語などに堪能なメージャー（Richard Henry Major 一八一八～一八九二）を館員として雇用した後、協会に引き込み、大英博物館蔵の写本や書籍を底本とした多くの旅行記の英訳を完成させた。

初期の協会におけるメージャーの活躍は抜群で、一八四九年から五八年まで書記として事務をこなす一方で、実に十二巻（十件）の翻訳・編集に携わっている。「ロンドン抜書」中の筆写本でも、10・12・14・15・17・22・50がメージャー担当巻である。一八四六年から八〇年にかけて、計二十四人の大英博物館の館員がハクルート協会で活動した[*39]が、メージャーが所属した刊本部と草稿部の館員は、多くがハクルート協会員となり、その一大叢書の刊行に尽力している。博物館と協会は強力な紐帯で結ばれていたわけである。

ハクルート協会はまた、英国王立地理学会（Royal Geographical Society）とも重複する会員が多く、密接な関係にあった。一八三〇年に創立された王立地理学会は、ダーウィン、リヴィングストン（David Livingstone 一八一三～一八七三）、スタンリー（Henry Morton Stanley 一八四一～一九〇四）など、自然科学者や探検家を援助し、世界各地に派遣していた。一八五〇年代末から六〇年代初めにかけて、バートン（Richard Francis Burton 一八二一～一八九〇）とスピーク（John Hanning Speke 一八二七～一八六四）によるナイル川の源泉発見競争の発表の舞台となったことでも有名でもある。いわば、世界の七つの海を支配する大英帝国の知的参謀本部のような役割を果たした機関である。

そのような背景を考えると、大英博物館で熊楠が「ハクルート叢書」中の旅行記や、その原本であるさまざまなヨーロッパ言語で記された原典を筆写していた意味もよく理解できる。熊楠にとって、それは大英帝国やヨーロッパが地球上の地理的情報を独占することによって得ている「力」の根源に切り込むような作業としても、とらえられていたのであろう。

10　ユールの東西交渉史研究

ハクルート協会の第一シリーズの中で、特に東西交渉史の研究に関して貢献したのがユール（Henry Yule 一八二〇～一八八九）である。エディンバラに生まれたユールは二十歳でインドのベンガルで英軍の工兵隊に入り、書記官などの勤務を経て陸軍大佐となるが、一八六二年に健康上の理由から四十二歳で退役。中世の中央アジア史に関心を持ち、軍隊時代にも余暇には精力的に研究をおこなっていたユールは、この後、ヨーロッパに住んで翻訳活動に従事することになる。

まず、ユールが一八六三年にハクルート叢書31として翻訳・出版した『東方の驚異（ミラビリア・デスクリプタ）』は、フランスのドミニコ会修道士ジョルダヌス（Jordanus 一三三〇年没）が十四世紀の初めにおこなったギリシアからインドまでの旅の見聞をまとめたものである。この本でユールは、インドでの体験を生かして、本文に匹敵するほど量の多い詳細な注をつけている。この時、ユールはまだハクルート協会員ではなかったが、おそらく友人の紹介による持ち込みで刊行にこぎつけたらしい。

次に一八六六年に満を持してユールが叢書36・37として出版したのが、『カタイ（中国）およびそこに至る道』二巻であった。本文は宣教のために中国を訪れたポルデノーネのオドリコ（Odorico Matriussi 一二八六～一三三一）など、従来あまり取り上げられなかった東西間の旅行者の記録を翻訳したものであるが、何と言っても圧巻なのは冒頭、二五三頁にわたって記されている「前書き」だろう。そこには、契丹からの転訛であるカタイという名で呼ばれた中国と西洋の交渉史が詳細に解説されている。後々まで「ハクルート協会の出版物の中での最高の出来」[*40]と賞されたこの著作によって、ユールは王立地理協会から金メダルを授与された。

さらにユールは、一八七一年に『東方見聞録』の新訳を『マルコ・ポーロ卿の書』として出版した。軍隊時代の一八五〇年から十三世紀ヴェネチアの大旅行家マルコ・ポーロの研究を始めていたユールは、この翻訳の中で、『カタイ（中国）およびそこに至る道』執筆の際に集めた資料を生かした膨大な注釈付きの決定版を作り上げている。主にフランスとイタリアに暮らしたユールには、図書館からの文献入手という点で制約があったが、アジア各地に展開する宣教師たちのネットワークを使って資料を集めたという。こうした活躍が認められたユールは、一八七七年にハクルート協会長として選ばれ、一八八九年の没年までその職にあって、叢書の学術的な水準を高めることに貢献した。

南方熊楠はユールを同時代人として意識していたようで、大英博物館東洋書籍部のダグラス（Robert Kennaway Douglas 一八三八～一九一三）を通じてユールと面会しようとしたことがある。マルコ・ポーロが南詔国で見た大蛇について、ユールが鰐のことだろうと注釈しているのを見て、これがニシキヘビのことだと考えていた熊楠は、「はなはだ物足らぬ」と感じた。そこで、「予往年ロンドンにゆきし時、このことをユールに報ぜんとダグラス男に頼むと、ユールは五年前に死んだと聞いて……」[*41] ということになったようである。ユールは一八八九年に死んでいるから「五年前」という言葉を字義通りに取ると、これは一八九四年のこととなるが、熊楠がダグラスと初めて会ったのは一八九五年だから、おそらくその頃の出来事だろう。

そのユールの死から六年後に開始された「ロンドン抜書」の関連の部分としては、まず第二巻から第一七巻にかけて、『マルコ・ポーロ卿の書』が抄写されていることが目を引く［02A125］［08A123］［09A001］［10A001］［11B002］［12A001］［17A175］。また第一四巻には『カタイ（中国）およびそこに至る道』が一頁から三六頁に抄写され［14A001］、第四七巻に『東方の驚異』が一部のみ書き抜かれている［47B018］。

このうち、『マルコ・ポーロ卿の書』が筆写されたのは一八九五年六月中旬から一八九六年八月頃にかけてのことと推定されるが、一八九七年一月七日号の『ネイチャー』に掲載された論文の中で、熊楠はさっそくこの文献を用いている。「死者の婚礼」（Marriage of the Dead）と題されたその論文の冒頭を「マルコ・ポーロはタタール人について次のように語っている」[*42] と始めた熊楠は、生前は知らない者同士だった若い男女の死者の婚礼を死後におこなうという、いわゆる「冥婚」の風習についての記述を引用する。[*43]

そして、「このポーロの物語に関して、故ユール大佐は、後世の著作を引きながら、「これは中国の風習である。しかし、タタールの風習でもある、とマルコがいっているのを信用して間違いないだろう」としている」と指摘するのである。[*44] ユールが根拠としたのはスペインの宣教師ナヴァレッテの記録であるが、これについても熊楠は「ロンドン抜書」二一巻に一八九六年十一月～十二月頃に筆写しており［21B010b］［21B010c］、『ネイチャー』への執筆に備えて確認していたようである。

だが熊楠は、ユールの意見とはちがい、この風習は中国からタタールではなく、タタールから中国に導入されたものだと考えていた。その根拠となったのは十二世紀前半にタタール人の居住地域を訪れた康与之（生没年未詳）による『昨夢録』である。時代的にもマルコ・ポーロの少し前にあたるこの康与之の記録に関して、熊楠はタタールの制度が珍しかったために書き留めたのであろうと推論している。

ほかではもはやみることのできない記録を、詳細かつ正確に伝えているという点と、この習慣の起源が中国ではなくタタールにあることを明示している点で、たいへん興味深い文章である。著者の康与之は、中国北部にあった自分の故郷を、一一二六年のタタール人の金朝による併合直後に訪れたことを記している。つまり、北方からの侵略者が中国に多くの新しい制度や習慣をもたらしたことと、なかでも、死者同士の婚礼はたいへん新奇なものだったために、康与之がはじめて記録したことは疑いがない。[*45]

しかし、タタールから中国に冥婚の制度が導入されたというこの論文での主張に関して、熊楠は後に考えを改めたようである。一九一七年に書かれたと思われる未発表論考の「死人の婚礼」で、熊楠は「二十年程前大英博物館で読書中此事を調べて一書を『ネーチユール』え出した。其号の彼雑誌は持合せねど当時集めた材料が座右に在る。因て復た之を組立て見よう」[*46]と、『ネイチャー』での自分の英文論考を日本語で再論しようとしている。

この中で、熊楠はまず、ユールがナヴァレッテを根拠として「此奇俗元来支那人間に行れたるが後ち蒙古人等も之を倣ふたと言た」こと、そして自分の見出した『昨夢録』の記述によって「されば死人の婚礼は本と北狄の風俗で之を支那本来固有の者としたユールの見は過まてり」と論難したことを記す。しかしその後、楊慎の『丹鉛総録』巻九に「曹操幼子蒼舒死、求邴原死女合葬、史以為譏余、余観周礼地官、禁嫁殤者、注謂生時非夫婦、死而葬相従、嫁殤嫁死人、則此俗古已有之、今民間猶有行焉、而無禁也」[*47]という文章を見つけたという。

これは、『三国志』で有名な魏の曹操（一五五～二二〇）の八男曹沖（字は蒼舒、一九六～二〇八）が十三歳で早世した際に、甄家の少女の遺体をもらい受けて結婚させたという事例を挙げたものである。時に西暦二〇八年のことであり、中国における「冥婚」の記録の最も早い例の一つであるとされている。この記述を読んで、熊楠は冥婚の風習が中国に古くからあったことを知り、次のように書き記している。

果して其通りならば予が此俗を北狄固有の者としたは謬ちで、左程調べぬ者乍らユールが之を支那本来の風と云たが中つて居る。但し此俗もと支那にも北狄にも両ながら行はれたのか、若くは古く支那に在たが宋代には南人が之を怪しむ程北方にのみ専ら行はれたのか一寸判断し難い。大方の高教を俟つ。*48

実は、こうした熊楠自身の反省とは関係ないところで、『ネイチャー』に掲載された「死者の婚礼」は、ユールと浅からぬ関係を持つことになる。一九二〇年に、ユールの友人であったコルディエ（Henri Cordier 一八四九〜一九二五）が『マルコ・ポーロ卿の書』を増補再版*49するのだが、その際に、熊楠の「死者の婚礼」はもう一本の熊楠の『ネイチャー』論文「驚くべき音響」（Remarkable Sounds）の第三回分（一八九六年四月三十日号掲載*50）とともに、巻末の参考文献として全文引用されることになったのである。

自慢話の多い熊楠の文章に登場しないところを見ると、どうやら彼自身は、一九二〇年に刊行されたユール＝コルディエ版のことを知らなかったようである。しかし、この本は現在でも英米の少し大きな書店にはかならず置いてあって、熊楠の業績の名残を今にとどめるものである。海外での自分の評判を常に重視していた熊楠がこれを知ったならば、即座にコルディエ宛に訂正文を送った後、あちこちでこの成功について喧伝していたのではないかと想像されるところである。

熊楠はまた、一九〇〇年二月二十四日号の『N＆Q』に掲載された「空飛ぶ盃」（Flying Cups）の中でも、フビライ・ハーン（一二一五〜一二九四）の宮廷では魔術師たちが鉢を飛ばして食事の用意をするという『マルコ・ポーロ卿の書』の文章を題材として取り上げ、ユールの注釈を紹介している。この論文で熊楠は、寂照（九六二頃〜一〇三四）

が留学中の宋の寺院の食堂で、中国人僧侶たちに負けじと鉢を飛ばしたという『宇治拾遺物語』「寂照上人、飛鉢の事」の逸話を紹介して、マルコ・ポーロの記録と対比させている。

ユールの本は、その他の英文論考や帰国後の日本語論文にも多く用いられており、たとえば「十二支考」の「田原藤太竜宮入りの譚」には『東方の驚異』の中のエチオピアの竜に関する奇譚めいた話があり、[*51]「鶏に関する民俗と伝説」には『カタイ(中国)およびそこに至る道』の中の太鼓を叩いて愁訴するシャムの風習が登場する。[*52] また、「加太の立て櫂」では「南方先生このユールの註をまた註釈するとしょう」という言葉とともに、『マルコ・ポーロ卿の書』の中の旅人に娘をあてがうカムールの風習に関する自説が述べられている。ここでも熊楠は「本邦にも多少似た風の地があった」として、日本との対比を試みている。[*53]

以上、ユールの書籍は、熊楠の抜書から論考への展開の好例と言えるものであろう。このように、熊楠は「ロンドン抜書」で得たヨーロッパから東方への大旅行に関する文献を、日本や中国の文献と対照させることで、みずからの比較民俗学の基盤を作り上げていった。ロンドン滞在後期以降の熊楠の論考では、東西の旅行記や博物書をクロスチェックさせる方法論が確立されていく。そうすることによって、熊楠は東アジアという逆方向からの視線を導入し、これらの資料を複眼的に再検証する目を養っていったのである。

11 時間的・空間的に拡がる旅行記の採取

ここまで見てきたように、「ロンドン抜書」の筆写書目の中には、さまざまな地域への旅行記が含まれている。その時代的な範囲は古代・中世から十九世紀まで幅広く、その著者も西洋人であるか非西洋人であるかを問わず、多様な出自の人物の多様な地域への多様な形態の旅行記が、次々と書き抜かれている。こうした筆写の意味を考えるために、ここで、これらの旅行記のうちの代表的なものを挙げていきたい。

まず古いものとしては、玄奘三蔵（六〇二～六六四）による、唐から天竺への旅行を扱った『大唐西域記』がある。もちろん東アジアでは古来、よく知られた書籍であるが、熊楠が筆写しているのは、パリのコレージュ・ド・フランス教授であったジュリアン（Stanislas Julien 一七九七～一八七三）による一八五七～一八五八年の仏訳［14B117a］と、ロンドン大学ユニヴァーシティ・カレッジ教授であったビール（Samuel Beal 一八二五～一八八九）による一八八四年の英訳［09B071a］である。熊楠はこの頃の土宜宛書簡の中で、『酉陽雑俎』の中から、天竺に行ってきた金剛三昧という日本人僧侶の記録を見出したことについて語っており、*54 中国からインドへの旅行に対して大きな関心を払っていたと推測される。

九世紀にアラブ世界から中国に旅行したスレイマンらによる記録については、「拇印考」の調査の際に見出したようだが、その後、当時の中国に関する第三者の証言としてさまざまなかたちで利用している。日本語訳では『シナ・インド物語』*55 と表記されているこの旅行記に関しては、当時、ルノード（Eusèbe Renaudot 一六四六～一七二〇）による一七一八年刊［09B045a］と、レノー（Joseph Toussaint Reinaud 一七九五～一八六七）による一八四五年刊［09B003］の二つの仏語訳、および一八〇八～一八一四年刊行のピンカートン『新航海旅行記集成』中の英訳［09B044］があり、熊楠はすべて参照している。

アフリカの記録として熊楠が多用したのが、レオ・アフリカヌス（Leo Africanus 一五五四頃没）の著作である。アフリカヌスはグラナダでイスラム系の家に生まれたが、スペインによるレコンキスタの影響で家族とともにモロッコのフェズに逃れ、叔父とともに外交交渉のために北アフリカを巡った。その後、十字軍に捕らえられてローマに送られてカトリックに改宗、その口述筆記が一五五〇年にヴェネチアで『アフリカ誌』として出版されて、長くヨーロッパにおけるアフリカ情報の基礎となった。熊楠はラムージオ『航海と旅行』に収録されたイタリア語版［05A013］、およびタンポラル（Jean Temporal 一五七〇没）による仏語訳（一五五六年初版）［05A136］を参照している。

十五・十六世紀の大航海時代のスペイン・ポルトガルによる海外進出の記録について、ラムージオ以降の旅行記集成から多くを筆写したことは前述の通りである。この中では、ヴァスコ・ダ・ガマ（Vasco da Gama 一四六〇頃～一五二四）

のインド航路開拓の記録が、ラムージオ『航海と旅行』［05A013］およびハクルート叢書に二件［41A046］［41A056］含まれていることなども注目されるだろう。さらに、マゼラン艦隊の乗員であったピガフェッタによる世界周航に関する著書の仏語版［06A139］［07A001］、インカの王女とスペイン人征服者との間に生まれたベーガ（Inca Garcilaso de la Vega 一五三九～一六一六）による年代記『インカ皇統記』の仏語版［04B099］、南アメリカで原住民に捕らえられて数年間にわたって幽閉されたドイツ人探検家スターデン（Hans Staden 一五二五～一五七九）の『ブラジル抑留記』の英語版［39A084］、スペインのモルガ（Antonio de Morga 一五五九～一六三六）による『フィリピン諸島誌』のスペイン語原著［15B001a］［26B060］と英語版［15B001b］など、興味深い資料が見られる。また、ポルトガルのアジア支配の実態を記録して後のオランダの世界進出を導いたリンスホーテン（Jan Huyghen van Linschoten 一五六三～一六一一）の著作については、仏訳版［15A120a］と英訳版［15A120b］が書き写されている。

イタリア人ヴァーレ（Pietro della Valle 一五八六～一六五二）の『トルコ、ペルシア、インド紀行』や、タヴェルニエ（Jean-Baptiste Tavernier 一六〇五～一六八九）によるインドなどへの『六つの旅』も熊楠のお気に入りだったようである。ヴァーレについては一八四三年刊行のイタリア語原著［12A123］［12B081a］［13B001］および一七四五年の仏語版［12B081b］、タヴェルニエに関しては仏語原著［09B091］［10B002］［11A001b］［12B001a］および英訳［09B078］［10B001］［11A001a］［49B035］を丹念に写し取っている。インドに関しては、もう少し時代が降るが、博物学者のジャクモン（Victor Jacquemont 一八〇一～一八三二）の『インド紀行』［03A147］［23B010］［24A001］や、スコットランドの軍医バルフォア（Edward Green Balfour 一八一三～一八八九）の『インド事典』［45A092］［49B036］が、後の論文でよく用いられている。また、一八三二年の第一巻から一八五六年の第二四巻までの『ベンガルアジア協会雑誌』に網羅的に目を通して、さまざまな論文を筆写していることも目につく［42A123］［43A001］［43A023］［43A044］［43A058］［45A001］［45A020］［48B046］。

ロシアに関しては、オーストリアの外交官ヘルベルシュタイン（Siegmund von Herberstein 一四八六～一五六六）の『ロシア覚書』［18A114］［19A072］という十六世紀の書籍を筆写している。その一方で、十九世紀にロシアからシベリアを旅行したハクストハウゼン（August von Haxthausen 一七九二～一八六六）による『ロシア研究』独語原著［20B001］［21A135］

〔22A001〕、『ロシア帝国』〔02B020〕〔23A001〕、『南コーカサス』〔05B014〕〔06B001〕、『コーカサス民族誌』〔06B060〕（以上英語版）という、異なる時代の資料を併用していることは興味深い。スカンジナヴィア地方に関しても、十六世紀スウェーデンのオラウス・マグヌス（Olaus Magnus 一四九〇〜一五五八）による『北方民族文化誌』ラテン語版〔22A109〕〔22B042〕、仏語版〔10B110〕〔11B020〕と、十九世紀のウェールズ人冒険家ロイド（E. H. Llewelyn Lloyd 一七九二〜一八七六）による『スカンジナヴィア冒険行』〔24A043〕、『スウェーデン農民の生活』〔24A197〕〔25B001〕を使い分けている。

こうした時代的に幅を持たせた資料選択は、中国の場合にも見られる。九世紀のアラビア人スレイマンや十七世紀のドメニコ派宣教師ナヴァレッテの記録についてはすでに述べたが、他にもスペイン人旅行者の聞き書きにより中国の歴史を編纂したゴンサーレス・デ・メンドーサ（Juan González de Mendoza 一五四五〜一六一八）、『シナ大王国誌』のハクルート叢書版〔41A092〕〔44A001〕から、十九世紀前半の宣教師のユック（Évariste Régis Huc 一八一三〜一八六〇）の『中華帝国』仏語原著〔08A088〕と英語版〔08A085〕〔11B001〕〔42A034〕のように、情報としては古くて不確かだが、歴史的に重要な文献をあえて用いる傾向が指摘できるだろう。

さらに、十九世紀半ば以降のさまざまな探検家も多く筆写されている。ロシアの軍人で中央アジアを探検したプルジェワリスキー（Nikolay Mikhaylovich Przhevalsky 一八三九〜一八八八）の『クルジャから天山を越えてロブノールへ』〔14B124〕〔18A077〕や『モンゴル、タングート国、チベット北部辺境』〔14B128a〕〔18A001〕といった著作は、「ロンドン抜書」中のかなり多くの頁数を占める。ヤングハズバンド（Francis Edward Younghusband 一八六三〜一九四二）〔41B025〕やヘディン（Sven Hedin 一八六五〜一九五二）〔40B001〕あたりになってくるとまったくの同時代人で、極東からやって来た熊楠がロンドンの図書館で筆写をおこなっている間に、彼ら自身は海外に出かけて中央アジアを探検している、といったような関係である。

12　「異文化接触」と旅行記

それでは、「ロンドン抜書」にこれだけ幅広い時間・空間に及ぶ旅行記が登場することは、何を意味しているのだろうか。

これらの旅行記が世界中の広い地域のさまざまな民族の社会・文化の違いを映し出す鏡となっており、その結果として、「ロンドン抜書」が熊楠の比較民俗学や人類学の研究の基盤をかたちづくっていることは、ここまで述べた通りである。しかし、熊楠の選択している資料は、本当にスペンサーの記述社会学や、他の同時代の人類学者のような、世界の民族誌的データの構築という方向性を目指しているのだろうか、という疑問をここでもう一度呈しておきたいと思うのである。

ここまで挙げてきた文献の内容から見て、むしろ熊楠の興味は、旅行によって生じる文化間の接触という現象の方にあったように、私には思われる。言い換えれば、「ロンドン抜書」の主たる方向性は、現時点での世界の民族誌の台帳作りにあるのではなく、地球上のある文化を背景とした旅行者が他の文化と出会った際に、前者は後者をどのように記述してきたか、という点にあるということである。そう考えれば、「ロンドン抜書」の筆写文献に、同時代における各地域の正確な情報というよりは、それらの文化を最初に記録した資料が多く用いられていることの意味が理解できるように思われる。

七世紀の玄奘から十九世紀末のヘディンにいたる大旅行者は、二十世紀以降と比べて格段に大きな文化的隔たりをみずから体感しながら地上を移動し、遍在する差異そのものを記録していった。客観的に整理された最新の地誌情報ではなく、むしろそうした主観的な旅行の記録を多用することによって、熊楠は「ロンドン抜書」の中に異文化接触の記録を集成することになったと言えるだろう。それらの歴史上の大旅行者の目を通して、熊楠は異なる文化間の差異から生じる記録の歴史的・文化的な重層性を、まるで自分の目で見るかのようにダイナミックに観察しているのである。

この点において、熊楠の「ロンドン抜書」における視線は、スペンサーや他の同時代の西洋の人類学者や民族学者とは異なるものである。一般に十九世紀の西洋の人類学は、旅行者や宣教師から得た基準の異なる情報を均一なものと見なし、擬似的な客観資料として用いた。世界中の民族の「特性」を体系化し、巨大な対照表として提示しようとしたスペンサーの『記述社会学』は、その典型的な姿を示している。しかし、熊楠の「ロンドン抜書」での筆写は、文化接触に付随する主観的な観察記録を、むしろ時間的・空間的な文脈から切り離さず、それらが歴史上に存在していた状況のままに、個々のものとして配置する方向を示しているように見えるのである。

このことは、「ロンドン抜書」が今日有している資料的価値[*56]を考える上でも重要なポイントである。「ロンドン抜書」の筆写の中で圧倒的に量が多いのは、もちろんヨーロッパ世界による他の地域の文化の「発見」と、それによって引き起こされた文化間の衝突・交流の過程の記述である。十五・十六世紀のいわゆる大航海時代から、熊楠の頃に完成期を迎えていた植民地時代にかけて、ヨーロッパはアジア・新大陸・オセアニアなどのさまざまな地球上のトポスに進出し、それまで異文化間に横たわっていた空間的な広がりを、一挙に埋めていった。

熊楠の筆写は、そうした過程の中でも、特に遭遇の初期にあたる地誌的資料を意図的に集成することによって、図らずもその遭遇自体によって多かれ少なかれ変容を余儀なくされたそれぞれの民族の固有文化を、時間をさかのぼって再生する効果も示している。つまり、西洋近代の技術文明による均一化を経ない時期の民族文化を知るための手がかりを与えてくれることが、「ロンドン抜書」の一つの特徴となっているのである。

さらに、異なる文化を観察し、記録する主体は誰か、という今日的な課題に関しても、「ロンドン抜書」における熊楠の資料選択は、重要な問題提起をなしていると考えることができる。西洋を「見る主体」、他の地域を「見られる客体」とする十九世紀的な文化観をどのように克服するかという問題は二十世紀以降にさかんに論じられるようになり、今なお大きな課題である。

そうした問題に対して、さまざまな時代の日本、中国、イスラム圏などの旅行者の視点と西洋の旅行者の視点が混在し、交錯する場としての「ロンドン抜書」は、一定程度、応えることのできる資料群となっていると言えるだろう。

熊楠自身がこうした方法論に対してどこまで自覚的であったかについては今後さらに検証していく必要があるが、「ロンドン抜書」が少なくとも結果として、現在の眼からそのように読み得るということは、熊楠の学問の現代的な意味を考える上で大きな示唆を与えてくれるはずである。

13 「セクソロジー」への傾倒

そうした「ロンドン抜書」における熊楠の主体性の問題は、この抜書における最大の「謎」とも言うべき「セクソロジー」関連の筆写を考える上でも重要である。実は、地誌・旅行記の次に多くの分量が割かれているのが、熊楠自身の分類で言うと「風俗」「医学」に属する性的な話題に関する筆写である。「ソドミズム」「少年愛」「オナニズム」「売春」「性病」などのテーマからなるこれらの筆写に関しては、二十世紀以後に成立するセクソロジー（性科学）という概念で総称するのが適切であろう。

これらの筆写は第一巻・第二巻からすでに現れ、第三巻・第四巻でピークに達し、その後も一定の割合で登場し続ける。熊楠自身は後に宮武外骨宛書簡に「大英博物館にてpornography（淫画学）および男女に関する裁判医学を専攻致したる[*57]」と書いたり、上松蓊宛書簡に「諸国の情事艶事の書を多く集め比較して書き付けたるものおびただしくあり。中村啓次郎氏（代議士）、これは希有の物なり、西園寺侯に序文書きもらい「淫学大全」と題して珍蔵すべし、と言いしことあり[*58]」と誇らしげに紹介したりしている。また、この頃書かれた「ロンドン私記」の中では「此学者の多き土地で嶄然頭角を顕はし陰陽和合学（*πορνόγραφεα* ポルノグラフェア）といふ大学問を発向し、行く〳〵は枢密顧問にならなつてやると、りきみ居るなり[*59]」としており、当時からセクソロジー関連の研究を、自らの仕事の中のかなり大きな部分と見ていたことがわかる。

では、実際にどのような書籍が筆写されているのだろうか。第一巻のヒューズ（Thomas Patrick Hughes 一八三八〜一九一二）の『イスラム事典』は、イスラム圏のさまざまな事象を解説して現在でも高く評価されている事典であるが、熊楠はこの中から「獣姦 bestiality」の項目を抜書している［01A211］。ただし内容的には、イスラム法学者がこれを堕落の最たるものとして極刑に値すると考えたことなどで、用語の解説以外はそれほど多くを論じているわけではない。

また同じ第一巻のヴァーンベーリ（Vámbéry Ármin 一八三二～一九一三）の『中央アジア点描』は旅行記であるが、「回徒男色ノ事」という表題のつけられた熊楠の抜き書き［01A230］は、明かに男色資料としてこれをとらえている。以下、主な筆写部分を訳出してみよう。

中央アジア、特にバカラとコーカンドでは、この非道の罪が恐るべき程度で行われている。だが、この国の宗教者はそれがハーレム法を少しでも犯さないための防波堤になっているとして無罪を主張し、そのためティベリウス風の性関係は一般的なものとなってしまっている。それどころか、親たちは幾ばくかの年俸のために、息子を友人や知人の自由にさせることに少しの良心の呵責も覚えないのである。宗教的な厳格さが人間をどのような罪の深淵にまで堕落させるかについて、私はこれ以上筆を進めることができない。[*60]

この後、第二巻ではディドロ（Denis Diderot 一七一三～一七八四）とダランベール（Jean le Rond d'Alembert 一七一七～一七八三）による『百科全書』「ソドミー」の項目［02B001b］とヴォルテール（Voltaire 一六九四～一七七八）の『哲学辞典』「オナン・オナニズム」の項目［02B002］が引かれている。さらに第三巻と第四巻にいたっては、最初から最後まですべての頁がセクソロジーで埋め尽くされることになる。試みに第三巻のすべての筆写文献のリストを掲げてみよう。本文筆写に付された熊楠による書き込みの中から、内容がわかる部分について頁数とともに付す。ただしこの書き込みは一部の記述に対するものであり、筆写の内容の全体を表すものではない。

① リース『百科事典』「ソドミー」の項目（「男色ノ事」一頁）

② タルデュー『強制猥褻に関する法医学的研究』（「豕ノ尾ヲ入ル、コト」三八頁、「婦女強姦ノ事」五〇頁、「女子男子ヲ犯スコト」五一頁）

③ メニエール『ラテン詩人に関する医学的研究』

④ ヴォルテール『哲学辞典』「ソクラテスの愛」の項目（「師弟ノ間ニ男色ハヤル故宦者ヲ師トスルコト」五六頁）

⑤ レージュ＝ドロルムとドシャンブル『医学百科事典』「男色」の項目（「高名ノ人外色好ミシコト」七二頁）、「オナニズム」の項目（「蟲直腸ヨリ陰ニ入ルコト」一〇七頁、「日本婦人ノ用シ角先生ノ記」一一一頁）、「女性による強制猥褻」の項目（「猴女ヲ犯スコト」一二七頁）

⑥ ヴァレ『裁判、物語、笑話選』（「僧少年ヲ姦セシトシテ殺シ刑セラル、コト」六八頁）

⑦ チーヴァーズ『インドの法医学』（「印度ノ獣姦」「鹿ト交リ子ニ角アリ」七三頁、「男色ノ宦者」「二三十万人ノ姣童」七六頁）

⑧ ジャクー『新実用内外科事典』「オナニズム」の項目（「女ノ方男ノ方ヨリ多淫少淫ノ者多キコト」一一九頁、「今日婦人獣姦ハミナ犬ト」一二三頁）

⑨ テイラー『法医学の理論と実践』（「盲人十二才ノ子ヲ犯ス」一二八頁）

⑩ 『ラルース十九世紀大百科事典』「男色」の項目（「ソクラテス疑ハレシ事」一四二頁）

⑪ ドゥヴィル『インド散策』

⑫ ジャクモン『インド紀行』（「王ノ愛女ナリ」一四七頁）

⑬ デュプーイ『ラテン語の詩に見る古代ローマの医学と生活』（「新婦夫ニ愛童去ルコト求シコト」一四九頁、「レズノ女ノ吉舌キリ子ウマスコト」一五八頁、「一夜ニ懐妊スルコト」一六二頁）

⑭ ガルニエ『パリの狂気』

⑮ バル『色情狂』（「女皇ノ牀下ニ潜ミ誅セラル」一七〇頁、「聖母マリ仰ガレシコト」一七一頁、「男性女性ニ化セラルト思フ」一七三頁）

⑯ カルメイユ『狂気について』(「全坊ノ尼群異病ニカ、ルコト」一九一頁)
⑰ ルグラン・デュ・ソール『ヒステリー患者、その心身の状態および重軽度の犯罪行為』(「……行ヲ見テヨリ大淫トナル」一九一頁)
⑱ モローニ『教会史大事典』「宦官」の項目
⑲ アンシヨン『去勢の実態』(「宦者ヲ男寵ニ用シ事」二〇五頁、「夫ノ手足耳鼻キルモ一物ヲキルナト望ム妻」二一一頁)
⑳ スミス『ギリシア・ローマ伝記・神話事典』「スポーラス」の項目(「宦者ニアフヲ不吉ノ兆トス」二四四頁)

このうち、②のタルデュー(Ambroise Tardieu 一八一八～一八七九)はパリ大学教授として教鞭を執り、今日では児童への性的虐待の問題を法医学として初めて扱った人物とされている。『強制猥褻に関する法医学的研究』は第三巻での最初の筆写[03A001b]の後も、第一七巻[17B013]と第一八巻[18B001]でふたたび登場する。特に第一七巻では、この書籍に掲載された強姦後の女性器の図七枚ほどが詳細に模写されているのが目を引く。また、第三〇巻には一八七四年の著書『性器の変形と関連した本人確認の法医学的問題、および性別不明の個人の記録と図像』[30A008]も筆写されている。

⑤のレージュ＝ドロルムとドシャンブル編の『医学百科事典』(一八六四～一八九〇年刊行)は全百巻という大部の事典であるが、熊楠はこの中から第三巻でラカサーニュ(Alexandre Lacassagne 一八四三～一九二四)執筆の「男色」[03A062]とクリスチャン(Jule Christian 一八四〇～一九〇七)執筆の「オナニズム」[03A096]の項目を筆写している。この他にも、この事典からのセクソロジー関連としては、「女性による強制猥褻」[03A124]、「割礼」[05A147]、「両性具有」[31A039]の項目の筆写がある。

⑧のジャクー編の『新実用内外科事典』(一八六四～一八八六年刊行)も、『医学百科事典』と同じ頃に出版された全四十巻の大部の事典である。第三巻で筆写されているのはこの中のモーリアック(Charles Mauriac 一八三二～一九〇五)執筆の「オナニズム」の項目[03A116]である。さらに第二八巻[28B001]と第三〇巻[30A005b]では、前出のタルデュー

とロージエ（Maurice Laugier）執筆の「両性具有」の項目が筆写されており、そのうち第三〇巻一四八頁には両性具有の性器の画が模写されている。

⑲のアンション（Charles Ancillon 一六五九〜一七一五）による『去勢の実態』［03A194］はフランス語の『去勢者論』（Traité des Eunuques）の翻訳で、熊楠は第四巻［04A001］にも引き続き筆写している。フランスの法律家で外交官だったアンシヨンは、宗教上の理由からドイツに亡命した。熊楠は後に、十二支考の「鶏」の回で「一七〇七年にオランダで出版したシャール・アンシヨンの『閹人論《えんじんろん》』はジュール・ゲイの大著『恋愛婦女婚姻書籍目録』巻三に出るが、余が大英博物館で読んだアンシヨンの『閹人顕正論《ユーナキズム・ジスプレイド》』は一七一八年、ロンドン刊行で、よほど稀覯《きこう》の物と見え、右の目録にも見えぬ。よって全部二百六十四頁を手ずから写し、ただいま眼前にある」[*61]と誇っている。

④⑬⑳のように、古代ギリシア、ローマにおける、近代西洋とは異なる性のあり方も熊楠にとっては興味深いものだったようである。特にギリシアにおける少年愛に関してはさまざまな文献に目を通しており、それらを基にして、後に岩田準一（一九〇〇〜一九四五）に宛てた書簡で「男色談義」を展開している。月川和雄は、同性愛を一種の堕落と見なすタルデューに対して、少年愛を理想化したギリシアを例に挙げて反論したシモンズ（John Addington Symonds 一八四〇〜一八九三）を、熊楠が高く評価していたことを指摘している。[*62]

また、⑭⑮⑯⑰のような、現代で言えば精神医学の方向に熊楠の筆写が及んでいることも目につく。加納由起子は、性と関連する狂気の問題に対する熊楠の関心が、「反社会的な女の性」という十九世紀フランス精神医学の問題意識と絡みあうかたちで展開されたことを論じている。[*63] セクソロジー関連の文献は、後述するような英語圏での自己規制の問題とも関連して、フランス語文献が圧倒的に多く、この第三巻も二十件中の十四件がフランス語である。

この他、抜書前期の本格的なセクソロジーに関する記事としては、一八九六年三月頃までに筆写されたエルシュとグルーバー編『風俗百科事典』の中のシュレーガー執筆の「オナニズム」［04B060］、クローゼとマイヤー執筆の「男色」［13A001］［14B011］が挙げられる。その後、少し間を置いて一八九七年七月頃から、デュフール（Pierre Dufour 本名はPaul Lacroix 一八〇六〜一八八四）の『売春の歴史』［25B073］［26A001］［27A001b］［28A001］［29A017］［32A001］［33A001］［34A001］

[36A001]、カルリエ（Félix Carlier）の『両性の売春』[32A183][35A107][37B017]、ローゼンバウム（Julius Rosenbaum 一八〇七～一八七四）の『古代梅毒史』[37B143][37B144][38A001]といった大作の筆写がなされている。

こうした「ロンドン抜書」における性に対する関心は、明らかに表題からしてセクソロジーが扱われているものだけではなく、一見すると単なる地誌のような文献の筆写にも見られる。たとえば、第四巻の最後の六十頁分くらいにわたって引かれている新大陸の民族誌では、性的規範をめぐる部分が抄出されているのである。つまり、ヴィレイ『人類の博物誌』[04B095]に始まり、ベーガ『インカ皇統記』[04B099]、ラ・モトレイ『ヨーロッパ、アジア、アフリカ紀行』[04B101]、シャルルヴォア『アメリカ北部旅行誌』[04B105]、シュテラー『カムチャツカ地誌』[04B106]、ロペス・デ・ゴマラ『インディアス全史およびメヒコ征服史』[04B133]、ビュッテル＝デュモン『ルイジアナ史回想録』[04B148]と続く部分である。実は、この部分は最初に登場するヴィレイ（Julien-Joseph Virey 一七七五～一八四六）が、東洋《オリエント》や新大陸の原住民による売春や男色の例を列挙した際に挙げている参考文献を、そのまま引き続いて筆写したものであった。

熊楠の書き込みとともに、これらの第四巻裏面の筆写内容を簡単に紹介してみよう。まずベーガの『インカ皇統記』からは、インカの王が男色を徹底的に禁じたという記述の部分を引いており、熊楠はそこに「印加男色ヲ行シ村民ヲ罰スルコト」（裏九九頁）と書き入れている。この王は、男色者を出した家ばかりか、そのような村そのものを焼き払うと宣言しているのだが、これに対して熊楠は「然バ秘魯人男色ヲ禁セシ清ノ教ナルハ万国ニ冠タリトイフベシ」（裏一〇一頁）という意見を記すのである。次に、ラ・モトレイ（Aubry de La Motraye 一六七四～一七四三）の筆写では、「回徒ナガラ多クハ一妻ノコト。美女ヲ犯サズニ売ルコト」「韃靼人男色行フモノ至テ少キ事」（裏一〇一頁）という文章が見える。さらに、北部のアメリカインディアンに女装した男性が存在することに関して、「女化セシ男」（裏一〇七頁）という書き込みのあるシャルルヴォア（Pierre-François-Xavier de Charlevoix 一六八二～一七六一）『アメリカ北部旅行誌』や、「合戦等ニ女ヲツレ行ラレヌヨリ姣童ヲ従ルコト」（裏一四九頁）と書き込まれたビュッテル＝デュモン（Georges-Marie Butel-Dumont 一七二五～一七八八）『ルイジアナ史回想録』が続いている。

この例のように、民族誌の中に見えるセクソロジー記事という観点で集められたものは、実は「ロンドン抜書」には非常に多くの量に上る。たとえば、前述のラムージオにもそのような例は見えていた。また、第五巻に筆写されたピンカートン『新航海旅行記集成』［05B004b］には「宦者女ト通セシ事」「宦者妻ヲ蓄ヘシ事」（ともに目次部分）という見出しが付けられている。

14　ヴィクトリア時代の社会と性に対する規制

こうした「ロンドン抜書」に登場するセクソロジー関連の膨大な文献リストを見ていると、大英博物館で研究を始めたばかりの熊楠は、いったいどのような気持ちでこれらの「反社会的」な書籍を筆写し続けていたのか、という疑問が沸いてくる。この疑問に対する一つの回答は、それがまさに「反社会的」なものだったから、というものである。たとえば、これらの筆写を考える手がかりとして、月川和雄は当時の英国を騒がせていたオスカー・ワイルド事件との関連を指摘している。*[64] 英国の同性愛史の中でも特に重要なものとされるこの事件は、当代きっての人気作家であったワイルド（Oscar Wilde 一八五四〜一九〇〇）が一八九五年四月五日に逮捕され、五月二十五日に懲役二年の判決を受けるという経過をたどった。「ロンドン抜書」における男色関係の最初の筆写が六月三日に登場していることといい、男色および性的規範逸脱に関連する記事が並ぶ「抜書」第三巻が六月二十日から始まっていることといい、月川の説をある程度裏付けているだろう。

熊楠はこの前年、一八九四年十一月十一日の日記に、「近日市中にて一貴人児童を姪し囚ひられ、獄中にて昨日自殺せる由、今日の people にて見る」とワイルド事件の前兆のようなできごとについて記してもいる。当日付けの『ピープル』*The People* 誌を見ると、一面に「衝撃的な起訴の悲劇的結果」と題して、熊楠の記述に相当する次のような記事が掲載されている。

先週土曜日サザークで、洒落た服装の身なりのよい年配の男が、アーサー・ウェイマンという名の少年を襲ったために起訴され、一週間拘留された。今週土曜日の朝、この事件が法廷にかけられたのだが、筆頭書記官がハロウェイ刑務所長からの報告を読み上げ、男が保釈されないままに、房内で自殺を図ったことが伝えられた。割れたガラスの破片により、この行為に及んだものと思われるとのことである。被告の名前については言及されなかった。[*65]

他の新聞の続報によれば、この男は、パーキンソン（William Henry Parkinson）という名の四十九歳の裕福なワイン商であった。収監中の弁護士との会見の際に、パーキンソンは打ちのめされた様子で「こういう類いの罪は、容疑をかけられるだけでも、有罪と決めつけられたと同じようなものだ。もし釈放されたとしても、私は国を出るだろう。服毒自殺ができるものならそうしたい」[*66]と話していたという。熊楠がこうした続報まで読んでいたかどうかはわからないが、ヴィクトリア時代の英国における、男色に対する厳しい視線は感じていたに違いない。

こうした点から注目されるのは、「ロンドン抜書」において熊楠が、しばしば英語文献における自己検閲の問題について取り上げていることである。たとえば、ヴォルテールの『哲学事典』から引かれた第二巻の「オナン・オナニズム」［02B002］と第三巻の「ソクラテスの愛」［03A052］の項目の筆写で、熊楠は英国において性的な話題がタブー視されていることを問題として取り上げようとしている。これらの筆写は、一八九五年六月二十八日に抜書された第三巻の「ソクラテスの愛」が先で、第二巻の「オナン・オナニズム」がその後七月に入ってから始められたと推測されるので、順序的に巻数と逆になっているが、いずれにせよセクソロジー関連筆写の最初期の筆写にあたるものである。

熊楠は、このうち「ソクラテスの愛」の中に「発端ノ一段ヲ除キ第二ヨリ此処迄 Abner Kneeland; translation（Boston, 1852）ニハナシ」（五四頁）、「英訳ニ脱セリ」、「此処又英訳ニ脱セリ」（以上五六頁）、「コレ迄ハ英訳ニナシ」（五七頁）と書き込み、ボストンで出版されたアメリカ版英語訳についての疑念を記している。また、「オナン・オナニズム」の方でも、「訳本ニハ［　］ノ処ヲ脱ス」「此一文又英訳本ニハ多ク略セリ」（以上裏六頁）としており、やはり同様の削除と見られる点について指摘する。「オナン・オナニズム」は言うまでもなく自慰のことであるが、「ソクラテスの愛」とは少年愛を意味しており、ともに当時の英国ではタブーとして扱われていた。

たとえば「ソクラテスの愛」の方では、「家庭教師と生徒の間で、この楽しみはかなり一般的に行われた」「トルコ人やペルシア人の貴族たちは、ソドミズムができないように外国の宦官を教育係として子供を育てたと言われている」という部分が、英訳本には見られないと熊楠は記す。こうした話題は「師弟ノ間ニ男色ハヤル故宦者ヲ師トスルコト」（五六頁）と欄外に見出しとして記すほどに熊楠好みのものであり、英訳本での脱落はとりわけ注意を引いたのであろう。この他、熊楠が指摘している英訳本での脱落は、一文から十数行にわたるものまで幅広い。[*67]

さて、一般論として「ソクラテスの愛」と「オナン・オナニズム」を読んだ印象では、ヴォルテールはこれらの二つの性的欲求を道徳的には退けているが、同時にある種の理解を示しているようにも読める。つまり、少年愛について「自然に対する恥ずべき侵害」という当時一般の非難を繰り返しているものの、「しばしば少年はみずみずしい肌や輝くばかりの顔色や柔和な眼で二、三年間は美少女と見まごう」というような描写を挿入している。また、オナニズムに関しても、「こうした淫らな行為にふけることはひどい狂気」であると呼びはするものの、過度の節制は過度に精液を放出することと同じく健康に害悪を及ぼすことを記すのである。

熊楠は二十代の前半に、『珍事評論』第一号の中で、友人の高野礼太郎をヴォルテールに擬して「色好《イロゴノ》みの人なる上、一句一言人を殺すの妙あり」[*68]と書いたことがあり、早くから注目していたと考えられる。そうしたヴォルテールの著作だけに、英訳本に削除部分を発見したことは、英語圏における倫理観の狭量さを象徴するものと映ったのであろう。この後の「ロンドン抜書」には一冊の本の内容を、いくつかの版や翻訳でチェックしながら筆写するというやり方が多く見られるようになる。

たとえば第六巻などでは、ラコニスの『ルドヴィコ・ディ・ヴァルテマの航海』［06A016］中の「新嫁ノ女ヲ異国人ニ破スルコト」と記した一文が英訳では削除されていることを指摘していて興味深いが、ここで熊楠は「此処訳本ニナシ。有ル方ガ妙ナリ」（三七頁）とまで記しているのである。性的な話題に関しては、それに触れた文章を翻訳することすら「ある方が妙」という程度にまで、この時期の英米における自己検閲が進んでいたという指摘はたいへん興味深いものであろう。

熊楠は、後に一九一四年五月十四日の柳田国男宛の書簡において、英国における自己検閲の問題について話題として取り上げている。

御存知ごとく、英国は礼儀の外を慎むこと、言語の末に及び、陰陽に関することのみか、今といえども厠、便処、虱、糞等の語すら慎み、ギリシア・ラテンの古書、中古の書ども、また他国の文学を訳するにはなはだしく困難し、一切これを省くこと多きがゆえに、真意分からず、これがために学問が外国に先を越されしことすこぶる多し。[*69]

この手紙は、一九一一年に始まる熊楠と柳田の書簡のやりとりの中では、比較的後期のものに属する。当初、日本における民俗学の確立を目指した両者は、『郷土研究』の編集方針などをめぐって対立した。その際の熊楠の不満の中心は、編集者としての柳田が民俗学の中から性的なものや猥雑なものを排除する傾向に対するものであったことが、従来の研究では早くから指摘されてきた。[*70] 性的な話題を論文の中に多用したことによって、風俗壊乱罪で二度までも訴えられた熊楠の日本での執筆活動の源泉は、こうした「ロンドン抜書」の筆写の中に十分に見て取れるだろう。

15 「ロンドン抜書」と「ロンドン私記」

ここまで見てきたように、「ロンドン抜書」における熊楠のセクソロジー筆写は、人間の文化における禁忌、タブーの問題と結びついている。近親相姦に触れて発禁処分になった一九一三年の「月下氷人」に関して原田健一が論じているように、ロンドン時代以降の熊楠は、タブーが社会の規範を作り上げるというフレイザーの議論に大きな影響を受けることになる。[*71] これに関連する問題として、「ロンドン抜書」の中に、性と並ぶもう一つの大きな禁忌である「人肉食」を取り上げた書き込みがあり、[*72] 後の大作論文「日本の記録にみえる食人の形跡」(未刊行)[*73] につながって行くことも重要だろう。

その一方で、原田も指摘するように、[*74] 熊楠の性に対する関心は文献的知識だけでなく、自らの体験や内的な感情と深く結びつく問題でもあった。この点で興味深いのが、一八九九年夏に熊楠が書いた戯文、通称「ロンドン私記」である。日本公使館の友人らに回覧する目的で書かれたこの文章の中で、熊楠は自分の外的・内的な性生活について、一種露悪的にすべて語り尽くそうとしている。その態度の背景としては、後に「履歴書」の中で示した「僧侶の行い浄きものは多く猥語を吐く」[*75] という信条もあったのだろう。

「ロンドン私記」の中で、熊楠はまず、十三、四歳のこととして、和歌山のある書庫で『仮名手本忠臣蔵閨の楽み』を見つけて欲情し、手淫による自慰行為を覚えたことを記録している。この艶本では、忠臣蔵の登場人物と物語を借りながら、美少年や処女を犯し、性器だけでなく口や肛門を使った性交をおこなう場面が図として描かれていたという。これを見た熊楠は「小生之を再三閲《けみ》する内に、[中略] かく女の何たるを解せざる小生も、有漏《うろ》の身のかなしさ、自然と右の手が跨に行き、徐《おもむ》ろに一上一下又一上、チユツ〳〵〳〵と七八番すりしに、[中略] こんなよいことを今迄なぜ教ゑざりしと父母を恨むほどの快味にて、[中略] 五度迄かき試み候」[*76] と回顧している。十七歳の年の日記の冒頭には「淫褻の事一切之を禁ず」という禁欲の戒めが書かれており、こうした自慰行為に関連したものと思われる。

一方、本書Ⅲ章で述べたように、熊楠が東京で学んだ頃の明治の書生社会には、男性間の紐帯に基づく同性愛を「硬派」と称して奨励するような雰囲気があった。十八歳で予備門を中退した頃の熊楠は、和歌山中学の同級生であった羽山繁太郎とその弟の羽山蕃次郎、平岩内蔵太郎などとそうした同性愛の体験を持った。たとえば、アメリカ出発を目前に控えた一八八六年末の日記には「与平岩内蔵太郎同蓐寐、三日《〔ママ〕》朝贈之　夕べの夢がまことの夢か　僕はまだく〳〵さめやらぬ」(十一月四日)や、「羽山と同褥して寝ぬ」(十二月二十日)という記述が見られる。

とりわけ、熊楠の渡航後すぐに夭逝した羽山繁太郎に対する思いは強く、アメリカ・ロンドン滞在期にも親しい友人宛の手紙の中で自分と相思相愛の美少年の物語として何度も語り直している。二十二歳の時に書かれた『珍事評論』第一号の文章には、プラトンを援用しながら男色における精神性を称揚し、「それに引換へ女好きは其事頗る汚穢なり」[*77]という女性との性愛に対する否定的な言辞も見える。

熊楠とこれらの美少年とのやりとりは、プラトニックな面を多分に持つが、その一方で日記や手紙の記述からもわかるように、肉体的な交渉もともなうものであった。熊楠は、そうした肉体的な面も自分は知っているのだということも他人に喧伝したかったようで、「ロンドン私記」には、羽山蕃次郎との肛門性交について、次のような露骨な記述がある。

まことに一生に一度こんな恥いことは無つたが、後ろよりソロ〳〵抱き付き、前方の陰茎をいろふに、是もピン〳〵と立ち居る。扨は痛いが承知でさすつもりか、一生此恩は忘れぬといひ乍ら、グッと入れ、半時間斗り休めては腰つかひ、又休めてはつかひ、終《つい》に阿呆になるほど気をやつた。[*78]

ここでは「小生終に穴《ケツ》一度、跨《マタ》十度すつたきり」としているので、少年時代の熊楠の男色は、肛門性交が一回だけで、あとは素股であったということになる。一八九八年四月二十八日の日記には「朝羽蕃、前よりやる夢みる、ぬく」とあり、三十歳を越えるあたりまで、こうした少年時代の美少年との性交を、自分の欲望の中心に据えていたことがわかる。

ただし、海外放浪期の熊楠にとって、同性の恋愛対象を見つけることはきわめて難しかった。そのため、アメリカでは「美少年もずいぶんあり。少年も二、三人抱いたこともあり候(やりはせぬが)」という程度の関係はあるものの、

「到底利光さんや君のようなはありいせん。我輩これについて致し方なく、少年のことは一旦絶念罷り在り候」[*79]（一八八七年七月十九日付杉村広太郎宛書簡）という状況であった。

しかし、ロンドン時代の後期になると、熊楠の性的志向に大きな変化が生じてくる。三十二、三歳頃からの熊楠の関心は、明らかに少年から女性へと移って行ったことが、「ロンドン私記」には記されている。最初に熊楠が性的対象として見た女性は「自分の下宿の向ひの靴直しのおかミさん、三十七八の大年増」で、「願くはあの手で予の一物を拭てくれたならと、思ふや否、一物はち切れる如く、すぐさまチユツく〳〵とかき、アーイク〳〵ソレ〳〵と気をやり、ほんとに抱付きたくなつてきた」[*80]としている。次に「ピキヤヂリーの道具屋飯田公方の書記ミツス・ハンモン」に関心を抱き、清楚な彼女に惹かれた熊楠は半年間用もないのに通った。そのハンモン嬢が結婚した後には、三十歳ばかりのパブの女性に関心が移っており、この間、彼女たちの姿を心に描きながら自慰を繰り返したという。

さらに「ロンドン私記」の中で熊楠が最愛の思い人として語っているのは、二十三、四歳のクレンミー嬢と呼ばれているパブの女性である。友人の児玉亮太郎（一八七二〜一九二一）から羽山繁太郎に似た女がいると聞かされた熊楠は、彼女が働いているチェルシーのパブを訪れる。そこで見た彼女に一目で恋心を抱き、この店に足繁く通うことになったという。「和尚古への美少年の写真などは引き出しになげ込み、たゞ〳〵此別嬪に物言はれるを楽みにして居た」[*81]と、自分の心の中でのホモセクシュアルからヘテロセクシュアルへの変化を熊楠は吐露している。

熊楠はこうした妄想とも言うべき自分の性的欲望について縷々語りながら、一方で、当時のロンドンでは一般的であった娼館での買春をおこなう日本公使館の人々を厳しく叱責する。それは熊楠なりの倫理観の発露とも言えるが、見方を変えれば、同世代の日本人男性と比べて著しく劣る自分の性的な実体験に対するコンプレックスの裏返しと取ることもできるだろう。クレンミー嬢との「恋愛」が成就することを妄想する「ロンドン私記」後半の描写は、自らが招いた状況とは言え、現実世界の性生活においては追い詰められた東洋人の中年男としての、熊楠の立場を浮き彫りにしている。

このように熊楠の内面での性的欲望が語られた「ロンドン私記」は、同じ時期に大英博物館でなされていた「ロンドン抜書」におけるセクソロジー筆写と表裏一体をなすものである。なるほど「ロンドン抜書」におけるセクソロジーへの関心は、性の問題が学問的には注目すべきものと思われていなかった十九世紀末という時代にあって画期的なものであり、ここでもまた熊楠の先見性を示している、と言うことはできるだろう。しかし、そうした先駆的なセクソロジー研究の根源が、ロンドンの現実社会にあっては性的な「弱者」として生きている一東洋人男性の内面につながっていることは、実は思いの他、重要な事実である。

「ロンドン抜書」の個人性、とでも言うべきこの問題は、本章の前半で見てきた地誌・旅行記などの他の筆写に関しても見落とせない点であった。大英博物館閲覧室での作業を始める一年余り前の土宜法龍宛書簡の中で、熊楠はパレスチナからペルシア、インド、中央アジアを放浪する夢を語り、「回々教国にては回々教僧となり、インドにては梵教徒となるつもりに候*82」としている。しかし、現実には熊楠はそのような大冒険を実行に移すことなく、日々大英博物館にこもって、古今東西の旅行者の記録をペンとインクで写し続けた。その作業は範囲としては地球上のすべての地域を覆うことを企図したものだが、同時にそこで得られる情報のすべてが、南方熊楠という単なる一個人の関心とつながるものであったことは、ここまで見てきた通りである。

柳田国男宛の書簡の中で、「小生死んだらほんに無用の長物なり。幸いに眼つぶれなんだら、小生老耄後、誰か銭出してくれ、右の写本を全訳して、一本、内閣辺へのこしおくことに世話しくれる人なきか*83」と依頼している熊楠は、この抜書が持つ個人性についても意識していたことだろう。しかし、その個人性こそが、今日の目から見て「ロンドン抜書」をして、古びた資料を列挙した古びた試みではなく、現在につながる動的で生きたものとしていることもまた、確かであると言えるのではないだろうか。

Ⅷ　フォークロア研究における伝播説と独立発生説

1　「マンドレイク」と「さまよえるユダヤ人」

南方熊楠にとって一八九五年は、大英博物館図書室の利用許可を得て「ロンドン抜書」の筆写を開始しただけでなく、その他の面でも大きな飛躍を遂げた年であった。同じ大英博物館の東洋書籍部 Department of Oriental Printed Books and Manuscripts のロバート・ダグラス（Robert Kennaway Douglas 一八三八〜一九一三）と知り合ったのもこの頃のことである。これにより、熊楠はヨーロッパ言語による書籍に加えて、和漢の書籍に関してもかなり自由にアクセスできるようになった。

そして、論文執筆活動の面でもまた、熊楠の後の仕事を決定づける二作が『ネイチャー』誌に掲載されている。四月二十五日に掲載された「マンドレイク」（The Mandrake）と、十一月二十八日掲載の「さまよえるユダヤ人」（The story of the "Wandering Jew"）である。それぞれ、「樟柳神については、過ぐる明治二十八年四月二十五日の『ネイチュール』（五一巻六〇八頁）に、予その説を書き、〔中略〕大もてだったので、次年さらに予一世一代の長文を『ネイチュール』に出した」[*1]、また「小生はキリスト教の Wandering Jew が仏経の賓頭盧の訛伝ならんとの説を（第二作として『ノーツ・アンド・クエリーズ』誌に）出してより、特別寄書家として百余篇の論文を出せり」[*2]、と後に述懐する自信作である。たしかに、その反響の跡はオランダの民族学雑誌など[*3]で確認することが可能で、事実上、ヨーロッパの学界での熊楠の評判を確立したものと認めることができるだろう。

「マンドレイク」と「さまよえるユダヤ人」の二つの英文論考は、フォークロアの研究方法の面でも重要な共通性を有している。それは、この二作がともに、地理的に離れた場所に存在する異なる文化圏の間に同じような俗信が生ずることと、その生成の過程の解読に重点を置いたものであるということである。熊楠はアメリカ時代からこうした問題に着目しており、そうした発想を日記などにしばしば書き付けている。

ではなぜ異なる文化圏に、そのような類似の現象が存在するのだろうか。これに関しては、大きく分けて二つの理由が考えられる。一つは、文化が異なっていても人間の思考様式には共通性があるから、同じような現象が生じることになるという考え方である。もう一つは、それらの文化間に直接・間接の交流があったため、その結果として一つの地域から別の地域に同じ現象が伝わったとする考え方である。実はこの独立発生説と伝播説は、十九世紀の末から二十世紀初めにかけてのヨーロッパの人類学や民俗学において論争の的となったものであった。

ロンドン時代の英文論考を見ると、この問題は熊楠にとって大きな関心事であり、解決すべき課題であったと考えられる。たとえば、VI章で論じたように、熊楠の『ネイチャー』誌への第一作「東洋の星座」(一八九三年十月五日)は、インドと中国という異なる文化圏が、互いに影響関係を持たずに別々に同じような星のつなぎ方を天空に見出していた、という文化現象の独立発生説に基づいて書かれていた。これに対して、一八九四年十二月二十七日号に掲載された「拇印考」は、拇印という制度がインド・中国から十九世紀になって西洋に伝わったことを証明しようとしたものであり、文化現象の伝播の問題を扱うという姿勢を初めて示していた。

一八九五年の「マンドレイク」「さまよえるユダヤ人」の発表以降、熊楠のこの問題に関する姿勢は試行錯誤を繰り返すことになり、そこには彼の学問的研鑽の跡を読み取ることができる。そこで、本章ではこの異なる文化圏における類似の現象という点に焦点を合わせながら、熊楠の英文論考の展開について分析していくことにしたい。そのことによって、ロンドン時代から帰国後にかけて、熊楠がどのようにフォークロアに関する独自の方法論を切り開いていったかという点について、ある程度明らかにできるはずである。

まず、マンドレイクに関して、熊楠はこれと似た商陸という植物の記述が中国に存在することを発見した。この発見について、「課余随筆」巻之七中の一八九四年秋頃に書かれたと思われる部分には、次のような文章が見られる。

五雑俎〔組〕十（四十一葉）に、下有死人則上有商陸、故其根多如人形、俗名樟柳根者是也云々。「マンドレーク」の話に似たり。[*4]

マンドレイクはマンドラゴラの英語での名称である。このマンドラゴラはヨーロッパにおいて根が人型をした妖草として知られてきたもので、媚薬、不老不死などに用いられた。死体のある場所に生え、引き抜いた者は必ず死ぬとされることから、犬に縄をつけて引かせて入手するという伝承が広まっている。ドイツ語圏では、マンドラゴラとほぼ同じ性質を持つとされるアルラウネという伝承がある。

熊楠の発見は、このマンドラゴラに似た性質を持つ「商陸」あるいは俗名「樟柳根」という植物が『五雑組』に記載されているということである。死体が必ず下にあることや、人の形をしていること、夜叫ぶことなど、たしかに商陸には西洋におけるマンドラゴラの俗信と似ている面がある。

一方「さまよえるユダヤ人」は、イエスを無慈悲に追い払ったユダヤ人の靴屋が永久に地上をさまようという伝説が、仏教説話の仏陀に入滅を禁じられた賓頭盧《びんずる》（ビンドラ・バラダージャ）の話と似ていることを論じている。ユダヤ人の靴屋は処刑場に向かうイエスが家の前で休んでいたところに罵声を浴びせかけたことを咎められた。それに対して賓頭盧は釈尊が弟子を宴会に招いた際に神通力を使って山と一緒に空中から飛行して参上したために叱られた。たしかに、いずれもそれぞれの宗教の開祖の怒りを買ったことによって不死を義務づけられたという点でよく似た話だと言えるだろう。一八九四年七月十六日付の土宜宛書簡には、ブランド（John Brand 一七四四～一八〇六）の『民間古話の記録』（熊楠は『古風俗攷』と訳す）[*5]を読んだ感想として、次のようにこの類似が記されている。

右の『古風俗攷』巻之三に耶蘇磔せらるるとき人の門に休みしを、早く死に行けと叱りし故、罰として死ぬこと能はず、常に此世にありて百年毎に一び大苦病を受るといふはなしあり。案ずるに、『雑阿含』に阿育王賓頭盧、賓頭盧の語中、「復仏住舎衛国時、給孤独長者女、在富楼那跋陀那国、請仏及比丘僧、時諸比丘各乗空而往彼、我爾時以神力挑大山而往、時如来責我、汝那現如是神足、我今罰汝、常在於世不得取涅槃、護持我法、勿令滅也」。何の国土何宗教にもかかる愚徒多きものなり。[*6]

この着想段階では、熊楠は基本的にはそれぞれの現象が似ている、ということだけを記しており、その理由までは特定していない。特に後半部の「さまよえるユダヤ人」に関する説明では、「何の国土何宗にもかかる愚徒多きものなり」と記しているから、どのような文化圏でも同じような発想が生じる、という考え方を支持しているように見える。

さらにこれに続く文章では、同じくブランドが記録しているビーバーが猟師に撃たれないために睾丸をかみ切るという話と、『五雑組』にあるニシキヘビが胆汁を取られた跡を見せて猟師から逃れるという話が記されている。これは、一八九九年七月八日号の『ノーツ・アンド・クエリーズ』(以下、『N&Q』と表記)誌に発表した「ビーバーとニシキヘビ」(Beaver and Python)[*7]、さらには一九一三年九月の『民俗』に掲載された「山獺みずから睾丸を噛み去る」[*8]の元となった論であるが、これに関して熊楠は「似たる話しが偶ま生ずるなり」[*9]としている。

こうした熊楠の記述に関して、奥山直司は「彼がこの時点では、東西に類似の説話が見られる理由を、伝播説ではなく、独立発生説の観点からとらえていたことを物語っている」[*10]とする。まとめてみると、一八九四年頃の熊楠の意見としては、「ビーバーとニシキヘビ」における『民間古話の記録』(西洋)と『五雑組』(中国)の記述は独立発生、「さまよえるユダヤ人」における『民間古話の記録』(西洋)と『雑阿含経』(インド)は独立発生が濃厚、マンドラゴラに関する西洋一般の伝説と『五雑組』(中国)については判断を示さず、ということになる。

では、一八九五年に実際に『ネイチャー』に発表された段階では、「マンドレイク」と「さまよえるユダヤ人」はどのように論じられていたのだろうか。まず、四月二十五日掲載の「マンドレイク」では、「マンドレイクについてのフェート教授の網羅的な論文（『ネイチャー』四月十一日号、五七三頁で言及）に関連して、中国の文献にも同様の俗信があることを指摘しておくのは、フォークロア研究者にとって有益ではないかと思われる」[*11]とある。また、十一月二十八日掲載の「さまよえるユダヤ人」では、「私の乏しい読書の及ぶ範囲では、「さまよえるユダヤ人」を主題にした著作で、この話と関連するインドの物語に言及したものはみたことがない」[*12]となっている。つまり、この時点では、両者とも類似点の指摘に留まっていて、その理由にまで踏み込んで論じてはいない。

2　大英博物館での文献収集による増補

その後、熊楠は「マンドレイク」「さまよえるユダヤ人」ともに、大幅に増補したかたちで第二作を発表することになる。「マンドレイク」の第二作は一八九六年八月十三日号の『ネイチャー』、「さまよえるユダヤ人」の第二作は一八九九年八月十二日号の『N＆Q』に掲載された。この二つの論文では、第一作目と比べると格段に参照文献の量が増えており、この間の大英博物館での熊楠の資料渉猟の跡を示している。

まず「マンドレイク」の中国書に関しては、「課余随筆」巻之七の一八九六年四月から五月に記されたと思われる部分に『本草綱目』『南方草木状』『通志』『海山仙館叢書』、五月二十八日分に『調燮類編《ちょうしょうるいへん》』、六月一日分にふたたび『本草綱目』『海山仙館叢書』からの抜書をおこなったことが見られる。[*13]おそらく、これらはすべて「商陸」について調査したもので、「マンドレイク」第二作では、『五雑組』のみを出典とした第一作と異なり、こうした参照文献が豊富に示されている。また、これらの文献のうちのいくつかには、大英博物館の蔵書番号が記されており、漢籍においても東洋書籍部での筆写が論文作成につながっていったことがよくわかる。

一方、ヨーロッパ語の文献の方は、「ロンドン抜書」に多くの調査の跡が残されている。一八九六年三月二十六日に筆写が開始された第一四巻の表紙見返しには『エンサイクロペディア・ブリタニカ』第九版の「マンドレイク」の項目［14A000］があり、最初の参考文献として用いたことが推測される。その後、四月二十八日開始の第一五巻には、クルーデン『旧約・新約聖書総索引』中の「マンドレイク」の項［15B052a］、ディオスコリデス『六大著作』中の「マンドラゴラ」の章［15B054a］、ピカーリング『植物年代誌』［15B054b］、ヨセフス『ユダヤ戦争』［15B055］、『植物学雑誌』中のハンスの論文「Phytolacca pekinensis（商陸）」［15B068a］、といった文献が並び、目次には「マンドレークノ事」というメモが見られる。

こうして第二作において、熊楠はこれらの書籍を駆使しながら、マンドラゴラと商陸の間に存在する十の類似点について詳述する。そして、これも大英博物館東洋書籍部で見つけた『志雅堂雑鈔』から、「回教国の西へ数千里」の地に生息する「押不盧《ヤブルウ》」という植物の記録を紹介し、その記述がマンドラゴラに関する西洋の伝承と一致すること、また「押不盧《ヤブルウ》」という名がアラビア語でマンドラゴラを表す「イブル」と酷似することを指摘している。この論文でも熊楠は直接の影響関係について言明はしていないが、地理的にヨーロッパと中国を結ぶ中間点である中近東での例が示されていることで、東西の伝承における影響関係が示されていると見てよいだろう。

こうした伝播を示唆する方向性は、一八九九年の「さまよえるユダヤ人」第二作でも明らかである。熊楠はこちらでは、土宜法龍を介して文通を交わした村山清作（一八六九〜?）[*14]との共同調査によって、「大多数の民俗学者が今までほとんど注目しなかったような題材をさらに多く得ることができた」[*15]と記している。その結果、第一作で取り上げた『雑阿含経』の他に、さらに詳しく同話が収録された慧簡《えかん》訳『請賓頭盧経』などの文献が追加されることになった。その上で、熊楠は仏典における賓頭盧と、ヨーロッパのさまよえるユダヤ人に関する物語の中に九つの類似点及び共通点を指摘する。そして、次のように結論づけている。

もちろん、容易に想像されるところだが、この二つの伝説には相違点もある。例を挙げれば、賓頭盧は、しかるべき祈願をすればかならず現れることになっているが、西洋におけるユダヤ人のように「さまよえる」と形容されている例は見つかっていない。とはいえ、われわれは、ヨーロッパのさまよえるユダヤ人譚のなかにさえ、静かに隠遁生活を送っているカルタフィルス（チェンバーズ『日々の書――イギリス古事民俗誌』一巻五三四頁参照）から、疲れを知らぬ放浪者アハスエルス（クランポン、前掲書二〇四頁）[*16]までの隔たりがあることを考えてみなければならない。また、モンキュア・D・コンウェイ氏の述べるように、「さまよう」という要素がこの伝説に加わったのは、一二二八年以降であることも念頭に置くべきである（『エンサイクロペディア・ブリタニカ』前掲箇所）。[*17][*18]

カルタフィルス（Cartaphilus）とアハスエルス（Ahasuerus）はこの物語の類話に現れる主人公の二つの名で、前者がピラトの門番であったローマ人の異教徒であるのに対して、後者はユダヤ人と特定されているなどの違いがある。[*19]つまり、熊楠が言いたいのは、ヨーロッパにおけるヴァリアントにさえこれだけの差異があるのだから、賓頭盧とさまよえるユダヤ人の相違点もその程度のものであり、この二つの伝説が同一の物語であるということだろう。賓頭盧、カルタフィルス、アハスエルスは、一つの物語の伝播の過程で生まれてきた類話であり、「さまよえる」という形容などの要素は新たに付け加えられたということである。二つの物語の類似の理由について、この文章は明示を避けた慎重な言い回しをしているが、文脈からはしっかりと、賓頭盧からさまよえるユダヤ人への伝播説を支持していると読み取ることができる。

熊楠はまた、第二作では賓頭盧の像が、中国の寺院の食堂に祀られたり、日本の寺院で本堂の外に置かれて参詣者になでられたりと、一般に親しまれていることを紹介している。こうして、仏教という同一の宗教圏の中でインドから中国・日本に波及した例と、キリスト教圏という異なる宗教の文脈に「さまよえるユダヤ人」として変容することでヨーロッパに伝わった例の二つを並べることで、伝播による同じ俗信の拡大というテーマが強調されているということになる。

このように、一八九六年の「マンドレイク」第二作と、一八九九年の「さまよえるユダヤ人」第三作においては、慎重な議論の進め方ではあるものの、熊楠が伝播説への傾斜を深めていることがわかる。そのことによって、前者では中国―中近東―ヨーロッパ、後者ではインド―ヨーロッパおよびインド―中国・日本という伝播の道筋が示されることになったのである。

3　ヨーロッパにおける伝播説の台頭

こうした熊楠の英文論考における伝播説の導入を考える上で重要なのは、その背景としての同時代のヨーロッパにおける学説の流れである。これに関して、たとえばぎょうせい版『文化人類学事典』の「主な学説史」の章で、執筆担当の石川栄吉・須藤健一は、十九世紀の人類学思想の特徴としてまず進化主義的史観が支配的であったことを挙げ、それに対抗するものとして伝播主義が提唱されたことを論じている。

十九世紀の後半、一世を風靡した進化主義の欠陥に対する批判は、原始文化史の再構成における伝播主義（diffusionism）の台頭となって現れた。この立場は、文化の歴史的接触・伝播の事実を重視し、その独立平行的発展の図式に反対して、諸民族文化間の歴史的関係を追求しようとするものである。[*20]

石川・須藤によれば、十九世紀の進化主義思想は、「あらゆる地域、あらゆる民族において、同一の段階をたどって一系的に行われる」文化・社会の進化を想定していた。そこで、同様の現象が異文化に見られることについても、「同一文化の形成をみるのは、人類の根本的心性の同質性に由来する」という枠組みで処理されることになる。

こうした進化主義に対抗するものとして、石川・須藤はいくつかの伝播主義の学説について言及している。そのうち、十九世紀に大きな影響力を持ったのが、ラッツェルに始まり、ウィーン大学を中心として展開された文化圏理論であった。ラッツェルは『人類地理学』*Anthropogeographie*（一八八二、一八九一年）において、人類共通の心性という考え方に批判を加え、文化の伝播と移動に力点を置く論を展開している。そして、これを敷衍して「考察の対象となる」文化要素の分布を広く追跡して地図上に記入し、これによって伝播経路を推定する」という「地理的方法Geographische Methode」を提唱しているのである。このラッツェルによる伝播を中心とした人類文化の把握は、後継者を経てオーストリア・ドイツ圏の人類学の主流となっていく。*21

熊楠がいた頃のロンドンにおいて、こうしたウィーンでの研究動向が意識されていたことは、一八九六年から九八年にかけて、ロンドン大学のバトラー（Arthur John Butler 一八四四〜一九一〇）によってラッツェルの『人類の歴史』全三巻が翻訳されていることなどから推察される。Ⅶ章で紹介したように、熊楠自身、一八九九年からこの大冊『人類の歴史』を「ロンドン抜書」にほぼ全巻写し取っており、ウィーンでの人類学の進展に注目していたことがわかる。

こうした情況の中、熊楠にとっても、分析の方法として独立発生説と伝播説のどちらを採用するかは、大きな関心を占めた問題であった。もともと、熊楠は日記にペルセウスとスサノヲを比較したりするなど、人間の心性の共通性に基づく独立発生説に心を寄せていた節がある。*22一八九三年の処女作「東洋の星座」も、基本的にはそうした十代からの関心の範疇にある論であり、『ネイチャー』に寄せられた「星座を各民族の近親関係を判断するために使えないものか」という伝播説への星座の利用を意図したM・A・Bの質問に対して、インドと中国の星座の独立発生を例に挙げることで、真っ向から反対する立場を取ったものであった。

この「東洋の星座」において熊楠の論に致命的な不備があること、ならびに彼自身がそれをかなり明確に意識していたことはⅥ章ですでに指摘したところである。一八九五年頃からの熊楠が伝播説に傾いていった背景には、ある程度、そうした彼自身の反省が作用しているだろうと考えることもできる。その一方で、ここで指摘しておきたいのは、当時の英国民俗学会において、伝播説の導入についての議論がさかんにおこなわれていたという事情である。

たとえば、一八八七年にはクラウストン（William Alexander Clouston 一八四三〜一八九六）の『民間伝承と作り話』*Popular Tales and Fictions* がロンドンで出版されているが、この本の副題は「移動と変容」*Their Migrations and Transformations* となっており、主に伝播論を用いた分析がなされている。序文においてクラウストンはサンスクリット学者のウィルソン（Horace Hayman Wilson 一七八六〜一八六〇）の言葉を引用しながら、次のように書いている。

現代の学者たちの尽力によって、我々の民間説話や物語のうちの非常に多数のものがアジアに起源を持つという証明が、豊富に、また決定的になされてきた。H・H・ウィルソン博士によれば、「実例が示されてきたことはもっとも確実な論証である。それは一般化されたり、無限定に類推されたり、部分的に偶然似ている、といった種類のものではなく、実際に一致するのである。改変がなされ、名前が変わっていたり、場面が異なっていたり、いくつかの条件が付け加えられたりなくなっていたりするかもしれない。それでも、根本的なあらすじが同じであることは見まごうことなく、表面上の多様さの中に、躊躇無く本体を探り当てることができる。また多くの場合、物語がどのように移動してきたかという足跡をたどり、これらのアジアからの旅人がいつ、どのようにしてヨーロッパの異なる風土に帰化したのかを確かめることができる」[*23]。

熊楠がクラウストンを詳しく読んだのは、日記によれば那智時代の一九〇四年二月から三月にかけてのことであるが、こうした民間伝承研究の動向については、おそらくロンドン時代から認知していただろう[*24]。いずれにせよこの本の出版などは、当時の英国の民俗学の一つの潮流を示すものと言うことができる。

また、当時の民俗学会を牽引したジェイコブズ（Joseph Jacobs 一八五四〜一九一六）は、英国においてもっとも強硬に伝播主義の立場をとった人物の一人であった。ジェイコブズは現在でも版を重ねている『イングランド妖精譚』（一八九〇）[*25]や『ケルト妖精譚』（一八九二）[*26]の編集者として知られている一方、伝播主義に基づいた「英国におけるシンデレラ」[*27]なども発表している。シンデレラ物語は、当時説話の伝播を語る上でもっとも典型的な例と考えられていたものであり、これは一八九三年のコックス（Marian Roalfe Cox 一八六〇〜一九一六）による総合的な伝播研究である『シンデレラ』[*28]の出版などにつながっていく。

一八九一年の国際民俗学会においても、ジェイコブズは座長としての挨拶[*29]の中でこの問題を取り上げるとともに、

「民間伝承の科学と伝播の問題」（The Science of Folk-tales and the Problem of Diffusion）と題した発表において、伝播の情況を調査することを民間伝承の分析の根底に置く必要があると力説している。まず、彼は民間伝承の中に未開の時代の要素を見ようとする方法論、つまりタイラーなどのいう「残存」survival の安易な適用に対する懐疑を述べる。

いつその物語が初めてあらわれたのか、そしてどのようにしてそれが現在採集されているような土地に「伝播」したのか。それがわかるまでは、その物語における未開の要素を議論することはほとんど役に立たない。それらの物語は未開ではないところから来たのかもしれない。また、物語が採集された場所の人々の間に、そうした未開の要素が広まっていたなどとは言えないからだ。[*30]

そしてジェイコブズは、「生物学者が動物や鳥類の生態系の拡散情況の把握のために作るような地図」が、民間伝承の伝播を示すためにもあってしかるべきだと主張し、その地図の実際の作成・利用法について説明している。

そのような地図づくりを容易にするために、私は都市の代わりに採集者の名前を書き込んだヨーロッパ民間伝承マップを描いてみた。その私の地図の中では、普通の地図にはハーレとなっているところにグリムという名が立てられ、エディンバラはチェンバーズ、コペンハーゲンはグリュントヴィヒ、パレルモはピトレ、ローマはミス・バスク、そしてダブリンはケネディ（引用者注、いずれも民話の採集者）となっている。我々民俗学者はそのような地図を使って、たくさんの民間伝承のコレクションを地域ごとに割り当てる。そして、伝承が記載された本の題名を赤や青で下線を引いて記せば、その伝承がどのように広がっていったかを実に簡単に示すことができるわけである。[*31]

これはラッツェルの主導していた文化伝播の地理的跡付けという方法を応用し、さらに押し進めたかたちとしてとらえることができるであろう。ジェイコブズはまた、こうした民間伝承マップが民俗学研究にとっての「試金石」となると主張しているのだが、これは国際民俗学会における文献部会座長による基調講演として、重みをもって受けとられたはずである。もちろん、こうした伝播至上主義に対する反論があったことは、ジェイコブズ自身がラング（Andrew Lang 一八四四〜一九一二）、ナット（Alfred Trübner Nutt 一八五六〜一九一〇）ら論敵の名を挙げて述べているところでもある。ジェイコブズの論文には「私は物語の多くの細部については、独立して作られた、あるいはその可能性があると信じているのであります」[*32]というラングの言葉が批判的に引用されており、当時の英国の民俗学界において伝播説、独立発生説が拮抗していたことがうかがえる。

さてそれでは、この学会の次の年にロンドンにやって来た南方熊楠は、こうした同時代の英国民俗学会の動向に対してどこまで意識的だったであろうか。このことは現在の調査状況からは即断できない要素がまだ多いが、少なくともジェイコブズの論に関して熊楠がまったく知らなかったということは考えにくいであろう。なぜなら、三年後に発行された英国民俗学会の一八九四年版紀要には「伝播の問題」というジェイコブズの再論が掲載されており[*33]、熊楠はこの論文は筆写していないものの、この年から三年分の同紀要を、一八九七年になした「ロンドン抜書」第二六巻の中に抄写している［26B091］[*34]からである。

さらに、一八九三年十月にフランクスと運命的な出会いをした際に、熊楠は後に人類学会の会長になるリードとも親交を結んでいるが、リードは民俗学会の動向にも通じていたはずで、おそらく熊楠は彼とのつきあいを通しても、そうした知識を仕入れていたのであろう。いずれにせよ、一八九三年十月の「東洋の星座」の独立発生説から、一八九五年の「マンドレイク」「さまよえるユダヤ人」の伝播説へという熊楠の方法論のシフトは、同時代の英国の学界情況と連動していたことが推察されるのである。

この後、伝播説と独立発生説は、欧米の学界においては機能主義のあらわれる一九二〇年代ころまでの人類学・民俗学の主要な論点であり、その後もさまざまなかたちで引き続き議論されていく。その間には、有史以降の文化現象をすべて古代エジプトからの伝播ととらえるマンチェスター学派の極端な説の一時的な流行などもあるが、現在では取るに足りないものとされている。

むしろ、今日から見て注目すべきは、伝播という考え方そのものへの修正を加えたアメリカのクローバー（Alfred Louis Kroeber 一八七六～一九六〇）による「刺激伝播」stimulus diffusion または「着想伝播」idea diffusion に関する理論であろう。大林太良によると、クローバーは刺激あるいは着想だけが伝播して、内容はその土地土地で再発明される種類の伝播を提唱している。大林は「たとえばオリエントの大麦、小麦の栽培から、植物自体は伝播せずに、禾本科植物を栽培するという着想だけが伝播し、アワのような他の植物が栽培化されたのも、この例である」[*35]とする。

このクローバーの刺激伝播・着想伝播に関する議論は、伝播と独立発生の中間、あるいは複合形態がありうることを示唆していて興味深い。伝播がもし、ある文化における現象がそのまま他の文化に移動するというだけのものであると考えるならば、それは一つの文化における全体としての統一性をまったく捨象してしまうことになる。文化の自律性という点を考慮するならば、それ以前の文脈とまったく隔絶されたかたちで、ある現象だけが受け入れられることはあり得ないはずで、それは必然的に独立発生の要件たる文化相互の共通の基盤を前提としたものでもあるということになる。

一方、現存する人類はすべてアフリカから発しており、その後放散を経て各民族が形成されてからも、さまざまなかたちで相互の情報の交流がなされた。そうした長大な規模の地球上の時空間における人類の交流の歴史を考慮に入れるならば、どれだけ地理的・環境的に離れた文化間に生ずる現象であっても、その起源が古ければ古いほど、直接の関係を結ぶ細い糸がつながっていないと証明することは困難である。

つまり、独立発生と伝播は、対立しているように見えながら、実は補完的なかたちで作用しているという点も検討しなければならないというのが、クローバーの説などから導かれる結論であるということになる。単純な独立発生や伝播は、個々の局面では議論できても、フォークロアの形成の全体像を探る過程では、この二つの方法論は複合的なものとならざるを得ないはずである。とすれば、ロンドンでの研鑽を経た後の熊楠は、この問題に関する方法論を、どのように展開して行くことになったのか。次に見てみることにしよう。

4　熊楠による比較説話研究の展開

「さまよえるユダヤ人」以降、熊楠のこの問題に対する姿勢は、欧米での議論に潜在的・顕在的に呼応しながら、ある論文は伝播説に基づき、別のものは独立発生に基づく、というようなケース・バイ・ケースの様相をつよめていくことになる。特にロンドン時代から那智時代にかけては、両者を統合しようとした論も多く、この問題に関する熊楠の工夫をにじませている。

こうした熊楠の独立発生説と伝播説への取り組みの結果がはっきりとあらわれた論文として、田辺定住後、一九〇八年の『早稲田文学』に発表された「『大日本時代史』に載する古話三則」（以下、「古話三則」と表記）がある。小峯和明が指摘するように、これは「熊楠の比較説話学（＝比較古話の学）」の方法論や問題意識のありかを見いだすことができる」*[36]もので、英文論考の成果を踏まえた上で、日本での自らの説話研究の方針を明示した重要な論考である。

ここで熊楠は「米糞聖人の話」「延喜聖主、女の哭くを聴きてその姦を知りたまいし話」「毛利元就、箭を折りて子を誡めし話」の三つを取り上げているのだが、これらはそれぞれ説話研究の方法論、つまり「三則」を代表するものとして扱われている。つまり、第一話の「米糞聖人」は「今諸方の古話を比較するに、遼遠相関せざる地に箇々特生しながら、人情と範囲の同じきより、酷似偶合の談を生ぜるあり」*[37]という独立発生の例として取り上げられている。これに対して、第二話の「延喜聖主、女の哭くを聴きてその姦を知りたまいし話」は「各国の古話を対照するに、一邦に生じて他疆に徙《うつ》り、時として風土世態の異なるより、多少の損益変遷を経ながら、帰化同塵して永住するあり」*[38]という伝播の例として分析される。

さらに興味深いのが第三則で、ここでは熊楠は毛利元就の三本の矢の話の形成を例に取りながら、伝播説、独立発生説の両方を用いた二段構えの分析を行っている。まず基本的には熊楠は、毛利の話が『イソップ物語』や中国の『西秦録』からの影響を受けていること、つまり伝播であることを支持する。つまり、「毛利の宗家を両川の二叔が扶翼怠るなく、もって大なる過ちなからしめたるは、必ずそのころ天下美譚の最とせしところなるべければ、有識の人思うてここに到るごとに、『イソップ』「小枝の束」を連想せしは自然の成行き[*39]と、『イソップ物語』からの逸話が毛利に仮託されたことを述べる。そして、そこに「後日支那の史乗に通ぜる輩が、『西秦録』阿柴のことをみ出だし、その酷似を悦ぶのあまり、同じくこれを臨終の際とし、さらに隆景の名言などを加えて趣きを添えたるなるべし[*40]」と、中国からの影響が重なって説話が膨らんでいったことを説くのである。

これだけならば、単に伝播の経路が複数であるというだけのことであるが、この第三則の部分で興味深いのは、独立発生説への目配りもされている点である。このことについて熊楠は、クラウストンを援用しながら、説話の中には「必ずしも他人の故智を襲い、先例に倣《なら》わずして、みずから案出し、みずから行ないうるもの[*41]」もあることを示す。そして、「元就矢を折りて諸子を誡めたればとて、怪しむべきにもあらず[*42]」と、この逸話が事実としてもきわめてありがちなもので、それ故に受け入れられやすいものであることを論ずる。つまり、伝播の有無にかかわらず、この毛利の矢の話の場合、あらかじめ逸話として普及するような要素が揃っていたということである。そして、結語は次のようになっている。

惟うに『イソップ物語』は譬喩啓蒙の古童児訓なるに、吐谷渾阿柴、元太祖と毛利元就と、いずれも見識衆に挺《ぬき》んでたる俊傑にして、しかも子多かりしこと、また『イソップ』の小枝折りしという翁に類すれば、その人を賞揚せんとするのあまり、本邦と支那と西アジアとの人が、期せざるに同じくこのきわめて相似たる三話を作り、英雄終始心動かざりし状を演《の》ぶるため、故《ことさ》らに、死に臨んでこの幼稚園教誨風の振舞いありし由を述べたるは、時千載を差《たが》え、道万里を隔つといえども、人情は兄弟なるを証するに余りありというべし。[*43]

つまり、一見伝播説に帰しているように見える説話においても、「人情は兄弟」という心的な同一性から来る独立発生的な要素が濃厚に作用していることが示されている。その意味で、この第三則は結局、伝播説と独立発生説が複合的あるいは補完的に働くことを示していると言えるだろう。こうした熊楠の考え方は、異なる文化間においては、同じような発想に基づく文化現象が、それぞれの環境に適応したかたちであらわれるとしたクローバーの着想伝播を思わせるところがある。

結局、伝播といってもそれが根付くためには、同じような社会・文化的要件が伝える側と伝えられる側で共有されていなければならない。逆に、独立発生といっても、それ以前にさまざまな文化的要素が交流によって共有されているために、同じような発想にいたったということも大いに考えられることである。そうした事情を考えるならば、類似現象の説明として伝播か独立発生かという二者択一の単純な割り切り方はなかなかできなくなってくる。「古話三則」において、熊楠が二則ではなく三つ目の法則を挿入していることは、ロンドン時代以来の研鑽の末にたどりついた一つの到達点として重要な意味を持っているはずである。

『早稲田文学』における「古話三則」での議論について、熊楠はその四年後の一九一二年二月十七日付の高木敏雄宛書簡において、「小生「〔大〕日本時代史に載た〔す〕る古話三則」と題せる細字文あり、〔中略〕然し決して論じ尽せるものと思はず、ほんの当分こんな事を判じ得るといふ迄に候」[*44]と紹介している。こちらでは、『一話一言』に出てくる「あっちの方へからころり、こっちの方へからころり」という瓢箪に関するはやり歌が、『十六夜日記』に登場する内裏に仕える武蔵の男の故郷を思う歌と似ている、という例が挙げられているのだが、それに関する熊楠の評釈は次のようなものである。

これらは必ずしもそれよりこれを生出せしとも限らぬべく、自然偶合かとも被思候。(独逸の Wundt など尤も偶合説を主張す。)恰かも橋さえ見た事あらば、貴下より承らずとも、小生自ら自然と橋より落る夢を見る事あるが如し。此偶合と伝来とを判然と証する事は甚だ六かしく候。[*45]

ここで熊楠が言及しているドイツのヴント(Wilhelm Max Wundt 一八三二〜一九二〇)は実験心理学の開祖として知られているが、「民族心理」Völkerpsychologie という概念を提唱し、神話学、人類学に関する議論をおこなってもいる。日本では、この後の時代に桑田芳蔵（一八八二〜一九六七）が翻訳によって紹介し、折口信夫（一八八七〜一九五三）などに大きな影響を与えた人物である。[*46] 現在、熊楠の旧蔵書にはヴントの著作はなく、また抜書などにも見当たらないが、この時期までに何らかの方法で情報を仕入れていたようである。

この文章の後半部の、橋を見れば自然と橋が落ちるという夢を見ることがある、という説も次章で紹介する熊楠の夢に対する関心を考えるとなかなかおもしろいものだが、同じ高木に宛てた五月二十三日付書簡でも、再度、橋の例による自然偶合の理論を取り上げている。そしてこれを神話に応用して、「神代のことは、いずれの国にも多少似ることあり。これ草創の世に顕著なりし事物は、各国大抵相似たるものなればなり」[*47] とする。さらに「この田辺の一地の古伝のみにても、従来思いかけざりしこと多く、中にははるかに洋海をへだてたる国土と同一または酷似のもの多きに驚くことしばしばなり」[*48] と、「自然偶合」の例が多いことを挙げている。

この五月二十三日の書簡で熊楠はまた、ゴンムの『歴史科学としての民俗学』[*49] を紹介して、「フォークロールの心理学上原素とて、誰よりも伝来せぬに、ひょかっと手製の説を出し、はやり出すことある由いえり」という俗信の自然発生に関する議論を持ち出している。そして、自分の四歳の息子（熊弥）に描かせた虎の画が、オーストラリアのアボリジニが描いた怪物の画とそっくりであることを図で示し、「これにて、人種も時代もかわり、何の縁もなきものが画くものにも、たまたま似たるものあるを知るなり」[*50] としている。

熊楠はまた、この書簡の中で、友人のリー（Alfred Collingwood Lee）から聞いた説として、笑話には十三のパターンしかないという議論を紹介している。このリーの説などは、フィンランドのアールネ（Antti Amatus Aarne 一八六七〜一九二五）とアメリカのトンプソン（Stith Thompson 一八八五〜一九七六）の共同研究によって体系化される昔話のパターン分類という方法論につながる、二十世紀のフォークロア研究の一つの潮流と言えるものだろう。[*51] こうした議論の紹介の後、熊楠はこの問題に関する次のような結論を導き出している。

天地間に（ことに人間に）あまりかわった出来事なきを知るべし。出来事と出来事との組み立てが繁雑なるゆえ、みな別なように思うが、上手の碁打ちが見れば、これというほどの新手もなきごとく、手に前後あるのみ。手は大抵きまったものなり。[*52]

では、熊楠がこのような結論に達することになった理由は何なのだろうか。もちろん、ヴントやゴンムやリーの説を知ったことは、その一つの契機になっただろう。しかし、一九一二年という時点で熊楠の置かれていた状況を加味して考えることも、背景としては重要であるように思われる。この点で興味深いのが、五月十八日付高木宛書簡に記された次のような議論である。

諸国の institutions（制度《ママ》？）を、Wundt などは多分は箇々特生せりとし、Ratzel 抔は必ず一地方より他へ移しまねびたりと主張す。小生考えには、これらは何れも理由あることながら、先は程度問題にて、白色を愛すとか白馬を尚ぶとかほどのことは、必ず他国より伝来習熟を要せざることと存候。生物の階級全く異なり、高下の差甚きものにも、範囲の似たるより、驚くほど同似の構造を生ぜるもの多し。ダーウヰンも言る如く、鳥の嘴と、海亀の嘴と、それからずっと隔たれる（鳥や亀と全く別なる無脊髄動物にて）苔状虫（ポリゾア）類は、草木の如く、箇々の虫が身体相連絡して樹枝の如くなり生活する、それに口のみ全く鳥や亀に同じきものあり。又、へんなことながら、人間の陰茎と或る菌類とは、膨張力必要なる為め、非常に能く似たる結構のものあり。生物身体の構造などは、実にこみ入たもので、関係する所も至て繁錯なり。中々千年や万年かかりて出来上るものに非ず。それすら範囲の同く必用の同じきより、同似の構造を生ずること如上述。[*53]

つまり、この文章で熊楠は、文化現象の展開について、生物学的知識を基にした説明をおこなっている。鳥のくちばしと海亀のくちばしの形状が相似していること、原始動物のポリゾア類が樹木と似た構造を持つこと、菌類と人間の陰茎の膨張のしくみが似ていることといった、まったく異なる生物の間における相似の現象について熊楠は述べる。

そして、文化現象についてもそれと同じことが言えるとして、ヴントの独立発生説も、ラッツェルの伝播説も、「程度問題」だと結論づけているのである。

次章以降に論じるように、熊楠は一九〇一年から一九〇四年まで、那智山中で植物採集をおこない、また土宜法龍宛書簡で「南方マンダラ」と呼ばれる独自の世界観を作り上げていた。その後、一九〇九年には神社合祀反対運動を開始している。注目されるのは、高木宛書簡でこの議論を展開した前年にあたる一九一一年に、熊楠がさかんに「エコロジー」つまり「生態学」に関して述べていることである。つまり、この間の熊楠は紀伊半島の森林の中で調査をおこない、その結果として自然の生態系に対する理解を深めていた。そうしたことが、文化間のフォークロアの分析をおこなう際にも、生物の世界をモデルとしながら、より大局的な視点から見た伝播説と自然発生説の複合的な方法論を導入する方向へとつながっていったと考えられるのである。

5　マンドレイクと商陸の類似についての結論

では、このような経緯を経て、帰国後の熊楠は「マンドレイク」と「さまよえるユダヤ人」における伝承の類似の理由について、どのように考えるようになっていったのだろうか。まず、「マンドレイク」に関しては、一九三一年、六十四歳の時に書かれた「樟柳神とは何ぞ」[*54]が、この件に関する熊楠にとっての決定版と考えることができるだろう。この日本語版のマンドレイク論は、『ネイチャー』への第二作を大幅に増補したもので、全集版で二十頁にわたる長編である。

熊楠は「樟柳神とは何ぞ」の中で、西洋のマンドラゴラの中近東での名称が、宋末・元初に「押不盧《ヤブルウ》」と音訳されたとする。そこで、南宋の周密（一二三二〜一二九八）が『志雅堂雑鈔』にこの「押不盧」に関する記述を書いたと、次のように論じている。

押不盧なる漢名とペルシア語のヤブルズ、アラブ語のイブルッ、パレスチナ語のヤブロと酷似するのみならず、押不盧とマンドラゴラの記載諸項がかくまで符合するゆえ、予は胡元の威勢が、遠く西亜から地中海浜に迨《およ》んだ時、彼方に行われおったマンドラゴラの諸談が支那に入り来たり、その名を押不盧として周密に筆せられたと知った。*[55]

一方、十七世紀に書かれた謝肇淛の『五雑組』には、「商陸」というマンドラゴラに似た植物があらわれる。ただし、「商陸」は紀元前に成立した『易経』にも登場するくらいだから、相当に古くから中国では認識されてきたものである。つまり「商陸よく鬼を使うという迷信は、根本マンドラゴラと何の関係なく、おのずから支那に発生したものと判る」。*[56] さらに三世紀頃までに成立した『神農本草経』に下品薬とされるように、「商陸」は毒薬ともなり、また人型の根を持つのでマンドラゴラとよく似た性質を持っている。

中国には同じく人型の根を持つ植物として、商陸よりもずっと有名な人参があり、このことはヨーロッパにも伝わっていた。そこで熊楠は「むかしの欧州人は、支那の人参の根が人に似て薬功神のごとしと聞き、支那にもマンドラゴラありと信じた」*[57] ことを、フレイザーとクルーデン（Alexander Cruden 一六九九～一七七〇）を引きながら紹介している。しかし、中国人にとって人参は「無上の良薬」であったために、「大毒薬で麻酔、催眠、催情等の危険剤と悪名等を負うた」*[58] マンドラゴラと一緒にする訳には行かないということになり、商陸にマンドラゴラの伝承が仮託されたのだと、熊楠は結論づける。

「樟柳神とは何ぞ」における熊楠の論述の順序はやや前後が取りにくいものだが、結局、彼が言いたいことの要点は中間あたりに出てくる次の文章に集約されているだろう。

以上、予が商陸とマンドラゴラの東西諸説相似た諸項を列挙した。読者これについて、この二つの迷信は相類似せる点はなはだ多く、初め別々に生立はしたものの、成長の進むに随って、かれはこれに採り、これはかれに倣いしこと、また決して少なからぬと気づかるるであろう。
けだし、商陸が早く支那人に知られ、マンドラゴラが早く地中海沿岸諸国に聞こえたに甲乙なければ、この二草に関する迷信の根本は全く別なるべく、迷信諸項多く相一致するも、あるいはかれにあってこれになく、あるいはこれにあってかれになきは、たまたまその根本の異なるを示す。[*59]

こうして、マンドラゴラと商陸に関する熊楠の論点は、もともと独立発生した二つの俗信が、ある時期に相互に影響を与え合って（特に前者から後者）、同じような伝承の部分を取り入れたという点にあった。その意味では、一九三一年時点での熊楠の解釈は、「マンドレイク」に関しても、やはり独立発生説と伝播論の複合型を取っていると言うことができるだろう。

熊楠が六十四歳というかなり晩年になってこうした長編を書いた背景としては、マンドラゴラの中国版に関する『ネイチャー』誌上での自分の報告が、その後あまり世間的に認知されていないということも一因だったようである。「樟柳神とは何ぞ」の冒頭で熊楠は、「しかるに、これが諸学者に引用さるること、阿漕が浦にひく網の度重なりて、歳月の進むに随い、予の名は漸次振り落とされ、今はこれを受売りした人の創設と心得た者も多い」[*60]として、ハートランド（Edwin Sidney Hartland 一八四八〜一九二七）の『原始父権制』[*61]を挙げている。たしかにこの本には「中国の商陸もマンドラゴラと同様の評価を受けており、その理由はやはり根が人型をしているという点にある」[*62]という説が紹介されているのだが、出典に関しては「中国薬学の権威によれば」とあるのみで、熊楠の名前には言及していない。

さらにこの前後のマンドラゴラに関する研究史を詳細に調査した田村義也によれば、熊楠は一九一七年頃に刊行されたフレイザーの「ヤコブとマンドラゴラ」の抜刷[*63]を一九二三年に入手しているのだが、その巻末に言語ごとの引用文献数一覧を書き入れていて、かなり対抗意識を抱いていたことが窺える。[*64]こうしたことも、熊楠がマンドラゴラに関する再説をおこなった理由であると考えられる。

なお、田村は、ラウファー（Berthold Laufer 一八七四～一九三四）が『通報』誌に一九一七年に載せたフランス語論文「マンドラゴラ」[*65]の中で、熊楠の『ネイチャー』での議論をやや不当に批判したことを紹介している。中国の博物誌に関する著作の多いラウファーは、この論を書いた一九一七年五月に熊楠に手紙を送り、何度かやりとりをおこなうことになる。現在残された資料の中には、ラウファーの論文として、熊楠の『ネイチャー』掲載論文「拇印考」を引用した一九一二年の「拇印制度の歴史」の抜刷[*66]はあるものの、「マンドラゴラ」の方は見当たらない。ラウファーのマンドラゴラ論は、中国における曼陀羅花や人参の伝承に言及するなど、熊楠の「樟柳神」と部分的に似た点も多い。結局、中国の博物学に対するラウファーの研究には、熊楠からの影響がある程度認められると言ってよいだろう。

そのラウファーが熊楠の英文論考「マンドレイク」での商陸との類似の指摘を「心理上の並行関係に過ぎず、歴史上の関係ではない」と批判したこと[*67]を熊楠が直接あるいは間接に知って、「樟柳神とは何ぞ」で歴史的な因果関係を明確にしようと試みたことは、想定できないわけではない。しかし、そうであれば「樟柳神とは何ぞ」はもっと反論としての性格の強いものとなっていただろうし、またそもそも英語で書かれたはずで、可能性としては低いだろう。

他にも田村は、押不盧の存在を最初に指摘したのは熊楠ではなくフェト（Pieter Johannes Veth 一八一四～一八九五）であること、また後年エリアーデ（Mircea Eliade 一九〇七～一九八六）らが熊楠の論文を先行研究として挙げていることなど、興味深い事実を明らかにしている。[*68]そうした意味でも、熊楠の「マンドレイク」は、国際的な研究環境の中で生まれ、そして読まれていった論文であると言うことができるのである。

6 「さまよえるユダヤ人」に関する熊楠自身の評価の揺れ

もう一つの「さまよえるユダヤ人」に対するその後の熊楠の自己評価は、「マンドレイク」の場合よりもずっと複雑である。この論文に対する彼自身の意見は、帰国後にかなりの揺れを見せているのだが、それは独立発生と伝播の跡をたどるという作業に際して、彼自身が判断を迷っていたことをうかがわせて興味深い。

まず、一九〇八年の「古話三則」の冒頭近くには、「さまよえるユダヤ人」の紹介が見られる。しかし、さまよえるユダヤ人と賓頭盧譚の類似は、ここでは「偶合」、すなわちそれぞれに独立発生したものがたまたま似通っている例に分類されてしまっているのである。


かのキリスト刑場に牽かるる時、罵言を加えしユダヤ人が、今に至って死所を得ず、四方に奔走して瞬間も住《とどま》るを得ずと言える、あまねく欧州に行わるる譚のごときは、『雑阿含経』、『請賓頭盧経』等の賓頭盧《びんずる》尊者の伝、また張華の『博物志』などにみえたる蘇生の奴常に走る談と、いずれも命終わりえずして不断走り廻ることのみ同一にして、委細の顛末ははなはだ相異なるものなれば、三話偶合と言うべきのみ。[*69]（傍線部引用者）

熊楠はこの文章の後に一八九五～一九〇〇年の自分の『ネイチャー』および『N&Q』への関連論文を参照文献として入れており、これだけを読むと彼は最初から「さまよえるユダヤ人」について、独立発生説を唱えていたように見えてしまう。そのような前提で、英文の「さまよえるユダヤ人」を読み返してみると、たしかに慎重な言い回しがしてあり、これが仏典からの直接の伝播であると明言した個所は論文中にはないことに気づく。

しかし前述のように、熊楠は一八九九年の『N&Q』への論文において、ヨーロッパの類話同士でもかなりのちがいがあるのだから「ユダヤ人」譚と賓頭盧譚との相違はたいしたものではないとしており、これが両者は直接の影響関係でつながっているという意味であることは間違いないだろう。このことは、帰国後の一九〇二年三月下旬（推定）の土宜法龍宛書簡の中で「又耶蘇徒の古話なる「漂泊猶太人考」、これはこの古話は吾賓頭盧のことをまちがえ伝しものなることを証し、『ノーツ・エンド・キーリース』の巻首に出で」[*70]としていることからも確かめられる。

実は、熊楠は「さまよえるユダヤ人」に関して第二作以降、第三作（『N&Q』一八九九年八月二十六日号掲載）及び第四作（同誌一九〇〇年四月二十八日号掲載）を発表している。これらはいずれも中国の例で、第三作は張華の『博物志』、第四作は六世紀の楊衒之の『洛陽伽藍記』というかなり古い時期の文献を用いている。それぞれ、埋葬された男がまだ生きており、その後不死のままあちこちをさまよっている、という話を紹介したものである。このうち第三作では熊楠は「中国には、ある面——すなわち、主人公が絶え間なくさまようとされること——において、インドの賓頭盧に関する諸譚よりも、ヨーロッパの伝説にはるかに近い説話があったことが証明される」[*71]とまで言い切っているのだが、こうした別系統の話を入れてしまうと、インドからヨーロッパへの直接伝播という論点はかなり薄められてしまう。熊楠が「さまよえるユダヤ人」に関する自説を独立発生に切り替えたのは、あるいはこうした背景が作用したのかもしれない。

いずれにしても、一八九九年の英文第二作の時点から一九〇八年の「古話三則」までの間に、この件に関する熊楠の考えは何らかの理由で伝播から独立発生に変わったということになる。[*72] ところが熊楠は、一九一一年六月十二日付の柳田国男宛の書簡では、今度はさらに逆戻りして「小生はキリスト教の Wandering Jew が仏経の賓頭盧の訛伝ならんとの説を出してより」[*73]と書いている。「訛伝」とは「まちがった言い伝え」であるから、この場合は元の話からの派生譚という意味のはずであり、伝播説に基づいていることになる。この「訛伝」という言葉は一九一四年五月十日付の柳田宛書簡でも「また、小生、明治三十二年ロンドンで「漂白ユダヤ人考」を出し、この話は賓頭盧尊者の訛伝ならずやと論じ候」[*74]と繰り返されることになる。

つまり、このことを字義通りに取れば、

一八九四年：独立発生説の方向性（土宜宛書簡）
一八九五年：理由には言及せず（「さまよえるユダヤ人」第一作）
一八九九年：伝播説の方向性（「さまよえるユダヤ人」第二作）
一九〇二年：伝播説（土宜宛書簡）
一九〇八年：独立発生説（「古話三則」）

という二転、三転が読みとれることになるわけである。

一九一一・一九一四年：伝播説（柳田宛書簡）

このような自作への評価の揺れが何をきっかけとしていたのか、その直接の理由を克明に跡づけることは難しい。しかし、一九一四年の柳田宛書簡の続きに熊楠自身が書いている出来事は、こうした事情と絡めてみると示唆的である。

しかるに、昨年正月に至り、フィラデルフィアの男、一論を出し、イタリアにて漂泊ユダヤ人を賓頭盧の名で呼ぶ所あるから、件《くだん》の日本人（小生のこと、欧州の学者がややもすれば、日本人を姓名呼ばずに、ある日本人、件の日本人などいう、失敬千万、また卑劣千万なことなり）の説、正鵠を得たるを知る、ただし賓頭盧が漂泊ユダヤ人の話の本根たることは、四十年前ビュルノフすでにこれをいえり、と公表せり。[*75]

「件の日本人」と呼ばれたことへの腹立ちをぶちまけながら、自分でも相手のことを「フィラデルフィアの男」としているところが熊楠らしくて苦笑させられるところである。「フィラデルフィアの男」とはペンシルヴァニア歴史学会のエドマンズ（Albert Joseph Edmunds 一八五七〜一九四一）で、熊楠がここに紹介している論考は、一九一三年一月十八日付『N&Q』に掲載されたものであった。ここでエドマンズは、イタリアで採集された「さまよえるユダヤ人」の類話の中に、ブッタデオ Buttadeo あるいはアリブッタデウ Arributtadeu といった仏教との関連を思わせる名前の人物が登場することを取り上げ、この話が明らかに仏教説話を起源としていると論じていた。[*76]

熊楠は自分のことを A Japanese と記しながら、あまり関係のないビュルヌフ（Eugène Burnouf 一八〇一〜一八五二）については東洋学の権威としてきちんと言及するエドマンズの書き方が大いに不満だったようで、「まけおしみ強く、かかる言を吐く」と不満を述べているのだが、実はこの論は、内容的にはさまよえるユダヤ人が賓頭盧譚の「訛伝」であるという熊楠の主張を強力に援護するものとなっている。結局、熊楠もこうした論文に支えられるかたちで最終的にこれが伝播によるものであることを確認したのであろう。

この一連のいきさつは、熊楠がロンドンでの雑誌上における自分の評価を、常につよく意識していたことを示している。そして、ここにいたる「さまよえるユダヤ人」の自説に対する揺れが、多分に欧米の学界の動向とリンクしていたのではないかということも、推測されるのである。考えてみれば、そもそも「マンドレイク」や「さまよえるユダヤ人」が一八九五年の短文報告から長文の本格的な論文へと書き足されたことからして、オランダなどの学界の評価が後押しした結果であった。伝播説と独立発生説という十九世紀末から二十世紀初頭の欧米の人類学・民俗学における議論を、ロンドン時代以降の熊楠が自分の研究に反映させていったという大元の文脈を考えるならば、こうした熊楠の反応も理解できるところである。

7　帰国後の伝播説に関する論文

このように、独立発生説と伝播説を微妙に揺れ動きながら、熊楠のフォークロアに対する研究方法は徐々に深化していったと考えられる。そうした経緯の中にあっても、帰国後の熊楠の論考の中では、直接の伝播の証明に力点を置いたものが多く見られる。異なる文化、とりわけ東洋と西洋の間に伝播の実例を見出し、それを証拠立てるためには、膨大な文献の検索能力が必要とされる。そうした東西の多くの言語を渉猟する力業が自分には可能なことを誇示するのは、まだ日本においては無名の学者であった熊楠にとって、やはり必要なことだっただろう。ここでは、そうした帰国後の熊楠の伝播説の論文の中からいくつかの重要なものに関して紹介してみることにしたい。

一九一一年三月の『東京人類学会雑誌』に掲載された「西暦九世紀の支那書に載せたるシンダレラ物語」では、熊楠はシンデレラの中国版に関する発見を報告している。この論文の冒頭で熊楠は前述の「古話三則」に触れて、次のように述べている。

古話にその土特有のものと、他邦より伝来のものとあり、また古く各民族いまだ分立せざりし時代すでに世に存せしと覚しく、広く諸方に弘通されおりたるものあり。一々これを識別するは、十分材料を集め、整理研究せる後ならで叶わぬことなり。〔中略〕古話においても、記録せる時代の先後は、必ずしもその話が出来せし早晩と偕《ともな》わず。しかしながら、斉しく文筆の用を知りおりたる諸国民について、同種古話の記録の先後と、類似せる諸点の多寡を察すれば、大要その譚の、先だっていずれの国にもっぱら行なわれ出でたるを知るに難からじ。*77

つまり、先史時代から有史時代にいたる長い期間の中で交流してきた文化間の複雑な伝播の過程について、「一々これを識別」するのは膨大な文献探索が必要である。しかし、歴史的な文献が存在する民族間であれば、同じ伝承についてどちらからどちらに伝播したかを証明することはできる、というのがここでの熊楠の主張であろう。

こうした理論的な説明に続けて、熊楠は「ソロモンの裁判」に関する中国と日本の類話、ユリシーズの物語と日本の百合若大臣の話、浮気防止のために妻の腹に絵を描いたという英国の話と『沙石集』の類例、老父が子どもたちに嫌われるスコットランドの話と『史記』の類例、『デカメロン』における姦婦と『韓非子』の類例といった、さまざまな実例を挙げている。

『酉陽雑俎』続集巻一にあらわれる葉限という娘の話を、シンデレラの中国版として紹介しているのはその後である。継母に疎んじられながら、魚の助けによって美しい衣装を得て、落とした「金の履」が国主の目にとまって、ついに上婦として迎えられるというこの物語は、たしかに西洋のシンデレラ譚に似ている。熊楠はこれを「二十三年前」(一八八八年)のアメリカ時代に発見したと書いており、実際に旧蔵書中の『酉陽雑俎』〔中 140.31〕に「此談シンダレラノ談ニ似タリ」という書き込みがあることを、飯倉照平が指摘している。*78

結局、熊楠は「予、現に参考書を欠くをもって、欧州シンダレラ物語の最も古きは、何時代に記されたるをつまびらかにせず。したがって、この譚の早く筆せられしは、東西いずれにあるを断ずるあたわず」[*79]としており、シンデレラ譚研究の全体の中にこの発見を位置づけることはしていない。しかし、飯倉が論じているように、ヨーロッパにおいて記録されたシンデレラ物語は十七世紀以降のものであり、九世紀という早い時期に記された葉限の話は群を抜いて古いものであろう。飯倉によれば、その後一九七四年に丁乃通が「中国とインドシナにおけるシンデレラ・サイクル」という英文の論文において、中国の類話二十一編とインドシナの類話九編を比較して、この話のベトナム起源を論じているという。[*80]

さて、シンデレラは西洋世界では有名だが、『ラーマーヤナ』も東南アジアではもっとも重要な物語である。ヴィシュヌーの化身とされるラーマ王子が、猿のハヌマーンの力を借りて、魔王ラーヴァナにさらわれた王妃シーターを助け出す話は『マハーバーラタ』と並ぶインドの二大叙事詩とされ、ヒンドゥー教の世界で広く愛好された。

熊楠は、この『ラーマーヤナ』が『六度集経』を通じて十二世紀後半の日本の仏教説話集『宝物集』に収録されていることを発見した。一九一二年二月十七日の高木敏雄宛書簡によれば、一九一一年二月に『宝物集』の方を先に発見し、一年後に『六度集経』の方も見出したということらしい。[*81]たしかに「田辺抜書」巻二二〔自筆189〕には『六度集経』の筆写がなされており、その左上欄外には、「ラマトシタ　ハヌマンノ傳也」「宝物集ニモ出」と記されている。日記によれば、二月十二日から十四日にかけて『六度集経』を書写したことが記されているので、この間のことと考えてよいだろう。

そこで熊楠は、一九一四年八月の『考古学雑誌』に掲載された「古き和漢書に見えたるラーマ王物語」においてこの発見を報告した。この中で、熊楠は「惟うに仏出世前この譚すでにインドに存せしを、仏滅後その徒が金口に仮托して、仏と、その在世間時の妻瞿夷と、宗敵調達と後継者弥勒との本生譚（ジャータカ）に仕上げたるなるべし」と、『ラーマーヤナ』が仏典に取り入れられた経緯について説明する。そして次のように、『ラーマーヤナ』の本文は長い期間にわたる改変を経て形成されてきたものであり、そのため仏典とサンスクリット版の違いが生じたと結論づけている。

『ラーマーヤナ』は、通説にラーマ王と同時の仙人ヴァールミーキの作と称せられ、異伝すこぶる多く、現存するところ三大別本あり。毎本載せるところの三分一は他の二本に全く見えず。いずれも梵語もて筆せられしは仏世後のことなれど、この物語仏世前あまねく俗間に歌われ、種々の改竄と増補を受けしようなり（『エンサイクロペジア・ブリタンニカ』一一板、二四巻一六九頁）。されば『宝物集』や『六度集経』に伝うるところ、現在梵土の諸本と異所多きも怪しむに足らず。*82

後に熊楠は、この話を「十二支考」の猿の回である「猴に関する民俗と伝説」でも取り上げ、インド及び東南アジアにおけるハヌマーン信仰に関しても論じている。しかし、シンデレラの中国版の指摘と同じく、この『ラーマーヤナ』と仏教説話の関係についても、英文で発表することはなかった。

伝播説に基づくこの時期の熊楠の論考として、対外的な意味において、もっとも成功したのは、一九一二年一月『太陽』に掲載された「猫一疋の力に憑って大富となりし人の話」である。この話は、英国の実在の人物ホイッティントン（Richard Whitington 一三五四頃〜一四二三）に仮託されたもので、彼が愛猫を貿易船に乗せたところ、猫のいない国の王に高値で買い取られた。ホイッティントンはこれを資本として商売をおこない、ついには大金持ちとなってロンドン市長に三度選ばれた、という内容である。

クラウストンは『民間伝承と作り話』の中で、ヨーロッパの各地にホイッティントン譚の類話があることを紹介しており、その後の研究からはペルシアにも存在することがわかったという。クラウストンはまた、類話の一部に仏教的な要素があることから、原話は仏教説話であると推測したが、自分では発見できなかった。そこで熊楠は仏典を探索し、『根本説一切有部毘奈耶』に出てくる「鼠金舗主」という人物の話を見出した。こちらは、鼠の死骸を得た若者が、それを元手に交換を繰り返して富豪となる話である。この仏教説話は、その後主人公の若者が自分を陥れた者と和解してその娘を妻にするところなど、ホイッティントンの話とさまざまな点で一致している。熊楠によれば、古代インドでは鼠の力だったものが、イスラム圏に入った後に猫を愛好する文化に影響されて猫の力で富豪になる話に変わったのだということになる。

熊楠はこの発見について、「ホイッティントンの猫——東洋の類話」(Whittington and his Cat: Eastern Variants)と題して『N&Q』誌に掲載した。[*83] 同時に、柳田国男の紹介で博文館の雑誌『太陽』に「猫一疋の力に憑って大富となりし人の話」としても発表することができた。この日本語論文の方で、熊楠は次のように要約をおこなっている。

以上、予はまず古インドに行なわれたる鼠金舗主の話を述べ、次に仏徒と回教徒が鼠と猫とに対する感想の異なる所以を序せり。読者これによってまさに知るべし。仏徒間に初めて行なわれたる鼠が人を富ませし物語が、回教徒の手を経て変態し、ついに欧州に入って、ホイッチングトン等、「猫で成り金の譚」と成りおわれるを。けだし回徒特に猫を好愛するより、これをもって仏徒談中の鼠に代えたるなり。両譚その源を異にせざるは、共通同似の箇所尠なからぬを見て明らむべし。すなわち主人公の最初貧しく暮らせしこと、その暴富は、ある一獣と、航海貿易によれること、終りにかつて自分に不信切なりし人の娘を娶りしこと等なり。[*84]

『N&Q』誌での掲載が一九一一年十二月二十三日号と十二月三十日号の二回連載で、『太陽』が一九一二年一月号だから、この論文は、ほとんど日英同時発表と言ってよい。帰国後の熊楠はこうした日英同時発表の論文をいくつか書いているが、これはその中でも特に長文で、彼にとっても快挙と言えるものだった。おそらくそれは、この論文が伝播の証明という誰の目にもわかる明確な成果を示すものだったことが大きく関与しているだろう。こうして当時の日本で発行部数の多かった総合誌の『太陽』に長文を掲載できたことは、一九一四年から十年間にわたって同誌に「十二支考」を連載するための道筋を、熊楠のために開いてくれたのである。

8　「燕石考」における共感理論

一方、独立発生の場合に関して、熊楠のフォークロア研究における方法論はどのような方向に行き着いていったのだろうか。このことを考える上で参考になるのが、熊楠の英文論考の一つの到達点とされる「燕石考（燕石伝説の起源）」（The Origin of the Swallow-Stone Myth）[*85]である。

論文の執筆の経緯をたどると、一八九五年末頃に作成されたと思われる「ロンドン抜書」第八巻には、『ネイチャー』誌上の問答が「燕石の事」というメモとともに筆写されており［08A007］この頃から関心があったことが窺える。一八九八年十一月二日の日記には、自然史博物館のバサー（Francis Arthur Bather 一八六三～一九三四）を訪ねたところ、「石燕の事しらべくれるを写す」とあり、一八九九年にも何度か「石燕」についての記述がある。熊楠は柳田国男宛書簡で「明治三十二年ごろ、ローマの東洋学大会でジキンス（前ロンドン大学総長）、小生のために代読のはずのところ、喉に病気を生じ出席せず、止めとなり、そのまま今におきあり」[*86]と語っているから、一八九九年には学会発表のために、いったん論文のかたちにまとめられたと推測されるが、この間の経緯については不詳である。

一九〇〇年の帰国後、那智山で生活していた熊楠は、一九〇三年三月にこの論を書き直し始めた。三月二十日の日記にはいったん完成したことが記され、また「燕窠中の石と相思子の間に真性の関係あるを知る」と新たな発見について書き付けている。その後、また書き直した結果、三月三十一日に原稿の写しを作成し、同時に「燕石考所引用凡八十条、外に足注七あり。書数凡六十九部。日十四、支七、英廿五、仏九、西三、独二、伊一、羅八」と引用書目数に言及している。

結局、四月三日の日記に「書留にてネーチュールえ燕石考出す」とあり、この論文は『ネイチャー』誌宛てに投稿された。しかし六月二十六日に不掲載ということで『ネイチャー』から返送されて来る。そこで熊楠は、七月に入って再度『N&Q』への投稿のためにこれを清書し直し、七月十九日に郵送した。しかし、やはり掲載されないままに終わったようである。

その後、熊楠はこの論考をみずから日本語に訳して出版したいという意向を柳田国男に伝え、柳田も「貴下の『燕石考』はぜひ叢書の中に加えたく候」と応えている。しかし「学者相手に書いたものゆえ、どうしても和解して書くと長くなり申し候*[87]」という理由でこの計画は難渋し、「『太陽』へ出さんと存じおり候*[88]」、「あまり長くかかるようなら、直ちに数回に分けて『郷土研究』へ出すこととすべし*[89]」と、発表先について悩んでいたことが柳田宛の書簡からは窺える。こうして、この論文は熊楠の生前に発表されることはなく、まぼろしの著作として英文草稿だけが旧邸に残されることになった〔原稿 0038〜0042〕。これらは岩村忍によって校訂され、"The Origin of the Swallow-Stone Myth" として平凡社版の全集別巻一、三〜二二頁に収録された。

では、次に内容について考えてみよう。ロングフェロー（Henry Wadsworth Longfellow 一八〇七〜一八八二）の詩に登場する「燕の親鳥が海辺から拾ってきてひなたちの目を開けるという」燕石について、一八八〇年に『ネイチャー』誌上で問答があった。一八六七年の『ズーオロジスト』（*Zoologist*）誌には、親燕がひなの視力を回復させるためにケリドニウム（燕草）を使うという俗信についての鳥類学者ハーティング（James Edmund Harting 一八四一〜一九二八）の論考が載せられている。熊楠は、こうした「燕石」や「ケリドニウム」に関して、西洋では古代ギリシア以来、さまざまな博物学者が記述してきたことを紹介する。

ハーティングの論文の中にはまた、この伝承の起源が中国にあるかもしれないと、友人から示唆されたと記されている。熊楠は、このハーティング氏の友人の示唆は「非常に有益」であるとして、東洋の文献の中に現れる「燕石」や「ケリドニウム」の類例を挙げていく。特に、『竹取物語』に登場する「燕の子安貝」について熊楠は詳しく紹介し、コヤスガイが女性の生殖器に似ていることから、中国や日本で安産のお守りとされたことを説明する。また、燕を吉兆とする中国の例が挙げられるとともに、他の世界の地域でも燕を神聖な鳥とされていたことが例証されている。

しかし、熊楠はこの俗信が、少なくとも歴史上の文献に残るようなかたちで伝播したものとは考えていないようである。そのことは、高木敏雄宛書簡において、この論文を次のように紹介していることからも読み取ることができる。

日本固有又東洋斗りのものと思ふものの、検索するとどこの国にもあるもの多く候。今度小生『太陽』へ出すべき「酢貝（スガイ）と燕の貝子（コヤスガヒ）」の事、御覧被下べく候。□□□支那と日本斗りの事と思ひしも、東半球にはアフリカ、濠《ママ》州の外は大抵［の］地に多少存する事に候。それを『竹取物語』と『本草綱目』のみ見る故、日本、支那斗りの事と思ふに候[*90]。

ではなぜこうした同時多発的な現象が起きるのか、ということについて、熊楠は論文の最後に考察するのだが、その前に「燕石考」の内容についてもう少し追うことにしよう。熊楠の論点は、次に「石燕」がさまざまな治療のために用いられることへと移る。中国では、この石には雌雄があり、酢の中に入れると互いに接近しようとする。これは、痔、下痢、そして特に陣痛に対する薬として用いられるという。熊楠は、この「石燕」とは、腕足類スピリフェル属の各種の化石であると断定する。そして、ロンドンの自然史博物館で模写したこの化石の図を添えて、この化石は燕の姿にたいへん似ており、そのために燕が変身したものであると考えられてきたと説明している。

こうした通俗的な解釈はどの社会にもあると、熊楠は言う。たとえば、燕が冬眠するという誤解は、中国、日本、ヨーロッパのいずれにも見られるもので、スウェーデンの一博物学者（リンネのこと）などは、九月の初めに燕は水中に引きこもると書いてさえいる、と熊楠は指摘している。そして、中国では鳥などが貝に変化するという俗信があり、日本ではカイツブリやチドリが海に入ってトリ貝に変化すると信じられてきたとする。このあたりは、俗信における誤謬が文明の進歩というものとは関係なしに、どの社会でも生じるものであり、かつ研究対象として重要なものであるという熊楠の主張が込められている部分であろう。

さて、スピリフェルの化石と同様に、酢の中に投じると動き出すとされる石が東西にある。中国の郎君子は、豆粒大の貝の蓋で、日本では酢貝と呼ばれているものである。これに対してヨーロッパには「アイ・ストーン（目の石）」と呼ばれるものがあり、これは直接にまぶたの下に入れて目の治療用に用いる。こちらも、酢の中に入れると動き出すとされているが、これは炭酸石灰から発生する炭酸ガスの気泡によるものであるというトムリンソンによる実験結果が紹介されている。

こうした東西にまたがるさまざまな俗信が形成される背景について、熊楠は「共感理論」(Theory of Sympathy)という概念を用いて説明する。つまり、スピリフェルの化石は外見上の類似から燕が変身したものとされて「石燕」と命名された。燕の巣などで貝類の蓋が発見されることから、それもまた石燕であると考えられ、その目を治療する効果と結びつけられた。また、子安貝は形状が女性器と似ていることから安産のお守りであると考えられるようになった。このようにして、共感理論によるさまざまな結びつきが積み重なって、燕石に関する伝説が形作られたと熊楠は言う。おそらくこの熊楠の「共感理論」という考え方は、フレイザーの『金枝篇』から援用されたものであろう。『金枝篇』においてフレイザーは「共感呪術」(Sympathetic Magic)という言葉で、未開の人々の思考様式を説明しようとしている。


この世界には神霊の力が充ちているという考え方と共に、野生人は別の、恐らくはもっと古い概念を持っている。その中に、我々は近代人の自然法則の観念、すなわち一連の出来事というものは人為的力の介入なしに一定不変の秩序の下に発生するという自然観の萌芽を見出すのである。私の言うこの萌芽というのは、非常に多くの迷信の体系において重大な役割を演じる、いわゆる共感呪術の中に含まれる。[*91]

さらにフレイザーはこの共感呪術を、第一部第三章で「類感呪術もしくは模倣呪術」(Homoeopathic or Imitative Magic)と「感染呪術」(Contagious Magic)に分けて定義づけている。その中では「妊娠中の女は安産を願って丸石やウナギ、木片といった小さい物を腹部からすべらせ[*92]」ることや、「抜けた歯をハツカネズミやネズミの見付けだしそうな場所に置く」ことで「他の歯がこれら齧歯類の動物の歯のように丈夫で立派になるように[*93]」と願うことなど、『金枝篇』には「燕石考」で挙げられているものと似たような事例がいくつも示されている。

熊楠は、『N&Q』一九〇〇年十月二十七日号に発表した「神跡考」の結論部でも、「足跡は人間の神秘的な対応物と見なされたため、必然的に持ち主の力が宿っており、持ち主と共感《シンパシー》でつながり、その力を発揮できると考えられるようになった」[*94]と、「共感」という概念を用いている。Ⅶ章で紹介したフレイザー受容の例と併せて考えると、この時期の熊楠が『金枝篇』にかなりの影響を受けていたことがわかるだろう。

こうした理論を援用しながら、熊楠は燕石とそれに関わる伝承について、さまざまな角度から、さまざまな例を挙げて検証していく。そして、結論部分で、フォークロアの分析に関する次のような見解を示している。

以上、私は燕石伝説のさまざまな由来について、非常に複雑に入り組んだいくつもの因果の筋道をたどってきた。人間の生活様式は、どんなに些細なものであっても、本質的にはすべて複数の起源の影響のもとに形成されたものである。このことが充分に認知されている現代でさえ、自分が出会った伝説の由来を単一の事実や想像にのみ関連づけ、それを唯一の起源とみなす神話学者や伝説研究者が少なくないように思われる。しかし、実際には神話伝説の由来というものは人間の見る夢と同じで、あまりにも多様で複雑なため、古い筋道の数々に新しい筋道の数々が重なっており、解きほぐすのは容易ではない。くわえて、これらの起源や原因は相互に利用しあい、あるときは因になり、また別のときには果になる。また、組み合わさって果となったものに完全に溶け込んでいて、どんなにたどろうとしても、もとの因が不明なものもある。[*95]

このように一つの伝説がさまざまな因果の複合からなるという熊楠の見方からすれば、俗信の発生を特定の理由に一元的に結びつけて解釈してしまうような方法論は、もっとも避けるべきものであった。熊楠はこの論文を、「この伝説の起源が天界もしくは気象現象にあると主張した人々」に対する手厳しい批判の言葉で結んでいる。[*96]これ関しては、熊楠自身が後に「西洋に近来アストロノミカル・ミソロジストなどいうて、古人の名などをいろいろ釈義して天象等を人間が付会して人の伝とせしなどいうことを大いにやるなり。予今度一生一代の大篇「燕石考」を出し、これを打ち破り、並びに嘲弄しやりし」[*97]と書いて、これがAstronomical Mythologyと呼ばれる、俗信をすべて天体現象に当てはめる理論に対する批判であることを示している。

　このアストロノミカル・ミソロジーは、たしかに十九世紀末の一時期に流行した理論であるが、ここでの熊楠の批判の対象はそうしたややマイナーな学説に留まるものではなく、俗信の原因を一元化する論調一般と考えた方がよいかもしれない。高木宛書簡の中では、もう少し広範囲に、簡単に伝播論で説明をつけてしまう方法論に対する批判を見ることができる。この書簡で熊楠は、中国、ギリシア、アッシリアといった源泉としての大文明から他の文化が派生したとする説を一蹴して、次のように結論づけている。


　欧州にて従来広く材料の綜合なくして、どこの文化がどこから来た、ここの言語神話がどこから来たとて大さわぎせしが、何の益なかりし。因て今日その様の議論は、半可通 diletantist の業となり、専門家は何れも口をつぐみて材料の集蒐のみ苦心す。一説を固守すれば、自然執我上より、材料の己の説に反対するものを逸する者なり。[*98]

　この引用ではまた、人類規模の文化現象の研究において「一説を固守」して「我執」にとらわれてしまうことを戒めた最後の一文も印象的である。その背景としては、ここまで見てきたように「実際には神話伝説の由来というものは人間の見る夢と同じで、あまりにも多様で複雑なため、古い筋道の数々に新しい筋道の数々が重なっており、解きほぐすのは容易ではない」という認識があった。

　伝播説にしても独立発生説にしても、一つの解釈だけにこだわると、その背後で働いている他の因果関係を見過ごしてしまうことになる。そうした複雑な因果関係についての認識と、それでも丹念に腑分けをすればそのすじみちを読み解くことができるという確信とは、次章に述べる「南方マンダラ」の考え方へと、熊楠を導いていくことになるのである。

IX

「南方マンダラ」の形成

1　書簡による土宜法龍との対話

さて話は「ロンドン抜書」開始の前の一八九三年十月三十日にさかのぼる。この日、中井芳楠の家で出会った南方熊楠と土宜法龍は、四日間にわたってロンドンで直接の対話をおこなった。法龍がパリに発つ前日の十一月三日午後四時に、熊楠は「もし明日御出立のことならば、小生に時間少きこと故、甚残念ながらこれきりにて御別れ申べく候」という文面を含む手紙を送っている。[*1] これが、以後長く続いた両者の文通のうちの最初の通信であった。

この後ギメ東洋博物館 Musée Guimet を拠点としてパリに滞在した法龍と、引き続きロンドンの下宿に住んだ熊楠との間で一八九三年十二月から一八九五年一月にかけて交わされた往復書簡は、両者のやりとりの最初の盛り上がりを形作ることになる。この期間に交わされた書簡は、熊楠から法龍宛が三十三通、法龍から熊楠宛が二十四通に達しており、[*2] 長文のものが多く、仏教を中心としてさまざまな話題にわたる力のこもった議論が交わされている。

この時のロンドン・パリ間の往復書簡において両者の話題が集中しているのは、大乗非仏説論やヨーロッパにおける比較宗教の動向に関してである。大乗非仏説論とは、中国や日本に広まった大乗仏教は釈迦より後の時代になってさまざまな思想家によって形成されてきたものであり、釈迦が本来唱えた教えとは異なっているとする学説である。当時この説は、ヨーロッパにおける仏教研究を背景として、日本の学界に大きな影響力を与えていた。しかし、これは大乗仏教を源流とする日本の仏教徒から見ると、根本的な教義を否定しかねない脅威である。この問題について、熊楠は釈迦の言説のみを重視しないという立場から、大乗が広い意味での仏教思想の流れを形作っていると評価する立場を見せている。

一方、比較宗教学については、仏教を世界的な観点からとらえていかなければならないというのが熊楠の持論であった。そこで、キリスト教、イスラム教からヒンドゥー教、ジャイナ教にいたる世界の諸宗教との対比の中で、熊楠は法龍に仏教の特徴を説明しようとしている。この時熊楠は、当時英国でよく読まれていたクラーク（James Freeman Clarke 一八一〇～一八八八）の『世界十大宗教』[*3]のような啓蒙書から、モニエル＝ウィリアムズ（Monier Monier-Williams 一八一九～一八九九）のヒンドゥー教と仏教の比較研究[*4]までを援用して、多角的な分析をおこなっている。

さらに、こうした両者の仏教に対する共通の関心に基づいて、チベット、中央アジアへ同行する計画が語られたのもこの頃のことである。奥山直司は、パリに発つ直前に法龍が送った十一月四日消印（推定）の手紙に、「彼の雪山（ヒマラヤ）の事を記臆せよ」と記されていることから、出会いの直後からこのことが二人の間で話題になっていたことを明らかにしている。[*5]当時の日本では、同じ大乗仏教を奉じるチベット行きの願望、いわゆる「入蔵熱」を抱く仏教徒は多く、熊楠と法龍の計画もこうした流れの上にあるものであった。[*6]

しかし、一八九四年六月にパリから帰国した法龍は宗務に忙殺され、一方、ロンドンの熊楠の方も一八九五年からは「ロンドン抜書」の作成や英文論考の執筆が本格化してくる。そうした中で、両者の手紙によるやりとりはいったん途絶えることになる。

その五年後、一九〇〇年十月にロンドンから帰国した際に、熊楠は法龍に挨拶状を送り、これを契機に文通が復活する。帰国直後の熊楠の手紙は残されていないが、法龍の返信には「例《いつも》ながら吾兄の博識洽聞《こうぶん》にはまことに驚嘆敬服の外無之《これなく》、史学上より動植物の諸科に至るまで、いずれも創聞に属することのみにて、実に一昨夜はほとんど徹宵にて拝読致し候」[*7]と書かれていて、熊楠が英国での体験を夢中になって長文の手紙に書き付けたことが想像される。

熊楠が一九〇一年十月三十日に和歌山から紀伊半島南端の勝浦に向かうまでの間に交わされた書簡のうち、熊楠から法龍宛が三通、法龍から熊楠宛が六通残されている。

その後、勝浦と那智に四か月の間滞在した熊楠は、翌年三月に歯の治療のために和歌山にいったん帰郷。治療を終えて五月から十二月にかけて田辺、白浜に逗留することになる。この間、一九〇二年三月には、法龍は自らが中心となって開校させた真言宗の高等中学林の教授就任を熊楠に打診するが、この招聘計画はうまく行かなかった。熊楠はかわりに生と死に関する長文の手紙を法龍に送り、十二月には那智山中での植物採集生活に入ることになった。

一九〇二年三月から五月にかけての二人のやりとりは、熊楠から法龍宛の十一通、法龍から熊楠宛の五通が現存している。そのうちの熊楠による長文の重要な手紙は、二〇〇四年に京都高山寺で発見されるまで存在が知られていなかったものであるが、粘菌（変形菌）の生態を例に取りながら、初めて「曼陀羅」という言葉を使って独自の哲学を示すなど、内容的に充実したものとなっている。新資料により明らかになったこの一九〇二年春のやりとりは、往復書簡における二つ目の山と呼んでよいものだろう。

そして、一九〇三年六月以降、那智の熊楠から法龍に向けて「南方マンダラ」としてよく知られた独自の世界観が語られることになる。この時の議論は、熊楠自身「予の曼陀羅」という言葉で呼んでおり、「某《それがし》実は、大発明をやらかし」[*8]と自ら興奮して語るものであった。特に七月十八日付書簡と八月八日付書簡に見られる「南方マンダラ」に関しては、一九七八年に鶴見和子（一九一八〜二〇〇六）が『南方熊楠　地球志向の比較学』[*9]においてその重要性を喚起して以降、熊楠の土宜宛書簡におけるピークを形作るだけでなく、熊楠の思想のもっとも根幹的な部分を示すものと見なされてきた。この時期の那智からの書簡としては、熊楠から法龍に二十通、法龍から熊楠に十二通が現存している。

二人の交流はこの後も続き、一九〇九年から法龍の死去の前年まで書簡のやりとりがあったことが確認されている。この間、熊楠は一九二〇年八月と一九二一年十一月に、二度にわたって高野山に滞在し、二十七年ぶりの法龍との再会を果たしている。ただし、この時期の手紙は失われたものも多いようで、法龍から熊楠宛が二十九通残されているのに対して、熊楠から法龍宛は五通しか発見されていない。

こうした長い期間にわたる書簡における法龍との対話の中で、熊楠は雑誌に発表した論考や他の人物宛の書簡ではまったく触れていないような自分の世界観や哲学について語っている。鶴見の発掘以来、これらの書簡は熊楠の思想のもっとも重要な部分として、熊楠に関わる多くの論者を魅了してきた。熊楠自身が後に柳田国男宛書簡で「小生は件の土宜師への状を認むるためには、一状に昼夜兼ねて眠りを省き二週間もかかりしことあり。何を書いたか今は覚えねど、これがために自分の学問、灼然と上進せしを記臆しおり候」[*10]と述懐するように、たしかにこの往復書簡は、熊楠の学問活動の一つの達成点を示している。

とは言え、この往復書簡だけを取り上げて、それを解読することで熊楠の学問の謎が一気に解けるというような「聖典化」は幻想でしかないだろう。熊楠の他の知的活動と同じく、「南方マンダラ」もまた、それを取り巻くさまざまな議論の中で実証的に相対化することによってのみ、その真価を分野を超えて共有し、将来の研究者に対して有益な情報として継承することが可能となる。ここでは、そうした観点から、熊楠と法龍の対話を支えていた言説を一つ一つ明らかにしていくことで、その展開について解析することにしたい。

2　シカゴにおける万国宗教会議

そもそも土宜法龍がロンドンに立ち寄り、熊楠と出会うことになったのは、一八九三年九月にシカゴで開催された万国宗教会議 The World's Congress of Religions に参加したことがきっかけであった。これは、コロンブス（Cristoforo Colombo 一四五一～一五〇六）のアメリカ到着から四百年を祝うために開催されたシカゴ万国博覧会の一環として、世界のさまざまな宗教の代表者が一同に会して交流を深めるという目的でおこなわれたものである。宗教間の対立が激化する二十一世紀の目から見ても、画期的なイベントであったと言うことができるだろう。

この時、日本の仏教界を代表して、各宗派から代表が参加することとなった。臨済宗の釈宗演《しゃくそうえん》（一八六〇～一九一九）、真言宗の土宜法龍、浄土真宗本願寺派の八淵蟠龍《やつぶちばんりゅう》（一八四八～一九二六）、天台宗の蘆津実全《あしつじつぜん》（一八五〇～一九二一）、それに在家信者で通訳を兼ねて参加した平井金三《きんざ》（一八五九～一九一六）、野口善四郎（復堂、一八六四？～没年未詳）である。このイベントの計画の過程では「この会議はキリスト教徒が自己の勢力拡大を図るための陰謀であるとの、まんざら根も葉もないとも思えない噂が飛んで」、各宗派での人選が難航したという。しかし、最終的には、各宗派とも日本仏教を海外に広めるためのまたとない機会であるという見方で一致したようである。*11

キリスト教、仏教の他、イスラム教、ユダヤ教、ジャイナ教、ゾロアスター教、儒教、神道など世界のさまざまな宗教の代表者が参加したこの会議は、シカゴ美術館 The Art Institute of Chicago で九月十一日から二週間ほどの日程でおこなわれた。奥山直司によれば、法龍は九月十四日に「日本の仏教」、九月二十六日に「仏教々理と日本の関係」と題する講演をおこなった。この中で法龍は、当時欧米で盛んに喧伝されていた大乗非仏説に対する反論や、大乗仏教と上座部仏教の違いについて語っている。観衆からは予想以上に好意的な反応を得ることができたようで、帰国後の報告において法龍は次のように満足感を示している。

吾等の一行がなせし演説は、能く彼等をして六ヶ敷ながら、教理の尊尚なることを信知せしめたるなり。而して何となく仏教家の演説なければ、満足せざる有様となり、随て大抵の日には、吾等一行中の者の一両名は出席せざるなかりし。［中略］而も猶彼等は之れに満足せずして、更に別席を与へて演説せしめし。*12

では欧米圏の側では、日本や他の地域の仏教界の代表団の発言をどのように受け止めていたのだろうか。シカゴにおける日本仏教団に関する研究書『日本仏教を西洋に発信する――オリエンタリズム、オクシデンタリズムと万国宗教会議』の中で、ジュディス・スノッドグラスは、西洋の仏教に対する関心の主要な理由は、キリスト教と違って科学的な世界観と衝突しないと考えられたことにあったとしている。そして「仏教と科学の親和性を打ち出すことは、シカゴでの発表において大きな流れとなった」*13と言う。そうした西洋側の視線と日本仏教代表団の呼応について、スノッドグラスは次のように分析する。

土宜が言うように、たとえばすべての存在が仏性を持つという涅槃経の考え方は、「精神の科学や生物学」と矛盾しない。エドウィン・アーノルドは、カルマの教えを生物種の変化を簡略的に説いたものと読み替え、仏教は「アジア的ダーウィニズムの予見」であるとしている。アーノルドのような学者は、仏教では進化論と同じように、人間と他の高等動物の間の違いは種別と言うよりは程度の問題であり、輪廻による相互依存的な関連性に帰属すると指摘した。こうした西洋的な見解と、仏教に対する西洋からの承認を得たいという仏教から参加者の希望を考えれば、仏教代表団が「因果律」や「進化」という言葉を発表原稿の中に散りばめて、この「一体化」による賞賛を独占しようとしたのも無理からぬところである。[*14]

『アジアの光』*Light of Asia* の著者として知られるアーノルド（Edwin Arnold 一八三二〜一九〇四）は一八九六年の著作[*15]で、仏教に関して「アジア的ダーウィニズムの予見」（anticipatory Asiatic Darwinism）という言葉を使っているが、これは当時の仏教に対する見方の一面を示している。[*16] たとえば万国宗教会議で法龍と親交を結んだスリランカの仏教僧ダルマパーラ（Anagarika Dharmapala 一八六四〜一九三三）は、その際の発表論文「仏陀の与えた恩恵」の中に「仏陀の説いた進化」（Evolution as Taught by Buddha）と題する節を設けている。[*17] 船山信一によれば、キリスト教が進化論と対立するのに対して、仏教とは親和性があるという主張は、これ以前から井上円了（一八五八〜一九一九）や清沢満之（一八六三〜一九〇三）らによって、日本でもさかんに流布されてきたものであった。[*18]

また、原因（Cause）と結果（Effect）の対応である因果律（Causation / Causality）を重視する点において仏教と近代科学の一致を見る考え方も、この後の法龍宛の書簡における熊楠の主張の柱の一つとなるものであり、注目しておくべき点である。船山は「明治時代には仏教と科学との一致が仏教徒によって主張され、その因（縁）果論が科学上の因果律と一致するものと考えられ、あるいは因果律そのものが仏教的に解釈された」[*19]と、こうした考え方もそれ以前に日本で提起されていたことを指摘している。

一八九三年のシカゴでの万国宗教会議で因果律の問題を強調したのは、臨済宗の代表であった釈宗演であった。釈宗演は若い頃、慶應義塾で福澤諭吉に英語を習い、二十九歳でインド、スリランカ、中国などに遊学した。後には弟子の鈴木大拙（一八七〇～一九六六）とともに、アメリカに禅仏教を伝えたことで知られる人物である。釈宗演の発表は、「仏教が説く因果の理法」（The Law of Cause and Effect, as Taught by Buddha）というものであった。この発表の冒頭で釈宗演は、原因と結果が一対一で対応するのではなく、多様な原因が一つの結果に結びつくこと、また無限に続く因果の連鎖をどこまでたどっても最初の原因にはたどり着かないことを論じている。


一つの現象が起きるためには、一つの原因だけでなく、いくつもの条件があるはずです。言い換えれば、いくつもの原因が組み合わさることなしには、結果は生じないのです。たとえば炎です。人は、油やガソリンが原因だと言うかもしれません。しかし、油やガソリンだけでは発火には至らないのです。空気とか、場所とか、その他諸々の条件が組み合わさることが、発火の真の原因なのです。これは原因というものの複雑な性質の一例ですが、このことから他も類推できるでしょう。

二番目としては、因果律の無限の展開があります。原因にはそれに先立つ原因があり、結果の後には次の結果が生じます。ですから、過去のそのまた過去にさかのぼって、原因のそのまた原因を探ったとしても、永遠に最初の原因にたどり着くことはできないのです。一つの原因にはそれに先立つ原因のそのまた原因があり、それらすべてを合わせて原因となっています。ですから、根源的な原因が存在するという主張は、自然の根本的な原理に反しています。このように原因はすべて何らかの先立つ原因の結果であるとするならば、それは無限に繰り返されるため、宇宙には始まりがないということになるのです。[*20]

ここで二番目に釈宗演が説いているのは、仏教の因果観が、根源的要因としての唯一神による創世を説いたキリスト教的世界観とはまったく異なるということである。釈宗演の講演の後半は、自分の行動が自分に返ってくるという因果応報の議論に移っていくが、その前提としての近代科学と同じ因果律の考え方を仏教が共有するという認識が、前半部分の基調となっている。釈宗演の論は、仏教の中の因果の複雑性と無限性を強調してキリスト教と対峙させている点で、この後の法龍宛書簡で示される熊楠の議論に近接したものを感じさせる。

では、万国宗教会議が九月二十七日に閉幕してから一か月後、十月三十日にロンドンで南方熊楠と邂逅した土宜法龍は、こうしたシカゴでの議論の雰囲気を、どの程度直接に伝えたのであろうか。実は、ロンドン・パリ往復書簡の中で、両者が万国宗教会議に触れている部分は多くはない。熊楠はもとより、法龍の方も、会議の後に編纂された発表論文の報告集を、きちんと読み込んではいなかったとも推測される。

それでもなお、この万国宗教会議における仏教を取り巻く白熱した議論の影響を、熊楠と法龍の往復書簡の中に見ることは、的外れとは言えないだろう。ロンドンでの四日間の濃密な直接対話の中で、法龍が一か月前にシカゴで起きたできごとについて伝えなかったはずがない。またたとえば、十二月二十四日付の手紙で、熊楠は「昨夜新聞を見しにチカゴの『モニスト』（仁者一号もらいたりとて持ちおりたり）に、あしつ実然という僧、仏教主旨と題して一文を出せり」[*21]と書いており、ケイラス（Paul Carus 一八五二〜一九一九）が主宰していた『モニスト』*The Monist* 誌の一八九四年一月号に、万国宗教会議の天台宗代表であった蘆津実全の論文「仏教の根本教理」（The Fundamental Teaching of Buddhism）が掲載されたことを見つけており、こうした動きを意識していたことが感じられる。

結局、熊楠と法龍の対話の中で、万国宗教会議において日本の仏教代表団と世界の宗教家、知識人、そして聴衆が繰り広げた論戦とその余波は、断片的なかたちであれ、反響し続けたと考えることができる。そうした議論は、両者の対話の中で咀嚼され、何度も反芻されているのである。その意味で、近代の世界の文化史における屹立したイベントとしてのシカゴ万国宗教会議の熱気は、熊楠と法龍の対話の中に飛び火し、燃え移ることになったと言えるだろう。

3　因果律の説明としての「事の学」

このような背景の中で、熊楠が法龍に送った書簡の中には、仏教と科学を結びつけようとする主張がしばしばあらわれる。特に、ロンドンの熊楠がパリの法龍に送った夥しい量の長文の書簡の中には、近代科学の基礎としての「因果」の重要性が何度も語られているのである。たとえば、一八九四年三月一日付の書簡で、熊楠は「仏教は因果説を大主意とす。（転生のことに非ず。小生のいふ因果とは一因あれば一果ありといふに止る）已に学理と共に伴ひ進む[*22]」としている。

「一因あれば一果あり」という極めて簡単な公理を貫くことが、仏教が科学と共存することの証であるという熊楠の信条は、同年三月十九日付の書簡でも繰り返されている。

> 故に因果説は釈迦の作成にあらず。また、釈迦の作成にあらずともよきことは信じて可なり。いわんや今日その証にもるるもの一事もなきにおいてをや（ラプラスの天象変化、ライエルの地層変化、ダーウィンの生物変化、ラボックの人類変化、スペンセルの宇宙万象変化等）。[*23]

注目すべきことは、本書V章で論じたようにこの頃の熊楠が傾倒していたスペンサーもまた、自然や社会の研究において因果律の原則を徹底させようとした人物であった。ジョージ・H・スミスは「ハーバート・スペンサーの因果律論」において、スペンサーが自伝で「私は若い頃から因果律の考え方にとりつかれた」としていることを紹介し、その学問の特徴について分析している。[*24]

スミスはスペンサーの社会学に関する考え方がもっとも完全なかたちで現れているのは『社会学研究』であるとして、冒頭の「我々にとっての（社会学の）必要性」（Our Need of It）という章での議論を取り上げる。この部分でスペンサーは同時代の英国の政治論議を例として、人間の社会は単純な原因と結果の一対一の対応から説明できるようなもいる。

のではなく、複雑で錯綜した広がりのあるものだが、そのことを理解している人は少ないとして、次のように説いている。

似たような原因と似たような結果だけが考慮されている。元々の原因が多数あって、見かけ上のものと大いに異なっていること。またそれぞれの直接の結果の向こうには、膨大な量の間接的な結果が生ずること、そしてそのほとんどは予測不能なものであることについての認識はほとんどなされていない。*25

社会現象は非常に複雑な因果の集合として成り立っているために、原因と結果を解きほぐすことは容易ではない。それなのに、一般的には一対一の因果関係でしか、ものごとをとらえていないことが多い。このスペンサーの主張は、前章で見た「燕石考」における熊楠の次のような指摘を思い起こさせるものである。

人間の生活様式は、どんなに些細なものであっても、本質的にはすべて複数の起源の影響のもとに形成されたものである。このことが充分に認知されている現代でさえ、自分が出会った伝説の由来を単一の事実や想像にのみ関連づけ、それを唯一の起源とみなす神話学者や伝説研究者が少なくないように思われる。*26

V章で紹介したように、熊楠は『社会学研究』を少なくとも二度にわたって精読していたことが、旧蔵書の書き込みから明らかである。おそらく、この本の内容に関しては十分に咀嚼し、自家薬籠中のものとしていたことであろう。こうした点において、前章で見たような、フォークロアなどの文化現象に対する重層的な熊楠の解釈は、スペンサーの哲学を受け継ぐものでもあったと言うことができるのである。

その一方で、これもV章で指摘したように、熊楠はスペンサーの議論に対して物足りない部分も感じていた。特に、『第一原理』に見られるような天体現象から人間の精神までを貫く「波動」という考え方に対しては、たとえば「前

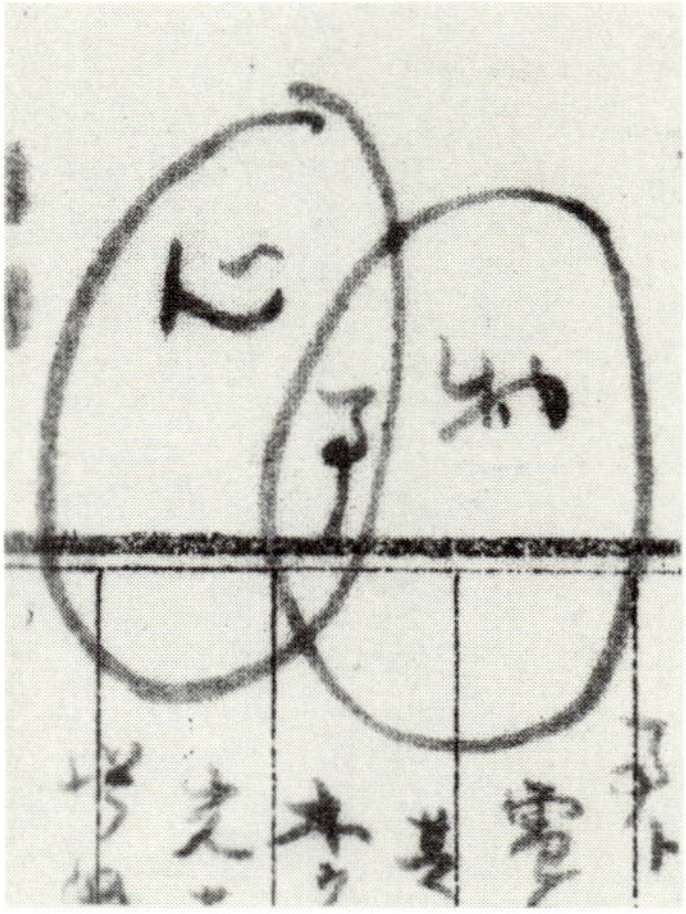

1893年12月24日付の法龍宛書簡に見られる図

書小生は、因果といふことは決して欧州人が思ふやうな物力の波動一上下といふやうなことと異なることを弁じたるなり」[27]というように批判を繰り返している。

では「波動」でなければ、どのような法則を立てるべきなのか。その回答として、熊楠が提示するのは、「物」と「心」の間に生ずる「事」に注目する考え方、いわゆる「事の学」[28]である。十二月二十四日付の法龍宛書簡の中で、熊楠は自らの学問の目指すべき方向性について、次のように述べている。

今の学者（科学者および欧州の哲学者の一大部分）、ただ箇々のこの心この物について論究するばかりなり。小生は何とぞ心と物とがまじわりて生ずる事（人界の現象と見て可なり）によりて究め、心界と物界とはいかにして相異に、いかにして相同じきところあるかを知りたきなり。[29]

この「事の学」の内容として、熊楠は一時、東洋思想の中から易を用いることを考えていたようである。失われた初期の法龍宛書簡の中には、易を「事の学」と読み替えようとした考察があったようで、一八九三年十二月十九日付の法龍からの手紙には「貴下、事の学を言う。小生このこと一向に合点いかず。〔中略〕易を事の学としたしとか、高島の易はいかぬとか、一向小生には訳らず」[30]という言葉が見られる。これに対して熊楠は、十二月二十四日付書簡で次のように答えている。

小生の易のことをのべたるは、たとえば、謙すれば益をうく、満すれば損を招くなどは、実にこの事に徴してあらそわれぬ道理あり。かつ易は三才の盛衰の理を述べたるものなりとの説多きは、仁者も承知ならん。ギリシアにもピタゴラスの卦ありて、かかることをとける由なり。小生は、すなわち易をもって高島氏のごとき卜筮の書とは見ず。全くこの天地間、ことに人事（人事とは男女交合のことをいう由。ここにはただ人間に生ずる一切の事件という意）の次第を説かんとしたるものと見るなり。[*31]

長谷川興蔵によれば、この「高島の易」とは当時流行していた実業家の高島嘉右衛門（一八三二〜一九一四）による易占いのことで、[*32]熊楠はそうした俗化した易ではなく、スペンサーに対抗できるような宇宙の原理を説く東洋哲学としての易を導入しようとしたのであろう。実は、そうした思想的実験は、すでに熊楠の先輩の井上円了が早くから試みていたものであった。一八八五年六月から七月にかけての『学芸志林』第一七巻には「文学第四年生井上円了」の「易ヲ論ス」が二回に分けて連載されているから、おそらく熊楠も読んでいただろうと思われる。この論文の中で円了は「支那哲学ノ西洋学ニ一歩ヲ譲ラサルモノ其レ易理ニアランカ」[*33]と宣言している。

興味深いことに、明治期における日本独自の思想的萌芽を読み解いた『文明と妖怪　明治日本の近代精神』において、ジェラルド・フィガルはこうした点における円了と熊楠の比較をおこなっている。フィガルは直接の影響と言うよりは共時的な観点から、両者の共通点と相違点について次のようにまとめている。

この世界にある「不思議」の型に関する南方の分類の仕方は、「物」と「心」の分割を基本としている点において、井上を思い起こさせる。法龍に宛てた初期の頃の長い手紙のうちの十二月二十一日付[*34]のもので、南方は彼の世界観を図示している。南方は井上と同じように、人間の精神や意識とは異なる「物」を措定し、人間の意識である「心」と対比させる。そして井上と同じく、南方も儒教哲学の用語を再活用しつつ、物と心を司る原則を「理」と呼んでいるのだが、物の理と心の理は、彼にとっては必ずしも同じものではなかった。さらに南方は、物心の二元論だけでなく、「物」と「心」の接点としての「事」を加えることで、井上と袂を分かっている。[*35]

熊楠が法龍との書簡のやりとりを開始した頃、すでに井上円了は「妖怪学」を掲げた著述活動をさかんにおこなっていた。円了と熊楠の関係については、今後、その思想の同時代性とともに、直接・間接の影響関係の面からも調査する必要があるだろう。一方、フィガルも指摘しているように、この熊楠の議論では物と心の相互作用によって生ずる「事の学」という概念を持ち出していることに特徴がある。自らの学問的方向の中心として「事」を説明する熊楠の論法は、なかなか独創的でユニークなものである。まず熊楠は、「事」の例として、自分の見た夢のことを説明しようとする。

熊楠が取り上げているのは、紀の川を友人とともに高野山を見ながら船で下る夢である。途中、黿《げん》（アオウミガメ）が浮いているのを見ていると、船が覆りそうになり、膝から本が転がり落ちる、起きたらまだ夜で雨が降っていた、という内容のものである。実はこれは、二か月ほど前の十月十七日の日記に前夜見た夢としてほぼ同内容が書き付けられており、熊楠はそれをあらためて法龍宛にアレンジして書き送ったのであった[*36]。

これに関して熊楠は、十一年前に家族で高野に詣で、その帰りに紀の川を船で下ったこと、その時川底の石つぶてが水の流れによって異様な音を立てていたこと、夢を見た前日に『五雑組』の中で黿の記述を見たこと、寝ている間ベッドに本が三、四冊置いてあったことを挙げて、こうした過去の記憶や現在の条件が複合して前述の夢になったのだと解釈する。「かくのごとく気づいてみずからその方法をもってしらぶれば、夢なども条理来由は多少あり[*37]」というのが、熊楠の論点であった。

当時の一般的な夢に関する学説として、一八九三年十二月までに熊楠が情報を得ていたものはあまり多くないと考えられる。しかし、おそらく『エンサイクロペディア・ブリタニカ』第九版の「夢」の項目[*38]は読んでいただろう。この項目は、心理学者のサリー（James Sully 一八四二〜一九二三）が書いたもので、夢が精神と肉体の両方の要因から生ずること、外的刺激が夢を誘発することなどが論じられており、熊楠の夢の分析に影響を与えたことが推測される。

熊楠は、自分の「事の学」とは、こうした夢の分析のように、複雑な現象を一つ一つ解きほぐすことにあると、次のように述べている。

小生の事の学というは、心界と物界とが相接して、日常あらわる事という事も、右の夢のごとく非常に古いことなど起こり来たりて、昨今の事と接して混雑はあるが、大綱領だけは分かり得べきものと思うなり。[*39]

この熊楠の言葉は、五年後に執筆が開始される「燕石考」における「神話伝説の由来というものは人間の見る夢と同じで、あまりにも多様で複雑なため、古い筋道の数々に新しい筋道の数々が重なっており、解きほぐすのは容易ではない」[*40]という議論と響き合っている。こうした面から言えば、この後に始まる大英博物館での研鑽と英語での論文発表は、熊楠にとってはこの「事の学」の構想の一環として展開されて行ったと解釈することもできる。

さらに熊楠は、「物」と「心」がどのように「事」を生じさせているかについて、次のような禅問答とも言えるような説明をおこなっている。

仁者試みに手をにぎり合わせて右手をもって左手をついてみよ。左手がつかるる感覚よりいわば、右手は物にして左手は心なり。右手の感覚よりいわば、右手は心にして左手は物なり。[*41]

熊楠はここで、「物」の世界と「心」の世界を右手と左手に例え、二つの手を触れあわせた際にはじめて感覚としての「事」が生じるとする。その際、左手を心とすれば右手が物で、右手を心とすれば左手は物となる。事とは、そのような相互的な交わりからある瞬間に立ち現れて来る現象のことであると熊楠は言う。この説明は若干言葉足らずと見えなくもないが、「事」の世界が、かならずしも主体である「心」と客体である「物」との二項対立による固定的な関係から成り立っているものではないということが論点であろう。さまざまな事象の連鎖の中で、主体と客体が入れ替わりうる相対的な関係性は、熊楠の法龍宛書簡その他で繰り返し示される見方である。

こうした相対的な関係の中で、心と物とが交錯しながら生起する「事」の世界の現象の「条理」を突き止めたいと熊楠は言う。特に、「事」の世界では原因と結果の連鎖が、絶え間なく引き起こされているという指摘は重要である。

この物心両界が事を結成してのち始めてその果を心に感じ、したがってその感じがまた後々の事（心が物に接して作用を現出すること）の因となるなり。[*42]

このように、人間の知覚を介在することによって、ある現象の因果関係はさらに次の因果関係を引き起こし、複合的な連鎖関係が生み出されることになる。これを敷衍していくと、事の世界において起こる現象の因果関係は、より高次の複雑な因果関係を生み出していくという那智時代の熊楠の考え方にいたることになる。すなわち、「諸因果一段階上にある縁を知る必要がある」という、南方マンダラの一つの帰結となる主張である。[*43]法龍と出会った直後の一八九三年のこの書簡は、熊楠の世界に対する認識方法の原型がすでにこのころにはできあがっていたことを示すものである。

4 科学から真言密教へ

こうした「事の学」の説明の中で、熊楠は法龍に対して、科学的思考の重要性を何度も訴えかけている。ダーウィン以降の進化論の台頭によって科学と真っ向から対立せざるを得なくなったキリスト教とは異なり、仏教は近代科学と親和性の高い思想であるという、万国宗教会議における仏教側の論調と同じ方向性を、熊楠も強く有していた。たとえば一八九三年十二月二十四日付の書簡には「しかして仁者いたずらに心内の妙味のみを説いて、科学の大功用、大理則あるを捨つるは、はなはだ小生と見解を異にす」[*44]、また「仁者、欧州の科学哲学を採りて仏法のたすけとせざるは、これ玉を淵に沈めて悔ゆることなきものなり。小生ははなはだこれを惜しむ」[*45]といったような言葉が法龍に投げかけられている。

この時、アメリカ、英国で二十歳以来の青年期を過ごしてきた熊楠にとっては、キリスト教が社会の中核をなす西洋社会に対するつよい違和感が根底にあった。そこで、仏教と科学を接合することで、西洋支配の色濃い近代の思想状況を転換させられるのではないかという、大きな願望を抱いていた。しかし、日本の仏教徒たちは、科学が自分たちにとって大きな意味を持つということをまったく理解していないと、熊楠は不満をもらす。

> さて輪廻因果ということの争われぬは、科学にて十分分かりたることにて、これを信ぜざるものは、科学上の権理なきものとなりおるなり。この一大事、仏教に取りては実に無類とび切りの仕合せじゃ。故に仏徒たるもの、論理、算理の形而上科学《アブストラクト・サイエンス》より、天文学、物理学、化学の形中科学《アブストラクト・コンクリート・サイエンス》、さて生理、生物、心理、社会、人事の形以[而]下科学《コンクリート・サイエンス》を精究して、事実上に輪廻を主張すること、はなはだ必要なるにあらずや。[*46]

さらに熊楠の筆は勢い余って、「理窟に合わぬ（科学に合わぬ）ことをむりに頭に押しこむが仏教ならんには、小生はいかにも尽力してその仏教を絶滅せしめんことを欲す」[*47]と、科学に合わない仏教なら亡びてもよいとまで言っている。

これに対して、法龍は仏教徒としての立場から、「貴下、仏を信ぜず、また勉めて絶滅せしむべしと言う。この言僕にははなはだしき禁物なり」と、熊楠の口吻を戒めている。法龍にとっては経典こそが重要なものであり、「仏経を無にして仏教を弘むるなどと、気狂いの沙汰」と見えたからである。[*48]化学や物理学は仏教の味方であるという熊楠の言葉も、法龍にとっては完全には承伏しがたいものであった。

> 漫りに仏教の短処を発《あば》き来たりて、その長所、主所、実所を掩い去り、もって仏教を誹謗するがごときは、小生決して味方と思わず。味方とならば、裏切り味方なり。[中略]宜しく化学、理学者たる者も、公平坦宏の懐を

持ち来たりて、仏教の真理を見よ。このことあえて請う。[*49]

しかし熊楠には、この法龍の言葉は科学技術が万能となった今の世界の状況が見えていないものと感じられたことであろう。西洋世界において科学技術と結びついたキリスト教思想が、いかに絶大な影響力を有しているかを知らないために、仏教の真理という言葉だけで議論が片づくと思っている。日本の仏教徒は世界の動向と隔離された中でしかものを考えていないから、仏教の世界観を科学的な根拠を持って語ることの重要性がわかっていない。往復書簡から読み取れるのは、熊楠のそのようないらだちである。

熊楠の日本の仏教徒一般に対する不満は、真言教団の中にあって責任ある立場を有する者としての法龍への、手を変え品を変えての挑発の言葉となって吹き出していく。熊楠は、みずから金粟如来（釈迦の時代に在家の賢者であった唯摩居士 Vimala-kiirti の別名）を名乗り、法龍をひょっとこ坊主、米虫、大馬鹿野郎、とののしり続ける。そうした年下の熊楠の茶気を許していた法龍も、一八九四年三月頃に書かれたと思われる手紙では、ついに挑発に耐えかねて感情をあらわにして熊楠を揶揄している。

拝啓。你《なんじ》の傲慢なる筆鋒、満面の乳臭面白し。しかしいまだ小木葉《こっぱ》なり。実に欧州に在る大天狗までには至らず。ここ一番出精処なり。この上、金粟王ともダイヤモンド王とも言うて、天狗の稽古されよ。ずいぶん見《み》処《どころ》あり。呵々。[*50]

この後の手紙で、真言僧としての戒律を思い起こし、「貴下はずいぶん悪口博士なり。小生貴下に倣うて、ついつい破戒す。慙愧、慙愧」[*51]と反省しているところは、法龍の人柄が思われてほほえましい。

しかし、この熊楠への怒りをぶちまけた手紙においても、法龍は末尾では、それ以前の書簡で示された熊楠の「事の学」についてては、高く評価する言葉を記している。

前月、事の説明をなす。かのごときは随分説き明かして面白し。これは（当否はともかくも）金粟王の一段の見識と予は覚えたり。[*52]

この「事の説明」が、心界と物界の連関作用を説いた熊楠の「事の学」を指していることは明らかである。ここからは、少なくとも法龍が熊楠の「事の学」の説明に興味を覚え、その試論を真摯に受け止めようとしていたことが読み取れるのである。

この後、「当否はともかくも」という法龍の言葉は、「当否はさて置き面白しとは、何のことぞや[*53]」という熊楠からの反発を招き、再反論するかたちで、法龍は物・事・心の議論などは真言では常識的なことであり、「独心不立、孤境不成、心境相対、各相是生」などの概念として表されているとする。そして、そんなことは「訳も無之に御座候」として、「かかることを天狗で言うのを、小生は奇態に思うのみ[*54]」と、さらに熊楠を挑発するような言葉を吐いている。この手紙はパリからの法龍の最後の書簡にあたるが、直接的な応答の流れをたどるならば、熊楠が那智から送った南方マンダラに関する論は、この時の法龍の挑発に、十年の時を経て応えたものと言えるだろう。

一方、熊楠の方からしてみれば、ロンドン時代を通じて、西洋の科学を超える思想的な枠組みを模索する上で、仏教の方法論を法龍から学ぶことは不可欠であった。熊楠は、「大乗は望みあり[*55]」、「ずいぶんわが真言教はやり方によりては有望と確信致しおり候[*56]」と記すとおり、大乗仏教と真言に大きな可能性を見ていた。近代科学の重要性を知り尽くしながらも、真言にはその枠組みを広げるような世界観を提示することができるという見通しを、熊楠は持っていたのである。

仁者、予を欧州科学、云々という。予は欧州のことのみを基として科学を説くものにあらず。何となれば、欧州は五大陸の一にして、科学はこの世界の外に逸出す。もし欧州科学に対する東洋科学というものありなんには、よろしくこれを研究して可なり。科学というも、実は予をもって知れば、真言の僅少の一分に過ぎず。[57]

もちろん、こと伝統的な真言の教えに関してなら、法龍は熊楠よりもたしかな知識を有していた。特に、主にヨーロッパ文献に頼って仏教に関する知識を得ていた熊楠にとって、法龍の漢文仏典への造詣は貴重な情報源となった。たとえば処女作「東洋の星座」で扱ったインドの星座に関する資料としての仏典について、法龍に教えを受けて『ネイチャー』にその内容を補足説明として送っていることは、本書VI章で述べたところである。

5　曼陀羅に関する法龍からの教示

さらに熊楠は、一八九三年十二月（推定）の書簡の中で、真言密教に関する五つの質問の一つとして「金剛界、胎蔵界とは、ちょっと申さば、何を基として分かち名づくることに候や」[58]と早くも両界曼陀羅について法龍に聞いている。また、一八九四年一月十九日には、少年の頃高野山に登った際、清盛の血曼陀羅を見たことを挙げ、「一体右には何にを画き候か。何れ仏、菩薩、明王、天部など分ちあることとなるべし」[59]として、再度曼陀羅に関する質問をしている。

一月二十二日発（推定）の書簡の中で、法龍はこれに答えて、「金剛界、胎蔵界を一々言えとありては、実にことに無之候」[60]としながらも、熊楠に図を交えて丁寧に説明する。「胎蔵界曼荼羅は無尽無尽」であり「法界中一切の物を画く」こと。そして金剛界曼荼羅は「大日が、内証の智徳を表した」ものであること。こうした法龍の説明は、おおむね伝統的な真言密教の教えに基づいたものであるが、曼陀羅についての基本的な知識が、まず法龍の側から熊楠に伝えられているということは重要であろう。これに答えて熊楠は、一月二十七日付の書簡で「胎蔵金剛の曼陀羅等の事、正に御教示被下難有御礼申上候」[61]と感謝の意を示している。

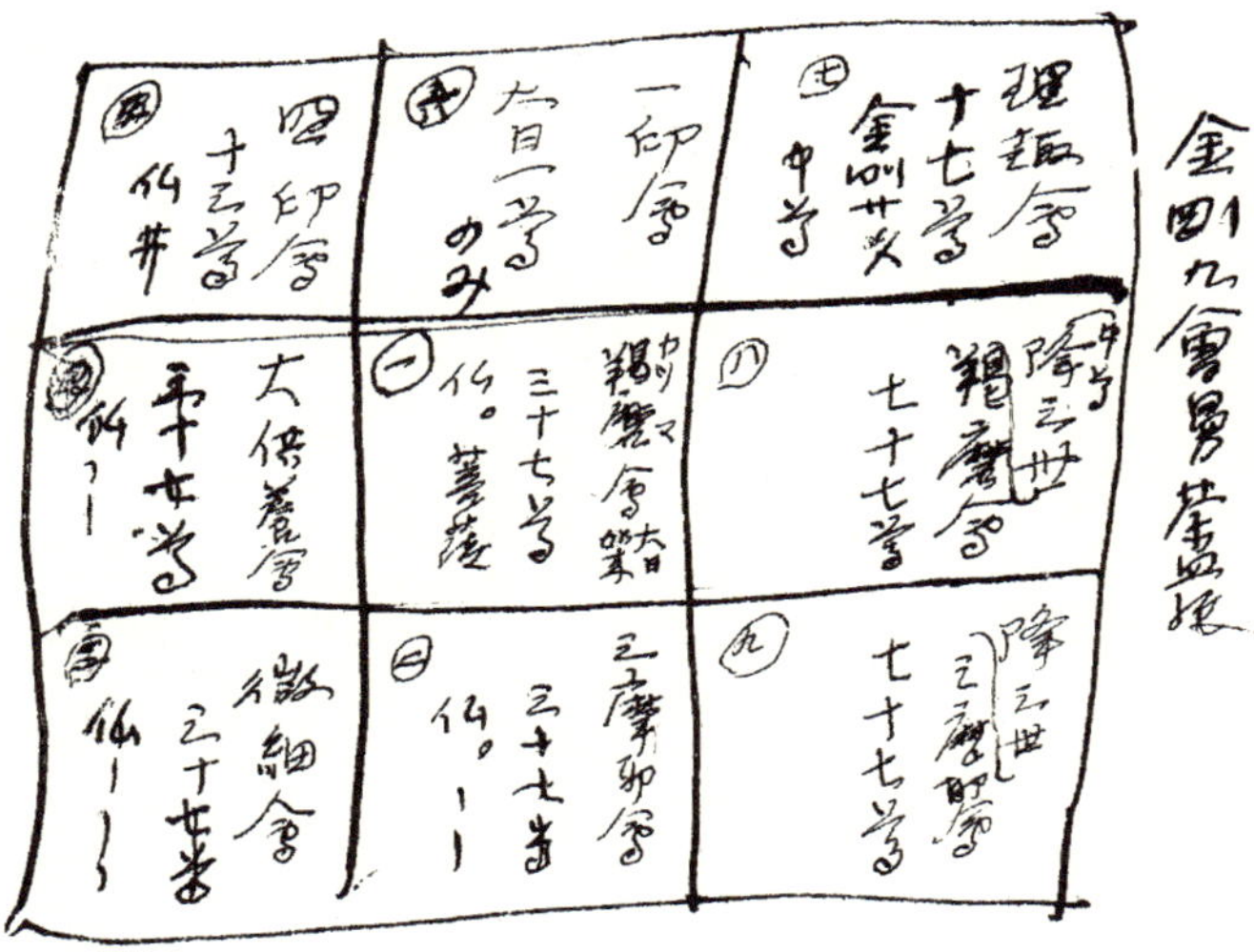

法龍が熊楠に示した金剛界曼陀羅の説明図（1894年1月22日書簡より）

この間の両者のやりとりに関して丹念に跡づけた神田英昭は、熊楠のマンダラに関する質問は、最初は仏教におけるヒンドゥー教的要素の残存としての「摩醯首羅《まけいしゅら》王教」の研究に主たる目的があったとする。しかし、その半年後の一八九四年六月二十六日付の書簡で熊楠は「小生は此事にて曼陀羅の事を耶蘇の秘法の諸派と比較し、兼てはいよいよ真言はむちやかむちやでないか、を顕正したし[*62]」としており、真言密教の思想そのものを調べようとする方向に関心が移っていったと指摘している[*63]。

熊楠はさらに「金剛界と胎蔵界のことに関せる経疏、あまり幾十冊もあるものに非るなら被送下度候[*64]」として、曼陀羅について概略がわかるような解説書を所望した。この熊楠の希望に対して、法龍は戦国期の高野山の僧侶、印融（一四三五～一五一九）の著作『曼荼羅私鈔[*65]』を送った。これに対して、熊楠は次のように答えている。

> 仁者所遺［遺］の『曼陀羅鈔』は三回通読し畢れり。博物館には一切経あれば、それぞれ対照して見たく、又西洋中古の回徒、猶太徒、基督教及今日の仏教の退化せる一派沙門教（これは近日詳きもの出たり）と対照して卑見を呈せん。鈔の示す所はただ画解きに過ざるが如し。然し小生

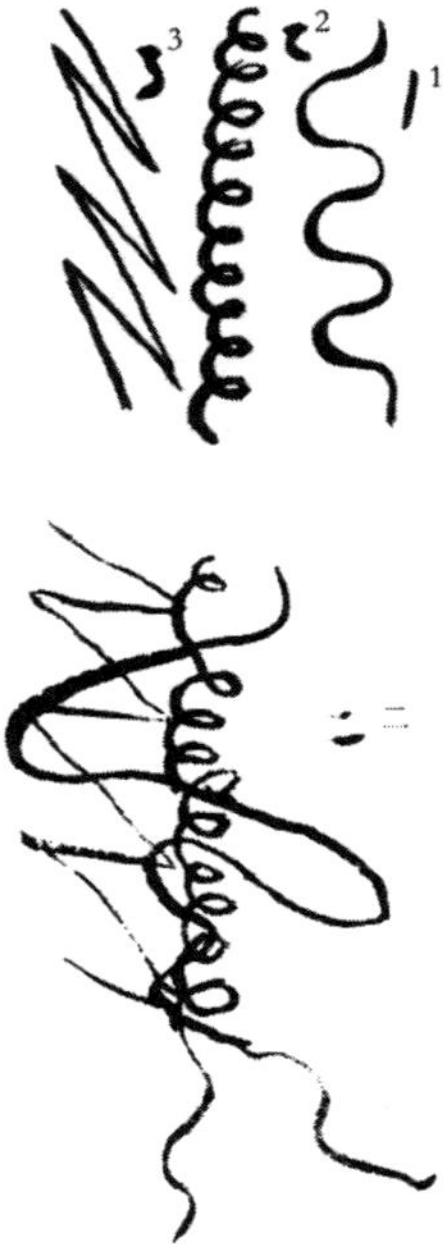

1894年7月16日付法龍宛書簡に見られる図

> は此秘密儀にはそれぞれ深意のあることもあり、又一向つまらぬことも混入せることはよく知る。故に一一分解して見たし。[*66]

ここでは、熊楠の関心はキリスト教との対比のみではなく、イスラム、ユダヤ教なども含めた世界の諸宗教との比較で真言密教の曼陀羅を分析しようとしている。こうした一八九四年一月から十月にかけての書簡を解読し、「この年は熊楠がマンダラの思想を発見した重要な転機となる年であった」[*67]とする神田の指摘は的を射ている。

神田はまた、この時期に見られる「南方マンダラ」の萌芽に関しても、重要な発見をなしている。一八九四年七月十六日付書簡中の図に関して、「熊楠が因果の関係についてはじめて線によって図式化したものであり、後の南方マンダラに連なる発想を有している」[*68]と指摘しているのである。

この図に関する熊楠の説明は次のように、上図の三つの異なる因果のすじみちが衝突することによって、下図のような現象が生ずるというものである。

> たとえばここに(1)(2)(3)の如き因果循環すとせよ。個々に行はるるときは、同一規則立たなりに一曲一突するのみながら、今二図の如く三者相交錯し、或は三者の中の二者相交錯して、更に其の結果を他の一に及し、或は三者偶ま一時に相衝きなどするとせよ。然るときは三者共因果は規則にくるふてくる。[*69]

ここで熊楠が説いている因果関係の衝突のモデルは、それまでに彼が示してきた因果の重要性よりもさらに一段階、深化したものとなっている。神田が指摘しているように、こうした因果関係同士の偶発的な交錯がもたらす予期せぬ事象の展開というアイデアは、そのまま一九〇三年七月から八月にかけての「南方マンダラ」へとつながるものである。

さらにこのモデルは、スペンサー『第一原理』の波動説の限界からの突破口という意味でも重要である。ここまで見てきたように、熊楠はスペンサーの説く運動の律動性の理論に対して魅了されながらも物足りない部分を感じていた。スペンサーの波動説では、宇宙から精神に至るまで、潮の満ち引きのような単一の律動性が想定されていたのだが、それでは熊楠でなくとも、現実の現象ではそうした図式化は成り立たない、とする反論が出てきてしまうことになる。

しかし、この熊楠のモデルは、個々の因果が生み出す現象には一律の波動があるとしても、それらの現象が複合した場合、一見すると律動性とは無縁に見える錯雑した反応が生じてくることを、うまく説明できている。その意味で、『第一原理』に対する懐疑から生じた独自の世界認識の試みの第一段階を、ここで熊楠はクリアしていると言えるだろう。

こうした因果と因果の交錯によって成り立つ複雑な世界像の提示は、この翌年に始まる「ロンドン抜書」の作成などによっていったん中断する。その後、「すなわち森羅万象を今の時代の必須に応じて、早く用に立つように分類順序づけるなり。いわば曼陀羅の再校なり」[*70]という意識の下で書かれた一九〇三年夏の「南方マンダラ」の中でまとめられることになるのである。

6　華厳経《けごんきょう》の影響

一方、熊楠の仏教に対する理解度と傾向は、法龍の側からは、どのように見えていたのだろうか。この点で、最初の数か月の応酬の後、法龍が、熊楠の説は『法華経』と『華厳経』から出たものだと指摘していることは重要である。

たとえば、一八九四年三月（推定）の書簡では、法龍は「毎々『法花』『華厳』が出る」[*71]というような言葉で、熊楠の仏教観の出所を揶揄している。また次のような言葉でも、同じ見解を述べている。

『法花』の方便説または『華厳』の無碍説が何分気にかかると見え、一様のことを毎々繰り返す。[*72]

『法華経』の方便説とは、同経の中にある「方便品」の仏の智とその実践について語った部分を指しているのであろう。また『華厳経』の無碍説とは、同経に説かれた理事無碍《りじむげ》（事理無碍《じりむげ》）と呼ばれるような具体的な物事とそれを司る原理が妨げ合わない世界のあり方や、事事無碍《じじむげ》と呼ばれるような具体的な物事同士が妨げ合わない世界のあり方を示す言葉である。こうした仏典からの影響を指摘した上で、法龍自身は、「ただ予の取るは、『法花』には「十如実相の法印」、『華厳』には「十無六相海印三昧の法印」のみ」[*73]と、経典のイメージの世界に引きずられない宗教者としての立場を主張する。

このうち『華厳経』については、熊楠の世界観の一つの源泉として、その思想的系譜を明確にたどることができる。熊楠は、土宜法龍と出会ってふた月も経たない一八九三年十二月二十四日付書簡において、すでに『華厳経』を引き合いに出しているから、かなり早くからこの経典を意識していたことがわかる。そして、二月九日付の書簡では、次のように『華厳経』の事理無碍説を、仏教思想においてもっとも大きな価値の持つものとして、『法華経』や『維摩経』よりも高く評価している。

何となれば仏教の尊き所以は『法華』や『維摩』の文章（これほどの名文は外教にもある）や又他を知ずして自ら得たりとする心内の妙味に非ずして、実に事理無碍なるにあり。すなはち他の諸教と異なりて、仏教は因果といふことを以て神意の上におけばなり。[*74]

ここからは、『華厳経』に説かれた因果と事理無碍に関する議論が、熊楠の土宜宛書簡に示された独自の思想の基盤となっていることを読み取ることができる。また、那智時代に入ると、『華厳経』は山中での手持ちのごくわずかな本の一冊であったことが、はっきりと記されている。

小生二年来この山間におり、記臆のほか書籍とては『華厳経』、『源氏物語』、『方丈記』、英文・仏文・伊文の小説ごときもの、随筆ごときもの数冊のほか、思想に関するものとてはなく、他は植物学の書のみなり。[*75]

『華厳経』は、『大方広仏華厳経』の略で、元来独立して成立した各章が、四世紀中頃までにおそらく中央アジアのホータンあたりで集大成されたものと考えられている。この経典に基づいて中国で華厳宗が成立し、新羅時代の朝鮮や奈良時代の日本に大きな影響を与えた。漢訳には三種あるが、ロンドン時代やそれ以前の熊楠がどのような方法で受容していたかは今のところ不明である。

その一方、熊楠の旧蔵書中には『華厳五教章』［中 220.01］があり、これは唐の法蔵（六四三〜七一二）が華厳経の教えの梗概をまとめたものである。唐澤太輔は、一九〇三年二月七日の日記にある「高藤氏より華厳五教章三冊送る」という記述から、この本が土宜法龍の部下であった高藤秀本（一八六八〜一九一七）によってもたらされたものであることを指摘し、熊楠が那智時代に携帯していた『華厳経』とは、この『華厳五教章』のことではないかと推論している。[*76]

『華厳経』の内容的な特徴としては、歴史上の諸仏を超えた絶対的な存在である大日如来と一体化した仏の悟りの境地を説き、華麗で壮大な言葉による世界観の広がりを描いていることが挙げられる。特に、「大宇宙に遍満《へんまん》している微塵そのものが仏の相《すがた》である」[*77]というイメージは、『華厳経』の全体を通底するものである。たとえば、『華厳五教章』「微細相容安立門」には次のような経文が見られる。

又云く、「一毛孔の中に無量の佛刹荘厳清浄にして曠然として安住す」と。又云く、「一塵の内に於て微細の国土あり、一切の塵等悉く中に於て住す」と。宜しく理の如く之を思うべし。（又云。一毛孔中無量佛刹荘嚴清淨曠然安住。又云。於一塵内微細國土一切塵等悉於中住。宜可如理思之。）[*78]

こうした「微細相容安立門」における世界観について、鎌田茂雄は次のように解説している。

『華厳経』においては「一毛孔中に、悉く明らかに不思議数無量佛を見る」という如き表現が多く見られるが、一毛孔中に全世界を見ることをいう。すみれの葉の上に宿った朝日に輝く一粒の露の中に、全宇宙を見るということである。一よく多を含むから「相容」といい、一と多が互いに対者を壊することがないので、「安立」というのである。[*79]

つまり、ほんの毛穴のような小さな範囲の中に、大日如来の教えを受ける無数の仏の世界がある。一片の微細な粒子（「微塵」は最小単位「極微」の七倍の大きさ）の中にも、この世のすべての粒子と同じ数の世界が含まれている。そして、それらはすべて、大日如来の法の力によって成り立っている。このように『華厳経』の中では、どんな細部にも無限を包蔵する世界の構造に関する説明が、何度となく繰り返される。

こうした『華厳経』に描かれたヴィジョンは、土宜宛書簡の中で熊楠が語ろうとしている無限に多様な世界の像に驚くほど似たものである。たとえば、一九〇三年七月十八日付の書簡にあらわれる熊楠の有名な言葉は、内容的に考えればほぼそのまま前掲の『華厳五教章』の文句の延長上にあるものと言ってよいだろう。

大乗は望みあり。何となれば、大日に帰して、無尽無究の大宇宙の大宇宙のまだ大宇宙を包蔵する大宇宙を、たとえば顕微鏡一台買うてだに一生見て楽しむところ尽きず、そのごとく楽しむところ尽きざればなり。[*80]

「無尽無究の大宇宙の……」といった言葉は、「一毛孔中無量佛刹荘嚴清淨曠然安住」や「一塵内微細國土一切塵等悉於中住」などの言葉を熊楠流の表現に翻訳したものと取れる。また「大日に帰して」は、「一切の諸法は皆悉く毘盧遮那智蔵大海に流入す」[81]といった、盧舎那《ヴァイローチャナ》仏の世界の普遍性を繰り返し説いた部分に対応しているだろう。[82]大乗が「楽」という境地に通ずるものだという表現もまた、『華厳経』には満ちあふれている。熊楠のこの言葉は、顕微鏡を抱えて那智原生林の微細な生命を探索する日々を経て、『華厳経』の世界観が現実の自然の姿として感じられたことで生まれてきたものと言えるだろう。

さらに『華厳経』のテクストが、世界の中にある個々の物事それ自体よりも、それぞれの間の関係性の重要さを訴えていることも、法龍宛書簡に見られる熊楠の思想的な方向性と一致するものである。たとえば、華厳の教えの一つに、「主伴《しゅばん》無碍《むげ》」という考え方がある。木村清孝によれば、これは物事の関係性が相対的であることを示す概念であるという。

> 人と人、ものとものとは、ときにはaが主となってb・c……がその伴となり、ときにはbが主となってa・c……がその伴となるという具合に、本来平等であり一体であるがゆえに、現実の中では互いに柔軟に、状況に応じて自在に対応する関係をつくり上げる[83]

『華厳経』に登場する無数の仏や菩薩は、お互いにこうした主伴無碍の関係によって成り立っていると、解釈されている。

このことは、一つ一つの宝珠がそれぞれ別の宝珠の像を映し合うという「因陀羅網（帝網《たいもう》）」にも通ずる。『華厳五教章』「因陀羅微細境界門」は、このインドラの網が作り出す「重重無尽」の関係性の説明からなるものである。また、「金獅子章」では、真ん中にろうそくを置き、周りに鏡を十個置くと、互いの鏡は炎を映し合って幾重にもなることを、世界の関係性を説くための比喩として用いているという。[*84]

このように考えると、たとえば熊楠が一八九四年三月四日付の法龍宛書簡の中に描いている大乗仏教のさまざまな仏による言説が織りなす図（次頁上図）は、こうした主伴無碍の関係性に基づくものと解することができる。ここで熊楠は、仏教を釈迦が唱えたものと限定することの愚を説き、過去仏と言われている存在や、釈迦以降の仏教に連なる思想の役割を強調する。

> 仏教は決して釈迦が作り出だせるものにあらず。第一、仏教の仏の字に釈迦という意少しもなし。すなわちクルソン仏、カナカムニ仏等ありて、これが先をなせるなり。[*85]

こうしたさまざまな宗教的存在がお互いに影響を与え合いながら集大成されていった大乗仏教のあり方を、熊楠は碁盤の目のような見取り図を用いて示している。熊楠によれば、この図の中の(1)は釈迦を指し、(2)(3)(4)は、飲光《おんこう》、金寂《こんじゃく》、拘留孫《くるそん》等の釈迦以前の諸仏を指している。(3)の説法が(4)(5)というかたちで伝えられる。一方、(6)(7)は別系統の伝承であるが、これらすべてを(2)の仏が編集して説くことになる。その(2)の仏の教えから派生して(a)(b)というかたちになり、(c)(d)のような新しい要素と結びついて、(1)の仏（釈迦）がこれをまとめることになる。さらに熊楠によれば、それぞれの間の関係は、実際には上図のように一本の線ではなく、下図のように複数の線によって結ばれている。だから、釈迦の教えの中には、それまでの多様な思想上の言説が伝えてきた要素がすべて含まれることになる、と熊楠は言うのである。そのため「(1)仏すなわち釈尊の説法には、華厳の種子、真言の密法、法相の要旨、天台の所起、念仏の方便、いずれもあるなり」ということとなる。この概念図の中では、釈迦もまた、大乗仏教という大きな思想的広がりの一つの結節点でしかなく、過去仏や他の大乗仏教の菩薩たちとの関係性において存在するものとしてとらえられるのである。

このようなイメージは、すべての言説は他の言説と組み合わさって存在しているという、現代の文学研究においてしばしば用いられるインターテクスチュアリティ（テクスト連関）の概念に通ずるものであろう。仏教のように歴史的に膨大な影響関係の中で思想的展開を見せてきた言説の分析として、現在の文献学の理解から見ても、たしかに理にかなったモデルであると思われる。

さらに熊楠は、この碁盤の目のような上図は、実はもっと複雑な関係性を持つものを簡略化したものであるとして、下図を用いて説明する。

> 上の図は網の目のごとく、二集まって一となり、一散じて二となるように、二倍ずつのものとせるが、実はこれどころのことでなく、下の図のごとく、レースをあんだように、百集まりて一となり、また分かれて百となるようなものと見れば、大いによく分かるなり。[*86]

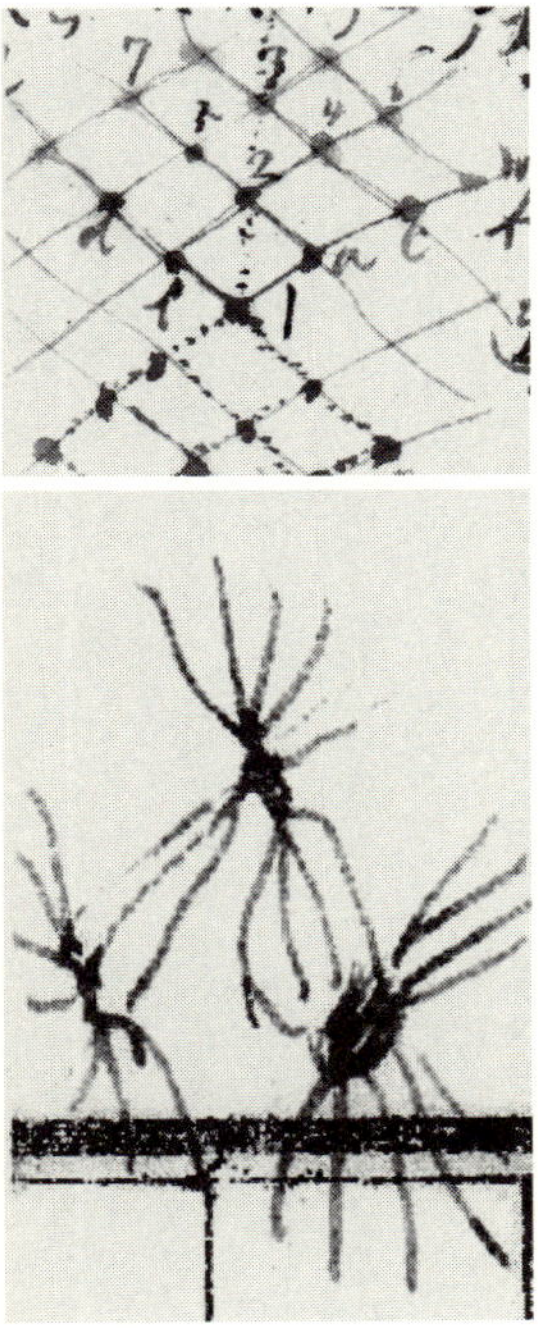

1894年3月4日付法龍宛書簡に示された2つの図

こうした見取り図は、大乗非仏説論に対抗して、釈迦の教えでないものは仏教とは言えないとする西洋的な誤謬を論駁するためのモデルとして用いられたものであった。したがって、ここでの議論は、大乗仏教を作り上げてきた言説の織りなす影響関係に限定されている。

しかし、このような関係性のイメージそのものは、この後、熊楠が世界をとらえるための中核的な視線を提供するものとなった。それは帰国後の那智原生林中での生態調査を経て、世界全体を関係性の束として見る、南方マンダラの考え方につながっていくことになるのである。

7 粘菌とマンダラ

一九〇〇年十月の帰国後に、法龍は熊楠に何度も京都に遊びに来るように誘っている。また、この頃法龍が中心となって京都に開校した真言宗の学校、高等中学林（現在の種智院大学の前身）の教授として就任することを依頼する。一九〇二年三月十六日には、法龍の代理として高藤秀本が和歌山滞在中の熊楠を訪れて直談判しているから、相当に実現性の高い計画だったと考えられる。

しかし、熊楠は三月二十二日付の書簡で「学校のことは往かぬどころでなく、必ず往くなり」[*87]と答えたにもかかわらず、結局翻意したようである。そして、まるでその埋め合わせのように、この直後から長文の書簡を何度か送って、生と死の問題に関する独自の論考を展開することになる。

その中でも、三月二十五日付書簡に描かれた粘菌（変形菌）のライフサイクルの図（次頁上図）は、熊楠が自らの生命観とマンダラの関係を説いたものとして非常に興味深い。粘菌は、熊楠がアメリカ時代から注目していた生物で、変形体と呼ばれるアメーバ状の形態から、子実体と呼ばれる胞子を作るための小さな菌類のような姿に変化する。その変形体から子実体への移行の際に、一つの細胞の内部に生きた細胞と死んだ細胞が共存していることに熊楠は注目した。そして、次のように述べている。

> これにて大体右の変形菌体の生死不断なるに比して、予の講ずる心の生死の工合ひも分るべし。取も直さず右の図をただ心の変化転生の一種の絵曼陀羅（記号《シンボル》）と見て可なり。[*88]

熊楠によれば、こうした「微分子」レベルでの生死の共存は、たとえば血液中の血球のように人間の身体でも起きている。しかし、粘菌ほどその交代が複雑で、しかも目の前で繰り広げられる生命現象は他にはない。熊楠にとって粘菌を顕微鏡で観察することは、微細な世界の中に広がる無尽蔵の多様さを、自分の目で確かめていくことであった。

さらに同書簡の直後の部分には、カバラの「生命の樹」の図像と見られるもの（下図の上部）が描かれて「これは猶太教の密教の曼陀羅ぢや」という言葉が見られる。ここでユダヤ教の「曼陀羅」が登場しているのは、法龍から『曼荼羅私鈔』を贈られた際に、「西洋中古の回徒、猶太徒、基督教及今日の仏教の退化せる一派沙門教と対照して卑見を呈せん」と述べた一八九四年十月十八日付の書簡での約束を、一部果たすものだっただろう。またこの書簡に付された別のマンダラ風の図（下図の下部）には、「これは米虫の問に応じ金粟王が案出せる新手《しんて》なり」[89]という言葉が添えられており、ロンドン・パリ間でのやりとりを、八年ほどの年月を経て、熊楠がさらに練り上げたかたちで法龍の前に提示したことがわかる。

驚くべきことは、最初に用いられた「絵曼陀羅」という言葉が、どうやら変形菌のライフサイクルを説明した図を指しているらしいことである。熊楠はこの変形菌の説明として、流動する原形体の中に生きた部分と死んだ部分が共存していることを説く。そこから、人間の血液中の血球にも死んだものと生きたものの両方が存在していること。そのように生死は断絶したものではなく連続性を持っているのだという議論につながっていく。そして、そうした生死が交錯する世界のモデルを提供してくれる変形菌の生の様態そのものを、「絵曼陀羅」として見ることができると断

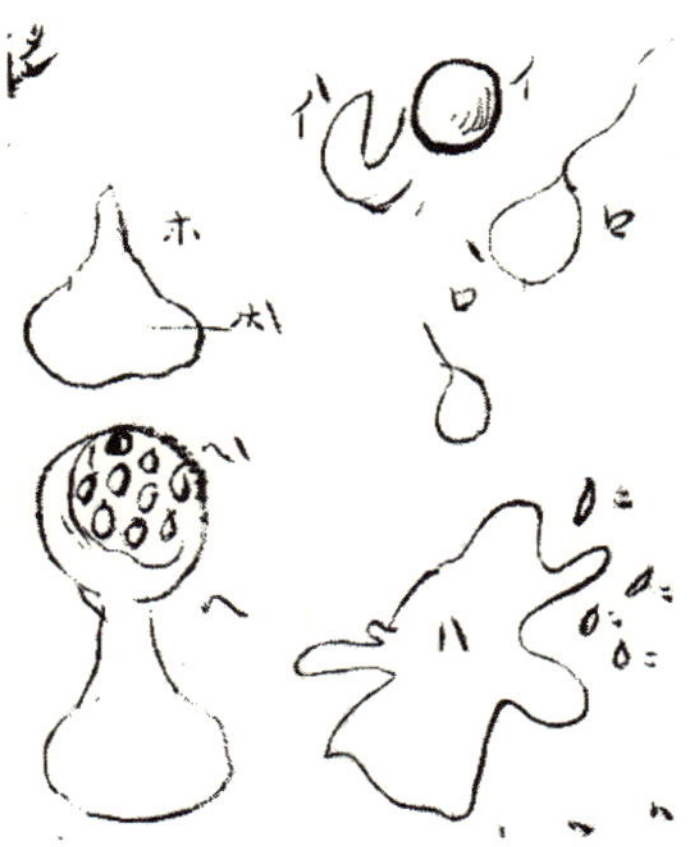

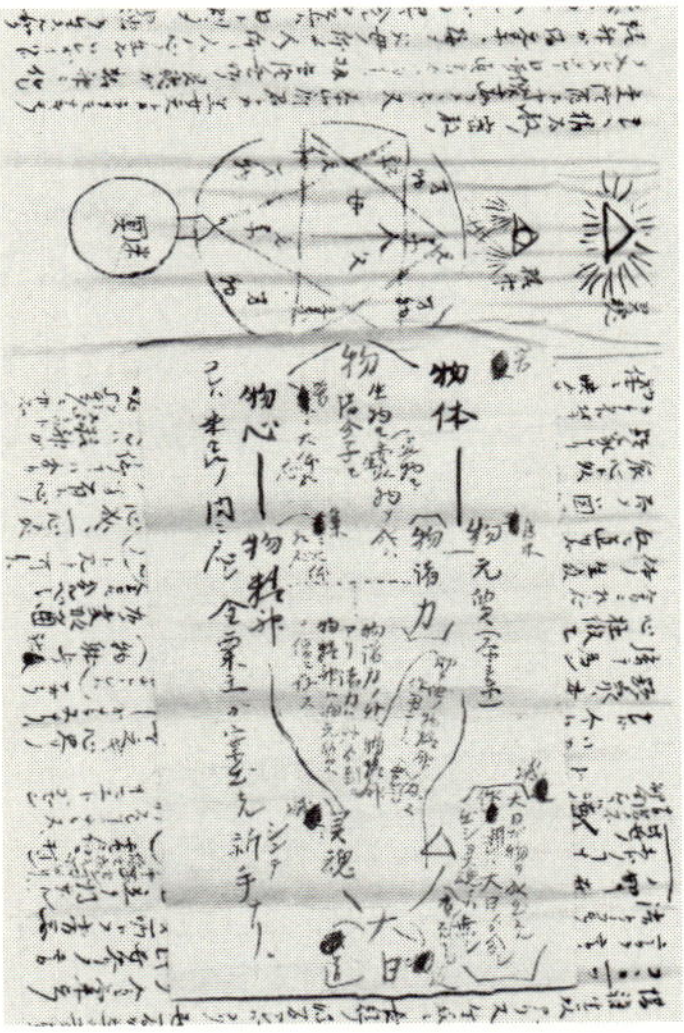

1902年3月25日付の法龍宛書簡に見られる粘菌の図（上図）と「猶太教の密教の曼陀羅」（下図の上部）とマンダラ風の図（下図の下部）

じているのである。

この一九〇二年三月の一連の書簡の中で、熊楠は生物の死は完全に無に帰すことではなく、大日如来という存在につながるより大きな生の一部に帰すことであるという見方を繰り返し説明しようとしている。

細微分子の死は微分子の生の幾分又全体を助け、微分子の死は分子の生の幾分又は全体を助け、乃至鉱物体、植物体、動物体、社会より大千世界に至る迄みな然り。〔中略〕常に錯雑生死あり。又生死に長短の時間あればこそ世間が立ちゆくなり。[*90]

生物個体の一部分や、個体自体の死もまた、無数の生物が関わりながら織りなされている生命の世界を活性させている要素であると、ここで熊楠は言う。一九〇二年三月の書簡群は、マンダラという枠組みを用いて、熊楠がこの生死の錯雑する生命の世界のダイナミズムをさらに包括的にとらえ直していこうとしていたことを示していると考えられるのである。

熊楠がこの時期に生と死をめぐるこのような論を展開した背景の一つには、おそらく法龍の健康問題があるだろう。この前年の十月十日付書簡で法龍は「何分気管支病にて困却致し候[*91]」と書いており、一時はかなり重篤だったようである。そうしたこともあり、法龍は三月二十日に「霊魂の死不死に関する金粟王如来の安心承り度[*92]」という依頼を送り、それに熊楠が応えたのが三月二十五日付の書簡であった。

その一方で、こうした熊楠の生と死をめぐるヴィジョンが、一九〇一年十月に勝浦港に着き、那智の原生林に入った際の衝撃に端を発したものであることは明らかである。三月十七日付の手紙では、熊楠は「小生昨年十一月一日より只今に、熊野にて山海の植物採集罷在、実に無尽蔵にて発見頗る多く、一と通りの調査に二三十年もかかるべくと被存候[*93]」と記している。そのような那智における多種多様な生命の世界に刺激されて、熊楠がそれまで受容してきた仏教的な世界観はより明確なモデルとなって行った。一九〇二年三月頃の書簡には、そうした熊楠がみずからの思索をかたちにし始めて行く過程が綴られていると考えてよいだろう。

しかし、その一方で、こうした一九〇二年三月の書簡群は、一九〇三年夏の南方マンダラとは少し異なる文脈で書かれたものだということも指摘しておかなければならないだろう。一九〇三年六月七日付の、マンダラ論を書く直前の書簡で熊楠は「分からぬことあらば幾度でも昨年の霊魂不死論のときのごとく尋ね来たれ」[*94]としているから、それはそれで新たな論点を書き起こすという気持ちが強かったようである。こうした点から、一九〇二年春の「霊魂不死論」は一九〇三年夏の「南方マンダラ」に直接連なるものではなく、むしろそれぞれ独立した論点をめぐる二つのまとまりとして、那智時代の土宜法龍宛書簡の中に位置づけられるべきものと思われる。

8 因果の交錯としての宇宙

従来、「南方マンダラ」と呼ばれてきた図は、主に二つある。

一つは、一九〇三年七月十八日付の熊楠から法龍への書簡に見られるもので、この世界を個々の因果同士の交錯と相互干渉としてとらえ、現代科学で言うところの複雑系のようなモデルを提示している点に特徴がある(次頁上図)。もう一つは、同年八月八日付の土宜宛書簡に描かれたもので、こちらは、金剛界と胎蔵界に分けて、大日如来の力の作用が、どのようにしてこの世界の諸現象を作り出すかを説明している(次頁下図)。

熊楠が自在にその思想を語った土宜宛書簡の中でも、この時期、那智山中から送られた試論は、文章の緊張感と思想的な厚みにおいて、白眉をなすものと言えるであろう。熊楠が上図のマンダラを記した七月十八日付の手紙を受け取った法龍は、八月四日付の返書の中で「至上の宝物なり」[*95]とこれを評している。

これらの二つの図のうち、最初に南方マンダラとして「認定」されたのは上図の方で、鶴見和子が一九七八年刊の『南方熊楠　地球志向の比較学』の中で、「南方の世界観を、絵図として示したもの」としたのが最初であった。鶴見

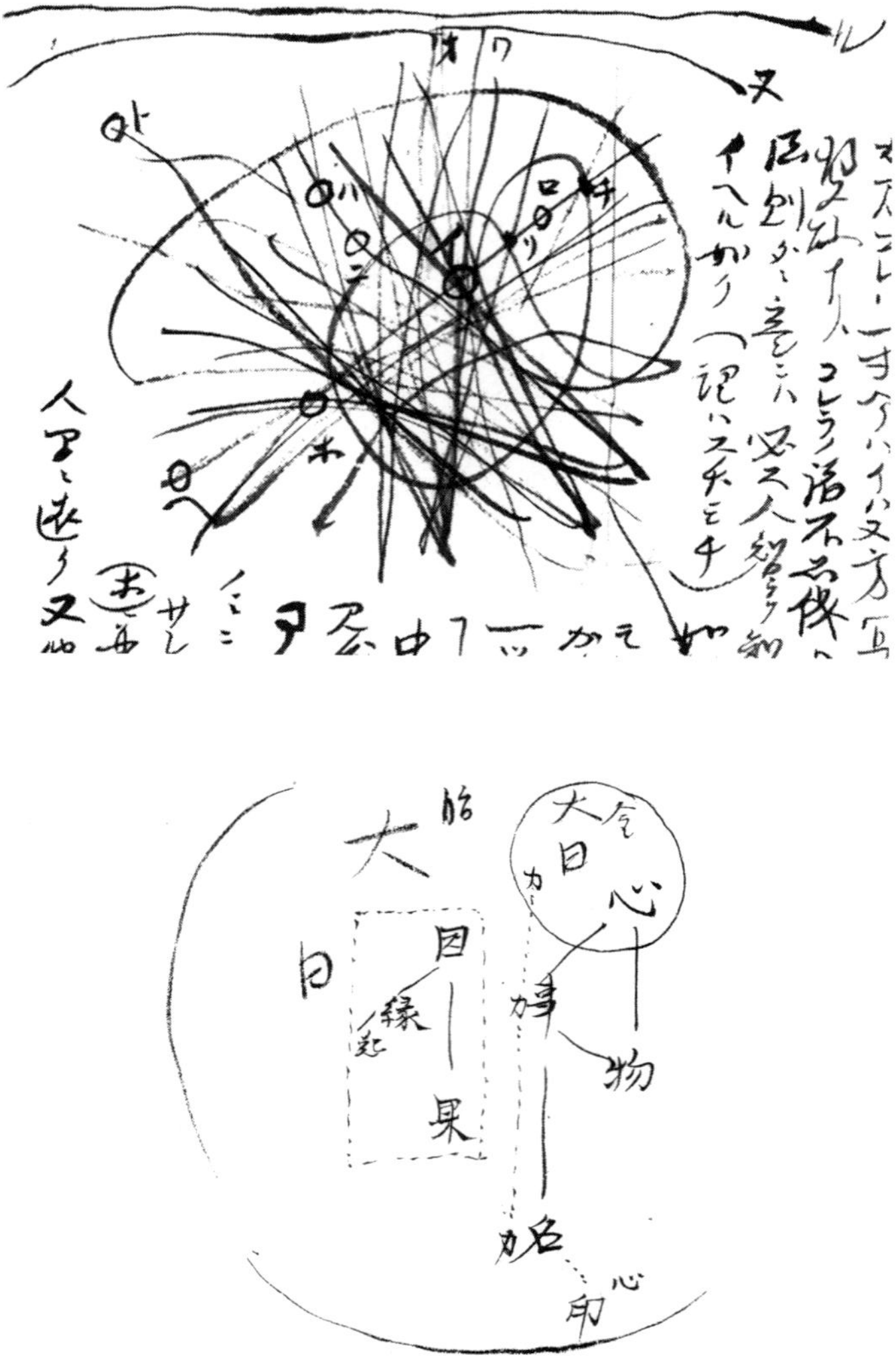

1903年7月18日付書簡に見られるいわゆる「南方マンダラ」の図（上図）と、8月8日付書簡中の両界曼陀羅を読み替えた図（下図）

は、この図を仏教学者の中村元（一九一二～一九九九）に見せたところ、即座に「これは、南方曼陀羅ですね」と言われたことを受けて、この呼称を使うことを思いついたとしている。[*96]

この上図のマンダラは、さまざまな「すじみち」と呼ばれる曲線の交錯が世界を形作っていることを説いている点に特徴がある。そして、その「すじみち」をたどることが、物事を理解することであると、熊楠は解説している。

さて妙なことは、この世間宇宙は、天は理なりといえるごとく（理はすじみち）、図のごとく（図は平面にしか画きえず。実は長《たけ》、幅の外に、厚さもある立体のものと見よ）、前後左右上下、いずれの方よりも事理が透徹して、この宇宙を成す。その数無尽なり。故にどこ一つとりても、それを敷衍《ふえん》追求するときは、いかなることをも見出だし、いかなることをもなしうるようになっておる。[*97]

つまり、熊楠によれば、この図は本来は立体であるべきなのだが、便宜的に平面上に描かれているものである。そうした空間に立体的に交錯する無数の「すじみち」の集合体として、この世界の現象はなりたっていると言うのである。

熊楠がここで「理＝すじみち」としているのは、近代科学的な意味での因果関係のことであると解釈することができるだろう。ここまで見てきたように、熊楠は、因果関係の徹底という原則を、法龍に語り続けてきた経緯がある。そうしたさまざまな因果が交錯する世界の中では、物事を見通すために有利な地点と不利な地点が生じてくる。たとえば、（イ）は多くの事理が集まる「萃点《すいてん》」[*98]で、ここから見ればさまざまな理をすばやく見出すことができる。（ロ）の場合はそうは行かず、（チ）や（リ）の地点まで出ることによって、はじめて事理を見通すことが可能になってくる。

これに対して、（ヘ）や（ト）といった点は、「人間を図の中心に立つとして」、人間から遠く、また他の事理との関係も薄いためになかなか気づかれることがない。（ヌ）などは人間の認識の世界とは（オ）や（ワ）を通してかろうじて結びついているのみである。（ル）にいたっては、「天文学上ある大彗星の軌道のごとく」、（ヌ）が認識されているために、それとの関連でなんとか存在が知られることになる。

以上がこの図に関する熊楠の解説だが、ここで重要なのは、熊楠が「萃点」と呼ぶ点が、「中心」とはまったく異なる概念だということである。萃点はあくまで観察者にとっての便宜的な地点であり、絶対的な意味を持つものではない。熊楠は説明の中で、「人間を図の中心に立つとして」、つまり人間という観察者から見た際にこのように見えるということをはっきりと押さえている。別の視点を取れば、当然、世界は別の様相を呈することになる。

こうした視点の移動を含み込んだ上で世界のモデルを描き出そうとする姿勢には、華厳の主伴無碍の哲学の影響を見て取ることができる。それはまた、「心」と「物」が常に主体と客体という固定された関係にあるのではなく、左手と右手のような相互作用に基づいて「事」の世界を生み出しているとした、熊楠がロンドン時代の着想から連続して抱いていた世界観であったとも言えるだろう。

さらに、これは熊楠の説明にはないが、一気に勢いにまかせて描かれたこの図自体がおのずと語りかけてくるものがある。それは、時間という要素の介在である。中国・日本の書は、それが描かれた時の躍動感を想起させるかどうかが評価の対象となっているという点で、空間芸術としての側面だけではなく、演劇や音楽のような時間芸術の面を持っている。南方マンダラと呼ばれるこの図もやはり、見る者に十分動的な印象を与えるものであり、おそらく熊楠自身もそうした意図を持って筆を走らせていたことが想像される。

そう考えると、この図は不動の世界像を描いたものではなく、不断に変化する世界の事象の一瞬を切り取ったものとして理解する方が自然であろう。その場合、ここに描かれた事理の集散はつねに変化するから、一つの点が萃点として止まり続けることはないということになる。この意味で、この図を最初に評価した鶴見が、後に「萃点移動」という言葉を用いていることは注目される。*99 萃点が固定化された「中心点」ではないことを意味するこの言葉は、熊楠のテクスト自体には見られないが、以上のようなこの図の含む相対性とダイナミズムから帰結された解釈としては、十分に納得できるものである。

こうした鶴見の見解は、南方マンダラに関する議論の出発点となり、以後多くの論がこれを踏襲してきた。その中では、鶴見にならって上図を南方マンダラと呼ぶことが一般的であった。これに対して、下図のマンダラを重視する観点を明確に打ち出したのが中沢新一である。中沢は、一九九二年の『森のバロック』において、上図について「注意しておかなければいけないが、この図はマンダラそのものではない」として、下図こそが「「南方曼陀羅」の核心」であると説いた。*[100]

伝統的な仏教の曼陀羅を考えた場合、この中沢の指摘は十分にうなずけるものであろう。曼陀羅 Mandala とはもともと、世界の本質を図示したものという意味を持つ言葉である。そこで、ユング（Carl Gustav Jung 一八七五〜一九六一）の『マンダラの象徴性』*[101]のように、人間心理の根底にある元型というような、比喩的な使われ方もする。しかし、熊楠の時代の解釈の基準からすれば、上図は真言密教の曼陀羅と比較するとかなり破格と言わざるを得ない。その点、下図は内容こそ独自であるが、すくなくとも金剛界と胎蔵界からなる伝統的な両界曼陀羅の形式を備えている。

では、南方熊楠自身はどのように考えていたのか。二つの図を描く直前の土宜宛書簡に見られる言葉から、マンダラという名の下に伝えようとしていた内容について語っている部分を抜き出してみよう。まず、一九〇三年六月七日付の書簡では、熊楠は「わが曼陀羅に名と印とを心・物・事（前年パリにありしとき申し上げたり）と同じく実在とせることにつき、はなはだしき大発明をやらかし」として、このマンダラ論に関して最初に言及している。*[102] 次に六月三十日付の書簡では、「小生、真言の曼陀羅の名と印のことにつき、考え出したことあり。次便に申し上ぐべく候*[103]」として、本格的に論じる予告をおこなう。これを見る限りでは、熊楠は「名」、「印」という問題を解き明かすものとして、マンダラを考えていたことが読み取れる。と言うことは、中沢の指摘するとおり、狭義の意味での南方マンダラは、むしろ下図の方と言うことができるだろう。ここでは便宜上、上図を「第一マンダラ」、下図を「第二マンダラ」と呼ぶことにしたい。

では、「名」と「印」の説明を中心としたこの第二マンダラにおいて、熊楠は何を示そうとしていたのであろうか。熊楠はここで「事」とは現れては消えていく現象であるが、それが「名」のかたちで残り、その「名」が心に映し出す像が「印」であるとしている。

右のごとく真言の名と印は物の名にあらずして、事が絶えながら（事は物と心とに異なり、止めば断《た》ゆるものなり）、胎蔵大日中に名としてのこるなり。これを心に映して生ずるが印なり。故に今日西洋の科学哲学等にて何とも解釈のしようなき宗旨《クリード》、言語《ランゲージ》、習慣《ハビット》、遺伝《ヘレジチー》、伝説《トラジション》等は、真言でこれを実在と証する、すなわち名なり。*104

これを見ると、熊楠の言う「名」とは、宗教の教えから民間伝承のようなものまで、かなり広い範囲の人間の文化の世界を指すものとして考えられていたようである。第一マンダラは、人間の観点から見た現象であり、彗星の運動などに言及されていたから、どちらかと言えば自然科学の領域をとらえようとするものであった。それに対して、第二マンダラの方は、人間の社会における文化現象の分析のための方法論と見ることができる。

この「名」と「印」に関する議論の全体像を読み取るには、この八月八日の書簡だけでは説明不足の感をぬぐい得ない。しかし、二十数年後の「履歴書」に書かれた次の議論は、この第二マンダラにおける「名」との関連で注目すべきものであろう。

真言仏教（またユダヤの秘密教などにも）に、名号《みょうごう》ということを重んず。この名号ということすこぶる珍な物で、実質なきものながら、実質を動かす力すこぶる大なり。今ここに宇宙の玄妙な力の行なわるる現象を呑み込んで、阿弥陀仏と名づけるとせよ。この名号を聞くものは漸次にこの名号に対して信念を生ず。ついには自分に分かりもせぬこの信念のために大事件を起こす。一向《いっこう》徒《と》が群集蜂起して国守武将を殺し尽せしごとし（越前・加賀の一向一揆等の例）。*105

集合的な記憶としてのこの「名号」の内容について、熊楠はまた「名号とは、一国民や一種族の続くあいだ、その脳底に存する記憶にて national reminiscence ともいうべきものなり」とも述べている。そして「事実とは全くちがいながら、この名号というものが、国民の気風や感情を支配し左右する力はきわめて大なるものと知る」[*106]という観点を示す。二十数年という時間の経過はあるものの、「履歴書」に記されたこの「名号」は、文脈から言っておそらく第二マンダラにおける「名」と同じものを指していると考えてよいだろう。そしてこの社会的記憶としての「名（号）」が、個人の心に作用する過程が「印」であるということになる。

こうした第二マンダラの内容について、中沢は二十世紀後半以降の構造主義の考え方との類似を指摘している。[*107]実際には「名」と「印」に関する熊楠の思想は、これ以上には体系的に展開されておらず、構造主義との類似もあくまで発想段階のものに留まると言わざるを得ない。しかし熊楠が「事」を「止めば断ゆる」と定義していることからは、文化現象を実体としてではなく、関係性の中で生起するものとして、想定していることがわかる。これは、「事」の発生を「物」と「心」の相互作用によるものとしてとらえようとしたロンドン時代の「事の学」の出発点から、一貫した熊楠の論点であった。

その上で、熊楠が「事」が生み出す「名」と「印」が「実在」として作用すると説明していることは、関係性の中で構築される文化が人間の認識を統括する存在として働くという方向性を示していて興味深い。熊楠の説明を総合して考えると、「名」と「印」は不断に変化する人間の社会・文化活動の中から生み出されつつ、人間の思考や行動自体に枠組みを与えるということになる。この点において、「名」と「印」を含む第二マンダラにおける議論が、文化を本質的なものではなく構築的なものとしてとらえる二十世紀後半以降の社会科学の流れと同じ問題意識を共有していると言うことは可能であろう。

さて、熊楠は第二マンダラに関する説明の最後で、因果関係の問題をもう一度論じようとしている。これは、第一マンダラにおける自然科学モデルの議論と、第二マンダラにおける人文・社会科学モデルの議論とをつなぐ役割を果たすものである。熊楠はここで原因と結果の分析を基礎としながらも、そうした因果関係が交錯する中で、さらに高次の因果関係が生じてくることを説明しようとしている。

因はそれなくては果がおこらず。また因異なればそれに伴って果も異なるもの、縁は一因果の継続中に他因果の継続が竄入《ざんにゅう》し来たるもの、それが多少の影響を加うるときは起、故にわれわれは諸多の因果をこの身に継続しおる。縁に至りては一瞬に無数にあう。それが心のとめよう、体にふれようで事をおこし（起）、それより今まで続けて来たれる因果の行動が、軌道をはずれゆき、またはずれた物が、軌道に復しゆくなり。予の曼陀羅の〈要言、煩わしからずと謂《い》うべし〉というべき解はこれに止まる。*[108]

ひとつの現象の因果関係が起こっている最中に、他の因果関係が介入してきて影響を与える場合がある。その場合、原因と結果は単純な因果関係では説明できないような要素を含んだものとなる。これを「縁」と呼ぼうというのが、熊楠の考え方であった。そして、これは西洋の近代科学がもっとも見落としてきた面であると、熊楠は言う。「今日の科学、因果は分かるが（もしくは分かるべき見込みあるが）、縁が分からぬ。この縁を研究するがわれわれの任なり*[109]」というのが、法龍に対して語られた熊楠のマンダラ論のとりあえずの結論である。

たしかに、単純な因果関係のみを探ってきた近代科学の方法に限界があることは、二十世紀に入ってからさまざまなかたちで指摘されてきた問題である。特に、無数の因果の交錯は単純な理論では予想もできない結果を生み出すという二十世紀以降の環境哲学などで強調されるようになった考え方は、この熊楠の那智山中での発見と一致する方向性を示している。また鶴見和子が指摘するように、近代科学が必然の積み重ねで世界をとらえようとしてきたのに対して、ものごとが生起する際の偶然の重要性を説いたモノー（Jacques Lucien Monod 一九一〇～一九七六）やプリゴジン（Ilya Prigogine 一九一七～二〇〇三）などの考え方にもつながるものと言えよう。*[110]

熊楠自身は、こうした発見について、一九〇三年六月七日付書簡で、「以為《おもえら》く真言の教は熊楠金粟王如来によりて大復興すべし、と。よって今年中に英文につづり、英国の一の科学雑誌へ科学者に向かいて戦端を開かんとするなり*[111]」と書いているから、世界に向かって英文で発信するつもりであったことがわかる。

しかし、この前後に法龍宛のマンダラ論が、英語に直されたり、英国に送られたりした形跡はない。[*112] 結局、熊楠からの書簡は法龍の手元に置かれ、京都高山寺の収蔵庫に保管されることとなった。そのうちの「南方マンダラ」を含む約半数については、後に田辺の熊楠旧邸に戻されて一九五〇年代の乾元社版から一九七〇年代の平凡社版の全集に公刊された。一方、前述したように残りの半分は、高山寺に置かれたまま、一世紀を経過した二〇〇四年まで発見されることはなかった。[*113]

9 「やりあて」と異常心理

南方マンダラに関して論じた一九〇三年夏頃以降、那智時代の後半にかけて、熊楠は山中での孤独な生活の中で精神的に研ぎ澄まされていく過程を体験している。たとえば、「履歴書」には、この時期を回顧して、「今日の多くの人間は利慾我執事に惑うのあまり、脳力くもりてかかること一切なきが、全く閑寂の地におり、心に世の煩いなきときは、いろいろの不思議な脳力がはたらき出すものに候」とする記述が見られる。そして、そのような「脳力」のはたらきによって、「さびしき限りの処ゆえいろいろの精神変態を自分に生ずる」という心理状態に至ることになる。[*114]

そうした状況の中で見出した独自の方法として、熊楠は「tact」および「やりあて」という語に関して土宜法龍宛書簡の中で説明している。一九〇三年七月十八日付の土宜宛書簡で、熊楠は自分が植物の標本を作る際には、無意識のうちに最適な方法を取っていることを例に挙げつつ、そうした長年の反復の結果として習得される技法を「tact」と呼ぶ。そして、この経験による身体知と言うべき「tact」を用いて「やりあて」という方法が可能となることについて、次のように述べている。

故にこの tact（何と訳してよいか知らず）。石きりやが長く仕事するときは、話しながら臼の目を正しく実用あるようにきるごとし。コンパスで斗《はか》り、筋ひいてきったりとて実用に立たぬものできる。熟練と訳せる人あり。しかし、それでは多年ついやせし、またははなはだ精力を労せし意に聞こゆ。実は「やりあて」(やりあてるの名詞とでも言ってよい)ということは、口筆にて伝えようにも、自分もそのことを知らぬゆえ(気がつかぬ)、何とも伝うることならぬなり。されども、伝うることならぬから、そのことなしとも、そのことの用なしともいいがたし。[*115]

「やりあて」は「tact」に基づいて成し遂げられるもので、直感的な洞察とでも呼びうるだろう。ただし、長い期間をかけて卵の殻が固くなって行ったというような生物の進化に関しても「やりあて」の例として挙げられているので、人間による行為だけでなく、この世界に生起するさまざまな現象が想定されているようである。熊楠は数量的な方法によって結論に到達するような「予期」と対比しつつ、「発見ということは、予期よりもやりあての方が多いなり」[*116]と述べている。

こうした「tact」による「やりあて」の具体例として、熊楠は自身のピトフォラという緑藻の発見について述べる。熊楠はフロリダ滞在期にこの緑藻を発見しており、その時の標本は記念館に「Pithophora Oedogonia, v. Vaucherioides. July 27, 1891. Jacksonville, Fla.」という記載とともに残されている。[*117] このピトフォラに関して、熊楠は和歌山でも発見できるはずだと考えており、「吉田村(和歌山の在)の聖天へまいれば、必ず件の藻あると夢みること毎度なり」[*118]であった。そこで、その周辺を歩いてみたのだが発見することができず、付近の池で別種と思われるものを採集して帰ったところ、それこそがピトフォラであることが判明したと言うのである。

さらにこれに続く部分では、「クラテレルスという菌」を那智の向山で見出すことを夢見たので探したという一九〇三年七月五日の体験が語られている。結局、向山では発見できなかったのだが、暗くなってきたために迂回路をとったところ、花山天皇陵と呼ばれているあたりでこのキノコを採集したとしている。[*119] こうした夢と現実の関係について熊楠は、心理学者ならば単に経験的に知っていることが夢に現れたと解説するかもしれないが、それだけではなく、偶然も含み込んだかたちでこうした現象が起こるのだと説いている。

とは言え、このような「tact」や「やりあて」といった方法について、この時期の熊楠が近代科学を超えた認識能力を獲得したかのように解釈することは的外れである。雲藤等は、ピトフォラの発見に関して、日々の行動を正確に記録しているはずの熊楠の日記にはまったく現れないことを指摘している。[*120] さらに武内善信は、一連の発見の経緯に関する熊楠の行動には事実としての整合性がないとして、「熊楠が、アラヤ識の働きにより夢や幽霊が珍種を発見させたと語っている体験談は、全て彼の粉飾だった」と結論づけている。[*121] 熊楠の「予知夢」がその通りに起きた事実だと考えるのは、あまりにナイーヴであろう。

実は、土宜宛の書簡をよく読めば、熊楠自身、この二つの「予知夢」体験の背景について、次のような種明かしをしていることがわかる。

予をもって見れば、上等植物とちがい、下等植物(菌、藻など)は、気候さえ大差なくば、藻は水中、菌は土上、しかして深林にはいよいよ多種必ず生ずるものなり。寒帯、温帯、熱帯の産は大差あるもなきもあるが、東西の国の異によりてあまりにかわりのなきものなり。故に一国に目について一国につかぬは、人の要用、学問上の興味いまだ多からぬゆえ、精出して捜すこと少なきなり。捜しさえすれば、何国にもあるものなるなり。故に予は仮に夢の告げに動かされて、よく気をつけて捜しあてたというまでのことなり。[*122]

つまり菌類や藻類の発見において「やりあて」が成立するのは、それらの下等植物の個々の種が、高等植物の場合とはちがい、世界中に遍在する傾向を持つからであると熊楠は言う。予知夢は、そうした大局的な状況の中で、その時々の環境に応じた事例の発見をうながすための主体的な契機として、熊楠にはとらえられていた。このような点において、自己の能力を過大視せずに現象を合理的に分析しようとする熊楠の目は、実際にはいたって冷静である。

たしかに雲藤や武内が指摘するように、ピトフォラ発見に関する熊楠の記述は科学的とは言いがたいのだが、熊野の生態系のような複雑な環境における物事の生起のあり方に関する一つのモデルの提示と考えれば説明のつくものであろう。熊楠がここで言いたかったのは、一見客観的に見えるデータ主義的なやり方ではなく、経験則に基づく主体的な行動の方が熊野の森林においては有効であり、引いては大局的な認識にも至り得るという点なのである。

また、こうした「やりあて」に関する議論が、一九〇三年七月十八日付書簡における第一マンダラに関する説明の直後になされており、連続する問題意識から生まれたものであることにも注意しておく必要がある。前述のように第一マンダラにおいて熊楠は、世界は複雑な因果関係とその交錯から成り立っており、「どこ一つとりても、それを敷衍追求するときは、いかなることをも見出し、いかなることをもなしうる」と断言していた。この第一マンダラにおける世界観を補うために、世界を「敷衍追求」して理解していく際に因果のすじみちが見えにくい例として、熊楠は「やりあて」という手法を取り上げていると考えられる。

つまり因果と因果の交錯により、一見すると非論理的で偶発的な現象が生じることについて、人間や他の生物は経験的に「tact」として知っている。それを踏まえた上で、その時々のさまざまな因果関係を把握するための「萃点」を選択しているために、「やりあて」のような手法が可能になる。こうした意味において、「やりあて」はけっして合理的な方法論を超えるものではなく、十分に科学的思考の範疇にある問題として考えることができるのである。

その一方で、那智時代後期の熊楠が、山中にあって、一種の高揚した精神状態にあることを自覚していたのも事実である。予知夢により菌類・藻類を発見するというこの時期の行動も、一九〇三年一月二日の日記に書き付けられた「山に登り色々感ずること帰宅すれば忘る」というような、むき出しの自然に囲まれた状態で、普段とは異なる位相の意識が精神の中にはたらいているという実感と関連しているだろう。

一九〇三年夏に「南方マンダラ」について論じた頃から、熊楠の精神状態はさらに先鋭化していく。こうした状況について詳しく分析した安田忠典は、一九〇四年三月から四月にかけて、熊楠が白昼夢のような幻覚体験を繰り返していることに注意を喚起している。[*123] 特に、四月二十五日の大雨の夜には、「予、灯を消して後魂遊す」として、幽体離脱を経験したことを、熊楠は日記に記している。

このような熊楠の異常心理は、心霊研究協会 The Society for Psychical Researches の成果として出版されたマイヤース

(Frederic W. H. Myers 一八四三〜一九〇一) の著作『ヒューマン・パーソナリティ』[*124]を一九〇四年二月に購入したこととも関連している。安藤礼二は、三月二十四日付土宜宛書簡に示された熊楠の「曼陀羅力を応用する」ための理論が、『ヒューマン・パーソナリティ』の構成を翻訳したものであることを指摘している。[*125] 心霊研究協会(熊楠は「英国不思議研究会」と訳す) が採集した異常心理現象(熊楠の時代には「変態心理」と呼ばれていた) の記録を総合的に分析したこのマイヤースの書籍と同じような企てを、熊楠は那智において独力でおこなおうと考えていた。

しかし、それは熊楠の精神にとって、破綻をもたらすかもしれない危険な作業であった。安田は、一九〇三年十月から十一月にかけて、熊楠が那智から山を下りた海岸の天満にある南海療病院に入院しているという興味深い事実を明らかにしている。[*126] この時の状況については、十一月十二日付の小畔四郎宛書簡に「脳貧血及足宜しからず」、「その上神経過敏にて安眠乏しく」とあり、脚気の心配もあったようだが、安田は文脈から見て入院の主たる要因は「脳」にあったと判断している。後に熊楠がこの時期の自らの精神状態に関して次のように述懐していることは、そのような見方を支持していると考えられるだろう。

さて、かかる経験を多く記し集め、長論文を草し、英国不思議研究会へ出さんと意気込みおるうち、人生意のごとくならざるもの十常に八、九で、那智山にそう長く留まることもならず、またワラス氏も言えるごとく変態《サイキ》心理《アトリ》の自分研究ははなはだ危険なるものにて、この上続くればキ印《じるし》になりきること受け合いという場合に立ち至り、人々の勧めもあり、終《つい》にこの田辺に来たり[*127]

一九〇四年七月には、熊楠は天満に転居して、ひんぱんに南海療病院に通っていたことが日記に記されている。そして九月末には那智での生活を切り上げ、植物採集をおこないながら熊野古道を踏破し、田辺に向かった。

熊楠が那智を下りた理由としては、「幻覚や夢中遊行に自らの「狂気」の兆しを察知し、極度の集中力を必要とする執筆活動に限界を感じた」[*128]という安田の説とともに、隠花植物の調査についての目標を達成したためという事情も考えることができるだろう。熊楠は一九〇一年四月十四日の日記に「所期数」として「藻五〇〇、地衣五〇〇、菌二〇〇〇、蘚三〇〇、苔一〇〇、(計)三四〇〇」と記しているが、このうち主たる対象であった藻類について八五二(一九〇四年十月一日)、菌類について二五二九(同九月二十八日)と、那智時代の採集によって大きく超過しているからである。いずれにしても、こうして精神的な高揚の中で数々の学問的な試行が繰り広げられた熊楠の那智時代は終わることになる。

10　マンダラからエコロジーへ

一九〇三年夏に南方マンダラとして描き出された世界観には、アメリカ時代以降のスペンサーの読解に始まり、「ロンドン抜書」、英文論考などの研鑽の中で培ってきた熊楠の学問観が、那智の静謐な環境の中で整理し直されたという部分があることは間違いない。「南方マンダラ」の数か月前に執筆された「燕石考」にあるような「これらの起源や原因は相互に利用しあい、あるときは因になり、また別のときには果になる。また、組み合わさって果となったものに完全に溶け込んでいて、どんなにたどろうとしても、もとの因が不明なものもある」[*129]という、フォークロアなどの文化現象を読み解くための一つのモデルとして、南方マンダラを定義することも可能である。

とは言え、こうして那智山中でかたちを成した南方マンダラが、これ以降の熊楠の学問活動の中で一定不変の理論として活用されたかと言えば、それは疑わしい。土宜法龍に投げかけられた熊楠の言葉はあくまで対話という場で成り立つ種類のものであり、話題によって論法は異なり、時には相互に矛盾しており、全体として整合性を持った理論体系を構築するものであると見なすことはできない。

結局、那智山を下りて田辺に定住してから後の熊楠は、民俗学から博物学にわたる広い範囲での論文を書き続けるが、南方マンダラに関しては、独自の理論的発展を企図することはおろか、ほとんど言及することさえなかった。南方マンダラの議論から八年後の一九一一年の柳田国男宛書簡では、土宜宛書簡が自分の学問的研鑽に果たした重要性を強調しながらも、内容については「何を書いたか今は覚えねど」[*130]とする。また、一九一六年の土宜宛書簡では、「貴下に宛てたる小生の書状などは、その当時に取りてこそは多少の珍事をも含みたれ、今日となりてはことごとく陳腐のことのみにて、決して世人に示すべきものにあらず」[*131]と言明している。

こうしたことの意味を考える上で、八月八日付の第二マンダラに関する書簡の直後に記された熊楠の感想は示唆的なものを含んでいる。八月十日に書き始められ、八月二十日以降まで書き続けられて、投函された書簡の中で、熊楠はマンダラについて次のようにとらえ直している。

> 曼陀羅のことは、曼陀羅が森羅万象のことゆえ、一々実例を引き、すなわち箇々のものについてその関係を述ぶるにあらざれば空談となる。抽象風に原則のみいわんには、夢を説くと代わりしことなし。そのうち小生面《まのあた》りいろいろの標品を示し、せめては生物学上のことのみでも説き申し上ぐべく候。[*132]

マンダラを考える際は、マンダラそのものが森羅万象なのだから、一つ一つの具体的な対象と向き合って、それぞれの関係性を説明するためのものとして構想しなければ空理空論に終わってしまう。抽象的な議論だけで原則論を説いたのでは、夢のような漠然としたものでしかない。いつか土宜法龍を訪れて、みずからの那智での生物調査の一つ一つを見せながら、この世界に広がるマンダラの実態を語りたいと、熊楠は述べる。

マンダラに関するみずからの考え方を一通り語り終えた後の手紙で、熊楠がこのように自分の議論自体に対して一定の距離を置いて総括をしていることはたいへん興味深い。この世界そのものがマンダラであるのだから、マンダラを解釈するだけでものごとがわかったような気になることは危険であると、熊楠はここではっきりと宣言しているのである。これは、南方マンダラにおける熊楠の華麗な理論化に魅了され、ともすればそこに彼の学問を解く唯一の鍵があるかのように考えてしまう傾向のある我々の読み方への、重大な警句として取ることもできるだろう。

この点で興味深いことは、熊楠が生態調査の成果を用いてマンダラを一つ一つ実証していくという計画を書いていることである。那智では手に入らない昆虫針の購入を法龍に依頼した一九〇三年九月六日付の手紙で、そうした採集用具は「小生貴下等に例の曼陀羅の事、物、名等を解釈の為示すべき昆虫、擬似、驚動等の作用を示すに入用の品」*[133]だとしている。つまり、粘菌だけではなく、昆虫とその生態もまた、熊楠にとってはマンダラを語るべき格好の素材として考えられていたということになる。

生命の世界そのものがマンダラであるというこの考え方を敷衍すれば、那智時代以降の熊楠が生涯を通じておこなった紀伊半島の生物学の調査こそが、彼のマンダラ哲学の展開の形態であったと見ることも可能である。次章で述べるように、一九〇四年十月に那智から田辺に移った熊楠は、そこで後半生の三十数年を過ごすことになるが、その間も熊野の山々をフィールドとして、隠花植物を中心とする生物の採集と図記を日課とした。そうした中で、熊楠が「生態系」という考え方の重要性にたどり着いたことは、南方マンダラにおける議論からの展開としても注目すべきであろう。

明治政府による神社合祀令により、附近の社叢林が伐採されることを熊楠は憂慮し、一九〇九年頃から、全身全霊を傾けた反対運動にのめり込んでいった。この神社合祀反対運動の中で、熊楠は自らの紀伊半島での生物調査の成果を基に、森林などの自然環境のきわめて貴重なことについて、東京の知識人から地元の地方紙にいたるさまざまな方面に訴え続けている。その活動の中で熊楠が援用したのが、生態系を対象とする学問としての「エコロジー」ecologyである。

御承知ごとく、殖産用に栽培せる森林と異《かわ》り、千百年来斧斤《ふきん》を入れざりし神林は、諸草木相互の関係はなはだ密接錯雑致し、近ごろはエコロギーと申し、この相互の関係を研究する特種専門の学問さえ出で来たりおることに御座候。*[134]

植林された森林ではなく、千年以上にわたって人間の手が入らない自然林の中では、さまざまな植物の間の関係が「密接錯雑」していると熊楠は言う。そうした森林に手をつけることは、予想のつかない連鎖反応をその生態系に及ぼすことになる。小さな神社や祠を統廃合し、社叢林が伐採されることによって引き起こされる生態系のカタストロフについて、熊楠は「しかし素人《しろうと》の考えとちがい、植物の全滅ということは、ちょっとした範囲の変更よりして、たちまち一斉に起こり、そのときいかにあわてるも、容易に恢復し得ぬを小生まのあたりに見て証拠に申すなり」*135と警告している。

このような生態系のとらえ方は、一つの原因が生んだ結果がまた原因となって無限の連鎖反応が起きることや、ある因果の中に別の因果が混入することで際限なく結果が拡散していくことを繰り返し説いた土宜宛書簡での議論に、直接つながるものだと言えるだろう。その意味で、熊楠にとって生態学、エコロジーとは、当時最先端の西洋の自然科学の導入であるとともに、「南方マンダラ」における世界像から必然的に導き出される一つの帰結でもあったはずである。

X　「十二支考」の誕生

1　帰国後の研究環境

南方熊楠の人生は、一九〇三年末の那智から田辺への移動を境として、それ以前と以後に、ほとんど真っ二つに分かれる。前半は、和歌山、東京、アメリカ、キューバ、英国、和歌山、那智と渡り歩いた放浪の時代。後半は、田辺という紀伊半島南部の小都市に定住した時代である。

熊楠の前半生は境遇としても波瀾万丈であったが、何と言っても驚かされるのはこの間の学問的な遍歴の幅の広さと深さであろう。幼い頃の和漢書の筆写に始まり、和歌山中学時代の西洋科学との出会い、東京時代からアメリカ時代にかけての進化論の受容、ロンドンでの英文論考発表、大英博物館における「ロンドン抜書」の筆写、そして土宜法龍との書簡の中で展開された「南方マンダラ」の構想など、十代前半から三十代前半までの二十年間に熊楠が経験した知的世界の豊穣さについては、ここまで論じてきたところである。そして熊楠は、良くも悪くも独創的な発想と研鑽によって、通常の人間ならば処理の限界を超えるようなこの学問的情報の洪水の中を泳ぎ切ってきた。

では、こうした前半生の知的研鑽は、田辺定住後の後半生にどのように受け継がれて、展開されて行ったのだろうか。この問いに答えるには、やや重層的な視野が必要になる。学問的な発想という意味で言えば、当然ながら、ここまで見てきたような試行錯誤はすべて、その後の熊楠の知の世界の基盤となっていったはずである。しかし、特に英国時代とはまったく異なる環境の中で、それまでの経験を活かすためには、熊楠にとってそれなりの適応が必要だったことも事実である。柳田国男宛の書簡で「小生はいかにも無鳥郷の伏翼なり。しかし、かつて鵾鳳《こんほう》の間に起居した覚えはあり」[*1]と吐露する熊楠は、そうした自分の置かれた立場に十分自覚的だったと考えられる。

まず、一九〇〇年十月にロンドンから帰国した後、熊楠の学問的方向性に大きな変化が生じていることは見逃せない。熊楠にとって、仕送りの打ち切りによる日本への帰国は挫折であり、旅の終着点である和歌山の実家は居心地のよいところではなかった。当時の日記からは、おそらく熊楠への父の財産分与の問題をめぐって、南方家の親戚筋で何度も家族会議が持たれたことが推測される。

一方、この時の熊楠の頭の中にはロンドン自然史博物館の植物学者であり友人のマリー（George Murray 一八五八〜一九一一）から伝えられた「日本は隠花植物（菌、藻等）の目録いまだ成らぬは遺憾なり、何とぞひまあらば骨折られたきことなり」[*2]という言葉があった。隠花植物 Cryptogamae とは、当時の分類学上の言葉で、花の咲く顕花植物 **Phanerogamae** に対して花が咲かない植物という意味である。ここには、現在の分類では多様な分野に分かれているキノコや藻類、シダ、コケなどのさまざまな種が、一括して含まれていた。帰国直後の熊楠は、和歌山市内の円珠院に在遇しながら、近くの森に入って隠花植物の採集を始めることになる。

この時の熊楠の意図は、紀伊半島の隠花植物の悉皆調査をおこなうことにあった。たとえば、帰国後ひと月余り後の十一月二十日の日記には、「午後昨日集し藻しらべる」という言葉とともに、「紀州隠花植物の予定」として、「粘菌一〇、キノコ四五〇、地衣類二五〇、藻類二〇〇、シャジク藻（淡水性藻類の一種）五、苔類五〇、蘚類一〇〇（引用者注、原文英語）」という数字が挙げられている。ここからは、粘菌、キノコといった個々の種類だけではなく、紀伊半島の隠花植物の総体を、水生のものから陸生のものまでひっくるめたかたちで調査しようとしていたことがうかがわれるだろう。

さらに半年後の一九〇一年四月までに、熊楠は和歌山市内でキノコ（菌類）だけでも当初の目標を超える五〇〇種を越える数を集めることになる。そしてそのことを背景にして、四月十四日の日記には、「所期数」として「藻五〇〇、地衣五〇〇、菌二〇〇〇、蘚三〇〇、苔一〇〇、（計）三四〇〇〇」と訂正をした数字が書き付けられている。最初の計画と比べると、藻類が二・五倍、地衣類が二倍、菌類（キノコ）が四〜五倍、そして蘚苔類が併せて三倍弱と、大幅に目標が膨らんでいる計算である。熊楠は、和歌山市のかぎられた範囲内での調査を通じてさえ、紀伊半島の隠花植物が予想よりもはるかに多種多様であることに気づいたのであろう。

そして、この隠花植物悉皆調査の目的を果たすために、熊楠は紀伊半島の南端にある港町、勝浦を目指すことになる。勝浦には、父が興した南方酒造の販売店があり、そこに身を寄せながら周辺の生物を調査しようと考えたのであった。結局、熊楠は帰国後ちょうど一年になる一九〇一年十月三十日、単身、勝浦行きの船に乗りこむ。当時、和歌山からは、ほぼ丸一日の船旅であった。

その行く先で熊楠を待ち受けていたのは、当時まだ人の手がほとんど入らない原始のままの姿で残されていた熊野の森林であった。数千年の間に老大樹から寄生植物、隠花植物、昆虫、動物たちが作り上げてきた複雑で精妙な生命の世界が、熊楠の眼前に繰り広げられていた。一九〇二年一月に海辺の勝浦から山中の那智に移動した熊楠は、途中歯の治療のために和歌山に戻った時期を除いて、一九〇四年十月まで大阪屋*3という旅館に滞在を続けている。そして、読書と論文執筆の合間を縫って、那智の聖域とそのあたり一帯に広がる原生林の世界を逍遥することになったのである。

この時の熊楠の感懐を述べた文章が、一九二五年に書かれた「履歴書」の中にある。

> そのころは、熊野の天地は日本の本州にありながら和歌山などとは別天地で、蒙昧といえば蒙昧、しかしその蒙昧なるがその地の科学上きわめて尊かりし所以で、小生はそれより今に熊野に止まり、おびただしく生物学上の発見をなし申し候。*4

熊楠はまた、一九三一年八月二十日付の岩田準一宛書簡では「熊野の勝浦、それから那智、当時実に英国より帰った小生にはズールー、ギニア辺以下かに見えた蛮野の地」[*5]と記していて、よほど強烈な印象をこの地に受けたことがわかる。このように「蒙昧」であるが「科学上きわめて尊かりし」フィールドを見出したことは、植物学者としての熊楠にとっては幸運だったと言えるだろう。「履歴書」において熊楠が「それより今に熊野に止まり」と書いているのは、那智到着から二十四年後のことであるから、その後の田辺定住も含めて、後半生はずっと熊野というフィールドで植物調査を続けているという実感があったと考えられる。

実際、一九〇四年末に紀伊半島南部の中心地である田辺にたどり着き、そこに定住してからも、熊楠の植物学における活動は衰えることがなかった。生涯をかけて作成された菌類の細密なスケッチは四千枚、藻類のプレパラートは六千枚に達する。また粘菌の研究においては、一九〇六年にアーサー・リスター（Arthur Lister 一八三〇〜一九〇八）、その死後は娘のグリエルマ・リスター（Gulielma Lister 一八六〇〜一九四九）と協力して調査と発表をおこなった。その他、田辺での熊楠は、シダ、コケ、地衣類から高等植物、昆虫、動物などさまざまな生物に関する観察を続けている。

那智を下りた熊楠が田辺にやって来たのは、十代の頃に羽山繁太郎と旅行した思い出の地であったことと、和歌山中学時代の親友の喜多幅武三郎（一八六八〜一九四二）が眼科を営んでいたことが、もともとの理由として考えられるだろう。和歌山で歯の治療をした後の一九〇二年五月から十二月にかけて滞在した時に、父の知人の多屋寿平次（一八四三頃〜一九〇四）の息子勝四郎（一八八〇〜一九三三）などと交遊し、隣町の白浜に遊んだことなども大きかったはずである。田辺は熊野古道の中辺路・大辺路の分岐点であり、植物学のフィールドワークの拠点としても、うってつけの場所であった。熊楠は一九四一年に没するまでの間、一九二二年に東京に半年滞在した他は、小旅行以外はほとんどの時間をこの田辺で過ごした。

しかし、このことは、大英博物館を拠点にしていた頃のような縦横無尽に文献探索が可能な環境を、後半生の熊楠が決定的に失ったということも意味している。紀州藩の城代家老安藤家が治めた田辺は当時も今も紀南の中心地であるが、東京や関西といった学問的中心地とは離れている。当時、インターネットや航空便はおろか、田辺には鉄道さえ走っていなかった。主な交通手段は航路であり、和歌山まで出るのにさえ一日近くかかった。国内の郵便物は数日で到着したが、ヨーロッパからは片道で一か月以上を要した。

こうした中で、自然科学以外の分野における熊楠前半生の学問的蓄積は、後半生の生活へと、どのようなかたちで受け継がれていったのだろうか。また、そうした分野における熊楠の独創的な成果は、新たな環境の中でどのような展開を見せていったのだろうか。ここまで主に熊楠の前半生における学問形成を跡づけてきた本書の結びとして、この章ではこうした問題について考察してみることにしたい。

2　ディキンズとの共同作業による日本文学の翻訳

ロンドンから戻ってきた三十三歳の熊楠にとって、十数年ぶりに見る日本、そして和歌山は疎外感を覚えずにはいられないような場所であった。「小生は海外にあることすこぶる久しく、かつその間本邦人と隔居すること多かりしをもって、帰朝後一向外国へ来たようにて一向面白からず」[*6]と、まるで外国にいるようなものだと記している。

この頃、放蕩の末破産した長男の弥兵衛、十九歳から海外に出た次男の熊楠に代わって、南方家の家督を相続していたのは三男の常楠で、父の興した酒造会社を順調に発展させていた。この常楠を中心とした実家にあって、英国で学問的研鑽を重ねてきたといっても、学位も、将来のあても何もない兄の熊楠には居場所がなかった。熊楠は彼我の見ている世界があまりにすれ違っていることに関して、法龍宛の一九〇一年十月三十日付の書簡で次のように表現している。


外国とはかわり、日本はまことに危殆なる社会にて、一切事物信を措くに足ること少しも無之、まことに薄氷を踏むがごとく感ぜられ、その上都鄙、奢靡《しゃひ》淫奔の風はなはだしく瀰漫《びまん》致し候。小生ごときは看板つきの馬鹿物と笑われ、かの二眼具えたるものが一眼国に遊びしほどのことと呆れおるのほか無之候。[*7]

そこで、和歌山にいては「看板つきの馬鹿物」でしかない熊楠は、何とかしてヨーロッパに戻りたい、という願望を抱くことになる。法龍宛の書簡では「小生は多分今一度外国（欧州）に趣き申候。これは私蔵の文庫可相建論〔目脱カ〕ろ見にて書籍買ひ出しにゆくことに御座候」[*8]と、ヨーロッパで書籍を買いあさる夢を語っている。

しかし、そのような都合のよい状況は訪れることなく、熊楠は植物採集に専念するために那智に滞在することになった。そうした熊楠にとって、英国との関係をもう一度結び直すきっかけとなったのが、ロンドンでの年長の友人のディキンズ（Frederick Victor Dickins 一八三八〜一九一五）から那智の熊楠に届いた書簡である。ディキンズは若い頃に日本に長く滞在した人物で、帰国後はロンドン大学事務総長を務めるかたわら、日本の古典文学翻訳をおこなっていた。

一八九六年三月二十四日、『ネイチャー』誌上での熊楠の活躍を目に留めたディキンズは書簡を送り、そこから親交が始まった。この時五十八歳のディキンズは、熊楠とは三十歳近い年の差があり、物心両面での庇護者となってくれた。熊楠は大英博物館から歩いて五分ほどの場所にあるロンドン大学のディキンズの執務室に足繁く通い、日本文学翻訳の手伝いなどをおこなって、その代わりに多少の現金を用立ててもらったりしていた。

帰国後、一九〇二年十二月二十六日に熊楠は那智からディキンズに写真を送り、翌年四月七日付の返信を受け取る。この時の熊楠は、本書Ⅷ章、Ⅸ章で見てきたように、「燕石考」を執筆し、また土宜法龍宛の書簡に見られるような独創的な世界観を温めていた。しかし、その一方で、おそらく強い閉塞感を抱いており、生活面では大酒を繰り返して荒れることが多かった。ディキンズからの手紙を受け取る二日前にも、朝から酒を飲んで南方酒造の勝浦支店に行って乱暴狼藉を働き、見かねて仲裁に入った水雷駆逐艇の水兵に鼻をしたたか打ち据えられて出血するという事件を起こしている。

そうした熊楠にとって、ロンドンのディキンズから示された変わらぬ友情は大きな支えであった。法龍宛の手紙では、英国紳士たるものは「いやしくも人と言をかわさず。ただし、一旦交りを結ぶ以上は、見捨てることあることなし。すでにジキンスのごとき、その一例なり」[*9]と、この友情について誇っている。この書簡でバス騎士団勲章

(Companion of the Most Honourable Order of the Bath) を拝受したことを知らせたディキンズに対して、親戚から祝いの短冊を募って送っているが、熊楠にとって、これは自分をないがしろにする親族に対して、地位と名誉のある英国人との交遊を誇示するという一種のパフォーマンスだったと考えることができるだろう。

さらに、日本文学についての自分の仕事を集大成したいというディキンズの計画も、熊楠の意欲を刺激した。ディキンズは『万葉集』と『竹取物語』の翻訳を公刊するという計画について述べた後に、次のように記している。

高砂の能、そしてあの素晴らしい小品『方丈記』も入れ、俊蔭（『宇津保物語』）も入れたいところですが、時間が足りないでしょう。[*10]

熊楠はこの手紙を一九〇三年五月二十七日に那智で受け取っているのだが、その二週間後の六月十三日の日記には、早くも「方丈記翻訳にかゝる」という言葉が見られる。翻訳には三週間ほどかけたようで、七月三日には「方丈記訳清書、文学全書本にて十二ページ、それより午後更に四ページ清書」、四日に「方丈記清書夜に入り畢る」と記されている。さらに五日に「鴨長明伝記認め（英文）、方丈記訳に附す」とあり、八日から十日には序文を書いていることも、日記から確かめられる。

この間、執筆が佳境に入っていた六月三十日付の法龍宛の手紙には「小生の『方丈記』の訳（これは小生只今の身に取り実際ゆえ、はなはだよし）[*11]」とあるから、那智の山中で蟄居する熊楠は、自分の身の上と鴨長明（一一五五〜一二一六）の記述を引き比べていたのであろう。また、研ぎ澄まされた文体からなる『方丈記』のテクストと向かい合うことが、熊楠の精神的な安定のためにも役立っていたことを、この文章からは読み取ることができる。ちょうど、法龍宛に「南方マンダラ」の構想を語り始める頃のことである。

結局、この英訳『方丈記』は、熊楠の草稿をディキンズが全面的に書き改めて形をなすこととなった。[*12] そして一九〇五年四月の『王立アジア協会会報』に「十二世紀日本のソロー、一丈四方の庵」という訳題で掲載された。[*13] この時は著者の並びが熊楠・ディキンズの順番だったのみならず、熊楠の名前には注として「友人の南方熊楠氏は、私の知る限りもっとも学問に秀でた日本人である。その知識は東洋と西洋の自然科学と人文学の両方に及んでいる」[*14]云々という献辞まで掲げられている。

この頃、熊楠は田辺で旧知の多屋寿平次の一家を頼り、隣の新宅を借りて住んでいた。そんな熊楠に対して、ディキンズはハーフォード（Charles Harold Herford 一八五三〜一九三一）の編集による一八九九年刊行の『シェイクスピア作品集』全十巻[*15]を送り、これは二月二十四日に到着した。熊楠は、シェイクスピア（William Shakespeare 一五六四〜一六一六）については、アメリカ時代から何冊か読んでいたようだが、この機会にまとめて通読しようと考えたのだろう。四月から翌年の一月にかけては、寝床で夜中まで読み、起きてまたすぐ読むというような状態で、日記に記載があるだけでも二十三作品を読破している。

一方、ディキンズの日本文学翻訳計画のうちの『竹取物語』と『万葉集』については、『高砂』、『古今和歌集』などを加えて一九〇六年に『古代中世日本文学』*Primitive & Mediaeval Japanese Texts* という題で、英訳とローマ字原文の二巻に分けて刊行された。熊楠はこの仕事についても、裏方としてかなり手伝っているようである。ディキンズもそうした熊楠の助言には概ね真摯な敬意を払っていることが、残された書簡の多くには記されている。

しかし時には意見が対立しており、特に一九〇五年三月と推定される書簡では、「浦島についてはあなたが間違っていると思います」、「あなたの注釈はおおむね略解に依拠しているようですが、この本はまったく役に立ちません」、「些事へのこだわりをあなたは軽蔑しますが、それはまちがいだと思います」、「あなたの説明の多くの部分に私は同意できません」と矢継ぎ早に熊楠を論難しているような場合もある。[*16] この時のディキンズの批判の根拠は、主にアストン（William George Aston 一八四一〜一九一一）、チェンバレン（Basil Hall Chamberlain 一八五〇〜一九三五）といった同時代の英国の日本学者の意見にあったようだが、熊楠がこれに納得できなかっただろうことは、柳田国男宛の一九一一年十月十七日付書簡で「アストン、チャンバレーンなどを、小生は学者とも何とも思わず、ほんの日本のことを西洋へ吹聴屋というようなことと存じおり候」[*17]と切り捨てていることからも容易に想像できる。

実は、ロンドン時代には、熊楠とディキンズは『竹取物語』の訳語をめぐって感情的なののしり合いとなり、決裂一歩手前まで行っている。[*18] しかし、熊楠の啖呵にディキンズは「呆れかえり、それより大いに仲よくな」ったという経緯があった。そうした紆余曲折を経て、お互いに相手の仕事のやり方を心得ていたという部分もあるだろう。この時の意見の対立も、決裂にはいたらなかったようで、引き続き協力関係が保たれている。

熊楠は一九〇六年七月二十七日に、田辺の闘鶏神社宮司田村家の四女、松枝（一八七九～一九五五）と結婚し、その後、一九〇七年六月に長男の熊弥（一九〇七～一九六〇）、一九一一年十月に長女の文枝（一九一一～二〇〇〇）が誕生している。この結婚に際して、ディキンズは一九〇八年一月に時価八ポンドのダイヤモンドと真珠の指輪を贈って祝福した。これは、先年、自分のバス騎士団勲章の受章に対する祝賀を送った熊楠に対する返礼という意味もあったのだろうが、それにしても異国にある友人への贈り物としては破格のものであろう。

さらに、熊楠はグラスゴーの出版社ゴワンズ Gowans and Gray, Ltd. から、一九〇九年一月七日付の手紙［来簡 0116］で、曲亭馬琴（一七六七～一八四八）の小説の翻訳を依頼されている。実は、前述の熊楠・ディキンズ共訳の『方丈記』は一九〇七年にゴワンズ社からインターナショナル・ライブラリーの一冊[*19]として出版されていた。この時、ゴワンズ社は翻訳者として熊楠の名を削ってディキンズのみにして、熊楠を憤らせるといういきさつがあった。しかし、「貴下の日本語と英語に関する該博な知識については、F・ヴィクター・ディキンズ氏から聞き及んでおります」[*20]と記された手紙を受け取った熊楠は、悪い気はしなかっただろう。この手紙には、A・Gという署名があるが、これはおそらく編集長のアダム・ゴワンズ（Adam Luke Gowans）のことと思われる。

これに対して熊楠は、馬琴の作品の中から『胡蝶物語』を選び、夢想兵衛という人物が空想国をめぐるこの物語を、スウィフト（Jonathan Swift 一六六七～一七四五）の『ガリヴァー旅行記』*Gulliver's Travels*（一七二六年）になぞらえて紹介し、翻訳の候補として挙げている。この書簡の下書き［書簡 0007］[*21]によれば、熊楠は翻訳の条件として総額一二〇ポンド、着手金として三十ポンドを要求したようである。しかし、ゴワンズ側の返信［来簡 0017］は、この金額は支払えないとしており、結局、この話は取りやめとなったようである。

3 『ノーツ・アンド・クエリーズ』への投稿

このディキンズとの交友関係を例外として、帰国後の熊楠は英国時代の旧友たちとはほとんど切り離されてしまうことになる。顕彰館には大英博物館東洋書籍部のダグラスが帰国後の熊楠に送った三通の手紙［来簡 0039～0041］が残されているが、それも一九〇三年までのことである。また、しばしばロンドンでインド料理をともにしたカラチの人バグダニ（原綴り、生没年未詳）とは、帰国後のかなり長い間文通があったことが一九一六年の文章からわかるが、来簡は残されておらず、詳細は不明である。*22

そのような中で、一八九七年三月十六日に東洋書籍部のダグラスの部屋で出会った孫文（一八六六～一九二五）は、熊楠がロンドンでも日本でも交流した唯一の外国人である。武上真理子が論じているように、ロンドンにおける東洋人としての文化の複眼的な理解や、西洋科学の自文化への導入を目指した点など、両者には、同じ方向性を志向する部分が少なからずあった。*23 熊楠の日記からは、ロンドンでのこの二人の東洋人が心底、意気投合し、毎日のように語り合ったことがわかる。孫文が熊楠との別れに際して、「海外逢知音」と、互いに同じ音色を理解する友人に出会ったという意味の言葉を書き付けていることはよく知られている。

熊楠が帰国した際に、孫文は中国での清王朝に対する武力蜂起に失敗して横浜に亡命中であった。熊楠の帰国の挨拶状を受け取り、再会を望む返信を送った孫文は、一九〇一年二月十四日と翌日に和歌山に滞在して、旧交を温めた。数か月後に革命活動のためにハワイを訪れた孫文は、熊楠のために巨大な地衣類の標本を送ったりもしている。しかし、それも一時期のみのことであり、これ以降は両者の間に直接の交渉はなかった。その後、辛亥革命の成功と臨時大統領就任、長い政争などを経た一九二四年に、孫文は日本に立ち寄っているが、熊楠と会うことはなかった。この時の「人の交りにも季節あり」*24 という熊楠の感慨は、人の世にあっては歳月によりお互いの関係性が変わってしまうことをうまくとらえている。

こうした環境の変化から来る旧友たちとのやむを得ない断絶とは対照的に、帰国後の熊楠にロンドンでの学問活動との連続性を担保する場を与えてくれたのが、『ネイチャー』と『ノーツ・アンド・クエリーズ』（以下『N&Q』と表記）という二つの雑誌である。このうち、『ネイチャー』への投稿については、主に本書のⅥ章とⅧ章において、一八九三年十月五日の「東洋の星座」の発表以降の経緯を詳細に跡付けてきた。

もう一つの『N&Q』は、Ⅰ章でも簡単に紹介したように、「フォークロア」という言葉の発明者のトムズが、民間伝承の情報交換のために創刊した週刊の学術誌であった。『N&Q』は、雑誌全体としては、「ノート」（短報）、「クエリー」（質問）、「リプライ」（応答）の三つのカテゴリーからなっている。このうち、「ノート」は執筆者が発見した情報を記した覚書き、「クエリー」は他の読者に情報提供を求めた呼びかけ、「リプライ」はクエリーに対する回答である。興味深いテーマに関しては、リプライがどんどんつながり、さまざまな読者が参加しながら、結果として学問的蓄積につながるようになっていた。

この『N&Q』は、アマチュアから職業研究者まで、さまざまな読者が書き手となって知識を披露し、活用できる雑誌として人気を博した。『N&Q』誌とその周辺状況に関して浩瀚な調査をおこなった志村真幸は、十九世紀後半を通じて、こうした読者参加型の質問・回答形式をまねた雑誌が英国の内外で相次いで刊行されたことを指摘している。[*25]また、志村によれば、熱心な常連投稿者が多いのも『N&Q』誌の特徴で、中には生涯に千本を超える投稿数を誇る者も何人かいたという。

熊楠が『N&Q』に投稿し始めたきっかけを考える上で重要なのが、大英博物館のリードから民俗学者のゴンムに宛てて書かれた一八九八年五月十六日付の熊楠を紹介する手紙［来簡0252］である。この中で、リードは熊楠のことを「ハーバート・スペンサーの研究者」とする一方、「彼は帰国に際して、自分の書いた草稿の発表先について、あなたの助言を得たいと考えている」[*26]と書いている。つまり、熊楠はこの当時、『ネイチャー』誌には発表しにくいような論文を多く抱えていたことが、ここからは推測される。その後の発表の内容から考えて、おそらくそれらはフォークロアに関する論考を指しているのであろう。当時英国民俗学界の重鎮であったゴンムに、熊楠のそうした分野における論考の発表先を託すつもりであるというのが、この手紙の主旨だと考えてよい。

この時に実際にゴンムとのやりとりがあったか否かは定かではないが、熊楠は一八九九年六月に「神童」(A Witty Boy)というノートと「水平器の発明」(The Invention of the Gimbal)というクエリーで『N&Q』誌にデビューを果たし、以後、自らのフォークロア関係の論文の発表場所として大いに活用した。Ⅷ章で論じた「さまよえるユダヤ人」の第一作(一八九五年)が『ネイチャー』に掲載されたのに対して、第二作(一八九九年)が『N&Q』に載ったことは象徴的である。それは、ロンドン時代の熊楠の学問関心が科学史からフォークロアの方向にシフトしたことにより、『ネイチャー』ではなく『N&Q』の方が、論文発表の場として適切なものとなっていたことを意味しているだろう。

こうした事情は、帰国後の両誌への発表論文を見ても明らかである。熊楠は、一九〇二年七月十七日号の『ネイチャー』に帰国後第一作として「ピトフォラ・オエドゴニア」(Pithophora Oedogonia)、一九〇三年四月二十三日号に「ピトフォラの分布」(Distribution of Pithophora)、同年七月三十日号に「ホオベニタケの分布」(Distribution of Calostoma)を掲載しているが、これらはいずれも藻類と菌類に関する報告で、それまでの熊楠の同誌への投稿には見られなかったような、純粋に自然科学に属するものであった。一九〇三年四月三十日号に発表した「日本の発見」(The Discovery of Japan)は、古代から近世にいたる外から見た日本の情報に関する文献に基づく報告であるが、これは前年十一月十三日号の『ネイチャー』に掲載された書評にかこつけたものである。

これに対して、一九〇三年五月九日号の「神跡考」の補足論文に始まる帰国後の『N&Q』誌への投稿は、この年の主なものだけ見ても、「日本の猿」(Japanese Monkeys)、「フクロウ」(Owl)「一枚歯」(Single Tooth)、「魔法の輪」(Magic Ring)、「蛇の脚の伝説」(Legend of the Serpent's Feet)、「三位一体の主日のフォークロア」(Trinity Sunday Folk-lore)と、民間信仰に関連する論文が並んでいる。このことは、『ネイチャー』には自然科学を中心とした論文、『N&Q』にはフォークロア関係と、熊楠が二つの雑誌への投稿を明確に性格づけたものと考えてよいだろう。結局、ロンドン時代に三十八本が掲載された『ネイチャー』への投稿は、帰国後には計十三本で、一九一三年に終息する。それに対して、ロンドンでは十本だった『N&Q』への発表は、帰国後一九三三年まで続けられて、生涯の総計で三五〇件近くに達することになるのである。

熊楠が『N&Q』をいかに田辺での自分の学問生活の中心として考えていたかは、旧蔵書中に残された同誌を見ればよくわかる。毎週送られてくる『N&Q』誌の目次覧に、熊楠は自分の興味の引くテーマを見付ける度に印をつけて、後日自分がリプライなどを記す際の目安としていた。本文中にメモを書き込んでいることもしばしばである。そうした毎週続けられる習慣の中から、平均して一年間に十本を超えるような、熊楠の英文論考作成が継続されていったのであった。*27

『N&Q』誌での投稿による他の読者とのやりとりは、時に誌面から離れて、私信による文通に発展する場合もあった。こうした例としては、たとえば、ボッカッチョ(Giovanni Boccaccio 一三一三〜一三七五)の研究者であるリーとの交友が挙げられる。一九〇三年三月二十一日号に、クラウストンが広く伝播した昔話として紹介している「不孝な息子の話」(Story of an Ungrateful Son)の英国での類話についてリーが発表したのに対して、熊楠は八月八日号にリプライを付けるのだが、これがきっかけとなって翌年から文通が始まった。その後、リーは一九〇八年六月十三日号に「南方熊楠氏から、不孝な息子の話について次のような類話と参考文献を教えていただいた*28」という言葉に始まる同題のノートを送っている。これに対して、熊楠もまた、一九一〇年六月十七日号のオランダ版の『N&Q』とも言うべき『フラヘン・エン・メデデーリンゲン』*Vragen en Mededelingen* 誌に「妻の腹に羊を描いた男」(Man who Painted the Lamb upon his wife's Body)を執筆した際には、「これは、わが友人にして『デカメロン――源泉と類話』等の著者A・C・リー氏に負うものである*29」と献辞を記すのである。

また、『N&Q』誌上でのやりとりは、一九〇七年後半から本格的に開始される熊楠の日本語での著作とも連関している。最初の頃は英文論考での自分の議論を日本語論文の中に紹介することが多いのだが、一九〇九年五月二十九日号の『N&Q』に掲載された「東洋の飛行機械」(Flying Machines of the Far East)*30と同年五月号の『東洋学芸雑誌』に掲載された「飛行機の創製*31」のように、ライト兄弟の成功による世界的な飛行機への関心の高まりを背景として、同じ内容を日英同時発表するような例も徐々に増えて行く。

さらに、一九一四年に「十二支考」が開始されて以降は、その年の干支に関するネタを収集するために『N&Q』

にクエリー（質問）を投稿するというようなことも何度かあった。たとえば、一九二〇年申年の「猴に関する民俗と伝説」では、サルが酒を造るという伝承に関してクエリーを出したことが、「なお念のため六月発行『ノーツ・エンド・キーリス』十二輯六巻二九五頁へ、和漢のほかに猴酒記事の例ありやと問いを出しおいたが、博識自慢の読者どもから今にこれというほどの答えが出ず。唯一のエフ・ゴルドン・ロー氏の教示に、猴酒は一向聞かぬが、英語で猴の麪包《パン》（モンキース・ブレッド）と言うのがある」[*32]と紹介されている。

このように、田辺時代の熊楠にとって、『N＆Q』誌を読むことは、ロンドンで毎週開かれている研究集会に参加するようなものであり、これに向けてフォークロアに関する材料を調べることで、日々の学問活動における一定のペースが保たれていたと考えられる。ロンドンから離れて熊野という辺境に位置していた後半生の熊楠にとって、それは国際的な学問の世界に関与するための、ほとんど唯一とも言ってよい手段であった。「世界的にやっておるのはこの『ノーツ』に毎週かく一事」[*33]という上松蓊宛書簡における熊楠の言葉も、たしかにその真情を吐露したものと考えてよいだろう。

4　「ロンドン抜書」調査の再開

ロンドンでの熊楠が、物価高とポンドに対する円の切り下げに苦しんだことは、Ⅵ章の冒頭で紹介した。こうした常に金欠状態の生活を背景として、ロンドン滞在中の熊楠は、必要とする書籍がほとんど買えない状況にあったと考えられる。だからこそ、彼は無料で提供される大英博物館閲覧室での読書にいそしんだ。したがって、熊楠が帰国時に持ち帰った蔵書はそれほど多くなく、現在、顕彰館と記念館に残された旧蔵書のほとんどは、その後に購入されたものである。

つまり、ロンドンで熊楠が得た文献上の研究資料は、一にも二にも「ロンドン抜書」五十二巻であると考えてよいだろう。では、帰国後の熊楠はこの抜書をどのように活用したのだろうか。武内善信は、熊楠が那智で生活していた際にも、「ロンドン抜書」は持参していたと推測している。[*34] たしかに、「燕石考」など、この時期に書かれた英文論考には、「ロンドン抜書」からの引用が見られるため、この推測は根拠のあるものなのだが、那智時代に五十二冊のすべてが揃っていたかどうかは、さらに検討の余地があるだろう。

その後、熊楠が那智から下山した際に「ロンドン抜書」はいったん和歌山の実家に送られたようで、熊楠の手元にはなかった。武内が言うように、田辺到着直後の熊楠が二年以上にわたって英文論考を発表しなかったのは、このことが原因だと考えられる。日記によれば、一九〇六年一月四日に「常楠（ブリチシュ博物館抜書八冊一封陸運）」とあり、先に八冊を送ってもらっていたようである。それから間を置いて、一月二十二日に「今朝常楠より大英博物館抜書六封四十四冊（外八冊は前日着）」ということで、ようやく五十二冊が揃うことになる。

この後、しばらく日記には「ロンドン抜書」のことが登場しないので、この年の二月に協力が開始されたリスター宛の粘菌標本作成や、七月の松枝との結婚などで忙しかったのかもしれない。しかし、一九〇七年四月十二日からは「夜遅く迄ブリチシュ博物館抜書抄」というような記事が見られるようになってくる。六月十三日の日記などを見ると、「終日在宅、ノーツ・エンド・キリスへ状認む。夜片町へ入湯に之、ブリチシュ博物館抜書抄す。三時に及び臥す」と、『N&Q』誌への投稿論文の執筆と「ロンドン抜書」の調査に明け暮れていたことが窺える。

こうした「ロンドン抜書」調査の再開は、執筆活動にも刺激を与えたようで、前述のようにこの頃からは日本語の学術論文の発表が本格的に開始されている。帰国から間もない時期、熊楠が主に論文を発表したのは、予備門時代から親しんでいた『東洋学芸雑誌』と、一八八六年に創刊された『東京人類学会雑誌』である。これらの学術誌への投稿で、熊楠は参考文献の原語綴りを入れるなど、かなり生硬な文体で自らの英国での人類学に関する研鑽の結果を披露している。

熊楠がこの期間の論文執筆に用いた文献のほとんどは、当然のことながら「ロンドン抜書」に筆写されたものである。たとえば、一九〇八年八月二十三日の日記には「在英のとき の博物館抜書中南東人涅歯の事しらぶるに、手扣えにp.19とあるをp.13の間違ひと気付ず、甚久くかゝり漸く見出す。三時過か。それより臥す也」と、夜中まで「ロンドン抜書」を開いて論文執筆のための調査をしていたことがわかる。こうした調査の結果がどのような文体に反映されているかを確かめるために、一九〇八年九月号『東京人類学会雑誌』に掲載された「涅歯について」から引用してみてみよう。

　ちなみに言う、南洋に涅歯の風行なわるればとて、すなわち日本人種は南洋より来たると断ぜんとする論者あり（例せば、昨年出板、久米邦武氏の『日本古代史』六〇頁に引ける『史海』の説）。しかれども、このこと南洋に限るにあらざるは、後インド、黒河地方の民が安南人、カンボジア人をケオ（歯の義にて黒歯を指す）と称えて、インド人、支那人と別ち（G.Nicolai, “Notes sur la Région de la Rivière noire,” Cochinchine française, Hanoi, tom. xv, p.19, 1890）、マダガスカル内地林中の民が、ラニゴなる抹料をもって歯を交互に黒白にし（Ratzel, l.c., p.458）、南米パリア湾の土俗、歯を健にせんとて、真珠蠣殻とある植物の葉を焼き灰となし、水にて塗りてこれを炭黒にし（G.Benzoni, ‘The History of the New World,’ pub. Hakluyt Soc., 1857, p.9）、またラドロネ島人、歯を赤もしくは黒くして美となし（Pigafetta, ‘Premier Voyage,’ Paris, 1801, p.60）、ボルネオとアチンの女人、黒歯鮮かにしてますます重んぜらる（Tavernier, ‘Les six Voyages, 1676,’ tom.i, p.491）と同様に、葡領インド・ジーウー市の婦女、特に唇を縮め口を張り、涅歯を人に示してその艶に誇り（G.Balbi, ‘Viaggio dell’Indie Orientali,’ in Venetia, 1590, fol.60a.）、ブハラの貴女歯を真黒に染め（A.Burnes, in the Journal of the Asiatic Society of Bengal, vol.ii, p.234, 1833）、大ロシアの婦人、頬に紅し歯を涅する（Haxthausen, ‘Studien über die innern Zustünde u. Insbesondere die Ländlichen Einrichtungen Russlands,’ i, S. 76, Hannover, 1847）等にて知るべし。すなわち涅歯の行なわるるは、人種の同異および起原に関係なきことなり。*35

涅歯《でっし》、つまり歯を黒く染める風習が南洋諸島にあるので、お歯黒の伝統を持つ日本人は、南洋から来たと判断する久米邦武（一八三九～一九三一）のような論者があるが、これは早計である。涅歯は南洋に限るものではなく、インド、東南アジア、マダガスカル、南米、マレー諸島、ロシアなどに拡がっている。というのがこの部分の熊楠の論旨であり、これをさまざまな地誌・旅行記から裏付けているのだが、正直言って日本語と欧文が交錯して目が眩むような文面である。

もちろん、ここに挙げられている文献は、すべて「ロンドン抜書」からのものなので、本書Ⅶ章をお読みいただいた方々には、ある程度その傾向を推察していただけるはずである。しかし、いくら人類学の専門誌とはいえ、予備知識もなく、いきなりこの文章を読まされた読者たちは、文献量で圧倒するような熊楠の論法に驚かされたことであろう。この部分だけでも、引用文献は順に仏語、英語、英語、仏語、イタリア語、英語、独語となっている。

日本人の読者が自分の論文をどのように読むかについて、この時期の熊楠自身がどこまで配慮していたかはわからないが、やはりこのような文章を十全に理解するためには、まず「ロンドン抜書」における熊楠の研鑽の過程をたどる必要がある。田村義也は、一九〇八年四月号の『東洋学芸雑誌』に掲載された「ダイダラホウシの足跡」の一部を解析して、「生活上の理由からロンドン遊学の継続をあきらめ、帰国した明治三十三年の時点でとまっていた彼の時間が、あたかもまた動きだしたかのように、日本語という新しい舞台で活用されはじめたのが、「ロンドン抜書」に依拠した明治四十年代の一連の論考だった[*36]」と指摘している。

もちろん実際には、この間の熊楠は「南方マンダラ」のような白熱した議論をおこなっており、また植物学採集も営々と続けていた訳だから、時間が全面的に止まっていたというわけではない。しかし、こと「ロンドン抜書」の活用という点に関して言えば、一九〇〇年からの七年間ほどが空白期になるというこの田村の見解は当を得ている。熊楠はまた、一九〇七年頃からは、仏典などの和漢籍の筆写を中心とする「田辺抜書」を開始する。これによって熊楠は、「ロンドン抜書」を経由した欧米の書籍と、「田辺抜書」を経由した和漢籍の双方からの文献を駆使する学問のスタイルを、徐々に作り上げていくことになる。

5 柳田国男との協力

日本語としては、決してこなれたものとは言えない初期の熊楠の邦文学術論文の文体が変わっていくきっかけとなったのが、柳田国男（一八七五〜一九六二）との交流である。周知のように、東京大学で農政学を学び、農商務省の官僚となった柳田は、一九〇九年から一九一〇年にかけて『後狩詞記』『石神問答』『遠野物語』を発表して、一躍日本における民俗学研究勃興の担い手となった。

このうち、『石神問答』は刊行直後に熊楠に送られ、両者の最初の接触の機会となった。柳田自身は、この時のことを次のように回顧している。

> 明治四十三年、私は「石神問答」という本を出した。十人ばかりの名士から来た手紙を中心とした書簡集の形式を踏んだもので、これを坪井正五郎博士にお贈りしたところ、人類学会の方々へ紹介して下さった。その中に紀州田辺の南方熊楠氏へも贈るようにとすすめられ、それが交際のはじめであった。[*37]

ところが、そのようにして送られた『石神問答』が田辺の南方邸に配達された際に、熊楠は何と留置所に入監中であった。熊楠は、明治政府が一九〇六年に公布した神社合祀令によって、統廃合された神社の社叢林が伐採されることに対する危惧を強め、一九〇九年に反対運動を開始する。地元の新聞や書簡での嘆願によるこの運動は、一九一〇年には激化し、この年の八月二十一日に、田辺でおこなわれた合祀推進派の集会に酔って乱入した熊楠は、翌日拘引されて未決監に入監していたのである。

『石神問答』がその留置中に差し入れられたことを、熊楠は後の柳田宛の書簡で「小生合祀反対のことにて未決監に入監中、貴下の『石神問答』さし入れもらい、監中にて初めて読み申し候」[*38]と証言している。この事実は、熊楠旧蔵の『石神問答』［和 371.28］に「明治四十三年八月ヨリ九月ノ間予田辺ニテ未決監ニアル内郵着監中ニテ読之」と書き込まれていることからも確認できる。[*39]

その後、一九一一年二月号の『東京人類学会雑誌』に熊楠が発表した「山神オコゼ魚を好むということ」を読んだ柳田が、これについて三月十九日付で最初の書簡を送ったことから、両者の手紙によるやりとりが始まった。この文通の中で、熊楠は中央官庁の役人でもある柳田に対して神社合祀反対運動への協力を訴えかけ、柳田もこれに極力応えようとした。その協力関係は、三重県阿田和の大楠の保全など、いくつかの成果を挙げることになる。また、一九一一年九月には、柳田は東京大学植物学教授の松村任三に宛てた熊楠の手紙を『南方二書』として刊行して国内の知識人に配布し、神社合祀反対の世論を広げることに努めてもいる。

こうした神社合祀反対での協力と並行して、熊楠と柳田は日本におけるフォークロアの研究の興隆に向けて協力して行くことについても話し合っている。特に、英国の人類学やフォークロア研究の動向に詳しい熊楠の学識は、柳田にとって学ぶべき対象であった。「Notes & Queries も今の仕事を片付け次第少なくも先生の御著作の分だけはぜひ拝見し置きたく候[*40]」、「小生研究方法に関し精細なる御議論の手紙給わるべきよし待遠に存じ候[*41]」と、真摯に熊楠の教えを請う旨の手紙を送っている。

そのような中で、柳田が馬蹄石についての論文を書いていることを知らされた熊楠は、これに関連して、『N&Q』誌に連載した長文の英文論考「神跡考」を日本語に訳して、柳田に送ることを思いついた。一九一一年九月十八日付の書簡では、「非常に長いものなる上、その後書き加えたることも多きが、これを読まばあるいは貴下のしらぶるほどのことは十の九その中に包有されあるかとも存ぜられ候[*42]」と、熊楠は自信満々で言い放っている。その後、柳田から刊行された『南方二書』を受け取った熊楠は大いに喜び、その返礼としてさっそく「神跡考」の翻訳を開始している。

こうして「九月二十七日(二十八日午前)夜二時書始め」の日付から始まる熊楠の手紙には、「小生、貴下拙意見書刊行下されしを喜び、今日三時ごろより子分らを集め飲み始め、小生一人でも四升五合ほど飲み大酔、一度臥せしがたちまち覚め候。このまま暁までおるも如何ゆえ、御約束の馬蹄石のことに関係ある「神足考」翻訳差し上げ申し候」[43]という言葉が書き付けられた。おそらく明け方近くまで書き続けられて投函されたこの邦訳は、翌二十八日の午後二時五十分に再開され、次の二十九日早朝に第二便を投函。二十九日の夜にも翻訳作業は続けられ、結局三十日の午前二時に最後の第三便が完成し、それから急いで田辺郵便局の本局から郵送された。

この「神跡考」の邦訳における熊楠の文体は、ここまで見てきた学術雑誌向けのスタイルのままである。神や精霊など、超自然的なものが残した足跡を世界中にたどるこの論文は、熊楠の著作の中でもとりわけ出典が細切れに多用されているものだと言えるだろう。たとえば、参考文献が並んでいるところを引用してみよう。

ジャイン教徒がその祖師の跡を敬することはMonier-Williams, p.509に出づ。オドアルド・バルボサは（一五二一年ごろ死せり）、インドのマレプールにてトマス尊者（上出、達磨と混視されし人）の最後の足跡を見しという（Ramusio, 'Navigationi e Viaggi,' Venetia, 1588, tom.i, fol.315c）。ビルマにはバスチアン氏ヘンザダツ村で石上に仏跡を見る（Bastian, 'Die Völker des östlichen Asien,' 1866, vol.ii, p.20）。シャムのフラバット山の西側に仏跡あり、巓上に仏これを過りしとき随従せし虎、象の跡あり（Mouhot, 'Travels in Indo-China,' 1873, tom.i, p.280）。ラオスに存する仏足跡は無数なりという（Garnier, 'Voyage d'Exploration en Indo-Chine,' tom.i, p.280）。ジャワの西部に、ある種族人の大祖の跡を山頂に印せるあり（J.Rigg, in "The Journal of the Indian Archipelago," vol.iv, p.120, Singapore, 1850）。

太平洋島には、サモアに神チイチイの足跡を岩に印せり、この岩上に立ち天と地を指し分けしなり、と（Tylor上引）。ニュージーランドのタウパ付近およびハワイ島に刑死されたる酋長の足跡残れり（Ratzel, op. cit., vol.i, p.326）。[44]

ラムージオ、バスティアン、タイラー、ラッツェルといった、ここまで本書を読んでいただいた方にとっては「懐かしい」名前が並んでいるのだが、やはり英語、イタリア語、独語と続く参考文献の波は、この文章を甚だしく読みづらいものとしている。

熊楠がみずから訳したこの邦文「神跡考」を受け取った柳田は、最初は「さっそく拝見仕り候に思いかけぬ広き分布、亡羊驚歎の外なく候[*45]」とあっけにとられるばかりであった。しかし、第二便の十月八日付書簡では、「「神跡考」はあまり材料多くかえりて向う人にはわかりにくくなり、おしきものに候。小生のものならこうも書いて見たいと思う所多く候[*46]」という忌憚のない言葉を熊楠に送っている。

これに対して、熊楠は自分の文章は、日本人には読みづらいかもしれないが、自分は欧米における学術論文を基準として書いているものであると、次のように説明している。

小生も、邦人はとてもかかる長きものを読む辛抱なきを知る。［中略］ただし、欧米人と並び馳せて学説らしき学説を出さんとならば、まず論理により論法を計画しおき、さて材料をなるべく多く集め、かれこれ対照自説の助けになるものと助けにならぬものを分かち、よくよく分類排列して序し、終結に長たらしいやつの帰着を短く再閲して叙すること、この論のごとくならざるべからず[*47]。

西洋と日本の間には、こうした学問観のちがいがあり、おのずと論文の書き方も異なってくると熊楠は言う。そして「洋人の学問あるもの邦人の文を見て、これは何を期し何ごとのために書いたものか分からぬというが常なり[*48]」、つまり日本人の学術論文の書き方こそ問題なのだと噛みついて、熊楠はこの説明を結んでいる。さらに十月十七日付の書簡では「貴下は例せば小生の「足跡考」を見て外国人の東洋研究者が一人多くなれりと思わるるが、小生は日本人の世界研究者が特に一人出でしことと思う[*49]」と豪語するにいたる。

とは言え、熊楠がこうした文体を続けていては、なかなか一般の人に自分の学問を伝えることができないという柳田の主張ももっともである。熊楠もそのことがわかっていないわけではないようで、「小生の文なども、欧文は foot-notes を用い得るゆえ本文の順序は整然たるを失わず。しかるに古ギリシア・ローマの文と同じく、日本には足注を用いて、本文の加勢するに止まるほどの不必要譚を別に付するの方なし[*50]」と、自分が日本語で直線的に論を運べないことを吐露している。

さらに、「その訳はむろん英文ほどには成らず、これ英文には diction 撰字はなはだ自在なるに引きかえ、わが邦の文には撰字はなはだ不自在なればなり」[*51]と、英語に比べて日本語には語彙が不足しているというような不満も述べている。これに対して、柳田の方は「篤学の者はいかにごたごたしておりても熱心に拝見すべく、小生等は決してこまることなきも、多勢に見せるためには材料のならべ方など今少し何とか方法あるべしと思いしまでに候」[*52]と、あくまで食い下がっている。

6　熊楠的文体の誕生

これだけを見ると、熊楠は欧米流の論文執筆法を盾に、書き方の改善を迫る柳田に対して大上段から、取り付く島もなく反論しているように見える。しかし、一方ではこの問題についての柳田の見解をある程度認め、その日本語表現に対する鑑識眼を信頼しているところもある。この頃、大手の総合雑誌である博文館の『太陽』からの原稿の依頼を受けていた熊楠は、『N＆Q』に投稿するために執筆していた「ホイッティントンの猫」(Whittington and his Cat) の内容を日本語で紹介する文章を計画していた。そのため、「小生は、原語の通りではとても邦人に分からぬと思い、よほど和解して出すなり」[*53]という心づもりも持っていた。

それでも、この「猫の話」を一般向けの『太陽』に載せるべきか、それとも専門的な学術誌に載せるべきかについては悩んでおり、その判断を柳田に依頼する。十月二十五日付の書簡には「今午下「猫の話」書留にして差し上げ候。右は『太陽』へ出るようなら『太陽』へ出し下されたく候。もし『太陽』へ出すも却下受合いというほどなら、考古学会へまわし下されたく候」[*54]という言葉が見られる。さらに、熊楠はこれに続けて次のように語り、大衆向けの日本語での文章執筆の方針を示している。

故サー・バートン〔中略〕、『アラビアン夜譚』を全訳せしとき、かかる長きものを（一千一章あり）一定の文調で訳するときは語種尽き、文調涸れ、読む者たちまち倦怠すべしとて、最古の英語から今日のベランメー言葉、下等人の相言葉まで渉猟し、また英人に分かるべき語は仏、西、独、インド、アラビアの雑語、雅語までも用いられし。小生も日本ごとき言詞少なき国には漢語ばかりいろいろ作り出して、貧乏、貧究、究困、困乏、虧乏、赤貧などと出し分けたところが、貧の字、乏の字が多く重なるまでなれば、読者いよいよ倦怠すべしと存じ、江戸っ子、上方詞の俗語、ベランメー語までも雑用して文章をかかんことを本邦人に勧むるところに候。[*55]

結局、柳田は『太陽』への寄稿を熊楠に勧め、「猫一疋の力に憑って大富となりし人の話」は、一九一二年一月号に掲載された。飯倉照平は、ここまで見てきたような熊楠に対する柳田からの助言について紹介した上で、「さすがに、これほどのやりとりをへて書かれた「猫の話」は読みやすく書かれていた」[*56]と評価している。ただし、この論文では、熊楠が抱負として語ったような、バートンの『アラビアン・ナイト』に倣った混交的な日本語による文体はほとんど使われていない。それは、二年後の『太陽』で開始される「十二支考」において、初めて日の目を見ることになるのである。

こうした経緯の後、一九一四年の『太陽』に、後に熊楠の「主著」と目されることになる「十二支考」の第一弾、「虎に関する史話と伝説、民俗」が掲載されることになった。飯倉が指摘しているように、この著作は寅年を目前にした一九一三年十一月八日から準備を始めて十一月二十三日に一月号掲載の第一回分の原稿が送られ、翌年一月後半から二月初旬にかけて第二回分（五月号）、第三回分（七月号）が追加で執筆されている。発行部数の多い商業誌である『太陽』の原稿料はかなりの収入源となり、[*57]生涯の中で自力で金を稼いだことがほとんどない熊楠を喜ばせたと思われる。

ただしこの時期、熊楠が虎の話を書いたのは『太陽』だけではなく、Ⅰ章でも触れたように十一月二十五日には『日本及日本人』に「虎に関する俚伝と迷信」、十二月二十三・二十四日には『日刊不二』に「虎に関する笑話」が送られている。あるいは、当初、熊楠はまだ「十二支考」を自分の著作の中心に据えるというつもりではなかったのかもしれないが、この後『日本及日本人』の原稿に関する追記が『太陽』第三回分に出されていることなどからは、干支に関する論考が『太陽』に統合されていく流れを見ることができるだろう。十一月二十五日の日記には「太陽と日本及日本人に原稿成るいはひに、卵やき入りすし拵える」と記されており、熊楠が第一回分のできばえにかなりの満足感を抱いていたことがわかる。

この記念すべき「十二支考」の第一作で、熊楠はまず、サンスクリット、ヒンディー語、タミル語、ジャワ語、マレー語、アラビア語、英語で虎の名前を列挙する。そして、ヨーロッパ諸語は英語のタイガーと同じ系統のものがほとんどであり、それらはギリシア・ラテンのチグリスに行き着くとする。冒頭を引用してみよう。

> 虎、梵名ヴィヤグラ、今のインド語（ヒンズー語）でバグ、南インドのタミル語でピリ、ジャワ名マチャム、マレー名リマウ、アラブ名ニムル、英語でタイガー、その他欧州諸国大抵これに似おり、いずれもギリシアやラテンのチグリスに基づく。そのチグリスなる名は、古ペルシア語（ゼンド語）のチグリ（箭《や》）より出で、虎の駛《と》く走るを箭の飛ぶに比べたるによるならんという。わが国でも古来虎を実際見ずに千里を走ると信じ、戯曲《じょうるり》に清正の捷疾《すばやさ》を賞して千里一跳虎《ひとはねとら》之助《のすけ》などと洒落ておる。[*58]

熊楠の文章の読みにくさの原因の一つであった情報の過多な部分を逆手に取って、一つの芸として枕に使っているところがなかなか心憎い。世界各地の情報を示した後に浄瑠璃の清正に話を振るなど、豊富な文献的知識を背景に、文化の往還をテンポ良くおこなっている。この後の部分では、プリニウスを参照して「生きた虎をローマ人が初めて見たのはアウグスツス帝の代だった」という話題が来たかと思うと、「李時珍いう、虎はその声に象《かたど》ると」として、I章で紹介した『和漢三才図会』を解体した漢字文化圏の知識がひとしきり披露される、といった具合である。

全体としては、一「名義のこと」、二「虎の記載概略」、三「虎と人や他の獣との関係」、四「史話」、五「仏教譚」、六「虎に関する信念」、七「虎に関する民俗」の各節に分かれるが、それぞれの節の枠組みにとらわれることなく、自由闊達に論じているという趣が強い。このような柔軟さは「十二支考」各回に見られるところで、冒頭から各国語での知識の披瀝が始まる場合が多いが、それも決まっているわけではなく、竜の回の「田原藤太竜宮入りの譚」のように、題からして通例と異なり、伝承の解読を主眼としたようなものもある。

連載の前には「小生は『太陽』とかなんとか、凡衆相手のものにまじめな学説を見せるをはなはだ好まぬに候」[*59]としていた熊楠も、書いているうちに興が乗ってきたようで、途中から十二支を離れて脱線に次ぐ脱線というような回も少なくない。とりわけ、「馬の話をすると、とかく女のことを憶い出す」[*60]として好色談義を繰り広げた馬の回（一九一八年）や、「金の卵の噺から書き始めようとしても、幾久しく聞き馴れた月なみのお伽噺にありふれたことでは面白からず、よって絶体絶命、金の卵の代りにキンダマ譚からやり始める」[*61]と無理やりこじつけて宦官や両性具有の話に持って行った鶏の回（一九二一年）など、性的な話題にも事欠かない。「ロンドン抜書」において熊楠があれだけ精力を傾けたセクソロジー研究は、こうしたかたちで、ようやく一つの発露を見出したと言うことができるだろう。

7　「十二支考」虎の回における方法論

このように熊楠の「十二支考」は、大正時代の雑誌文化の中で、博覧強記のユニークなエッセイとして世の好事家たちにもてはやされることになった。熊楠も彼なりの読者サービスを繰り広げながら、十年間の長きにわたって連載を続けた。

その一方で、「十二支考」には、一般向けに分かりやすく解きほぐされた学問的な方法論の解説も散見される。たとえば、虎の回に限って見てみると、次のような部分が指摘できる。

諸国の俗伝にちょっと聞くとまことに詰まらぬこと多くあるを迷信だと一言して顧みぬ人が多いが、何の分別もなく他を迷信と蔑む自身も一種の迷信者たるを免れぬ。したがって古来の伝説や俗信には間違いながらもそれぞれ根拠あり、注意して調査すると感興あり利益ある種々の学術材料を見出しうる[*62]

俗信には何らかの根拠があるというこの主張の例として、虎が「夜視るに一目は光を放ち、一目は物を看る」[*63]という唐代の『格物論』の記述を受けて、熊楠が実際に猫を暗室に閉じ込めて実験したことは、すでにI章で見たところである。これに続けて熊楠は、土や岩や草花等が血のように赤いと人が血を流した跡とされる伝承は、しばしば赤い藻類が血だまりのように見えることが原因となっているという説も披露している。

Ⅷ章において論じたように、熊楠にとってこうした分析は、伝承を生み出す複雑な因果関係を一つ一つ丹念に跡づけるという、独自のフォークロア研究の方法論の実践であった。「燕石考」で示されたように、俗信の形成過程は「あまりにも多様で複雑なため、古い筋道の数々に新しい筋道の数々が重なっており、解きほぐすのは容易ではない」が、それでもすじみちをたどることによって解析が可能であるという考え方は、「十二支考」においても遺憾なく発揮されていると見ることができる。

十二支考の虎の回における学問方法の提示として、もう一つ注目されるのは、言語と人間の認識について触れた部分である。次の『爾雅』からの引用が、『和漢三才図会』を経由して幼少期から読み慣れてきたものであることはI章で指摘したが、ここであらためて考え直してみたいのはその内容である。

『爾雅』に、虎の浅毛なるを虦猫《さんみょう》、白いのを甝《かん》、黒きを虪《いく》、虎に似て五指のを貙《ちゅ》、虎に似て真でないのを彪《ひょう》、虎に似て角あるを虒《し》というと言って、むつかしい文字ばかり列べおる。『国史補』には、四指のを天虎《てんこ》、五指のを人虎と俗称す、と出づ。ちょっと聞くとまことに出任せな譫語《たわごと》のようだが、実は支那に古来虎多く、その民また特に虎に注意していろいろと区別をつけること、あたかもわが邦で鷹や馬にいろいろ種別を立てたごとし。[*64]

これに続けて熊楠は、ラッツェルの『人類の歴史』から、「サモエデスは馴鹿《となかい》に注意深きあまり、その灰褐色の浅深を十一、二の別名で言い分け、アフリカのヘレロ人は盛んに牧牛に勤め、牛の毛色を言い分くる語すこぶる多く、芝や空の色を一つの語で混じ言うを何とも思わぬが、牛の褐色を種別して言いあたわぬ者を大痴《おおばか》とす」という説を参照している。つまり、中国では虎の種類が多く、それらが注意深い観察に基づいて細かく分類されているという幼少期からの知識が、ラッツェルの言語理論によってとらえ直されているのである。さらに熊楠は、田辺の漁師の魚を見分ける細かさ、そして反対に欧米人が親族を表す際の粗さについて、次のように付け加えている。

田辺の漁夫は大きさによって鰤《ぶり》を「つばす、いなだ、はまち、めじろ、ぶり」と即座に言い別くる。しかるに綿羊と山羊の見分けができぬ。開明をもって誇る英米人が兄弟をブラザー、姉妹をシスターと言うて、兄と弟、姉と妹をそれぞれ手軽く言い顕《あら》わす語がないので、アフリカ行きの宣教師が聖書を講ずる際、某人《それがし》は某人《それがし》のブラザーだと説くと、黒人がそれは兄か弟かと問い返し返答に毎々困るというが（ラッツェル『人類史』二）、予もイタリア書に甥も孫もニポテとあるを見るごとに、どちらか分からず大いに面喫《めんくら》うことである。[*65]

熊楠が英訳版の『人類の歴史』全三巻を「ロンドン抜書」の第四四巻から第五二巻にほぼ全篇書き抜いていることは、すでにⅦ章で紹介した。言語によって現実に対する認識の違いが大きいというこの指摘は、この本において、全体の方法論について論じた第一巻第一冊「民族学の方法」中の第五節「言語」に見られるものである。[*66] これに対して、熊楠は「ロンドン抜書」の当該部分（第四四巻九一頁）に次のような書き込みをおこなっており、色だけではなくさまざまな語の命名法に注目していたことがわかる。

獣ノ色ノミ多ク名ルコト／巫来及多島海人ノ舩術ノ語又然リ／開進民色ノ語欠如ノコト／語ノ実用少キコト又

開進ノ民ト下等民ト接スレハ下等ノ民開進民ノ語ヲトリ下等民ノ語滅ス然レトモ開化衰ヘタル徴トナス可ラズ／ヌビアンスアラビヤ語ニ於ル此例也／日本ノ支那ニ於ル又然ルカ essi トハ水、海、川ヲ並称スル物也然ルニナイル河ノミヲ特ニ Tossi トイフ

熊楠は一九一二年五月十八日の高木敏雄宛書簡において、この説に関連して、「カシュミル国の人は、欧人が一つの名を用る色を、二百余の色にて其差異をいひあらはす由。然し其一つの色にかぎることにて、悉くの色を皆な左迄詳く分別するとは聞かず*[67]」とも記している。これは「十二支考」開始の一年半前のことなので、この頃、この説について再考していたということになるだろう。

こうした色の命名に関する議論から思い起こされるのは、言語が人間の認識を規定するという、いわゆるサピア＝ウォーフの仮説 Sapir-Whorf hypothesis である。この仮説は名前の通りアメリカの人類学者サピア（Edward Sapir 一八八四〜一九三九）とウォーフ（Benjamin Whorf 一八九七〜一九四一）によって一九二〇年代以降に提唱されて行くものだが、その淵源はサピアの指導教授であるボアズ（Franz Boas 一八五八〜一九四二）による先住民の言語の研究と、彼の文化相対主義的な視点にある。

ドイツに生まれたボアズは一八八〇年代後半から人類学者としての頭角を現し、一八九〇年代には、ライデンで発行されていた『国際民族誌報』の編集者となっていた。Ⅵ章で述べたように、この雑誌には熊楠の『ネイチャー』掲載論文が転載されていたので、おそらくその頃からボアズの名前は知っていただろう。その頃ボアズはヨーロッパからアメリカに移り、コロンビア大学教授として弟子とともに先住民文化の調査をおこなうことになる。そのようなアメリカでの人類学の動向に関して、田辺時代の熊楠がある程度認識していたことは、一九一二年五月二十三日付の高木敏雄宛書簡の次の文章から確かめることができる。

近く、米国の人類民俗学者に、驚奇の説少なく、一汎に dull（霧暗）なりという人多し。小生思うところは然

らず。米国人ごとき法螺ずきの新米物が、臆説のみ出すを止めて、ひたすら一事一物、いやしくも学問の材料となるべき事物古伝を、根ほり葉ほり、蓄音機でインジアンの俗唄・俗話までを蓄えてまでも、ひたすら集蒐遺るなからんことを期し、もって後日の大綜合大帰納的理論の基を立てんとするは、感心の至りなり。[*68]

このような「インジアン」、つまりアメリカ先住民族の研究について熊楠が知ったのは、おそらく『ネイチャー』誌での記事を通してだったと考えられる。旧蔵書として残された一九一〇年七月七日号の『ネイチャー』[洋誌 031]の短報[*69]には、次のような記事が掲載されているが、その欄外に熊楠の手による「絶滅ニ瀕セル民俗集シコト」という書き込みが見られるのである。

アメリカ先住民の独自の言語の一つであるタケルマ Takelma 語は絶滅の危機に瀕しており、サイレッツ居住区 Siletz Reservation において、わずかに残る部族の人々によってのみ話されている。こうした状況にあって、アメリカ民族学会の活動として、この部族の神話とフォークロアのかなりの部分がE・サピア氏によって記録されていることはたいへん幸いなことである。この報告はペンシルヴァニア大学から人類学出版の第一巻・第二巻として刊行されており、言語学的観点から貴重なものとなっている。この部族の俗信と神話は、近隣の部族のものと比べて興味深い異同を示しており、その解析のためにはさらなる調査が必要である。[*70]

このように、熊楠はサピアがおこなっていた調査に対して明確な関心を示している。『ネイチャー』誌上ではこの後、一九一二年二月二十九日号の『ネイチャー』に掲載されたハッドンの「カナダの人類学調査」という報告[*71]でも、アメリカの先住民族の調査に関する報告がなされていて、そこにはまだ二十代の若いサピアがこの調査にかける意気込みを述べた文章も転載されている。熊楠がこの号の『ネイチャー』を手にしたのは、四月半ば頃のことだろうから、高木宛書簡の日付を考えれば、直前に読んでいたことが推測される。ただし、サピアらが蓄音機を用いていたことや、そうしたアメリカでの研究がdullだと評されていたことについて、熊楠がどこから情報を得ていたかについては、今のところ未詳である。

さらに、ここで熊楠が書いているのは単にアメリカ人類学の動向についてであり、ボアズやサピアの研究成果に何らかの実質的な影響を受けたのかどうかは不明である。しかし、IX章で見たような法龍宛書簡などにおける「名」と「印」に関する議論を考慮に入れれば、言語が人間の認識を規定するというサピア＝ウォーフの仮説に近い見方を熊楠がとっていたことは、ある程度想定されるところである。現時点で実証研究の観点から言えるのはそこまでだが、熊楠の人間の文化現象に対する見方が、同時代のアメリカの人類学者と似たような方向性に向かおうとしていたという可能性は、十分検討に値する問題であろう。

8　高木敏雄宛書簡と「十二支考」への助走

ここまでフォークロア関係の熊楠の発言について、本書でかなり多用してきたのが神話学者の高木敏雄（一八七六〜一九二二）に宛てた書簡である。高木と熊楠の文通による交流は、一九一二年一月頃に始まった。この頃、柳田は二月九日付の書簡で熊楠に対して、「高木君は十二、三年来貧乏にもかまわず非常の精力をもって読書せし人にて、学殖すこぶる軽んずべからずと存じ候」[*72]と紹介している。実際に高木は不正事件に連座して第五高等学校のドイツ語教授を辞任するなど、さまざまな不幸に見舞われて苦労しながら、神話・伝説の研究で地歩を築いた人物である。一九二二年に四十六歳で急死しなければ、もっと大きな学問的成果を挙げていたであろう。

熊楠は高木宛の書簡において、柳田宛よりもさらに学問的な方法論に踏み込んだ議論をしている部分がある。たとえば、交流の開始の直後に熊楠が、高木に尋ねられて答えているウェアウルフに関する議論（一九一二年二月二十三日付書簡）は、その二年後に開始される「十二支考」への助走として注目されるものである。

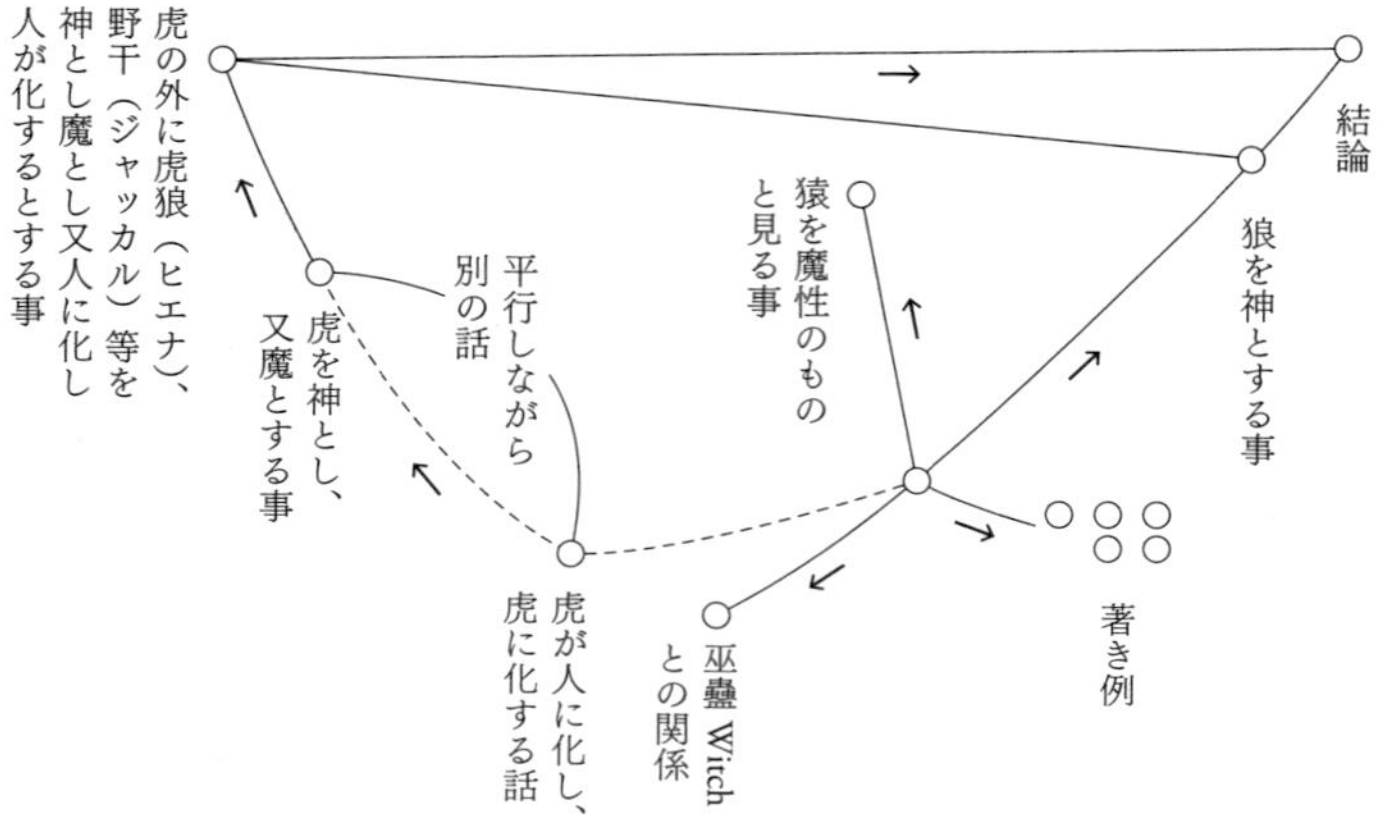

ここで熊楠が論じているのは、人がオオカミなどの獣になる、あるいは獣が人になる、という俗信の解釈である。これは、英語ではウェアウルフ Werwolf と呼ばれるものであるが、熊楠は『エンサイクロペディア・ブリタニカ』にこの Werwolf と Lycanthropy の二つが挙げられていることを示して、「同一の事を何故二処に出したるかは知らねど、二処に出してくれただけ材料も多く候は結構也」と述べている。これらの項目は、前者が伝承としての狼男譚、後者が精神分析的な動物への変身願望の説明を意図したものだが、その二つが熊楠の目には同じ一項目として見えていたことは興味深い。

熊楠はまた「狼の存する国には大抵此話有る事と被存候」として、『新著聞集』、『今昔物語集』、『淵鑑類函』など、日本と中国の例を出している。さらに、「支那、印度、安南、爪哇等には貙とか申し、虎が人に化し、人が虎に化する事多し」として、虎と人の中間のような「貙《ちゅ》」という動物について言及することになる。この時には、「是れ等一々引き書せんには必ず数日を要すべく」と論じ始めると長くなることを述べて、論の見取り図だけを示している[*73]（上図参照）。

伝承の解析のためにこうした図を用いることは、この後紹介する「十二支考」の下書き、いわゆる「腹稿」との関連でも注目すべきだが、この図からは熊楠が、人が獣になるパターンの伝承においては、オオカミだけでなく虎も重要であると考えていたことがわかる。これは、西洋ではオオカミに化す話が多いが、中国などのアジア圏では虎に化す話の方が主流であるという熊楠の認識が背景にあると考えられる。四月六日付の書簡の中で、熊楠は『博物志』における「貙」に関する話を取り上げた上で、「まだ此外に多く貙のはなし、『淵鑑類函』巻四二九虎の条に引けり。然るに狼人の話は甚少し。又Wer-wolfに相当のものなし。以て支那にはWer-tiger, Wer-wolfの代りをなすを知るなり」[*74]として、アジア圏ではこの話の主人公はオオカミではなく虎であると指摘している。

こうした状況を考慮しながら図を読み解くと、まず熊楠が下の部分で「虎が人に化し、虎に化する話」として「貙」の伝承を取り上げていることがわかる。そして左上に向かって「平行しながら別の話」として「虎を神とし、又魔とする事」という虎に対する崇拝・畏敬に言及し、ハイエナやジャッカルもまた、人に化したり化されたりという伝承があるという例を挙げている。

図の右側部分はやや読み解きにくいのだが、「猿を魔性のものと見る事」「巫蠱Witchとの関係」「著き例」が、説明のない一点から展開していることがわかる。こうした要素の源泉として考えられるものとして、この一点はやはり「動物崇拝」あるいはそれに近い概念と考えてよいのではないだろうか。後に「十二支考」では「トテミズムと貙人、貙虎の迷信が、虎崇拝のただ二つの原因たらぬまでも、それに大扶助を与えたのだ」[*75]としているので、トーテミズムを想定していたかもしれない。[*76]そこから右上に向かって「狼を神とする事」が直接に派生し、それが他の動物を神とする例と統合されたかたちで「結論」に至るというのが、この図の読み方としては妥当なように思われる。

こうしたテーマに関して、すでに熊楠は一九一〇年七月号の『東京人類学会雑誌』に掲載した「本邦における動物崇拝」で論じていた。そこには「往年在英中アストン、ジキンス諸氏のために、このことについて聚録せる材料」[*77]としているから、ロンドン時代から一貫して継続していた問題意識だったと言えるだろう。この論文中に示された「猿」「熊」「鼬」「犬」「狼」「牛」「野猪」「海豚」「梟」「烏」「鶴」「鷺」「鳩」「燕」「鶺鴒」「鳶」「蛇」「野槌」「海亀」「蟾蜍」「イワナ魚」「鰻」「鮫」「蜜蜂」「蝶」「蟹」「田螺」の中で、十二支に入っているのは「猿」「犬」「牛」「蛇」「野猪」の五つで、必ずしも「十二支考」の内容とつながるものとは言えないが、少なくとも熊楠がこうした動物と人間の関係に関心を持ち続けていたことは確かだろう。一九一三年暮れの虎の回の執筆の数年前から、「十二支考」に向けた熊楠の助走は始まっていたのである。

9 「腹稿」による論理の組み立て

「十二支考」の執筆に関わる資料の中で、とりわけ重要なのが「腹稿」と呼ばれる草稿である。これは、A2判の大きさの新聞紙の裏紙に、一面びっしりと書かれた論文執筆のためのメモと言うべきものである。前後左右、まるでマンダラのように縦横無尽に書かれたこの草稿は、熊楠の自由奔放な思考形式を一目で伝えるものとして、早くから注目されてきた。

特に「虎に関する史話と伝説、民俗」に関しては、合計で七種類［自筆312〜318］の腹稿が残されている。このうちの一つ［自筆316］に関しては、本書I章で部分的に紹介しているが、これを便宜上A稿と呼ぶことにする。このA稿の他に、内容上の推敲を主な目的としたと考えられる腹稿がいくつかあり、そのうちの主なもの二つ［自筆313］［自筆315］をB稿、C稿と呼ぶこととする。「虎に関する史話と伝説、民俗」の腹稿の全体像に関しては、まずそれぞれの翻刻作業をおこなった後に、成立の前後関係を明らかにして、論文の執筆過程をたどるかたちで詳しい分析をする必要があり、この作業については後日を期すこととしたい。ここでは、B稿とC稿の二枚に関してのみ、その特徴を紹介、分析しておく。

まず、B稿とC稿との関係で言うと、赤字で振られた番号がほとんど一致することから、同一の構想のものということがわかる。ただし、その流れは相当に異なっている。まずB稿では、右上の（1）から縦長の紙面に沿って下へ下へと展開し、（21）まで行ったところで左の中段あたりに折り返して、その後左上段と中段を往復した後、左下段に移行して終わっている。これに対してC稿は、（1）こそ右上部にあるものの、（8）が左下隅にあったり、（10）が中央部最下部にあったり、そうかと思うと（45）が（1）の真下にあったりと、順番がまったくバラバラになっている。また、B稿に見られる番号で、C稿には抜けているものも多い。

また、B稿ではまず黒字で書かれた大見出しがあり、その項目の範囲内に赤字で書かれた小見出しのような内容紹

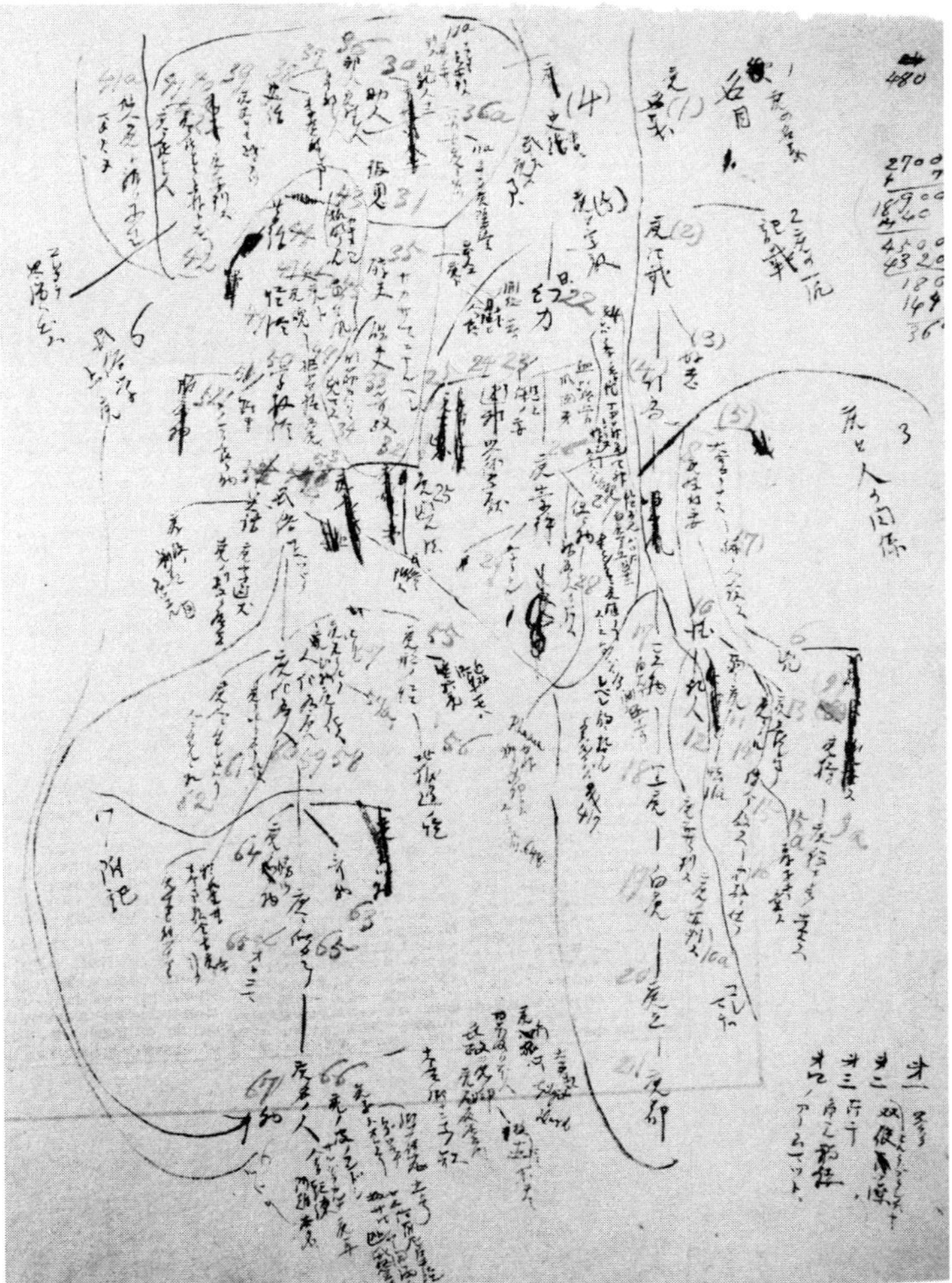

「虎に関する史話と伝説、民俗」のための腹稿（B稿［自筆313］）

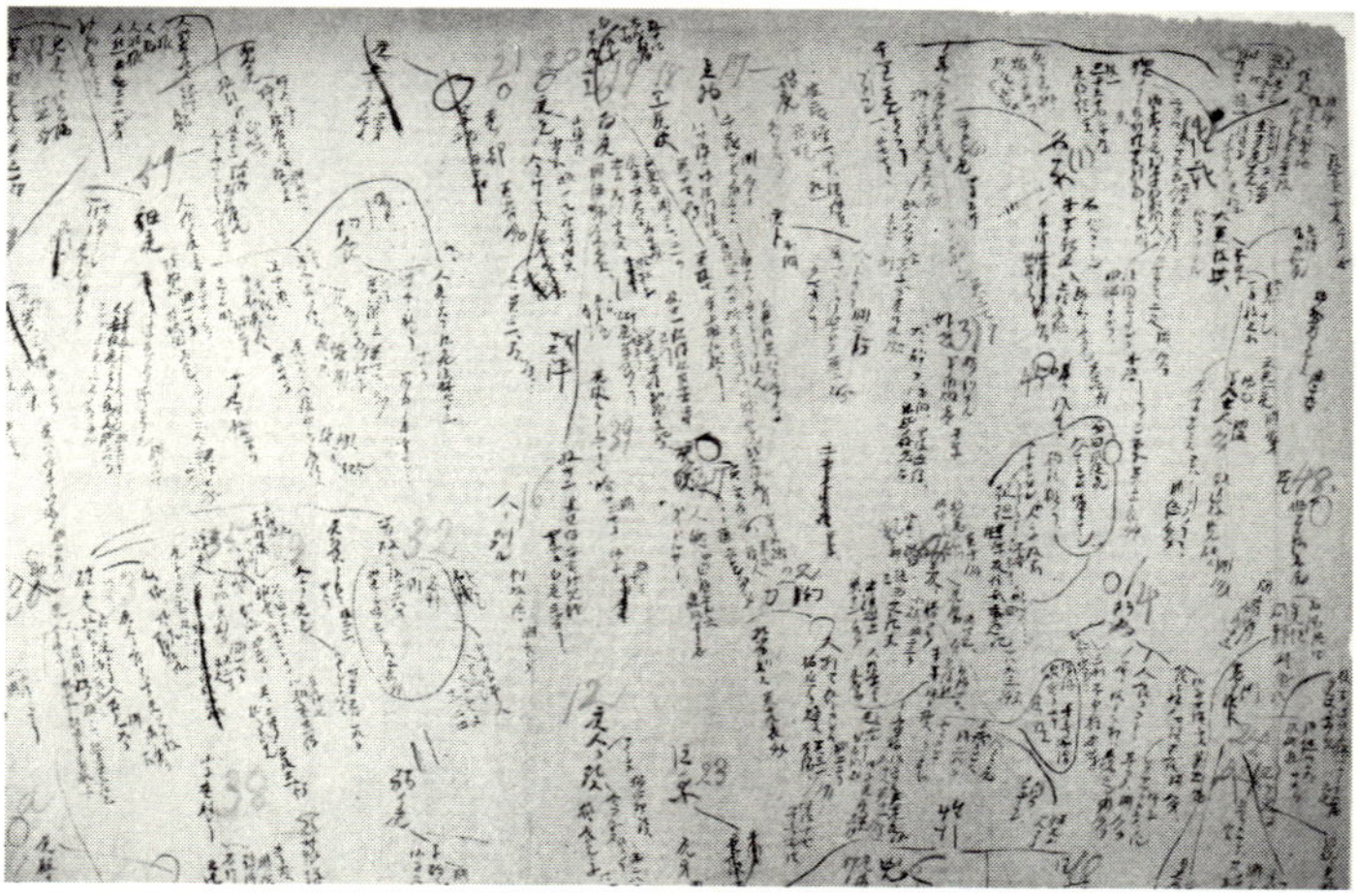

腹稿（C稿［自筆315］）

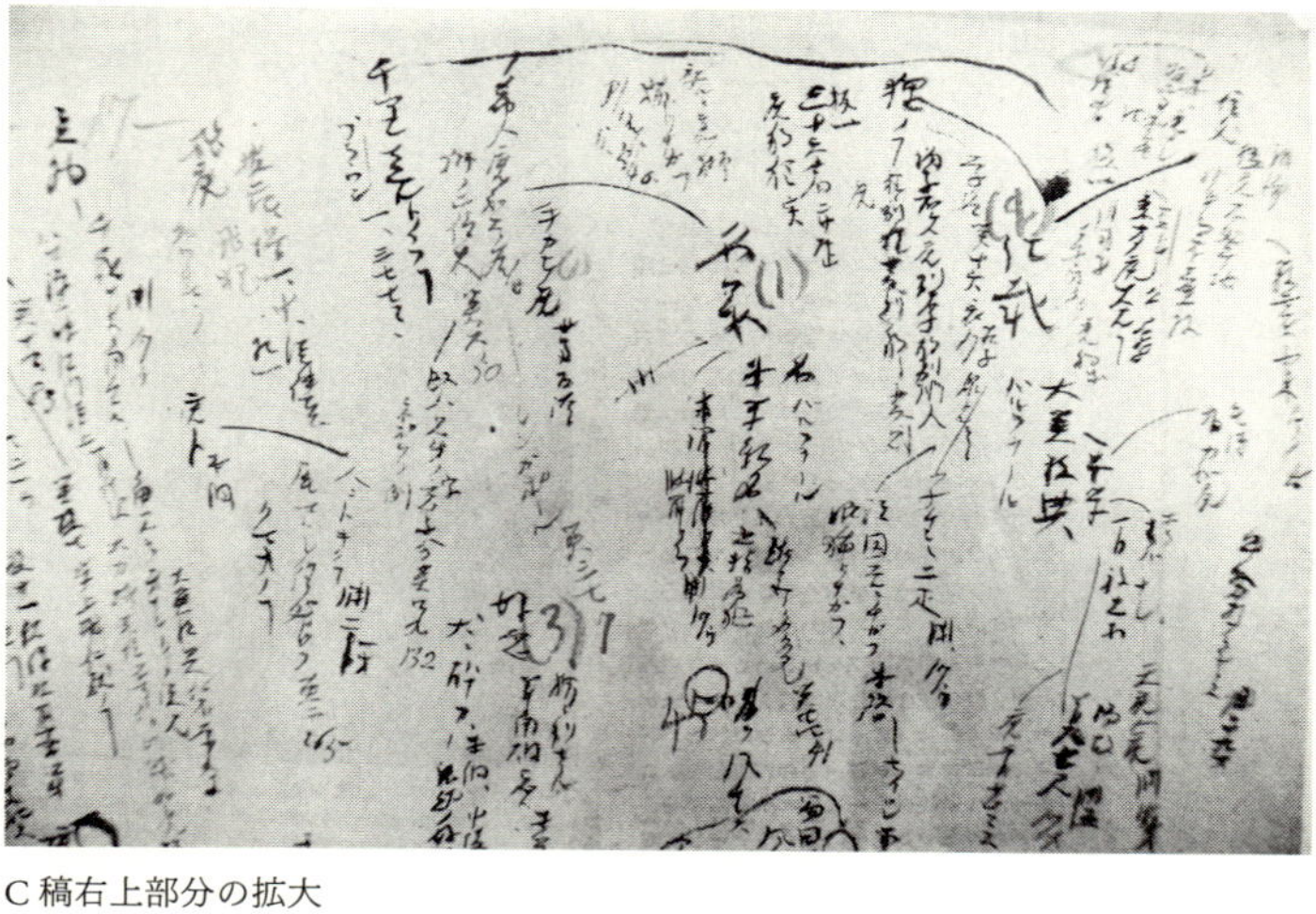

C稿右上部分の拡大

介がおこなわれている。C稿では大見出しはないが、小見出しごとに多くの参照文献と詳しい内容が書き込まれている。なお、B稿、C稿ともに小見出しは途中から（ ）が抜けたかたちになっているが、便宜上、ここではすべて（ ）付きで記述することとしたい。

C稿において特徴的なのは、抜書類からの引用が記号で記されていることである。まず「英抜」「英」と書かれた後に番号が付けられているものは「ロンドン抜書」とその巻頁数を意味していると考えられる。他に「淵」あるいは「函」とあるのは『淵鑑類函』、「抜書」とあるのは「田辺抜書」のことである。以上の略号が正しいことは、原典との照合により確かめることができる。

これらを踏まえた上で、B稿とC稿の順序を推測してみよう。熊楠がまずC稿の方で発想を書き留め、引用書籍の目当てをつけた後に、その順番を整理してさらに付け足すかたちでB稿を書いた、と考えることは可能である。しかしその場合は、簡略化してまとめたにしては、B稿の順序に混同が見られることの説明がつきにくい。

では、発想のみをB稿に書き留めた後に、C稿で引用書籍を指定したという順序はどうだろうか。この場合でもC稿の順序がこれだけバラバラになっていることはやや不可解であるが、C稿は引用書籍を書庫から引っ張り出してきて、参照しながら内容についても取捨選択して書いたために順序が乱れたという説明はつくだろう。やはり、項目のみのB稿が先に作成されて、それを基に内容と文献を補いながらC稿が作成されたと考えるのが自然である。

ではその内容であるが、B稿の見出しを翻刻すると次のようになる。（9）と（9a）のように番号を増やしていたり、（10a）や（12）が上部と中部に二つあったり、（32）に該当の記述がなかったりという部分もある。

大見出し

1 虎の名義名目　2 虎の一汎記載　3 虎と人の関係　4 史書ニ載ス虎の事　5 虎と宗教　6 民俗学上ノ虎

7 附記

小見出し

（1）虎名義（2）虎記載（3）好悪（4）行為（5）大害ヲナス（6）兕（7）癖ニ人殺ス（8）虎媒得妻（9）虎狩（9a）虎殺セシモノ賞ス（10）性（10a）［上］ナカシメテ虎ノ罪判ス／虎シテ罪ヲ判ス（10a）［中］虎シテ罪ヲ判ス／虎ノ罪判ス（11）弱イ虎（11a）クサメシテ虎〔数字不明〕（12）［上］乳人（12）［中］乳人（13）虎食シ事（14）虎ニノル（15）僧人ヲ教ス（15a）孝子等ヲ愛ス（16）〔一字不明〕教ニ仕フ（17）異物付アルコト　淵鑑十一ウ（18）黒虎（19）白虎（20）虎王（21）虎都（22）日、幻力（23）体ノ要　抜一上／血鬚骨爪肉牙（24）呪術禁厭（25）虎避ル法（26）虎崇拝／Balf. シバノ条亀ト蛇／アポロ神亀トナリ又蛇トナルコト　スミス .i.1088.／四神／礼記可見／バッヂ白虎〔二字不明〕抜廿三（27）使ヒ物／Bacchus ニ虎随フコト　スミス vol.i.13.／シベレ豹ニ乳セラル Smith, i.417.（28）神ノ為ニ人ヲ罰ス／Rheaea 女神獅ヲ父神トス　スミス .iii.648.（29）条ヲトル（30）助人（31）報恩（32）〔抹消〕（33）苛政（34）時節カハリニ児マス（35）日本人エ虎ト上下〔二字不明〕ヒ人ヲ食フ　淵鑑一五ウ（36）邦人虎打シ人（36a）勇士虎ニカツ（37）多ク打シ人（38）史話（39）虎皮キテ戦ニカツ（40）虎ノ罪判ス（41）虎ニ食レシ人（41a）仙人虎ト語リ子生マダカ、ヌ（42）虎ニ食レシモ上行ト思フ／コレダケ太陽へ出ス（43）狐威ヲカル／カキオハル（44）昔話（45）嘯生風（46）虎ト（47）虎魂（48）枢星精為虎（49）怪談（50）宗教談（51）野干（52）ノコリ食フ物（53）民俗下ヘツゞク（54）笑話／虎字避犬／虎ノ刺ヌク虚言／虎ノ頭ノ剃〔一字不明〕図　ラッツエル（55）虎舩ノ怪（56）地獄道ノ怪（57）化身（57a）虎人ニ化ス（58）動物虎ニ化ス（59）人化為虎（60）虎化為人（61）虎人ニ生レヤスク（62）人ニ生ル、相（63）寄物（64）虎ニ勝ツ（65）虎ニ似タモノ／虎名ノ人（65a）オロコマ（66）虎ノ皮ノフンドシ〔以下略〕（67）豹

これに対して、C稿の最初の方の項目はB稿とほぼ同じで、そこにやや詳しい内容と参照文献が付け足されている。たとえば、B稿の小見出し（1）の「虎名義」の部分に、C稿では次のような補足が見られることが、C稿右上部分の拡大図からわかる。

（1）名義　名　バルフオール

本草綱目　五指為貙

獣色名多シ　英四四41［筆者注、91の間違いか］

この部分の「バルフオール」とは、「ロンドン抜書」四五巻［45A092］、四九巻［49B036］に筆写されているバルフォア（Balfour）の『インド事典』のことで、完成版でも三箇所にわたって引用されている。『本草綱目』の「五指為貙」のことは、I章および本章でも取り上げたように、「虎に似て五指のを貙」と呼ぶというかたちで、完成版でも指摘されている。また、「獣色名多シ」ということに関して、「ロンドン抜書」四四巻九一頁に筆写されたラッツェル『人類の歴史』が大いに活用されていることも、本章ですでに述べた通りである。こうした点からも、B稿に比べてC稿では具体的な内容が付け加えられ、完成版に向けて徐々に肉付けがなされている状況を見て取ることができる。

C稿（2）の「記載」の部分にはさらに多くの補足がおこなわれており、その多くは「英」あるいは「英抜」と略された「ロンドン抜書」と、「淵」「淵鑑」「函」と略された『淵鑑類函』の引用からなっている。このうち『淵鑑類函』については、おそらく巻四百二十九獣部一の虎一〜四の記述を参考にしたのだろう。ここには、中国における虎に関する博物学的記録がさまざまな文献から抜き書きされており、熊楠はネタ本として大いに利用したことが腹稿から想像される。I章で論じたように、「十二支考」虎の部の発想は、『和漢三才図会』によるところが大きいが、引用文献に関しては、西洋は「ロンドン抜書」、中国は『淵鑑類函』を手元に置いて参照していたと考えられるのである。

C稿について、（2）「記載」の（2）の数字は最初（1）と書かれたものを直したようであり、また（1）は左に「手カヒノ虎」という派生した小見出しを付けた部分もあるから、「虎に関する史話と伝説、民俗」の書き出しをどのようにするかについて、熊楠が相当思案した様子を伺うことができる。さらに、（2）から左上に線を引いた先に「千里走ルトイフコト　ブラウン一、三七七？」という文句が書き付けられ、これが虎が千里を翔るという東西に共通する伝説と、十七世紀のトマス・ブラウン（Thomas Browne 一六〇五～一六八二）による駁論、という完成版における話の枕として用いられることになるのである。ちなみにブラウンの記述もまた、「ロンドン抜書」［36B047］から引用されたものであろう。

C稿における同様の肉付けは、（3）「好悪」や（4）「行為」の部分にも見られる。たとえば、（4）の部分の補足は次のような内容のものである。

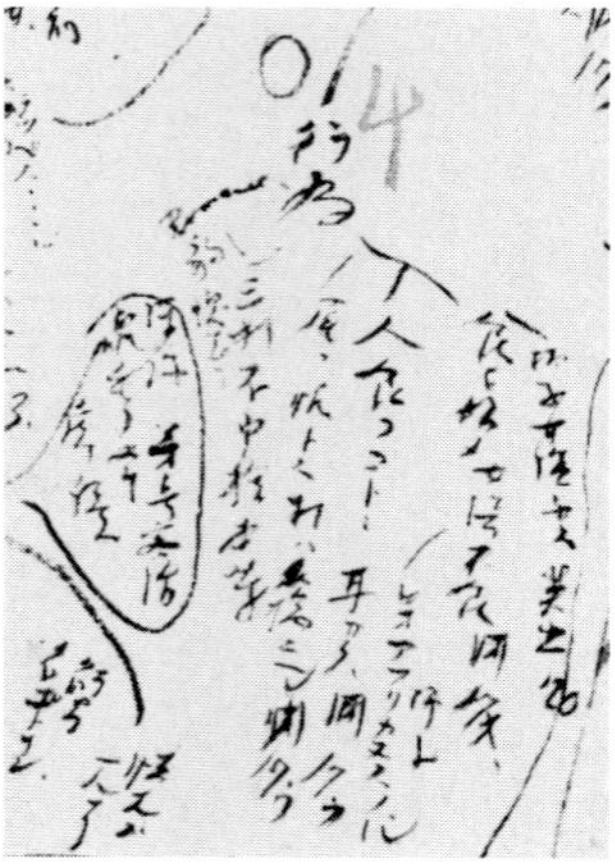

（4）　行為　獅子女陰示ス　英五120
食ヒ始メ女陰不食　淵17オ　レオアフリカヌスノ記
人食フゴトニ耳カク、淵17ウ
尾ヲ帆トス行ハ稿スヘシ　淵17ウ
三打不中捨　本草
豹愧アルコト

この部分では、『淵鑑類函』の中の、虎は女性の陰部を食べないという俗信と、「ロンドン抜書」(五巻一二〇頁)に引用されたレオ・アフリカヌス(Leo Africanus)によるライオンは女陰を避けるという記述の対比がたくみに使われている。これは完成版の本文では、次のように脚色されて邪視の問題と結びつけられることになる。

> さていわく、「およそ男子を食らうに、必ず勢《へのこ》より起《はじ》む。婦人は必ず乳より起《はじ》む。ただ婦人の陰を食らわず」とは大椿件だ。十六世紀にレオ・アフリカヌスが著わした『亜非利加紀行《デスクリプチヨネ・デル・アフリカ》』に、婦女山中で獅に出会うた時その陰を露わせばたちまち眼を低うして去る、とある。これは邪視《イヴル・アイ》を避くるに女陰をもってすると同一の迷信から出たらしい。*79

さて、全体の流れを俯瞰すると、完成版の「虎に関する史話と伝説、民俗」の章立ては、一「名義のこと」、二「虎の記載概略」、三「虎と人や他の獣との関係」、四「史話」、五「仏教譚」、六「虎に関する信念」、七「虎に関する民俗」である。これを、1 虎の名義名目　2 虎の一汎記載　3 虎と人の関係　4 史書ニ載ス虎の事　5 虎と宗教　6 民俗学上ノ虎　7 附記、というB稿の大見出しの順番と比べると、ほぼ同じ順序での記述になっていることがわかる。

とは言え、小見出しを見ると、特に後半部分では異同も目につく。この点で、(42)の部分に「コレダケ太陽へ出ス」と書かれていることは示唆的である。おそらく、ここまでが十一月二十三日に投函された『太陽』一月号掲載の第一回分で、その後の部分はその後さらに検討されて、『太陽』の第二回分、第三回分、そして『日本及日本人』の「虎に関する俚伝と迷信」と『日刊不二』の「虎に関する笑話」に振り分けられたと考えるのが自然であろう。

いずれにせよ、こうした「腹稿」からも、熊楠が「ロンドン抜書」を駆使して「十二支考」を執筆していたことがよくわかる。たとえば、(59)「貙虎」の右には「人化して虎となる　英五十 140」と書かれている。これが「ロンドン抜書」第五〇巻一四〇頁を指すことは、当該箇所に、次のような二つの書き込みがあることから明らかである。

翻刻すると、一つ目は「マレー虎ノ信仰」、二つ目が「虎人ヨリナルコト　虎ノ家ノコト（p.661）」である。「ロンドン抜書」のこの部分はパリ発行の『科学雑誌』*Revue Scientifique* 中の、ガルノー（Paul Garnault）の論文「口寄せ、降霊術、占い」［50A139］を筆写したものである。このように、「ロンドン抜書」の筆写の中に熊楠が日本語で書き込みをおこなっている箇所は、往々にしてその後の論文作成の情報源となっている。

もちろん、「十二支考」を開始した一九一四年頃には、田辺での生活も安定して、海外の書店から書籍を取り寄せて蔵書も形成されつつあった。「十二支考」ではこうした新たな洋書から得た情報や、一九〇七年頃から作成していた仏典・漢籍を中心とする「田辺抜書」からの引用も多く見られる。それでも、出典の中の相当な割合の部分は、「ロンドン抜書」によってまかなわれていたのである。この意味でも、熊楠の学問世界の中核がロンドン時代に築かれ、試行錯誤を経ながら後半生へと引き継がれていったものであるということは明らかであろう。

10　「十二支考」と熊楠の学問世界

こうして、「十二支考」は一九一四年の虎の回に始まり、一九二三年の猪の回までが『太陽』に連載された。子年の「鼠に関する民俗と信念」は、一九二三年九月の関東大震災以降に『太陽』の編集方針が変更されたことにより、執筆されたものの掲載されることはなかった。次の年の牛に関しては、結局、書かれることはなかったので、正確に言えば熊楠が書いたのは十一支までである。

四十六歳の時に開始され、五十六歳まで書き継がれたこの「十二支考」において、熊楠は日本人の一般読者に向けてできるだけ読みやすい文章を提供するとともに、その知的蓄積のさまざまな側面を披露している。とは言え、干支というまことに前近代的な区分に沿った「十二支考」の語りは、「学術的」とも言えず、かといっていわゆる「文学作品」でもなく、後世の読者には中途半端であるという印象を与えてきたことも事実である。

たとえば、益田勝実（一九二三〜二〇一〇）は「十二支考」を「知識の饗宴」と呼びながら、一方で「南方のこの博識は浪費された知識ともいえないだろうか[*80]」という問題提起をしている。たしかに、「十二支考」における熊楠の記述は、あまりにも膨大な情報が、俗信から科学的発見まで同列に並べられ、一見、無秩序な雑学として提示されているように見えるかもしれない。『南方熊楠全集』第一巻に収録された「十二支考」を冒頭から読み始めた読者は、これらの知識はいったい何のためにここに集められているのかという疑念を拭いきれないまま、途中であきらめてしまう、というのが実情であるように思われる。

しかし、それは自分の知的活動の中から、『太陽』という総合雑誌を読む当時の一般読者にとって一番分かりやすい面を切り出してみせる、という熊楠の「十二支考」における姿勢を十分に考慮に入れていないことから生ずる誤解と言えるだろう。この点で、乾元社版、平凡社版の全集が、いずれも「十二支考」を第一巻から配置していることはミスリーディングであると、私には思われる。なるほど「十二支考」は熊楠の日本語における「代表作」ではあるが、予備知識なしで読むことは難しい著作でもある。

今日の目から「十二支考」を十分に理解するためには、やはり熊楠という人物の軌跡をたどり、彼の学問研鑽の過程を詳細に追う必要がある。もし『全集』に配置するならば、「十二支考」の位置は、最終巻にかなり近いものとなるべきである。さらに、本書で経てきたような、さまざまなノートや「ロンドン抜書」における熊楠の古今東西にわたる文献収集の軌跡とその時々における問題意識をたどるという作業を経て、初めて「十二支考」に張りめぐらされた熊楠の意図を読み解くことができるようになるのである。

そのような観点から、「十二支考」を読み直してみると、一般誌というかなり制約のある条件の中で、自分の学問的な方法論をなるべく読みやすいかたちで伝えようという熊楠の努力を見て取ることができる。また、そうした熊楠の側の文脈を汲み取ったときに、「十二支考」に披露されているさまざまな知識の交錯によって生み出されている躍動感をとらえることがやっと可能となる。

たとえば、寅年の「虎に関する史話と伝説、民俗」における方法論として、俗信には科学的な根拠があるということを強調したこと、また言語と現実認識の問題を扱う際に文化相対主義的な観点を示していることについては前述の通りである。この後、辰年の「田原藤太竜宮入りの譚」においては、竜という空想上の生物がどのようにして生み出されたかという人間の想像力に関する問題について、さまざまな海の生物や恐竜の化石などを候補として取り上げながら論じられている。こうした観点には、現実の生物の世界と人間の空想の世界との接点を探ろうとする熊楠の学問の方向性が明確に表れている。

また巳年の「蛇に関する民俗と伝説」では、蛇の邪視について述べられているが、これは邪視、英語で言う evil eye の問題を扱った他の学問的な論述と呼応したものである。申年の「猴に関する民俗と伝説」では、サルと人間の違いが生物学と伝承の両面からさまざまに分析されている。こうした人類学や進化論に対する問題意識は、アメリカやロンドンでの同時代の西洋の学問的進展との格闘の中で生まれてきたものであった。

さらに、午年の「馬に関する民俗と伝説」や酉年の「鶏に関する民俗と伝説」においては、文芸誌としての『太陽』の一般読者の関心を逆手に取ったかたちで、「ロンドン抜書」などにおける自身のセクソロジー研究の成果を興味深く語るという姿勢が見られる。熊楠の性への関心が、個人的な嗜好から社会・文化的な規範の理解へと展開したことは、本書Ⅶ章において論じてきた通りである。そうした性の問題に関する主観と客観の入り交じった探究姿勢は、「十二支考」においては一般読者相手のパフォーマンスとして繰り広げられることとなった。

このように、「十二支考」においては、それぞれの回の題材となる動物の特性に呼応しながら、それまでの熊楠の学問の蓄積が遺憾なく発揮されているということができる。それぞれのテーマに関する熊楠の関心のあり方を前提としつつ、その基盤となっている古今東西の引用書が成立した文脈と、熊楠がそれらをどのように解釈していたかという過程を跡づけていくことによって、「十二支考」という作品は、本来持っていた強烈な輝きを取り戻すことになる。

結局、「十二支考」の世界は、熊楠という強烈な個性を持つ人物の内的な知的関心とそのための探究の基盤なしには、成立し得なかった。熊楠の残した学問的な展開は、限られた時空間を生きた人間の内側からの視線に支えられながら、そのすべてがマンダラのように複雑にからみ合い、相互に関連し合っている。

そのようにして、「十二支考」という稀有なテクストは、十九世紀末から二十世紀初めの世界の知的状況の中で、徹底して個人的な知的活動を続けた一人の人物の作り上げた学問の集大成として生まれ得たのである。この著作をさらに読み解いていくことは、今後の研究の中で、熊楠という人物の思想の全体像に対する評価を、さらに大きく展開させることにつながるはずである。

終　章　複眼の学問構想

1　従来の学問分野と南方熊楠

ここまで本書では、十章にわたって、南方熊楠の学問形成の過程を、実証的な観点からたどってきた。幼少期から壮年期にかけての熊楠がおこなった知的活動は、同時代の日本や世界の思想史において、きわめてユニークなものであった。一八七〇年代から一九一〇年代という時期、熊楠は和歌山、東京、サンフランシスコ、ミシガン、フロリダ、キューバ、ロンドン、和歌山、那智、田辺という移動を経ながら、人文学、社会科学、生物学などの分野にわたる知識を追い求めた。その学問活動のあり方は、日本人としてだけでなく、世界全体を見渡してみても、稀に見るような幅広い地域・分野を横断するものである。

しかし、南方熊楠に関する研究は、現在でもなお、その重要度に比して著しく遅れていると言わざるを得ない。一九四一年の没後、日本の中央の学界とは離れて活動していた熊楠に対して、正当な評価がなされなかった経緯については序文で論じた。一九九〇年代以降の旧邸の資料調査がほぼ完結した現在でも、なお南方熊楠という存在は、既存の学問分野の中できちんと位置づけられているとは言えず、ともすれば根拠のない表層的なイメージの羅列や、定型的な論調の繰り返しによって語られることが多い。その大きな理由としては、そもそも一人の人間がなした学術活動を評価する際に私たちが通常用いる尺度を、熊楠に当てはめることが困難であるという事情があるように、私には思われる。

一般的に、過去の学者や思想家は二つの基準において評価の対象となり得る。一つは、科学史や思想史の観点から見て、その時代の知的潮流にどのような影響を与えたかを尺度とする方法である。この場合、たとえ現在の目から見てあまり意味のない内容の学問・思想であっても、もし同時代に大きな足跡を残していたとするならば、歴史的な重要性を認めないわけにはいかない。その時代の文化史や学術史の記述において、欠くことのできないピースであることが、この尺度から見た際の評価の条件であるということになるだろう。

すでに論じてきたように、熊楠の場合、こうした同時代や後世への影響というような意味では、高い評価は下しにくい。帰国後の熊楠は那智から田辺に移り住み、東京や関西のアカデミックな世界からは離れて独自の研究を進めた。その成果は民俗学や植物学の分野である程度の認知度を得ていたが、同時代の学問や思想を変えていくような位置に立っていたわけではない。熊楠はその没後に制度的な学問の中に根付いたり、弟子によって継承されていったりするような流れを、日本国内で作り出してはいないのである。また海外での活躍にしても、『ネイチャー』や『ノーツ・アンド・クエリーズ』誌に掲載された英文論考がそれなりの反響を呼んだことは確かであるが、世界の学問の大勢に何らかの影響を与えるには、ほど遠いものであった。

過去の思想を評価するもう一つの基準は、現在の学問水準の観点と照らし合わせて、著しい成果を挙げているかどうか、を尺度とするものである。この場合、従来の思想史の中で重要とされていなかったものも対象になり得る。もっとも分かりやすいのは現在の学問水準を直接に塗り替えるような例で、たまたま発見された過去の人物の手稿に書かれた内容が、同じ分野の最先端の研究を凌駕している、というような場合も考えられないわけではない。しかしそのような極端な例はおそらく少ないので、その時代の知的水準や知識の蓄積度から見て、相対的に抜きんでていたという観点からの評価が中心になるだろう。

基本的に熊楠に対する従来の評価は、こうした現在の目から見た位置づけという基準に沿って展開されてきた。ここまで見てきたように熊楠の学問的研鑽は、他の近代の日本や世界の学者・思想家の試みと比して、きわめてユニークなものであったと考えられるからである。特に平凡社版の全集が刊行され、鶴見和子の『地球志向の比較学』が上梓された一九七〇年代以降、熊楠の学問が研究者や一般から見て注目に値するものであるという理解に関しては、すでに定着したと言うことができるだろう。

しかし、こうした基準でとらえるとしても、やはり熊楠の学問の全体像をあるがままに評価するためには、克服すべき課題がある。今日のアカデミックな研究分野は熊楠の時代とはかなり異なる視点から再編され、かつ専門化が進展しており、それらのいずれから見ても、熊楠の学問的な業績は、そのままでは取り入れにくいからである。試みに、熊楠がみずからの主戦場としたいくつかの分野の現在の枠組みから、熊楠の仕事を概観してみることにしよう。

まず、人類学に関しては、熊楠が英国で研鑽を積んだ十九世紀末から二十世紀にかけての研究史そのものの変貌が大きな壁として立ちはだかっている。一九二〇年代にマリノフスキー（Bronisław Kasper Malinowski 一八八四～一九四二）やラドクリフ＝ブラウン（Alfred Reginald Radcliffe-Brown 一八八一～一九五五）により、旅行者や宣教師などの記録に基づくのではなく、人類学者自身が長期間の現地調査をおこない、現地語を習得して原住民と共に生活をしながら情報を集める方法の重要性が強調されるようになったことはよく知られている。現在の文化人類学につながるこうした方法論から見ると、熊楠が規範とした時代の著作は、もはや過去のものとして葬り去られている感が強い。近年では、フレイザーやタイラーといったこの時代の人類学史に対する研究が一定の成果を生んでいるが、[*1] それはあくまでその時代の思想史としての意味を追究するものであり、現在の最先端の学問動向につながるという側面は薄い。

これに対して、フォークロアや説話研究の分野においては、熊楠の業績はやや間接的ながら今日の学問動向につながる部分がある。一九一一年に始まる柳田国男らとの協力関係の中で発表された熊楠のこの分野の研究は、以後の日本民俗学の展開の中で一定の影響力を残した。また現在では、日本における説話研究の方法論を検討し直す中で、熊楠の方法が有していた可能性を発掘するという努力も払われつつある。[*2] その一方で、世界の各地域のフォークロアを横断的に比較するという学問の方向性は、その後、この分野の中心的な方法として確立されてきたとは言い難い。そのため、仏教説話の日本やヨーロッパへの伝播を明らかにした熊楠の業績は、全体としては評価されにくい状況にあることも事実である。

本書ではあまり触れなかった自然科学分野における熊楠の研究の評価も、現在の目から見れば厳しいものがある。熊楠が中心とした隠花植物の研究のうち、菌類に関しては三千枚を超える図譜、藻類に関しては四千点を超えるプレパラート標本が作成されたが、その成果はほとんど発表されることがなかった。英国及び日本で学術誌に研究結果が報告されている変形菌（粘菌）にしても、当時から現在にいたる分類体系の変化などもあり、熊楠の成果をそのまま評価することは難しいと考えられている。[*3]

こうした既存の学問分野とはやや異なり、二十世紀後半以降に台頭してきた学際的な分野においては、熊楠の業績をもう少し柔軟に評価することが可能である。たとえば、自然科学系で言えば、分類学としてではなく、環境学や生態学の立場から熊楠の神社合祀反対運動を評価することには妥当性がある。隠花植物研究を中心とする熊楠の分類学の成果自体はたとえ時代遅れに見えるとしても、その自然観察から生み出されてきた生態系の重要性の指摘と、それを保全するための社会活動が、現在の目から見て先駆的であったことは疑いないだろう。

同様に、比較文化論、あるいは比較文明論の立場からは、みずから文化間の差異を体験しつつ、異なる時代や異なる地域の視点を導入しようとした熊楠の試みは、大いに注目に値するものとしてとらえ得る。国際的な日本研究という観点からも、南方熊楠の学問は、日本文化の外側からの理解という問題に応える格好の一例としての意義があるだろう。さらに、ポストコロニアルの視点から見た場合、西洋の知的支配への疑義という熊楠の学問活動の方向性は世界的に十分に興味深い。また、カルチュラルスタディーズの観点からも、セクソロジーを中心として社会的規範に対する侵犯の問題を提起した熊楠の知的挑戦は再評価に値する。

とは言え、これらの学際的な研究領域は、長いスパンで制度的な学問を考えた場合には、いまだに試行錯誤の時期にある感は否めない。また、ここに挙げたような学際的な視野のいずれを採用した場合でも、南方熊楠の幅広い領域にわたる学問の全体像をすべてとらえきることができないことも事実である。結局、今日の国内外で進行している研究制度の中には、熊楠の学問を全面的に評価しうる分野は存在しないと言っても過言ではない。これだけ熊楠という存在の独自性と重要性が認識されているにもかかわらず、その多角的な研究がなかなか進んでいないのは、そもそも大学などの機関における既成の学問体系の中で「南方熊楠研究」を正面から扱いうる分野がなかったからであり、また現在でも存在していない、というのが最大の理由である。

2　「萃点」へと迫る複眼思考

では、そうした状況を踏まえた上で、南方熊楠の学問を評価するためには、その基準をどこに置けばよいのだろうか。

結局のところ、この問いかけに対する回答は、一九七一年に益田勝実が「こちら側の問題」と呼んだ地点に立ち返るように、私には思われる。益田は、「わたしたちの南方観に脱皮があり、成長もあって、はじめて読み取れるものも広くなり、深くなる」[*4]という言葉で、熊楠の評価のためには、私たち自身の知的枠組みを問い返すことが必要であると指摘した。益田のこの言葉を援用すれば、熊楠の学問を総体としてとらえ直すためにすべきことは、その同時代の思想史への影響のみに論点を絞ったり、現在の研究水準から見た枠組みに押し込めたりするのではなく、「こちら側の問題」として、熊楠の知的格闘の試みを、私たちの認識のあり方へと照射させることであると言える。

そのためには、熊楠の思想を固定的な物差しに当てはめて理解するのではなく、内側からの視線に寄り添いつつ、その展開を理解していくことが重要である。熊楠の思考のダイナミズムを再現するためには、彼の読書体験の過程を再現し、書簡や著作に思索の結果がどのように表出されているかを跡付けるという作業が不可欠なのである。こうした方針に基づきつつ、本書の執筆にあたって目的としたことは、南方熊楠の学問形成の過程を資料に基づいて丹念に再現することであった。序文で記したように、一九九〇年代以降、筆者自身も参加しておこなわれてきた大規模な邸内資料整理やその他の調査によって、熊楠に関する一次資料の利用環境は飛躍的に整えられた。本書は、そうした成果に基づいて、熊楠の知的格闘の軌跡を、すべて再検証可能なかたちで提示することを企図してきた。熊楠という人物の理解は、基本的にはすべて彼が手に触れたり、直接に話したり書いたりしたことに依拠することによってのみ、初めて確実な根拠を持つことになる。歴史の中で一人の人間が考えたことの実像にたどり着くためには、実際の「モノ」を根拠にして一つ一つ実証的に洗い直すしかないのである。

では、本書におけるこうした跡付けの作業を経た上で、南方熊楠という思想家はどのように理解できるのだろうか。ここまで論じてきた熊楠の軌跡をあらためて振り返る時、何と言っても驚かされるのは、彼が読み込んだ書籍の膨大さであり、またそれが古今東西の膨大な時空間に拡がっていることである。そうした余人の追随を許さないような知的蓄積に基づいて、熊楠は四百篇近い英文論考や、「十二支考」に代表される日本語著作、さらに内外の学者に向けた私信において、さまざまなレベルの問題系を横断するような学問活動を展開した。その際に注目すべきことは、そうした複眼的な探究の方向性が、熊楠の思考の中では拡散することなく、その時々のもっとも多くの重要な問題系が交錯する地点に向かっていることである。本書をお読みいただいた方には、熊楠の知的活動のあり方が、決して従来言われてきたような「博学」や「雑学」といった範疇にとどまるものではなく、確固とした独自の目的意識に支えられたものであったことをおわかりいただけたことと思う。

つまり熊楠の学問の特徴は情報の「量」にあるのではなく、むしろそれらをみずからの関心の焦点へと一気に集束させていく集中力の高さの方にある。熊楠のさまざまな知的探究の視線は、「南方マンダラ」を援用するならば「萃点」と呼ぶべき問題の中核に向かって行くような求心力を、常に有しているのである。その結果として、東アジア博物学の受容や、進化論との対峙、大英博物館における旅行書やセクソロジーの探索など、熊楠の学問構想は総体として、現代にも通じる先鋭的で、普遍的な問題意識を内包することとなった。本書の題名とした「複眼の学問構想」とは、熊楠の知的活動が持つこのような多様性と集束力の織り成すダイナミズムを表象することを意図して用いたものである。

この熊楠の複眼思考による学問構想について、ここであらためて、本書で論じた十章の構成に沿って振り返ってみることにしよう。

I章で述べたように、一八六七年に和歌山で生まれた熊楠が最初に学んだのは、『和漢三才図会』に代表される東アジアの伝統的な博物学であった。熊楠は、十代から筆写によって吸収した東アジアの博物学を生涯にわたって教養の基盤として活用し、その可能性を西洋に向かって発信するという作業をおこなった。これは、全体として近代以前の伝統的な学問を捨てて西洋科学の導入に邁進していた同時代の日本の状況を考える時、驚くべき知的執着であったと言うことができるだろう。しかし、その学問姿勢は、日本や他の非西洋圏において西洋科学の受容がほぼ完了した現在の眼から見ると、知的枠組みのあり方についての別の可能性を示すものとして、その意義が高まっている。

その一方で、II章からIV章に述べたように、若き日の熊楠は当時日本に流入してきた西洋の知識にきわめて敏感に対応した。十三歳の時の「動物学」の編纂から、十六歳の時のモース述『動物進化論』の読書体験に至る過程は、十九世紀の最先端の生物学の動向に見事に呼応している。さらに十九歳から二十五歳に至るアメリカでの体験により、熊楠は英語を中心としたヨーロッパ諸語の読解力を身につけ、その人文学から自然科学にいたる学問的射程は格段に広く、深いものとなった。

V章ではアメリカ時代の熊楠が、『ポピュラー・サイエンス・マンスリー』や「フンボルト叢書」を読み込むことによって、進化論とキリスト教の論争などの同時代の西洋思想の動きに刺激を受けたことを論じた。また、スペンサーの総合哲学体系を、その後の熊楠がみずからの学問構想のモデルとするとともに、乗り越えるべき対象として意識していたことを詳しく分析した。同時代の日本の思想の中で、当時の西洋思想の主流であった進化思想に熊楠ほど真摯に向き合った例は、稀であると言ってよい。

こうした西洋思想に対する熊楠の鋭敏な反応は、二十五歳以降のロンドン時代における華々しい学問的活動へと、直接つながっていった。Ⅵ章で述べたように、二十六歳の時に『ネイチャー』に掲載された「東洋の星座」を初めとする英文論考の成功は、東アジアの博物学の知識を西洋の学問的枠組みに整理し直したかたちで示すという熊楠の意図が実を結んだものであった。フランクス、リード、モリスン、ディキンズといった英国の知識人たちとの親密な交友関係も、ロンドンの学術誌上での熊楠の活躍を支えた。

また、Ⅶ章で取り上げた大英博物館などでの膨大な量の筆写ノート「ロンドン抜書」には、世界の諸民族の文化・社会を一覧として可視化するというスペンサーの記述社会学の試みを規範としながらも、熊楠独自の視点による動的な思考の流れが示されている。全体としては、大航海時代以降のヨーロッパによる地球規模の人類文化の発見を追いながら、熊楠の筆写の対象は東南アジアに始まり、新大陸、中央アジア、ペルシア、アフリカ、インド、ロシア、東アジア、オセアニアなどのあらゆる地域に伸びていく。その際、必要な情報を切り取るだけでなく、旅行による異文化接触のダイナミズムそのものをとらえようとしている点で、同時代のヨーロッパの人類学者とは異なる非西洋人としての視線を見ることができる。

「ロンドン抜書」のもう一つの独自性の表れとして、セクソロジー関連の筆写が多いことも注目される。男色、両性具有、オナニズム、宦官などの問題を取り上げた記述の筆写は、熊楠の学問的関心の中でも、特に独自性の高いものであると言えるだろう。そして「ロンドン抜書」におけるこうした関心は、人間社会における禁忌や検閲の問題と深くつながっている。青年期の熊楠は、明治前期の日本の書生社会における倫理観の反映として、異性愛よりもむしろ少年愛を礼賛する方向性を抱いていた。しかし、それは性的な逸脱に対して法的にも社会的にも厳しい目を向けたヴィクトリア時代の英国の風潮とは対立せざるを得ないものであった。「ロンドン抜書」における熊楠のセクソロジーへの関心もそうした個人的な異議申し立てに端を発していたと言うことができるだろう。

Ⅷ章では、フォークロアにおける熊楠の関心が、文化の独立発生と伝播をめぐる同時代のヨーロッパにおける研究に強く影響されたものであることを論じている。熊楠は「東洋の星座」において、インドと中国の星座の独立発生説を採用したが、その後「マンドレイク」や「さまよえるユダヤ人」といった英文論考において、伝播説を取り入れた。しかし、フォークロアの発生は広い視野から追究するほどにその過程が入り組んでおり、単純な独立発生か伝播かというとらえ方では解決できなくなってくる。熊楠のフォークロア研究はこうした観点から、三十三歳での帰国前後を境として、複合的で柔軟な解釈を取るようになっていく。

Ⅸ章で述べたように、アメリカ時代からロンドン時代の熊楠の学問的な試行錯誤は、二十六歳の時に知り合った土宜法龍との文通の中で理論化されていった。この過程で熊楠は、スペンサーから学んだ因果関係を学問の基礎とする方法論をさらに発展させ、真言密教と近代科学を融合させた「南方マンダラ」と呼ばれる思想を語っている。この「南方マンダラ」は、ロンドン時代のフォークロア研究における研鑽と連動するものであり、また田辺定住後の神社合祀反対運動における生態学の考え方にもつながるものであった。

Ⅹ章では、田辺時代の熊楠が、「ロンドン抜書」での人類学における研鑽を、日本語論文のかたちで活用していったことについて論じた。柳田国男との対話の中で、熊楠は自分の文体が日本語表現としては不自然なものであることを指摘され、その懸隔を乗り越えるために工夫を凝らしている。「腹稿」と呼ばれる独自の論文のための下書きも、「ロンドン抜書」や帰国後に購入した洋書の蔵書から得た人類学的情報を論文に組み直すための方法として編み出されたものであった。その結果として、四十代後半から五十代半ばにかけての円熟期に、「十二支考」という、熊楠の学問的研鑽を集大成したユニークな連作が成立することとなった。

3　南方熊楠の学問構想がもたらすもの

このような熊楠の試行錯誤の過程が現在の目から見て新鮮なのは、既存の学問分野をそのまま受け入れるのではなく、常に自分自身の関心という一点において判断しながら、独自の知の技法を作り上げようとしていたことである。

その複眼的な世界観の基盤は、何よりもまず、東アジアの伝統的学問から近代西洋の科学知識へというパラダイム転換が日本で進行した時代を生きたことから生み出された。東洋と西洋の間で大きく異なる知的枠組みを往復する体験から、固定化された学問領域が存在しないことを熊楠は学んでいった。

その上で青年期を英米圏で過ごし、身体、性、日常生活などのさまざまな面でのマイノリティとしての立場を経験したことにより、権威的な学問制度に対する熊楠の懐疑とそこから生まれた問題意識は、身体化され、研ぎすまされていくことになった。熊楠が作り上げていった思想は、けっして文献情報のみに依拠するのではなく、みずから北米、キューバ、ロンドン、那智などのまったく異なる環境を実際に踏破することによって、個人の経験として内在化されたものであった点にも大きな特徴がある。

こうした熊楠の学問形成の道のりは、今日、スペンサーを初めとする熊楠と同時代の西洋の学問が過去のものとされ風化していく中で、なお異彩を放っている。たとえば「ロンドン抜書」に筆写された旅行記やセクソロジー関連書からは、熊楠が記述する側と記述される側の両方の視点を往還しようとしていた跡を見て取ることができる。そうした姿勢は、日本に関するイエズス会の記録の筆写において、キリスト教側と日本側の双方から文化を観察していることなどに典型的に見ることができる。また、男色という現象に関して、これを社会への侵犯とみなす側の作り上げている規範自体を組上に載せる態度にも表れている。

「ロンドン抜書」における熊楠のこのような関心は、英語・日本語双方で執筆された数々の論文にも確認することができる。熊楠はマルコ・ポーロ以来の西洋側の旅行者の記述を、伝統的な東アジアの記述とつきあわせることで、中央アジアや東南アジアの文化を複眼的に論じようとした。さらに、しばしば熊楠の論には、イスラム世界から中国に旅行した人物の記述なども加わり、その「比較地誌学」と呼ぶべき試みは、多数の文化圏の視線を巻き込んだ重層的なものとなっている。熊楠はロンドン時代の初期に、土宜法龍に向けて「回々教国にては回々教僧となり、インドにては梵教徒となるつもりに候」[*5]と語っているが、そうした徹底した文化相対主義の態度は、残されたさまざまなテクストの中に如実に表れているのである。

ロンドン時代から那智時代にかけて土宜法龍に宛てた書簡は、それまでの熊楠の学問姿勢を試行錯誤の中で理論化したものである。「物」と「心」の間に生ずる「事」の世界の説明として、熊楠は必ずしも主体と客体とを固定しない見方を導入する。また、一九〇三年の夏に展開された「南方マンダラ」に関する議論において熊楠は、視点が移動した際には異なって見えるような世界観のモデルを提唱することで、動的なものの見方を重視する方向を示している。無数の因果の交錯する現実世界では、偶然の介入により予測できない結果がもたらされるという「南方マンダラ」における熊楠の発見は、後に神社合祀反対運動をおこなった際の、さまざまな生命現象が複雑に絡み合う場所としての生態系に向けるまなざしにつながっていった。

熊楠が開拓していったこのような学問的な視野は、今日の私たちが抱えている問題に、直接示唆するところが大きい。自然と人間、文明と未開、性的な規範といった固定的な図式化を基にした認識の枠組みは、二十世紀後半に入るとさまざまな面から疑問が呈されるようになっていった。主体としての観察者自身の立ち位置を含み込んだかたちでしか、対象とされる社会の記述は成立し得ないという認識も、前述の文化人類学を含めたさまざまな分野で共有されつつある。また、自然や文化を複雑で動的な生態系としてとらえる視点を導入することは、関連する学問領域において、今日でも引き続き重要な課題として残されている。

そうした状況を考えるならば、十九世紀末から二十世紀初めにかけて熊楠がおこなった複眼思考による学問的挑戦の意義は、現在進行形のものとしてとらえ直されるべきであろう。熊楠が既存のアカデミックな権威に頼ることなく、みずからの眼で確認した基準に忠実に学問的研鑽を進めたことは、その思索の独創性を深めさせることにつながった。それによって生まれてきた知のあり方は、南方熊楠という人物の身体性や内的思索と密接に結びついた、徹底して個人的なものである。しかし、そうした個人としての問題意識を掘り下げたからこそ、その時々の熊楠自身の視点の移動や揺れをも含み込みながら、現代の我々自身の認識に鋭く訴えかけて来る力と、時代に左右されない普遍性を持ち得たのである。

重要なのは、熊楠がこうした独自の視点を持つようになったのは、けっして奇をてらうような学問姿勢を持っていたからではないという点である。ともすれば、熊楠はその独特の人柄とあいまって、本筋ではない極端な道のりをあえて選択していたというとらえ方が、日本国内ではなされてきた。しかし実際には、熊楠は当時の日本人の学者としてはめずらしく、西洋の学問的潮流と正面から向き合い、その課題に真っ向から取り組んだ人物であった。本書で論じてきたように、熊楠は常に同時代の西洋の学問を読み込み、英文での論文発表や手紙のやりとりによって他の学者と対話するという姿勢を維持し続けた。むしろ、他の近代以降の日本の多くの学者や思想家こそ、なぜ熊楠のように世界の知的潮流に、まっとうなやり方で対応することがなかったのか、という問いの方が自然に見えてくるであろう。

だとすれば、私たち自身の南方熊楠に対する取り組みもまた、不確かなイメージ操作によって自分たちに都合のよい熊楠像を作り上げるのではなく、実証的な分析と確実な立論によって、その学問の持つ可能性を正面から追究していくべきである。さいわい、熊楠は自らの試行錯誤を論文や私信や日記としてだけでなく、ノートや書き込みなども含めて驚くべき几帳面さで保存しており、その結果として、思索の過程を端々までつぶさに再現することが可能である。それらの資料を丹念に読み込み、再検証が可能な方法で提示していくような手法、つまりはオーソドックスな研究の手続きに従うことによってのみ、南方熊楠という精神の全貌を理解する道は開かれることになる。そのような真摯な態度で向き合う時にこそ、熊楠の資料群は、彼がみずからの限られた人生の中でとらえたさまざまな知的探究の実態を、私たちの前に示してくれるのである。

南方熊楠の複眼思考の学問構想から、現在、そして未来にかけて私たちが学ぶべきことは、これまで考えられてきたよりもずっと広く、そして深い範囲に及んでいる。熊楠の知的達成の多くは、今日の研究分野に、すぐにそのまま取り入れられて行くような性質のものではないかもしれない。しかし、熊楠という人物が生涯をかけて成し遂げた多様で豊穣な学問構想の全体像を丹念に掘り起こしていく作業は、今後長きにわたって着実に私たちの認識に衝撃を与え続け、やがては私たちの知的枠組みそのものを揺り動かしていくことにつながるはずだと、私には思われるのである。

あとがき

一九九一年に修士論文を基にした『南方熊楠　一切智の夢』を上梓してから本書の刊行にいたるまで、南方熊楠研究に専念してきた二十五年間、つまり四半世紀に及ぶ時間は、筆者にとってたいへん幸福なものであった。何より、田辺市の旧邸を中心としてふんだんに残された資料を読み込む作業は、常に充実感をともなっていた。研究仲間や理解者に恵まれて、さまざまなかたちで議論や発表の機会を重ねたり、熊楠が踏破したアメリカ各地、ロンドン、那智などに赴いて、その足跡を確かめたりすることは、理屈抜きに楽しかった。

とは言え、この間、筆者の南方熊楠の学問に対する評価にまったく「ぶれ」がなかったと言えば、それは嘘になるだろう。『一切智の夢』を書き上げてからしばらくの間、熊楠の知的探究の重要性を何とかして伝えなければと思い、やや大風呂敷を広げて論じ直すうちに、はたして現在の学問状況の中でそのことが本当に意味を持つのだろうかと、真剣に疑問に感じ始めたことは事実である。その疑問は、二十代の後半から三十代にかけて、自分の中でひそかに大きくなっていった。

特に、一九九四年から二年間、ケンブリッジ大学の社会人類学科客員研究員として英国に滞在する間に感じた、海外の研究者との認識の懸隔は絶望的なものと感じられた。この伝統ある社会人類学の研究室は、名だたる教授陣や博士号をめざす多くの大学院生が集まる学問的な活気のみなぎる場所で、そのこと自体には非常に刺激を受けた。しかし、自分の研究対象である南方熊楠の話をしても、その重要性はなかなか理解してもらうことがなかった。

ジェイムズ・フレイザーの世代の英国の人類学に影響を受けた学者という説明をしてみるのだが、そもそもフレイザーそのものが過去の存在としてとらえられているのだから効果がない。実際、驚くべきことに、社会人類学の研究室には、ここで教えていたフレイザーの直筆の手稿ノートが数冊、読解も刊行もされないままに残されていた。タイラーやハッドンなども含めた英国の人類学史を研究する人たちもごくわずかにいたが、フィールドワークのために世界中に散っていく主流派の勢いとは比較しようもなかった。

そんな環境の中で、すでに引退されていた東洋学科教授のカーメン・ブラッカー氏が南方熊楠に関心を持ち、筆者の研究に関しても評価していただいたことはたいへんに心強かった。またケンブリッジから小一時間ほど列車に乗ってロンドン中心部の大英博物館に行けば、そこには熊楠が研鑽を積んだ円形ドームがまだ利用者に開放されていて、熊楠の時代と同じように書籍を読むことができた。そのようにして、一九九〇年代の半ば頃には、最先端の学問からはかけ離れた気分で、「ロンドン抜書」などに関連する文献を漁っていたのである。

しかし帰国後、一九九七年から駿河台大学、そして二〇〇一年からは龍谷大学で勤務しながら、ふたたび南方熊楠旧邸を中心として研究を続けていくうちに、徐々に国際的な研究環境が変わっていくのを感じることができた。本書でも紹介したように、一九九〇年代の資料調査の開始以降、熊楠の実証的な研究は飛躍的に進んだ。これと並行して、英語圏やドイツ語圏で、熊楠に関する論文もちらほらと目にするようになって行った。中国語圏との関係においても、二〇〇七年には「孫文と南方熊楠」というシンポジウムを神戸で開催し、中国語と日本語で報告書が刊行された。

その後、二〇〇九年度に筆者は、一年間の研究休暇を得て、ふたたび英国に戻って、ロンドン大学東洋アフリカ研究所の客員研究員となる機会をいただいた。大英図書館はすでに博物館から分離してセント・パンクラス駅横の近代的な建物に移管され、ロンドンの街は十五年前の前回の滞在の頃とはちがって、明るく多文化的な活気に満ちていた。そしてこの一年間の滞在を通して、欧米における知的潮流の変化を如実に感じさせられることになったのである。

この時の滞在では、ロンドン大学や国際交流基金で多くの英国人に対して講演を行う機会を得た。そこで熊楠の話をしたところ、聞き手の反応には、以前とはまったく異なる熱気を感じた。筆者の英語での講演の能力は、聴衆を魅了するというような高いレベルのものではないのだが、それでも熊楠の学問の現代性について話すと、たくさんの人が身を乗り出すようにして聞いてくれた。そして、講演後にはきまってさまざまな質問を受けることとなった。

そうした際に感じたのは、海外で熊楠を語ることの何とも言えない開放感であった。日本国内での評価としては、依然として熊楠はやはり本流から外れた変わった学者、という印象がどうしてもぬぐえないところがある。しかし、海外で話していると、むしろ近代から現代にかけての日本の他の知識人一般の方が偏っていて、熊楠は世界基準で学問をしていたきわめて真っ当な人物としか思えなくなってくる。

酒を飲んで暴れたとか、暑いから裸で暮らしていたとか、気に入らないと反吐を吐いたとか、そんな極端な話をした時でさえ、「へえ、人間的な人ですね。これだけの学問を作り上げた人物がそんな人間的な人だったのはとても興味深い。もっと教えて下さい」という感じである。オリジナリティを持って個人として自己主張することこそが重要で、学者間で徒党を組むような日本流のやり方が通用しない欧米の感覚からすると、熊楠は彼らがストレートに理解したり共感したりできる数少ない日本人思想家なのかもしれない、と考えるとようやく合点が行った。

それでも最初はそんな反応に半信半疑で、そうは言っても熊楠にはこんな限界があって、などと弁解のように話したりしたのだが、だんだん彼らの評価こそが正しいのではないかと思うようになってきた。十九世紀末の西洋中心の一方的な学問秩序に対して真っ向から果敢にチャレンジしたこと。東アジアの博物学や密教思想と近代科学の融合に基づく新たな世界観を模索していたこと。生態系の保全に対して先駆的な視野を持っていたがゆえに孤立せざるを得なかったこと。そうした熊楠の知的探究の持つ普遍性は、たしかに現在の世界のどこに持って行っても通用するような、揺るぎない価値を有している。そのことを日本の国内外の人に伝えることができるという確信を、二十数年の時間的経過を経て、ようやく筆者も持つことができるようになったのである。

その一方で、そうした大きな文脈の中で熊楠の学問を確立していくためには、ごまかしは禁物である。熊楠は、英文においても日本語においても、参考文献の探索とその正確な記述に心血を注いだ学者である。抜き書きや書き込み、腹稿などのノートを分析すると、熊楠が同時代の学問や古今東西の文献記録に対して、いかに真摯に向かい合っていたかがよくわかる。だからこそ、彼の思想的な飛躍は確固とした基盤を持ったものとして、現在および未来の研究者が本気で取り組まざるを得ないものとなったのである。

そうした熊楠の学問に向き合うことは、研究者にとっても、どれだけきちんとした実証的な方法論を一貫して保っているかを問われる作業である。一時的な読者の関心に合わせて熊楠を神話化したり、表層的なイメージを駆使して華麗に語ったりしても、そのような言説は長い目で見れば砂上の楼閣として消え去っていくことになる。数十年、数百年という時間を見据えながら熊楠の学問の全体像を明かにしていくという仕事は、結局のところ、彼自身がおこなっていたような正攻法の学問的手続きに則って、基礎資料に基づく分析を一つずつ、ていねいに確定していく地道なやり方によってしか、なし得ることができない。

その意味において、紆余曲折を経た後に、今回の著作の元となる稿を東京大学大学院総合文化研究科の博士論文として提出できたことは、筆者にとってたいへん幸運であった。一般的に二十代から三十代にかけて取得する課程博士の学位を、研究生活の出発点と位置づけることは、すでに社会科学だけでなく人文学においても主流となりつつある。そのような中で、二十数年に及ぶ資料調査の成果に基づいた論文を、何人もの方の手を煩わせて審査してもらうという実に遠大な過程を経ることができたのは、なかなか得がたい僥倖と言うべきであろう。修士論文から博士論文にかけて、筆者はまことに贅沢な時間の使い方をさせていただいたと考えている。

本書の上梓にあたって、御礼を申し上げたい方は数多い。一九九二年の邸内資料調査の開始から二〇〇六年の顕彰館の設立まで、南方熊楠資料研究会のメンバーの方々と一緒に作業させていただいたことは、筆者の研究人生の基盤となった。共同作業にあたっては、筆者自身の稚拙さや怠慢から多大なご迷惑をかけたことも一度ならずある。本書を刊行することが、少しでも、こうした長年のご厚誼に対するご恩返しになっていればさいわいである。また、この間、田辺の南方熊楠顕彰館、白浜の南方熊楠記念館などの関連の方々にもさまざまな恩恵を受けた。二〇一五年に資料研究会を受け継ぐかたちで設立された南方熊楠研究会の仲間のみなさまとともに、さいわいにして熊楠の地元に残された貴重な資料を活用しながら、今後も研究を進めてゆきたいと考えている。

博士論文の提出にあたっては、主査の菅原克也氏にていねいなご指導を受けた。また、論文審査の際には、徳盛誠、岩本通弥、佐藤健二、稲賀繁美の各氏に有益なご助言を賜った。審査と前後して、個人的に草稿を読んでご意見をいただいた鈴木滋、椛島良介、田村義也、志村真幸、小田龍哉の各氏にも御礼申し上げたい。

それから、やや場違いかもしれないが、本書の校正の過程において妻の松居郁子が活躍してくれたことを記録しておきたい。本書の一つの特徴は、多様な出典や一次資料を用いた詳細な情報提供にあり、校正の専門的な知識を持つ妻の協力を得たことによって、記述の精度を格段に高めることができたと考えている。

本書の編集をご担当いただいた慶應義塾大学出版会の上村和馬氏から最初に執筆の依頼を受けたのは、二〇一二年秋のことである。それから四年の歳月にわたって、出版社としての都合よりも、長く読み継がれる本を生み出すことの方を優先した上村氏の言葉はたいへんありがたいものであり、結果的に本書が今の自分に書きうる最大の規模・内容のものとなることへと導いていただいた。

こうして誕生した本書が、その準備期間に見合うような長い年月にわたって、将来のよき読者を得続けることを祈りたいと思う。

二〇一六年八月

松居竜五

本書に収録した内容を含む既発表論文の章ごとのリスト

（すべて筆者による単著あるいは執筆箇所。本書の執筆にあたっては全面的に見直し、改稿している）

序

「南方熊楠、伝説から真実へ」『ユリイカ』二〇〇八年一月号、青土社、五九～六三頁

「南方熊楠研究の現在」『インターカルチュラル』十四号、日本国際文化学会、一〇一～一〇七頁

I 教養の基盤としての東アジア博物学

「形成期の南方学」『現代思想』一九九二年七月号、青土社、五五～六六頁

II 西洋科学との出会い

「南方熊楠と「科学」」『科学』二〇一三年八月号、岩波書店、pp.0887-0891

III 進化論と同時代の国際情勢

『南方熊楠大事典』（勉誠出版、二〇一二年）中の松居執筆項目（特に「自己イメージ」「性と愛」「神田共立学校」「東京大学予備門」「青年期の旅行」）

「南方熊楠の江ノ島旅行」『小日本』第二十三号、坂の上の雲ミュージアム、二〇一五年、九～一一頁

IV アメリカにおける一東洋人として

「サンフランシスコにおける南方熊楠」『熊楠研究』第六号、二〇〇四年、二九六～三〇六頁

「ランシング・アナーバー時代の南方熊楠」（横山茂雄・中西須美と共著）『熊楠研究』第五号、二〇〇三年、松居担当分「第四章　ミシガン大学博物館とスティア」、一二八～一三三頁

「ジャクソンヴィルにおける南方熊楠」『龍谷大学国際社会文化研究所紀要』第十一号、二〇〇九年、二一〇～二二八頁

「アメリカ時代の南方熊楠」『熊楠ワークス』三十九号、二〇一二年、二三～三〇頁

V ハーバート・スペンサーと若き日の学問構想

「南方熊楠とは何者か」『季刊民族学』第一三九号、千里文化財団、二〇一二年、八～一一頁

「南方熊楠蔵書中のハーバート・スペンサー著作に見られる書き込み」『熊楠研究』第九号、二〇一五年、（一〇）～

（三〇）頁

VI

「東洋の星座」と英文論考の発表

「南方熊楠初期英文論文の周辺」『龍谷大学国際社会文化研究所紀要』第六号、二〇〇四年、九八～一一五頁

「南方熊楠の海外での活動に関する資料の収集と分析」『龍谷大学国際社会文化研究所　紀要』第十三号、二〇一一年、一四七～一五九頁

「英国の新聞記事から見る南方熊楠のロンドン時代」『龍谷大学国際社会文化研究所紀要』第十五号、二〇一三年、一五五～一六三頁

「「東洋の星座」再論」、志村真幸編『異端者たちのイギリス』、共和国、二〇一六年、四六三～四八六頁

VII

「ロンドン抜書」の世界

「南方熊楠ロンドン抜書目録」（月川和雄と共著）『現代思想』一九九二年七月号、青土社、ⅰ～xvi頁

「筆写と癒し――南方熊楠の英国博物館」『季刊仏教』№31、法蔵館、一九九五年四月号、一〇一～一〇八頁

「「ロンドン抜書」考」『熊楠研究』第一号、一九九九年、八四～一〇八頁

「「ロンドン抜書考」・二」『熊楠研究』第二号、二〇〇〇年、五八～八七頁

「図書館の中のユーラシア大陸――南方熊楠「ロンドン抜書」における旅行書」『南方熊楠とアジア』、勉誠出版、二〇一一年、一一八～一二六頁

「「帝国」を逸脱する視線――南方熊楠の大英博物館における筆写作業をめぐって」、石井正巳編『博物館という装置　帝国・植民地・アイデンティティ』、勉誠出版、二〇一六年、二四二～二六五頁

VIII

フォークロア研究における伝播と独立発生

「南方熊楠とフォークロアの伝播説――「さまよえるユダヤ人」解題」『熊楠研究』第三号、二〇〇一年、一六一～一七五頁

『〔ネイチャー〕誌篇』、集英社、二〇〇五年中の松居執筆分

『〔ノーツ・アンド・クエリーズ〕誌篇』、集英社、二〇一四年中の松居執筆分

IX

「南方マンダラ」の形成

「勝浦・那智における南方熊楠」『生活文化研究所年報』第十六輯、ノートルダム清心女子大学生活文化研究所、二〇〇三年、三~三三頁
「南方マンダラの形成」『南方熊楠の森』、方丈堂出版、二〇〇五年、一三三~一五八頁
「近代科学と伝統的自然観――那智生態調査・神社合祀反対運動期の南方熊楠の思想展開」、蔦満也編『共生する世界――仏教と環境』、龍谷大学人間・科学・宗教オープン・リサーチ・センター研究叢書第八巻、二〇〇七年、一三八~一五八頁

X 「十二支考」の誕生
「柳田国男と南方熊楠の協力について」『龍谷大学国際社会文化研究所紀要』第十号、二〇〇八年、二二六~二三三頁
「南方熊楠と『方丈記』――ディキンズとの共訳をめぐって」『文学』第十三巻第二号、岩波書店、二〇一二年、七七~九三頁

なお、本書の執筆にいたる過程では、以下の研究助成を受けている。
平成十三~十五年、科学研究費基盤研究B「南方熊楠資料の連関的研究」(研究代表　松居竜五)
平成十六~十九年、科学研究費基盤研究A「南方熊楠草稿の公刊と関連資料の総合的研究」(研究代表　松居竜五)
平成二十~二十二年、科学研究費基盤研究B「南方熊楠資料の基礎研究と学際的展開」(研究代表　松居竜五)
平成二十三~二十五年、科学研究費基盤研究B「基礎資料に基づく南方熊楠研究の学際的・国際的展開」(研究代表　松居竜五)
平成二十六~二十八年、科学研究費基盤研究B「基礎資料に基づく南方熊楠思想の総合的研究」(研究代表　松居竜五)

注

序

＊1　全集別一巻五五四頁
＊2　南方熊楠自身、一種のパフォーマンスとして周囲に自分の生涯を誇張して語ることは多かった。そのため、熊楠に関する伝説的な逸話の形成自体は、研究対象になり得る。飯倉照平「熊楠伝説」松居竜五・田村義也編『南方熊楠大事典』、勉誠出版、二〇一二年、一二四頁下段～一二九頁上段、を参照。
＊3　柳田国男「南方熊楠先生――その生き方と生れつき」、飯倉照平編『南方熊楠　人と思想』、平凡社、一九七四年、二三八頁
＊4　桑原武夫「南方熊楠の学風」『南方熊楠　人と思想』一二頁
＊5　益田勝実「野の遺賢」『南方熊楠随筆集』解説、筑摩書房、一九六八年、三五五頁
＊6　益田勝実「こちら側の問題」、全集二巻解説、六一一頁
＊7　鶴見和子『南方熊楠　地球志向の比較学』、講談社学術文庫、一九八一年、二三九頁
＊8　ただし、変形菌（粘菌）、藻類、真菌類（キノコ）などの植物標本や図譜に関しては、一九八〇年代末に、国立科学博物館に移管されている。
＊9　中瀬喜陽・松居竜五「南方熊楠邸新発掘記」『新潮』一九九〇年十月号
＊10　全集七巻一三頁
＊11　全集七巻一六頁
＊12　松居竜五・牧田健史・小山騰『達人たちの大英博物館』、講談社選書メチエ、一九九六年
＊13　総計四十名近くになる協力者とその分担については、『南方熊楠邸資料目録』、田辺市南方熊楠邸保存顕彰会、二〇〇五年、あとがき、五二三～五二六頁を参照。
＊14　『南方熊楠・平沼大三郎往復書簡』、南方熊楠資料叢書、二〇〇七年。『南方熊楠・小畔四郎往復書簡』（一）～（四）、南方熊楠資料叢書、二〇〇八～二〇一一年。『キノコ四天王樫山嘉一宛南方熊楠書簡』、南方熊楠記念館、二〇一一年。

Ⅰ章　教養の基盤としての東アジア博物学

＊1　南方弥兵衛・すみの子として戸籍に記載されているのはこの六名であるが、他に夭逝した子が三名いたようである。熊楠自身、自分には兄弟が九人いたと記しており、三男（全集六巻九二〜三頁）、あるいは四男（全集八巻三一頁）であると自称しているが、戸籍上は次男である。また、この九人の他に、弥兵衛には前妻の子もいたが、家を出たり早逝したりしていたようである。
＊2　武内善信『闘う南方熊楠』、勉誠出版、二〇一二年、八頁
＊3　武内、四一頁
＊4　飯倉照平『南方熊楠　梟のごとく黙坐しおる』、ミネルヴァ書房、二〇〇六年、九頁
＊5　飯倉照平・長谷川興蔵編『南方熊楠百話』、八坂書房、一九九一年、八頁
＊6　郷間秀夫「南方熊楠蔵書『三花類葉集』と著者伊藤伊兵衛について」『熊楠ワークス』四三号、二〇一四年、三二〜三三頁
＊7　飯倉照平・長谷川興蔵編『南方熊楠・土宜法竜往復書簡』、八坂書房、一九九〇年（以下本書を通して『南方熊楠・土宜法竜往復書簡』と表記。なお本書名以外では土宜法龍と表記）、一四頁上段
＊8　『南方熊楠・土宜法竜往復書簡』三三八頁下段
＊9　勝又基「江戸の百科事典を読む　『訓蒙図彙』の変遷」『しにか』一一巻三号、大修館書店、二〇〇〇年、六七頁上段〜下段
＊10　杉本つとむ『杉本つとむ著作選集七　辞書・事典の研究Ⅱ』、八坂書房、一九九九年、二六四頁
＊11　杉本、二七一頁
＊12　東京・南方熊楠翻字の会編「「南方熊楠辞」――『和漢三才図会』へのアナーバー時代書き入れ」『熊楠研究』八号、二〇〇六年、一四三頁上段
＊13　全集一巻一二三頁
＊14　全集一巻三四九頁
＊15　全集八巻三一〜三二頁
＊16　全集七巻八頁
＊17　全集七巻七〜八頁
＊18　全集七巻六頁
＊19　雲藤等『南方熊楠　記憶の世界』、慧文社、二〇一三年、四四〜五〇頁
＊20　注12参照。翻刻文は一四三頁上段〜一四五頁上段。以下の引用はこれによる。
＊21　中井秀弥宛書簡（一九二九年十一月六日付、全集別一巻四二八頁）では「九つの時相生町の佐武（正元《しょうげん》とか申せし）という産科医」でのこととしている。
＊22　週刊朝日編『値段史年表』、によれば、明治十年の一日あたりの大工手間賃が四十五銭であるから、七円は現在の価格にして十万円程度といったところであろう。
＊23　南方熊楠顕彰館第一六回特別企画展「和漢三才図会」（二〇一四年三月二十一日〜五月六日）パネルより、千本英史・今枝杏子・向村九音・辻晶子「第Ⅱ部寺島良安と『和漢三才図会』」
＊24　「南方熊楠辞」一四四頁下段〜一四五頁上段
＊25　小峯和明「和漢三才図会シンポジウム覚え書き」『熊楠ワークス』四四号、二〇一四年、三三頁
＊26　杉本、二七二頁
＊27　島田勇雄・竹島淳夫・樋口元巳訳注『和漢三才図会』、平凡社東洋文庫、一九八五〜一九九一年、一巻九頁

＊28　『和漢三才図会』二巻三一六～三一七頁

＊29　山田慶兒「本草における分類の思想」、山田慶兒編『東アジアの本草と博物学の世界』上巻、思文閣出版、一九九五年、一〇～一五頁

＊30　西村三郎『文明のなかの博物学　西欧と日本』上巻、紀伊國屋書店、一九九九年、一二一頁

＊31　西村、上巻一二二頁

＊32　西村、下巻六一三頁

＊33　『和漢三才図会』六巻三六五～三六六頁

＊34　全集六巻四七四頁

＊35　飯倉照平「熊楠の親しんだ中国の古籍」『現代思想』一九九二年七月号、一一〇頁

＊36　全集七巻二二一頁

＊37　全集二巻一三三～一三四頁

＊38　全集三巻四六頁

＊39　飯倉照平『南方熊楠の説話学』、勉誠出版、二〇一三年、六頁

＊40　和歌山県公文書館マイクロフィルム資料「課余随筆」[A1-060-0125]。翻刻は筆者による。

＊41　『アシーニアム』*The Athenaeum* 誌に掲載されたトムズの論文については、アラン・ダンデス（荒木博之編訳）『フォークロアの理論―歴史地理的方法を越えて』、法政大学出版局、一九九四年、三七～四一頁に邦訳がある。

＊42　原田健一編「明治十九年東京南方熊楠蔵書目録」『熊楠研究』三巻、二〇〇一年、(一六)～(三〇)頁

＊43　全集七巻二八頁

＊44　飯倉照平監修、松居竜五・田村義也・中西須美訳『南方熊楠英文論考［ネイチャー］誌篇』、集英社、二〇〇五年（以下本書を通して『［ネイチャー］誌篇』と表記）、四四頁

＊45　『［ネイチャー］誌篇』四七～四八頁

＊46　『［ネイチャー］誌篇』四九頁

＊47　『［ネイチャー］誌篇』六七頁

＊48　和歌山県公文書館マイクロフィルム資料「課余随筆」[A1-061-0240～0241]。翻刻は筆者による。

＊49　ただし、ここに記された一八九四年五月の二通の来簡は発見されていない。南方熊楠顕彰館に残されているのは一八九四年六月十八日付以降の来簡［来簡 0236～0243］であり、これらは次の論文に原文翻刻が掲載されている。松居竜五「南方熊楠初期英文論文の周辺」『龍谷大学国際社会文化研究所紀要』第六号、二〇〇四年、九八～一一五頁

＊50　全集八巻二四七頁

＊51　『［ネイチャー］誌篇』八二頁、一八九四年の熊楠の手紙の中の文句をオステン・サッケンが以下の自著に引用したもの。C. R. Osten-Sacken, *Additional Notes in Explanation of the Bugonia-Lore of the Ancients*, J. Hoerning, Heidelberg, 1895, p.19.

＊52　『［ネイチャー］誌篇』四五頁

＊53　『［ネイチャー］誌篇』八三頁。原文は Osten-Sacken, 1895, p.20

＊54　全集七巻一六頁

＊55　全集六巻五七～五八頁

＊56　奥山直司・雲藤等・神田英昭編『高山寺蔵南方熊楠書翰　土宜法龍宛　1893-1922』、藤原書店、二〇一〇年（以下、本書を通して『高山寺書翰』と表記）、四六頁下段

＊57　全集八巻一九二頁。また一八九三年十一月から一八九四年

十月に筆写された「課余随筆」巻六上(42)には「三宅米吉ノ元史中ニ散見スル所ノマルコポロノ事蹟及其傳」と題する書き抜きがある。((財)南方熊楠記念館編『南方熊楠へのいざない　資料2』、(財)南方熊楠記念館、二〇〇一年、一二三頁)

＊58　全集六巻四七三〜四七四頁

＊59　「ロンドン抜書」に関しては、筆者は整理のための独自の番号を用いている。「ロンドン抜書目録凡例」参照。

＊60　なお『中国植物誌』*Botanicon Sinicum* は、田辺定住後に『王立アジア協会中国支部会報』に掲載されたものを購入したようである［洋誌020］。*Journal of the China Branch of the Royal Asiatic Society, 1893*, Shanghai, 1896.

＊61　『［ネイチャー］誌篇』七二頁

＊62　『［ネイチャー］誌篇』八三〜八四頁

＊63　『［ネイチャー］誌篇』一一二頁

＊64　『［ネイチャー］誌篇』一三三頁

＊65　飯倉照平監修、松居竜五・田村義也・志村真幸・中西須美・南條竹則・前島志保訳『南方熊楠英文論考［ノーツ アンド クエリーズ］誌篇』、集英社、二〇一四年（以下、本書を通して『［N&Q］誌篇』と表記）を参照。

＊66　全集五巻四三六頁

＊67　全集五巻四三九〜四四〇頁

＊68　「虎」の呼称については、大槻文彦『言海』、白川静『字通』もこの『本草綱目』説を採用しており、定説と考えることができる。

＊69　ビールの原文は、以下の箇所を指すと考えられる。"The compound *wu-t'u*, which is translated by Julien "a tiger" without explanation, is probably the Sanskrit *ôtu*, a cat." Hiuen-Tsiang, Samuel Beal (tr.), *SI-YU-KI; Buddhist records of the western world*, Trübner & Co., London, 1884, vol.1, p.146, footnote 79.

＊70　全集五巻四三六頁

＊71　全集五巻四三九頁

＊72　全集一巻一九一〜一九二頁

＊73　全集二巻八七〜九〇頁

＊74　飯倉照平「和漢の百科事典と本草学」、『南方熊楠大事典』六頁上段

＊75　全集八巻一八九頁

II章　西洋科学との出会い

＊1　全集一巻五七〇頁

＊2　歳差運動自体は、古代ギリシアのヒッパルコスの発見以来、西洋では古くから知られていた。北極星の移動に関しては、紀元前一五〇〇年〜紀元五〇〇年に天の北極に一番近い位置（最接近は紀元前一一〇〇年）にあったのはこぐま座β星（別名コカブ、視等級二・一）であり、孔子（紀元前五五二〜四七九年）の時代はこれにあたる。鳥山が説いたように、その後はほぼ同じ明るさの句陳（勾陳）と呼ばれたこぐま座α星（別名ポラリス、視等級二・〇）が北極星となった。

＊3　飯倉照平『南方熊楠　梟のごとく黙坐しおる』一九頁。なお、飯倉は孔子の時代の北辰をりゅう座α星（別名トゥバン）としているが、この星が北極星であったのは紀元前四〇〇〇年頃であり、かつ視等級も三・七と暗い。

＊4　鳥山嶺男「亡父の傳記（昭和二十六年遺稿）」、鳥山泰雄

『夕津々』、私家版、一九六四年、二八頁
＊5 鳥山嶺男、三四頁
＊6 鳥山嶺男、三四～三五頁
＊7 鳥山啓『西洋雑誌』、一八七三年、三丁表～九丁裏
＊8 鳥山啓、一四丁表～一六丁裏
＊9 鳥山嶺男、六〇頁
＊10 『南方熊楠百話』二二七頁
＊11 『南方熊楠百話』九頁
＊12 鳥山嶺男、四三頁
＊13 鳥山嶺男、二二頁
＊14 田中芳男閲、田中義廉編集『小学読本』巻五、一八七五年
＊15 田中芳男監修、遠藤省吾編『小学博物問答』、弘書堂、一八七七年
＊16 田中芳男訳纂『動物学初篇哺乳類』、一八七五年
＊17 須川賢久訳・田中芳男校閲『具氏博物学』、一八七六～七九年。この文章はグードリッチによる原書（Samuel Griswold Goodrich, *A Pictorial Natural History*, Boston, 1842）からの翻訳ではない。
＊18 全集一巻五七〇頁
＊19 本文中には「水陸両生類《アムフヰビア》」と表記
＊20 Sherrie L. Lyons, *Thomas Henry Huxley, the evolution of a scientist*, Prometheus Books, New York, 1999, p. 55.
＊21 Thomas Huxley, *On our knowledge of the causes of the phenomena of organic nature*, Robert Hardwick, London, 1863.
＊22 「猿猴《エープ》」はApe「狒々《バーグウン》」はBaboonに対応すると思われる。「真猴《フエテル》」は不明。
＊23 全集一巻三九六頁
＊24 全集八巻二二頁
＊25 武内善信「和歌山中学」『南方熊楠大事典』一九〇頁下段
＊26 全集一巻二八三頁
＊27 中瀬喜陽編著『南方熊楠、独白』、河出書房新社、一九九二年、二二三頁
＊28 笠井清編『南方熊楠書簡抄――宮武省三宛』、吉川弘文館、一九八八年、一七二頁
＊29 武内「和歌山中学」『南方熊楠大事典』一九一頁下段～一九三頁上段

III章 進化論と同時代の国際情勢

＊1 中瀬喜陽『覚書 南方熊楠』、八坂書房、一九九三年、二五四頁
＊2 石丸耕一「南方熊楠の東京での住居」『熊楠ワークス』四五号、二〇一五年、四二頁
＊3 全集三巻四三七頁
＊4 全集一〇巻五二頁
＊5 『南方熊楠百話』一七四頁
＊6 全集四巻五〇〇頁
＊7 全集二巻五九六頁
＊8 杉山和也「東大予備門同期生、それぞれの青春とその生き様――熊楠・子規・漱石を中心に」『熊楠ワークス』四二号、二〇一三年、四四～四六頁
＊9 Thomas Brown, *The Taxidermist's Manual; or the art of collecting, preparing, and preserving objects of natural history*, A. Fullarton and Co.,

Glasgow, 1833. なお、記念館資料は現在展示中のものを参照した。所蔵番号は未確認。
＊10 吉川壽洋「「課餘随筆」「南方熊楠叢書」」『南方熊楠大事典』七頁上段～一一頁上段
＊11 『同朋会雑誌』第一号、一八九三年。開成学園『ペンと剣の旗の下』、二〇一一年、一六頁に転載。
＊12 東京大学大学院総合文化研究科・教養学部 駒場博物館資料、請求番号（2）II21
＊13 芳賀矢一は共立学校から明治英語学校に転校した後、熊楠と同じ時期に予備門のドイツ語科に入学した。また秋山真之は、熊楠の同期と考えられてきたが、当時の成績表には名前が見当たらない。
＊14 駒場博物館資料、請求番号（2）II26
＊15 磯野直秀『モースその日その日』、有隣堂、一九八七年、三三五～四二頁
＊16 『石川千代松全集』第一巻「黎明期の動物学講話」、興文社、一九三五年、二頁
＊17 『石川千代松全集』第一巻一一～一二頁
＊18 『石川千代松全集』第一巻一二頁
＊19 全集八巻二二三頁
＊20 『南方熊楠・土宜法竜往復書簡』、五七頁下段～五八頁上段
＊21 全集八巻二一一頁
＊22 全集八巻二〇四頁
＊23 坪井正五郎（山口昌男監修）『うしのよだれ』、国書刊行会、二〇〇五年、三八五頁
＊24 川村伸秀『坪井正五郎 日本で最初の人類学者』、弘文堂、二〇一三年、二六～三一頁を参照。
＊25 品川歴史館特別展図録『日本考古学は品川から始まった――大森貝塚と東京の貝塚』、二〇〇七年を参照。同書三二～三三頁には熊楠の資料採集に関しても紹介されている。
＊26 この経緯については、『［ネイチャー］誌篇』二八〇～二八三頁を参照。
＊27 磯野、九五頁
＊28 全集一〇巻八頁
＊29 全集一〇巻一三頁
＊30 磯野、九〇～九一頁
＊31 橋爪博幸「南方熊楠の朝鮮半島へのまなざし」、田村義也・松居竜五編『南方熊楠とアジア』、勉誠出版社、二〇一一年、二一四頁上段
＊32 和歌山県立公文書館マイクロフィルム資料「課余随筆」［A1-038-0418～0425］
＊33 東海散士「佳人之奇遇（抄）」『明治政治小説集（二）』、筑摩書房明治文学全集6、二三頁下段
＊34 和歌山県立公文書館マイクロフィルム資料「課余随筆」［A-061-0251］［A1-061-0265］
＊35 杵淵信雄『福沢諭吉と朝鮮――時事新報社説を中心に』、彩流社、一九九七年、一五四～一五六頁
＊36 ロンドン時代の熊楠と『時事新報』の論調の関係については、橋爪、二一四頁下段～二一五頁下段の議論も参照。
＊37 笠井清『南方熊楠――人と学問』、吉川弘文館、一九八〇年、二二八～二二九頁
＊38 武内善信『闘う南方熊楠』四四頁
＊39 全集七巻二六頁
＊40 全集六巻一六二頁

＊41　この時熊楠が購入したのは、巻一・二からなる初編（一八八五年十月刊）および巻三・四からなる弐編（一八八六年一月刊）を指すと考えられる。旧蔵書には［和古 320.15］としてこれらの冊子が所蔵されている。
＊42　全集別巻一、三五頁。他に柳田国男宛書簡（全集八巻二〇一頁）にも同様の記述がある。
＊43　徳冨蘆花「黒い眼と茶色の目」、『蘆花全集』第一〇巻、蘆花全集刊行会、一九二八年、九二頁
＊44　東海、四頁下段
＊45　東海、七頁上段
＊46　東海、七頁下段～八頁上段
＊47　東海、一五頁下段
＊48　東海、一九頁下段
＊49　東海、四七七頁、柳田泉による「解題」を参照。
＊50　牧田健史「病の自覚と病歴」『南方熊楠大事典』、一四一頁下段
＊51　原田健一『南方熊楠　進化論・政治・性』、平凡社、二〇〇三年、六二頁
＊52　全集八巻二一一頁
＊53　全集一〇巻二八頁
＊54　礫川全次編『男色の民俗学』、歴史民俗学資料叢書第三巻、批評社、二〇〇三年、四七頁
＊55　『逍遙選集』別冊一、第一書房、一九七七年、一一六～一一七頁
＊56　中瀬喜陽・長谷川興蔵編『南方熊楠アルバム』、八坂書房、一九九〇年、三九頁
＊57　仁科悟朗『南方熊楠の生涯』、新人物往来社、一九九四年、五四頁
＊58　吉田芳輝は一八九五年の徴兵令改正の「満三十二歳迄ニ帰朝スル者ハ抽籤ノ法ニ依ラズシテ之ヲ徴集シ」という文言が、三十三歳という熊楠の英国からの帰国の時期に関しても影響を及ぼしたことを示唆している（吉田「「縛られた巨人南方熊楠」は何に縛られたのか」、『関西英学史研究』第二号、二〇〇六年、六七頁）。
＊59　『南方熊楠アルバム』三八頁
＊60　全集一〇巻三五頁
＊61　全集一〇巻三六頁

Ⅳ章　アメリカにおける一東洋人として

＊1　石田隈治郎「来れ日本人」、阪田安雄監修『日系移民資料集北米編』第五巻、日本図書センター、一九九一年、八三頁
＊2　赤峰瀬一郎「米国今不審議」『日系移民資料集北米編』第五巻二〇頁
＊3　全集一巻四八四頁
＊4　*University College Monthly,* Bound ser.2:1:2 (June1872), ser.2:1:3 (July1872), ser.2:1:5 (Sept 1872).
＊5　M.K. Lauden, *The student's guide through the Actual Business Department of the Pacific Business College*, San Francisco, 1874.
＊6　*Circular of the Pacific Business College*, 1884.
＊7　"The site is one of the most desirable in San Francisco, as it commands a splendid view of the city and its environs, and is convenient to the leading thoroughfares, while sufficiently removed from their bustle

and excitement." *Circular.*

＊8　"There being no vacations, students can commence at any time that suits their convenience." *Circular.*

＊9　全集七巻六六頁

＊10　『実践商業部要項』には、「学生はこれまで熱心かつ忠実に出された課題をこなしてきている」"The record of your course, thus far, shows that you have diligently and faithfully performed all the duties assigned you" と書かれている。

＊11　全集七巻六六頁

＊12　全集七巻八頁

＊13　"... when you have passed the final examination, you will *merit* and receive the *Testimonial* awarded to all *good* and *faithful Students*." Lauden, 1874.

＊14　石田、八八頁

＊15　文倉平三郎編『福音会沿革史料』、現代史料出版、一九九七年、五八頁

＊16　赤峰、二〇頁

＊17　文倉、八二頁

＊18　この時の入学記録は、ミシガン州立大学に残されている。横山茂雄・中西須美・松居竜五「ランシング・アナーバー時代の南方熊楠――アメリカ調査報告」『熊楠研究』第五号、二〇〇三年、一〇六〜一三五頁。および吉川史子「南方熊楠のミシガン州立農学校入学申込書」『広島修大論集』第五〇巻第二号、二〇一〇年、一一七〜一三一頁、を参照。

＊19　武内善信『闘う南方熊楠』六三〜六八頁

＊20　JACAR（アジア歴史資料センター）Ref.A06051167600、枢密院文書・枢密院高等官転免履歴書　明治ノ一（国立公文書館）

＊21　吉川史子「一八八八年四月の南方熊楠：ミシガン州立農学校長エドウィン・ウィリッツ宛書簡」『広島修大論集』第四九巻第二号、二〇〇九年、一六三頁

＊22　全集七巻七三頁、一八八七年八月二十五日付杉村広太郎宛書簡

＊23　ただし、熊楠が入学申込書の父の職業欄に事実と反して Tea Dealer と記していること（吉川史子、二〇一〇年、一二〇〜一二二頁）は、飲酒を忌避する当時のアメリカ社会の風潮を反映しているのかもしれない。

＊24　吉川史子、二〇一〇年、一二九頁

＊25　全集七巻八頁

＊26　横山・中西・松居、一一〇頁

＊27　横山・中西・松居、一一三頁

＊28　全集七巻八頁

＊29　Keith R Widder, *Michigan Agricultural College: The Evolution of a Land-Grant Philosophy 1855-1925*, Michigan State University Press, East Lansing, 2005. 吉川史子、二〇〇九年による。

＊30　全集七巻八頁

＊31　横山・中西・松居、一一五〜一一六頁

＊32　John Sterling Kingsley (ed.), *The Standard Natural History, vol.VI The Natural History of Man*, S.E. Cassino and Co., Boston, 1885.

＊33　"Our wanderings, beginning at Australia and the South Seas, extending thence over both Americas, next through the Dark Continent, and lastly over Asia, have at length brought us to Europe, the home of the most cultured peoples, and here we must stop. We must stop, not because of a lack of interesting facts to discuss, but because we are considering, not the history of culture, but the natural history of man. Again, so much has been told of the region, its history, customs, antiquities, and the like, that it would be threshing old straw to attempt to give an abstract of them here." *ibid*, p. 463.

＊34　全集一〇巻三五頁

＊35　『高山寺書翰』二〇五頁上段

＊36　全集八巻二〇一頁

＊37　橋爪博幸は、柳田宛書簡で熊楠が述べているのは次の論文のことではないかと推測している。Joseph Le Conte, "Evolution and Religious Thought", *Popular Science Monthly*, vol.32, Jan. 1888, pp.311-315. ただし、天動説から地動説への変化などの科学上の発見について論じているものの、挙げられている例は熊楠のものとはかなり異なっている。橋爪「南方熊楠と『ポピュラー・サイエンス・マンスリー』」、『熊楠研究』第九号、二〇一五年、二七頁上段。

＊38　"As you well apprehend, according to the scientist of modern school, evolution has transformed successively whole the lives, so man with his material & intellectual development being not exempt. It must, however, be confessed that the evolutionism has yet opponents who contend that history records, not progress, but retrogress, from a 〔state of innocence & bliss〕 an age of gold or Saturnian cycle. This doctrine was once giving nearly a condition of genuine faith by the unanimous testimony not only of Occidental, but, say, also of Oriental tradition."「アメリカ時代のノート（5）」〔自筆 075〕

＊39　"Our Empire had emanated her glory a half century or between 2350-2400, comprehending Genroku, Hōei, Shōtoku, Kyōhō, though far rear from the days of Athenians, yet in reality, was scarcely below the age of those English & France."「アメリカ時代のノート（5）」

＊40　全集七巻七六頁

＊41　それぞれ隋の煬帝、周の桓王、楚の霊王のことかと思われる。

＊42　原文は星川清孝『楚辞』、「新釈漢文大系」三四、明治書院、一九七〇年、二七五頁（ただし返り点を除き、字体を改めた）。現代語訳は、目加田誠訳『詩経・楚辞』、「中国古典文学大系」一五、平凡社、一九六九年、三七四頁による。

＊43　楠山春樹編『呂氏春秋』下、「新編漢文選3思想・歴史シリーズ」、明治書院、一九九八年、八六七〜八六八頁（ただし返り点を除き、字体を改めた）

＊44　武内、一〇九〜一一四頁参照

＊45　『南方熊楠・土宜法竜往復書簡』一四八頁下段

＊46　武内、六九〜九二頁参照

＊47　飯倉照平『南方熊楠　梟のごとく黙坐しおる』六〇頁

＊48　武内、一一五頁

＊49　全集八巻一九六頁

＊50　全集七巻一八頁

＊51　『南方熊楠・土宜法竜往復書簡』一九頁上段

＊52　全集七巻七八頁

＊53　本書では触れないが、アナーバーにおける日本人留学生の交流と、熊楠のこれに対する関わり方については、従来比較的多くの研究がなされてきた。特に、禁酒事件を発端とする長坂（岡崎）邦輔一派と熊楠の抗争については、長坂の政治的な立場も含めて論じられてきている。長谷川興蔵「『珍事評論』の撃つもの」『現代思想』一九九二年七月号、一九四〜二〇五頁。武内、一五〇〜一五七頁などを参照。

＊54　中瀬喜陽『覚書　南方熊楠』二六七頁

＊55　全集七巻一二七頁

＊56　川島昭夫「熊楠と洋書——蔵書目録の作成を通じて」『國文學』二〇〇五年八月号、學燈社、三六頁下段

＊57　飯倉『梟のごとく黙坐しおる』六三頁

＊58　飯倉照平『南方熊楠　森羅万象を見つめた少年』、岩波ジュニア新書、一九九六年、一〇七頁。原田健一『南方熊楠　進化論・政治・性』一八三頁

＊59　『高山寺書翰』四三頁下段

＊60　この頃に熊楠が書いた『珍事評論』第二号には、"Plinius《プリニウス》 Japonicus《ヤポニクス》 又 Literarum《リテラルム》 Miraculum《ミラクルム》"という大仰な熊楠の自称が記されているが、これは『E・B』の中にある、ゲスナーがその博識から"the German Pliny and literarum miraculum"と呼ばれたという記述を参考にしていると考えられる。長谷川興蔵・武内善信校訂『南方熊楠　珍事評論』、平凡社、一九九五年、八二頁および、*The Encyclopaedia Britannica*, ninth edition, 1875-1889, London, vol.10, p.554. を参照。

＊61　"did not disdain the information which he obtained from hunters and shepherds." *ibid.*

＊62　全集六巻五八頁

＊63　"This work contained the names of all known animals in the ancient and modern languages, a description of each as to every important particular, and a mass of interesting literary information, embracing facts and legends regarding them", *The Encyclopaedia Britannica*, ninth edition, vol.10, p.554.

＊64　全集一巻五四一頁

＊65　全集六巻二七一頁

＊66　飯倉『森羅万象を見つめた少年』八四〜八六頁

＊67　スティアの略歴と探検旅行に関しては、主に次の文献を参照した。

Frederick M. Gaige, "Joseph Beal Steere, master naturalist", *The Ark*, March 1932.

T. H. Hubbell, "The University of Michigan Beal-Steere Expedition", 1870-1875, Michigan University Museum of Zoology collection, MS., October 12 1964.

Robert B. Payne, "Ornithology at the University of Michigan Museum of Zoology: An Historical Account", William E. Davis and Jerome A. Jackson (ed.), *Contributions to the History of North American Ornithology* vol.2, Cambridge, MA, 2000, pp.1-55.

＊68　Payne, p.5

＊69　全集七巻七九頁

＊70　全集一巻三五四〜三五五頁

＊71　J.B.Steere, "Animals as modified by environment", *The Popular Science Monthly*, June 1888, pp. 243-249; J. B. Steere, "the relation of animals to surrounding matter", Michigan University Museum of Zoology collection, MS.

＊72　顕彰館所蔵のカルキンスの書簡のレターヘッド（［関連020］など）を参照。

＊73　Bruce Fink, "William Wirt Calkins, amateur mycologist", *Mycologia*, vol.VII, March 1915. および『南方熊楠を知る事典』（講談社現代新書、一九九三年）中の萩原博光「カルキンス」の項を参照。

＊74　全集七巻九頁

＊75　"By your letter just received I am pained to know of your accident, and the consequent disarrangement of your plans. I sincerely hope you are now quite recovered and will be able to resume your travels. I was greatly disappointed not to see you while I was in Florida, but you must be sure to see me here on your way.” 松居竜五「ジャクソンヴィルにおける南方熊楠」『龍谷大学国際社会文化研究所紀要』第一一号、二〇〇九年、二二一頁。なお、二二一〜二二四頁「資料1」に顕彰館所蔵の南方熊楠宛カルキンス書簡［来簡 0020〜0026］およびカルキンス宛熊楠書簡の草稿［書簡 0003］のすべての原文を掲載。また二二五〜二二七頁「資料2」に関連事項の年表を掲載。

＊76 この「ウェスト・アヴェニュー第四百七番」は区画が変わったためか現在の地図には見あたらず、所在不明である。

＊77 S. Paul Brown, *The Book of Jacksonville, a history*, Poughkeepsie, New York, 1895, pp.117-118.

＊78 T. Frederick Davis, *History of Jacksonville, Florida and Vicinity, 1513 to 1924*, The Florida historical society, 1925, pp.192-195.

＊79 Ko-lin Chin, “Chinatowns and Tongs”, *Chinese subculture and criminality: non-traditional crime groups in America*, Greenwood Press, New York, 1990, pp.47-66.

＊80 Kathleen Ann Francis Cohen, *Immigrant Jacksonville: a profile of immigrant groups in Jacksonville, Florida, 1890-1920*, Jacksonville, 1986, pp.91-92.

＊81 Cohen, p. 96.

＊82 *Jacksonville, Florida Directories*, 1888-93.

＊83 全集五巻二〇二頁

＊84 全集七巻八八頁

＊85 全集六巻五〇五〜五〇六頁

＊86 斎藤清明「キューバの南方熊楠」『熊楠ワークス』四三号、二〇一四年、三〇頁

＊87 “I have arrived here in safety and am as usual collecting in bushes & on shores. Lichens are so abundant & variegated that I have collected about 60 different entries of them during 2-3 hours rambles, besides several fungi & many insects. It is found, at least to such a novice as myself, very troublesome task to arrange these according to their apparent differences, to proper order.” 松居「ジャクソンヴィルにおける南方熊楠」二二四頁に原文。

＊88 南方熊楠記念館には、熊楠がこの頃採集したと思われるサボテンの標本がいくつか展示されている。

＊89 “My dear Mr. M., I have just heard from Dr. N. who calls your N2. sent to me by you Gyalecta Cubana, Nyl. new species. I wrote him that you were the discoverer and to give you due credit.” 松居「ジャクソンヴィルにおける南方熊楠」二二三頁に原文。

＊90 全集七巻一〇頁

＊91 “The following observations will only embrace a few of the rarer and little-known fiorms collected by me, and some others of my discovery described as new to science: *Gyalecta cubana* Nyl. On calciferous rocks, Keys of Florida, and on the main land. Also in Cuba. Identified by Dr. Nylander.” W.W. Calkins, “Remarks on American lichenology – II”, *Science* Vol. ns-20, Issue 505, October 7 1892, pp.205-206. カルキンスは一八九三年二月十日号の『サイエンス』でも、熊楠が採集したのではないかと思われるジャクソンヴィルとフロリダ南部の地衣類について報告している。W.W. Calkins, “Remarks on American lichenology – III”, *Science* Vol. ns-21, Issue 523, February 10 1893, pp.77-78.

＊92 全集七巻一一八頁

＊93 松居竜五『クマグスの森』、新潮社、二〇〇七年、四一頁に写真あり。

*94 全集七巻九八頁

*95 梅彬廼については、五月二十七日の日記に「梅彬廼帰り来る」という記述があり、この時市内にいなかった可能性もある。

*96 全集七巻一一八頁

*97 中瀬喜陽「江聖聡」『南方熊楠を知る事典』二三五頁

*98 全集七巻九頁

*99 全集七巻一〇一頁

*100 もちろん、現在は当時と番地が変わっている可能性、またこの鳥瞰図の信頼性など、今後この場所の確定のために検証すべきことは残されている。

*101 安田忠典「海辺のクマグス　第四回クマグス・イン・ニューヨーク」『熊楠ワークス』四二号、五七頁

*102 譚璐美「南方熊楠宛て江聖聰書簡について」『熊楠研究』第九号、二〇一五年、一一〇頁下段

*103 譚、一二一頁下段

*104 譚、一二一頁下段

*105 Cohen, p. 98.

*106 一九〇〇年の国勢調査（Twelfth United States Federal Census, 1900, Duval Florida）による。この人物について、同じ調査の一九一〇年版では「一八六〇年頃」、一九二〇年版では「一八六一年頃」というあいまいな誕生年が記録されているが、これは本人のきちんとした申告によっていない可能性が高く、誕生月も記されている一九〇〇年の記録がもっとも信頼できると考えた。

V章　ハーバート・スペンサーと若き日の学問構想

*1 小池満秀「アメリカにおける南方熊楠——土宜法龍宛書簡をつなぐもの」、東京大学総合文化研究科修士論文、二〇〇一年。原田健一『南方熊楠　進化論・政治・性』。武上真理子『科学の人・孫文』、勁草書房、二〇一四年。橋爪博幸「南方熊楠と『ポピュラー・サイエンス・マンスリー』」、『熊楠研究』第九号、二〇一五年。サライ・ペーテル「南方熊楠の思想形成における『東洋学芸雑誌』と『ザ・ポピュラー・サイエンス・マンスリー』」『日本語・日本文化』、大阪大学、二〇一五年、一三七～一五六頁など。

*2 『高山寺書翰』四三頁上段

*3 武上、一六二～一六三頁

*4 橋爪、一二頁上段～一三頁下段

*5 Thomas Huxley et als., "Christianity and agnosticism: A controversy consisting of papers by Henry Wace, D.D., Prof. Thomas H. Huxley, the Bishop of Peterborough, W.H.Mallock, Mrs. Humphry Ward", *Humboldt Library*, New York, 1889.

*6 八杉龍一編訳『ダーウィニズム論集』、岩波文庫、一九九四年、二五～五六頁に第六回目講義の邦訳がある。熊楠の旧蔵書にはこの本の『フンボルト叢書』版［洋 434.08］がある。Thomas Huxley, "On the Origin of Species; or the causes of the phenomena of organic nature", *Humboldt Library*, New York, 1880.

*7 熊楠の旧蔵書中に一八八四年に刊行された『種の起源』の『フンボルト叢書』版［洋 434.03,04］がある。Charles Robert Darwin, "The Origin of Species by means of natural selection, or the preservation of favoured races in the struggle for life", part first and second,

Humboldt Library, New York, 1884.

＊8　日記によれば一八八九年三月二十八日に購入。熊楠旧蔵書中に以下の書籍［洋434.07］がある。Asa Gray, *Darwiniana, Essays and reviews pertaining to Darwinism*, D.Appleton and co., New York, 1888.

＊9　熊楠旧蔵書中に以下の書籍［洋434.09］がある。St. George Jackson Mivart, *On the genesis of species*, D.Appleton and co., New York, 1871.

＊10　全集一巻一九頁

＊11　熊楠旧蔵書中に以下の書籍［洋280.086］がある。Alfred Russel Wallace, *the Malay archipelago: The land of the orang-utan and the bird of paradise: A narrative of travels, with studies of man and nature*, Macmillan and co., London, 1883.

＊12　『南方熊楠・土宜法竜往復書簡』三二四頁上段

＊13　小池、二二頁の指摘を参照。

＊14　アーノルド・C・ブラックマン著、羽田節子・新妻昭夫訳『ダーウィンに消された男』、朝日新聞社、一九八四年（Arnold C. Brackman, *A Delicate Arrangement: The Strange Case of Charles Darwin and Alfred Russel Wallace*, Times Books, New York, 1980）、ピーター・レイビー著、長澤純夫・大曾根静香訳『博物学者アルフレッド・ラッセル・ウォレスの生涯』、新思索社、二〇〇七年（Peter Raby, *Alfred Russel Wallace: A Life*, Princeton University Press, Princeton NJ, Chatto & Windus, London, 2001）などを参照。『南方熊楠を知る事典』中の長谷川興蔵による「ウォーレス」の項目も簡にして要を得ている。

＊15　全集七巻一一九頁

＊16　熊楠旧蔵書中に『ダーウィニズム』の『フンボルト叢書』版二巻本［洋434.10〜12］（下巻は二冊所蔵）がある。本書では次の版を参照した。Alfred Russel Wallace, *Darwinism: An exposition of the theory of natural selection, with some of its applications*, Macmillan and Co., New York, 1889.

＊17　全集七巻一一九頁

＊18　"The special faculties we have been discussing clearly point to the existence in man of something which he has not derived from his animal progenitors – something which we may best refer to as being of a spiritual essence or nature, capable of progressive development under favourable conditions." Wallace, 1889, p.474.

＊19　全集七巻一二〇頁

＊20　全集七巻一二〇頁

＊21　Alfred Russel Wallace, *Natural selection and tropical nature. Essays on descriptive and theoretical biology*, New edition with correction and additions, Macmillan and co., London and New York, 1891.　なお、熊楠旧蔵書中にはこの本の一八九五年版［洋434.14］があるが、これは出版年から考えて、一八九二年一月二十九日に購入した版ではなく、その後買い足したものであろう。

＊22　René-Édouard Claparède, "Remarques à propos de l'ouvrage de M. Alfred Russel Wallace sur la théorie de la sélection naturelle", *Archives des Sciences physiques et naturelles*, Bibliothèque Universelle, Genève, 1870, pp.160-189.

＊23　"Some of my critics seem quite to have misunderstood my meaning in this part of the argument. They have accused me of unnecessarily and unphilosophically appealing to "first causes" in order to get over a difficulty – of believing that "our brains are made by God and our lungs by natural selection," and that, in point of fact, "man is God's domestic animal." An eminent French critic, M. Claparède, makes me continually call in the aid of – "une Force supérieure," the capital F meaning, I imagine, that this "higher Force" is the Deity. I can only explain this misconception by the incapacity of the modern cultivated mind to realise the existence of any higher intelligence between itself and Deity." Wallace, 1891, p.205.

＊24　"Now, in referring to the origin of man, and its possible determining causes, I have used the words "some other power" – "some intelligent power" – "a superior intelligence" – "a controlling intelligence," and only in reference to the origin of universal forces and laws have I spoken of the will or power of "one Supreme Intelligence." These are the only expressions I have used in alluding to the power which I believe has acted in the case of man, and they were purposely chosen to show that I reject the hypothesis of "first causes" for any and every *special* effect in the universe, except in the same sense that the action of man or of any other intelligent being is a first cause. In using such terms I wished to show plainly that I contemplated the possibility that the development of the essentially human portions of man's structure and intellect may have been determined by the directing influence of some higher intelligent beings, acting through natural and universal laws. A belief of this nature may or may not have a foundation, but it is an intelligible theory, and is not, *in its nature*, incapable of proof; and it rests on facts and arguments of an exactly similar kind to those which would enable a sufficiently powerful intellect to deduce, from the existence on the earth of cultivated plants and domestic animals, the presence of some intelligent being of a higher nature than themselves." Wallace, 1891, pp.205-206.

＊25　ブラックマン、二九三頁上段

＊26　全集七巻一二〇頁。なお、原田健一はこの部分の「人為淘汰」を「雌雄淘汰」のことと解釈している（原田、二二一～二二二頁）が、Wallace, 1891, p.206の内容から、ここでは雌雄淘汰（性淘汰、sexual selection）ではなく人為選択（artificial selection）が意味されていることは明らかである。当時の用例としても、たとえば一八八一年の加藤弘之の論文には「人為淘汰アルチヒシエル、セレクシヨンなるもの」と明記されている（『東洋学芸雑誌』第一号一頁）。一方、長谷川興蔵が指摘するように、熊楠は雌雄淘汰を持ち出したダーウィンとそれに対するウォレスの反論を一九〇九年の「鶏の話」の中で比較して、「ダーウィンの論の方もっともらしく思わる」と結論づけている（飯倉照平・鶴見和子・長谷川興蔵編『熊楠漫筆』、八坂書房、一九九一年、二三二頁。長谷川「ウォーレス」『南方熊楠を知る事典』四一二～三頁）。

＊27　原田、二一九～二二七頁

＊28　飯倉照平編「南方熊楠・高木敏雄往復書簡」『熊楠研究』五号、二〇〇三年、二八三頁下段～二八四頁上段

＊29　全集一巻一九頁

＊30　『南方熊楠・土宜法竜往復書簡』一五七頁下段

＊31　『南方熊楠・土宜法竜往復書簡』三七九頁上段。なお、熊楠がここで用いている「この世界は天河の中心にあり」という言葉は、地球を銀河の中心に位置づけたウォレスの次の書を思い起こさせる。Alfred Russel Wallace, *Man's place in the universe: A study of the results of scientific research in relation to the unity or plurality of worlds*, London, Chapman and Hall, 1903.　ただし、熊楠旧蔵書中にこの本の一九〇四年増補版［洋434.13］が存在するものの、入手時期はこの土宜宛書簡が書かれた一九〇四年一月四日の後のはずである。

＊32　『高山寺書翰』九九頁上段

＊33　全集八巻一九七頁

＊34　"No clear evidence to the contrary standing in the way, there has been very generally uttered and accepted the belief that this work, and the works following it, originated after, and resulted from, the special doctrine contained in Mr. Darwin's *Origin of Species*. The Essay on "Progress: its Law and Cause," coextensive in the theory it contains with Chapters XV., XVI., XVII., and XX. in Part II. of this work, was first published in the *Westminster Review* for April, 1857; and the Essay in which was briefly set forth the general truth elaborated in Chapter XIX., originally appeared, under the title of "The Ultimate Laws of Physiology," in the *National Review* for October, 1857. Further, I may point out that in the first edition of *The Principles of Psychology*, published in July, 1855, mental phenomena were interpreted entirely from the evolution point of view; and the words used in the titles of sundry chapters, imply the presence, at that date, of ideas more widely applied in the Essays just named. As the first edition of *The Origin of Species* did not make its appearance till October, 1859, it is manifest that the theory set forth in this work and its successors, had an origin independent of, and prior to, that which is commonly assumed to have initiated it." Herbert Spencer, *First principles*, p.xxi.

＊35　ブラックマン、三一六頁上段

＊36　"This lumping together of the evolutionary theories of Spencer and Darwin is, in the light of the evidence, unwarranted, for the theories of Darwin and Spencer were unrelated in their origins, markedly disparate in their logical structures, and differed decisively in the degree to which they depended on the supposed mechanism of Lamarckian inheritance and recognized "progress" as "inevitable." " Derek Freeman, "The Evolutionary Theories of Charles Darwin and Herbert Spencer", *Current Anthropology*, vol.15, no.3, September 1974, reprinted in Offer (ed.), 2000, p.9.

＊37　ピーター・J・ボウラー著・鈴木善次ほか訳『進化思想の歴史』下巻、朝日選書、一九八七年（原著一九八四年）、四六六頁

＊38　"The statement should be that "*the matter passes from a* relatively *indefinite, incoherent homogeneity to a* relatively *definite, coherent heterogeneity*."" Spencer, *First Principles*, p.359.

＊39　"First, "anthropology" in those days usually meant *physical* anthropology. ... Secondly, while anthropology admittedly had something of a cultural as well as a biological connotation, the term also suggested a certain antiquarian interest." Robert L. Carneiro, "Herbert Spencer as an Anthropologist", *Journal of Libertarian Studies*, vol.5, 1981, reprinted in Offer (ed.), 2000, p.564.

＊40　"Over a century after his death, Herbert Spencer still polarizes opinion." John Offer, *Herbert Spencer and Social Theory*, Palgrave MacMillan, New York, 2010, p.1.

＊41　『南方熊楠を知る事典』において、長谷川興蔵はダーウィンと比してスペンサーの社会進化論を批判的に読む立場から、熊楠が前者に対する敬意を維持したのに対して、後者に対してある時点で訣別したとしており（長谷川「スペンサー」『南方熊楠を知る事典』四一六～四二一頁）、筆者も同書中において同様の見解を示した（松居「進化論」同書二一一頁）。これに対して、原田健一はスペンサーの思想を「博物学的な知」の持つ「豊潤な知の世界をなんとか現在へ接ぎ木しようとして、つくりあげた科学哲学」（原田、四三頁）として評価した。またサライ・ペーテルは、少なくとも一九〇三年の「南方マンダラ」の頃までの熊楠の不可知論的な世界観が、スペンサーからの影響である可能性について論じている（サライ「南方熊楠の因果論とハーバート・スペンサー——土宜法竜往復書簡に見られる議論を通して」、『熊楠研究』

一〇号、二〇一六年、一八四～二一二頁)。ただし、いずれにしてもこれまでの議論の射程は、スペンサーの著作の部分的読解にとどまってきた。

＊42　John Offer(ed.), *Herbert Spencer, Critical Assessments*, vol.1-vol.4, Routledge, London and New York, 2000.

＊43　John Offer, *Herbert Spencer and Social Theory*, Palgrave MacMillan, New York, 2010.

＊44　Robert G. Perrin, *Herbert Spencer: A Primary and Secondary Bibliography*, Garland Publishing Inc., New York and London, 1993.

＊45　山下重一『スペンサーと日本近代』、御茶の水書房、一九八三年

＊46　山下、一三二頁。および伊藤豊「大学時代のフェノロサ――「普通の若者」による学びと思想受容の体験」『山形大学人文学部研究年報』第一〇号、二〇一三年、一三一～一四六頁

＊47　山下、一二八～一二九頁

＊48　山下、一三一～一三二頁

＊49　一八八三年頃にはスペンサーの日本語訳も出ているが、熊楠の日記などには購入記録はなく、旧蔵書にも見られない。旧蔵書中には有賀長雄『増補社会進化論』[和 350.03] が見られるが、これは一八八七年刊行のものであり、少なくともアメリカ時代以降に入手したのであろう。

＊50　槙林滉二「H・スペンサー哲学受容の様相――『東洋学芸雑誌』、『六合雑誌』、『中央学術雑誌』を中心に」『国文学攷』、広島大学国語国文学会、一〇八・一〇九号、一九八六年、二五～三三頁を参照。

＊51　旧蔵書中の『東洋学芸雑誌』には「目録」「東洋学芸雑誌目次」として、いくつかの巻の目次を書き抜いた熊楠自筆のメモが残されている。

＊52　佐藤直由「東京大学成立期における社会学（Ⅲ）――社会学的知の制度化とその展開・研究ノート」『東北大学教育学部研究年報』第三五集、一九八七年、四七頁

＊53　当日の日記の記述による。ただし、旧蔵書中にはこの本は見られない。

＊54　加藤弘之『人権新説』、谷山楼、一八八二年、九頁

＊55　長谷川興蔵・武内善信校訂『南方熊楠　珍事評論』、平凡社、一九九五年、二三頁

＊56　『高山寺書翰』一〇五頁

＊57　南方熊楠旧蔵書に見られるスペンサーの著作は、以下の通りである。

The data of ethics, *Humboldt Library* No.9, New York, 1880. [洋 080.14]
　「倫理学資料」

Progress, its law and cause, with other disquisitions, *Humboldt Library* No.17, New York, 1882. [洋 080.15]「進歩、その法則と動因、
　及びその他の論考」

Fashion in deformity; to which is added: Manners and fashion by Herbert Spencer, *Humboldt Library* No.28, New York, 1882. [洋 080.14]
　[洋 373.11]「習俗とファッション」

Three Essays, viz. Laws, and the order of their discovery; Origin of animal worship; and Political fetichism, *Humboldt Library* No.68, New York, 1885. [洋 320.04]「三つの試論」

The Study of Sociology, D. Appleton and company, New York, 1888.
　[洋 350.05]『社会学研究』一八八八年版

The Study of Sociology, Sixteenth Edition, Kegan Paul, Trench, Trübner & co., London, 1892. [洋 350.06]『社会学研究』一八九二年版

First Principles (*A System of synthetic philosophy*, vol.I.), Fourth Edition, D. Appleton and company, New York 1888. ［洋 130.16］『第一原理』

The Principles of Biology (*A System of synthetic philosophy*, vol.II-III), 2 vols., American Edition, D. Appleton and company, New York, 1888. ［洋 130.17〜18］『生物学原理』

The Principles of Psychology, Second edition, stereotyped, 2 vols., Williams and Norgate, London, 1870〜72. ［洋 130.22〜23］『心理学原理』

The Principles of Sociology (*A System of synthetic philosophy*, vol.VI-VII.), 2 vols., Third Edition, Revised and Enlarged, D. Appleton and company, New York, 1888. ［洋 130.19〜20］『社会学原理』

Ecclesiastical Institutions, Being part VI of the Principles of Sociology, D. Appleton and company, New York, 1886. ［洋 130.21］『宗教制度（『社会学原理』第二巻第六部）』

Descriptive sociology: Sociological facts, classified and arranged by Herbert Spencer. Types of Lowest Races, Negritto Races, and Malayo-Polynesian Races, compiled and abstracted by David Duncan, Second Edition, Williams and Norgate, London amd Edinburgh, 1897. ［洋 350.07］『記述社会学』

＊58　初出は松居竜五「南方熊楠蔵書中のハーバート・スペンサー著作に見られる書き込み」『熊楠研究』第九号、二〇一五年、(26)〜(29) 頁

＊59　Spencer, *Three Essays*, p.18.　原文は平仮名とカタカナ交じりであるが、ここではすべて平仮名で翻刻した。

＊60　全集二巻一一九頁

＊61　全集二巻一一九頁

＊62　熊楠の肉筆の字体や書き癖から年代を特定する研究はまだ確立されていない。特に書き込みなどの、年代特定が必要な対象に関する研究の場合は、そうしたアプローチも有効であると考えられる。

＊63　「愛国心による偏見」と訳した部分は、スペンサーの原文では "The Bias of Patriotism" となっている。ここでの "Patriotism" は、必ずしも国家という概念に対応するものではなく、民族・宗教などを含む党派性ということのようである。

＊64　原文は "Our country, right or wrong"。スペンサーはあえて出典を明示していないが、アメリカの海軍士官スティーヴン・ディケーター（Stephen Decatur 一七七九〜一八二〇）の言葉とされるものである。

＊65　"Whoever entertains such a sentiment has not that equilibrium of feeling required for dealing scientifically with social phenomena. To see how things stand, apart from personal and national interests, is essential before there can be reached those balanced judgments respecting the course of human affairs in general, which constitute Sociology." Spencer, *The Study of Sociology*, p.185.

＊66　"Again, very serious perversions of evidence result from the unconscious confounding of observation with inference." *ibid*, p.84.

＊67　この「ジェーンズ」とは、南北戦争の際の軍人で、熊本洋学校で教えたLeroy Lansing Janes（1838–1909）のことであろう（山内晴子氏のご教示により調査）。ジェーンズは一八八五年から一八九三年まで、アナーバーで「文筆活動」をおこなっていた（F. G. Notehelfer, *American Samurai, Captain L. L. Janes and Japan*, Princeton Legacy Library, Princeton, 1985, pp.229-232）。熊楠は一八八九年八月十七日発行の「珍事評論」第一号（『南方熊楠　珍事評論』三二頁）。一八九〇年九月七日の日記でもジェーンズに言及している。

＊68　『南方熊楠　珍事評論』一六頁
＊69　『〔N&Q〕誌篇』七三頁
＊70　『〔N&Q〕誌篇』一七九頁
＊71　『〔ネイチャー〕誌篇』一一一～一一六頁
＊72　"immigrant races have for their other-worlds the abodes of their fathers, to which they journey after death", Herbert Spencer, *Principles of Sociology*, vol.1-1, p.216.
＊73　Edith Simcox, *Primitive civilizations; or, outlines of the history ownership in archaic communities*, Swan Sonnenschein & Co., London, 1894.
＊74　ただし熊楠は、メソポタミアから中国文明が派生したとするラクーペリの説に対しては批判している。全集七巻四一四頁、全集八巻二〇九頁参照。
＊75　吉川壽洋編「『課餘随筆』巻之七目録」『熊楠研究』第五号、二〇〇三年、二〇五頁上段に抄出。和歌山県立公文書館マイクロ資料「課余随筆」[A1-062-0290]
＊76　吉川による目録の記述に従った。
＊77　『〔ネイチャー〕誌篇』一一七～一一八頁
＊78　『〔ネイチャー〕誌篇』一一九～一二一頁
＊79　全集八巻一九七頁。なお『〔ネイチャー〕誌篇』一一〇頁の解説において筆者は、この「一本取りし」の対象を「北方に関する中国人の俗信について」あるいは「洞窟に関する中国人の俗信」のことと推測したが、今回それぞれの文脈を読み直して改めた。
＊80　全集三巻一一二頁
＊81　このスペンサーの見解に対する評価と影響の範囲に関しては、松居竜五「民族移動による他界観念の発生に関する議論――ハーバート・スペンサーから南方熊楠、折口信夫へ」『現代思想』二〇一四年五月臨時増刊号、二五〇～二五九頁を参照のこと。
＊82　"Declares that the volumes of the Descriptive Sociology are intended to give the students of social science data that stand towards his conclusions in a relation like that in which accounts of the structures and functions of different types of animals stand to the conclusions of the biologist." Robert G. Perrin, *Herbert Spencer, a Primary and Secondary Bibliography*, Garland Publishing Inc., New York and London, 1993, p. 131.
＊83　『熊楠漫筆』三五二～三五三頁
＊84　日本大学精神文化研究所『金子堅太郎著作集』第一集、一九九五年、八七頁
＊85　『熊楠漫筆』三五二頁
＊86　『熊楠研究』第五号、二〇〇三年、二五五頁上段
＊87　顕彰館資料［自筆276］、未刊行
＊88　その他の著作としては、『心理学原論』について、一八八九年九月六日に書かれた『珍事評論』第二号（『南方熊楠　珍事評論』一一六頁）に「進化説の父と称せらるゝスペンセル、プリンシプルス・オヴ・サイコロジーを著はすに及べり」という言葉があり、その頃から意識していたようである。日記によればこの本は一八九四年十一月七日に購入しており、その翌年頃に書かれたと思われる「課余随筆」巻之七には、「日に向て闘ふ事の不利なるは、スペンセル心理学巻二、五四七葉に見え、神武天皇日に順て敵を打つもかかる事か」（『熊楠研究』第五巻二一〇頁上段）という覚書が見られる。『生物学原論』に関しては、一八九〇年一月十四日に購入しているが、特にこれに関する言及は今回の調査では発見できなかった。

＊89 『南方熊楠・土宜法竜往復書簡』四八頁下段

＊90 "So, too, we saw it to be with "The Rhythm of Motion." All motion alternates—be it the motion of planets in their orbits or ethereal molecules in their undulations—be it the cadences of speech or the rises and falls of prices; and, as before, it became manifest that Force being persistent, this perpetual reversal of Motion between limits is inevitable." Spencer, *First Principles*, p.485.

＊91 "It is not manifest that changes of consciousness are in any sense rhythmical. Yet here, too, analysis proves both that the mental state existing at any moment is not uniform, but is decomposable into rapid oscillations, and also that mental states pass through longer intervals of increasing and decreasing intensity." Spencer, *Frist Principles*, p.234.

＊92 "Spencer's theory of evolution thus specifies the fundamental dynamics operating at all levels of reality, while distinctive mechanisms of change relating to organic life, and in conformity with the dynamic principles, are thus, in a logical sense, secondary matters. The theory of evolution for Spencer is not *primarily* about the mechanisms of how specific changes originate in biological or social life. The contrast with Darwin here can not be emphasized too strongly." Offer, 2010, p.141.

＊93 "Herbert Spencer's 'synthetic philosophy,' whether it concerned the knowable or the unknowable, bored him past endurance; he saw no sense in it. When I tried to interest him in the 'law of increasing heterogeneity and definiteness of structure and function' at work—so the philosopher demonstrated—throughout the universe, my father answered in this wise: Words, my dear, mere words. Experience tells me that some businesses grow diverse and complicated, others get simpler and more uniform, others again go into the Bankruptcy Court. In the long run and over the whole field there is no more reason for expecting one process rather than the other. Spencer's intellect is like a machine racing along without raw material: it is wearing out his body. Poor Spencer, he lacks instinct, my dear, he lacks instinct." *ibid.*, p.141.

＊94 "He declared his advocacy of "The Development Hypothesis" in an article which appeared in 1852, and these ideas were then developed further until they became the universal formula which appeared in his First Principles (1862). Rather than pursue the development of this rather fruitless cosmic cliché, I want to turn to the application of evolution to psychology." Robert M.Young, "The development of Herbert Spencer's concept of evolution", *Actes du XIe Congrès International d'Histoire des Sciences*, Vol.2, 1967, reprinted in Offer, 2000, p.379.

＊95 『高山寺書翰』三二頁下段

＊96 『南方熊楠・土宜法竜往復書簡』六四頁下段～六五頁下段

＊97 『南方熊楠・土宜法竜往復書簡』一二九頁上段

＊98 『高山寺書翰』一三二下段～一三三頁上段

＊99 『南方熊楠・土宜法竜往復書簡』一五七頁下段

＊100 "Among social phenomena, those presented by Ecclesiastical Institutions illustrate very clearly the general law of evolution." Spencer, *Principles of Sociology*, D.Appleton and Company, New York, vol.II-2, p. 818.

＊101 『南方熊楠・土宜法竜往復書簡』二五〇頁下段　同様の批判は一九〇二年四月十八日付書簡でも繰り返されている（『高山寺書翰』二九二頁下段～二九三頁上段）。

＊102 "This development of Ecclesiastical Institutions, which, while it makes the society at large more definitely heterogeneous, shows us increase of heterogeneity within the ecclesiastical organization itself, is further complicated by successive additions of sects. These, severally growing and organizing themselves, make more multiform the agencies for carrying on religions ministrations and exercising religious control." Spencer, *Principles of Sociology*, vol.2-2, p.819.

＊103 『南方熊楠・土宜法竜往復書簡』三七二頁下段。ただしサライは、熊楠はスペンサーの不可知論を全面的に取り入れているという立場から、「「大日」と「不可知」は南方にとって同じ概念を示すために使用された別名称であった」という見方を示している（サライ、二〇一六年、二〇四頁上段）。

＊104 『高山寺書翰』二〇四頁上段〜下段

＊105 『高山寺書翰』一四二頁上段

＊106 全集八巻二九八頁

＊107 Borsdorf, A.T.William, On Herbert Spencer's Theory of Evolution in Literature. In *Science of Literature: On the Literary Theories of Taine and Herbert Spencer*, 1903, pp.39-67.

＊108 "For a long time use has been made of the poetry or fiction of uncivilised tribes, as it was supposed their literary productions would correspond best to that of primitive times. This is very likely, and if we were to study the literature of the Australians or the Eskimos, both of which are remarkably developed, we should doubtless find many primitive features. Of late, however, we have become considerably more critical as to such primitive poetry, and, perhaps, nowadays we should again be inclined to see in the fiction of wild tribes something too modern for our purposes, the real beginnings of poetry being as yet in the dark." *ibid*, p. 60.

VI章「東洋の星座」と英文論考の発表

＊1 『高山寺書翰』三八頁下段

＊2 『高山寺書翰』九九頁上段

＊3 長谷川興蔵・武内善信編『南方熊楠　珍事評論』、平凡社、一九九五年、二一五〜二一七頁

＊4 長谷川・武内、二七六頁

＊5 『日本長期統計総覧』第三巻、一九八八年、一〇四〜一〇五頁

＊6 熊本日日新聞社編『百年史の証言　福田令寿氏と語る』、日本ＹＭＣＡ同盟出版部、一九七一年、一七九頁

＊7 この間の熊楠のロンドンでの下宿の変遷や関連の場所については、岩渕幸喜「ロンドン調査「熊楠関連の住所めぐり」」『熊楠ワークス』四二号五八〜五九頁に詳しい。

＊8 ただし小笠原謙三は、熊楠の下宿の一階は実際には馬は入れていなかったと推測している。小笠原謙三「南方熊楠の下宿跡に住むピネル夫妻を訪ねて」『熊楠ワークス』一三号、二〇〇〇年、一〜二頁

＊9 片岡政行の素性に関しては、小山騰「大詐欺師・プリンス片岡」『達人たちの大英博物館』一五五〜一六〇頁を参照。

＊10 全集七巻一三〜一四頁

＊11 "He was … a grey dreamy person, with an unexpected dry humour and an incurable habit of addressing himself to his top waistcoat button. These buttons, indeed, served as a barometer of enthusiasm. If he were looking at an antiquity which he liked very much indeed, he fingered the top one; if very much, the next; if moderately, the next and so on down the scale. There were few objects of antiquity which failed to evoke a response of some sort, for his knowledge was incredibly wide." David M. Wilson, *The forgotten collector, Augustus Wollaston Franks of the British Museum*, Thames and Hudson, [London], 1984, p.7. フランクスの伝記に関しては、主にこの本を参照している。

＊12 『高山寺書翰』一〇〇頁下段

＊13 神田英昭「土宜法龍」『南方熊楠大事典』四〇九～四一二頁

＊14 京都高山寺蔵、未刊行

＊15 細馬宏通「投書家熊楠と投書空間としての『ネイチャー』」『ユリイカ』二〇〇八年一月号、青土社、九六～一〇二頁

＊16 飯倉照平「南方熊楠と中国書」『南方熊楠とアジア』、五六頁下段～五七頁下段。なお五六頁上段に「清国音符」の写真が掲載されている。

＊17 M.A.B, "The Grouping of Stars into Constellations," *Nature*, 17 August, 1893.『〔ネイチャー〕誌篇』二六頁に訳出。

＊18 顕彰館資料［自筆238］。なおこの抹消は八坂版の『日記』第一巻三二二頁には反映されていない。

＊19 『高山寺書翰』一〇〇頁上段

＊20 和歌山県立公文書館マイクロフィルム資料「課余随筆」[A1-060-0172～0176]

＊21 『和漢三才図会』第一巻、平凡社東洋文庫、一九八五年、「各部解説」、四六一頁

＊22 *Encyclopaedia Britannica*, Ninth Edition, vol.24, pp.791-796, "Zodiac". なお、『一切智の夢』ではこの項目の表題を「十二宮」と訳したが、今回「黄道帯」に改めた。

＊23 Agnes Mary Clerke, *A Popular History of Astronomy during the Nineteenth Century*, A.&C. Black, Edinburgh, 1885. なお、この本の第三版の書評が「東洋の星座」掲載の一か月後の『ネイチャー』一八九三年十一月三日号に掲載されており、熊楠が目を通した可能性が高い。

＊24 "The Hindu zodiacal constellations belong then to an earlier epoch than the Chinese "stations," such as they have been transmitted to our acquaintance. Yet not only were the latter an independent invention, but it is almost demonstrable that the nakshatras, in their more recent organization, were, as far as possible assimilated to them. The whole system of junction stars was doubtless an imitation of the sieu; the choice of them by the Hindu astronomers of the 6th century A.D. was plainly instigated by a consideration of the Chinese list, compiled with a widely different intent." *Encyclopaedia Britannica*, Ninth Edition, vol.24, p.794.

＊25 Jean-Baptiste Biot, *Etudes sur l'astronomie Indienne et sur l'astronomie Chinoise*, Michel Lévy Frères, Paris, 1862.

＊26 『〔N&Q〕誌篇』七四頁

＊27 『南方熊楠・土宜法竜往復書簡』二〇頁下段～二一頁上段

＊28 『高山寺書翰』四六頁上段

＊29 『高山寺書翰』四六頁上段

＊30 『南方熊楠・土宜法竜往復書簡』二一頁上段～下段

＊31 『高山寺書翰』四六頁上段

＊32 「文殊師利菩薩及諸仙所説吉凶時日善悪宿曜経」上下巻を指す。インドでは通常、中国の二十八宿から牛宿を除いた二十七宿を使用する。しかし、「宿曜経」においても場合によっては牛宿を入れており、「徐不徐が併存」した記述となっている（岩原諦信『星と真言密教』、東方出版、一九八八年、八二～八三頁）。

＊33 『南方熊楠・土宜法竜往復書簡』二一頁下段

＊34 『南方熊楠・土宜法竜往復書簡』二四頁下段

＊35　松居『一切智の夢』八五～八八頁参照
＊36　『南方熊楠・土宜法竜往復書簡』一一四頁下段
＊37　『高山寺書翰』一一九頁上段
＊38　『南方熊楠・土宜法竜往復書簡』一六一頁上段
＊39　『〔ネイチャー〕誌篇』三六頁
＊40　『高山寺書翰』一七四頁上段
＊41　『南方熊楠・土宜法竜往復書簡』一一五頁上段
＊42　『高山寺書翰』四六頁上段
＊43　『高山寺書翰』四六頁上段～下段
＊44　『高山寺書翰』四五頁下段
＊45　『高山寺書翰』六六頁上段、注（103）を参照。
＊46　たとえば、鈕衛星『西望梵天　漢訳仏経中的天文学源流』（上海交通大学出版社、二〇〇四年）では「鬼」をかに座、「危」をペガサス座とみずがめ座にまたがるものと同定している。
＊47　熊楠はこの説について、一八九四年六月二十六日付の土宜法龍宛書簡でも詳述している（『高山寺書翰』一八三頁下段）。
＊48　田村義也「南方熊楠と『Nature』誌」『科学』二〇一三年八月号、岩波書店、八九九頁。ニーダムの指摘は以下の部分。Joseph Needham, *Science and Civilisation in China*, Vol.3, Cambridge University Press, 1959, pp.272-273.
＊49　『〔ネイチャー〕誌篇』二七頁
＊50　全集七巻一三頁
＊51　"Nature contains a lengthy description, by Mr. Kumagusu Minakata, of the early Chinese and Japanese astronomical mythology. The classificatory terms are almost as peculiar in their way as those affected by the printing community. A group of stars is called a "Seat." With Polaris as the centre, the heavens are divided radially into twenty-eight "Inns," each containing a typical constellation from which it derives its name. The objects of earth are reproduced in the names of the stellar groups, Sing (a star) being identified with Tsing (the spirit). "The body grows on earth, and its spirit is perfected in the heavens." Thus the Emperor, the Empress, and the whole of the Court circle figure prominently in the arrangement, together with all the objects that pertain to domestic life: agriculture, buildings, occupations, civil and topographical divisions, and even philosophical and theological notions. In the last connection, "positiveness, virtue, prodigy, fate, fortune, wrong, &c.," all have a counterpart in the celestial arrangement and nomenclature." *Pall Mall Gazette*, Monday 9, October 1893, "Science Notes". 松居竜五「英国の新聞記事から見る南方熊楠のロンドン時代」『龍谷大学国際社会文化研究所紀要』第一五号、二〇一三年、一五七頁に原文。
＊52　この記事では、Henry Meige, *Le juif-errant à la Salpêtrière : Etudes sur certains névropathes voyageurs*, Paris, 1893. が紹介されている。この記事を見たことは、二年後に熊楠が『ネイチャー』に「さまよえるユダヤ人」を発表するきっかけになったかもしれない。
＊53　"It is rather startling to hear that this Darwinian theory respecting the protective colouring, &c., of animals was fully understood and commented on by a Chinese writer about 1,000 years ago! Kumagusu Minakata, 15, Blithfield street, Kensington, sends to "Nature" the following very interesting extract from the works of a Chinese author of "great erudition," Twang Ching-Shih, and that, we are told, wrote about A.D.890: —"In general birds and mammals necessarily conceal forms and shadows by their assimilation with various objects. Consequently, a snake's colours is similar to that of the ground; the hare in the imperata grass is unavoidably overlooked, and the hawks' hue agrees with that of the trees."

The Manchester Times, Friday, October 20, 1893, "A Chinese Naturalist on the Protective Colouring of Animals" in "Farm and Field". 松居竜五「南方熊楠の海外での活動に関する資料の収集と分析」『龍谷大学国際社会文化研究所紀要』第一三号、二〇一一年、一五六頁に原文。

＊54 "The correspondence column of *Nature* is a regular repository of contentious manner, of the Chinese puzzles of Kumagusu Minakata, and of phenomenal records from different parts of the world. Under the latter category falls "the strange case of an x-rays operator," who states that after being engaged for some months in demonstrating the Rontgen apparatus, he has lost most of his finger-nails and the skin of one hand three times." *The Manchester Times*, Monday, November 2, 1896, "Science Notes". 松居、二〇一一年、一五六頁に原文。

＊55 "A Japanese scholar has lately shown that a strong similarity exists between these European traditionary [sic] stories and a Buddhist legend of ancient India. There are naturally many points of difference, but the resemblances are certainly striking. The same scholar, Mr. Kumagusu Minakata, has also shown that the Chinese have a legend which in some respects resembles the European stories even more closely than does the Buddhist story of India. It is a strange and fascinating subject, around which has gathered a most extensive literature." *The Manchester Times*, Friday, December 28, 1900, "Deathless Men". 松居、二〇一一年、一五六頁に原文。

＊56 "I take the opportunity, in reference to a late article on Anthropometry (in the *Nineteenth Century* of September 1894, p.365), to deprecate, as being to the best of my knowledge wholly unproved, the assertion that the use of finger-marks in this way was "originally invented by the Chinese." I have met no evidence which goes anywhere near substantiating this. As a matter of fact, I exhibited the system to many passengers and officers of the P. and O. steamship *Mongolia* in the Indian Ocean, during her outward voyage in February 1877; and I have the finger-prints of her captain, and of all those persons, with their names. It is likely enough that the idea, which caught on rapidly among the passengers, may have found a settlement in some Chinese port by this route, and have there taken a practical form; but whether that be so or not, I must protest against the vague claim made on behalf of the Chinese, until satisfactory evidence of antiquity is produced." *Nature*, vol.51, November 22, 1894, pp.77-78.

＊57 和歌山県立公文書館マイクロフィルム資料「課余随筆」[A1-062-0309]

＊58 南方熊楠「拇印の話」『牟婁新報』掲載号不明

＊59 南方熊楠「拇印の話」

＊60 G.S., "Black Fingerprints on Documents in China and Japan",『通報 *T'oung Pao*』, vol.6, 1895, p.148. なお、一八九七年一月から三月にかけてシュレーゲルと熊楠の間でおこなわれた、いわゆる「ロスマ論争」に関しては、『一切智の夢』一三五～一六四頁の「落斯馬論争」の章、および『[ネイチャー] 誌篇』二〇三～二二四頁の「ロスマ論争」の章を参照。

＊61 "Mr. Minakata is quite right in saying that the fingerprint is a very ancient custom with eastern people, but he is wrong in mixing up two different things; viz. the marks used in chiromancy, which occur in the same form by different persons, and those marks which serve for the identification of persons, as a fingerprint on documents, ..." Schmeltz, "Fingerprints in Eastern Asia", *International Archiv für Ethnographie*, Bd.8, 1895, p.169.

＊62　"The gauntlet brusquely thrown down by him was soon taken up by two scholars—a Japanese, Mr. Kumagusu Minakata, and the always combative Prof. G. Schlegel, of Leiden. Both were actuated by the sincere intention of furnishing proof of the antiquity of the method of finger prints in China and Japan; but both failed in this attempt for lack of proper understanding of what the finger-print system really is. Both confused with the latter the hand stamp; that is, a slight impression taken from the palm. These are entirely different affairs, ..." Berthold Laufer, "History of the Finger-print System," *The Smithsonian Report for 1912*, Washington, p. 634.

＊63　藤本勝次訳注『シナ・インド物語』、関西大学出版・広報部、一九七六年、五頁参照

＊64　"Dear Mr. Minakata (1) Your letter in Nature in regard to finger marks is perfectly intelligible and clear to any intelligent Englishman. (2) The summary of your letter in the accompanying pages is not well done. It is not well compressed because many important considerations are omitted, and the meaning is missed in more than one place. Here I may say, parenthetically, that I can see why the mistakes have occurred. They do not arise from any lack of clearness in your writing, nor from any intentional unfairness on the part of the other man. The fact is, I can see very plainly that he is a foreigner – perhaps a German – and his knowledge of the exact degrees of meaning of English words is inferior to your own" 松居竜五「南方熊楠初期英文論文の周辺」『龍谷大学国際社会文化研究所紀要』第六号、二〇〇四年、一一三～一一四頁に原文。

＊65　"(3) I can see no mixing up of any two things in your letter; and it seems to me that you only cite the matter of chiromancy in order to prove that the Chinese had given attention to finger-furrow at a very early period, and that, in that connection they had supposed, and perhaps observed that the marks remained permanent throughout a man's life. Certainly you say nothing at all of the "value" of finger-lines in regard to chiromancy. The mixing up is on the part of the commentator. Perhaps you might have better guarded against hasty misinterpretation by saying that "although chiromancy has nothing to do with the question at issue, still the fact of" etc. etc. etc. continuing as you did. But this was not really necessary, for, as I have said your meaning is perfectly plain to an educated Englishman. Your distinction between the meaning of "perceive" and "conceive" is quite correct, and quite plain." 松居、二〇〇四年、一一四頁

＊66　全集八巻四三七～四三八頁

＊67　全集八巻一〇五頁

Ⅶ章　「ロンドン抜書」の世界

＊1　『熊楠漫筆』三五八頁

＊2　全集第七巻一五頁

＊3　全集第八巻四三五頁

＊4　『［ネイチャー］誌篇』六七頁

＊5　「南方文枝さんに聞く」『熊楠研究』三号、二〇〇一年、四〇頁。この時編集過程で削除した部分についても、当時の記録から補った。松居竜五「「ロンドン抜書」考」『熊楠研究』一号、一九九九年、八八頁上段も参照。

＊6　牧田健史「ロンドンの南方熊楠7」『目の眼』二六四号、一九九八年、六六頁に写真版あり。

＊7　中瀬喜陽『覚書　南方熊楠』四四頁など。

＊8　この殴打事件と追放事件の詳細に関しては、松居『一切智の夢』「英国博物館殴打事件」の章（一六五〜一八四頁）を参照のこと。

＊9　「ロンドン抜書」の本文には、目次に含まれない書籍が抜き書きされている場合もある。第一巻に関しても、巻末の「ロンドン抜書目録」に収録したように、いずれもタバシーアに関すると思われる［01A067a］［01A067b］［01A068］［01A073］の四件の筆写が目次には含まれていない。

＊10　熊楠の語学能力の全体像については、月川和雄「語学力」（『南方熊楠を知る事典』六四〜七〇頁）、田村義也「語学力」（『南方熊楠大事典』一二九頁下段〜一三三頁下段）を参照。ドイツ語にはやや苦手意識があったこと、ロシア語も学習していたことなどが指摘されている。

＊11　これとは別に、志村真幸は大英博物館における熊楠の人類学への関心は、リードに影響を受けたものであるという見解を示しており、検討の余地がある（志村、南方熊楠顕彰館月例展「熊楠とゆかりの人びと　チャールズ・リード」パネル、二〇一六年）。

＊12　『高山寺書翰』二二四頁下段

＊13　"Anthropology at the British Association", *Nature* 30 August, 1894, pp.439-440.

＊14　『高山寺書翰』二二四頁下段

＊15　『［ネイチャー］誌篇』三五九〜三六三頁。この件に関するアメリカ農商務省の植物学者スウィングル（Walter Tennyson Swingle 一八七一〜一九五二）とのやりとりに関しては、松居「南方熊楠宛スウィングル書簡について」『龍谷大学国際社会文化研究所紀要』第七号、二〇〇五年、一五四〜一五五頁参照。

＊16　『高山寺書翰』二二一頁上段

＊17　『高山寺書翰』二二三頁下段

＊18　旧蔵書中には、ロンドン時代に購入したと思われる以下の書籍［洋162.09〜10］がある。James George Frazer, *The golden bough. A study in comparative religion.* vol.1 and 2, Macmillan and co., London, 1890.

＊19　『［ネイチャー］誌篇』二六八頁

＊20　全集三巻六三頁

＊21　全集一巻三三八頁

＊22　"Ces cadeaux étaient destinés au roi du feu, qui les acceptait toujours et répondait par une politesse analogue en envoyant invariablement à son auguste frère du Cambodge un pain de cire énorme et deux grandes calebasses, l'une plaine de riz et l'autre de sésame. On y ajoutait quelquefois un peu d'ivoire et des cornes de rhinocéros. Au centre du pain de cire, on remarquait l'empreinte du gros doigt de la main du roi du feu. On sait que c'était l'usage dans l'Inde, usage suivi encore de nos jours au Cambodge, de garder avec soin l'empreinte des pieds et des mains des personnes que l'on estimait et que l'on aimait le plus. Les sauvages conservent sur la cire des empreintes de ce genre et l'envoi de l'empreinte d'un doigt de sa personne sacrée était, de la part du roi du feu, un témoinage non équivoque de considération pour celui auquel elle était destinée." Jean Moura, *Le Royaume du Cambodge*, Paris, 1883, vol.1, p. 435.

＊23　吉川壽洋編「『課餘随筆』巻之七目録」『熊楠研究』五号、二一〇頁上段

＊24　J・G・フレイザー（神成利男訳・石塚正英監修）『金枝篇　呪術と宗教の研究』第二巻「呪術と王の起源（下）」、国書刊

行会、二〇〇四年、二〇頁

＊25 『［ネイチャー］誌篇』一四〇頁。原文は、南方熊楠「拇印の話」『牟婁新報』、掲載号不明

＊26 Moura, vol.2, p.128. ただし、当該部分の記述は「左手の人差し指を紙に添えて、付け根から関節の高さまで線を引く」(en apposant à plat sur le papier l'index de la main gauche, et en faisant des traits à la naissance du doigt et à la hauteur des articulations des phalanges) とあり、これは指紋の捺印ではなく「画指」と呼ばれる署名法のことと思われる。『［ネイチャー］誌篇』一三九〜一四〇頁の訳注を参照

＊27 これらの文献は以下の通り。書誌については熊楠のメモを独自に補った。

Henri Mouhot, *Voyage dans les royaumes de Siam, de Cambodge, de Laos etc.*, L. Hachette, Paris, 1868.

Éliacin Luro, *Le Pays d'Annam*, E. Leroux, Paris, 1878.

John Thomson, "Notes on Cambodia and its races", *Transactions of the Ethnological Society of London* Vol. 6 (1868), pp. 246-252.

John Thomson, *The Antiquities of Cambodia*, Edmonston & Douglas, Edinburgh,1867.

Eugène Cortambert, *Tableau de la Cochinchine*, A. Le Chevalier, Paris, 1862.

E. Henri Garnier, *Voyages dans l'Hindoustan, l'Indo-Chine*, etc., A. Mame, Tours, 1857.

＊28 『南方熊楠・土宜法竜往復書簡』一二六頁上段

＊29 『南方熊楠・土宜法竜往復書簡』一三三頁下段

＊30 『南方熊楠・土宜法竜往復書簡』一三七頁下段

＊31 『南方熊楠・土宜法竜往復書簡』二五二頁上段

＊32 吉川壽洋編「『課餘随筆』巻之八目録」『熊楠研究』六号、二〇〇四年、一八一頁上段。ただし筆者が原文を確認の上、多少修正している。

＊33 この点については、飯倉照平も指摘している。飯倉『南方熊楠の説話学』、勉誠出版、二〇一三年、一八一頁。

＊34 Léon Pagès, *Histoire de la religion chrétienne au Japon*, Charles Douniol, Paris, 1869.（レオン・パジェス著、吉田小五郎訳『日本切支丹宗門史』全三巻、岩波文庫、一九三八年）

＊35 "Présentement je demande à Votre Paternité de me recommander à Dieu dans ses prières et saints sacrifices, afin que je persévère, jusqu'à la mort, dans mes bons désirs. Qui jamais aurait imaginé que dans cet empire du Japon il pourrait se rencontrer des martyrs, et que le martyre devrait commencer par nous, si misérables pécheurs? Quand il m'advient d'y arrêter ma pensée, je ne puis retenir des larmes de joie." *ibid*, ANNEXES, p. 29.

＊36 浅井乕八郎訳『聖フランセスコ・ザベリヨ書翰記』、十字屋書店、一八九一年。この本はスペイン語から英語への一八七二年の抄訳を日本語に重訳したものである。

＊37 ちなみに、「岩波大航海時代叢書」（第一期全一二巻一九六五〜一九七〇年、第二期全二五巻一九七二〜一九九二年、エクストラ・シリーズ全五巻一九八五〜一九八七年）に翻訳された文献のうちで、「ロンドン抜書」と同じ原典に基づく資料の翻訳と思われるものは次の通りである。第一期第一巻「アメリゴ・ヴェスプッチの書簡集」「ドン・ヴァスコ・ダ・ガマのインド航海記」「マガリャンイス最初の世界一周航海」、第二巻カダモスト「航海の記録」、第六巻ゴンサーレス・デ・メンドーサ「シナ大王国誌」、第七巻モルガ「フィリピン諸島誌」、第八巻リンスホーテン「東

方案内記」、第二期第一巻ピガフェッタ「コンゴ王国記」第二巻・第三巻ジョアン・デ・バロス「アジア史」、第四巻フランシスコ・アルヴァレス「エチオピア王国誌」、第一七巻ランカスター「東インドへの航海」、第一八巻ローリ「ギアナの発見」第一九巻ジャック・カルチエ「航海の記録」、アンドレ・テヴェ「南極フランス異聞」、エクストラ・シリーズ第一巻・第二巻インカ・ガルシラーソ・デ・ラ・ベーガ「インカ皇統記」

＊38　ハクルート叢書およびユールの仕事についての解説については、以下の書籍を参照した。R. C. Bridges and P. E. H. Hair (ed.), *Compassing the Vaste Globe of the Earth, Studies in the History of the Hakluyt Society 1846-1996*, Hakluyt Society, London, 1996.

＊39　R. C. Bridges and P. E. H. Hair, p. 141.

＊40　Dorothy Middleton, "The Hakluyt Society 1846-1923", *Annual Report* [1984], Hakluyt Society, p. 18.

＊41　全集一巻一六三頁

＊42　『〔ネイチャー〕誌篇』一九九頁

＊43　この『ネイチャー』への投稿の前に書かれたと思われる「課余随筆」巻之七の覚書には、「案ずるに此事 Yule, Book of Ser Marco Polo 第一板 1871, p. 235, ch.IV に出。それにはただ契約状の紙をやく由をいふ。p.236 注にカウカサスのインダツシエス又似たる風有と。Pauthier, Le livre de Marco Polo, 1865, ch.LXX, p.198 注12に［以下略］」という下書きが見られる。吉川壽洋「『課餘随筆』巻之七目録」『熊楠研究』五号、二二〇頁下段

＊44　『〔ネイチャー〕誌篇』一九九頁

＊45　『〔ネイチャー〕誌篇』二〇一頁

＊46　原田健一編「南方熊楠の未発表原稿・拾遺」『熊楠研究』八号、二〇〇六年、二九二頁上段

＊47　「南方熊楠の未発表原稿・拾遺」二九三頁下段

＊48　「南方熊楠の未発表原稿・拾遺」二九三頁下段

＊49　Henry Yule and Henri Cordier, *The Travels of Marco Polo: The complete Yule-Cordier edition: including the unabridged third edition (1903) of Henry Yule's annotated translation, as revised by Henri Cordier, together with Cordier's later volume of notes and addenda*, Dover Publications, INC, New York, 1920.

＊50　『〔ネイチャー〕誌篇』一九五～一九六頁

＊51　全集一巻一一三頁

＊52　全集一巻四七五頁

＊53　全集四巻一五四頁

＊54　『高山寺書翰』一六二頁下段、および一六八頁下段～一六九頁上段の注（30）。また飯倉照平、二〇一三年、六九～七二頁を参照。

＊55　藤本勝次訳注『シナ・インド物語』、関西大学出版・広報部、一九七六年

＊56　熊楠が筆写した資料そのものは、当然ながらほとんどがロンドンの大英図書館（一九九七年に The British Library として大英博物館 The British Museum より分離）に現在も所蔵されている。その多くは、近年ではオンラインで原本の画像が提供されている。ここで言う「ロンドン抜書の資料的価値」とは資料自体に付随するものではなく、「熊楠という個人がこれらの膨大な文献のさまざまな箇所を書き抜いたことによって生じた価値」、という意味である。

＊57　全集別一巻五四四頁

＊58　全集別一巻六九頁

＊59　『珍事評論』一九二頁

＊60 "In Central Asia, especially in Bokhara and Khokand, this atrocious crime is carried to a frightful extent, and the religious of these countries considering it a protection against any transgression of the law of the Harem, and declaring it to be *no* sin, marriages *à la Tiberius* have become quite popular; nay, fathers feel not the smallest compunction in surrendering their sons to a friend or acquaintance for a certain annual stipend. Our pen refuses to describe this disgusting vice in its full extent; but even the few hints we have thrown out are sufficient to show the abyss of crime to which an exaggerated religious fanaticism degrades mankind." Vámbéry Ármin, *Sketches of Central Asia*, Wm.H. Allen, London, 1868, p. 192.

＊61 全集一巻四二一頁

＊62 月川和雄「南方熊楠とギリシアの少年愛」『新文芸読本南方熊楠』、一九九三年、一二九～一四一頁。なお「ロンドン抜書」にはシモンズの筆写は見あたらないが、旧蔵書中には著書が二冊含まれている。[洋 351.27] [洋 351.28]

＊63 加納由起子「南方熊楠と時代を覆う「ヒステリー」の影――「ロンドン抜書」に読む一九世紀フランス精神医学の潮流」『熊楠研究』第九号、二〇一五年、三〇頁下段～三一頁下段

＊64 月川和雄「黎明期の「性科学」と相渉る熊楠――「ロンドン抜書」のなかの男色文献から」『文学』一九九七年冬号、岩波書店、八四頁三段目～八五頁一段目。熊楠のセクソロジー関連文献の詳しい情報に関しては、同論文を参照のこと。

＊65 "Tragic Sequel to a shocking charge. Last Saturday a well-dressed, elderly man, of distinguished appearance, was charged at Southwark with assaulting a boy named Arthur Wayman, and remanded for a week. On Saturday morning, on the case being called on, the chief clerk read a note from the governor of Holloway Gaol, stating that the prisoner, who had not been bailed, had committed suicide in his cell. It is understood that he committed the act with a piece of broken glass. No mention of the name of the accused." *The People*, 1894.11.11 Sunday p.1.

＊66 "The Suicide in Holloway Gaol", *The Standard*, 1894.11.14 Tuesday.

＊67 ただし、この熊楠の指摘はやや厄介な問題を抱えている。『哲学事典』は一七六四年の初版本から、いくども改版を経るうちに項目数も増え、中身も大幅に書き加えられていることで有名な著作である。熊楠の指摘している仏語原文と訳文の異同が、本当に英語訳者の倫理的な判断による削除であるのかどうかについては、もう少し慎重なテクスト・クリティークが必要であろう。

＊68 『珍事評論』一三三頁

＊69 全集八巻四〇六頁

＊70 谷川健一「「縛られた巨人」のまなざし」、全集八巻解説、六三五～六四〇頁。米山俊直『クニオとクマグス』、河出書房新社、一九九五年、一七七～一七九頁など。

＊71 原田、一六三～一七九頁

＊72 たとえばヴェスプッチの新大陸への旅行記（六巻二頁）に見られる「三百以上ノ人肉ヲ食ス。人肉食ヌニ驚ク事」という書き込みなど。

＊73 この論文に関しては『「ネイチャー」誌篇』二八〇～二九七頁を参照

＊74 原田、一八八～二一八頁

＊75 全集七巻四七頁

＊76 『珍事評論』一八〇頁

＊77 『珍事評論』四二頁

＊78 『珍事評論』一八〇～一八一頁
＊79 全集七巻六八頁
＊80 『珍事評論』一八四～一八五頁
＊81 『珍事評論』一九五頁
＊82 『南方熊楠・土宜法竜往復書簡』一九頁上段
＊83 全集八巻四三五頁

Ⅷ章 フォークロア研究における伝播説と独立発生説

＊1 全集四巻四三三頁
＊2 全集八巻四四頁。ただし、熊楠が常連の投稿家として一目置かれていたのは事実であるものの、『N&Q』誌には「特別寄書家」という待遇は特にない。
＊3 「マンドレイク」と「さまよえるユダヤ人」は、ともにライデンの雑誌である *Internationales Archiv für Ethnographie* と *T'oung Pao* に転載されている。経緯については『一切智の夢』一三五～一六四頁参照。
＊4 吉川壽洋編「『課餘随筆』巻之七目録」『熊楠研究』五号、二〇七頁上段
＊5 「ロンドン抜書」[15B052b] に以下の書籍からの筆写がある。Brand, John, *Popular antiquities of Great Britain*, London, 1870.
＊6 『高山寺書翰』一八九頁下段
＊7 『〔N&Q〕誌篇』四八～四九頁
＊8 全集二巻四八八～四九〇頁
＊9 『高山寺書翰』一九〇頁上段
＊10 『高山寺書翰』二一八頁下段注（17）。
＊11 『〔ネイチャー〕誌篇』一四七頁
＊12 『〔ネイチャー〕誌篇』一六九頁
＊13 吉川壽洋編「『課餘随筆』巻之七目録」『熊楠研究』第五号、二一六頁上段～二一八頁上段
＊14 村山清作については、『高山寺書翰』二二九頁下段～二三〇頁上段注（18）を参照
＊15 『〔ネイチャー〕誌篇』一七一頁
＊16 Abbé Crampon, "Le Juif-errant", *Mémoires de l'académie des sciences, des lettres et des arts d'Amiens*, tom.40, 1893.
＊17 *Encyclopaedia Britannica*, ninth edition, vol.xiii. p. 673.
＊18 『〔ネイチャー〕誌篇』一七九頁
＊19 R. Edelmann, "Ahasuerus, the Wandering Jew; Origin and Background", Hasan-Roken and Dundes (ed.), *The Wandering Jew*, Indiana University Press, Bloomington, 1986, pp. 6-7.
＊20 祖父江孝男・米山俊直・野口武徳編著『改訂文化人類学事典』、ぎょうせい、一九八七年、四三三頁。以下、ラッツェルなどの学説に関する記述は、この本の中の「主な学説史」に負うところが大きい。特に「進化主義」「伝播主義」（ともに石川栄吉・須藤健一の執筆）を参照した。
＊21 『改訂文化人類学事典』四三四～四三六頁
＊22 「パーセウス竜を殺してアンドロメダを娶りしこと、素盞嗚尊の事に似たり」（日記一八八九年五月二十九日）。また「日本の芝居といふ語の源由、大に英国 groundling の源由に似たり」（一八九〇年四月十一日）など。
＊23 "Thanks to the assiduity of modern recent scholars, the proofs of the Asiatic origin of a very great number of our popular tales and fictions are abundant and conclusive." "The evidence adduced," says Dr. H. H.

Wilson, "has been of the most positive description. It is not built upon probabilities, upon general and indefinite analogies, or on partial and accidental resemblances, but upon actual identities. Although modifications have been practised, names altered, scenes changed, circumstances added or omitted, we can still discern the sameness of the fundamental outline, and amidst all the multiplications of masquerade, lay our hands, without hesitation, upon the authentic individual. We can also, in many instances, follow the steps of the migration which the narratives have undergone, and determine when, and by what means, these Asiatic adventurers were naturalised in the different countries of Europe in which they are found." W.A. Clouston, *Popular Tales and Fictions; their Migrations and Transformations*, William Blackwood and Sons, Edinburgh and London, 1887, vol.1, pp.5-6.

＊24　熊楠がクラウストンをどのように読んだかについては、増尾伸一郎「南方熊楠の比較説話研究とW・A・クラウストン――"Popular Tales and Fictions"の受容をめぐって」『南方熊楠とアジア』、勉誠出版、二〇一一年、一六四〜一八四頁を参照。

＊25　Joseph Jacobs, *English Fairy Tales*, London, David Nutt, 1890.

＊26　Joseph Jacobs, *Celtic Fairy Tales*, London, David Nutt, 1892.

＊27　Joseph Jacobs, "Cinderella in Britain" in *Folk-Lore*, Vol. 4, 1893, pp.269-285.

＊28　Marian Roalfe Cox, *Cinderella*, London, *Folklore Society*, 1893.

＊29　Joseph Jacobs, "The Chairman's Address", Joseph Jacobs and Alfred Nutt（ed.）, *The International Folk-Lore Congress, 1891; Papers and Transactions*, David Nutt, London, 1892, pp.15-39. なお、この Chairman が文献部会の座長であることは、田村義也の指摘の通りである（田村「南方熊楠のマンドラゴラ研究――その研究史上の位置付け」『熊楠研究』八号、二〇〇六年、一二頁下段）。

＊30　"When did the story first appear, and how was it *diffused* to the places where it has also been found? Till we know that, it is of little use to discuss the savage ideas in it, for it may not have arisen where there were savages; and, at any rate, it does not follow that those ideas were ever prevalent among the people where the story happens to be found." Jacobs, "The Science of Folk-tales and the Problem of Diffusion", *ibid*, p.79.

＊31　"And, to facilitate the drawing of such a map, I have compiled a map of Folk-tale Europe, putting the names of authors of collections instead of the names of towns. Thus, where Halle stands in the ordinary maps, in my map stands the name of Grimm; Edinburgh is replaced by Chambers, Copenhagen by Gruntvig, Palermo by Pitré, Rome by Miss Busk, and Dublin by Kennedy. When we folk-lorists have a map like that, giving the *locale* of the very many collections of folk-tales, we can easily show the distribution of a tale by underlining in red or blue the name of the books in which the tales appear." *ibid*, p.80.

＊32　"He says: "I do believe that many details of story have been, or may have been, independently invented." Jacobs, "The Problem of Diffusion,"" *Folk-Lore; Transactions of the Folk-Lore Society*, London, 1894, p.133.

＊33　Jacobs and Nutt, "Discussion of Mr. Jacobs' Paper," *ibid*, pp.129-149.

＊34　筆写されているのは *Folk-Lore; Transactions of the Folk-Lore Society*, London, vol.5-vol.7, 1894-1896. ジェイコブズの論文はこの中には含まれていないようだが、これは筆写の対象がフォークロアの材料のみに限られていたためと思われる。

＊35　石川栄吉他編『文化人類学事典　縮刷版』（弘文堂、一九九四年）「クローバー」（松園万亀雄執筆）「伝播」「伝播主義」

（大林太良執筆）などの項を参照。

＊36 小峯和明「南方熊楠の今昔物語集」（『文学』、岩波書店、一九九七年冬号、四七頁）。また小峯「大日本時代史に載する古話三則」『南方熊楠大事典』五七三頁下段～五七六頁下段を参照。

＊37 全集三巻四一頁

＊38 全集三巻四三頁

＊39 全集三巻五八頁

＊40 全集三巻五八頁

＊41 全集三巻五六頁

＊42 全集三巻五七頁

＊43 全集三巻五八頁

＊44 飯倉照平編「南方熊楠・高木敏雄往復書簡」『熊楠研究』五号、二〇〇三年、二五二頁上段

＊45 「南方熊楠・高木敏雄往復書簡」二五二頁上段

＊46 ヴントの折口への影響については、佐藤深雪「ウィルヘルム・ヴントと折口信夫」『國學院雑誌』第九十四巻十一号、一九九三年、一～一五頁）などを参照。

＊47 全集八巻五三九頁

＊48 全集八巻五四〇頁

＊49 熊楠の旧蔵書中には次の書籍［洋 373.14］がある。George Laurence Gomme, *Folklore as an historical science*, Methuen & co., London, n.d. [1908].

＊50 全集八巻五四六頁

＊51 アールネが昔話の型目録を発表するのは一九一〇年であるが、熊楠がこの論に関する直接の情報を得ていたかどうかは未詳。

＊52 全集八巻五四六頁

＊53 「南方熊楠・高木敏雄往復書簡」、二七八頁下段

＊54 全集四巻四三三頁～四五二頁。なお、一九一三年の「情事を好く植物」にも押不盧に関する短い記述がある（全集六巻六七頁）。

＊55 全集四巻四三八頁

＊56 全集四巻四四九頁

＊57 全集四巻四三八頁

＊58 全集四巻四五一～四五二頁

＊59 全集四巻四四五頁

＊60 全集四巻四三三頁

＊61 熊楠の旧蔵書中には以下の書籍［洋 377.17～18］がある。Edwin Sidney Hartland, *Primitive paternity; The myth of supernatural birth in relation to the history of the family*, 2 vols. David Nutt, London, 1909-1910.

＊62 *ibid*, vol.1, p.46.

＊63 James George Frazer, "Jacob and the Mandrakes", *The Proceedings of the British Academy*, Vol.8, Oxford Uiversity Press, London, [c.1917].［抜刷 035］

＊64 田村「南方熊楠のマンドラゴラ研究」、二六頁上段

＊65 Berthold Laufer, "La Mandragore", *T'oung Pao*, vol.18, Issue 1-2, 1917, pp.1-30.

＊66 Berthold Laufer, "History of the Finger-print System", *The Smithsonian Report for 1912*, Government Printing Office, Washington, [1913].［抜刷 100］

＊67 田村「南方熊楠のマンドラゴラ研究」、二二頁上段

＊68 田村「南方熊楠のマンドラゴラ研究」、一三頁上段および二七頁上段～二八頁下段

＊69 全集三巻四二頁

＊70　『高山寺書翰』二七六頁下段
＊71　『〔ネイチャー〕誌篇』一八一頁
＊72　ロンドン時代の「さまよえるユダヤ人」と「古話三則」の食い違いについては飯倉照平も言及している。（飯倉「南方熊楠と大蔵経──一・「田辺抜書」以前」『熊楠研究』一号、一九九九年、一一六頁上段）
＊73　全集八巻四四頁
＊74　全集八巻四〇三頁
＊75　厳密に言えば「イタリアにて漂泊ユダヤ人を賓頭盧の名で呼ぶ所ある」という熊楠の言葉はこの論文の紹介としては適切ではない。しかし、説明のため端折ったと考えれば許容範囲内の省略であろう。
＊76　松居「南方熊楠とフォークロアの伝播説」『熊楠研究』三号、二〇〇一年、一七四〜一七五頁にエドマンズの論文の全文翻訳を収録。
＊77　全集二巻一二一頁
＊78　飯倉「西暦九世紀の支那書に載せたるシンダレラ物語」『南方熊楠大事典』五八四頁下段。ただし、飯倉によれば、この書き込みの時期は不明である。また、熊楠はこの発見を備忘録に書き付け、土宜宛書簡でも言及したとしているが、いずれも発見されていない。
＊79　全集二巻一三三頁
＊80　飯倉照平『南方熊楠の説話学』、八八〜九二頁。Nai-Tung Ting, *The Cinderella cycle in China and Indo-China*, Helsinki, Suomalainen Tiedeakatemia, 1974.
＊81　「南方熊楠・高木敏雄往復書簡」、二五一頁上段
＊82　全集二巻三八三頁
＊83　『〔N&Q〕誌篇』二八四〜二九八頁
＊84　全集三巻一〇八頁
＊85　『〔N&Q〕誌篇』九二〜一一七頁
＊86　全集八巻五三頁
＊87　全集八巻四〇二頁
＊88　全集八巻三九二頁
＊89　全集八巻四〇二頁
＊90　「南方熊楠・高木敏雄往復書簡」、二五五頁上段〜下段
＊91　フレイザー『金枝篇──呪術と宗教の研究』第一巻「呪術と王の起源（上）」六〇頁上段
＊92　フレイザー、七一頁下段
＊93　フレイザー、一三三頁下段
＊94　『〔N&Q〕誌篇』八二頁
＊95　『〔N&Q〕誌篇』一〇六〜一〇七頁
＊96　『〔N&Q〕誌篇』一〇九頁
＊97　『南方熊楠・土宜法竜往復書簡』二六九頁下段
＊98　「南方熊楠・高木敏雄往復書簡」、二八五頁上段

IX章　「南方マンダラ」の形成

＊1　『高山寺書翰』一五頁下段
＊2　『高山寺書翰』三四八〜三五三頁の「南方熊楠・土宜法龍往復書翰表」による。以下書簡の通数などは同表によった。
＊3　James Freeman Clarke, *Ten Great Religions; an Essay in Comparative Theology*, 2 vols., J. R. Osgood & Co., Boston, 1871, 83.
＊4　Monier Monier-Williams, *Buddhism, in Its Connextion with*

Brahmanism and Hinduism, and in Its Contrast with Christianity, John Murray, London, 1889.

＊5 『高山寺書翰』二七頁上段注（15）

＊6 このあたりの経緯については次の論文が詳細に論じている。奥山直司「土宜法龍とチベット」『熊楠研究』第三号二〇四～二一七頁

＊7 『南方熊楠・土宜法竜往復書簡』二四四頁下段

＊8 『南方熊楠・土宜法竜往復書簡』二七一頁下段

＊9 鶴見和子『南方熊楠　地球志向の比較学』、「日本民俗文化大系四」、講談社、一九七八年。講談社学術文庫、一九八一年

＊10 全集八巻五二頁

＊11 松居竜五編『南方熊楠と仏教　報告集』（龍谷大学人間・科学・宗教オープン・リサーチ・センター、二〇〇九年）中の、嵩満也「万国宗教会議と浄土真宗本願寺派――島地黙雷と八淵蟠龍の動向を中心にして」四一～四九頁、および奥山直司「土宜法龍とシカゴ万国宗教会議」五〇～五七頁、を参照。引用部分は奥山、五一頁。

＊12 土宜法龍（宮崎忍海編）『木母堂全集』、六大新報社、一九二四年。大空社、一九九四年、四九六頁

＊13 Judith Snodgrass, *Presenting Japanese Buddhism to the West, Orientalism, Occidentalism, and the Columbian Exposition*, Chapel Hill and London, The University of North Carolina Press, 2003, p.211.

＊14 "As Toki mentioned, for example, the Nirvana Sutra (Nehankyō), which teaches that all beings have the Buddha nature, is consistent with the ideas of "mental science and biology." Edwin Arnold, reading the doctrine of karma as a rather simplistic account of the transformation of species, had spoken of Buddhism as "anticipatory Asiatic Darwinism." Western scholars such as Arnold had pointed out that in Buddhism, as in evolutionary theory, the difference between humans and the higher animals was one of degree rather than kind as all life belonged within the interdependent continuum of samsara. Given these Western models and the desire of the delegates to capture Western approval for Buddhism, it is no surprise that Buddhist delegates scattered their papers with scientific terms, referring to "the law of cause and effect" and "evolution," appropriating the kudos of this "identification." " *ibid.*

＊15 Edwin Arnold, *East and West; Being Papers Reprinted from the Daily Telegraph and Other Sources*, Longmans, Green, London, 1896, p.162.

＊16 アーノルドに関して、熊楠は一八八八年四月三十日の日記に「亜細亜の光一冊買ふ」と記しており、この書籍と思われるもの［洋 310.02］が旧蔵書中にある。その後、熊楠はロンドン時代にアーノルドの直接の面識を得た。その他熊楠とアーノルドの関係については『高山寺書翰』一六八頁上段の注（25）を参照。

＊17 Anagarika Dharmapala, "The World's Debt to Buddha", in John Henry Barrows, *The World's Parliament of Religions*, The Parliament Publishing Company, Chicago, 1893, p.868.

＊18 船山信一『明治哲学史研究』一九五九年、ミネルヴァ書房、三一六～三二〇頁の「仏教と進化論」。また原田、四五～四六頁における船山の議論の紹介を参照。

＊19 船山、三一六～三一七頁。

＊20 "A certain phenomenon cannot arise from a single cause, but it must have several conditions; in other words, no effect can arise unless several causes combine together. Take for example the case of a fire. You may say its cause is oil or fuel ; but neither oil nor fuel alone can give rise to a flame. Atmosphere, space and several other conditions, physical or mechanical, are necessary for the rise of a flame. All these necessary conditions combined together can be called the cause of a flame. This is only an example for the explanation of the complex nature of cause ; but the rest may be inferred.

Secondly, an endless progression of the causal law. A cause must be preceded by another cause, and an effect must be followed by another effect. Thus if we investigate the cause of a cause, the past of a past, by tracing back even to an eternity we shall never reach the first cause. The assertion that there is a first cause, is contrary to the fundamental principle of nature, since a certain cause must have an origin in some preceding cause of causes, and there is no cause which is not an effect. From the assumption that a cause is an effect of a preceding cause which is also preceded by another, thus, *ad infinitum*, we infer that there is no beginning in the universe." Shaku Soyen, "the Law of Cause and Effect, as Taught by Buddha," Barrows, pp.829-830.

＊21　『南方熊楠・土宜法竜往復書簡』七四頁上段

＊22　『高山寺書翰』一六一頁下段

＊23　『南方熊楠・土宜法竜往復書簡』一八八頁下段

＊24　"In *An Autobiography* Herbert Spencer recalls that he "early became possessed by the idea of causation."" George H. Smith, 'Herbert Spencer's Theory of Causation', *Journal of Libertarian Studies*, vol.5, 1981, reprinted in Offer, 2000, p. 384.

＊25　"Proximate causes and proximate results are alone contemplated. There is scarcely any consciousness that the original causes are often numerous and widely different from the apparent cause ; and that beyond each immediate result there will be multitudinous remote results, most of them quite incalculable." Spencer, *The Study of Sociology*, p.2.

＊26　本書Ⅷ章注95に同じ

＊27　『高山寺書翰』一三二頁下段

＊28　熊楠の「事の学」における「事」は、従来「こと」と読まれてきた。しかし仏教哲学の立場からは「じ」と読む方が一般的であろう。

＊29　『南方熊楠・土宜法竜往復書簡』四六頁下段

＊30　『南方熊楠・土宜法竜往復書簡』三〇頁下段

＊31　『南方熊楠・土宜法竜往復書簡』四七頁上段

＊32　『南方熊楠・土宜法竜往復書簡』三六頁上段注（4）

＊33　『学芸志林』第十七巻九十六～九十七冊、一八九五年、二一三頁

＊34　この手紙は、冒頭に一八九三年十二月二十一日に書き始められたことが記され、末尾に十二月二十四日に書き終わったとされている。したがって、本書では十二月二十四日付としたが、ここでは書き始めの二十一日を用いているようである。

＊35　"Minakata's organization of types of mysteries in the world initially recalls that of Inoue in its reliance on a basic division of matter (*mono*) and mind (*kokoro*). In one of his earliest extant letters to Toki, dated 21 December 1893, Minakata laid out his scheme of the universe. For him as for Inoue, *mono* designates objective things apart from human mind or consciousness, and *kokoro* designates human consciousness. Also in the same pattern as Inoue, Minakata, no doubt recycling the Confucian philosophical term, calls the reason or principle that encompasses and governs matter and mind *ri*, but the *ri* of matter and the *ri* of mind are not necessarily one and the same for him. He further parts company with Inoue by adding a third term to the dyad *mono*/*kokoro*: *koto* (*thing*), which he defines as the intersection of *mono* and *kokoro*." Gerald Figal,

Civilization and Monsters, Spirits of Modernity in Meiji Japan, Duke University Press, Durham and London, 1999, p.54.

＊36 この時の熊楠の夢の分析については、唐澤太輔『南方熊楠の見た夢 パサージュに立つ者』、勉誠出版、二〇一四年、八一～八五頁を参照。

＊37『南方熊楠・土宜法竜往復書簡』四六頁上段

＊38 "Dream" in *Encyclopaedia Britannica*, nineth edition, vol.7, pp. 452-459.

＊39『南方熊楠・土宜法竜往復書簡』四六頁上段

＊40 本書Ⅷ章注95参照

＊41『南方熊楠・土宜法竜往復書簡』四六頁下段

＊42『南方熊楠・土宜法竜往復書簡』四八頁上段

＊43 千田智子『森と建築の空間史』、東信堂、二〇〇二年、一八一～一八五頁、は空間論の立場から身体と自然の邂逅としてこの「事」の世界の連鎖現象を説明していて秀逸である。

＊44『南方熊楠・土宜法竜往復書簡』五三頁下段

＊45『南方熊楠・土宜法竜往復書簡』五〇頁上段

＊46『南方熊楠・土宜法竜往復書簡』一二八頁下段。サライの発見によれば、この部分の熊楠の学問分類はハーバート・スペンサーの分類を踏襲したものである。（サライ・ペーテル「南方熊楠の思想におけるH・スペンサーの影響について：土宜法竜往復書簡に見える因果論を中心に」、大阪大学言語文化研究科日本語・日本文化専攻博士論文八〇頁）。

＊47『南方熊楠・土宜法竜往復書簡』一三一頁上段

＊48『南方熊楠・土宜法竜往復書簡』一三六頁上段

＊49『南方熊楠・土宜法竜往復書簡』一三六頁下段

＊50『南方熊楠・土宜法竜往復書簡』一七八頁上段。なお、土宜をして「汝の傲慢なる筆鋒」と怒らせた熊楠の書簡は既刊分には見当たらず、不明である。「日本の僧の不品行云々、毎度毎度聞き飽きたり」（『南方熊楠・土宜法竜往復書簡』一八三頁下段）という土宜の言葉が、内容を示唆していると思われる。

＊51『南方熊楠・土宜法竜往復書簡』二三八頁下段

＊52『南方熊楠・土宜法竜往復書簡』一八〇頁下段

＊53『南方熊楠・土宜法竜往復書簡』二〇三頁上段

＊54『南方熊楠・土宜法竜往復書簡』二二九頁下段～二三〇頁上段

＊55『南方熊楠・土宜法竜往復書簡』三〇〇頁上段

＊56『南方熊楠・土宜法竜往復書簡』二四七頁上段

＊57『南方熊楠・土宜法竜往復書簡』三一四頁上段～下段

＊58『南方熊楠・土宜法竜往復書簡』一〇頁上段

＊59『高山寺書翰』九八頁下段

＊60『南方熊楠・土宜法竜往復書簡』一一一頁下段

＊61『高山寺書翰』一一八頁上段

＊62『高山寺書翰』一七九頁下段

＊63 神田英昭「南方熊楠によるマンダラの思想の受容について」『高野山大学大学院紀要』一一号、二〇〇九年、一九～二三頁

＊64『高山寺書翰』一七九頁下段

＊65 熊楠の旧蔵書中には、この時に法龍から送られたと思われる次の書籍［和古 220.09］がある。印融『曼荼羅私鈔』二巻二冊、法文館（沢田友五郎）。また一九一八年の「馬に関する民俗と伝説」では、法龍からこの本を送られて「読み嚙」った（全集一巻三〇六頁）と記されている。（以上『高山寺書翰』二三八頁下段注（2）、二三九頁下段注（16）参照）。

＊66 『高山寺書翰』二三七頁下段
＊67 神田「南方熊楠によるマンダラの思想の受容について」、二五頁
＊68 神田英昭「南方熊楠の因果論——土宜法龍宛書簡にみられる南方マンダラの萌芽」『密教文化』二二四号、二〇一〇年、八五頁
＊69 『高山寺書翰』一九四頁上段
＊70 『南方熊楠・土宜法竜往復書簡』三一九頁下段〜三二〇頁上段
＊71 『南方熊楠・土宜法竜往復書簡』一七四頁上段
＊72 『南方熊楠・土宜法竜往復書簡』一七九頁下段
＊73 『南方熊楠・土宜法竜往復書簡』一八〇頁上段
＊74 『高山寺書翰』一三二頁上段〜下段
＊75 『南方熊楠・土宜法竜往復書簡』二七四頁下段
＊76 唐澤太輔「「南方曼陀羅」と『華厳経』の接点」、二〇一六年三月九日、龍谷大学世界仏教文化研究センターにおける口頭発表。
＊77 鎌田茂雄『華厳の思想』、講談社学術文庫、一九八八年、三一頁
＊78 鎌田茂雄『華厳五教章』、「仏典講座28」、大蔵出版、一九七九年、二八九頁
＊79 鎌田茂雄『華厳五教章』、二七四頁
＊80 『南方熊楠・土宜法竜往復書簡』三〇〇頁上段
＊81 鎌田茂雄『華厳五教章』、八五頁
＊82 木村清孝『華厳経をよむ』、日本放送出版協会、一九九七年、一〇三頁
＊83 「大日如来」は「摩訶毘盧遮那《マハーヴァイローチャナ》仏」の意訳であり、真言密教において教主として取り入れられた。
＊84 竹村牧男『ブッダの宇宙を語る　華厳の思想』下、日本放送協会、二〇〇二年、二七頁
＊85 『南方熊楠・土宜法竜往復書簡』一五二頁下段
＊86 『南方熊楠・土宜法竜往復書簡』一五三頁上段〜下段
＊87 『南方熊楠・土宜法竜往復書簡』二五六頁上段
＊88 『高山寺書翰』二六二頁上段
＊89 『高山寺書翰』二六一頁の図
＊90 『高山寺書翰』二六〇頁上段〜下段
＊91 『高山寺書翰』二五三頁上段
＊92 『高山寺書翰』二六七頁下段注（4）
＊93 『高山寺書翰』二四七頁上段
＊94 『南方熊楠・土宜法竜往復書簡』二七一頁下段
＊95 顕彰館資料［来簡2985］、未刊行
＊96 鶴見、一九八三年、八一〜八三頁
＊97 『南方熊楠・土宜法竜往復書簡』三〇八頁上段〜下段
＊98 この「萃点」という言葉は仏教用語のようにも見えるが、出典は発見されていない。熊楠の造語である可能性も高い。
＊99 鶴見和子『南方熊楠　萃点の思想』、藤原書店、二〇〇一年、一五三〜四頁。
＊100 中沢新一『森のバロック』、せりか書房、一九九二年、八〇頁、八三頁
＊101 Carl Gustav Jung, *Mandala Symbolism*, Princeton University Press, 1972.　この本はユングの著作集からの抜粋であるが、彼の「マンダラ」に対するとらえ方をよく表している。
＊102 『南方熊楠・土宜法竜往復書簡』二七一頁下段
＊103 『南方熊楠・土宜法竜往復書簡』二七八頁下段

*104 『南方熊楠・土宜法竜往復書簡』三三三頁下段〜三三四頁上段
*105 全集七巻一五頁
*106 全集七巻一六頁
*107 中沢、八八〜九二頁
*108 『南方熊楠・土宜法竜往復書簡』三三四頁下段
*109 『南方熊楠・土宜法竜往復書簡』三三五頁上段
*110 鶴見和子『南方曼陀羅論』、八坂書房、一九九二年、一四九〜一五〇頁、二〇四頁
*111 『南方熊楠・土宜法竜往復書簡』二七一頁下段
*112 筆者は「南方マンダラ」について英文で論じる試みをおこなったことがあるが、その経験から言えば、熊楠の議論は英語論文の発想で書かれていて翻訳しやすいと感じられた。MATSUI Ryugo, Mandala as a Synthetic Theory of Modern Sciences : On Minakata Kumagusu's Philosophy in His Letters to Dogi Horyu『龍谷大学国際文化研究』第一一号、二〇〇七年、二九〜四一頁
*113 熊楠が後に法龍に宛てた書簡をどのように扱おうとしていたかということは、熊楠自身の「南方マンダラ」に対する評価を考える上で重要な問題である。これに関しては、基本的に出版公表に対して消極的であったことが、雲藤等『南方熊楠と近代日本』、早稲田大学モノグラフ95、早稲田大学出版部、二〇一三年、二二〇〜二二九頁で分析されている。
*114 全集七巻三一〜三二頁
*115 『南方熊楠・土宜法竜往復書簡』三一〇頁上段
*116 『南方熊楠・土宜法竜往復書簡』三一〇頁下段
*117 『[ネイチャー]誌篇』三〇四頁にこの標本の写真を掲載。
*118 『南方熊楠・土宜法竜往復書簡』三一一頁下段
*119 『南方熊楠・土宜法竜往復書簡』三一二頁上段〜下段
*120 雲藤等「南方熊楠研究序説――南方熊楠の日記と書簡を中心にして」『社学研論集』第十二号、早稲田大学大学院社会科学研究科、二〇〇八年、四四〜五八頁
*121 武内、一九三頁
*122 『南方熊楠・土宜法竜往復書簡』三一二頁下段〜三一三頁上段
*123 安田忠典「南方熊楠の変態心理学研究――那智隠栖期を中心として」『人体科学』第一二巻第一号、二〇〇三年、三〇〜三一頁
*124 Frederick William Henry Myers, *Human personality and its survival of bodily death*, 2 vols., Longmans, Green, and Co., London, 1903. [洋 150.12〜13]
*125 安藤礼二『光の曼陀羅』、講談社、二〇〇八年、一八〇〜一八二頁
*126 安田忠郎「南方熊楠の那智隠栖期について――『南方熊楠・小畔四郎往復書簡(一)』を中心に」『龍谷大学国際社会文化研究所紀要』第一一号、二〇〇九年、二〇三〜二〇四頁
*127 全集六巻一〇頁
*128 安田忠典「熊楠の臨界点　那智山での変態心理学研究」『ユリイカ』二〇〇八年一月号、青土社、一七五頁上段
*129 本書Ⅷ章注95参照
*130 全集八巻五二頁
*131 『南方熊楠・土宜法竜往復書簡』四〇八頁下段。ただし、これに続けて土宜宛書簡を「抜抄して小生の遺稿」とすることについては前向きな姿勢も示している。
*132 『南方熊楠・土宜法竜往復書簡』三四七頁上段

＊133 『高山寺書翰』三〇五頁下段
＊134 全集七巻五二六頁、一九一一年十一月十九日付川村竹治宛書簡
＊135 全集七巻四八四頁

X章「十二支考」の誕生

＊1 全集八巻一九一頁
＊2 全集七巻四九五頁
＊3 熊楠は日記で「大坂屋」と書いているが、当時の写真（『南方熊楠アルバム』八〇頁などに所収）の看板には「大阪屋」と記されている。
＊4 全集七巻二八頁
＊5 全集九巻二五頁
＊6 『南方熊楠・土宜法竜往復書簡』二四七頁下段
＊7 『南方熊楠・土宜法竜往復書簡』二五五頁上段
＊8 『高山寺書翰』二四三頁上段〜下段
＊9 『南方熊楠・土宜法竜往復書簡』二八五頁上段
＊10 岩上はる子・ピーター・コーニツキ『F・V・ディキンズ書簡英文翻刻・邦訳集——アーネスト・サトウ、南方熊楠（他）宛』、エディション・シナプス、二〇一一年、二八二頁。南方熊楠邸に残されたディキンズからの来簡五十通の英文翻刻と日本語訳が収録されている。熊楠からディキンズ宛の書簡については未発見。
＊11 『南方熊楠・土宜法竜往復書簡』二七九頁上段
＊12 文学作品の翻訳としては生硬な熊楠の文体をいかにディキンズがこなれた英語に直したかについては、以下を参照。小泉博一「熊楠の英訳『方丈記』の草稿」『熊楠研究』第四号、二〇〇二年、八〜二二頁。松居「南方熊楠と『方丈記』——ディキンズとの共訳をめぐって」『文学』、岩波書店、二〇一二年三・四月号七七〜九三頁。
＊13 Minakata Kumagusu and F. V. Dickins, "A Japanese Thoreau of the Twelfth Century; Notes from a Jō-Square Hut," *The Journal of the Royal Asiatic Society of Great Britain and Ireland*, 1905, pp. 237-264. ［記 B4-006］［記 B5-003］
＊14 全集一〇巻三頁
＊15 熊楠旧蔵書中の次の作品集［洋 930.52〜61］と考えられる。*The Works of Shakespeare*, edited with introductions and notes by C. H.Herford, ten vols., Macmillan and co., London, 1899. なお旧蔵書中には、他にそれ以前に入手したと思われる Clarendon Press Series: *Shakespeare Select Plays* が六冊ある（*As you like it*［洋 930.47］, *Hamlet*［洋 930.48］, *Julius Caesar*［洋 930.49］, *King John*［洋 930.50］, *King Lear*［洋 930.51］, *Macbeth*［洋 930.62］）。
＊16 岩上・コーニツキ、三一一〜三一三頁
＊17 全集八巻一九二頁
＊18 この件に関しては、松居『一切智の夢』一六五〜一七〇頁、及び松居「南方熊楠と『方丈記』——ディキンズとの共訳をめぐって」七九〜八二頁などを参照。
＊19 F. V. Dickins, *Hō-jō-ki, Notes from a ten feet square hut*, Gowans's International Library No.15, Gowans & Gray Ltd., London and Glasgow, 1907. ［記 B3-001］
＊20 松居「南方熊楠ゴワンズ社書簡下書きについて」『熊楠研究』第四号、二〇〇二年、二五頁上段

*21　この書簡下書き及びゴワンズ社からの来簡二通については、『熊楠研究』第四号三六〜四三頁に、松居竜五・中西須美による翻刻を掲載している。

*22　松居「ロンドンで出会った人々」『南方熊楠大事典』五四〇頁上段〜下段参照。

*23　武上『科学の人・孫文』。熊楠と孫文の比較については、同書の「補論　孫文と南方熊楠」（一五五〜一八二頁）を参照。

*24　全集別一巻一一七頁

*25　『〔N&Q〕誌篇』の志村真幸による「まえがき」、一二〜一三頁

*26　"He particularly wanted me to give him an introduction to you for the purpose of consulting you on the disposal of his manuscript on his leaving England in December next."

*27　熊楠の『N&Q』誌上でのやりとりの実態については、以下の論文も参照。志村真幸「南方熊楠は『ノーツ・アンド・クエリーズ』誌をどのように利用したか？――邦文論考との関係から」『歴史文化社会論講座紀要』第十号、京都大学大学院人間環境学研究科歴史文化社会論講座、二〇一三年、六九〜八八頁

*28　『〔N&Q〕誌篇』一三八頁

*29　『〔N&Q〕誌篇』二六五頁

*30　『〔N&Q〕誌篇』二三二〜二三三頁

*31　全集三巻二二〜二四頁

*32　全集一巻三七四頁

*33　全集別一巻一二三頁

*34　武内、二一五頁

*35　全集三巻六四〜六五頁

*36　田村義也「南方熊楠における西欧学知　「ロンドン抜書」と日本語著作」、堀池信夫・増尾伸一郎・松崎哲之編『交響する東方の知　漢文文化圏の輪郭』、明治書院、二〇一四年、二一四頁。なお志村真幸は、この時期の熊楠の著作には『N&Q』誌上でのやりとりも活かされていることを指摘している（志村「南方熊楠と『ノーツ・アンド・クエリーズ』誌――'Footprints of Gods, &c.' から「ダイダラホウシの足跡」へ」、『ヴィクトリア朝文化研究』第七号、二〇〇九年、八三頁

*37　『柳田國男全集』、筑摩書房、一九九七年、二一巻二二二頁

*38　全集八巻八頁

*39　松居「柳田国男と南方熊楠の協力について」『龍谷大学国際社会文化研究所紀要』第一〇号、二〇〇八年、二二七〜二二八頁

*40　飯倉照平編『柳田国男・南方熊楠往復書簡』（『南方熊楠選集』別巻）、平凡社、一九八五年、四八頁下段

*41　『柳田国男・南方熊楠往復書簡』八七頁上段〜下段

*42　全集八巻九五頁

*43　全集八巻一〇五頁

*44　全集八巻一〇九頁

*45　『柳田国男・南方熊楠往復書簡』九八頁下段

*46　『柳田国男・南方熊楠往復書簡』一〇五頁下段

*47　全集八巻一六六頁

*48　全集八巻一六六頁

*49　全集八巻二〇三頁

*50　全集八巻一七八頁

*51　全集八巻一九四頁

*52　『柳田国男・南方熊楠往復書簡』一七一頁下段

*53　全集八巻一六五頁

＊54 全集八巻二二五頁
＊55 全集八巻二二五頁
＊56 飯倉『南方熊楠　梟のごとく黙坐しおる』二六四頁
＊57 飯倉『南方熊楠　梟のごとく黙坐しおる』二六五～二六六頁
＊58 全集一巻五頁
＊59 全集八巻一六五頁
＊60 全集一巻二七一頁
＊61 全集一巻四二〇頁
＊62 全集一巻三九頁
＊63 全集一巻七頁
＊64 全集一巻九頁
＊65 全集一巻九～一〇頁
＊66 Friedrich Ratzel, A.J.Butler (tr.), *The history of mankind*, Macmillan and Co., London, 1896, vol.1, pp.35-36.
＊67 飯倉照平編「南方熊楠・高木敏雄往復書簡」、『熊楠研究』第五号、二七九頁上段
＊68 全集八巻五四〇頁
＊69 *Nature*, July 7, 1910, pp.16-17.
＊70 "The Takelma language, one of the distinct linguistic stocks of America, is now nearly extinct, being spoken by only a few survivors of the tribe in the Siletz Reservation, western Oregon. It is therefore fortunate that Mr. E. Sapir, working under the direction of the American Bureau of Ethnology, has been able to secure the record of a considerable body of their tribal mythology and folklore. This report, issued by the University of Pennsylvania, and forming part i., vol. ii., of their Anthropological Publications, is valuable from a linguistic point of view. The beliefs and mythology of the tribe exhibit curious resemblances and variances when compared with those of the neighbouring tribes, the explanation of which awaits further investigation." *Nature*, pp.16-17.
＊71 A.C.Haddon, "The Anthropological Survey of Canada", *Nature*, February 29, 1912, pp.597-598.
＊72 『柳田国男・南方熊楠往復書簡』二三九頁下段
＊73 「南方熊楠・高木敏雄往復書簡」二五三頁上段～二五五頁下段
＊74 「南方熊楠・高木敏雄往復書簡」二六六頁上段
＊75 全集一巻五二頁
＊76 熊楠は一九二一年の「トーテムと命名」でトーテミズムについて述べているが、その理解にはやや混乱が見られる。松居「トーテムと命名」『南方熊楠大事典』六三三～六三五頁を参照。
＊77 全集二巻七七頁
＊78 全集一巻九頁
＊79 全集一巻一〇頁
＊80 益田勝実「野の遺賢」『南方熊楠随筆集』解説、三五五頁

終章　複眼の学問構想

＊1 George W. Stocking Jr., *Victorian Anthropology*, The Free Press, NY and Tronto, 1987; Stocking, *After Tylor*, The University of Wisconsin Press, 1995 など
＊2 小峯和明「南方熊楠・東アジアへのまなざし」、『南方熊楠とアジア』、三〇～三九頁。「比較説話学」『南方熊楠大事典』五〇頁上段～五五頁下段。増尾伸一郎「形成期の日本民俗学とヨーロッパ　J・G・フレイザー『金枝篇』とその周辺」、『交響する

東方の知　漢文文化圏の輪郭』、二二九〜二六四頁、などを参照。
＊3　たとえば、山本幸憲「変形菌研究と南方熊楠」（松居竜五・岩崎仁編『南方熊楠の森』、方丈堂出版、二〇〇五年）中の「熊楠の限界と功績」、八六頁を参照。
＊4　益田勝実「こちら側の問題」、全集二巻解説、六一一頁
＊5　『南方熊楠・土宜法竜往復書簡』一九頁上段

参考文献

南方熊楠による著作（全集・選集・日記以外は刊行年順）

『南方熊楠全集』全一二巻、乾元社、一九五一～一九五二年

『南方熊楠全集』全一二巻、平凡社、一九七一～一九七五年（本書では全集と表記）

『南方熊楠日記』全四巻、八坂書房、一九八七～一九八九年（本書では日記と表記）

『南方熊楠選集』第六巻「履歴書　燕石考」、平凡社、一九八五年

『南方熊楠選集』別巻「柳田国男　南方熊楠　往復書簡」、平凡社、一九八五年

「拇印の話」『牟婁新報』一九一〇年十一月、掲載号不明

南方文枝『父　南方熊楠を語る　付神社合祀反対運動未公刊史料』、日本エディタースクール出版部、一九八一年

中瀬喜陽編『南方熊楠書簡　盟友毛利清雅へ』、日本エディタースクール出版部、一九八八年

笠井清編『南方熊楠書簡抄――宮武省三宛』、吉川弘文館、一九八八年

飯倉照平・長谷川興蔵編『南方熊楠　土宜法竜往復書簡』、八坂書房、一九九〇年（本書では『南方熊楠・土宜法竜往復書簡』と表記）

中瀬喜陽編『南方熊楠　門弟への手紙　上松蓊へ』、日本エディタースクール出版部、一九九〇年

長谷川興蔵・月川和雄編『南方熊楠男色談義　岩田準一往復書簡』、八坂書房、一九九一年

飯倉照平・鶴見和子・長谷川興蔵編『熊楠漫筆』、八坂書房、一九九一年

中瀬喜陽「南方熊楠について――未公刊資料　南方熊楠日記　一八九六（明治二九）年」『くちくまの』第九五号、紀南文化財研究会、一九九三年、四七～五六頁

長谷川興蔵・小笠原謙三編『南方熊楠　竹馬の友へ　小笠原誉至夫宛書簡』、八坂書房、一九九三年

長谷川興蔵・武内善信校訂『南方熊楠　珍事評論』、平凡社、一九九五年

上山春平「土宜法竜宛南方熊楠書簡の新資料」『熊楠研究』第一号、一九九九年、二一〜四二頁

東京・南方熊楠翻字の会編「小畔四郎宛南方熊楠書簡」（一）『熊楠研究』第四号、二〇〇二年、二六〇〜二九二頁。（二）第五号、二〇〇三年、三〇二〜三五七頁。（三）第六号、二〇〇四年、二三三〜二六八頁。（四）第七号、二〇〇五年、一八九〜二四三頁。（五）第八号、二〇〇六年、二四一〜二八七頁

牧田健史・松居竜五「ロンドン南方熊楠関連新資料」『熊楠研究』第五号、二〇〇三年、八四〜一〇五頁

原田健一編「『続々南方随筆』草稿中の未発表原稿Ⅰ」『熊楠研究』第五号、二〇〇三年、二二二〜二四五頁

飯倉照平編「南方熊楠・高木敏雄往復書簡」『熊楠研究』第五号、二〇〇三年、二四六〜三〇一頁

原田健一編「『続々南方随筆』草稿中の未発表原稿Ⅱ」『熊楠研究』第六号、二〇〇四年、二六九〜二九三頁

松居竜五・橋爪博幸・田村義也「南方熊楠未公刊英文論文草稿――タブー・システム及び『ネイチャー』関連」『熊楠研究』第六号、二〇〇四年、六四〜七七頁

飯倉照平監修、松居竜五・田村義也・中西須美訳『南方熊楠英文論考〔ネイチャー〕誌篇』、集英社、二〇〇五年（本書では『〔ネイチャー〕誌篇』と表記）

東京・南方熊楠翻字の会編「土宜法龍宛南方熊楠書簡――南方邸所蔵未発表分」『熊楠研究』第七号、二〇〇五年、一六五〜一七六頁

田村義也編「南方熊楠未公刊英文論文草稿――『ノーツ・アンド・クエリーズ』関連」『熊楠研究』第七号、二〇〇五年、五三〜六七頁

東京・南方熊楠翻字の会「『南方熊楠辞』――『和漢三才図会』へのアナーバー時代書き入れ」『熊楠研究』第八号、二〇〇六年、一四二〜一四五頁

原田健一編「南方熊楠の未発表原稿・拾遺　附雑誌掲載、『全集』未収録文章」『熊楠研究』第八号、二〇〇六年、二八八〜三一〇頁

南方熊楠顕彰館編『南方熊楠・平沼大三郎往復書簡』、南方熊楠資料叢書、二〇〇七年

紀南文化財研究会編『改訂　南方熊楠書簡集』、紀南文化財研究会、二〇〇八年

南方熊楠顕彰館編『南方熊楠・小畔四郎往復書簡』（一）〜（四）、南方熊楠資料叢書、二〇〇八〜二〇一一年

奥山直司・雲藤等・神田英昭編『高山寺蔵南方熊楠書翰　土宜法龍宛　1893-1922』、藤原書店、二〇一〇年（本書では『高山寺書翰』と表記）

武内善信「『那智隠棲期』の最後をかざる土宜法龍宛南方熊楠新出書簡」『和歌山市立博物館研究紀要』第二五号、二〇一〇年、四八〜七三頁

南方熊楠記念館編『キノコ四天王樫山嘉一宛南方熊楠書簡』、南方熊楠記念館、二〇一一年

飯倉照平監修、松居竜五・田村義也・志村真幸・中西須美・南條竹則・前島志保訳『南方熊楠英文論考〔ノーツ アンド クエリーズ〕誌

篇』、集英社、二〇一四年（本書では『「N&Q」誌篇』と表記）
広川英一郎・岸本昌也・田村義也「南方熊楠顕彰館蔵　南方熊楠・岡茂雄往復書簡について」『熊楠研究』第九号、二〇一五年、一四二～二〇三頁。第一〇号、二〇一六年、二一四～二七八頁

南方熊楠の著作に関連する資料（刊行年順）

飯倉照平編『南方熊楠　人と思想』、平凡社、一九七四年
中瀬喜陽・長谷川興蔵編『南方熊楠アルバム』、八坂書房、一九九〇年
飯倉照平・長谷川興蔵編『南方熊楠百話』、八坂書房、一九九一年
月川和雄・松居竜五編「南方熊楠ロンドン抜書目録」『現代思想』一九九二年七月号、青土社、i～xvi頁
松居竜五・月川和雄・中瀬喜陽・桐本東太編『南方熊楠を知る事典』、講談社現代新書、一九九三年
（財）南方熊楠記念館編『南方熊楠へのいざない　資料1』、（財）南方熊楠記念館、二〇〇〇年
（財）南方熊楠記念館編『南方熊楠へのいざない　資料2』、（財）南方熊楠記念館、二〇〇一年
原田健一編「明治十九年東京南方熊楠蔵書目録」『熊楠研究』第三号、二〇〇一年、一六～三〇頁
南方熊楠資料研究会編『南方熊楠邸蔵書目録』、田辺市・南方熊楠邸保存顕彰会、二〇〇四年
南方熊楠資料研究会編『南方熊楠邸資料目録』、田辺市・南方熊楠邸保存顕彰会、二〇〇五年
吉川壽洋編「「課餘随筆」巻之七目録」『熊楠研究』第五号、二〇〇三年、二〇〇～二二一頁
吉川壽洋編「「課餘随筆」巻之八目録」『熊楠研究』第六号、二〇〇四年、一七二～一九二頁
吉川壽洋編「「課餘随筆」巻之九目録（上）」『熊楠研究』第七号、二〇〇五年、一四〇～一六四頁
吉川壽洋編「「課餘随筆」巻之九目録（下）」『熊楠研究』第八号、二〇〇六年、一八七～二四〇頁
岩上はる子・ピーター・コーニッキ（編集・解説）『F・V・ディキンズ書簡英文翻刻・邦訳集――アーネスト・サトウ、南方熊楠（他）宛』、エディション・シナプス、二〇一一年
松居竜五・田村義也編『南方熊楠大事典』、勉誠出版、二〇一二年
譚璐美「南方熊楠宛て江聖聰書簡について」『熊楠研究』第九号、二〇一五年、一〇八～一二二頁

邦文書籍（著者五十音順）

畔上直樹『「村の鎮守」と戦前日本』、有志舎、二〇〇九年
安藤礼二『光の曼荼羅』、講談社、二〇〇八年

飯倉照平『南方熊楠　森羅万象を見つめた少年』、岩波ジュニア新書、一九九六年
飯倉照平『南方熊楠　梟のごとく黙坐しおる』、ミネルヴァ書房、二〇〇六年
飯倉照平『南方熊楠の説話学』、勉誠出版、二〇一三年
石川栄吉他編『文化人類学事典　縮刷版』、弘文堂、一九九四年
石川千代松『石川千代松全集』第一巻、興文社、一九三五年
磯野直秀『モースその日その日』、有隣堂、一九八七年
岩原諦信『星と真言密教』、「岩原諦信著作集1」、東方出版、一九八八年
雲藤等『南方熊楠　記憶の世界』、慧文社、二〇一三年
雲藤等『南方熊楠と近代日本』、早稲田大学モノグラフ95、早稲田大学出版部、二〇一三年
笠井清『南方熊楠　人と学問』、吉川弘文館、一九八〇年
笠井清『南方熊楠　親しき人々』、吉川弘文館、一九八一年
加藤九祚『シルクロードの大旅行家たち』、岩波ジュニア新書、一九九九年
加藤弘之『人権新説』、谷山楼、一八八二年
金子堅太郎（高瀬暢彦編）『初代校長金子堅太郎著作集』第一集、日本大学精神文化研究所、一九九五年
鎌田茂雄『華厳五教章』、「仏典講座28」、大蔵出版、一九七九年
鎌田茂雄『華厳の思想』、講談社、一九八三年。講談社学術文庫、一九八八年
唐澤太輔『南方熊楠の見た夢　パサージュに立つ者』、勉誠出版、二〇一四年
唐澤太輔『南方熊楠　日本人の可能性の極限』、中公新書、二〇一五年
川村伸秀『坪井正五郎　日本で最初の人類学者』、弘文堂、二〇一三年
岸野久『西欧人の日本発見――ザビエル来日前 日本情報の研究』、吉川弘文館、一九八九年
岸野久『ザビエルと日本』、吉川弘文館、一九九八年
杵淵信雄『福沢諭吉と朝鮮――時事新報社説を中心に』、彩流社、一九九七年
木村清孝『華厳経をよむ』、日本放送出版協会、一九九七年
楠山春樹編『呂氏春秋』下、「新編漢文選3思想・歴史シリーズ」、明治書院、一九九八年
熊本日日新聞社編『百年史の証言　福田令寿氏と語る』、日本ＹＭＣＡ同盟出版部、一九七一年
河野純徳訳『聖フランシスコ・ザビエル全書簡』全四巻、平凡社東洋文庫、一九九四年
小林和幸『谷干城　憂国の明治人』、中公新書、二〇一一年

小林祥次郎編『江戸のイラスト辞典　訓蒙図彙』、勉誠出版、二〇一二年
近藤俊文『天才の誕生　あるいは南方熊楠の人間学』、岩波書店、一九九六年
阪田安雄監修『日系移民資料集北米編』第五巻、日本図書センター、一九九一年
品川歴史館特別展図録『日本考古学は品川から始まった——大森貝塚と東京の貝塚』、二〇〇七年
週刊朝日編『値段史年表』、朝日新聞社、一九八八年
須川賢久訳、田中芳男校閲『具氏博物学』、一八七六〜一八七九年
杉本つとむ『杉本つとむ著作選集七　辞書・事典の研究Ⅱ』、八坂書房、一九九九年
千田智子『森と建築の空間史』、東信堂、二〇〇二年
祖父江孝男・米山俊直・野口武徳編著『改訂文化人類学事典』、ぎょうせい、一九八七年
武内善信『闘う南方熊楠　「エコロジー」の先駆者』、勉誠出版、二〇一二年
武上真理子『科学の人・孫文』、勁草書房、二〇一四年
竹村牧男『ブッダの宇宙を語る　華厳の思想』、日本放送出版協会、二〇〇二年
田中芳男訳纂『動物学初篇哺乳類』、一八七四年
田中芳男閲、田中義廉編輯『小学読本』巻五、一八七五年
田中芳男監修、遠藤省吾編『小学博物問答』、弘書堂、一八七七年
田村義也・松居竜五編『南方熊楠とアジア』、勉誠出版、二〇一一年
段成式撰、今村与志雄訳注『酉陽雑俎』全五巻、平凡社東洋文庫、一九八〇〜一九八一年
鈕衛星『西望梵天　漢訳仏経中的天文学源流』、上海交通大学出版社、二〇〇四年
坪井正五郎（山口昌男監修）『うしのよだれ』、国書刊行会、二〇〇五年
坪内逍遙『逍遙選集』別冊一、第一書房、一九七七年
礫川全次編『男色の民俗学』、歴史民俗学資料叢書第三巻、批評社、二〇〇三年
鶴見和子『南方熊楠　地球志向の比較学』、「日本民俗文化大系四」、講談社、一九七八年。講談社学術文庫、一九八一年
鶴見和子『南方曼陀羅論』、八坂書房、一九九二年
鶴見和子『南方熊楠・萃点の思想』、藤原書店、二〇〇一年
鶴見和子・頼富本宏『曼荼羅の思想』、藤原書店、二〇〇五年
寺島良安編『和漢三才圖會』上下、東京美術、一九七〇年
寺島良安編、島田勇雄・竹島淳夫・樋口元巳訳注『和漢三才図会』全一五巻、平凡社東洋文庫、一九八五年

東海散士『佳人之奇遇』、「明治政治小説集（二）」筑摩書房明治文学全集6、一九六七年
土宜法龍（宮崎忍海編）『木母堂全集』、六大新報社、一九二四年。大空社、一九九四年
徳冨蘆花『蘆花全集』第一〇巻、蘆花全集刊行会、一九二八年
鳥山啓編『西洋雑誌』、書友社、一八七三年
鳥山嶺男「亡父の傳記（昭和二十六年遺稿）」（鳥山泰雄『夕津々』、一九六四年）、私家版
中沢新一『森のバロック』、せりか書房、一九九二年。講談社学術文庫、二〇〇六年
中沢新一『熊楠の星の時間』、講談社選書メチエ、二〇一六年
中瀬喜陽『南方熊楠、独白』、河出書房新社、一九九二年
中瀬喜陽『覚書 南方熊楠』、八坂書房、一九九三年
新妻昭夫『種の起原をもとめて ウォーレスの「マレー諸島」探検』、朝日新聞社、一九九七年
仁科悟朗『南方熊楠の生涯』、新人物往来社、一九九四年
西村三郎『文明のなかの博物学 西欧と日本』上下、紀伊國屋書店、一九九九年
日本統計協会編『日本長期統計総覧』第三巻、一九八八年
橋爪博幸『南方熊楠と「事の学」』、鳥影社、二〇〇五年
原田健一『南方熊楠 進化論・政治・性』、平凡社、二〇〇三年
藤本勝次訳注『シナ・インド物語』、関西大学出版・広報部、一九七六年
船山信一『明治哲学史研究』、ミネルヴァ書房、一九五九年
文倉平三郎編『福音会沿革史料』、現代史料出版、一九九七年
星川清孝編『楚辞』、「新釈漢文大系」三四、明治書院、一九七〇年
松居竜五『南方熊楠 一切智の夢』、朝日選書、一九九一年
松居竜五・小山騰・牧田健史『達人たちの大英博物館』、講談社選書メチエ、一九九六年
松居竜五・岩崎仁編『南方熊楠の森』、方丈堂出版、二〇〇五年
松居竜五『クマグスの森』、新潮社、二〇〇七年
松居竜五編『南方熊楠と仏教 報告集』、龍谷大学人間・科学・宗教オープン・リサーチ・センター、二〇〇九年
松居竜五編『南方熊楠の謎 鶴見和子との対話』、藤原書店、二〇一五年
［松居の著書のうち、本書に関連する部分については、四八一〜四八三頁参照］
宮崎かすみ『オスカー・ワイルド 「犯罪者」にして芸術家』、中公新書、二〇一三年

目加田誠訳『詩経・楚辞』、「中国古典文学大系」一五、平凡社、一九六九年
八杉龍一編訳『ダーウィニズム論集』、岩波文庫、一九九四年
山下重一『スペンサーと日本近代』、御茶の水書房、一九八三年
山田慶兒編『東アジアの本草と博物学の世界』、思文閣出版、一九九五年
山田賢『中国の秘密結社』、講談社選書メチエ、一九九八年
米山俊直『クニオとクマグス』、河出書房新社、一九九五年

邦文雑誌掲載論文（著者五十音順）

飯倉照平「熊楠の親しんだ中国の古籍」『現代思想』一九九二年七月号、青土社、一〇四〜一一二頁
飯倉照平「南方熊楠と中国書」、田村義也・松居竜五編『南方熊楠とアジア』、勉誠出版、二〇一一年、五二〜六二頁
石丸耕一「南方熊楠の東京での住居」『熊楠ワークス』四五号、二〇一五年、四二頁
伊藤豊「大学時代のフェノロサ――「普通の若者」による学びと思想受容の体験」『山形大学人文学部研究年報』第一〇号、二〇一三年、一三一〜一四六頁
岩渕幸喜『熊楠と漱石――二人を取り巻く人々』、私家版、二〇一一年
岩渕幸喜「ロンドン調査「熊楠関連の住所めぐり」」『熊楠ワークス』四二号、二〇一三年、五八〜五九頁
雲藤等「南方熊楠研究序説――南方熊楠の日記と書簡を中心にして」『社学研論集』第一二号、早稲田大学大学院社会科学研究科、二〇〇八年、四四〜五八頁
小笠原謙三「南方熊楠の下宿跡に住むピネル夫妻を訪ねて」『熊楠ワークス』一三号、二〇〇〇年、一〜二頁
奥山直司「土宜法龍とシカゴ万国宗教会議」、松居竜五編『南方熊楠と仏教　報告集』、龍谷大学人間・科学・宗教オープン・リサーチ・センター、二〇〇九年、五〇〜五七頁
奥山直司「南方熊楠と大乗仏教」（上）（下）『大法輪』二〇一〇年六月号、一三二〜一三九頁。二〇一〇年八月号一八〇〜一八八頁
川島昭夫「熊楠と洋書――蔵書目録の作成を通じて」『國文學』二〇〇五年八月号、學燈社、三三〜三八頁
神田英昭「土宜法龍宛新書簡の発見と翻刻の解説」、松居竜五・岩崎仁編『南方熊楠の森』、方丈堂出版、二〇〇五年、一六〇〜一六九頁
神田英昭「南方熊楠によるマンダラの思想の受容について」『高野山大学大学院紀要』一一号、二〇〇九年、一七〜二六頁
神田英昭「南方熊楠の因果論――土宜法龍宛書簡にみられる南方マンダラの萌芽」『密教文化』二二四号、二〇一〇年、七九〜九八頁
勝又基「江戸の百科事典を読む――『訓蒙図彙』の変遷」『月刊しにか』一一巻三号、大修館書店、二〇〇〇年、六五〜七一頁
加納由起子「南方熊楠と時代を覆う「ヒステリー」の影――「ロンドン抜書」に読む一九世紀フランス精神医学の潮流」『熊楠研究』第

九号、二〇一五年、二八～六〇頁
小池満秀「アメリカにおける南方熊楠——土宜法龍宛書簡をつなぐもの」、東京大学総合文化研究科修士学位論文、二〇〇一年
小泉博一「熊楠の英訳『方丈記』の草稿」『熊楠研究』第四号、二〇〇二年、八～二一頁
小泉博一「翻訳・ディキンズ・『方丈記』」『國文學』二〇〇五年八月号、學燈社、四〇～四六頁
郷間秀夫「南方熊楠蔵書『三花類葉集』と著者伊藤伊兵衛について」『熊楠ワークス』四三号、二〇一四年、三二～三三頁
小峯和明「南方熊楠の今昔物語集——説話学の階梯・明治篇」『文学』一九九七年冬号、岩波書店、三七～四九頁
小峯和明「南方熊楠・東アジアへのまなざし」、田村義也・松居竜五編『南方熊楠とアジア』、勉誠出版、二〇一一年、三〇～三九頁
小峯和明「和漢三才図会シンポジウム覚え書き」『熊楠ワークス』四四号、二〇一四年、三二～三四頁
斎藤清明「キューバの南方熊楠」『熊楠ワークス』四三号、二〇一四年、三〇～三一頁
佐藤直由「東京大学成立期における社会学3——社会学的知の制度化とその展開・研究ノート」『東北大学教育学部研究年報』三五号、一九八七年、四三～五九頁
佐藤深雪「ウィルヘルム・ヴントと折口信夫」『國學院雑誌』第九四巻十一号、一九九三年、一～一五頁
サライ・ペーテル「南方熊楠の思想形成における『東洋学芸雑誌』と『ザ・ポピュラー・サイエンス・マンスリー』」『日本語・日本文化』第四二号、大阪大学日本語日本文化教育センター、二〇一五年、一三七～一五六頁
サライ・ペーテル「南方熊楠の思想におけるH・スペンサーの影響について——土宜法竜往復書簡に見える因果論を中心に」、大阪大学言語文化研究科日本語・日本文化専攻博士学位論文、機関リポジトリ、二〇一五年
サライ・ペーテル「南方熊楠の因果論とハーバート・スペンサー——土宜法竜往復書簡に見られる議論を通して」『熊楠研究』第一〇号、二〇一六年、一八四～二一二頁
嶋本隆光「南方熊楠と猫とイスラーム」『日本語・日本文化』第四二号、大阪大学日本語日本文化教育センター、二〇一五年、一～三三頁
志村真幸「南方熊楠と『ノーツ・アンド・クエリーズ』誌——'Footprints of Gods, &c.' から「ダイダラホウシの足跡」へ」『ヴィクトリア朝文化研究』第七号、二〇〇九年、六八～八八頁
志村真幸「南方熊楠は『ノーツ・アンド・クエリーズ』誌をどのように利用したか？——邦文論考との関係から」『歴史文化社会論講座紀要』第十号、京都大学大学院人間環境学研究科歴史文化社会論講座、二〇一三年、六九～八八頁
志村真幸、南方熊楠顕彰館第四四回月例展「熊楠とゆかりの人びと第二七回　チャールズ・リード」（二〇一六年六月四日～七月三日）パネル
杉山和也「東大予備門同期生、それぞれの青春とその生き様——熊楠・子規・漱石を中心に」『熊楠ワークス』四二号、二〇一三年、四

四〜四七頁
諏訪敦彦（聞き手）「南方文枝さんに聞く」『熊楠研究』第三号、二〇〇一年、六〜四〇頁
嵩満也「万国宗教会議と浄土真宗本願寺派——島地黙雷と八淵蟠龍の動向を中心にして」、松居竜五編『南方熊楠と仏教　報告集』、龍谷大学人間・科学・宗教オープン・リサーチ・センター、二〇〇九年、四一〜四九頁
田村義也「南方熊楠のマンドラゴラ研究——その研究史上の位置付け」『熊楠研究』第八号、二〇〇六年、六〜三五頁
田村義也「『ネイチャー』誌論考の中のアジア——南方熊楠の最初期英文論考」、田村義也・松居竜五編『南方熊楠とアジア』、勉誠出版、二〇一一年、一〇一〜一一七頁
田村義也「南方熊楠と『Nature』誌」『科学』二〇一三年八月号、岩波書店、0894-0900頁
田村義也「南方熊楠における西欧学知「ロンドン抜書」と日本語著作」、増尾伸一郎・松﨑哲之編『交響する東方の知　漢文文化圏の輪郭』、明治書院、二〇一四年、一九三〜二一七頁
千本英史「等身大の熊楠へ」『國文學』二〇〇五年八月号、學燈社、六〜一三頁
千本英史・今枝杏子・向村九音・辻晶子、南方熊楠顕彰館第一六回特別企画展「和漢三才図会」（二〇一四年三月二十一日〜五月六日）パネル
月川和雄「南方熊楠とギリシアの少年愛」『新文芸読本南方熊楠』、河出書房新社、一九九三年、一二九〜一四一頁
月川和雄「黎明期の「性科学」と相渉る熊楠——「ロンドン抜書」のなかの男色文献から」『文学』一九九七年冬号、岩波書店、八四〜九六頁
中瀬喜陽・松居竜五「南方熊楠邸新発掘記」『新潮』一九九〇年十月号、二一一〜二一七頁
橋爪博幸「南方熊楠の朝鮮半島へのまなざし」、田村義也・松居竜五編『南方熊楠とアジア』、勉誠出版、二〇一一年、二一二〜二一八頁
橋爪博幸「南方熊楠と『ポピュラー・サイエンス・マンスリー』」『熊楠研究』第九号、二〇一五年、六〜二七頁
長谷川興蔵「『珍事評論』の撃つもの」『現代思想』一九九二年七月号、青土社、一九四〜二〇五頁
細馬宏通「投書家熊楠と投書空間としての『ネイチャー』」『ユリイカ』二〇〇八年一月号、青土社、九六〜一〇二頁
牧田健史「ロンドンの南方熊楠」一〜一二、『目の眼』二五八〜二六九号、一九九七〜一九九八年
牧田健史「南方熊楠考・ロンドン長期滞留の謎——生死の漂泊を思念」『熊楠研究』第六号、二〇〇四年、六〜二四頁
槙林滉二「H・スペンサー哲学受容の様相——『東洋学芸雑誌』、『六合雑誌』、『中央学術雑誌』を中心に」『国文学攷』一〇八・一〇九号、広島大学国語国文学会、一九八六年、二五〜三三頁
増尾伸一郎「南方熊楠の比較説話研究とW・A・クラウストン——“Popular Tales and Fictions”の受容をめぐって」、田村義也・松居竜五編『南方熊楠とアジア』、勉誠出版、二〇一一年、一六四〜一八四頁

増尾伸一郎「形成期の日本民俗学とヨーロッパ　J・G・フレイザー『金枝篇』とその周辺」、増尾伸一郎・松﨑哲之編『交響する東方の知　漢文文化圏の輪郭』、明治書院、二〇一四年、二二九〜二六四頁
松居竜五［本書に関連する松居の論文については、四八一〜四八三頁参照］
安田忠典「南方熊楠の変態心理学研究——那智隠栖期を中心として」『人体科学』第一二巻第一号、二〇〇三年、二五〜三六頁
安田忠典「熊楠の臨界点　那智山での変態心理学研究」『ユリイカ』二〇〇八年一月号、青土社、一六九〜一七六頁
安田忠典「南方熊楠の那智隠栖期について——『南方熊楠・小畔四郎往復書簡（一）』を中心に」『龍谷大学国際社会文化研究所紀要』第一一号、二〇〇九年、一九九〜二〇九頁
安田忠典「海辺のクマグス第四回　クマグス・イン・ニューヨーク」『熊楠ワークス』四二号、二〇一三年、五七頁
吉川史子「一八八八年四月の南方熊楠——ミシガン州立農学校長エドウィン・ウィリッツ宛書簡」『広島修大論集』第四九巻第二号、二〇〇九年、一六一〜一八〇頁
吉川史子「南方熊楠のミシガン州立農学校入学申込書」『広島修大論集』第五〇巻第二号、二〇一〇年一一七〜一三一頁
吉田芳輝「縛られた巨人南方熊楠」は何に縛られたのか」『関西英学史研究』第二号、二〇〇六年、五九〜七七頁
横山茂雄・中西須美・松居竜五「ランシング・アナーバー時代の南方熊楠——アメリカ調査報告」『熊楠研究』第五号、二〇〇三年、一〇六〜一三五頁
和田健治「南方熊楠——ロンドンの日々」（一）〜（十）、『くちくまの』一一九〜一二九号、紀南文化財研究会、二〇〇一〜二〇〇五年

欧文文献（著者アルファベット順）

Arnold, Edwin, *East and West: Being Papers Reprinted from the 'Daily Telegraph' and Other Sources*, Longmans, Green, London [etc.], 1896.
Bannister, Robert C., *Social Darwinism; Science and Myth in Anglo-American Social Thought*, Temple University Press, Philadelphia, 1979.
Barfield, Thomas (ed.), *The Dictionary of Anthropology*, Blackwell Publishers, Oxford, 1997.
Barrows, John Henry. *The World's Parliament of Religions*, Parliament Pub. Co., Chicago, 1893.
Blacker, Carmen, "Minakata Kumagusu; a Neglected Japanese Genius," *Folklore*, Vol.94, no.2, 1983, pp.139-152.
Blacker, Carmen, "Minakata Kumagusu, the Genius Now Recognised," *Britain & Japan: Biographical Portraits*, vol.2, Ian Nish (ed.), Japan Library 1994, pp.78-91.
Borsdorf, A. T. Williams, "On Herbert Spencer's Theory of Evolution in Literature," *Science of Literature: On the Literary Theories of Taine and Herbert Spencer*, David Nutt. London, 1903, pp.39-67.

Bowler, Peter J., *Evolution, the History of an Idea*, The University of California Press, Berkeley, 1984.（ピーター・J・ボウラー著・鈴木善次ほか訳『進化思想の歴史』上下二巻、朝日選書、一九八七年）

Brackman, Arnold C., *A delicate arrangement,* Times Books., New York, 1980.（アーノルド・C・ブラックマン著、羽田節子・新妻昭夫訳『ダーウィンに消された男』、朝日新聞社、一九八四年）

Bridges, R. C. and Hair, P. E. H. (ed.), *Compassing the Vaste Globe of the Earth, Studies in the History of the Hakluyt Society 1846-1996,* Hakluyt Society, London, 1996.

Brown, S. Paul *Book of Jacksonville, a history*, Poughkeepsie, New York, 1895.

Brown, Thomas, *Taxidermist's Manual; or the art of collecting, preparing, and preserving objects of natural history*, A. Fullarton and Co., London, Edinburgh and Dublin, 1853.

Brown, S. Paul, *Book of Jacksonville, a history*, Poughkeepsie, New York, pp.117-118.

Calkins, William Wirt, "Remarks on American lichenology – II." *Science* 20, 1892, pp.205-206.

Calkins, William Wirt, "Remarks on American lichenology – III." *Science* 21, 1893, pp.77-78.

Carneiro, Robert L., "Herbert Spencer as an Anthropologist", *Journal of Libertarian Studies*, vol.5, No.2, 1981, reprinted in Offer (ed.), 2000.

Chin, Ko-lin, "Chinatowns and Tongs", *Chinese subculture and criminality: non-traditional crime groups in America*, Greenwood Press, New York, 1990, pp.47–66.

Claparède, René-Edouard, Remarques à propos de l'ouvrage de M. Alfred Russel Wallace sur la theorie de la selection naturelle, *Archives des Sciences physiques et naturelles* Bibliothèque Universelle, 1870.

Clerke, Agnes Mary, *History of Astronomy during the 19th Century*, A. & C. Black, Edinburgh, 1885.

Clouston, W.A., *Popular Tales and Fictions, their Migrations and Transformations*, 2 vols., William Blackwood and Sons, Edinburgh and London, 1887

Cohen, Kathleen Ann Francism, *Immigrant Jacksonville: a profile of immigrant groups in Jacksonville, Florida, 1890-1920*, Jacksonville, 1986.

Christy, Alan, *A Discipline on Foot, Inventing Japanese Native Ethnology, 1910-1945*, Rowan and Littlefield Publishers, Inc., Lanham, etc., 2012.

Davis, T. Frederick, *History of Jacksonville, Florida and Vicinity, 1513 to 1924*, The Florida historical society, 1925, pp.192-195.

Dundes, Alan, (ed.), *Theories of Folklore-Over the Historical-geography method.*（アラン・ダンデス（新井皓士訳）『フォークロアの理論——歴史地理的方法を越えて』、法政大学出版局、一九九四年所収）

Duncan, David, *The Life and Letters of Herbert Spencer*, Methuen & Co., London.

Figal, Gerald, *Civilization and Monsters, Spirit of Modernity in Meiji Japan,* Durham and London, Duke University Press, 1999.

Fink, Bruce, "William Wirt Calkins, amateur mycologist," *Mycologia*, vol.7, No.2, March 1915, pp. 57-60.

Frazer, James George, *The golden bough: A study in comparative religion*, vol.1 and 2, London, Macmillan and co, 1890.（J・G・フレイザー著、神成利男訳・石塚正英監修『金枝篇　呪術と宗教の研究』第1巻・第二巻「呪術と王の起源」、国書刊行会、二〇〇四年）

Freeman, Derek, "The Evolutionary Theories of Charles Darwin and Herbert Spencer", *Current Anthropology*, vol.15, no.3, September 1974, reprinted in Offer (ed.), 2000.

Gaige, Frederick M., "Joseph Beal Steere, master naturalist," *The Ark*, vol.10, no.5, March1932, pp.2-7.

Goodrich, Samuel Griswold, *A pictorial Natural History*, Boston, 1842.

Hasan-Roken, Galit and Dundes, Alan, *The Wandering Jew, Essays in the Interpretation of a Christian Legend*, Indiana University Press, Bloomington, 1986.

Hubbell, T.H., "The University of Michigan Beal-Steere Expedition", 1870-1875, October 12, 1964, MS.

Huxley,Thomas Henry, *On the Origin of Species: Or, the Causes of the Phenomena of Organic Nature,* D. Appleton, New York,1863.

Huxley, Thomas Henry, *Christianity and agnosticism; A controversy consisting of papers by Henry Wace, D.D., Prof. Thos. H Huxley, the Bishop of Petersbourgh, W.H.Mallock, Mrs. Humphry Ward*, The Hmmholdt publishing co., New York, 1889.

Jacobs, Joseph, "Chairman's Adress", *International Folk-Lore Congress, 1891, Papers and transactions*, London , 1892.

Jung, Carl Gustav, *Mandala Symbolism*, Princeton University Press, 1959.

Kingsley, John Sterling, (ed.), *Standard Natural History, vol.VI Natural History of Man*, S. E. Casino and Co., Boston, 1885.

Laufer, Berthold, "History of the Finger-Print System", *The Smithsonian Report for 1912*, The Government Printing Office, Washington, 1913.

Laufer, Berthold, "La Mandragore", *T'oung Pao*, vol.18, Issue 1-2, 1917, pp.1-30.

Leo Africanus, *The History and Description of Africa, and the Notable Things therin Contained*, 3 vols., Hakluyt Society, London, 1896.

Lyons, Sherrie L., *Thomas Huxley, the evolution of a scientist*, Prometheus Books, New York, 1999.

Matsui Ryugo, "Mandala as a Synthetic Theory of Modern Sciences: On Minakata Kumagusu's Philosophy in His Letters to Dogi Horyu".『龍谷大学国際文化学紀要』第一一号、二〇〇七年、二九～四一頁

Matsui Ryugo, "Minakata Kumagusu and the British Museum", *Discuss Japan* No.16, Oct.7, 2013.

Monier-Williams, Monier, *Buddhism, in Its Connection with Brahmanism and Hinduism, and in Its Contrast with Christianity*, John Murray, London, 1889.

Moura, Jean, *Le Royaume du Cambodge*, 2 vols., Paris, 1883.

Nai-Tung Ting, *The Cinderella cycle in China and Indo-China Suomalainen Tiedeakatemia*, suomalainen Tiedeakatemia, Helsinki, 1974.

Needham, Joseph, *Science and Civilisation in China*, Vol.3, Cambridge University Press. 1959.（ジョゼフ・ニーダム著、東畑精一・藪内清監修、吉田忠他訳『中国の科学と文明』第五巻「天の科学」、思索社、一九九一年）

Okuyama Naoji, "Correspondence between Kumagusu and Dogi Horyu: On the Newly Found Letters from Kumagusu to Dogi". *CSJR Newsletter* University

of London, Autumn 2010, pp.20-23.
Offer, John, *Herbert Spencer, Critical Assessments*, 4 vols., Routledge, London and New York, 2000.
Offer, John, *Herbert Spencer and Social Theory*, MacMillan, New York, 2010.
Osten-Sacken, C.R. *On the oxen-born bees of the ancients (bugonia) and their relation to Eristalis tenax, a two-winged insect*, J. Hoerning, Heidelberg, 1894.
Osten-Sacken, C.R. *Additional Notes in Explanation of the Bugonia-Lore of the Ancieents*, J. Hoerning, Heidelberg, 1895.
Pagès, Léon, *Histoire de la religion Chrétienne au Japon*, Charles Douniol, Paris, 1869.（レオン・パジェス著、吉田小五郎訳『日本切支丹宗門史』全三巻、岩波文庫、一九三八年）
Perrin, Robert G., *Herbert Spencer, a Primary and Secondary Bibliography*, Garland Publishing Inc., New York and London, 1993.
Raby, Peter, *Alfred Russel Wallace: A Life*, Princeton University Press, London, 2001.（ピーター・レイビー著、長澤純夫・大曾根静香訳『博物学者アルフレッド・ラッセル・ウォレスの生涯』、新思索社、二〇〇七年）
Ratzel, Friedrich, *History of mankind*, 3 vols. A.J. Butler (tr.), Macmillan and Co., London, 1896.
Sibley, William, "Morning fog, (Correspondence on gay lifestyles)", *Partings at Dawn, An Anthology of Japanese Gay Literature*, Gay Sunshine Press, San Francisco, 1996, pp.135-143.
Snodgrass, Judith, *Presenting Japanese Buddhism to the West, Orientalism, Occidentalism, and the Columbian Exposition,* The University of North Carolina Press, Chapel Hill and London, 2003.
Spencer, Herbert, *The Principles of Sociology,* vol.1-1 and vol.1-2, D. Appleton and Company, New York, 1896.
Spencer, Herbert, *First principles*, University Press of the Pacific Honolulu, Hawaii, 2002.
Spencer, Herbert, *The Study of Sociology*, University Press of the Pacific Honolulu, Hawaii, 2002.
Steere, Joseph Beel, "Animals as modified by environment," *the Popular Science Monthly*, June 1888, pp.243-249.
Steere, Joseph Beel, "the relation of animals to surrounding matter", MS., Bentley Historical Library in University of Michigan.
Stocking, George W. Jr., *Victorian Anthropology*, The Free Press, New York, 1987.
Stocking, George W. Jr., *After Tylor, British Social Anthropology 1888-1951*, The University of Wisconsin Press, Madison, 1995.
Tamura Yoshiya, "A Modernist Intellectual's Approach to Mahayana Buddhism; Minakata Kumagusu's Rediscovery of Tantric Buddhism in the West", *Proceedings of the International Conference on Esoteric Buddhist Studies*, Koyasan University, Executive Committee, ICEBS, Koyasan, 2008, pp.409-413.
Tamura Yoshiya, "The English Essays of Minakata Kumagusu – Centering on his Contributions to *Nature*", *Discuss Japan*, No.16 , Oct.7, 2013.
Tsurumi Kazuko, *Creativity of the Japanese – Yanagita Kunio and Minakata Kumagusu*, Institute of International Relations, Series A-39, Sophia University, 1980.

Tsurumi Kazuko, *Minakata- Mandala – A Paradigm Change for the Future*, UNO-UNESCO Joint Symposium and Culture, 1995.9, pp.11-14.

Wallace, Alfred Russel, *Natural selection and tropical nature.Essays on descriptive and theoretical biology,* New edition with correction and additions, Macmillan and co., London and New York, 1891.

Wallace, Alfred Russel, *Darwinism: An exposition of the theory of natural selection, with some of its applications*, Macmillan and Co., New York, 1889.

White, Paul, *Thomas Huxley, Making the "Man of Science",* Cambridge University Press, Cambridge, 2003.

Widder, Keith R., *Michigan Agricultural College: The Evolution of a Land-Grant Philosophy 1855-1925*, Michigan State University, East Lansing, 2005.

David M. Wilson, *The forgotten collector, Augustus Wollaston Franks of the British Museum*, Thames and Hudson [London], 1984.

Yule, Henry, *Mirabilia Descripta, the Wonders of the East by Friar Jordanus*, Hakluyt Society, London, 1863.

Yule, Henry, (Ed.), *Cathay and the Way Thither, being a Collection of Medieval Notices of China*, 2 vols., Hakluyt Society, London, 1886.

Yule, Henry and Cordier, Henri, *The Travels of Marco Polo*. The Complete Yule-Cordier Edition: Including the Unabridged Third Edition (1903) of Henry Yule's Annotated Translation, as Revised by Henri Cordier, Together with Cordier's Later Volume of Notes and Addenda, Dover Publications, New York, INC., 1920.

Circular of the Pacific Business College, 1884.

The Encyclopaedia Britannica, ninth edition, 1875-1889.

The Encyclopaedia Britannica, eleventh edition, 1910-1911.

Jacksonville, Florida Directories, 1888-93.

The student's guide through the Actual Business Department of the Pacific Business College, San Francisco, Cal arranged by M.K. Lauden, 1874.

University College Monthly, Bound ser.2:1:2 (June1872) - ser.2:1:3(July1872), ser.2:1:5(Sept 1872).

写真・図版所蔵先

南方熊楠顕彰館　五八頁、七三頁（動物学第一稿〜第三稿表紙）、一七二頁、一九八頁、二七二頁、二七五頁、二八一頁、三八七頁、三九五頁、四〇〇頁、四五一頁、四五二頁、四五六頁、四五八頁

（財）南方熊楠記念館　七三頁（動物学第四稿表紙）、三八〇頁

高山寺　三八八頁、三九七頁

松居竜五（まつい・りゅうご）
1964年、京都府生まれ。東京大学大学院総合文化研究科博士課程中退。論文博士（学術）。東京大学教養学部留学生担当講師、ケンブリッジ大学客員研究員等を経て、現在、龍谷大学国際学部教授。南方熊楠顕彰会理事、日本国際文化学会常任理事、熊楠関西研究会事務局。
著書に『南方熊楠　一切智の夢』（朝日新聞社）、『達人たちの大英博物館』（共著、講談社選書メチエ）、『南方熊楠大事典』（共編共著、勉誠出版）など。訳書に『南方熊楠英文論考［ネイチャー］誌篇』（共訳、集英社）、『南方熊楠英文論考［ノーツ アンド クエリーズ］誌篇』（共訳、集英社）がある。

南方熊楠
——複眼の学問構想

2016年12月30日　初版第1刷発行

著　者————松居竜五
発行者————古屋正博
発行所————慶應義塾大学出版会株式会社
〒108-8346　東京都港区三田2-19-30
TEL〔編集部〕03-3451-0931
〔営業部〕03-3451-3584〈ご注文〉
〔　〃　〕03-3451-6926
FAX〔営業部〕03-3451-3122
振替　00190-8-155497
http://www.keio-up.co.jp/
装　丁————耳塚有里
印刷・製本——萩原印刷株式会社
カバー印刷——株式会社太平印刷社

Printed in Japan　ISBN978-4-7664-2362-4

人名・事項索引

ア 行

カ 行

サ 行

タ 行

ナ 行

ハ　行

マ 行

ヤ 行

ラ 行

ワ 行

欧文人名索引

「ロンドン抜書」目録

以下に掲載する目録は、南方熊楠顕彰館および南方熊楠記念館が所蔵する「ロンドン抜書」52冊の筆写内容を解析したものである。「ロンドン抜書」の内容に関しては、本書Ⅶ章を参照。筆者は南方文枝氏に資料調査の依頼を受けた1990年以降、この目録をデータベースとして作成しており、1992年には故月川和雄氏とともに最初の報告をおこなっている(月川和雄・松居竜五編「南方熊楠ロンドン抜書目録」『現代思想』1992年7月号、青土社、i～xvi頁)。データベースにはより詳細な書誌や書き込みを反映しており、今後別途発表・活用の方法について検討したい。

凡例は以下の通りである。

- ○「ロンドン抜書」のほとんどの巻は、表紙からFront Contents、裏表紙からBack Contentsの2方向に筆写がなされている。本目録の第1列には「巻数」「Front Contents(Aと表記)Back Contents(Bと表記)の別」「頁数」「同頁内の順列(abcで表記)」からなる開始番号を記載した。この開始番号は、本目録における1件の筆写の同定記号として、本書の各章でも[01A001]のようなかたちで用いている。
- ○「ロンドン抜書」各巻冒頭には目次が付され、筆写の最初または最後には書誌が記載されている。本目録ではこうした情報と抜書本文の内容に基づいて、同一文献からの筆写を1件とみなした。ただし同一文献からの筆写であっても、別の巻あるいは同一巻のA・Bをまたいでおこなわれているものは別件としている。
- ○第3列における洋書の書誌については、「ロンドン抜書」内の熊楠による記述をなるべく用いつつ、British Library Main Catalogueなどにより補っている。スペースの関係で題名を簡略化している部分もある。
- ○第2列における欧文の著者名のカタカナ表記は、原語に近い日本語の読みとしてもっとも一般的と考えられるものを用いた。また書名について、日本語の定訳があるものは可能な限りそれに準拠している。
- ○和漢書については、川瀬一馬・岡崎久司編『大英図書館所蔵和漢書総目録』(講談社、1996年)の記載を参照し、第2列に「表題」、第3列に「書誌」を記載した。
- ○各巻見返し部分に見られる抜書開始および終了期間の日付けを付した。( )内は、日付が記されていないが、本文中の記載からおよその期間を推測したものである。

開始番号	著者・表題・言語	欧文書誌
第 1 巻	**1895. 4. - 1895. 6. 5**	
01A001	ムーラ『カンボジア王国』(仏語)	Moura, Jean, *Le Royaume du Cambodge,* Paris, 1883
01A015	パジェス『日本切支丹宗門史』「内藤飛騨守の手紙」(仏語)	Pagès, Léon, *Histoire de la religion Chrétienne au Japon*, "Lettre de Naito Findadono Cami", Paris, 1869
01A017	スミス『中国の本草学と博物学に関する論考』(英語)	Smith, Frederick Porter, *Contributions towards the materia medica and natural history of China*, Shanghai and London, 1871
01A067a	ブリュースター「タバシーア」『エディンバラ科学雑誌』(英語)	Brewster, David, "Notice respecting a singular optical property of tabasheer", *Edinburgh Journal of Science*, vol.7, 1819
01A067b	ウォリング『インドの薬物』(英語)	Waring, Edward John, *Pharmacopoeia of India*, London, 1868
01A068	ダイヤー『化学事典』「天竹黄」(英語)	Dyer, W. T., *Dictionary of Chemistry*, "Tabasheer", London, 1887
01A073	伊藤篤太郎「タバシーア」『ネイチャー』(英語)	Ito Tokutaro, "Tabasheer", *Nature*, Mar.17, 1887, pp.462-463, London, 1887
01A075	ジャッド「タバシーアと鉱物の関係」『ネイチャー』(英語)	Judd, John W., "Relation of tabasheer to mineral substances", *Nature*, 1887.3.24, London
01A107	エモニエ『カンボジア報告』(仏語)	Aymonier, Etienne, *Notice sur le Cambodge*, Paris, 1875
01A137	エモニエ「カンボジアの習慣と俗信に関する覚書」『仏領コーチシナ』(仏語)	Aymonier, Etienne, "Notes sur les coutumes et croyances superstitieuse des Cambodgiens", *Cochinchine Française: Excursions et Reconnaissances*, no.16, Saigon, 1883
01A152	ハス「タバシーア」『ネイチャー』(英語)	Huth, Ernst, "Tabasheer mentioned in older botanical works", *Nature*, vol.36, pp.29-30, London, 1887
01A211	ヒューズ『イスラム事典』「獣姦」(英語)	Hughes, Thomas Patrick, *A dictionary of Islam*, "Bestiality", London, 1885
01A230	ヴァーンベーリ『中央アジア点描』(英語)	Vámbéry Ármin, *Sketches of Central Asia,* London, 1868
第 2 巻	**1895. 6. 6 - 1895. 7. 30**	
02A001	ムーラ『カンボジア王国』(仏語)	Moura, Jean, *Le Royaume du Cambodge*, Paris, 1883
02A005	パクストン『ポケット植物事典』「Latana」(英語)	Paxton, Joseph, *A pocket botanical dictionary*, "Latana commerson", London, 1868
02A028	エモニエ『カンボジア報告』(仏語)	Aymonier, Etienne, *Notice sur le Cambodge,* Paris, 1875
02A082	パーチャス『旅行記』「ガスパール・ダ・クルスによる中国および周辺の記録」(英語)	Purchas, Samuel, *Purchas his pilgrimes*, "A treatise on China and adjoining regions written by Gaspar da Cruz, a Dominican Friar", London, 1625
02A085	エモニエ「『カンボジア王国』書評」『仏領コーチシナ』(仏語)	Aymonier, Etienne, "Critique du *Royaume du Cambodge*", *Conchinchine Française: Excursions et Reconnaissance,* no.16, Saigon, 1883

02A125	ユール訳『マルコ・ポーロ卿の書』(英語)	Yule, Henry (tr.), *The book of Ser Marco Polo*, London, 1871
02A150	エモニエ「カンボジアの習慣と俗信に関する覚書」『仏領コーチシナ』(仏語)	Aymonier, Etienne, "Notes sur les coutumes et croyances superstitieuse des Cambodgiens", *Conchinchine Française: Excursions et Reconnaissance*, no.16, Saigon, 1883
02A157	インワーズ『気象についての伝承』(英語)	Inwards, Richard, *Weather lore*, London, 1869
02A204	ラムージオ『航海と旅行』「北方に新たに発見された日本という島に関する短報(日本情報)」(イタリア語)	Ramusio, Giovanni Battista, *Navigationi et viaggi*, "Informatione breve dell'isola allhora scoperta nella parte di settentrione chiamata Giapan", Venetia, 1588
02A210	ラムージオ『航海と旅行』「1549年1月14日付コーチン発フランシスコ・ザヴィエル書簡」(イタリア語)	Ramusio, Giovanni Battista, *Navigationi et viaggi*, "Da Cochin, 14 Genaio 1549. del Padre Fra Francesco Xavier", Venetia, 1588
02A218	マッシー『イギリスの菌類、附地衣類』(英語)	Massee, George Edward, *British fungi, with a chapter of lichen*, London, 1891
02B001a	チェンバーズ『百科事典』「さまよえるユダヤ人」(英語)	Chambers, *Encyclopaedia*, "Wandering jew", London, 1892
02B001b	ディドロとダランベール『百科全書』「ソドミー」(仏語)	Diderot et d'Alembert, *Encyclopédie*, "Sodomie", Paris, 1765
02B002	ヴォルテール『哲学辞典』「オナン・オナニズム」(仏語)	Voltaire (François-Marie Arouet), *Dictionnaire philosophique*, "Onan, Onanisme", Paris, 1822
02B007	フェイホ『世界学芸の総批評』(スペイン語)	Feijoo, Benito Jerónimo, *Theatro critico universal*, Madrid, 1734
02B008	パイク『英国犯罪史』(英語)	Pike, Luke Owen, *A history of crime in England*, London, 1873
02B020	ハクストハウゼン(ファリー訳)『ロシア帝国』(英語)	Haxthausen, August von (tr. Farie, Robert), *The Russian Empire*, London, 1856
第3巻	**1895. 6. 20 - 1895. 7. 25**	
03A001a	リース『百科事典』「ソドミー」(英語)	Rees, Abraham, *Cyclopaedia*, "Sodomy", London, 1819
03A001b	タルデュー『強制猥褻に関する法医学的研究』(仏語)	Tardieu, Ambroise, *Etude médico-légale sur les attentats aux moeurs*, Paris, 1859
03A004	メニエール『ラテン詩人に関する医学的研究』(仏語)	Menière, Prosper, *Etude médicale sur les poëtes Latins*, Paris, 1858
03A052	ヴォルテール『哲学辞典』「ソクラテスの愛」(仏語)	Voltaire (François-Marie Arouet), *Dictionnaire philosophique*, "Amour Socratique", Paris, 1822
03A062	レージュ＝ドロルムとドシャンブル『医学百科事典』「男色」(仏語)	Raige-Delorme & Dechambre, *Dictionnaire encyclopédique des sciences médicales*, "Pédérastie", Paris, 1864-1890
03A064	ヴァレ『裁判、物語、笑話選』(仏語)	Warée, Barnabe, *Curiosités judiciaires, historiques, anecdotiques*, Paris, 1859
03A073	チーヴァーズ『インドの法医学』(英語)	Chevers, Norman, *Medical jurisprudence for India*, Calcutta, 1870

03A096	レージュ＝ドロルムとドシャンブル『医学百科事典』「オナニズム」（仏語）	Raige-Delorme & Dechambre, *Dictionnaire encyclopédique des sciences médicales*, "Onanisme", Paris, 1864-1890
03A116	ジャクー『新実用内外科事典』「オナニズム」（仏語）	Jaccoud, Sigismond, *Nouveau dictionnaire de médecine et de chirurgie pratique*, "Onanisme", Paris, 1864-1886
03A124	レージュ＝ドロルムとドシャンブル『医学百科事典』「女性による強制猥褻」（仏語）	Raige-Delorme & Dechambre, *Dictionnaire encyclopédique des sciences médicales*, "Attentats à la pudeur par des femmes", Paris, 1864-1890
03A127	テイラー『法医学の理論と実践』（英語）	Taylor, Alfred S., *The principles and practice of medical judisprudence*, London, 1894
03A142	『ラルース十九世紀大百科事典』「男色」（仏語）	Larousse, *Grand dictionnaire universel du XIXe siècle*, "Pédérastie", Paris, 1864-1905
03A146	ドゥヴィル『インド散策』（仏語）	Deville, Louis (Avocat), *Excursion dans l'inde*, Paris, 1860
03A147	ジャクモン『インド紀行』（仏語）	Jacquemont, Victor, *Voyage dans l'Inde pendant les années 1828 à 1832*, Paris, 1841-1844
03A149	デュプーイ『ラテン語の詩に見る古代ローマの医学と生活』（仏語）	Dupouy, Edmond, *Médecine et moeurs de l'ancienne Rome d'après les poètes Latins*, Paris, 1892
03A162	ガルニエ『パリの狂気』（仏語）	Garnier, Paul, *La folie à Paris*, Paris, 1890
03A167	バル『色情狂』（仏語）	Ball, Benjamin, *La folie érotique*, Paris, 1888
03A190	カルメイユ『狂気について』（仏語）	Calmeil, Louis-Florentin, *De la folie*, Paris, 1845
03A191	ルグラン・デュ・ソール『ヒステリー患者、その心身の状態および重軽度の犯罪行為』（仏語）	Legrand du Saulle, Henri, *Les Hystériques, État physique et état mental, Actes insolites, délictueux et criminels*, Paris, 1883
03A193	モローニ『教会史大事典』「宦官」（イタリア語）	Moroni, Gaetano, *Dizionario di erudizione storico-ecclesiastica*, Venetia, 1843
03A194	アンシヨン『去勢の実態』（英語）	Ancillon, Charles, *Eunuchism displayed: Describing all the differenet sorts of eunuchs*, London, 1718
03A230	スミス『ギリシア・ローマ伝記・神話事典』「スポーラス」（英語）	Smith, William, *Dictionary of Greek and Roman biography and mythology*, "Sporus", London, 1844-1849
第4巻	**1895. 7. 26 - 1896. 3. 11**	
04A001	アンシヨン『去勢の実態』（英語）	Ancillon, Charles, *Eunuchism displayed: Describing all the differenet sorts of eunuchs*, London, 1718
04A024	ルイエ『古代ローマの医学的研究』（仏語）	Rouyer, Jules Théodore, *Etudes médicales sur l'ancienne Rome*, Paris, 1859
04A040	デュプーイ『ラテン語の詩に見る古代ローマの医学と生活』（仏語）	Dupouy, Edmond, *Médecine et moeurs de l'ancienne Rome d'après les poètes Latins*, Paris, 1892
04A050	ミショー『全人名録』「フェイホー」（仏語）	Michaud, *Biographie universelle*, "Feyjoo", Paris, 1843
04A077	サントリーヴ『文学雑記』（仏語）	Saint-Olive, Paul, *Variétés littéraires*, Lyon, 1872
04A078	カプフィグ『バッカスの巫女とカエサル下のローマの若き貴族たち』（仏語）	Capefigue, Jean Baptiste Honoré Raymond, *Les Bacchantes et les jeunes patriciens sous les Césars*, Paris, 1864

04A083	フェイホー『世界学芸の総批評』(スペイン語)	Feijoo, Benito Jerónimo, *Theatro critico universal*, Madrid, 1734
04B001	ジーネル『公的売春について』(仏語)	Jeannel, Julien-François, *De la prostitution publique*, Paris, 1863
04B060	エルシュとグルーバー編『風俗百科事典』、シュレーガー「オナニズム」(独語)	Ersch & Grüber, *Allgemeine encyclopedia*, Schreger, Christian Heinrich Theodor, "Onanism", Leibzig, 1818-1889
04B095	ヴィレイ『人類の博物誌』(仏語)	Virey, Julien-Joseph, *Histoire naturelle du genre humain*, Paris, 1824
04B099	ベーガ(ボードワン訳)『インカ皇統記』(仏語)	Vega, Inca Garcilaso de la (tr. Baudoin, Jean), *Histoire des Yncas*, Amsterdam, 1715
04B101	ラ・モトレイ『ヨーロッパ、アジア、アフリカ紀行』(仏語)	La Mottraye, Aubry de, *Voyages en Europe, Asie et Afrique*, La Haye, 1727
04B105	シャルルヴォア『アメリカ北部旅行誌』(仏語)	Charlevoix, Pierre-François-Xavier de, *Journal d'un voyage fait par ordre du roi dans l'Amérique Septentrionale*, Paris, 1744
04B106	シュテラー『カムチャツカ地誌』(独語)	Steller, Georg Wilhelm, *Beischreibung von dem lande Kamtschatka*, Frankfurt und Leibzig, 1774
04B133	ロペス・デ・ゴマラ『インディアス全史およびメヒコ征服史』(スペイン語)	López de Gómara, Francisco, *La istoria de las Indias y conquista de Mexico*, Çaragoça, 1552
04B148	ビュッテル=デュモン『ルイジアナ史回想録』(仏語)	Butel-Dumont, Georges-Marie, *Mémoires historiques sur la Louisiane*, Paris, 1753
04B154	ユーグ『ギリシアの起源、学問、技術発展についての研究』(仏語)	Hugues, Pierre François, *Recherches sur l'origine, l'esprit et les progrès des arts de la Grèce*, Londres, 1785
第5巻	**1895. 7. 27 - 1895. 9. 22**	
05A001	ラムージオ『航海と旅行』「1549年10月5日付鹿児島発フランシスコ・ザヴィエル書簡」(イタリア語)	Ramusio, Giovanni Battista, *Navigationi et viaggi*, "Lettera del Padre Maestro Francesco Xavier da Cangoxina, città del Giapan, adi 5 di Ottobre 1549", Venetia, 1588
05A010	ザヴィエル(パジェス編)『イエズス会士フランシスコ・ザヴィエルの書簡』(仏語)	Xavier, Francis (ed. Pagès, Léon), *Lettres de Saint François Xavier de la compagnie de Jésus*, Paris, 1855
05A013	ラムージオ『航海と旅行』「レオ・アフリカヌスによるアフリカ誌」「カダモストによるポルトガル人のピエトロ・ディ・シントラ船長の航海」「ヴァスコ・ダ・ガマの航海」「ペドロ・アルヴァレスの航海」「アメリゴ・ヴェスプッチ概略」(イタリア語)	Ramusio, Giovanni Battista, *Navigationi et viaggi*, "Della descripzione dell'Africa e delle cose notabili che quivi sono per Giovani Lioni Africano", "La navigazione del Capitan Pietro di Sintra, Portughese, scritta per il Seg. Alvise da Ca da Mosto", "Navigatione, di Vasco da Gama", "Navigatione del Capitano Pedro Alvares", "Sommario di Amerigo Vespucci", Venetia, 1556
05A115	『ラルース十九世紀大百科事典』「人工孵化」(仏語)	Larousse, *Grand dictionnaire universel du XIXe siècle*, "Incubation", Paris, 1864-1905
05A130	ミショー『全人名録』「カダモスト」(仏語)	Michaud, *Biographie universelle*, "Cada Mosto", Paris, 1843

05A136	レオ・アフリカヌス（タンポラル訳）『アフリカ誌』（仏語）	Leo Africanus (tr. Temporal, Jean), *De l'Afrique, contenant la description de ce pays*, Paris, 1830
05A147	レージュ＝ドロルムとドシャンブル『医学百科事典』「割礼」（仏語）	Raige-Delorme & Dechambre, *Dictionnaire encyclopédique des sciences médicales*, "Mutilations ethnique", Paris, 1864-1890
05B001a	クック『英国菌類必携』（英語）	Cooke, Mordecai Cubitt, *Handbook of British fungi*, New York, 1871
05B001b	スティーヴンソン『英国菌類誌』（英語）	Stevenson, John, *British fungi*, Edinburgh, 1886
05B002	パーチャス『旅行記』「トマス・キャヴェンディッシュによる三度目の世界周航」（英語）	Purchas, Samuel, *Purchas his pilgrimes*, "The third circum-navigation of the globe: or the admirable and prosperous voyage of Master Thomas Cavendish", London, 1625
05B004a	レディ『昆虫の生態に関する観察』（イタリア語）	Redi, Francesco, *Esperienze intorno alla generazione degl'Insetti fatte da Francesco Redi*, Firenze, 1668
05B004b	ピンカートン『新航海旅行記集成』「ベルニエの東インドへの航海」（英語）	Pinkerton, John, *A general collection of voyages and travels*, "Bernier's voyages to the East Indies", London, 1808-1814
05B014	ハクストハウゼン（テイラー訳）『南コーカサス』（英語）	Haxthausen, August von, (tr.Taylor, J.E.) *Transcaucasia*, London, 1854
05B070	『ラルース十九世紀大百科事典』「カイガラムシ」（仏語）	Larousse, *Grand dictionnaire universel du XIXe siècle*, "Cochenille", Paris, 1864-1905
第6巻	**1895. 9. 22 -（1895. 10. 16）**	
06A001	アストレー『新航海・旅行記集成』「アレクザンダー・シャーペイ船長の1608年、東インド会社初の航海記」（英語）	Astley, Thomas, *A new general collection of voyages and travels*, "The voyage of Captain Alexander Sharpey, in 1608, being the first set out by the East India Company", London, 1745-1747
06A002	ラムージオ『航海と旅行』「アメリゴ・ヴェスプッチ概略」「ジョヴァンニ・ダ・エンポーリによるインドへの旅行」「ルドヴィコ・ヴァルテマの行程」（イタリア語）	Ramusio, Giovanni Battista, *Navigationi et viaggi*, "Sommario di Amerigo Vespucci", "Viaggio fatto nell'India per Giovanni da Empoli", "Itinerario di Lodovico Barthema", Venetia, 1588
06A009a	ウフェール『新総合人名録』「ヴァルテマ」（仏語）	Hoefer, *Nouvelle biographie générale*, "Barthema", Paris, 1853-1866
06A009b	ミショー『全人名録』「ヴァルテマ」（仏語）	Michaud, *Biographie universelle*, "Barthema (Vartomanus) ", Paris, 1843
06A012	『エンサイクロペディア・ブリタニカ』第九版「ヴァルテマ」（英語）	*Encyclopedia Britannica 9th edition*, "Barthema", London, 1875-1889
06A016	ラコニス訳『ルドヴィコ・ディ・ヴァルテマの旅行』（仏語）	Varthema, Ludovico di (tr. Raconis, J.Balarin de), *Les voyages de Lindovico di Varthema ou le viateur en la plus grande partie d'Orient*, Paris, 1888
06A029	ウッド『博物学図説』（英語）	Wood, John George, *Illustrated natural history*, London, 1862

06A037	スミス『ギリシア・ローマ伝記・神話事典』「イアンブーロス」（英語）	Smith, William, *Dictionary of Greek and Roman biography and mythology*, "Iambulus", London, 1844-1849
06A051a	スミス『中国の本草学と博物学に関する論考』（英語）	Smith, Fredrick Porter, *Contributions towards the materia medica and natural history of China*, Shanghai and London, 1871
06A051b	アルヴァレス『エチオピア史』（仏語）	Alvares, Francisco, Historiale description de l'Ethiopie etc., Anuers, 1558
06A055	ピヴァッティ『科学と聖俗の驚異の事典』「カメレオン」（イタリア語）	Pivati, Giovanni Francesco, *Nuovo dizionario scientifico e curioso sacro-profana*, "Cameleonte", Venezia, 1746-1751
06A056	レルウェル『中世の地誌』（仏語）	Lelewel, Joachim, *Géographique du Moyen Âge*, Bruxelles, 1852
06A072	ミーニュ『神学百科事典』「シバ」（仏語）	Migne, Jacques-Paul, *Encyclopédie théologique*, "Saba", Paris, 1844-1846
06A120a	ハンター『ペグー王国小誌、その気候・物産・交易・政治・風俗・習慣』（英語）	Hunter, William, A. M., *A concise account of the climate, produce, trade, government, manners, and customs, of the kingdom of Pegu*, Calcutta, 1785
06A120b	ブシェ・ド・ラ・リシャルドリー『旅行記集成』「ペグー王国」（仏語）	Boucher de la Richarderie, Gilles, *Bibliothèque universelle des voyages*, "Royaume du Pegu", Paris, 1808
06A139	ピガフェッタ『マゼランによる最初の世界周遊』（仏語）	Pigafetta, Antonio, *Premier voyage autour du monde*, Paris, 1801
06B001	ハクストハウゼン（テイラー訳）『南コーカサス』（英語）	Haxthausen, August von, (tr.Taylor, J.E.) *Transcaucasia*, London, 1854
06B055	ゴビノー『ペルシア紀行』（イタリア語）	Gobineau, Joseph-Arthur de, *Viaggi in Persia*, Milano, 1873
06B060	ハクストハウゼン（テイラー訳）『コーカサス民族誌』（英語）	Haxthausen, August von (tr. Taylor, J.E.), *The tribes of the Caucasus*, London, 1855
06B094	チャップマン『合衆国南部の植生』（英語）	Chapman, Alvan Wentworth, *Flora of the southern United States*, New York, 1883
第７巻	**1895. 10. 16-（1895. 11. 23）**	
07A001	ピガフェッタ『マゼランによる最初の世界周遊』（仏語）	Pigafetta, Antonio, *Premier voyage autour du monde*, Paris, 1801
07A008	ミショー『全人名録』「マゼラン」（仏語）	Michaud, *Biographie universelle*, "Magellan", Paris, 1843
07A011	ウフェール『新総合人名録』「マゼラン」（仏語）	Hoefer, *Nouvelle biographie générale*, "Magellan", Paris, 1853-1866
07A018	スエトニウス（トムソン訳）『ローマ皇帝伝』（英語）	Suetonius Tranquillus, Gaius (tr. Thomson, Alexander), *The lives of the first twelve Caesars*, London, 1796
07A026a	ラムージオ『航海と旅行』「ジョアン・デ・バロス小史」「アルメニアのハイトン小史第二部」（イタリア語）	Ramusio, Giovanni Battista, *Navigationi et viaggi*, "Della historia del Signor Giovan de Barros", "Parte seconda dell'historia del Signor Hayton Armeno, che fu figlioli del Sig. Curchi, parente del Re d'Armania", Venetia, 1588

07A026b	ウフェール『新総合人名録』「ジョアン・デ・バロス」(仏語)	Hoefer, *Nouvelle biographie générale*, "Joao de Barros", Paris, 1853-1866
07A035	ミショー『全人名録』「ハイトン」(仏語)	Michaud, *Biographie universelle*, "Hayton", Paris, 1843
07A036	ベルジュロン『十二・十三・十四・十五世紀のアジア旅行記集』ハイトン「東方史またはタタール史」(仏語)	Bergeron, Pierre, *Voyages faits principalement en Asie dans les XII, XIII, XIV, et XV siecles*, "Histoire Orientale ou des Tartares de Haiton", La Haye, 1735
07A044	バルバロとコンタリーニ『タナおよびペルシアへの旅』(英語)	Barbaro, Josafa & Contarini, Ambrogio, (tr. Thomas, William) *Travels to Tana and Persia*, London, 1873
07A068	オドリコ(コルディエ訳)『十四世紀アジア航海記』(仏語)	Odorico, Mattiussi (tr. Cordier, Henri), *Les voyages en Asie au 14e siècle*, Paris, 1891
07A091	ラムージオ『航海と旅行』「ドン・ピエトロ・マルティレ・ミラネーゼによる東インド史概略」(イタリア語)	Ramusio, Giovanni Battista, *Navigationi et viaggi*, "Sommario dell'historia dell'Indie Occidentali cavato dalli libri scritti dal Sig. Don Pietro Martire Milanese, del Consiglio delle Indie, prima del Re Catholicom & poi della Maesta dell'Imperadore", Venetia, 1606
07B001a	スミス『ギリシア・ローマ伝記・神話事典』「アラクネー」(英語)	Smith, William, *Dictionary of Greek and Roman biography and mythology*, "Arachne", London, 1844-1849
07B001b	キート『ペリュー諸島誌』(英語)	Keate, George, *An account of the Pelew islands*, London, 1788
07B002	グリム(ハント訳)『童話集』(英語)	Grimm (tr. Hunt, Margaret), *Household tales*, London, 1884
07B010a	南条文雄『大明三蔵聖教目録』(英語)	Nanjoo Bunyu, *A catalogue of the Chinese translations of the Buddhist tripitaka*, Oxford, 1883
07B010b	クランポン「さまよえるユダヤ人」『アミアン科学・人文・芸術学会報』(仏語)	Crampon, L'Abbé, "Le Juif-errant", *Mémoire de l'accadémie des sciences, des lettres et des arts d'Amiens*, tom.40, 1893
第 8 巻	**(1895. 11. 26 - 1895. 12. 18)**	
08A001	ワット『インド物産事典』(英語)	Watt, George, *A dictionary of the economic products of India*, Calcutta, 1889
08A007	フーク等「ケリドニウムに関する書簡」『ネイチャー』(英語)	Hoek &c., "Letters on chelidonium", *Nature*, 1880.6.15/1880.9.16, London
08A011	ブリュースター「タバシーアの特性に関する博物誌」、『エディンバラ科学雑誌』(英語)	Brewster, David, "On the natural history of properties of tabaseer", *Edinburgh Journal of science*, vol.8, 1828

08A015	ラムージオ『航海と旅行』「フランシスコ・デ・ウロアの報告」「マルコ・デ・ニザ師の報告」「フェルディナンド・アラルコーネ船長のノヴァ・スパーニャ港のコリマ報告」「スパニョーロ船長のペルー征服の報告」「フェルディナンド・ピサロ船長の航海報告」「ノヴァ・フラランシアと名づけられた西インド諸島の未踏の地に関するフランチェーゼ・ルオゴ船長の記録」「ジャック・カルティエの新大陸ノヴァ・フランシアの第一報告」「チェザーレ・デ・フェドリチの東インドへの航海」(イタリア語)	Ramusio, Giovanni Battista, *Navigationi et viaggi*, “Discorso sopra la relatione di Francesco Vlloa”, “Relatione del Reverendo Fra Marco da Nizza”, “Relatione della navigatione, & scoperta che fece il Capitano Fernando Alarchone ... data in Colima, porto della Nuova Spagna”, “Relatione d’un Capitano Spagnvolo della conquista del Peru”, “La relatione del viaggio, che fece il Capitano Fernando Pizarro”, “Discorso sopra la terra fermata dell’Indie Occidentali”, “Discorso d’un gran Capitano di mare Francese del Luogo do dieppa sopra le navigationi fatte alla terra nuova dell’Indie Occidentali, chiamata la Nuova Francia”, “Prima relatione di Jacques Carthier della Terra nuova detta la Nuova Francia”, “Viaggio di M. Cesare de Fedrici nell’India Orientale”, Venetia, 1606
08A022	ウフェール『新総合人名録』「マルコス・デ・ニサ」(仏語)	Hoefer, *Nouvelle biographie générale*, “Marcos de Niza”, Paris, 1853-1866
08A085	ユック(シンネット訳)『中華帝国』(英語)	Huc, Évariste Régis (tr. Sinnett, J.), *The Chinese Empire*, London, 1855
08A088	ユック『中華帝国』(仏語)	Huc, Évariste Régis, *L’Empire Chinois*, Paris, 1854
08A123	ユール訳『マルコ・ポーロ卿の書』(英語)	Yule, Henry (tr.), *The book of Ser Marco Polo*, London, 1871
08B001a	スミス『中国の本草学と博物学に関する論考』(英語)	Smith, Frederick Porter, *Contributions towards the materia medica and natural history of China*, Shanghai and London, 1871
08B001b	ラムージオ『航海と旅行』「マルコ・ポーロの旅行記」(イタリア語)	Ramusio, Giovanni Battista, *Navigationi et viaggi*, “De I viaggi di Messer Marco Polo gentil’huomo Venetiano”, Venetia, 1583
08B002a	カンドール『栽培植物の起源』(英語)	Candolle, Alphonse de, *Origin of cultivated plants*, New York, 1884
08B002b	クランポン「さまよえるユダヤ人」『アミアン科学・人文・芸術学会報』(仏語)	Crampon, L’Abbé, “Le Juif-errant”, *Mémoire de l’accadémie des sciences, des lettres et des arts d’Amiens*, tom.40, 1893
08B017	アストレー『新航海旅行記大全』「ナヴァレッテの中国誌」(英語)	Astley, Thomas, *A new general collection of voyages and travels*, “Navarette’s description on China”, London, 1745-1747
08B018	ブレットシュナイダー『中国植物学の学的価値の研究』(英語)	Bretschneider, Emil, *On the study and value of Chinese botanical works*, Foochow, 1871
08B019	ブレットシュナイダー『古代中国人によるアラブ人およびアラブ圏の知識』(英語)	Bretschneider, Emil, *On the knowledge possessed by the ancient Chinese of the Arabs and Arabian colonies*, 1871
08B023	スーベランとティエルサン『中国医薬』(仏語)	Soubeiran, Jean-Léon & Tiersant, Dabry de, *La matière médicale chez les Chinois*, Paris, 1874

第9巻	1895. 12. 19 - 1896. 2. 8	
09A001	ユール訳『マルコ・ポーロ卿の書』(英語)	Yule, Henry (tr.), *The book of Ser Marco Polo*, London, 1871
09A090	ラムージオ『航海と旅行』「マルコ・ポーロの旅行記」(イタリア語)	Ramusio, Giovanni Battista, *Navigationi et viaggi*, "Dei viaggi di messer Marco Polo gentil'huomo Venetiano", Venetia, 1583
09B001	パーチャス『旅行記』「ニコラス・ニコリによるアルジェ市の記録とバルバロサに帰した経緯、およびマルタとトリポリ」「1610年からのジョージ・サンディズのアフリカ旅行中の記録」(英語)	Purchas, Samuel, *Purchas his pilgrimes,* "The description of the citie of Alger, written by Nicholas Nicholay, and how it came into the possession of Barbarossa, and also of Malta and Tripolie", "Relations of Africa, taken out of George Sandys his larger discourse observed in his journey, begunne Ann. 1610.", London, 1625
09B003	スレイマン(レノー訳)『西暦九世紀のアラブ人とペルシア人によるインド・中国旅行記(シナ・インド物語)』(仏語)	Sulaiman (tr. Reinaud, Joseph Toussaint), *Relation des voyages faits par les Arabes et les Persans dans l'Inde et à la Chine dans le IXe siècle de l'ère chrétienne*, Paris, 1845
09B044	ピンカートン『新航海旅行記集成』「西暦九世紀の二人のイスラム教徒によるインド・中国旅行記(シナ・インド物語)」(英語)	Pinkerton, John, *A general collection of voyages and travels*, "An account of the travels of two Mohamedans through India and China in the 9th cent.", London, 1808-1814
09B045a	スレイマン(ルノード訳)『二人のモハメッド教徒による古代インド・中国の記録(シナ・インド物語)』(仏語)	Sulaiman (tr. Renaudot, Eusèbe), *Anciennes relations des Indes et de la Chine de deux voyageurs mahometans*, Paris, 1718
09B045b	コルディエ『中国文献書誌』(仏語)	Cordier, Henri, *Bibliotheca Sinica*, Paris, 1885
09B071a	玄奘(ビール訳)『大唐西域記、仏教徒による西方世界の記録』(英語)	Hiuen-Tsiang 玄奘 (tr. Beal,Samuel), *SI-YU-KI; Buddhist records of the western world*, London, 1884
09B071b	Ln.G.「聖ギニョレ」『疑問と解決の手助け』(仏語)	Ln. G., "Saint Guignolet", *L'Intermédiaire des chercheurs et curieux*, vol.10, 1877, Paris
09B078	タヴェルニエ(ボール訳)『インド紀行』(英語)	Tavernier, Jean Baptiste (tr. Ball, Valentine), *Travels in India*, Paris, 1889
09B091	タヴェルニエ『六つの旅』(仏語)	Tavernier, Jean Baptiste, *Les six voyages*, Paris, 1676
第10巻	1896. 1. 9 - 1896. 1. 30	
10A001	ユール訳『マルコ・ポーロ卿の書』(英語)	Yule, Henry (tr.), *The book of Ser Marco Polo*, London, 1871
10A043	ポーティエ訳『マルコ・ポーロの書』(仏語)	Pauthier, M.G. (tr.), *Le livre de Marco Polo*, Paris, 1865
10B001	タヴェルニエ(ボール訳)『インド紀行』(英語)	Tavernier, Jean Baptiste (tr. Ball, Valentine), *Travels in India*, Paris, 1889
10B002	タヴェルニエ『六つの旅』(仏語)	Tavernier, Jean Baptiste, *Les six voyages*, Paris, 1676
10B098	ハクルート『イングランド国民の主要航海』「アーングリムス・ジョナスによるアイスランド小史」(英語)	Hakluyt, Richard, *The principal navigations, voyages, traffiques and discoveries of the English Nation*, "A briefe commentarie of Island ... by Arngrimus Ionas, of Island", London, 1598-1600

10B099	ウフェール『新総合人名録』「ジョナス」(仏語)	Hoefer, *Nouvelle biographie générale*, "Jonas (Arngrèm)", Paris, 1853-1866
10B103	パーチャス『旅行記』「ウェイマス船長による北西中国航路発見のための航海」(英語)	Purchas, Samuel, *Purchas his pilgrimes*, "The voyage of Captain George Weymouth intended for the discoverie of the north west passage toward China", London, 1625
10B104	ヘッド『北アメリカの森林環境と野性のできごと』(英語)	Head, George, *Forest scenes and incidents in the wilds of North America*, London, 1829
10B106	ミュンスター『世界地誌』(仏語)	Münster, Sebastian, *La cosmographie universelle, contenant la situation de toutes les parties du monde avec leurs proprietez & appartenances*, Basle, 1552
10B108	アピアヌスとフリソン『コスモグラフィー、あるいは全世界に関する記述』(仏語)	Apianus, Petrus & Frison, Gemman, *Cosmographie ou description du monde universel*, Anuers, 1584
10B110	マグヌス(著者訳)『北方民族文化誌』(仏語)	Magnus, Olaus, *Histoire des pays septentrionaux*, Paris, 1561
10B114	ピヴァッティ『科学と聖俗の驚異の事典』「氷室」(イタリア語)	Pivati, Giovanni Francesco, *Nuovo dizionario scientifico e curioso sacro-profana*, "Ghiaccia", Venezia, 1746-1751
第 11 巻	**1896. 1. 22 - 1896. 2. 13**	
11A001a	タヴェルニエ(ボール訳)『インド紀行』(英語)	Tavernier, Jean Baptiste (tr. Ball, Valentine), *Travels in India*, Paris, 1889
11A001b	タヴェルニエ『六つの旅』(仏語)	Tavernier, Jean Baptiste, *Les six voyages*, Paris, 1676
11A137	ゴドフロワ『フランス古語辞典』「ムーア人」(仏語)	Godefroy, Frédéric, *Dictionnaire de l'ancienne langue Française*, "Maure", Paris, 1880-1902
11B001	ユック(シンネット訳)『中華帝国』(英語)	Huc, Évariste Régis (tr. Sinnett, J.), *The Chinese Empire*, London, 1855
11B002	ユール訳『マルコ・ポーロ卿の書』(英語)	Yule, Henry (tr.), *The book of Ser Marco Polo*, London, 1871
11B020	マグヌス(著者訳)『北方民族文化誌』(仏語)	Magnus, Olaus, *Histoire des pays septentrionaux*, Paris, 1561
11B027	ラムージオ『航海と旅行』「マルコ・ポーロの旅行記」(イタリア語)	Ramusio, Giovanni Battista, *Navigationi et viaggi*, "De I viaggi di Messer Marco Polo gentil'huomo Venetiano", Venetia, 1588
11B047	フォーヴェル「山東省」『チャイナ・レヴュー』(英語)	Fauvel, Albert-Auguste, "The province of Shantung", *China Review*, Hongkong, 1875.5-6
第 12 巻	**1896. 2. 13 - 1896. 3. 12**	
12A001	ユール訳『マルコ・ポーロ卿の書』(英語)	Yule, Henry (tr.), *The book of Ser Marco Polo*, London, 1871
12A123	ヴァーレ『トルコ、ペルシア、インド紀行』(イタリア語)	Valle, Pietro della, *Viaggi in tre parti cioè la Turchia, la Persia e l'India*, Brighton, 1843
12A126	シルヴァ・フィギュロア『ペルシア公式訪問』(仏語)	Silva Figueroa, García de, *L'ambassade en Perse*, Paris, 1667
12B001	タヴェルニエ『六つの旅』(仏語)	Tavernier, Jean Baptiste, *Les six voyages*, Paris, 1676

12B003	タヴェルニエ『偉大な君主の宮廷内新録』(仏語)	Tavernier, Jean Baptiste, *Nouvelle rélation de l'interieur du serrail du Grand Seigneur, contenant plusieurs singularitez qui jusqu'icy n'ont point esté mises en lumière*, Paris, 1675
12B020	タヴェルニエ『驚異と新奇の記録集成』(仏語)	Tavernier, Jean Baptiste, *Recueil de plusieurs relations et traitez singuliers et curieux*, Paris, 1679
12B039	ミュンスター『世界地誌』(仏語)	Münster, Sebastian, *La cosmographie universelle, contenant la situation de toutes les parties du monde avec leurs proprietez & appartenances*, Basle, 1552
12B060	シルヴァ・フィギュロア『ペルシア公式訪問』(仏語)	Silva Figueroa, García de, *L'ambassade en Perse*, Paris, 1667
12B069	ウフェール『新総合人名録』「ロドーピス」(仏語)	Hoefer, *Nouvelle biographie générale*, "Rhodopis", Paris, 1853-1866
12B081a	ヴァーレ『トルコ、ペルシア、インド紀行』(イタリア語)	Valle, Pietro della, *Viaggi in tre parti cioè la Turchia, la Persia e l'India*, Brighton, 1843
12B081b	ヴァーレ(カルノーとル・コント訳)『トルコ、エジプト、パレスチナ、ペルシア、インド紀行』(仏語)	Valle, Pietro della (tr. Carneau, E. and Le Comte, F.), *Voyages ... dans la Turquie, Égypte, la Palestine, la Perse, les Indes Orientales, et autres lieux*, Rouen, 1745
第13巻	**1896. 3. 12 - 1896. 3. 27**	
13A001	エルシュとグルーバー編『風俗百科事典』、クローゼとマイヤー「男色」(独語)	Ersch & Grüber, *Allgemeine encyclopedia*, Klose, Carl Ludwig & Meier, Moritz Herrmann Eduard, "Päderastie", Leibzig, 1818-1889
13B001	ヴァーレ『トルコ、ペルシア、インド旅行記』(イタリア語)	Valle, Pietro della, *Viaggi in tre parti cioè la Turchia, la Persia e l'India*, Brighton, 1843
13B088	ジョヴァンニ『腰抜け』(イタリア語)	Giovanni, Fiorentino, Il pecorone, Milano, 1558
第14巻	**1896. 3. 26 - 1896. 4. 28**	
14A000	『エンサイクロペディア・ブリタニカ』第九版「マンドレイク」(英語)	*Encyclopedia Britannica 9th edition*, "Mandrake", London, 1875-1889
14A001	ユール編訳『カタイ(中国)およびそこに至る道』(英語)	Yule, Henry (ed./tr.), *Cathay and the way thither*, London, 1866
14A036	ラシッド・アルディン(クラプロト訳)『元朝支配下の中国の記録』(仏語)	Rashid al-Din (tr. Klaproth, Julius von), *Description de la Chine sous le règne de la dynastie Mongole*, Paris, 1833
14A060	フォスター『ベンガルから英国への旅行』(英語)	Forster, George, *A journey from Bengal to England*, London, 1798
14A068	ボルゲージ『ポンディスケリの書簡』(イタリア語)	Borghesi, Giovanni, *Lettera scritta da Pondisceri*, Roma, 1705
14A074	パウリヌス『東インドへの旅』(イタリア語)	Paulinus a Sancto Bartholomaeo, *Viaggio alle Indie Orientali*, Roma, 1796
14A076	マリア『東方紀行』(イタリア語)	Maria, F. Vincenzo, *Il viaggio Orientali*, Venetia, 1683
14A088	ボルリ『コーチシナ報告記』(イタリア語)	Borri, Christoforo, *Relatione della Cochinchina*, Roma, 1631

14A091	セバスティアーニ『東インドへの最初の調査』（イタリア語）	Sebastiani, Giuseppe Maria, *Prima speditione all'Indie Orientali*, Roma, 1666
14A094	イエズス会『中国・日本報告、1589年・1590年』（イタリア語）	Societas Iesu, *Littere del Giapone de gl'anni M. D.LXXXIX. & M.D.XC, et della Cina*, Venetia, 1592
14A096	ソヌラ『東インド・中国紀行』（仏語）	Sonnerat, Pierre, *Voyage aux Indes Orientales et à la Chine*, Paris, 1782
14A108	イエズス会『日本諸島に関する情報』（イタリア語）	Societas Iesu, *Breve ragguaglio dell'isola del Giapone, havunto con la venuta a Roma delli Legati di quel Regno*, Roma & Firenze, 1585
14A109	ランスデル『中国領中央アジア』（英語）	Lansdell, Henry, *Chinese central Asia*, London, 1893
14A115	ギュルイ『西方中国の記録』（仏語）	Gueluy, A., *Description de la Chine Occidentale (Moeurs et histoire) par un voyageur traduit du Chinois*, Louvain, 1887
14B001	バンデーロ『小説』（イタリア語）	Bandello, Matteo, *La serza parte de le novelle*, Londra, 1740
14B008	サッケッティ『小説集』（イタリア語）	Sacchetti, Franco, *Delle novelle di Franco Sacchetti cittadino fiorentino*, Milano, 1804
14B011	エルシュとグルーバー編『風俗百科事典』、クローゼとマイヤー「男色」（独語）	Ersch & Grüber, *Allgemeine encyclopedia*, Klose, Carl Ludwig & Meier, Moritz Herrmann Eduard, "Päderastie", Leibzig, 1818-1889
14B107	アストレー『新航海旅行記大全』「デュ・ハルドの中国に関する記録」（英語）	Astley, Thomas, *A new general collection of voyages and travels*, "Du Halde's China" ("A description of Tartary, subject to China"), London, 1745-1747
14B117a	玄奘（ジュリアン訳）『大唐西域記』（仏語）	Hiouen-Thsang (tr. Julien, Stanislas), *Mémoires sur les contrées occidentales*, Paris, 1857-1858
14B117b	『西域聞見録』（漢文）	清・七十一椿園　8巻　1777（乾隆42）年序
14B124	プルジェワリスキー（モーガン訳）『クルジャから天山を越えてロブノールへ』（英語）	Przhevalsky, Nikolay Mikhaylovich (tr. Morgan, Edward Delmar), *From Kuljas across the Tianshan to Lobnor*, London, 1879
14B125	『衛蔵図識』（漢文）	清・馬少雲及盛梅溪　4巻　乾隆帝57（1792）年序
14B128a	プルジェワリスキー（モーガン訳）『モンゴル、タングート、チベット北部辺境』（英語）	Przhevalsky, Nikolay Mikhaylovich (tr. Morgan, Edward Delmar), *Mongolia, the Tangut country and the solitudes of north Tibet*, London, 1876
14B128b	キーン「『東洋』書評」『ネイチャー』（英語）	Keane, Augustus Henry, "Im Fernen Osten", *Nature*, 1882.12.21
14B128c	『南方草木状』（漢文）	晋・嵇含
14B128d	『唐代叢書』（漢文）	清・王文誥編　164種　嘉慶11（1801）年
第15巻	**1896. 4. 28 - 1896. 6. 8**	
15A001	ランスデル『中国領中央アジア』（英語）	Lansdell, Henry, *Chinese central Asia*, London, 1893

15A018	ランスデル『シベリアを越えて』（英語）	Lansdell, Henry, *Through Siberia*, London, 1882
15A050	ピラール・ド・ラヴァル『東インド、モルディヴ、モルッカ、ブラジル航海記』（仏語）	Pyrard de Laval, François, *Voyage de François Pyrard de Laval, contenant sa navigation aux Indes Orientales, Maldives, Moluques, & au Bresil*, Paris, 1679
15A051	ピラール・ド・ラヴァル（グレイ訳）『東インド、モルディヴ、モルッカ、ブラジル航海記』（英語）	Pyrard de Laval, François (tr. Gray, Albert), *The voyage of François Pyrard of Laval to the East Indies, the Maldives, the Moluccas, and Brazil*, London, 1887-1890
15A120a	リンスホーテン（パルダヌス訳）『東方案内記』（仏語）	Linschoten, Jan Huygen van (tr. Paludanus, Bernard), *Histoire de la navigation de Iean Hvgves de Linscot hollandois et de son voyage es [sic] Indes Orientales*, Amsterdam, 1638
15A120b	リンスホーテン（バーネルとティール編）『東方案内記』（英語）	Linschoten, Jan Huygen van (ed. Burnell, Arthur Coke and Tiele, Peter Anton), *The voyages to the East Indies*, London, 1885
15A126	メレンドルフ「中国の万里の長城」『ドイツモルゲン地方協会雑誌』（独語）	Möllendorff, Otto Franz von, "Die grosse mauer von China", *Zeitschrift der Deutschen Morgenländischen Gesellschaft*, Band 35, Leibzig, 1881
15A127	マティオリ『ディオスコリデス薬物誌論議』（イタリア語）	Mattioli, Pietro Andrea, *I discorsi di M. Pietro Andrea Matthioli ... nei sei libri di Pedacio Dioscoride Anazarbeo della materia Medicinale*, Venetia, 1568
15A138	ヴィンセント『古代インド周辺の商業と航海』（英語）	Vincent, William, *The commerce and navigation of the ancients in the Indian area*, London, 1807
15A156	ブレットシュナイダー『古代中国人によるアラブ人およびアラブ圏の知識』（英語）	Bretschneider, Emil, *On the knowledge possessed by the ancient Chinese of the Arabs and Arabian colonies*, 1871
15A157a	ブレットシュナイダー『中世中国の西洋への旅行家についての報告』（英語）	Bretschneider, Emil, *Notes on the Chinese mediaeval travellers to the West*, London, 1875
15A157b	パーク『古代中国における電気の知的利用』（英語）	Park, Benjamin, the Younger, *The intellectual rise in electricity of the early Chinese civilisation*, London, 1895
15A161	ラクーペリ『古代中国文明の西洋起源説』（英語）	Lacouperie, Albert Etienne J.B. Terrien de, *Western origin of the early Chinese civilization*, London, 1894
15A169	アズーニ「羅針盤起源論」『フィレンツェ学士院』（イタリア語）	Azuni, Dominico Alberto, "Dissertazione sull'origine della bussola nutica", *Academia Fiorentina*, 1797.9.10, Venetia
15A170	クラプロト『羅針盤の発明に関する書簡』（仏語）	Klaproth, Julius von, *Lettre à M. le baron de Humboldt sur l'invention de la boussole*, Paris, 1834
15B000	シュレーゲル「イッカクの中国名」『通報』（英語）	Schlegel, Gustav (G.S.), "Chinese name of narwhal", *Toung Pao*, no.64, Leiden, 1894

15B001a	モルガ『フィリピン諸島誌』(スペイン語)	Morga, Antonio de, *Sucesos de las Islas Filipinas*, Paris, 1890
15B001b	モルガ(スタンレー訳)『フィリピン諸島誌』(英語)	Morga, Antonio de (tr. Stanley, Henry Edward John), *The Philippine islands*, London, 1868
15B035	ハクルート『イングランド国民の主要航海』「トマス・キャンディッシュによる南海から地球一周に至る航海」(英語)	Hakluyt, Richard, *The principal navigations, voyages, traffiques and discoveries of the English Nation*, "The admirable and prosperous voyage of worshipful Thomas Candish, into the South Sea, and from thence round about the circumference of the whole earth", London, 1598-1600
15B036	エア『中央オーストラリア探険日記』(英語)	Eyre, Edward John, *Journals of expeditions of discovery into central Australia*, London, 1845
15B037	コラン・ド・プランシー『聖遺物画解説事典』(仏語)	Collin de Plancy, *Dictionnaire critique des reliques et des images miraculeuses*, Paris, 1821-1822
15B052a	クルーデン『旧約・新約聖書総索引』「マンドレイク」(英語)	Cruden, Alexander, *A complete concordance to the holy scriptures of the old and new testament*, "Mandrakes", London, 1738
15B052b	ブランド『ブリテン島の民間伝承』(英語)	Brand, John, *Popular antiquities of Great Britain*, London, 1870
15B054a	ディオスコリデス(マテ訳)『六大著作』「マンドラゴラについて」(仏語)	Dioscoride (tr. Mathée, Martin), *Les six livres de Pedacion Dioscoride de la matière médicinale*, "De la Mandragore", Lyon, 1553
15B054b	ピカーリング『植物年代誌』(英語)	Pickering, Charles, *Chronological history of plants*, Boston, 1879
15B055	ヨセフス『ユダヤ戦争』(英語)	Josephus, Flavius, *The Jewish war*, 1851
15B056a	『本草綱目』「商陸」(漢文)	明・李時珍　寛文頃刊(明崇禎 13 年序刊本の翻印)
15B056b	リンド『植物誌』(英語)	Rhind, William, *A history of the vegetable kingdom*, Edinburgh and London, 1874
15B067	ロクスブルク『インド植物誌』(英語)	Roxburgh, William, *Flora Indica, or, Descriptions of Indian plants*, Serampore, 1832
15B068a	ハンス「商陸」『植物学雑誌』(英語)	Hance, H. F., "Phytolacca pekinensis", *Journal of Botany*, London, 1869
15B068b	リンドリー『植物の王国』(英語)	Lindley, John, *Vegetable kingdom*, London, 1853
15B068c	『爾雅疏』(漢文)	宋・邢昺
15B069a	カンドール『植物分類学の先駆』(仏語)	Candolle, Augustin Pyramus de, *Prodromus systematis naturalis regni vegetabilis*, Paris, 1849
15B069b	バイヨン『ツゲ属とスティロケラス属のモノグラフ』(仏語)	Baillon, Henri Ernest, *Monographie des buxacées et des stylocérés*, Paris, 1859
第 16 巻	**1896. 6. 8 - 1896. 7. 27**	
16A001	コラン・ド・プランシー『聖遺物画解説事典』(仏語)	Collin de Plancy, *Dictionnaire critique des reliques et des images miraculeuses*, Paris, 1821-1822
16A030	リバデネイラ『聖徒列伝』(スペイン語)	Ribadeneira, Pedro de, *Flos sanctorum, libro de las vidas de los Santos*, Barcelona, 1680

16A039	ミショー『全人名録』「バール」（仏語）	Michaud, *Biographie universelle*, "Barre", Paris, 1843
16A149	コックス『日記』（英語）	Cocks, Richard, *Diary*, London, 1883
16B001a	カンドール『植物分類学の先駆』（ラテン語）	Candolle, Augustin Pyramus de, *Prodromus systematis naturalis regni vegetabilis*, Paris, 1849
16B001b	北京の宣教師『中国の歴史・科学・芸術・風俗・習慣に関する記録』（仏語）	Missionnaire de Pékin, *Mémoire concernant l'histoire, les sciences, les arts, les moeurs, les usages etc. des Chinois*, Paris, 1825
16B002	エドキンズ「船と船の上げ下ろし装置の中国での呼称と中国での「羅針盤」に関する議論」『中国北部王立アジア協会報告』（英語）	Edkins, Joseph, "On chinese names for boats and boatgear with remarks on the Chinese use of the mariners' compass", *Journal of the North-China Branch of Royal Asiatic Society*, ser.11, Shanghai, 1877
16B005	ラクーペリ『古代中国文明の西洋起源説』（英語）	Lacouperie, Albert Etienne J.B. Terrien de, *Western origin of the early Chinese civilization*, London, 1894
16B006	クルーデン『旧約・新約聖書総索引』「マンドレイク」（英語）	Cruden, Alexander, *A complete concordance to the holy scriptures of the old and new testament*, London, 1738
16B008	ライト『中世科学入門』（英語）	Wright, Thomas, *Popular treatises on science written during the middle age*. London, 1841
16B010a	ウフェール『新総合人名録』「ルコント」（仏語）	Hoefer, *Nouvelle biographie générale*, "Lecomte (Louis)", Paris, 1853-1866
16B010b	メレンドルフ「直隷地方の脊椎と中国の動物学の名称に関する覚え書き」『王立アジア協会北中国支部雑誌』（英語）	Möllendorff, Otto Franz von, "The vertebrate of the province of Chihli with notice on chinese zoological normenclature", *Journal of the North-China Branch of Royal Asiatic Society*, Shanghai, 1877
16B030a	『述異記』（漢文）	梁・任昉
16B030b	フォルカード『植物の昔話、伝説、歌謡』（英語）	Folkard, Richard, *Plant lores legends and lyrics*, London, 1884
第 17 巻	**1896. 7. 27 - 1896. 9. 8**	
17A001	コックス『日記』（英語）	Cocks, Richard, *Diary*, London, 1883
17A066	ランドール『十六・十七世紀日本帝国年代記』（英語）	Rundall, Thomas, *Memorials of the Empire of Japon in the XVI and XVII centuries*, London, 1850
17A107	ティチング『日本図誌』（英語）	Titsingh, Isaac, *Illustrations of Japan*, London, 1822
17A125	ロドリゲス「日本旅行記」『アジア雑誌』（英語）	Don Rodrigo, "Travels in Japan", *Asiatic Journal*, July 1830, London
17A140	ガルニエ『インドシナ探険記』（仏語）	Garnier, Marie Joseph Francis, *Voyage d'exploration en Indo-Chine*, Paris, 1873
17A175	ユール訳『マルコ・ポーロ卿の書』（英語）	Yule, Henry (tr.), *The book of Ser Marco Polo*, London, 1871
17B001	プリニウス（アジャソン訳）『博物誌』（仏語）	Plinius Secundus, Gaius (tr. Ajasson), *Histoire naturelle*, Paris, 1883

17B002	ポーティエ訳『マルコ・ポーロの書』(仏語)	Pauthier, M.G. (tr.), Le livre de Marco Polo, Paris, 1865
17B008	エンネモーザー（ホウィット訳）『魔術の歴史』(英語)	Ennemoser, Joseph (tr. Howitt, M.), *The history of magic*, London, 1847
17B010a	ラボック『文明の起源』(英語)	Lubbock, John, *The origin of civilisation*, London, 1889
17B010b	デニス『中国のフォークロア』(英語)	Dennys, Nicholas B., *The folklore of China*, Hongkong, 1876
17B013	タルデュー『強制猥褻に関する法医学的研究』(仏語)	Tardieu, Ambroise, *Etude médico-légale sur les attentats aux moeurs*, Paris, 1859
第 18 巻	**1896. 9. 10 - 1896. 10. 3**	
18A001	プルジェワリスキー（モーガン訳）『モンゴル、タングート、チベット北部辺境』(英語)	Przhevalsky, Nikolay Mikhaylovich (tr. Morgan, Edward Delmar), *Mongolia, the Tangut country and the solitudes of north Tibet*, London, 1876
18A077	プルジェワリスキー（モーガン訳）『クルジャから天山を越えてロブノールへ』(英語)	Przhevalsky, Nikolay Mikhaylovich (tr. Morgan, Edward Delmar), *From Kuljas across the Tianshan to Lobnor*, London, 1879
18A104	ダンカン『ロシア史』(英語)	Duncan, Jonathan, *History of Russia*, London, 1854
18A114	ヘルベルシュタイン（メージャー訳）『ロシア覚書』(英語)	Herberstein, Sigismund von (tr. Major, R.H.), *Notes upon Russia*, London, 1851-1852
18B001	タルデュー『強制猥褻に関する法医学的研究』(仏語)	Tardieu, Ambroise, *Etude médico-légale sur les attentats aux moeurs*, Paris, 1859
18B062	ライト『中世科学入門』(英語)	Wright, Thomas, *Popular treatises on science written during the middle age*, London, 1841
18B071	ショー『タタール、ヤーカンド、カシュガル訪問』(英語)	Shaw, Robert Barkley, *Visits to high Tartary, Yarkand and Kashgor*, London, 1871
18B090	マッシー『イギリスの菌類、附地衣類』(英語)	Massee, George Edward, *British fungi, with a chapter of lichen*, London, 1891
第 19 巻	**1896. 9. 14 - 1896. 10. 20**	
19A001	マリーニ『トンキンと日本の歴史と関係』(イタリア語)	Marini, Giovanni Filippo de, *Historia et relatione del Tunchino e del Giappone*, Venetia, 1665
19A024	リシャール『強壮剤の自然誌、社会誌および政治誌』(仏語)	Richard, Jérôme, *Histoire naturelle, civile et politique du Tonquin*, Paris, 1778
19A025	ブイユボー『安南とカンボジア、紀行と歴史的考察』(仏語)	Bouillevaux, C.-E., *L'Annam et le Cambodge, voyages et notices historiques. Accompagné d'une carte géographique*, Paris, 1874
19A027	ディオスコリデス（マテ訳）『六大著作』「サソリ」(仏語)	Dioscoride (tr. Mathee, Martin), *Les six livres de Pedacion Dioscoride de la matière médicinale*, "Le scorpion", Lyon, 1553
19A032	ウォレス『ロシア』(英語)	Wallace, Donald Mackenzie, *Russia*, London, Paris, and New York, 1877
19A072	ヘルベルシュタイン（メージャー訳）『ロシア覚書』(英語)	Herberstein, Sigismund von (tr. Major, R.H.), *Notes upon Russia*, London, 1851-1852
19A078	ミショー『全人名録』「ヘルベルシュタイン」(仏語)	Michaud, *Biographie universelle*, "Herbertstein", Paris, 1843

19A112	レージュ＝ドロルムとドシャンブル『医学百科事典』「サソリ」（仏語）	Raige-Delorme & Dechambre, *Dictionnaire encyclopédique des sciences médicales*, “Scorpions”, Paris, 1864-1890
19A118	『ラルース十九世紀大百科事典』「ポルノグラフィー」（仏語）	Larousse, *Grand dictionnaire universel du XIXe siècle*, “Pornographie”, Paris, 1864-1905
19B001a	クロムホルツ『菌類学著作についての図譜』（独語）	Krombholz, Julius Vincenz von, *Tafeln zu den mykologishe werke von K.*, Prag, 1831-1846
19B001b	マッシー「polysacuum 再考」『グレヴィレア』（英語）	Massee, George Edward, “Revision of polysaccum”, *Grevillea*, vol.XVI, London, 1887
19B002	フラクシヌス他「ソドム」『疑問と解決の手助け』（仏語）	Fraxinus etc., “Sodome”, *L'Intermédiaire des chercheurs et curieux*, Paris, 1877
19B007	ペイローとボーソル「演劇の特異性」『疑問と解決の手助け』（仏語）	Peyraud et Beuassol, “Singularité dramatique”, *L'Intermédiaire des chercheurs et curieux*, Paris, 1879
19B009	ウルスス「メルシエ氏の日本に関する予言」『疑問と解決の手助け』（仏語）	Ursus, “Prophétie de Mercier sur le Japon”, *L'Intermédiaire des chercheurs et curieux*, Paris, 1884
19B037	デラカッサ『イタリア古典文学　かまどに関する章』（イタリア語）	Della Casa, Giovanni, *Classico Italiani* vol.72: Capitolo sopra il forno, Milano, 1806
19B051	ニスロン『文壇著名人録』（仏語）	Niceron, Jean-Pierre, *Mémoires pour servir à l'histoire des hommes illustres dans la République des lettres*, Farnborough, 1729-1745
19B053	トゥデーラのベンジャミン『旅行記』（英語）	Benjamin of Tudela (ed. Asher, A.), *The itinerary*, Berlin, 1840
19B073	ステュー『アッバス朝下のアラブ人によるアフリカ、アジア、東ヨーロッパ交易』（独語）	Stuewe, Friedrich, *Die Handelszuge der Araber unter den Abbassiden durch Afrika, Asien und Osteuropa*, Berlin, 1836
19B089	ジェイムズ『ドイツ・スウェーデン・ロシア・ポーランド周遊日誌』（英語）	James, John Thomas, *Journal of a tour in Germany, Sweden, Russia, Poland*, London, 1819
19B116	パポン『フランス宮廷における著名家系集』（仏語）	Papon, Jean, *Recueil d'arrests notables des cours souveraines de Francem*, Paris, 1584
19B121	ヴィック・ダジール『系統的百科辞書』「ソドミー」（仏語）	Vicq d'Azyr, Félix, *Encyclopédie méthodique*, “Sodomie”, Paris, 1787-1830
第 20 巻	**1896. 10. 21 - 1896. 11. 7**	
20A001	『ラルース十九世紀大百科事典』「ポルノグラフィー」（仏語）	Larousse, *Grand dictionnaire universel du XIXe siècle*, “Pornographie”, Paris, 1864-1905
20A004a	ラシッド・アルディン（アメ抄）「カンバリの町の地誌および統計」『地理学協会誌』（仏語）	Rashid al-Din (extrait par Hammer), “Description topographique et statistique de la ville de Khambaligh”, *Bulletin de la société de géographie*, 1831, tom.5, Paris
20A004b	バセッジオ『アルキビアデス論』（仏語）	Baseggio, Giovanni Battista, *Dissertation sur l'Alcibiade*, Paris, 1861
20A037	ティラボスキ『イタリア文学史』（イタリア語）	Tiraboschi, Girolamo, *Storia della letteratura Italiana*, Milano, 1824

20A054	スミス『ギリシア・ローマ伝記・神話事典』「アンティノウス」（英語）	Smith, William, *Dictionary of Greek and Roman biography and mythology*, "Antinous", London, 1844-1849
20A059	ヴィック・ダジール『系統的百科辞書』「アカデミシャン」（仏語）	Vicq d'Azyr, Félix, *Encyclopédie méthodique*, "Academicien", Paris, 1787-1830
20A081	コンブ『エジプト、ヌビア、そしてベヨンダ砂漠の旅』（仏語）	Combes, Edmond, *Voyage en Egypte, en Nubie dans les déserts de Beyonda, des Bicharys, etc.*, Paris, 1846
20A090	フォービン『エジプト紀行』（英語）	Forbin, Louis Nicolas Philippe Auguste de, *Travels in Egypt*, London, 1820
20A091	シャルダン『ペルシア紀行』（仏語）	Chardin, Jean, *Voyage en Perse*, Paris, 1711
20A095	レノー『ブランカ公の展示室の回教徒記念物記録』（仏語）	Reinaud, Joseph Toussaint, *Descriptions des monuments Musulmans du cabinet du M. Le duc de Blancas*, Paris, 1828
20A102	パウ『アメリカ原住民の哲学的研究、あるいは人類の歴史のための興味深い覚え書き』（仏語）	Pauw, Cornelius de（Ohsson, D）, *Recherches philosophiques sur les Américains, ou mémoires intéressants pour servir à l'histoire de l'espèce humaine*, Berlin, 1772
20A134	ミショー『全人名録』「ボーガルテル」（仏語）	Michaud, *Biographie universelle*, "Baumgarter（Martin）", Paris, 1843
20A141	エティエンヌ『ヘロドトスのための弁明（十六世紀の社会風刺）』（仏語）	Estienne, Henri, *L'Apologie pour Hérodote*, Paris, 1879
20B001	ハクストハウゼン『ロシア研究』（独語）	Haxthausen, August von, *Studien über die Russland*, Hannover, 1847
第 21 巻	**1896. 11. 18 - 1896. 12. 23**	
21A001	エティエンヌ『ヘロドトスのための弁明（十六世紀の社会風刺）』（仏語）	Estienne, Henri, *L'Apologie pour Hérodote*, Paris, 1879
21A022	ヘロドトス（ローリンソン訳）『歴史』（英語）	Herodotus（ed. Rawlinson, George）, *History of Herodotus*, London, 1875
21A063	チャーチル『航海旅行記集成』「南ギニア海岸誌」（英語）	Churchill, Awnsham & John, *A collection of voyages and travels*, "A description of the coasts of South Guinea", London, 1732
21A101	デュロール『歴史の驚異』（仏語）	Dulaure, Jacques-Antoine, *Singularité historique*, Londre et Paris, 1788
21A117	リトレ『フランス語辞典』（仏語）	Littré, Émile, *Dictionnaire de langue française*, Paris, 1863-1872
21A135	ハクストハウゼン『ロシア研究』（独語）	Haxthausen, August von, *Studien über die Russland*, Hannover, 1847
21B001	ヴァルキ『フィレンツェ史』（イタリア語）	Varchi, Benedetto, *Storia Fiorentina*, Colonia, 1721
21B006	ミショー『全人名録』「ファルネーゼ」（仏語）	Michaud, *Biographie universelle*, "Farnèse（Pierre Louis）", Paris, 1843
21B010a	ウフェール『新総合人名録』「ナヴァレッテ」（仏語）	Hoefer, *Nouvelle biographie générale*, "Navarette", Paris, 1853-1866

21B010b	チャーチル『航海旅行記集成』、ナヴァレッテ「中国帝国誌」(英語)	Churchill, Awnsham & John, *A collection of voyages and travels*, Navarette, "An account of the Empire of China", London, 1752
21B010c	ナヴァレッテ『中華帝国の歴史・政治・道徳・宗教論』(スペイン語)	Navarrete, Domingo Fernández, *Tratados historicos, politicos, ethicos y religios de la monarchia de China*, Madrid, 1550
21B079	マティオリ『シエナのマティオリによるディオスコリデス論』「ケリドニアまたは燕石について」(イタリア語)	Mattioli, Pietro Andrea, *Il Dioscoride dell'eccellente dottor medico M. P. Andrea Matthioli da Siena*, "Della Chelidonia, ouero hirondinaria maggiore", Vinegia, 1550
21B081	レージュ＝ドロルムとドシャンブル『医学百科事典』「クサノオウ」(仏語)	Raige-Delorme & Dechambre, *Dictionnaire encyclopédique des sciences médicales*, "Chélidoine", Paris, 1864-1890
21B082	ロション『マダガスカル、モロッコ、東インド紀行』(仏語)	Rochon, Alexis-Marie de, *Voyages à Madagascar, à Maroc et aux Indes Orientales*, Paris, 1791
21B083a	スミス『中国の本草学と博物学に関する論考』(英語)	Smith, Frederick Porter, *Contributions towards the materia medica and natural history of China*, Shanghai and London, 1871
21B083b	ルードン『植物事典』「燕草」(英語)	Loudon, John Claudius, *Encyclopedia of plants*, "Cheledonius", London, 1829
第22巻	**1896. 12. 23 - 1897. 2. 27**	
22A001	ハクストハウゼン『ロシア研究』(独語)	Haxthausen, August von, *Studien über die Russland*, Hannover, 1847
22A056	ミュラー『古代インドの信仰、学問、芸術』(独語)	Müller, Niklas, *Glauben, wissen und kunst der alten Hindus*, Mainz, 1822
22A058	カッセル『百科事典』「ローズマリー」(英語)	Cassell & Co., *The encyclopedic dictionary*, "Rosmarine", London, Paris, New York and Melbourne, 1887
22A059	『海録』(漢文)	清・楊炳南（撰）　海山仙館叢書　咸豊元(1851）年
22A061	ピンカートン『新航海旅行記集成』(英語)	Pinkerton, John, *A general collection of voyages and travels*, London, 1808-1814
22A083	クラウゼ「進化史上の神話時代」『コスモス』(独語)	Krause, Ernst, "Die mythologische periode der entwickelungsgeschichte", *Kosmos* 8, Leibzig, 1880
22A109	マグヌス『北方民族文化誌』(ラテン語)	Magnus, Olaus, *Historia de gentibus septentrionalibus*, Roma, 1555
22A147	ワイリー『中国文学覚書』(英語)	Wylie, Alexander, *Notes on Chinese literature*, London, 1867
22B001	ルーレイオ『コーチシナの植生』(ポルトガル語)	Loureiro, João de, *Flora Cochinchinensis*, Ulyssipone, 1793
22B002	ハーティング「燕石と燕草の性質と特性に関する質問」『ズーオロジスト』(英語)	Harting, James Edmund, "An inquiry into the nature and properties of the swallow stone and swallow's herb", *Zoologist*, 1867.5, London
22B006	ロション『マダガスカルと東インド紀行』(仏語)	Rochon, L'abbé, *Voyages à Madagascar aux Indes Orientales*, Paris, 1791

22B007	ラブール「燕石」『ズーオロジスト』（英語）	Lebour, G. A., "Swallow-stones", *The Zoologist*, 2nd ser. vol.1, London, 1866
22B009	パーチャス『旅行記』「トルコの宗教について」（英語）	Purchas, Samuel, *Purchas his pilgrimes*, "of the opinions holden by the Turkes in their religion", London, 1614
22B011	パーチャス『旅行記』「英国商人ジョージ・バークレーによる海と陸の旅の概略」（英語）	Purchas, Samuel, *Purchas his pilgrimes*, "A briefe memoriall of the great travells by sea and land, of Master George Barkley, merchant of London, in Europe, Asia, Africa, and America and their ilands", London, 1625
22B012	フェイホ『世界学芸の総批評補遺』（スペイン語）	Feijoo, Bonito Jerónimo, *Supplemento di il theatro critico*, Madrid, 1734
22B013	マティオリ『ディオスコリデス薬物誌論議』（イタリア語）	Mattioli, Pietro Andrea, *I discorsi di M. Pietro Andrea Matthioli ... nei sei libri di Pedacio Dioscoride Anazarbeo della materia Medicinale*, Venetia, 1568
22B014	ジスレニウス『トルコへの旅』（英語）	Gislenius, Augerius, *Travels into Turkey*, London, 1744
22B032	チャーチル『航海旅行記集成』「ジョン・スミス船長の旅行、冒険、観察の真実」（英語）	Churchill, Awnsham & John, *A collection of voyages and travels*, "The true travels, adventures, and observations of Captain John Smith", London, 1732
22B037	パーチャス『旅行記』「中国人の宗教について」（英語）	Purchas, Samuel, *Purchas his pilgrimes*, "Of the religion used in China", London, 1614
22B038	ミショー『全人名録』「ピンカートン」「テュルパン」（仏語）	Michaud, *Biographie universelle*, "Pinkerton", "Turpin", Paris, 1843
22B040	スーベランとティエルサン『中国医薬』（仏語）	Soubeiran, Jean-Léon & Tiersant, Dabry de, *La matière médicale chez les Chinois*, Paris, 1874
22B041	ロック「燕の巣の石」『ネイチャー』（英語）	Locke, John, "The stone in the swallow", *Nature*, 1880.6.17, London
22B042	マグヌス『北方民族文化誌』（ラテン語）	Magnus, Olaus, *Historia de gentibus septentrionalibus*, Roma, 1555
22B046	グベルナティス『動物神話学』（英語）	Gubernatis, Angelo de, *Zoological mythology*, London, 1872
22B049	グベルナティス『植物神話学』（仏語）	Gubernatis, Angleo de, *La mythologie des plantes*, Paris, 1882
22B050	ラジャール『ミトラスの儀式および秘儀の研究』（仏語）	Lajard, Jean Baptiste Félix, *Recherches sur le culte public et les mystère de Mithra*, Paris, 1837
22B057	アルドロヴァンディ『鳥類学』（ラテン語）	Aldrovandi, Ulyssi, *Ornithologiae*, Bononiae, 1637
第23巻	**1897. 2 .（27） - （1897. 4. 8）**	
23A001	ハクストハウゼン（ファリー訳）『ロシア研究』（英語）	Haxthausen, August von (tr. Farie, Robert), *The Russian Empire*, London, 1856
23A074	トット『トルコ人とタタール人に関するトット男爵の記録』（仏語）	Tott, François de, *Mémoire du Baron de Tott sur les Turcs et les Tartares*, Amsterdam, 1784

23B001	ゲスナー『動物誌』第４巻「魚と水中の生物」（ラテン語）	Gesneri, Conradi, *Historiæ animalium liber IV., qui est de piscium et aquatilium animantium natura*, Francofurti, 1604
23B005	『坤輿外紀』（漢文）	極西南懐人（Verbiest, Ferdinand）
23B007	ピンカートン『新航海旅行記集成』「トマス・ロウ卿のインドへの旅」（英語）	Pinkerton, John, *A general collection of voyages and travels*, London, "Sir Thomas Roe's voyage to India", 1808-1814
23B010	ジャクモン『インド紀行』（仏語）	Jacquemont, Victor, *Voyage dans l'Inde pendant les années 1828 à 1832*, Paris, 1841
23B011	ウフェール『新総合人名録』「フェルビースト」（仏語）	Hoefer, *Nouvelle biographie générale*, "Verbiest", Paris, 1853-1866
第 24 巻	**1897. 4. 12 - 1897. 9. 20**	
24A001	ジャクモン『インド紀行』（仏語）	Jacquemont, Victor, *Voyage dans l'Inde pendant les années 1828 à 1832*, Paris, 1841
24A014	マフェット『昆虫すなわち最小の動物の劇場』（ラテン語）	Muffet, Thomas, *Insectorum sive minimorum animalium theatrum*, London, 1634
24A018	シーボルト『日本動物誌』（ラテン語）	Siebold, Philipp Franz Balthasar von, *Fauna Japonica*, Luduni Batavorum, 1842
24A020	ラーデン「蛇の毒への抗体」『ネイチャー』（英語）	Larden, W., "An antidots to snake-bites", *Nature*, 1896.10.15, London
24A021	ゲスナー『動物誌』第４巻「魚と水中の生物」（ラテン語）	Gesneri, Conradi, *Historiæ animalium liber IV., qui est de piscium et aquatilium animantium natura*, Francofurti, 1604
24A024a	グレイ『大英博物館アザラシ科・鯨類目録』（英語）	Gray, John Edward, *Catalogue of seals and whales in the British Museum*, London, 1866
24A024b	ドゥマン『武器とモノグラムの事典、古武具・甲冑愛好家のための手引き』（仏語）	Demmin, Auguste-Frédéric, *Encyclopédie d'armurerie avec monogrammes, guide des amateurs d'armes et armures anciennes*, Paris, 1869
24A026a	マレー『哺乳類の地域分布』（英語）	Murray, Andrew, *The geographical distribution of the mammals*, London, 1866
24A026b	ムーラ『カンボジア王国』（仏語）	Moura, Jean, *Le royaume du Cambodge*, Paris, 1883
24A032a	ペティグリュー『薬学・医学の歴史と実用にまつわる伝説について』（英語）	Pettigrew, Thomas Joseph, *On superstitions connected with the history and practice of medicine and surgery*, London, 1844
24A032b	ハクルート『イングランド国民の主要航海』「オクサーによるノルウェーより北方海域への航海」（英語）	Hakluyt, Richard, *The principal navigations, voyages, traffiques and discoveries of the English Nation*, "The voyage of Octher to the North parts beyond Norway", London, 1598-1600
24A032c	ウダヤチャンドラ・ダッタ『インド薬物誌』（英語）	Udayachandra Datta, *The materia medica of the Hindus*, Calcutta, 1877
24A035a	マルテンス『シュピッツベルゲンとグリーンランドの旅行記』（仏語）	Martens, Friedrich, *Journal d'un voyage au Spitzbergen et au Groenlandt*, 1715
24A035b	テヴェ『世界誌』（仏語）	Thevet, André, *La cosmographie universelle*, Paris, 1575

24A040	パーチャス（『旅行記』著者とは別人）『政治的飛行虫類の劇場』（英語）	Purchas, Samuel (d.c.1658), *The theatre of political flying insects*, London, 1657
24A041	パーチャス『旅行記』「英国商人ジョージ・バークレーによる海と陸の旅の概略」（英語）	Purchas, Samuel, *Purchas his pilgrimes*, "A briefe memoriall of the great travells by sea and land, of Master George Barkley, merchant of London, in Europe, Asia, Africa, and America and their ilands", London, 1625
24A043	ロイド『スカンジナヴィア冒険行』（英語）	Lloyd, Llewelyn, *Scandinavian adventures*, London, 1854
24A044a	ポントピダン『ノルウェー博物誌』（英語）	Pontoppidan Erick, *The natural history of Norway*, London, 1755
24A044b	ドルビニー『博物学大辞典』（英語）	D'Orbigny, Alcide, *Dictionnaire universel d'histoire naturelle*, Paris, 1841
24A052	サントス『東エチオピア』（スペイン語）	Santos, Joao Dos, *Ethiopia Oriental*, Convento de S.Domingos de Evora, 1609
24A152	テリー『東インド紀行』（英語）	Terry, Edward, *A voyage to East Indias*, London, 1655
24A153	ルトゥ『ギリシア詩歌集』（ラテン語）	Ruthe, *Anthologia Graeca*, Lipsiae, 1754
24A154	マグレガー『ギリシア詞華集』（英語）	Macgregor, Robert Guthrie, *Greek anthology*, London, 1864
24A155a	アイリアノス（シュナイダー訳）『動物誌』（ラテン語）	Aelianus (ed. Schneider, Johann Gottlob), *Aeliani de natura animalium*, Lipsiae, 1784
24A155b	マティオリ『ディオスコリデス薬物誌論議』（イタリア語）	Mattioli, Pietro Andrea, *I discorsi di M. Pietro Andrea Matthioli ... nei sei libri di Pedacio Dioscoride Anazarbeo della materia Medicinale*, Venetia, 1568
24A157	ヨンストン『魚と鯨の博物誌』「スコロペンドラ・ケタケア」（ラテン語）	Jonstonus, Johannes, *Historiæ naturalis de piscibus et cetis*, "Scolopendrae Cetaceae", [Heilbronn], 1767
24A158	ベアー「セイウチの解剖学・動物学的研究」『サンクト・ペテルスブルク王立科学学会記録』（仏語）	Baer, Karl Ernst von, "Anatomisch und zoologisch untersuchungen über das wallross", *Mémoire de l'académie impériale des sciences de Saint-Petersbourg*, 6me serie, 1838
24A196	アレン『北米産鰭脚類誌』（英語）	Allen, Joel Asaph, *History of North American pinnipeds*, Washington, 1880
24A197	ロイド『スウェーデン農民の生活』（英語）	Lloyd, Llewelyn, *Peasant life in Sweden*, London, 1870
24A263	グベルナティス『植物神話学』（仏語）	Gubernatis, Angelo de, *La mythologie des plantes*, Paris, 1882
第 25 巻	**1897. 5. 25 - 1897. 7. 20**	
25A001	グロス『古武具』（英語）	Grose, Francis, *Military antiquities*, London, 1801
25A003	『ラルース十九世紀大百科事典』「弩」（仏語）	Larousse, *Grand dictionnaire universel du XIXe siècle*, "Arbalète", Paris, 1864-1905

25A004	ディウエドとパヴォ「窓のツバメの巣とトコジラミ」『疑問と解決の手助け』（仏語）	Dieuaide, A. & Pavot, T., "Nids d'hirondelle aux fenêtres et la punaise des lits", *L'Intermédiaire des chercheurs et curieux*, 3me ser. 4e Anée, Paris, 1895
25A005	コンブ『エジプト、ヌビア、そしてベヨンダ砂漠の旅』（仏語）	Combes, Edmond, *Voyage en Egypte, en Nubie dans les déserts de Beyonda, des Bicharys, etc.*, Paris, 1846
25A024	コンブとタミシエ『アビシニア、ガラ諸国、ショアとイファへの旅、およびイエメン散策』（仏語）	Combes Edmond / Tamisier, *Voyage en Abyssinie, dans le pays de Galla, de Choa et d'Ifat, précédé d'une excursion dans l'Arabie heureuse*, Paris, 1838
25A033	フェレとガリニエ『アビシニア紀行』（仏語）	Ferret, Pierre Victor Adolphe & Galinier, Joseph Germain, *Voyage en Abyssinie dans les provinces du Tigré, du Samen et de l'Amhara*, Paris, 1847-1848
25A034	バルフォン『エトベイ、アラブ・ビカリー人の地の地誌、民族誌、金鉱』（仏語）	Bellefonds, Louis Maurice Adolphe Linant de, *L'Etabye : pays habité par les Arabes Bicharieh, géographie, ethnologie, mines d'or*, Paris, 1868
25A035	フットナー『中国および一部タタールを横断した英国使節団の報告』（独語）	Huttner, H. G. L., *Nachricht von der brittischen gesandtschaftsreise durch China mit einem theil der Tatarei*, Berlin, 1747
25A044	ベント『キクラデス諸島、または島嶼ギリシア人の生活』（英語）	Bent, James Theodore, *The Cycladesor, or life among the insular Greeks*, London, 1885
25A089	ロイド『ヒマラヤ山脈のカウンプールからボーレンド峠へ、グワーリヤル、アグラ、デリー、シラインドを通って』（英語）	Lloyd, William & Gerard, *Narratives of a journey from Caunpoor to the Boorendo pass in the Himalaya mountains via Gwalior, Agra, Delhi and Sirhind*, London, 1840
25A092	ウィルブラハム『ロシアの南コーカサスへの旅』（英語）	Wilbraham, Richard, *Travels in the Trans-Caucasian provinces of Russia*, London, 1839
25A093	コプリー『不思議で奇異な伝説集』（英語）	Copley, H. A., *Strange and curious superstitions and customs, etc.*, London, 1891
25A095	グレイ「性的本能の逸脱」『フランス国内外哲学報』（仏語）	Gley, E., "Les aberrations de l'instinct sexuel: D'après Des travaux récents", *Revue Philosophique de la France Et de l'Etranger*, Paris, 1884
25A101	ブレーズ「神経症」『神経学報』（仏語）	Blaise, H., "Pathologie nerveuse", *Archive de neurologie*, Paris, 1882
25A106	マルティノー『外陰部と肛門の変形に関する講義』（仏語）	Martineau, Louis, *Leçons sur les déformations vulvaires et anales*, Paris, 1886
25B001	ロイド『スウェーデン農民の生活』（英語）	Lloyd, Llewelyn, *Peasant life in Sweden*, London, 1870
25B011	ブランド『ブリテン島の民間伝承』（英語）	Brand, John, *Popular antiquities of Great Britain*, London, 1870
25B027	グベルナティス『植物神話学』（仏語）	Gubernatis, Angelo de, *La mythologie des plantes*, Paris, 1882
25B037	ルフェビュール『アビシニア紀行』（仏語）	Lefebure, Charlemagne-Théophile, *Voyage en Abyssinie*, Paris, 1845-1854
25B044	シュレーゲル『中国における売春』（イタリア語）	Schlegel, Gustav, *Prostitution nella China, storia della prostitution*, Milano, 1876-1877
25B047	バロウ『中国紀行』（英語）	Barrow, John, *Travels in China*, London, 1864

25B050	フリション『60歳のガラガラ、あるいは艶話と滑稽詩集』「慰められた間男（ボッカチオより）」（仏語）	Furichon, C.D., *Le Hochet des Sexagénaires, ou souvenirs d'anecdotes galantes, poésies badines*, Paris, 1821
25B073	デュフール『売春の歴史』（仏語）	Dufour, Pierre (Lacroix, Paul), *Histoire de la prostitution*, Bruxelles, 1851-1854
25B084	ストラボン『地誌』（仏語）	Strabo, *Géographie de Strabon*, Paris, 1819
第26巻	**1897. 6. 28 - 1897. 10. 11**	
26A001	デュフール『売春の歴史』（仏語）	Dufour, Pierre (Lacroix, Paul), *Histoire de la prostitution*, Bruxelles, 1851-1854
26A064	モローニ『教会史大事典』「クインティリアヌス」（イタリア語）	Moroni, Gaetano, *Dizionario di erudizione storico-ecclesiastica*, "Quintiliani", Venetia, 1852
26A080	ミーニュ『ラテン語教父全集』（ラテン語）	Migne, Jacques Paul, *Patrologiae Latinae cursus completus*, Paris, 1844-1864
26A086	エウセビウス（ハンマー訳）『古代教会史』（英語）	Eusebius of Caesarea (tr. Hanmer, Meredith), *The Ecclesiasticall Historie of Socrates Scholasticus*, London, 1585
26B001	ヤーゴール『フィリピン紀行』（独語）	Jagor, Andreas Feodor, *Reisen in den Philippinen*, Berlin, 1873
26B015	ル・ジャンティ・ド・ラ・ガレジエール『インド海紀行』（仏語）	Le Gentil de la Galaisière, Guillaume, *Voyage dans les mers de l'Inde*, Paris, 1779-1781
26B022	ピヴァッティ『科学と聖俗の驚異の事典』「解毒剤」（イタリア語）	Pivati, Giovanni Francesco, *Nuovo dizionario scientifico e curioso sacro-profana*, "Teriaca", Venezia, 1746-1751
26B025	エルマン『北方アジアと二つの大洋を通っての世界周航』（独語）	Erman, George Adolf, *Reise um die Erde durch Nordasien und die beiden Ozeane*, Berlin, 1833-1848
26B040	キュー植物園『キュー目録』（英語）	Royal Botanic Garden, Kew, *Index kewensis*, 1895
26B060	モルガ『フィリピン諸島誌』（スペイン語）	Morga, Antonio de, *Sucesos de las Islas Filipinas*, Paris, 1890
26B065a	カルレッティ『東インドでの見聞に関する議論』（イタリア語）	Carletti, Francesco, *Ragionamenti sopra la cose da lui vedute ne suoi viaggi si dell'Indie Orientali Occidentali*, Firenze, 1701
26B065b	ミショー『全人名録』「カルレッティ」（仏語）	Michaud, *Biographie universelle*, "Carletti", Paris, 1843
26B091	『フォークロア協会報告書』第5～7巻からの抄写（英語）	*Transaction of the folklore society*, vol.5-7, 1894-1896
26B144	「スコットランドの稀代の驚異に関する報告」『ミセラニア・スコティカ』（英語）	"A memoriall of the most rare and wonderful things in Scotland", *Miscellanea Scotica*, Glasgow, 1818
26B145	『桃洞遺筆』第二輯（和文）	小原桃洞（蘭峡）　絵入　色摺　嘉永3（1850）年
第27巻	**(1897. 7. 12 - 1897. 8. 4)**	
27A001a	ダンロップ『文学の歴史』（英語）	Dunlop, John, *History of fiction*, Edinburgh, 1816
27A001b	デュフール『売春の歴史』（仏語）	Dufour, Pierre (Lacroix, Paul), *Histoire de la prostitution*, Bruxelles, 1851-1854

27B001	マルティノー『外陰部と肛門の変形に関する講義』(仏語)	Martineau, Louis, *Leçons sur les déformations vulvaires et anales*, Paris, 1886
27B028	デ・ボーデ『ルリスタンとアラビスタンへの旅』(英語)	De Bode, Clement Augustus Gregory Peter Louis, *Travels in Luristan and Arabistan*, London, 1845
27B043	カニコフ (ボード訳)『ブハラ、その首長と住民』(英語)	Khanykov, Nikolai Vladimirovich (tr. Bode,C.A.), *Bokhara; its amir and its people*, London, 1845
第 28 巻	**1897. 8. 5 - 1898. 4. 6**	
28A001	デュフール『売春の歴史』(仏語)	Dufour, Pierre (Lacroix, Paul), *Histoire de la prostitution*, Bruxelles, 1851-1854
28A100a	ピンカートン『新航海旅行記集成』「カールステン・ニーブールのアラビアへの旅」(英語)	Pinkerton, John, *A general collection of voyages and travels*, "Travels in Arabia, by Carsten Niebuhr" London, 1808-1814
28A100b	ローラン・ダルヴィユー『騎士ローラン・ダルヴィユーの記録』(仏語)	Laurent d'Arvieux, *Mémoires du chevalier Laurent d'Arvieux*, Paris, 1735
28A245	スミス『ギリシア・ローマ伝記・神話事典』「ポッペア」(英語)	Smith, William, *Dictionary of Greek and Roman biography and mythology*, "Poppaea", London, 1844-1849
28B001	ジャクー『新実用内外科事典』「両性具有」(仏語)	Jaccoud, Sigismond, *Nouveau dictionnaire de médecine et de chirurgie pratique*, "Hermaphrodisme", Paris, 1864-1886
第 29 巻	**1897. 9. 20 - 1898. 9. 8**	
29A001	バークレイ「ストロンサ島に打ち上げられた動物遺体の一部に関する報告」『エジンバラ・ワーネリア自然史協会』(英語)	Barclay, "Remarks on some parts of the animal that was cast ashore on the Island of Stronsa, September, 1808", *Memoires of the Wernerian natural history society*, Edinburgh, 1811
29A002	ゴッス『博物学物語』(英語)	Gosse, Philip Henry, *The romance of natural history*, London, 1860
29A007	トリアル「1808 年オークニーの海岸の海蛇と思われる漂流物について」『エジンバラ王立協会報』(英語)	Triall, "On the supposed sea-snake east on the shore in the Orkneys in 1808", *Proceedings of the royal society of Edinburgh*, 3
29A010	ホアボフ『アイスランド博物誌』(英語)	Horrebov, Niels, *The natural history of Iceland*, London, 1758
29A012	『鯨志』(和文)	如水軒 (山瀬春政)　宝暦 10 (1760) 年
29A013a	アンデルソン『アイスランド、グリーンランド、デーヴィス海峡に関する報告』(独語)	Anderson, Johann, *Nachrichten von Island, Grönland, und der Strasse Davis*, Hamburg, 1746
29A013b	ヴォルム『ヴォルム博物誌』(ラテン語)	Worm, Ole, *Museum worminiconum*, Lugduni Batavorum, 1655
29A014	ネグリ『北方紀行』(イタリア語)	Negri Francesco, *Viaggio Settentionale*, Padova, 1700
29A017	デュフール『売春の歴史』(仏語)	Dufour, Pierre (Lacroix, Paul), *Histoire de la prostitution*, Bruxelles, 1851-1854
29A077	マルタン『ガリア人の信仰』(仏語)	Martin, Jacques, *La religion des Gaulois*, Paris, 1727
29A115	ミショー『全人名録』「ブルンヒルド」(仏語)	Michaud, *Biographie universelle*, "Brunehaut", Paris, 1843

29A144	『ラルース十九世紀大百科事典』「ルクルブ」（仏語）	Larousse, *Grand dictionnaire universel du XIXe siècle*, "Lecourbe", Paris, 1864-1905
29A145	『フランス史関連資料集成』（仏語）	Guizot, François-Pierre-Guillaume, *Collection des mémoires relatifs à l'histoire de France*, Paris, 1824
29A147	デュシェヌ『フランス史の著述家たち』（ラテン語）	Duchesne, André, *Historiae Francorum scriptores*, 1636-1649
29A150	ベドリエール『フランス人の習慣と私生活の歴史』（仏語）	Bédollière, Emile Gigault de la, *Histoire des moeurs et de la vie privée des Français*, Paris, 1847-1849
29A169	『ハンガリー王国の中庸および卑俗ラテン語彙』（ラテン語）	Magyar Tudományos Akadémia, Bartal, *Glossarium mediae et infimae Latinitatis Regni Hungariae, etc.*, Budapest, 1883
29A172	ヤコブス・デ・ヴィトリアーコ『東洋史』（ラテン語）	Jacobus de Vitriaco, *Historia Orientalis et Occidentalis*, Duacum, 1597
29A233	『仏領コーチシナ』からの抜書（仏語）	*Cochinchine Française Excursions et Reconnaissance*, tom.1, no.8, Saigon
29B001	ムーラ『カンボジア王国』（仏語）	Moura, Jean, *Le royaume du Cambodge*, Paris, 1883
29B006	マルクス『男色愛好家』（独語）	Marx, Heinrich, *Urningsliebe*, Leibzig, 1875
第 30 巻	**1897. 9. 21 - 1898. 5. 17**	
30A001	ベルティオリ「偉大なマティオリによるサソリの油に関する研究」（イタリア語）	Berthioli, Antonio, *Considerationi sopra l'olio di scorpioni dell'excellentissimo Matthioli*, London, 1883
30A002a	エイネルセン『王のための鏡』（ラテン語）	Einarsson, Hálfdán, *Konungs skuggsjá, Speculum regale*, Sórey, 1768
30A002b	グレヴァン『毒薬の二書』（仏語）	Grévin, Jacques, *Deux livres des venis*, Anvers, 1568
30A005a	T. B.「刎ねられた自分の頭を探す者」『疑問と解決の手助け』（仏語）	T. B., "Le décapité qui cherche sa tête", *L'Intermédiaire des chercheurs et curieux*, Paris, 1876
30A005b	ジャクー『新実用内外科事典』「両性具有」（仏語）	Jaccoud, Sigismond, *Nouveau dictionnaire de médecine et de chirurgie pratique*, "Hermaphrodisme", Paris, 1864-1886
30A008	タルデュー『性器の変形と関連した本人確認の法医学的問題、および性別不明の個人の記録と図像』（仏語）	Tardieu, Ambroise, *Question médico-légale de l'identité dans ses rapports avec les vices de conformation des organes sexuels : contenant les souvenirs et impressions d'un individu dont le sexe avait été méconnu*, Paris, 1874
30A153	コフィニョン『パリの腐敗』（仏語）	Coffignon, A., *Paris vivant, la corruption à Paris*, Paris, 1889
30B001	バロウ『コーチシナ紀行』（英語）	Barrow, John, *A voyage to Cochinchina, in the years 1792 and 1793*, London, 1806
30B019	プリニウス『博物誌』（ラテン語）	Plinius Secundus, Caius, *Plinii secundi historiae mundi*, Lugduni, 1587
30B043	マクマホン『遠い中国とさらに遠いインド』（英語）	Macmahon, Alexander Ruxton, *Far Cathay and farther India*, London, 1892

第 31 巻	**1897. 10. 16 - 1898. 1. 29**	
31A001a	ビュフォン『博物誌』（仏語）	Buffon, Georges-Louis Leclerc de, *Histoire naturelle*, Paris, 1787
31A001b	『雲根志』続編巻之三（和文）	木内重暁（石亭） 安永 8（1779）年
31A001c	『貝尽浦之錦』（和文）	大枝流芳 絵図入 寛延 4（1751）年
31A002	バロウ『アフリカ南部旅行記』（英語）	Barrow, John, *An account of travels into the interior of Southern Africa in the years 1797 and 1798*, London, 1804
31A005	『仏領コーチシナ』、ランド「アンナン人の民間風習と伝承に関する記録」他（仏語）	*Cochinchine Française: Excursion et Reconnaissance*, Landes, A., “Notes sur les moeurs et superstitions populaires des Annamites”, etc., Saigon, 1880
31A039	レージュ＝ドロルムとドシャンブル『医学百科事典』「両性具有」（仏語）	Raige-Delorme & Dechambre, *Dictionnaire encyclopédique des sciences médicales*, “Hermaphrodism”, Paris, 1864-1890
31A076a	ルドルフ『エチオピアの歴史』（ラテン語）	Ludolf, Hiob the Elder, *Historia Aethiopica*, Francofurti ad Moenum, 1681
31A076b	ルドルフ（ジェント訳）『エチオピアの歴史』（英語）	Ludolf, Hiob the Elder (tr. Gent, F.P.), *A new history of Ethiopia*, London, 1684
31A108	シャルトン『古今の大旅行者』（仏語）	Charton, Edouard, *Voyageurs anciens et modernes*, Paris, 1854
31A117	テヴノ『驚異の旅の記録』（仏語）	Thévenot, Melchisédech, *Relations de divers voyages curieux*, Paris, 1696
31A120	『法苑珠林』（漢文）	道世 清・道光 7（1827）年版
31A151	ラジャール『ミトラスの儀式および秘儀の研究』（仏語）	Lajard, Jean Baptiste Félix, *Recherches sur le culte public et les mystère de Mithra*, Paris, 1837
31B001a	トマス「邪視」『民族学』（英語）	Thomas, Frederick, “Evil eye”, Ethnology, 1895
31B001b	『ザクセン王国科学院討論報告』（独語）	*Berichte über die Verhandlungen der Königlich Sächsischen Gesellschaft der Wissenschaften zu Leibzig*, 1853
31B041	『中山伝信録』（漢文）	清・徐葆光編 絵入 天保 11（1840）年刊
31B042a	『想山著聞奇集』（和文）	三好想山（六左衛門） 絵入 色摺 嘉永 3（1850）年
31B042b	『竹取翁物語解』（和文）	田中大秀 天保 3（1832）年
31B043	ヴィア（グレヴィン訳）『悪魔の詐欺と虚偽に関する五書』（仏語）	Wier, Johann (tr. Grévin, J.), *Cinq livres de l'imposture et tromperie des diables*, Paris, 1567
31B046	エルマン『北方アジアと二つの大洋を通っての世界周航』（独語）	Erman, George Adolf, *Reise um die Erde durch Nordasien und die beiden Ozeane*, Berlin, 1833-1848
第 32 巻	**1898. 1. 12 - 1898. 8. 18**	
32A001	デュフール『売春の歴史』（仏語）	Dufour, Pierre (Lacroix, Paul), *Histoire de la prostitution*, Bruxelles, 1851-1854
32A013	バルバザン『十一～十五世紀フランスの寓話と笑話』（仏語）	Barbazan, Etienne, *Fabliaux et contes des petits Français des 11, 12, 13, 14, 15 siècles*, Paris, 1805

32A102	ベドリエール『フランス人の習慣と私生活の歴史』(仏語)	Bédollière, Emile Gigault de la, *Histoire des moeurs et de la vie privée des Français*, Paris, 1847-1849
32A183	カルリエ『両性の売春（社会病理学研究)』(仏語)	Carlier, Félix, *Études de pathologie sociale: Les deux prostitutions*, Paris, 1887
32B001	オーバレ『下コーチシナ史』(仏語)	Aubaret Gabriel, *Histoire et description de la basse Cochinchina*, Paris, 1863
32B007	クロウファード『インド総督からシャム・コーチシナ王国への宮廷公使の日記』(英語)	Crawfurd, John, *Journal of an embassy from its governer-general of India to the courts of Siam, Cochinchina*, London, 1821
32B022	ノックス『東インドのセイロン島の歴史』(英語)	Knox, Robert, *Historical relation of the island of ceylon, in the East-Indies*, London, 1681
32B026	ゴドウィン『マルチーズ諸島の地誌、植生、および博物誌』(英語)	Godwin, George Nelson, *The geology, botanys and natural history of the maltese islands*, Malta, 1880
32B040	テンプル「コレラの女神マリ・マイ」『パンジャブ・ノーツ・アンド・クエリーズ』(英語)	Temple, R.C., “Mari Mai, the goddess of cholera”, *Panjab Notes and Queries*, 1883.3, Calcutta
第33巻	**1898. 1. 31 - 1898. 6. 1**	
33A001	デュフール『売春の歴史』(仏語)	Dufour, Pierre (Lacroix, Paul), *Histoire de la prostitution*, Bruxelles, 1851-1854
33A079	テヴェ『モスクワ世界誌』(仏語)	Thevet, André, *Cosmographie Moscovite*, Paris, 1858
33A087	グレゴリー『フランス教区史』(仏語)	Grégoire de Tours, *Histoire ecclésiastique des Français*, Paris, 1836
33A095	ロスコフ『悪魔の歴史』(独語)	Roskoff, Georg Gustav, *Geschichte des teufels*, Leibzig, 1869
33A098	ボダン『魔術師の悪魔信仰』(仏語)	Bodin, Jean, *De la démonomanie des sorciers*, Angers, 1593
33A114	アルベルティ『全イタリア誌』(イタリア語)	Alberti, Leandro, *Decrittione di tutta Italia*, Bologna, 1550
33A116	マーティン『トンガ諸島原住民に関する記録』(英語)	Martin, John, *An account of the natives of the Tonga Islands*, London, 1817
33A117	ルノルマン『カルデア人の魔術とアッカドの起源』(仏語)	Lenormant, François, *Magie chez les Chaldéens et les origines Accadiennes*, Paris, 1874
33A119	コラン・ド・プランシー『地獄の辞典』(仏語)	Collin de Plancy, *Dictionnaire infernal*, Paris, 1863
33A125	メナージュ『語源学辞典』「ブルガールス」(仏語)	Ménage, Gilles, *Dictionnaire étymologique*, “Bulgarus”, Paris, 1694
33A181	ブラントーム『艶婦伝』(仏語)	Brantôme, *Les vies des dames galantes*, Paris, 1838
33A204	コフィニョン『パリの腐敗』(仏語)	Coffignon, A., *Paris vivant, la corruption à Paris*, Paris, 1889
33A232	マトソン『中国布教の記録』(英語)	Matheson, Donald, *Narrative of the mission to China*, London, 1866
33B001	『ノーツ・アンド・クエリーズ』第8シリーズ5巻（英語)	*Notes and Queries*, ser.8, vol.V, London, 1894

33B002	『ノーツ・アンド・クエリーズ』第8シリーズ7巻（英語）	*Notes and Queries*, ser.8, vol.VII, London, 1894
33B009a	ヨンストン『驚異の歴史』「燕石」（英語）	Jonstonus, Johannes, *A history of the wonderful things of nature*, "Of the stones cheledonium", London, 1657
33B009b	ボート『宝石細工術大全』（仏語）	Boodt, Anselmus Boëtius de, *La parfaict ioaillier*, Lyon, 1644
33B010	キング『宝石・貴金属の博物誌』（英語）	King, Charles William, *The natural history of precious stone and of the precious metals*, London, 1867
33B012	レムニウス『自然の秘蹟』（英語）	Lemnius, Levinus, *The secret miracles of nature*, London, 1658
33B013	ムア『アンダマン諸島の探険調査』（英語）	Mouat, Frederic John, *Adventure and researches among the Andaman islanders*, London, 1863
33B015	コリングウッド「一博物学者の中国海岸・海中漫遊記」（英語）	Collingwood, Cuthbert, *Rambles of a naturalist on the shores and water of the China Sea*, London, 1868
33B022	コンベ『ミンダナオおよびホロ島誌』（スペイン語）	Combés, Francisco, *Historia de Mindanao y Joló*, Madrid, 1897
33B026	コリン『フィリピンにおける伝道』（スペイン語）	Colin, Francisco, *Labor evangelica, en las islas Filipinas*, Madrid, 1663
33B035	レタナ『フィリピン 原住民の俗信』（スペイン語）	Retana, Wenceslao Emilio, *Supersticiones de los indios Filipinos*, Madrid, 1894
第34巻	**1898. 5. 20 - 1898. 10. 4**	
34A001	デュフール『売春の歴史』（仏語）	Dufour, Pierre（Lacroix, Paul）, *Histoire de la prostitution*, Bruxelles, 1851-1854
34A023	ブラントーム『艶婦伝』（仏語）	Brantôme, *Les vies des dames galantes*, Paris, 1838
34B001a	バックトン『シオハナアブの博物誌』（英語）	Buckton, George B., *The natural history of eristalis tenax*, London, 1895
34B001b	マクマホン『遠い中国とさらに遠いインド』（英語）	Macmahon, Alexander Ruxton, *Far Cathay and farther India*, London, 1892
34B011	ジョンストン「マニプール誌」『十九世紀』(英語)	Jonstone, "A description of Manipur", *Nineteenth Century*, 1891.6, London, 1891
34B012	フィアミンゴ「人種、階級、社会間の闘争」『モニスト』（英語）	Fiamingo, "The conflict of races, classes and societies", *The Monist*, Chicago, 1897
第35巻	**1898. 6. 1 - 1898. 10. 21**	
35A001	バルビ『東インド紀行』（イタリア語）	Balbi, Gasparo, *Viaggio dell'Indie Orientali*, Venetia, 1590
35A003	カルバートソン『中華帝国の暗部』（英語）	Culbertson, Michael Simpson, *Darkness in the Flowery Land*, London, 1846
35A005	ゴダール『エジプトとパレスチナ』（仏語）	Godard, Jean Ernst, *Egyptes et Palestine*, Paris, 1867
35A046	シュタイン「ロシアのスコプチ教、その発生、制度、および教義」『民族学雑誌』（独語）	Stein, F. von, "Die Skopzensekte in Russland", *Zeitschrift für ethnologie*, vol.7, 1875, Berlin

35A107	カルリエ『両性の売春（社会病理学研究）』（仏語）	Carlier, Félix, *Études de pathologie sociale: Les deux prostitutions*, Paris, 1887
35B001	コリン『フィリピンにおける伝道』（スペイン語）	Colin, Francisco, *Labor evangelica en las islas Filipinas*, Madrid, 1663
35B008	アトキンソン『タタール平原の思い出』（英語）	Atkinson, Thomas Witlam, *Recollections of Tartar Steppes and their inhabitants*, London, 1863
35B019	エルマン『北方アジアと二つの大洋を通っての世界周航』（独語）	Erman, George Adolf, *Reise um die Erde durch Nordasien und die beiden Ozeane*, Berlin, 1833-1848
第 36 巻	**1898. 6. 25 - 1898. 8. 15**	
36A001	デュフール『売春の歴史』（仏語）	Dufour, Pierre（Lacroix, Paul）, *Histoire de la prostitution*, Bruxelles, 1851-1854
36A068	オルビーニ『スラブ人の王国』（イタリア語）	Orbini, Mauro, *Il regno de gli Slavi hoggi corrottamente detti Schiavoni*, Pesaro, 1601
36A077	ワトキンズ『古代博物学拾遺』（英語）	Watkins, Morgan George, *Gleanings from the natural history of the ancients*, London, 1896
36A080	「マンジーの娘と竹」『北インド・ノーツ・アンド・クエリーズ』（英語）	"The manjh girl and the bamboo", *North Indian Notes and Queries*, vol.3, 1893, Calcutta
36A082a	ユーゲル（ジャーヴィス訳）『カシュミールとパンジャブ』（英語）	Hügel, Karl Alexander（tr. Jervis,T.B.）, *Travels in Kashmir and the Panjab*, London, 1845
36A082b	ユーゲル『カシュミールとシーク帝国』（独語）	Hügel, Karl Alexander, *Kaschmir und das reich des Siek*, Stuttgart, 1840
36A102	『東雅』（和文）	新井白石（君美） 写本 享保 2（1717）年成立
36A105	南条文雄『大明三蔵聖教目録』（英語）	Nanjoo Bunyu, *A catalogue of the Chinese translations of the Buddhist tripitaka*, Oxford, 1883
36A107	ケリー『インド・ヨーロッパ語族の興味ある伝承と民俗』（英語）	Kelly, Walter Keating, *Curiosities of Indo-European tradition and folk-lore*, London, 1863
36A108	ハードウィック『伝説と民俗』（英語）	Hardwick, Charles, *Traditional superstitions and folklore*, Manchester, 1872
36A109	バスク『チロルの渓谷』（英語）	Busk, Rachel Harriette, *The valley of Tirol*, London, 1874
36A111	バスク『パトラーニャス、あるいはスペインの伝説的・伝統的物語』（英語）	Busk, Rachel Harriette, *Patranas or Spanish stories, Legendary and Traditional*, London, 1870
36A113	レイン『エジプト人の生活と風習』（英語）	Lane, Edward William, *An account of manners and customs of the Egyptians*, London, 1871
36A116	メゲンベルク『自然についての本』（独語）	Megenberg, Konrad von, *Das buch des natur*, Stuttgart, 1861
36A117	レイン『エジプト人の生活と風習』（英語）	Lane, Edward William, *An account of manners and customs of the Egyptians*, London, 1871
36A129	ストラボン『地誌』（仏語）	Strabo, *Géographie de Strabon*, Paris, 1819
36B001	ヴォルム『ヴォルム博物誌』（ラテン語）	Worm, Ole, *Museum worminiconum*, Lugduni Batavorum, 1655

36B003	レオナルドゥス『石の鏡』（ラテン語）	Leonardus, Camillus, *Speculum lapidum clarissimi artium et medicine doctoris Camilli Leonardi pisaurensis*, Venetia, 1502
36B005	パトラン『鉱物誌』（仏語）	Patrin, Eugène Louis Melchior, *Histoire naturelle des mineraux*, Paris, 1801
36B006	アルドロヴァンディ『鉱物誌』（ラテン語）	Aldrovandi, Ulisse, *Musaeum metallicum*, Bononiae, 1648
36B011a	『楽説記聞』（和文）	松田健（浩瀾）写本　享保 8（1723）年序
36B011b	フライヤー『東インドおよびペルシア最新報告』（英語）	Fryer, John, *A new account of east India and Persia*, London, 1698
36B023a	セビヨ『オート＝ブルターニュの伝統と俗信』（仏語）	Sébillot, Paul-Yves, *Traditions et superstitions de la Haute Bretagne*, Paris, 1882
36B023b	ボスケ『夢と驚異のノルマンディー』（仏語）	Bosquet, Amélie, *La Normandie, romanesque et merveilleuse*, Paris, 1845
36B025	ヒーバー『インド地方周遊記録』（英語）	Heber, Reginald, *Narrative of a journey through the upper province of India from Calcutta to Bombay*, London, 1826
36B029a	ロラン『フランス民間動物誌』（仏語）	Rolland, Eugène, *Fauna populaire de la France*, Paris, 1879
36B029b	レオプレヒトゥンク『レヒ河河畔から、ドイツの風習と民話学』（独語）	Leoprechting, Carl von, *Aus dem Lechrain: zur Deutschen sitten und sagenkunde*, München, 1855
36B030	ロビオ『宝石・石・鉱物分類事典、観察による解説付き』（イタリア語）	Robbio, Giovanni, *Dizionario istorico ragionato delle gemme, delle pietre, e de'minerali coll'introduzione di varie osservazioni*, Napoli, 1824
36B031	キュヴェイロ『ガリシア方言辞典』（スペイン語）	Cuveiro Pinol, Juan, *Diccionario Gallego*, Barcelona, 1876
36B039	ブラック『民間療法』（英語）	Black, William George, *Folk-medicine*, London, 1883
36B047	ブラウン『民間迷信に関する随想』（仏語）	Browne, Thomas, *Essais sur les erreurs populaires*, Amsterdam, 1733
36B048	『古語拾遺』（和文）	齋部廣成編　猿渡容盛校　文化 4（1807）年
36B052	ゾリンガー「ラフレシアの博物誌に関するいくつかの指摘」『インド諸島および東アジア雑誌』（英語）	Zollinger, Heer, "Some contributions to the natural history of the Rafflesia Patua", *The journal of the Indian Archipelago and Easter Asia*, vol.1, Singapore, 1847
第 37 巻	**1898. 9. 8 - 1898. 10. 21**	
37A001	ブラデル「マレー暦に関する略説」『インド諸島および東アジア雑誌』（英語）	Braddel, T., "Abstract of the sijara mulayu or Malayan annals", *Journal of the Indian Archipelago and Eastern Asia*, vol.V, Singapore, 1851
37A027	エマヌエリ『タロ渓谷上流』（イタリア語）	Emmanueli, Antonio, *L'alta valle del Taro*, Borgotaro, 1886
37A029	ドリュー『ジャンムー・カシミール地方』（英語）	Drew, Frederic, *The Jummoo and Kashmir territories*, London, 1875

37A059	エルマン『北方アジアと二つの大洋を通っての世界周航』（独語）	Erman, George Adolf, *Reise um die Erde durch Nordasien und die beiden Ozeane*, Berlin, 1833-1848
37B001	マルクス『男色愛好家』（独語）	Marx, Heinrich, *Urningsliebe*, Leibzig, 1875
37B013	カスパー『法医学実用便覧』（独語）	Casper, Johann Ludwig, *Praktische handbuch der gerichtrichen medicin*, Paris, 1858
37B016	ラングル『船乗りにして女たらしのシンドバッドの旅（アラビアン・ナイト）』（仏語）	Langles, L, *Les voyages de Sind-bad, le marin et la ruse des femmes* (*Arabian nights*), Paris, 1814
37B017	カルリエ『両性の売春（社会病理学研究）』（仏語）	Carlier, Félix, *Études de pathologie sociale: Les deux prostitutions*, Paris, 1887
37B019	シニストラリ・ダメノ『動物の悪魔性について』（仏語）	Sinistrari de Ameno, Louis Marie, *De la démonialité des animaux*, Paris, 1875
37B021	シャルダン『ペルシア紀行』（仏語）	Chardin, Jean, *Voyage en Perse*, Paris, 1811
37B042	プラット「中国の民俗」『ノーツ・アンド・クエリーズ』（英語）	Platt, James Jun., “Chinese folklore”, *Notes and Queries*, 1897.2.27, London, 1897
37B140	ケンペル『日本誌』（英語）	Kämpfer, Engelbert, *History of Japan*, London, 1827
37B143	ローゼンバウム『古代梅毒史』（独語）	Rosenbaum, Julius, *Geschichte der lustseuche*, Halle, 1845
37B144	ローゼンバウム（サントルス訳）『古代梅毒史』（仏語）	Rosenbaum, Julius (tr. Santlus), *Histoire de la syphilis dans l'Antiquité*, Bruxelles, 1847
第 38 巻	**1898. 10. 6 -（1898. 11. 24）**	
38A000	北京の宣教師『中国の歴史・科学・芸術・風俗・習慣に関する記録』（仏語）	China, Missionnaire de Pékin, *Mémoire concernant l'histoire, les sciences, les arts, les moeurs, les usages etc. des Chinois*, Paris, 1825
38A001	ローゼンバウム『古代梅毒史』（独語）	Rosenbaum, Julius, *Geschichte der lustseuche*, Halle, 1845
38A008	コーナンク『中国古生代の地層の二種の腕足類に関する報告』『ベルギー王立科学アカデミー報告』（仏語）	Koninck, L.de, “Notice sur deux espèces de brachispodes du terrain paléozoïque de la Chine”, *Bulletins de l'Académie royale des sciences, des lettres et des beaux-arts de Belgique*, tom.13-2, 1846, Bruxelles
38A009	デヴィッドソン「中国デヴォン紀の腕足類の化石について」『ロンドン地質学会季刊報』（英語）	Davidson, Thomas, “On some fossil brachiopod of the Devonian Age from China”, *Quarterly Journal of the geological society of London*, vol.9, 1853
38A016	レイネグス『コーカサス歴史地理全誌』（独語）	Reineggs, Jacob, *Allgemeine historische topographische beschreibung das Kaukasus*, Gotha, 1796
38A017	ポトキ『原始ロシア民族史』（仏語）	Potocki, Jan, *Histoire primitive des peuples de la Russie*, St.Petersburg, 1802
38A148	『アメリカ国際会議報告』からの抄写（田辺時代の筆写）、ラウファー「東アジアにおけるトウモロコシの導入」など（英語）	*Transaction du congrès internationale des Américanistes*, Laufer, Berthold, “The introduction of maize into Eastern Asia”, etc., Québec, 1907

38B001	フィアミンゴ「人種、階級、社会間の闘争」『モニスト』(英語)	Fiamingo, "The conflict of races, classes and societies", *The Monist*, 1897, Chicago
38B017	スチュアート＝グレニー「人種間の葛藤、批判への回答」『モニスト』(英語)	Stuart-Glennie, J.S., "The conflict of races: reply to the criticisms", *The Monist*, 1897. 7, Chicago
38B022	メチニコフ『文明と大洪水』(仏語)	Metchnikoff, Léon, *La civilisation et les grands fleuves*, Paris, 1892
38B048	ブレットシュナイダー『中国植物誌』(英語)	Bretschneider, Emil, *Botanicon Sinicum*, London, 1892
第 39 巻	**(1898. 11. 2 -1899. 5. 4)**	
39A001	ヘンズロー「動植物における擬態」『ナチュラル・サイエンス』(英語)	Henslow, George, "Mimetic resemblances in animals and plants", *Natural Science*, 1899.2, London
39A009	『國華』(和文)	明治 27 (1894)〜明治 30 (1897)年 No.53, No.60, No.71, No.73, No.74, No.75, No.84, No.85, No.90, No.101 の記事を抜記
39A012	ベンゾーニ (スミス編訳)『新大陸の歴史』(英語)	Benzoni, Girolamo (ed./tr. Smyth, W. H.), *History of the New World*, London, 1857
39A030	ローリー (ショーンバーク編)『ギアナの発見』(英語)	Raleigh, Walter (ed. Schomburgk, Robert Hermann), *The Discovery of the Empire of Guiana*, London, 1849
39A037	ストリーター『宝石誌』(英語)	Streeter, Edwin William, *Precious stones and gems, their history and distinguishing characters*, London, 1898
39A045	バックマン『発明と発見の歴史』(英語)	Beckmann, John, *A history of inventions and discoveries*, London, 1797
39A052	バンクロフト『ガイアナ博物誌論』(英語)	Bancroft, Edward, *An essay on the natural history of Guiana*, London, 1769
39A061	ステッドマン『スリナムの反乱黒人の中での五年間の探検記』(英語)	Stedman, John Gabriel, *Narrative of five year expedition against the revolted negroes of Surinam*, London, 1796
39A084	スターデン『ブラジル抑留記 』(英語)	Staden, Hans, (tr. Tootal, Albert) *The Captivity among the wild tribes of eastern Brazil*, London, 1874
39A101	マーカム編訳『アマゾン渓谷探険』(英語)	Markham, Clements Robert (ed./tr.), *Expeditions into the valley of the Amazons*, London, 1859
39A105	松村松年「日本蝶名録」『日本動物学彙報』(和文)	Matsumura, M. "A Summary of Japanese Cicadidae with Description of a New Species" 『日本動物学彙報』1897.2
39A115	パルヴィル「聖プロコピの奇跡」『ラ・ナチュール』(仏語)	Parville, Henri de, "Le miracle de saint Prokopy", *La Nature*, 1899.4, Paris
39B001	エルマン『北方アジアと二つの大洋を通っての世界周航』(独語)	Erman, George Adolf, *Reise um die Erde durch Nordasien und die beiden Ozeane*, Berlin, 1833-1848

39B003	ペセリック『エジプト、スーダンおよび中央アフリカ』(英語)	Petherick, John, *Egypt, the Soudan and central Africa*, Edinburgh and London, 1861
39B043	「捕らわれた象の再現」『科学雑誌』(仏語)	"La reproduction d'éléphants en captivité", *Revue Scientifique*, 1899.3.18, Paris
39B045	「虎とクジャク」『科学雑誌』(仏語)	"Tigre et paon", *Revue Scientifique*, 1899.1.1, Paris
39B046	ラカサーニュ「動物における犯罪性」『科学雑誌』(仏語)	Lacassagne, Alexandre, "De la criminalité chez les amimaux", *Revue scientifique*, 1882.1.14, Paris
39B065	クローシェイ「ライオンの天敵」『ネイチャー』(英語)	Crawshay, Richard, "The natural prey of the lion", *Nature*, 1899.4.13, London
39B079	ニス「コンゴ原住民の天文学と気象学」『科学雑誌』(仏語)	Nys, L., "L'astronomie et la météorologie chez les noirs du Congo", *Revue scientifique*, 1899.4.15, Paris, 1899
第 40 巻	**1899. 3. 16 - 1900. 4. 11**	
40A000	ウッド『博物学図説』(英語)	Wood, John George, *Illustrated natural history*, London, 1872
40A001	ヴァイツ『未開民族の人類学』(独語)	Waitz, Theodor, *Anthropologie der naturvölker*, Leibzig, 1859-1872
40A043	エリス『ポリネシア探索』(英語)	Ellis, William, *Polynesian researches*, London, 1831
40A078a	フォウク「中国の医学」『ノーツ・アンド・クエリーズ』(英語)	Fowke, Frank Rede, "Chinese medicine", *Notes and Queries*, 1899.5.27, London
40A078b	クルック「巡礼や訪問の記録としての足跡」『ノーツ・アンド・クエリーズ』(英語)	Crook, William, "Foot outlines as records of a pilgrimage or visit", *Notes and Queries*, 1899.12.2, London
40A079	タイラー『黎明期の人類の研究』(英語)	Tylor, Edward Burnett, *Researches into the early history of mankind*, London, 1870
40A082a	スミス『ヒトの博物誌』(英語)	Smith, Charles Hamilton, *The natural history of human species*, Edinburgh, 1852
40A082b	スミス『ヴィクトリア地方のアボリジニ、およびオーストラリアとタスマニアの他の地域の原住民の習俗に関するノート』(英語)	Smyth, Robert Brough, *The aborigines of Victoria: with notes relating to the habits of the natives of other parts of Australia and Tasmania*, Melbourne, 1878
40A092	グリーン「神々の足跡など」『ノーツ・アンド・クエリーズ』(英語)	Green, F. W., "Footprints of the gods, etc.", *Notes and Queries*, 1899.10.14, London
40A093	ハンター「ソコトラ島に関する覚書」『英国およびアイルランド人類学会雑誌』(英語)	Hunter, F. M., "Notes on Socotra", *Journal of anthropological institute of Great Britain and Ireland*, London, 1878
40A108	コックル「中国の緑の繭」『ノーツ・アンド・クエリーズ』(英語)	Cockle, Maurice J. D., "Green cocoons from India", *Notes and Queries*, 1900.3.24, London
40A115	タイラー『原始文化』(英語)	Tylor, Edward Burnett, *Primitive culture*, London, 1871
40A122	マホット『インドシナ 中央部紀行』(英語)	Mouhot, Henry, *Travels in the central part of Indo-China*, London, 1864
40A125	バスティアン『東アジアの民族』(独語)	Bastian, Adolf, *Die volker des Oestlichen Asien*, Leibzig, 1866

40A147	チャーチル『航海旅行記集成』「オランダ、ドイツ、イタリア、フランス旅行記」（英語）	Churchill, Awnsham & John, *A collection of voyages and travels*, "An account of a journey made thro' part of the Low Countries, Germany, Italy and France", London, 1732
40B001	ヘディン『アジア横断』（英語）	Hedin, Sven, *Through Asia*, London, 1898
40B003	『新鈔西清古鑑』（和文）	吾妻健三郎　明治 25 年（1892）年
40B036	トウザー『トルコ高地調査記』（英語）	Tozer, Henry Fanshawe, *Researches in the highlands of Turkey*, London, 1869
40B068	モース「大森貝塚」『東京大学理学部紀要』（英語）	Morse, Edward Sylvester, "Shell mound of Omori", *Memoirs of Science Department, University of Tokyo, Japan*, vol.1, pt.1, 1879
40B069	キーン『民族学』（英語）	Keane, Augustus Henry, *Ethnology*, Cambridge, 1896
40B072	『人類学会報』1894 年版からの抜書（英語）	*Journal of anthropological institute*, 1894
40B075	『狂画苑』百鬼夜行図（和文）	山口素絢斎画　安永 4（1775）年
40B103	シャンプラン（ウィルメア訳、ショウ編）『西インド諸島およびメキシコ航海記』（英語）	Champlain, Samuel de (tr. Wilmere, Alice, ed. Shaw, Norton), *Narrative of a voyage to the West Indies and Mexico in the years 1599-1602*, London, 1859
第 41 巻	**1899. 4. 15 -**	
41A001	ハッセルクウィスト『レヴァント旅行記』（英語）	Hasselquist, Frederick, *Voyages and travels in the Levant*, Paris, 1766
41A015	グレゴリー『大地溝帯』（英語）	Gregory, John Walter, *The great rift valley*, London, 1896
41A028	ルーレイオ『コーチシナの植生』（ポルトガル語）	Loureiro, João de, *Flora Cochinchinensis*, Ulyssipone, 1790
41A029a	ブレットシュナイダー『中国植物誌』（英語）	Bretschneider, Emil, *Botanicon Sinicum*, London, 1892
41A029b	ルンフィウス『アンボイナ植物誌』（ラテン語）	Rumphius, Georg Eberhard, *Herbarium Anboinense*, Upsaliae, 1747
41A046	コレイア（スタンリー訳）『ヴァスコ・ダ・ガマの三つの航海』（英語）	Correia, Gaspar (tr. Stanley, Henry Edward John), *The three voyages of Vasco da Gama*, London, 1869
41A053a	ケンペル『日本誌』（英語）	Kämpfer, Engelbert, *History of Japan*, London, 1727-1728
41A053b	ツンベルグ『ヨーロッパ、アフリカ、中国への旅』（英語）	Thunberg, Carl Peter, *Travels in Europe, Africa, China*, London, 1795
41A056	レイヴェンシュタイン編『ヴァスコ・ダ・ガマ処女航海記』（英語）	Ravenstein, Ernst Georg, *A journal [by an unknown writer] of the first voyage of Vasco da Gama*, London, 1898
41A059	ランカスター（マーカム編）『東インド紀行』（英語）	Lancaster, James (ed. Markham, Clements Robert), *The voyages of Sir James Lancaster Kt. to the East Indies*, London, 1877

41A064	ミドルトン（コーニー編）『バンタムとモルッカ諸島への航海』（英語）	Middleton, Henry, (ed. Corney, Bolton), *The voyage of Sir Henry Middleton to Bantam and the Maluco islands*, London, 1855
41A065	ドルレアン（エルスミア卿編訳）『中国を征服した二人のタタール人の歴史、およびフェルディナンド・フェルビースト神父のタタールへの二度の旅行』（英語）	D'Orleans, Pierre-Joseph (ed./tr. The Earl of Ellesmere), *History of the two Tartar conquerors of China, including the two journeys into Tartary of Father Ferdinand Verbiest*, London, 1854
41A092	ゴンサーレス・デ・メンドーサ（ストートン編）『シナ大王国誌』（英語）	González de Mendoza, (ed. Staunton, George Thomas), *The history of the great and mighty Kingdom of China*, London, 1853-1854
41B001	クラヴィーホ『サマルカンドのティムール宮廷への公使の記録』（英語）	Clavijo, Ruy González de (tr. Markham, Clements R.), *Narrative of the embassy of R. G. de Clavijo to the court of Timour at Samarcand*, London, 1859
41B025	ヤングハズバンド『大陸の中心』（英語）	Younghusband, Francis Edward, *The heart of a continent*, London, 1896
41B039	ボール『インドの密林生活』（英語）	Ball, Valentine, *Jungle life in India*, London, 1880
41B077	ゴールトン『指紋』（英語）	Galton, Francis, *Fingerprints*, London, 1892
41B086	フォールズ「手の肌の溝に関して」『ネイチャー』（英語）	Faulds, Henry, "On the skin-furrows of the hands", *Nature*, 1880.10.28, London
第 42 巻	**1899. 5. - 1899. 7. 26**	
42A001	エルマン『北方アジアと二つの大洋を通っての世界周航』（独語）	Erman, George Adolf, *Reise um die Erde durch Nordasien und die beiden Ozeane*, Berlin, 1833-1848
42A024	ゼノ（メージャー訳）『十四世紀におけるヴェネチアの兄弟、N. ゼノと A. ゼノの北海への航海』（英語）	Zeno, the Elder (tr. Major, Richard Henry), *The voyages of the Venetian brothers, N. and A. Zeno to the Northern Seas in the XIVth century*, London, 1873
42A026	フラワー「開会の辞」『ネイチャー』（英語）	Flower, W. A., "Opening address", *Nature*, 1894.08.16, London
42A034	ユック（シンネット訳）『中華帝国』（英語）	Huc, Évariste Régis (tr. Sinnett, J.), *The Chinese Empire*, London, 1855
42A064	「指紋」『サイエンス』（英語）	"Thumb-marks", *Science*, 1886.8.20, New York
42A101	メージャー編訳『十五世紀のインド』（英語）	Major, Richard Henry (ed./tr.), *India in the Fifteenth Century*, London, 1857
42A123	『ベンガルアジア協会雑誌』第 1 巻（英語）	*Journal of Asiatic Society of Bengal*, vol.1, Calcutta, 1832
42B001	マーカム『アマゾンの渓谷への探険』（英語）	Markham, Clements Robert, *Expeditions into the valley of the Amazons*, London, 1859
42B016	シュミデル『ラプラタ川の征服』（英語）	Schmidel, Ulrich, *The conquest of the River Plate*, London, 1891
42B025a	ジャルディーヌ『博物学者の蔵書』（英語）	Jardine, William, *The naturalist's library*, Edinburgh, 1843
42B025b	ロシュフォール『アンチル諸島の博物誌と社会』（仏語）	Rochefort, Charles de, *Histoire naturelle et morale des Îles Antilles*, Rotterdam, 1665

42B050	ゴールトン『指紋』(英語)	Galton, Francis, *Fingerprints*, London, 1892
42B066	ダンジョワ「狼爪」『科学雑誌』(仏語)	D'Enjoy, Paul, "Les pédimanes", *Revue scientifique*, 1899.5.27, Paris
42B082	ルガ『ロドリゲス島、モーリシャス諸島、ジャワ島および喜望峰への航海』(英語)	Leguat, François (of Bresse), *The voyages of François Leguat of Bresse to Rodoriquez, Mauritius, Java, and the Cape of Good Hope*, London, 1891
42B117	マッケンジー「ペルヴートゥムのパゴダ誌」『アジア研究』(英語)	Mackenzie, Colin, "Account of the pagoda at Perwuttum", *Asiatic Research*, vol.5, 1801
第 43 巻	**1899. 7. 30 - 1899. 9. 9**	
43A001	『ベンガルアジア協会雑誌』第 2 巻(英語)	*Journal of Asiatic Society of Bengal*, vol.2, Calcutta, 1833
43A017	『メトロポリタン百科事典』「象」(英語)	*Encyclopaedia metropolitana*, "elephant", 1845, London
43A023	『ベンガルアジア協会雑誌』第 3 巻(英語)	*Journal of Asiatic Society of Bengal*, vol.3, Calcutta, 1834
43A028	リデッカー「鼻の対照」『ナレッジ』(英語)	Lydekker, "A contrast in noses", *Knowledge*, 1899.8.1, London
43A044	『ベンガルアジア協会雑誌』第 4 巻(英語)	*Journal of Asiatic Society of Bengal*, vol.4, Calcutta, 1835
43A058	『ベンガルアジア協会雑誌』第 5 巻(英語)	*Journal of Asiatic Society of Bengal*, vol.5, Calcutta, 1836
43A103	「大国とその植民地」『科学雑誌』(仏語)	"Les grands États et leur colonies", *Revue Scientifique*, 1899.7.29, Paris
43A106	ピーコック「トウモロコシに関する誤謬」『ノーツ・アンド・クエリーズ』(英語)	Peacock, Edward, "Error concerning maize", *Notes and Queries*, 1897.6.12, London
第 44 巻	**1899. 7. 22 - 1899. 11. 16**	
44A001	ゴンサーレス・デ・メンドーサ(ストートン編)『シナ大王国誌』(英語)	González de Mendoza, (ed. Staunton, George Thomas), *The history of the great and mighty Kingdom of China*, London, 1853-1854
44A064	ラッツェル(バトラー訳)『人類の歴史』(英語)	Ratzel, Friedrich (tr. Butler, A. J.), *The history of mankind*, London, 1896-1898
44A204	ブーガンヴィル(フォースター訳)『世界一周旅行』(英語)	Bougainville, Louis-Antoine de (tr. Forster, J. R.), *A voyage round the world*, 1772
44B003a	コーディナー『セイロン誌』(英語)	Cordiner, James, *A description of Ceylon*, London, 1807
44B003b	モーズリー『チャレンジャー号上の博物学者の記録』(英語)	Moseley, Henry, *Notes by a naturalist on the Challenger*, London, 1879
44B004	エリス『ハワイ周遊記』(英語)	Ellis, William, *Narrative of a tour through Hawaii*, London, 1826
第 45 巻	**1899. 9. 12 - 1899. 11. 27**	
45A001	『ベンガルアジア協会雑誌』第 12 巻(英語)	*Journal of Asiatic Society of Bengal*, vol.12, Calcutta, 1843

45A002	ヴォルニー『熱帯の自然』(英語)	Volney, Constantin-François de, *The law of nature, or, principles of morality deduced from the phisical constitution of mankind and the universe*, Philadelphia, 1796
45A020	『ベンガルアジア協会雑誌』第13巻(英語)	*Journal of Asiatic Society of Bengal*, vol.13, Calcutta, 1844
45A092	バルフォア『インド事典』(英語)	Balfour, Edward, *The cyclopaedia of India*, Madras, 1885
45B001	笑話二条(和文)	内容未解読
45B004	コスタンタン『熱帯の自然』(仏語)	Costantin, Julien, *La nature tropicale*, Paris, 1899
45B032	カルタイヤック『墳墓と遺跡による有史以前のフランス』(仏語)	Cartailhac, Emile, *La France préhistorique d'après les sépultures et les monuments*, Paris, 1889
45B034	ウィルソン『有史以前の人類』(英語)	Wilson, Daniel, *Prehistoric man: researches into the origin of civilization in the old and the new world*, London and Edinburgh, 1865
45B036	カトリン『北部アメリカインディアン風習・習慣・環境図説』(英語)	Catlin, George, *Illustration of the manners, customs and conditions of the North American Indians*, London, 1851
45B037	ヴァイツ『未開民族の人類学』(独語)	Waitz, Theodor, *Anthropologie der naturvölker*, Leibzig, 1859-1872
45B099	エリス『ポリネシア探索』(英語)	Ellis, William, *Polynesian researches*, London, 1831
45B100	ウッド『博物学図説』(英語)	Wood, John George, *Illustrated natural history*, London, 1865
第46巻	**1899. 11. 17 - 1899. 12. 30**	
46A001	ラッツェル(バトラー訳)『人類の歴史』(英語)	Ratzel, Friedrich (tr. Butler, A. J.), *The history of mankind*, London, 1896-1898
46A009	セリグマン「英国協会」『ネイチャー』(英語)	Selligman, "The British Association", *Nature*, 1899.11.9, London
46B001	ウッドワード『英国博物館所蔵化石魚類目録』(英語)	Woodward, Arthur Smith, *Catalogue of the fossil fishes in the british museum*, London, 1891
46B007	ヴァイツ『未開民族の人類学』(独語)	Waitz, Theodor, *Anthropologie der naturvölker*, Leibzig, 1859-1872
46B036	エルスキン『西太平洋諸島の船旅日記』(英語)	Erskine, John Elphinstone, *Journal of a cruise among the islands of the West Pacific*, London, 1853
46B070	バタースリー「アイルランドの迷信」『ナレッジ』(英語)	Battersley, Fra. J, "An Irish superstition", *Knowledge*, 21, 1898.11.1
46B093	エリス『ポリネシア探索』(英語)	Ellis, William, *Polynesian researches*, London, 1831
第47巻	**1900. 1. 9 - 1900. 3. 24**	
47A001	ラッツェル(バトラー訳)『人類の歴史』(英語)	Ratzel, Friedrich (tr. Butler, A. J.), *The history of mankind*, London, 1896-1898
47A089	ウェストン『日本アルプスの登山と探険』(英語)	Weston, Walter, *Mountaineering and exploration to Japanese Alps*, London, 1896
47B001	ヴァイツ『未開民族の人類学』(独語)	Waitz, Theodor, *Anthropologie der naturvölker*, Leibzig, 1859-1872

47B003	マクミカエル「結婚の贈り物」『ノーツ・アンド・クエリーズ』(英語)	MacMichael, J. H., "Marriage gift", *Notes and Queries*, 1900.2.10, London
47B005	『百人女郎品定』(和文)	八文字自笑編　西川祐信画　絵入　享保8(1723) 年
47B018	ユール編『東方の驚異』(英語)	Yule, Henry (ed.), *Mirabilia descripta, the wonders of the East*, London, 1863
第48巻	**1900. 3. 27 - 1900. 4. 24**	
48A001	ラッツェル(バトラー訳)『人類の歴史』(英語)	Ratzel, Friedrich (tr. Butler, A. J.), *The history of mankind*, London, 1896-1898
48A035	コリングウッド「一博物学者の中国海岸・海中漫遊記」(英語)	Collingwood, Cuthbert, *Rambles of a naturalist on the shores and water of the China Sea*, London, 1868
48A077	ヴァイツ『未開民族の人類学』(独語)	Waitz, Theodor, *Anthropologie der naturvölker*, Leibzig, 1859-1872
48A100	バイヨン『植物学事典』(仏語)	Baillon, Henri Ernest, *Dictionnaire de botanique*, Paris, 1876
48A156	『善光寺道名所図会』(和文)	豊田利忠(庸園)編・画　絵入　嘉永2(1849) 年
48A157	『伊勢参宮名所図会』(和文)	蔀関月　寛政9(1797) 年
48A218	ドートン「手書きの文字で描かれた絵」『ノーツ・アンド・クエリーズ』(英語)	Dalton, Chas. A., "Pictures composed of handwriting", *Notes and Queries*, 1900.2.17, London
48B001	『養蚕秘録』(和文)	上垣守国　絵図入　享和2(1803) 年
48B003	チャーチル『航海旅行記集成』「オランダ、ドイツ、イタリア、フランス旅行記」(英語)	Churchill, Awnsham & John, *A collection of voyages and travels*, London, "An account of a journey made thro' part of the Low Countries, Germany, Italy and France", 1732
48B008	ボードゥアン兄弟『博物学事典』「細管」(仏語)	Baudouin Frères, *Dictionnaire classique d'histoire naturelle*, "Tubuli ou Tubulites", Paris, 1830
48B017	シンクレア「インディアン・コーン」『ネイチャー』(英語)	Sinclair, "Indian corn", *Nature*, 1900.3.8, London
48B030	チェンバレン『日本事物誌』(英語)	Chamberlain, Basil Hall, *Things Japanese*, London, 1898
48B042	モンゴメリー「ネパールからラサへのルート調査」『国立地理学会雑誌』(英語)	Montgomerie, "Report of a route-survey from Nepal to Lhasa", *The Journal of the Royal Geographical Society*, 1866, London
48B046	『ベンガルアジア協会雑誌』第24巻(英語)	*Journal of Asiatic Society of Bengal*, vol.24, Calcutta, 1856
48B050	ドートン「手書きの文字で描かれた絵」『ノーツ・アンド・クエリーズ』(英語)	Dalton, Chas. A., "Pictures composed of handwriting", *Notes and Queries*, 1900.2.17, London
第49巻	**1900. 4. 21 - 1900. 5. 21**	
49A001	ラッツェル(バトラー訳)『人類の歴史』(英語)	Ratzel, Friedrich (tr. Butler, A. J.), *The history of mankind*, London, 1896-1898
49A018	ハッドン『人類の研究』(英語)	Haddon, Alfred Cort, *The study of man*, London, 1898

49A075	ピンカートン『新航海旅行記集成』、ツンベルグ「喜望峰の記録」（英語）	Pinkerton, John, *A general collection of voyages and travels*, Thunberg, Carl Peter, "An account of the Cape of Good Hope", London, 1808-1814
49B001	『百人女郎品定』（和文）	八文字自笑編　西川祐信画　絵入　享保 8（1723）年
49B003a	『忠臣金短冊』（和文）	並木宗助・小川文助・安田蛙文　享保 20（1735）年
49B003b	『小夜衣』（和文）	菱河師宣画　元禄 2 年
49B003c	チャーチル『航海旅行記集成』「パラグアイ、トゥクマン、リオ・デ・ラ・プラータ、パラナ、グアイラ、ウルヴァイカの歴史」（英語）	Churchill, Awnsham & John, *A collection of voyages and travels*, "The history of the provinces of Paraguay, Tucuman, Rio de la Plata, Parana, Guaira, and Urvaica", London, 1732
49B029	『播州名所巡覧図絵』（和文）	村上（秦）石田編　中井藍江画　絵入　文化元（1804）年
49B030	レイヴァティ「サヒー・サルワル廟訪問記」『ベンガル王立アジア協会雑誌』（英語）	Raverty, Lieut. H. G., "Account of a visit to the shrine of Sakhi Sarwar", *Journal of Royal Asiatic Society of Bengal*, 1855
49B033	フランチェスカ／C. C. B.／ウィルソン／アッパーソン「鳩の治療」『ノーツ・アンド・クエリーズ』（英語）	Francesca/ C. C. B./ Wilson, W. E./ Apperson, G. L., "The pigeon cure", *Notes and Queries*, 1900.4.28, London
49B035	タヴェルニエ（ボール訳）『インド紀行』（英語）	Tavernier, Jean Baptiste (tr. Ball, Valentine), *Travels in India*, Paris, 1889
49B036	バルフォア『インド事典』（英語）	Balfour, Edward, *The cyclopaedia of India*, Madras, 1885
49B085	ヴァイツ『未開民族の人類学』（独語）	Waitz, Theodor, *Anthropologie der naturvölker*, Leibzig, 1859-1872
第 50 巻	**1900. 5. 21 - 1900. 7. 21**	
50A001	ラッツェル（バトラー訳）『人類の歴史』（英語）	Ratzel, Friedrich (tr. Butler, A. J.), *The history of mankind*, London, 1896-1898
50A139	ガルノー「口寄せ、降霊術、占い」『科学雑誌』（仏語）	Garnault, Paul, "Ventriloquie, necromancie, divination", *Revue Scientifique*, 1900.05.26, Paris
50A178	「幽霊の自殺」「薬としてのカニの目」『ノーツ・アンド・クエリーズ』（英語）	"Ghost's suicide", "Crab's eyes as medicin", *Notes and Queries*, 9th. vol.5, 1900, London
50A184	ハクルート『イングランド国民の主要航海』（英語）	Hakluyt, Richard, *The principal navigations, voyages, traffiques and discoveries of the English Nation*, London, 1598-1600
50B001a	『東洋立志編』「中川儀右衛門伝」（和文）	木戸照陽編　明治 23（1890）年
50B001b	「平田靭負自刃ノ事」（和文）	『時事新報』明治 33（1900）年 4 月 24 日
50B001c	「幽霊の通信」『イヴニング・ニュース』（英語）	"Ghost as co-respondent", *Evening News*, 1900. 6.21, London
50B002a	「中国の警察、ある紳士が語る」『デイリー・テレグラフ』（英語）	"Civil service in China - a gentleman spoke", *Daily Telegraph*, 1900.6.8, London

50B002b	ラッツェル（バトラー訳）『人類の歴史』（英語）	Ratzel, Friedrich (tr. Butler, A. J.), *The history of mankind*, London, 1896-1898
50B004	フーパー「幸運のためにせむしに触ること」『ノーツ・アンド・クエリーズ』（英語）	Hooper, James, "Humpbacks touched for luck", *Notes and Queries*, 1899.6.24, London
第 51 巻	**1900. 6. 13 -（1900. 7. 1）**	
51A001	ラッツェル（バトラー訳）『人類の歴史』（英語）	Ratzel, Friedrich (tr. Butler, A. J.), *The history of mankind*, London, 1896-1898
51A154	リヴィングストン『南アフリカへの伝道旅行と調査』（英語）	Livingstone, David, *Missionary travels and researches in South Africa*, London, 1857
51A196	ピンカートン『新航海旅行記集成』「カロンの日本誌」（英語）	Pinkerton, John, *A general collection of voyages and travels*, "Caron's account of Japan", London, 1808-1814
第 52 巻	**1900. 7. 6 -（1900. 8. 13）【一部は 1907 年追記】**	
52A001	ラッツェル（バトラー訳）『人類の歴史』（英語）	Ratzel, Friedrich (tr. Butler, A. J.), *The history of mankind*, London, 1896-1898
52A070	「短報」『ネイチャー』（英語）	"Notes", *Nature*, 1900.8.2, London
52A149	『アメリカ国際会議報告』、ラウファー「東アジアにおけるトウモロコシの導入」【田辺時代の筆写】（英語）	*Transaction du congrès internationale des Américanistes*, Laufer, Berthold, "The introduction of maize into Eastern Asia", Québec, 1907
52A177	『エンサイクロペディア・ブリタニカ』第九版「ハムレット」（英語）	*Encyclopedia Britannica, 9th edition*, "Hamlet", 1875-1889, London.
52B001	ブラッケンベリー「火薬の発明」『アシーニアム』（英語）	Brackenbury, Henry, "Invention of gunpowder", *Athenaeum*, 1868.12.26, no.2148
52B002	アームストロングとフォアショー「中国の火薬」『ノーツ・アンド・クエリーズ』（英語）	Armstrong, T. P./ Forshaw, Chas F., "Gun pouder in china", *Notes and Queries*, 1900.8.11, p.115, London
52B003	「ネズミの王」『ラ・ナチュール』（仏語）	"Les rois de rats", *La Nature*, 1900.6.9, Paris

南方熊楠顕彰館蔵書中のハーバート・スペンサー著作への書き込み

以下に掲載する表は、南方熊楠顕彰館に所蔵されたスペンサーの著作への書き込みを翻刻したものである。初出は、松居竜五「南方熊楠蔵書中のハーバート・スペンサー著作に見られる書き込み」『熊楠研究』第9号、2015年、(10)〜(30) 頁。ここで取り上げた蔵書の書誌については本書V章注57を参照。

作成に際しては、以下のような方針に基づいた。

○原則として当該蔵書中の南方熊楠によると思われる書き込みをすべて記載している。ただし、一部の書籍には英英辞典からの転写と思われる学習用の筆写があり、これについては内容に関わらないと判断して除外した。
○ひらがなとカタカナの別については、基本的にそのままとしたが、一部で読みやすさの関係上改めている部分もある。
○正字は原則として新字に改めた。
○『記述社会学』の頁数中のabcは、各頁三段に分かれた段落の別を示す。また［　］の中の記載は、その書き込みが対応している本文の項目名である。

書名	頁数	書き込み内容
「倫理学資料」		［書き込みなし］
「進歩、その法則、動因、及びその他の論考」		［書き込みなし］
「習俗とファッション」［洋373.11］	1	K. G. Minakata's property, Ann Arbor, Mich., Jan. 27th, 1888
「習俗とファッション」［洋080.14］		［書き込みなし］
「三つの試論」	1	K. G. Minakata, Ann Arbor, Mich., U.S.A., January 24th, 1888
	18	熊楠曰紀州海部郡藤白嶺腹に樟神祠有り、大なる樟樹を石垣もて囲めり、和歌山辺人の或る種族は児女の生るゝ毎に詣てゝ之を祭り祠人に請て名を付る事也但し其名に用らるゝ字樟及藤の二字甚多く其他種々有之、予の名も此祠人より賜はれり、五六歳の時病有りしかば人に負はれて参詣せし事今たに記臆す、藤白の藤は詠歌にも出甚名高し二字の外用ひらるゝ字どもは当初此族の人らが右二字とくみ合して用られしためしなるべし
『社会学研究』1888年版	iii	Kumagusu Minakata, Wakayama City, Kii, Japan Ann Arbor, Mich. August 8th, Bought from D. Appleton & co. for $1.50
	126	公明儀ノ話ニ似タリ
	137	仏徒舎利ヲ拾フコトニ似タリ、

	208	日本外史足利氏新田氏ノ両條ニ記セル尊氏ノ位置相異ナルコト別人ノ如キヲ参考スヘシ
	208	明朝ノ書ト我朝ノ書ニ見タル秀吉ノ事伝亦然リ
	208	支那歴代輯彙ノコトヲ記セルモ亦然リ　一代ノ終リニ記セル次代ノ祖宗ノ行ヒハ甚独意ナルニ其次代祖宗ノ記ニ則テハ寛仁英秀ノ風ノミ見ユ　我朝ニテハ秀頼ノ滅亡ト家康ノ勃興トノ記其尤モヨキ的例ナリト考フ
	210	或亜米利加人ノ眷属ニ亡国内乱ノ時印度パーシー宗ノ人ヨリ寄附金ヲ得タルコトヲ記シ其宗旨ヲ称賛セルモノアルガ如キ此例トスヘシ、
	212	黒奴ノ事ヲ止シヲ誇称スル民ニシテ阿片ノ累ヲ止サルハ如何、
	267	明治二十年末保安條例発布ノ公文「朕惟ニ・・・ト認定思惟（？）シトアリシナドモ学者ノ不文モ撰ニ当ラサルコト亦此例也
	268	我朝ノ新井白石、瀧沢馬琴、為永春水、北村静盧、山東京伝ナドノコトヲ見テモ此事ワケヲ知ルヘシ
『社会学研究』1892 年版	1	K.Minakata, Wakayama, Japan
	19	我邦横川ノ源信ガ盗難ヲ防ンガ為僧兵ヲ置シヨリ起リテ加賀ノ冨樫ガ一門絶エ信長スラ大坂ヲ攻メアグミナドセシニ至レリ、
	93	在米ノ時カプチン・ジェーンス予ニ語テ曰ク日本ノ開化渋滞セル理由ハ儒教ノ害大ナリシニヨルトイヘド実際今日開化最上ナル欧州各国ニ於テ耶蘇教ガ文化ニ対シテ為セル妨害ハ中々儒教ドコロノモノニ非ズト予曰ク、儒教ガ日本開化ヲ渋滞セシメシトハ過日モ東京大学ノ或ル人ノ卓説トシテ報知ヲ得シ所ナルガ之ハ是レ土百姓ガ彗星天ニ顕レシ故今年ハ凶作ナドイフニ同ジ何レ深キ理由有テ彗星ト凶作ト同時ニ出シナランガ稲ノ登ラヌハ星ノ知タコトニ非ル也
	109	我邦ニモ件ナドイフ字ノ訓何トイフコトヤラ一向分ラヌモノ今ニ証文面ニ存シ用ラル
	134	スペンサー観察ト観察ノ結果ヲ誤リ合スルコトヲ喋々シナガラ此所ヨリ自分アマリ博識ヲ示サントテ不当ノ例ヲ出セリ、世ニ夫ニ打ルヽヲ喜フモノアランヤ、打タサルヲ憤ルニ非ズ愛ヲ失ヲ懼レタル也　稲川ノ妻ガ自ラ女郎ニ売ラレ明智十次郎ノ妻ガ夫ノ時ニ外遊スヲ妻ガ知イデナントセウノ如キ不幸ナルコトヲ喜フニ非ズ不幸ナルコトヨリ一倍ノ不名誉ヲ恐シテ也、蛮人ノ例ヲ事ニシテ引ク迄モナシ、シエクスピヤールニポールシアガ夫ノ難ヲ己レニ告サルヲ恨ムナド西洋ニモ多キ事也
『第一原理』	v	K. G. Minakata, Wakayama, Japan, $1.60 Nov.26 1888, Ann Arbor, Mich.

	301	This book belongs to Kumagusu Minakata of Japan
『生物学原理』第 1 巻	3	This book belongs to Kumagusu Minakata, Wakayama, Japan
	247	This book belongs to K. Minakata, Japan
『生物学原理』第 2 巻	3	This book belongs to Kumagusu Minakata, Wakayama, Japan
	299	This book belongs to K. Minakata, Japan
『心理学原理』第 1 巻	319	K. Minakata
『心理学原理』第 2 巻	325	K. Minakata, Japan
『社会学原理』第 1 巻	3	This book belongs to Kumagusu Minakata, Kii, Japan
	180	支那ノハサミムシノ話又蜮ノ事、蜮ハ砂龍子歟
	211	天智天皇耳梨山ト畝傍山ノ戦ヲ詠スル事
	441	This book belongs to K. Minakata, Japan
	801	写真ノ事
	801	ハサミ虫　蝶ノ事
	801	人玉｛以下数字判読不能｝
	801	六道銭旅衣
	844	△ reference lost!
	844	× ref. lost
	844	× ref. lost
『社会学原理』第 2 巻	101	日本ノノシノコトニ似タリ
『宗教制度』	671	K. Minakata, Wakayama, Japan
	799	K. Minakata
『記述社会学』	09b	女孫ト婚ス［家族・婚姻、ダヤク人］
	09c	姪ヲ妃トシ得　異母ノ兄妹ハ婚シ得［家族・婚姻、マダガスカル人］
	09c	王者ノ外ハ十二妻ヲ娶リ得ズ［家族・婚姻、マダガスカル人］
	15b	女軍ニユキ兵站方［軍事、ニューカレドニア人］
	20b	腰ヲ蟻程細クス［身体変形、ニューカレドニア人］
	20c	涅歯［身体変形、ジャワ人］
	20c	涅歯［身体変形、スマトラ人］
	27a	九百人ヲ食シ首長［習慣・風習、フィジー人］
	27b	席ノ下ニオキシ石ヲサシ当ル戯［習慣・風習、サンドイッチ諸島人］
	28c	闘鶉［習慣・風習、スマトラ人］
	30c	毛アル男ニ妻ナシ［美的感覚、ニュージーランド人］
	30c	赤唇ヲ好マズ［美的感覚、ニュージーランド人］
	33a	厨夫賤シマル［道徳感覚、フィジー人］
	33a	浮石ヲ食フ［道徳感覚、フィジー人］

	33b	アラブ人ノバレエノ如シ［道徳感覚、フィジー人］
	33b	母ヲ打ツコトヲ教ユ［道徳感覚、フィジー人］
	34b	自ラ謙シ人ヲホムル［道徳感覚、トンガ人］
	34b	善ヲ為スハ尤モ楽シ［道徳感覚、トンガ人］
	34b	厨夫ヲイヤシム大工ヲ貴ブ［道徳感覚、トンガ人］
	34b	新妻ノ姪ヲ婢トス［道徳感覚、サモア人］
	35a	子生ルレハ自分ノ名ヲ廃ス［道徳感覚、ダヤク人］
	36a	姉ヤ叔母ヲ姦シテ虫ニ食ハル［俗信、ヴェッダ人］
	36c	女ノミ墓地ニユク［俗信、オーストラリア人］
	37a	黒鵠ノ上嘴［俗信、オーストラリア人］
	38a	娶ラヌモノハ成仏セズ［俗信、フィジー人］
	38b	鼠ヲ神トス［俗信、フィジー人］
	38b	八眼八足八十胃ノ神［俗信、フィジー人］
	38c	妻ノ殉死ヲ望ム［俗信、フィジー人］
	38c	二又ノ椰樹［俗信、フィジー人］
	38c	白人ノ肉旨カラズ［俗信、フィジー人］
	38c	神ハ酒ニアリ［俗信、パプア諸島人］
	38c	流星子生ム［俗信、パプア諸島人］
	38c	骨鳴ル［俗信、パプア諸島人］
	38c	尸ヲ鮫ニ食ス［俗信、サンドイッチ諸島人］
	38c	石ニ妻アリ子ウム［俗信、サンドイッチ諸島人］
	39a	鮫ヲ神トス［俗信、サンドイッチ諸島人］
	39a	魚ヲ追来ル神［俗信、サンドイッチ諸島人］
	39a	王髪ヲ切テ火山ノ火ヲ静ム［俗信、サンドイッチ諸島人］
	39a	クック殺サレテ血出シ故神ニ非ズトイフ、［俗信、サンドイッチ諸島人］
	39c	白痴ヲ神異トス［俗信、タヒチ人］
	39c	菩提樹ノ一種ヲ神木トス［俗信、タヒチ人］
	40a	欧人ノ肉食テ死ス［俗信、トンガ人］
	40b	石ヲヌラシ又乾シテ天気ヲ制ス［俗信、サモア人］
	40b	船ニノリ来ル神ヲオソル俗信、サモア人］
	40b	鬼女ノ譚［俗信、サモア人］
	40b	双生児ノ心一ツナルコト［俗信、サモア人］
	41b	予ノ本ハ 84 也［俗信、ダヤク人］
	41b	実ハ竜ノ如シ［俗信、ダヤク人］
	41b	of Zanda, as well as the Silakans［俗信、ダヤク人］
	41b	聚宝盆ノルイ［俗信、ダヤク人］
	41b	著名ナ人ノ洗足水畑ヲ肥ス［俗信、ダヤク人］
	41c	放火シテ狂ヲ治ス［俗信、スマトラ人］
	42a	フジミノ人［知識、スマトラ人］

	42a	男ガ女化シ巫トナル［知識、マダガスカル人］
	42c	乾ノ前方ヲ尚ブ［知識、マダガスカル人］
	42c	欧人ヲ食人者トス［知識、マダガスカル人］
	43c	人鰐ニナル［知識、マレー人一般］
	43c	フジミノ人［知識、マレー人一般］
	43c	米ヲ以テ金銀真珠ヲ養ヒフヤスコト［知識、マレー人一般］
	47c	手ヲ握テ商売スルコト［流通、マレー人一般］